REVISTA DE DIREITO MERCANTIL
industrial, econômico e financeiro

CB081575

155/156

Publicação do
Instituto Brasileiro de Direito Comercial Comparado
e Biblioteca Tullio Ascarelli
do Departamento de Direito Comercial
da Faculdade de Direito da Universidade de São Paulo

Ano XLIX (Nova Série)
agosto-dezembro/2010

MALHEIROS
EDITORES

REVISTA DE DIREITO MERCANTIL

industrial, econômico e financeiro

Nova Série — Ano XLIX— ns. 155/156 — agosto/dezembro 2010

REVISTA DE DIREITO MERCANTIL
publicação trimestral de
MALHEIROS EDITORES LTDA.
Rua Paes de Araújo, 29, conjunto 171
CEP 04531-940
São Paulo, SP - Brasil
Tel. (11) 3078-7205
Fax: (11) 3168-5495

Assinaturas e comercialização:
CATAVENTO DISTRIBUIDORA DE LIVROS S.A.
Rua Conselheiro Ramalho, 928
CEP 01325-000
São Paulo, SP - Brasil
Tel. (11) 3289-0811
Fax: (11) 3251-3756

Diretor Responsável: Álvaro Malheiros
Diretora: Suzana Fleury Malheiros

Supervisão Gráfica: Vânia Lúcia Amato
Composição: *Scripta*

SUMÁRIO

DOUTRINA

A JUDICIALIZAÇÃO DO DIREITO DA CONCORRÊNCIA 7
– José Ignacio Botelho de Mesquita

LE SYSTÈME JURIDIQUE EST MORT, VIVE L'ENSEMBLE! 19
– Véra Jacob de Fradera

A AUTONOMIA DO DIREITO COMERCIAL E O DIREITO DE EMPRESA 28
– Marcos Paulo de Almeida Salles

ATUALIDADES

INCERTEZA LEGAL E CUSTOS DE TRANSAÇÃO: CASUÍSTA JURISPRUDENCIAL 40
– Rachel Sztjan

O DESEQUILÍBRIO ECONÔMICO-FINANCEIRO NOS CONTRATOS APÓS O CÓDIGO CIVIL DE 2002 49
– Milton Nassau Ribeiro

ASPECTOS DA CLÁUSULA DE *REDELIVERY* NOS CONTRATOS DE AFRETAMENTO POR TEMPO 66
– Armindo Tabosa Amorim

PROXY SOLICITATION AND SHAREHOLDER DIRECTOR NOMINATIONS IN BRAZIL: A COMPARATIVE ANALYSIS OF INSTRUÇÃO CVM N. 481/2009 76
– Bruno Robert

RESPONSABILIDADE DOS ADMINISTRADORES NA SOCIEDADE POR AÇÕES SIMPLIFICADA 105
– Francisco Reyes Villamizar

DA INAPLICABILIDADE DO ART. 254-A DA LEI DAS SOCIEDADES POR AÇÕES ÀS REESTRUTURAÇÕES SOCIETÁRIAS 129
– Lucas Braun

EFEITOS DA APROVAÇÃO DAS CONTAS E DAS DEMONSTRAÇÕES FINANCEIRAS DAS COMPANHIAS 139
– Alfredo Sérgio Lazzareschi Neto

BREVE ANÁLISE ACERCA DAS PUBLICAÇÕES DAS COMPANHIAS 157
– Guilherme Araujo Drago

A TUTELA CAUTELAR DE INTERVENÇÃO EM SOCIEDADE ANÔNIMA 166
– Ricardo Padovini Pleti

OS TÍTULOS DE CRÉDITO ELETRÔNICOS E AS SUAS PROBLEMÁTICAS NOS PLANOS TEÓRICO E PRÁTICO 186
– Luís Felipe Spinelli

A ARTICULAÇÃO ENTRE O REGULAMENTO (CE) N. 1.346/2000, RELATIVO AOS PROCESSOS DE INSOLVÊNCIA COMUNITÁRIOS, E A *LEY* N. 22/2003, SOBRE O REGIME CONCURSAL ESPANHOL 213
– Maria Isabel Candelario Macías

CÉDULA DE PRODUTO RURAL (CPR): RECUPERAÇÃO DE CRÉDITO NO AGRONEGÓCIO 245
– Renato M. Buranello e Ana Silvia Neves Comodo Barbosa

A IMPORTÂNCIA DO ADMINISTRADOR JUDICIAL COMO ÓRGÃO AUXILIAR AO JUÍZO FALIMENTAR NA BUSCA DA EFICÁCIA DOS PROCESSOS FALIMENTARES E DE RECUPERAÇÃO JUDICIAL DE EMPRESAS 263
– Bernardo Bicalho de Alvarenga Mendes

ARBITRAGEM E COMPETÊNCIA 269
– Haroldo Malheiros Duclerc Verçosa e Fernando Medici Junior

ESTUDO COMPARADO DA ARBITRAGEM NO MERCADO DE CAPITAIS 275
– Daniel de Andrade Lévy

ESPAÇO DISCENTE

DEVER DO ADMINISTRADOR DE S/A DE AGIR CONFORME O INTERESSE SOCIAL 301
– Marcelo Barbosa Sacramone

PROPRIEDADE INTELECTUAL E INOVAÇÃO – UMA ANÁLISE DO SISTEMA ESTABELECIDO PELO TRIPS 308
– Marianne Mendes Webber

PARECERES

A PÍLULA AZUL 328
– Newton Silveira

JURISPRUDÊNCIA COMENTADA

O AVAL NA RECUPERAÇÃO JUDICIAL E A EXPRESSÃO "SÓCIO SOLIDÁRIO" CONTIDA NO *CAPUT* DO ART. 6º DA LEI 11.101/2005 338
– Jean Carlos Fernandes

SEÇÃO ESPECIAL

Apresentação de Décio Policastro e Haroldo Malheiros Duclerc Verçosa 351

ENSINO JURÍDICO NO BRASIL: CRÍTICAS E SUGESTÕES 352
– Tiago Soares de Aquino

COLABORAM NESTE NÚMERO

ALFREDO SÉRGIO LAZZARESCHI NETO
Advogado.

ANA SILVIA NEVES COMODO BARBOSA
Pós-Graduada em Direito Processual Civil pela Faculdade Autônoma de Direito e pela PUC/SP. Advogada.

ARMINDO TABOSA AMORIM
Advogado.

BERNARDO BICALHO DE ALVARENGA MENDES
Pós-Graduado em Gestão de Finanças pela UFMG e Direito da Economia e Empresa pela FGV. Graduado em Direito pela PUC/MG e Administração pelo Centro Universitário UNA. Professor-Assistente de Direito Comercial do Centro Universitário UNA. Advogado.

BRUNO ROBERT
Mestrando em Regulação Financeira e do Mercado de Capitais da Faculdade de Direito da Universidade de Georgetown.

DANIEL DE ANDRADE LÉVY
Pós-Graduando da Faculdade de Direito da USP.

FERNANDO MEDICI JUNIOR
Advogado.

FRANCISCO REYES VILLAMIZAR
Professor Visitante de Direito Comparado na *Louisiana State University*, na *Université de Lyon Jean Moulin*, na Universidade Católica Argentina e no Instituto Tecnológico Autônomo do México. Ex-Superintendente de Sociedades na Colômbia.

GUILHERME ARAUJO DRAGO
Advogado da Petrobras atuante nas áreas de Direito Societário e Mercado de Capitais.

HAROLDO MALHEIROS DUCLERC VERÇOSA
Mestre e Doutor em Direito Comercial pela USP. Professor de Direito Comercial da USP. Membro do Centro de Mediação e Arbitragem da Câmara do Comércio Brasil-Canadá. Consultor.

JEAN CARLOS FERNANDES
Doutor em Direito Privado pela PUC/MG. Mestre em Direito Comercial pela UFMG. Professor-Adjunto de Direito Empresarial da Faculdade Mineira de Direito da PUC/MG. Professor Titular e Coordenador do Curso de Direito do Centro Universitário Newton Paiva. Membro efetivo e Diretor-Adjunto do Departamento de Direito Empresarial do Instituto dos Advogados de Minas Gerais. Advogado e Consultor Empresarial em Belo Horizonte/MG.

JOSÉ IGNACIO BOTELHO DE MESQUITA
Professor Emérito da Faculdade de Direito da USP. Professor Titular do Departamento de Direito Processual da Faculdade de Direito da USP. Livre-Docente e Doutor em Direito Processual Civil pela Faculdade de Direito da USP. Advogado.

LUCAS BRAUN
Advogado em São Paulo.

LUÍS FELIPE SPINELLI
Mestre em Direito Privado pela UFRGS. Especialista em Direito Empresarial

pela UFRGS. Professor de Direito Societário do Centro Universitário Ritter dos Reis. Advogado em Porto Alegre/RS.

MARCELO BARBOSA SACRAMONE
Doutorando em Direito Comercial pela USP. Mestre em Direito Comercial pela USP. Juiz de Direito do Estado de São Paulo.

MARCOS PAULO DE ALMEIDA SALLES
Mestre e Doutor em Direito Comercial. Professor da Faculdade de Direito da USP. Advogado em São Paulo.

MARIA ISABEL CANDELARIO MACÍAS
Professora Titular de Direito Mercantil Universidad Carlos III de Madrid/España.

MARIANNE MENDES WEBBER
Mestranda em Direito Internacional pela Faculdade de Direito da USP. Especialista em Direito Societário pela Faculdade de Direito de Curitiba e em Comércio Internacional e Arbitragem pela Faculdade de Direito da Universidade de Lisboa. Membro da Academia Brasileira de Direito Internacional.

MILTON NASSAU RIBEIRO
Pós-Graduado em Direito de Empresas e da Economia pela Fundação Getúlio Vargas – FGV. Mestrando em Direito de Empresa na Faculdade de Direito Milton Campos, BH/MG. Advogado.

NEWTON SILVEIRA
Professor Doutor da Faculdade de Direito da USP.

RACHEL SZTJAN
Professora Associada do Departamento de Direito Comercial da Faculdade de Direito da USP.

RENATO M. BURANELLO
Mestre em Direito Comercial pela PUC/SP, onde é Professor Convidado do Curso de Direito Empresarial (COGEAE). Fundador do Instituto Brasileiro de Direito do Agronegócio (IBDA). Membro do Instituto Brasileiro de Direito do Seguro (IBDS) e da Academia Nacional de Seguro e Previdência (ANSP). Advogado.

RICARDO PADOVINI PLETI
Professor efetivo de Direito Civil e Empresarial da Faculdade de Direito "Prof. Jacy de Assis", da Universidade Federal de Uberlândia. Especialista em Direito Empresarial por essa mesma instituição. Mestre e Doutorando em Direito Empresarial pela Faculdade de Direito da UFMG. Advogado membro do Instituto dos Advogados de Minas Gerais e da Comissão de Estudos Jurídicos de Direito Empresarial da 13ª Subseção da OAB/MG (Uberlândia).

TIAGO SOARES DE AQUINO
Graduando da Faculdade de Direito da Universidade Federal de Pernambuco.

VÉRA JACOB DE FRADERA
Professeur à l'Université Fédérale du Rio Grande do Sul. Avocat au barreau de Porto Alegre, RS/Brésil.

Doutrina

A JUDICIALIZAÇÃO DO DIREITO DA CONCORRÊNCIA

José Ignacio Botelho de Mesquita

I. Introdução. II. Do controle judicial dos atos administrativos em geral. III. Do controle judicial das decisões administrativas em matéria de defesa da concorrência. IV. O vício de forma. V. Da inexistência de motivos. VI. Sobre a configuração do acordo e de seu objeto. VII. Sobre a configuração das hipóteses do art. 20 da Lei n. 8.884/1994. VIII. Do desvio de finalidade. IX. Conclusão.

I. Introdução

1. A vida acadêmica, na área do Direito, tem de sedutor o ser um campo aberto ao puro raciocínio, voltado frequentemente a retraçar o rumo das linhas internas que governam os seus institutos, emaranhadas não raro de tanto que sobre elas se escreve, voltado outras vezes à descoberta do sistema apropriado a cada um deles, ou senão ao modo como se inserem em outro sistema mais amplo ou conjunto de sistemas, mas sempre na tentativa de descobrir o modo de melhorar o seu funcionamento na prática, de buscar a sua perfeição enquanto meio de resolver problemas, remover impasses, compor harmoniosamente o conjunto das normas em que se inserem.

É um desafio à inteligência, agradável às vaidades, mas suscetível, ele mesmo, de revisões sucessivas, porque no caminho da sua criação, não caminha, o direito, da razão para os fatos, mas ao contrário. O que põe a funcionar a todo vapor o raciocínio jurídico não é algum estímulo meramente intelectual; é o despontar agressivo do problema candente. Daí ser insuperável, assim penso, a emoção de tomar nas mãos o problema, enquanto fato vivo, latejante, e contemplá-lo com a certeza de que para ele o Direito tem cura e, então, dar a partida ao caminho de volta, ladeira acima, do fato para o Direito.

Ao examinar qualquer instituto jurídico, principalmente quando o exame é feito para fins didáticos, a primeira pergunta que ocorre é: qual é o problema para cuja solução este instituto serve? Ao examinar o fato, a pergunta é a oposta: qual é o instituto que para esse fato é a solução.

2. À luz desse entendimento, escolhi um caso concreto cujo exame bem possibilita verificar de que modo convive a jurisdição civil com a "jurisdição" do CADE[1] e apurar dentro de que limites uma decisão do CADE estaria sujeita ao controle do Poder Judiciário, bem como em que medida, dentro de tais limites, seria uma decisão do Conselho passível de anulação em juízo.

É tema que tem provocado muito debate. Muito se tem discutido sobre a chamada "judicialização" do direito da con-

1. Conselho Administrativo de Defesa Econômica.

corrência, mas sempre, parece, examinado esse tema a partir de suas vertentes teóricas, conceituais, comumente envoltas em preconceitos, seja contra empresários privados, seja contra administradores da coisa pública, o que sempre dificulta sua ancoragem no chão cru do Direito.

Os casos concretos forçam o aprofundamento das questões e forçam os olhos a se abrir para aspectos que de outro modo escapariam à percepção do observador.

3. O caso escolhido, nascido de uma acusação de formação de cartel, um caso real, foi o de uma decisão do CADE cujas origens se prendem ao resultado de um procedimento perante a SDE,[2] eivado de vícios que muito o comprometiam. Daí os problemas que mais adiante serão expostos, a começar pelo problema mais amplo de que já se passa a tratar.

II. Do controle judicial dos atos administrativos em geral

4. A despeito de muito conhecida a história do controle judicial dos atos administrativos, é pertinente essa primeira indagação, dadas as peculiaridades de que se revestem os processos perante o CADE e as funções que lhe foram atribuídas, extremamente próximas das que competem ao Poder Judiciário. Basta ver que a Lei n. 8.884/1994 define o CADE como "órgão *judicante*, com *jurisdição* em todo o território nacional".[3]

Longe está a "*jurisdição*" do CADE, evidentemente, da *jurisdição contenciosa* de competência exclusiva dos órgãos do Poder Judiciário, mas não tão longe assim da *jurisdição voluntária*,[4] com a qual guarda estreita semelhança, especialmente quando o processo perante o CADE se põe em marcha por provocação de alguém diretamente interessado na cessação da prática anticoncorrencial denunciada na representação por ele promovida.

Com efeito, em tal caso agirá o CADE, como faria qualquer órgão judicial no exercício da jurisdição voluntária: decidirá um processo sem lide, tendo por escopo, em lugar da composição de dois ou mais interesses em conflito, a tutela de um único interesse, de que é titular a comunidade toda (Lei n. 8.884/1994, art. 1º, parágrafo único) a cujo final, no entanto, pode resultar inteiramente satisfeito, não apenas o interesse comum do povo para cuja defesa se instituiu o CADE, mas também, e principalmente, o direito individual do terceiro prejudicado que promoveu a representação. É o que explica, aliás, a aplicação subsidiária, ao processo administrativo perante o CADE, das disposições do Código de Processo Civil (Lei n. 8.884/1994, art. 83).

Tendo presente esta semelhança entre os dois tipos de processo, e, principalmente, o alto grau de especialização do CADE na matéria de sua competência, tem de fato inteira pertinência indagar em quê estariam decisões do CADE sujeitas ao controle judicial, e a título de quê um órgão do Estado, perito em direito da concorrência, teria que ter as suas decisões expostas ao controle de outro órgão do mesmo Estado para o qual aquela matéria não se apresenta como objeto precípuo de sua especialidade.

5. Respondendo esta indagação, é conveniente lembrar que a evolução do controle judicial dos atos administrativos está estreitamente ligada ao regime político-jurídico dominante em cada estado em cada ciclo de sua história. Esta lembrança, mais que conveniente, é necessária para que nunca se perca de vista a influência que a ideologia política exerce, ou pode exercer, na ampliação ou redução dos limites dentro dos quais será lícito ao Poder Judiciário controlar os atos do Poder Executivo.

2. Secretaria de Direito Econômico.

3. Lei cit., art. 3º, nossos os grifos.

4. Os modernos, talvez por temor de assimilar processos desta natureza aos de interdição, autorização para casamento e outros que tais, preferem chamá-los de "processos objetivos", sem que isto, no entanto, lhes mude a natureza nem a classificação clássica.

Sob a monarquia absoluta, por exemplo, estando enfeixados todos os poderes do Estado nas mãos de uma única pessoa, o soberano, é impensável atribuir a outrem o julgamento dos atos por ele praticados. Da mesma forma, num Estado em que impere um exacerbado apego à tripartição dos poderes, o controle, por um deles, dos atos praticados por qualquer dos outros será sempre tido como ingerência inadmissível de um dos poderes na esfera de atribuições do outro; assim foi na França pós-revolucionária até o momento em que se passou a admitir o recurso por excesso de poder, que outra coisa não era, como bem advertiu Laubadère, "senão um antigo recurso hierárquico administrativo evoluído e transformado".[5]

Na jurisprudência brasileira, da proclamação da República e até a primeira metade do século XX, prevaleceu o entendimento fielmente reproduzido nos ensinamentos de Seabra Fagundes de que, ao Poder Judiciário, seria sempre vedado apreciar o *mérito* dos atos administrativos, cabendo-lhe "examiná-los, tão somente, sob o prisma da legalidade". O mérito do ato administrativo, compreendendo "as questões relativas ao acerto, à justiça, à equidade, etc.", era considerado "de atribuição exclusiva do Poder Executivo, e o Poder Judiciário, nele penetrando, faria obra de administrador, violando, com isso, o princípio de separação e independência dos poderes".[6]

Note-se, porém, que na lição de Seabra Fagundes, que é do final da primeira metade do século passado, a perspectiva do ato sob o ponto de vista da *legalidade* já era suficientemente ampla para permitir ao Judiciário verificar se tais atos "obedeceram as prescrições expressamente determinadas, quanto à *competência* e a *manifestação de vontade* do agente, quanto ao *motivo*, ao *objeto*, à *finalidade* e à *forma*", antecipando-se ao que, duas décadas mais tarde, viria a constituir disposição expressa de lei.[7]

Nessa fase, conforme salienta Maria Sylvia Zanella Di Pietro a respeito do direito francês, relembrando o ensinamento de Consuelo Sarria, já se mostrava restringida a primitiva amplitude da discricionariedade da Administração "pelos *princípios gerais* de direito, em especial a racionalidade ou *razoabilidade*, a *justiça*, a *igualdade*, o *direito de defesa*".[8]

A vigente Constituição brasileira estendeu enormemente o campo do controle judicial dos atos administrativos, ao submetê-los não mais apenas ao princípio da legalidade, ainda que sob aquela ampla perspectiva acima acenada, mas também aos princípios da ***impessoalidade***, da ***moralidade*** e da ***eficiência***; princípios estes que limitam de tal modo a discricionariedade administrativa que hoje não há praticamente aspecto nenhum do ato administrativo que não esteja exposto ao controle do Poder Judiciário.

O próprio *mérito* do ato administrativo, reduzido ao juízo sobre a *oportunidade* e *conveniência* do ato, antes inexpugnável, não foge mais ao controle judicial sob o ângulo da finalidade e da moralidade administrativa.

6. Isto, porém, não pode ser levado ao extremo de autorizar a conclusão de dispor hoje o Poder Judiciário de um ilimitado poder de controle sobre os atos do Poder Executivo, à feição de um superfeitor. Tal exagero implicaria necessariamente incompatibilidade com o princípio de que os três Poderes são independentes e harmônicos entre si e favoreceria o crescimento de um Poder Judiciário ditatorial.

5. André de Laubadère, *Traité Élémentaire de Droit Administratif*, 1970, I, p. 229, nossa tradução livre.

6. Miguel Seabra Fagundes, *O Controle dos Atos Administrativos pelo Poder Judiciário*, 1941, pp. 116, 117 e 118.

7. Cf. art. 2º da Lei da Ação Popular (Lei n. 4.717/1965).

8. *Da Discricionariedade Administrativa na Constituição de 1988*, 1991, p. 94.

O que se há de entender é que o juízo político de conveniência e oportunidade do ato consubstancia o poder discricionário do Executivo, que se mantém inviolável na medida em que se contenha dentro dos limites que lhe são impostos pelos já mencionados princípios constitucionais.

7. O que daí se conclui para o caso específico do CADE é que ao Poder Judiciário nunca caberá substituir-se ao CADE na definição do que convém e é oportuno à defesa da ordem econômica, competindo-lhe, porém, em cada caso, dizer se, perante os princípios da legalidade, da impessoalidade, da moralidade e da eficiência, o ato deve, ou não, ser tido como válido e eficaz.

Vale dizer, a melhor definição do que convenha e seja oportuno à defesa da ordem econômica, do ponto de vista político e até científico, de nada valerá se, em relação à competência, ao objeto, à finalidade, aos motivos e à forma do ato não houverem sido fielmente observadas as prescrições legais, ou esteja o ato maculado por ofensa aos princípios da moralidade, da impessoalidade e da eficiência.

Em contrapartida, se fielmente observados os citados princípios, de nada valerá a opção judicial contrária ao entendimento do CADE, ainda que bem intencionada, sobre o que mais convenha e seja oportuno à defesa da ordem econômica. A velha advertência "salus populi suprema lex est", tão cara a todos os ditadores, ainda quando possa ser válida em algum lugar e por algum tempo, sempre deixa atrás de si uma herança nefasta, que leva uma eternidade para ser morta e outra igual para ser sepultada.

Em países, como o nosso, quase sem nenhuma tradição democrática, a compreensão desse fenômeno nunca estará suficientemente garantida contra o permanente perigo de recrudescimento, no seio das organizações estatais, das velhas e arraigadas tendências totalitárias. Daí a invulgar importância que adquire entre nós a correta atuação do Poder Judiciário, de cuja independência e imparcialidade depende o equilíbrio com que se espera que devam ser exercidas as atribuições dos demais Poderes.

III. Do controle judicial das decisões administrativas em matéria de defesa da concorrência

8. Os processos administrativos com as características dos que pertencem à competência do CADE, tendo em vista a elevada soma de poderes de que as agências governamentais, ou entidades a elas assemelhadas, se acham investidas, estão largamente expostos ao risco de incorrerem em desobediência ao princípio da legalidade sob alguma de suas três modalidades básicas; a saber: o *vício de forma*, a *inexistência de motivos* e o *desvio de finalidade*, todas elas muito bem definidas no parágrafo único do art. 2º da Lei da Ação Popular (LAP).

8.1 O *vício de forma*, diz a lei, "consiste na omissão ou na observância incompleta ou irregular de formalidades indispensáveis à existência ou seriedade do ato". A vítima mais frequente deste vício, em processos que se iniciam mediante representação de algum interessado, é o direito de defesa do acusado; notadamente quando, pela importância política ou econômica da acusação, do acusador ou do acusado, diminua o interesse em se reconhecer a este último o direito de ampla defesa.

8.2 A *inexistência dos motivos*, por sua vez, "se verifica quando a matéria de fato ou de direito, em que se fundamenta o ato, é materialmente inexistente ou juridicamente inadequada ao resultado obtido". Num caso, como o de que se trata, que cuida da acusação da formação de cartel, sabendo-se que a este respeito há diversos entendimentos, inclusive o infindável desentendimento entre as escolas de Harvard e de Chicago, emprestando cada qual maior relevo a diferentes aspectos do mesmo fenômeno, é extremamente alta a probabilidade de se perder, na decisão, a fidelidade devida às hipóteses da lei, prestando-se tutela, antes, ao interesse ocasional de fazer prevalecer esta ou aquela tendência doutrinária, do que ao interesse na exata aplicação das normas de direito positivo.

8.3 O *desvio de finalidade*, finalmente, ocorre "quando o agente pratica o ato visando a fim diverso daquele previsto, explícita ou implicitamente, na regra de competência", vício a que enormemente se prestam os atos emanados de entes públicos fortemente politizados, como as agências reguladoras estatais.

9. Para os fins deste estudo é necessário, portanto, examinar de que modo, no exemplo adotado, podem ocorrer as situações em que consistem os vícios acima mencionados.

IV. O vício de forma

10. Atos administrativos existem que devem ser obrigatoriamente precedidos por procedimentos estatuídos por lei, podendo consistir em inquéritos, sindicâncias, tomada de pareceres de determinados órgãos técnicos e assim por diante.

Toda vez que a lei assim prevê, será nulo por vício de forma o ato administrativo que não tenha sido precedido do procedimento legalmente previsto, ou que tenha sido precedido por procedimento eivado de irregularidades que prejudiquem a realização de seus próprios fins. São casos em que fica faltando ao ato administrativo formalidade considerada indispensável.

Exemplificando, lembra Seabra Fagundes: "no ato de exoneração de funcionário com mais de 10 anos de exercício, o inquérito que lhe deve servir de base há de ser feito com audiência do interessado e prazo para sua defesa. Omitida alguma dessas formalidades, o ato será inválido".[9]

11. Há registro, no caso, de sucessivas denúncias de que, na fase em que competia à SDE a condução do procedimento sobre a verificação das práticas denunciadas ao CADE, graves irregularidades teriam ocorrido, entre as quais se destacariam "contatos prévios, informais e furtivos de integrantes da SDE com testemunhas cujos depoimentos – coincidentes ou não – são exaustivamente citados nos pareceres que opinam pela condenação das Representadas"; o que teria ocorrido "sem a presença das partes (representadas) e dos seus advogados" embora já durante o "curso do processo administrativo".

E há referência, também, à manutenção em sigilo de "documentos relevantes, relacionados ao processo administrativo".

12. Estes fatos, a toda evidência, quando ocorrem, violam o princípio do contraditório e da ampla defesa, porque dizem respeito a provas que precederam a conclusão a que chegou o CADE, sem que, a seu respeito, tivesse sido concedida oportunidade às representadas de exercer amplamente (quer dizer: sem embaraços) o seu direito de defesa.

A este respeito cabe ter presente que não é hábil a afastar a nulidade a objeção de que os fatos sonegados ao crivo do contraditório não teriam exercido qualquer influência na formação da convicção dos Conselheiros. E não a afasta porque o que vai gerar a nulidade da futura decisão não é a *quantidade* da influência daquelas provas no espírito dos julgadores, mas algo que lhe é muito anterior e que é a *qualidade* jurídica da supressão do contraditório a respeito delas. Só teria sentido a alegação de que a irregularidade não teria prejudicado a decisão final, se, no mérito, a decisão houvesse favorecido a parte a quem a declaração de nulidade beneficiaria (CPC art. 249, § 2º). E não foi isto o que ocorreu.

12.1 A este propósito convém não deixar sem o devido reparo a tese defendida por um dos Conselheiros no sentido de que "O que macula *(a prova)* é a maneira 'clandestina' como obtida, sem registro nos autos", não se vislumbrando, porém, "qualquer problema em um contato prévio

9. Ob. cit., p. 58, nota 4.

entre a autoridade e a testemunha, sem a presença de advogados, desde que efetivada oficialmente e registrado (ainda que após a sua realização) nos autos, caso, posteriormente, a inquirição da testemunha fosse efetivada sob o regime do contraditório", concluindo que "tal invalidação não é capaz de macular outras provas eventualmente colhidas, tão somente aquela específica".

Na verdade, não é este entendimento predominante sobre o alcance da proibição de provas obtidas por meios ilícitos (Constituição Federal, art. 5º, inciso LVI). Fosse ele assim tão restrito, seriam plenamente admissíveis em juízo ou fora dele, desde que revestidos de todas as garantias do devido processo legal, depoimentos de testemunhas cujos nomes houvessem sido extorquidos mediante tortura.

A despeito das divergências doutrinárias que pesam sobre o alcance da proibição constitucional, não se negam as consequências para o processo da "contaminação" das provas lícitas pelas ilícitas, sempre que aquelas forem destas derivadas. É a conhecida teoria, de origem norte-americana, dos frutos da árvore venenosa (*fruits of the poisonous tree*), que impõe ao juiz um cuidadoso exame de caso para caso com o escopo de determinar o nível da contaminação de umas pelas outras. No caso que está servindo de exemplo, é digno de nota que a indicação da existência de acordo entre as empresas representadas – elemento essencial para a configuração de cartel – proveio exatamente daquela origem apontada como ilícita.

13. A consequência dos vícios de forma do procedimento perante a SDE é a nulidade da superveniente decisão do CADE, por não ter sido precedida pelo procedimento determinado pela lei. É caso clássico de ofensa do ato ao princípio da legalidade. E, para que esta nulidade se configure, contenta-se a lei com a observância "*incompleta*" de formalidades indispensáveis à existência "*ou à seriedade do ato*"; não se exige a *completa* inobservância, nem que o vício comprometa a *existência* mesma do ato.

Mas não é só isto, porque, além disto, a irregularidade havida já indica a predisposição de diminuir as probabilidades de êxito do exercício do direito de defesa, o que irá incluir-se entre motivos pelos quais se poderá cogitar de desvio de finalidade, de que mais adiante se falará.

V. Da inexistência de motivos

14. Sob o *nomen juris* de inexistência de motivos, incluem-se duas espécies distintas: (*a*) o caso em que a matéria de fato, em que se fundamenta o ato, é *materialmente inexistente*; e (*b*) o caso em que é *juridicamente inadequada* ao resultado obtido.

A primeira constitui ***questão de fato***, que se resolve por meio da prova que venha a ser produzida. A segunda, ao contrário, constitui questão ***exclusivamente de direito***: não comporta discussão sobre se os fatos em que se fundamenta o ato efetivamente ocorreram. Indaga-se, tão somente, se os fatos afirmados como existentes seriam adequados ao resultado do ato; ou seja, no caso concreto, se seriam necessários e suficientes para justificar a condenação pela prática de cartel.

O que interessa a este estudo é apenas a questão de direito.

15. Ponto de partida para o exame da conclusão a que chegou o CADE é a definição de cartel por ele mesma adotada, consagrada na Resolução CADE 20/1999, segundo a qual cartéis seriam "acordos explícitos ou tácitos entre concorrentes do mesmo mercado, envolvendo parte substancial do mercado relevante, em torno de itens como preços, quotas de produção, distribuição e divisão territorial, na tentativa de aumentar preços e lucros conjuntamente para níveis mais próximos dos de monopólio".

Contêm esta definição dois elementos essenciais e inafastáveis: o primeiro consistente na existência de um "*acordo*" e o segundo constituído pela finalidade deste acordo, qual seja, "*a tentativa de aumentar preços e lucros conjuntamente para níveis mais próximos dos de monopólio*".

Assim sendo, para que os fatos apurados no processo administrativo perante a SDE se mostrassem ***adequados*** à condenação pela formação de cartel, seria necessário que fossem suficientes à demonstração de que *houve acordo* entre os concorrentes e que este acordo teve por objeto a tentativa de *aumentar preços e lucros a níveis mais próximos dos de monopólio*.

Mas não é só. Os elementos acima referidos, a saber, o acordo e seu objeto, compõem apenas as espécies previstas nos incisos I, III e XII do art. 21 da Lei do CADE, cuja presença, no entanto, ainda não é suficiente para conduzir à condenação por prática anticoncorrencial, porquanto isto só se dá, conforme expressa disposição do citado artigo, "na medida em que estas espécies configurem hipóteses previstas no art. 20 e seus incisos".

É sob esta ótica que deve ser analisada a adequação dos fatos ao resultado a que chegou o processo: a condenação pela prática de cartel.

VI. Sobre a configuração do acordo e de seu objeto

16. Sem dispor de meios diretos com que demonstrar a existência de acordo entre as representadas, socorreu-se o Relator do que disse que seria o ensinamento de Paula Forgioni, no sentido de que "ao defrontar-se com a problemática da comprovação de alguns elementos componentes da prática de cartel, a acumulada experiência alienígena firmou jurisprudência no sentido de que a existência dos acordos *pode ser deduzida das próprias circunstâncias do fato*".

Com base nesse critério, o voto do Conselheiro Relator deduziu a existência de acordo entre as representadas dos seguintes indícios: a) pesquisas estatísticas, notas fiscais e tabelas com cotações de preços; b) aumento de preços no mesmo porcentual e na mesma data; c) troca de informações; d) fixação dos preços de revenda.

17. Estes indícios, no entanto, não se prestam de modo nenhum a atestar a existência de acordo anticoncorrencial entre as empresas, conforme bem demonstra o ensinamento de Paula Forgioni que, no voto em exame, foi truncado e deturpado.[10]

Com efeito, depois de citar a decisão do caso *Materie Coloranti*, a ilustre Professora cita uma decisão da Suprema Corte dos Estados Unidos, no sentido de ser suficiente, para que se configure uma "combinação", no sentido em que o termo é empregado pelo Sherman Act, que haja evidência de que terceiras pessoas, com conhecimento de uma "ação concertada" entre outras partes, emprestem sua adesão a ela e a partir de então "participem da maior parte dos casos de liderança do preço (*price leadership*)";[11] o que não se aplica ao

10. É particularmente visível a deturpação do texto de Paula Forgioni na tradução da decisão da Corte de Justiça Europeia no caso *Materie Corolanti*. No original italiano, o texto citado dizia: "La concertazione non implica necessariamente che gli interessati stabliscono un piano comune per adottare un determinado comportamento; é sufficente che essi si metano reciprocamente al corrente dell'atteggiamento che intendono assumere di guisa che ciascuno possa agire nella convinzione che i suoi concorrenti adotteranno un comportamento analogo" (Paula Forgioni, *Os Fundamentos do Antitruste*, 2ª ed., Ed. RT, p. 413). No vernáculo, em tradução livre: "A concentração não implica necessariamente que os interessados estabeleçam um plano comum para adotar um determinado comportamento; é suficiente que estes se ponham reciprocamente ao corrente (estejam a par) da conduta que pretendem assumir de modo que cada um possa agir na convicção de que seus concorrentes adotarão um comportamento análogo". A parte final desta citação, no entanto, foi adulterada pelo voto do Relator, ficando assim: "***é suficiente que os partícipes da conduta assumam, ou entendam assumir, atos que seus concorrentes realizaram, com objetivos comuns de restrição à concorrência, sem a necessidade de uma convenção expressa***" (fls. 5.661, em negrito no original).

11. Paula Forgioni, ob. cit., p. 413.

caso em análise, porque constitui hipótese incompatível com a estrutura das de "liderança de preço", já que, no caso presente, nenhuma das empresas representadas é tida como terceiro em relação a uma ação concertada entre outros. Cita ainda as opiniões de Frignani e Waelbroek, mais ou menos nesse mesmo sentido, para a final concluir: "Por outro lado, a simples comparação da curva de preços praticados em um determinado mercado relevante por vezes é insuficiente para determinar a existência do acordo. A esse respeito manifestou-se o Tribunal Europeu: 'A rigidez dos preços no mercado não é em si mesma contrária ao Tratado [CE] se for o resultado, não de um acordo, mesmo tácito, entre os associados, mas do jogo das forças e das estratégias de unidades econômicas independentes e opostas no mercado'. ***Repise-se, não basta a uniformização dos preços para a caracterização do ilícito***, não podendo ser esta tomada senão como um indício".[12]

18. Efetivamente, não há como extrair dos mencionados fatos, nem mesmo do seu conjunto, a configuração de um acordo entre os concorrentes. E menos ainda, que o suposto acordo tivesse por objeto a tentativa de aumentar preços e lucros a níveis mais próximos dos de monopólio.

A esse respeito, aliás, não se encontra no voto do Relator uma palavra sequer. Há referências a aumento de preço, mas nenhuma à desproporcionalidade entre este aumento e as circunstâncias normais do mercado e nenhuma alusão a que deveria considerar-se como baliza para indicar a proximidade com preços e lucros de monopólio. O que é vedado, como se sabe, é só o aumento ***injustificado*** de preços, qualificação que, no caso, não foi objeto de qualquer cogitação.

O que daí se extrai é que, ainda quando se pudesse ter como certa a existência do acordo, que é apenas um dos elementos da definição de cartel, continuaria faltando a demonstração, por meros indícios que fosse, da existência do outro elemento: a tentativa de aumento de preços e de lucros a níveis próximos aos de monopólio.

18.1 O voto de um dos Conselheiros torna esta falha ainda mais evidente, pois se concentra exclusivamente na questão da "discriminação de preços como instrumento de divisão de mercado" e não de tentativa de aumento de preços a níveis próximos dos de monopólio.

VII. Sobre a configuração das hipóteses do art. 20 da Lei n. 8.884/1994

19. Por expressa disposição da Lei Antitruste, tais são as peculiaridades do mundo da concorrência, que as hipóteses do seu art. 21 só consubstanciam ilícito contra a ordem econômica, "*na medida que* configurem hipótese prevista no art. 20 seus incisos".

Ao contrário do que pareceu ao Relator do caso, o fato de haver ocorrido qualquer das práticas relacionadas no art. 21 não importa, de modo nenhum, a ocorrência de qualquer das hipóteses do art. 20. Com efeito, lê-se no seu voto:

"Essas práticas de divisão de clientes, implementada (*sic*) por meio de discriminação de preços, estão descritas nos incisos I, III e XII do art. 21 da Lei n. 8.884/1994, quando rezam: (*omissis*). Tais atos imputados às representadas caracterizam um acordo horizontal, constituindo infração típica de cartel, ***produzindo*** as hipóteses descritas nos incisos I, II e IV do art. 20 da Lei n. 8.884/1994".

Esta conclusão é manifestamente contrária à letra e ao espírito da lei. Para que se configure o ilícito contra a ordem econômica é indispensável, é condição *sine qua non*, que às do art. 21 se somem as do art. 20. Estas não são "***produzidas***" por aquelas.

Em outras palavras, para se que componha o suporte de fato da infração contra a ordem econômica, é necessário que, à exis-

12. Idem, p. 414, sem destaques no original.

tência de motivos para se entender ocorrida qualquer das condutas mencionadas no art. 21, se somem motivos outros para se entender verificada alguma das infrações mencionadas no art. 20, motivos estes que não podem logicamente ser os mesmos compreendidos pelo art. 21; têm que ser obrigatoriamente outros.[13] E há relevantíssimas razões para isto, a que não deu a devida atenção o voto do Conselheiro Relator.

20. Explica-se esta desatenção pelo fato de haver ele tomado como ponto de partida um conceito não verdadeiro, que acabou viciando todo o seu julgamento e pré-constituindo o resultado do processo. Na verdade, antes que um conceito, um preconceito. Disse ele: "Quanto à *concentração* desse mercado (...) observo que respondem as representadas, juntas, por aproximadamente 95% das vendas no setor (...). *Isso é suficiente para caracterizar o exercício coordenado de poder de mercado*".

A partir daí todos os fatos apurados no processo passaram a ser vistos pela ótica desse preconceito, que a lei não autoriza de modo algum, cegando o julgador para a possibilidade de que os mesmos fatos produzam consequências diversas conforme ocorram dentro, ou fora, de um mercado oligopolizado.

21. É sabido que comportamentos que num mercado não dominado por nenhum oligopólio poderiam ter o sentido de criá-lo em prejuízo da concorrência, num mercado oligopolizado podem significar, ao contrário, uma concorrência acirrada entre as empresas que o constituem, quando não até mesmo a adoção de condutas destinadas a evitar que se estabeleça entre elas uma concorrência predatória.

Este fenômeno é modernamente explicado pela chamada *Teoria dos Jogos*, que valeu a John Nash o prêmio Nobel de economia e que se desenvolveu a partir da análise da conduta oligopolista, especialmente no que se refere aos chamados *comportamentos estratégicos*, ou seja, os comportamentos que as partes adotam como sendo a melhor resposta racional à estratégia que a outra presumivelmente irá adotar.

O que importa, porém, aos fins deste estudo, não é a análise das condutas das partes à luz dessa ou de quaisquer outras teorias econômicas, mas sim deixar registrado o fato de que a verificação das hipóteses do art. 20 da Lei do CADE condiciona as do art. 21 exatamente porque se sabe que, à luz da análise econômica, as condutas indicadas nesse art. 21, sem que se conjuguem com as do art. 20, não são suficientes para a configuração de qualquer ilícito contra o direito da concorrência ou, mais genericamente, contra a ordem econômica.[14]

22. Tendo presente que a decisão do CADE consubstanciada no voto do Relator não se fundou na conjugação dos casos do

13. Basta ver, só a título exemplificativo, que uma divisão de território entre empresas que compõe o oligopólio não pode, por definição, ter por finalidade dominar o mercado (art. 20-II) que já é o objeto do oligopólio, ou prejudicar a concorrência entre elas (art. 20-I); ou prejudicar o consumidor por abuso da posição dominante, se os produtos de todas (vergalhões) não apresentam diferenças notáveis entre si (art. 20-III).

14. Perfeitamente correta neste sentido a conclusão do voto do Ministro Carlos Veloso, relator da medida liminar na ADI n. 1.094-8, quando sustentou que o art. 21, inciso XXIV e respectivo parágrafo único da Lei 8.884/1994 "há de ser interpretado em consonância com o art. 20, dado que a este o art. 21 reporta-se, expressamente, dispondo que as condutas a seguir enumeradas nos incisos I a XXIV caracterizam infração da ordem econômica na medida em que configurem hipótese prevista no art. 20 e seus incisos. Correta, portanto a exposição que acompanha as informações, quando registra: (...) Não há que falar em abuso do poder econômico fora da concorrência. Por óbvio, impor preços excessivos ou aumentar sem justa causa o preço de bem ou serviço não há de ser punível, em qualquer circunstância, se não produzir os efeitos a que se referem os incisos do art. 20 e que podem ser sintetizados num só: causar efeitos danosos à livre concorrência. Embora seja um ilícito administrativo de tipologia aberta, sua conceituação considera as leis do mercado: só é justificado o aumento excessivo de preço que encontre correspondência na variação a maior dos custos nos respectivos insumos ou decorrente de introdução de melhorias de qualidade" (STF, Pleno, ADI n. 1.094-8, j. 21.9.1995).

art. 21 com os do art. 20 da lei, a hipótese que se configura é de *inadequação dos motivos do ato ao seu resultado*.

Para a compreensão da gravidade deste vício, é importante ter presente a lição de Paula Forgioni no sentido de que "As legislações antitruste, quer no enunciado de suas normas, quer em seu processo de aplicação, contém instrumentos destinados a evitar que a tutela da livre concorrência venha a desempenhar uma função oposta àquela desejada". E explica: "Decorre, daí, a necessidade de *flexibilização* do texto normativo, destinada a adequá-lo à mutável realidade em que se insere".[15]

Para que se tenha ideia da necessidade dessa "flexibilização", basta considerar que, consoante as peculiaridades de um dado momento econômico o aumento de preços, que em outro momento poderia ser tachado de "abusivo", pode constituir um incentivo ao incremento da concorrência, do mesmo modo que, de outro lado, uma redução predatória de preços pode ser tida como economicamente conveniente por importar o incremento da demanda em determinado setor produtivo.

Dentre os mecanismos de "flexibilização" do texto normativo, salientou Paula Forgioni a importância do papel representado pelo que ela denominou de "jogo do interesse protegido", por meio do qual a autoridade competente elege, dentre os diversos interesses "protegíveis" pela lei antitruste, qual deva ser protegido no caso concreto. E finaliza, apontando: "*A questão do jogo do interesse protegido, em nossa Lei Antitruste, centraliza-se no art. 20, de longe o seu cerne*",[16] já que é exatamente esta norma que "nos autoriza a lançar mão do 'jogo do interesse protegido' para aplicação de uma determinada política econômica".[17]

Segue daí que a inobservância do que está previsto no *caput* do art. 21 quanto à relação deste com o art. 20, importou, nada mais, nada menos, que a supressão do mecanismo de aferição da ***medida*** em que as condutas tidas como provadas configurariam infração da ordem econômica.

A consequência disto é, também aqui, a configuração do vício de *inexistência de motivos*, porque a matéria de fato em que o ato se fundou é *juridicamente inadequada* ao resultado obtido.

VIII. Do desvio de finalidade

23. Ao contrário do que possa parecer a quem se oriente só pela ementa da Lei n. 8.884/1994, não é o CADE um órgão governamental destinado apenas à prevenção de infrações futuras ou à repressão das infrações presentes contra a ordem econômica. Comprova-o à saciedade o disposto no art. 53 da Lei Antitruste, por força do qual a existência de infração contra a ordem econômica não impede que, em qualquer fase do processo administrativo, possa "ser celebrado (...) compromisso de cessação da prática sob investigação, que não importará confissão quanto à matéria de fato, nem reconhecimento de ilicitude da conduta analisada", vindo o processo a ser arquivado "se atendidas todas as condições estabelecidas no termo respectivo".

15. Ob. cit., pp. 200-201.

16. Idem, p. 269.

17. Idem, p. 270. No mesmo sentido, é a lição de Calixto Salomão Filho: "Com a nova lei, viu o legislador a oportunidade de construir um tipo legal que constituísse essa via intermediária. Imaginou que, consolidando todos os ilícitos em um só artigo (art. 21), e subordinando sua caracterização àquelas três categorias (dominação de mercados, abuso de poder econômico e concorrência desleal) consolidadas no dispositivo anterior (art. 20), conseguiria, ao mesmo tempo, (a) dar liberdade suficiente para o juiz na formulação de uma regra da razão, dentro dos limites estabelecidos pelos princípios do art. 20, (b) dificultar, através da fixação de princípios gerais (art. 20) a contestação constitucional da tipologia aberta que se estava criando e (c) fornecer aos agentes econômicos certo grau de segurança jurídica através da declaração expressa de um certo número – ainda que não fechado – de infrações puníveis (art. 21)" (*Condutas Tendentes à Dominação dos Mercados – Análise Jurídica*, São Paulo, 2001, pp. 115-116).

A razão disto está no que Paula Forgioni chamou de "*instrumentalidade*" do direito concorrencial, que se evidencia claramente no ensinamento de Frignani & Waelbroeck para o mercado comum europeu, por ela citado: "a política de concorrência persegue dois objetivos principais: de um lado, provocar o desfazimento de acordos e práticas tendentes ao fechamento do mercado comum dentro das fronteiras de cada estado-membro; do outro lado, facilitar a adaptação das empresas às novas dimensões do mercado e aumentar a sua competitividade a nível mundial, favorecendo a cooperação e concentração entre as empresas dos diversos estados-membros".

A partir daí, observa a ilustre Professora, "Intensifica-se o caráter instrumental da concorrência, que passa, então, a ser tomada como um princípio cardeal a orientar o processo de interpretação/aplicação das normas antitruste".[18]

O processo administrativo perante o CADE, sob esta correta perspectiva, não tem por escopo a busca de motivos para a imposição de penalidades contra os acusados, mas, sim, a realização de políticas públicas por meio da disciplina da concorrência que, conforme o caso, pode conduzir tanto à condenação ou à absolvição do infrator, como também ao reconhecimento da isenção de punibilidade a despeito de comprovada a infração.

24. O caso em exame, porém, pelo que dá a perceber, desviou-se desta saudável finalidade e se desenvolveu no sentido único de justificar ou legitimar a imposição de sanções contra as empresas representadas. É a clássica figura do *détournement de pouvoir*.

Buscando precisar-lhe o sentido, observa Laubadére: "É por seu caráter *subjetivo* que a *finalidade determinante* do ato se diferencia dos seus motivos. Estes são os antecedentes objetivos que precederam a prática do ato e o provocaram ('motivos impulsionadores') enquanto que a finalidade é a representação no espírito do autor de um determinado resultado a atingir".[19]

E lembra que o controle judicial do desvio de finalidade "conduz geralmente o juiz a pesquisar as intenções subjetivas do agente público, a perscrutar os seus móveis psicológicos". Acrescenta que "Esta pesquisa é frequentemente muito *delicada*. Em todo caso, ela é sensivelmente diferente da pura confrontação, com a regra de direito, de elementos objetivos tais como a competência, a forma, o conteúdo do ato".[20]

25. Constituem indícios de desvio de finalidade determinadas práticas de que os processos administrativos andam infestados. Assim, a de dificultar aos acusados o exercício do direito de ampla defesa, criando-lhes embaraços injustificados ou impondo diminuição moral aos meios e recursos de que se valeram, como tachar de encomendados quaisquer pareceres ou laudos periciais de que o acusado se valha, como se pudesse haver pareceres ou laudos que encomendados não fossem. Assim também a subtração de atos ao princípio do contraditório, a deturpação do teor de citação doutrinária, a adoção de juízos preconceituosos contra, por exemplo, a concentração resultante de processos naturais, ou a aplicação de táticas terroristas, como a de ameaçar de retaliação os acusados na medida em que insistam na alegação de ofensas ao princípio do contraditório. Igualmente, aponta para o desvio de finalidade o uso da motivação meramente aparente, que ignora os fundamentos da defesa dos acusados e as provas por eles produzidas.

Todos estes sinais são sintomas de que o processo foi conduzido de modo a evitar que o exercício do direito de defesa das representadas pudesse de algum modo comprometer o resultado visado desde o início pelos seus condutores, inteiramente alheio às finalidades institucionais do CADE: a condenação das representadas a qualquer preço.

18. Idem, pp. 92-93.

19. Andrè de Laubadère, *Traitè*..., cit., p. 502.

20. Idem, ob. cit., p. cit., nossa tradução livre.

IX. Conclusão

26. Em síntese, é perfeitamente possível concluir que as decisões do CADE estão sujeitas ao controle do Judiciário quanto à observância dos princípios da legalidade, da impessoalidade, da eficiência e da moralidade administrativa, incluindo-se no princípio da legalidade a observância das normas que dizem respeito à "competência e a manifestação de vontade do agente, quanto ao motivo, ao objeto, à finalidade e à forma", tal como ocorre em relação a qualquer outro ato administrativo.

Em contrapartida, como ficou dito de início (item 7) se fielmente observados os citados princípios, de nada valerá a opção judicial contrária ao entendimento do CADE, ainda que bem intencionada, sobre o que mais convenha e seja mais oportuno à defesa da ordem econômica. A hipótese será de conflito de atribuições.[21]

No caso que serviu de exemplo, pode-se afirmar que uma decisão como a examinada, está inquinada dos vícios de: a) falta de formalidade indispensável; b) inexistência de motivos; e c) desvio de finalidade, razão pela qual serve como exemplo de decisão que está exposta a ver declarada a sua nulidade em juízo.

27. Esse caso é apenas uma demonstração de como o autoritarismo pode comprometer, aparentando observância às finalidades da lei, os fins para os quais foram concedidos poderes a órgãos como o CADE.

Hoje, advirta-se, este risco se viu multiplicado por mil, mercê da adoção pelo CADE do instrumento a que se convencionou denominar "*acordo de leniência*",[22] subespécie da delação premiada, uma das mais abjetas importações do direito brasileiro, senão a mais abjeta de todas, e que inocula, no ordenamento jurídico nacional, o vírus da mais pestilenta imoralidade.

Não há nenhum motivo para confiar nas decisões de órgãos que se servem de instrumentos dessa natureza e, muito menos, para esperar deles algo que possa, no longo prazo, ser útil ao país. Oxalá tenha, o Poder Judiciário, olhos para ver o que está acontecendo e tenha disposição para exercer, o mais completamente possível, o que dele se espera. É o que poderá, na melhor das hipóteses, salvar o CADE, especificamente, e a administração pública brasileira em geral, do triste destino a que, de outro modo, estarão condenados.

21. RISTJ, art. 193; RISTF, art. 163.

22. Art. 35-B, introduzido na Lei do CADE pela Lei n. 10.149, de 21.12.2000.

Doutrina

LE SYSTEME JURIDIQUE EST MORT, VIVE L'ENSEMBLE!

VÉRA JACOB DE FRADERA

Introduction. I - La tradition juridique brésilienne et la notion de système en Droit. II – Le droit brésilien actuel forme-t-il un système juridique? Conclusion. Bibliographie.

Introduction

L'intitulé de cette contribution évoque une remarque faite par B. Oppetit dans un de ses écrits,[1] à propos de la décadence de la notion classique de système juridique, résultant de son envahissement par toutes sortes de règles du fait des besoins de l'intégration européenne, en sorte que la cohérence, élement fondateur du concept de système en droit, n'y existe plus. En Amérique Latine, on assiste à un phénomène semblable à celui qui vient d'être décrit, mais qui se produit à l'intérieur des ordres juridiques nationaux, et non en raison d'une intégration de ceux-ci dans le Mercosul, cette intégration n'existant pas encore de façon achevée. Nous allons montrer qu'au Brésil, le pays où ce phénomène s'observe de façon la plus intense, le droit se présente sous une forme émietté à cause de la profusion de micro- systèmes juridiques, crées de manière désordonnée, sans aucun souci de préserver un minimum de cohérence.

1. En décrivant le droit européen, B. Oppetit a écrit: *"Cette énorme masse réglementaire si disparate, ne mérite pas la qualification de système juridique"* (*Droit et Modernité*, p. 75, note 4).

Au Brésil, il n'existe pas, comme en France, une évolution nationale du droit, car notre la tradition juridique brésilienne remonte à l'époque coloniale, lorsque le colonisateur portugais a imposé son droit aux peuples du Nouveau Monde, à travers les ordonnances du Royaume, mélange de plusieurs influences, dont le droit Romain, le droit Canon, le droit Arabe et celui des Wisigoths. Il convient de souligner que le Brésil a conservé, dans la mesure du possible, cette tradition juridique, grâce à l'initiative du législateur du premier Code Civil, publié en 1916. De ce fait, le Code Civil Brésilien de 1916 est considéré le Code le plus indépendant parmi tous les Codes Civils sud-américains, inspirés, pour la plupart, du Code Napoléon. En revanche, le droit canon et les Pandectes sont présents au sein de celui-ci, particulièrement dans branches le droit de la famille (droit canon) et le droit des obligations (Droit des Pandectes).

En accord avec le moment historique où il fut conçu et publié, le Code Civil de 1916 formait un vrai système juridique, dans le sens attribué à ce mot par la doctrine du XIXème. siècle.

En revanche, le nouveau Code Civil Brésilien, publié en janvier 2002, entré en vigueur en janvier 2003, peut être considéré comme un Code ouvert, en ce sens qu'il n'exclue pas le jeu d'autres sources, telles la coutume, la Constitution Fédérale et même les normes internationales. Par ailleurs, le droit privé brésilien se spécialise de plus en plus, en sorte que les microsystèmes s'y multiplient.

On commencera donc cette étude par l'analyse de la tradition juridique au Brésil, en cherchant jusqu'à à quel point elle a pu produire des consequénces dans le système juridique national (I).

On cherchera ensuite à répondre à la question suivante: le droit brésilien actuel forme-t-il un système juridique ou constitue-t-il plutôt un ensemble de normes (II)?

I - La tradition juridique brésilienne et la notion de système en Droit

Le droit brésilien a ses origines dans le droit du colonisateur portugais, lequel, fondé sur des règles consolidées dès l'époque des Ordonnances Afonsines (1446 ou 1447), ne constituait pas un vrai Code, mais seulement une sorte de législation à droit constant rassemblant de façon plus ou moins systematisée des règles juridiques, les Ordonnances du Royaume, qui étaient elles mêmes le produit d'un mélange de droit Canon, des coutumes arabes, wisigothes, etc.). De là, le centralisme juridique portugais, manifesté dès les premières Ordonnances et conservé dans celles qui les suivirent, les Ordonnances Manuelines et Filipines. De là aussi, le fait qu'au Brésil, un immense pays, les rapports de nature privée sont régis par un seul Code Civil. On peut ainsi dégager une des caractéristiques du droit brésilien: très fidèle à ses origines, le droit du colonisateur, le système brésilien est au même temps, très ouvert aux influences étrangères, du fait, justement, de l'empreinte qu'y a laissé le droit portugais, lequel était lui même très attaché au droit subsidiaire et à la *recta ratio*, découverte dans le droit Romain et les principes du Droit Naturel. Par là, on constate le caractère ouvert des sources du droit, depuis l'époque coloniale jusqu'à nos jours. En 1916, a été publié le premier Code Civil Brésilien, dont le premier projet a été élaboré par un juriste de qualité exceptionnelle, Augusto Teixeira de Freitas, très fidèle à la tradition des Ordonnances du Royaume, au droit romain et aux Pandectes, lues en traduction française. C'est dire que le seul pays latino–américain où on ne trouve pas une influence préponderante du Code Napoléon est le Brésil.[2]

En revanche, parmi d'autres inspirations, on y remarque une assez importante présence du Droit des Pandectes, conséquence de l'énorme admiration que Freitas vouait au droit romain, admiration partagée par Bevilacqua, le deuxième législateur du Code Brésilien de 1916.

Après ces brèves réfléxions, on peut affirmer, comme l'a fait jadis René David, que *toutes les conceptions juridiques du Brésil, comme le Portugal et comme la France, se rattachent à la tradition et au système du droit romain.*[3]

Le Code de 1916 est resté en vigueur jusqu'au 12 janvier 2003. Il a, donc, traversé une longue période de la vie de la société brésilienne, période marquée par maintes mutations sociales, culturelles et morales, et surtout par la transformation d'une société agraire en une société industrialisée. Au fur et à mesure que le temps passait, les juges et la doctrine ont utilisé

2. Le Code Civil brésilien de 1916 n'a pas été d'inspiration française, par deux raisons: l'existence de l'esclavage, car le Brésil a été le dernier pays du continent américain à libérer ses esclaves, en 1888; partant, le modèle français, bâti sur l'idéal de la liberté, ne trouvait pas de place dans une societé esclaviste. Le système de gouvernement monarchique, adopté par le pays, après qu'il eut pris son indépendance d'avec le Portugal; partant, il n'y avait pas de place pour l'idée d'égalité, prônée par la Déclaration Universelle des droits de l'homme de 1789.

3. In "Le droit brésilien jusqu'en 1950", in *Le Droit Brésilien Hier, Aujourd'hui et Demain*, sous la direction de Arnoldo Wald et Camille Jauffret--Spinosi, p. 25 et s.

d'autres sources pour combler les lacunes que l'on découvrait au sein du corps des règles juridiques insérées dans le Code de 1916. Ainsi, de la même façon qu 'en l'Allemagne et en France, deux pays dotés de Codes anciens et de Constitutions récentes, notre Constitution Fédérale de 1988 a été une source très importante pour le renouvellement du Code de 1916. Ce mouvement est à l'origine de la création d'une vrai école de droit sur ce sujet, celle de la constitutionnalisation du droit civil, dont le centre se trouve à la faculté de droit de l'État de Rio de Janeiro. De la même façon, la publication d'un Code de la Consommation, en 1990 (L. 8.078, 11 sept.) a contribué à rendre plus flexible le Code Civil, principalement au moyen de l'intériorisation des principes juridiques adoptés par les législateurs du Code de la consommation,[4] dont, parmi d'autres, celui de la bonne foi objective.

Depuis le 10 janvier 2002, le Brésil a un nouveau Code civil (L. 10.406/2002). Ayant sa source dans un projet datant de 1975, celui-ci est entré en vigueur le 12 janvier 2003. Ce Code a été élaboré par une Commission de juristes, réunissant des civilistes de grande renommée.[5]

Il a subi une importante influence du Code italien de 1942, surtout en ce qui concerne le droit des contrats et de l'entreprise. En outre, en raison du décalage existant entre l'ancien Code et la nouvelle réalité sociale, la doctrine juridique et la jurisprudence des tribunaux, ont élaboré des principes de solution adéquats aux problèmes rencontrés par les parties dans les procès, particulièrement dans le domaine du droit des contrats, de la famille et de la propriété. En conséquence, les apports de la doctrine juridique brésilienne au nouveau Code Civil ont été très nombreux,[6] le législateur de 2002 ayant récolté les fruits de la réflexion doctrinale et d'une longue activité jurisprudentielle.

Le nouveau Code a, néanmoins, entraîné des profonds changements dans notre droit privé, en raison surtout de la philosophie adoptée par le législateur, inspirée en grande partie des idées finalistes de Josserand;il en est résulté un droit privé défini comme voué à l'éthicité, à la socialité et à l'efficacité (*operabilidade*). En ce qui concerne le contrat, le législateur du nouveau Code civil brésilien a introduit la notion de *fonction sociale*, inspiré, sans doute, du projet de Code italien de 1942. Par là, on apperçoit l'ouverture à l'influence étrangère dans certains domaines de la vie juridique nationale, en ce qui concerne le droit privé en général, et plus particulièrement, dans le domaine du droit des contrats et de l'entreprise, les deux branches soumises à l'influence italienne la plus forte. Par ailleurs, la circulation au Brésil des modèles juridiques en provenance de la *Common Law*, anglaise ou américaine, est un fait incontestable, au Brésil, surtout dans la deuxième moitié du XXe. siècle.[7] On peut ici nommer ici quelques exemples de contrats reçus par le système brésilien: le *leasing,*

4. Le code la consommation brésilien est inspiré des lois américaines et surtout de la Directive européenne de 1985 sur la responsabilité des produits défectueux.

5. Le Juge à la Cour suprême de la Nation, Ministre José Carlos Moreira Alves (partie générale) les professeurs Agostinho de Arruda Alvim (droit des obligations), Sylvio Marcondes Ferraz (droit des affaires) Ebert Chamoun (droit des biens), Clóvis do Couto e Silva (droit de la famille) et Torquato Castro (droit des successions). Le Professeur Miguel Reale, philosophe du droit, fut désigné pour présider cette commission.

6. Par exemple, l'introduction du principe de la bonne foi au sens objectif, la notion de fonction sociale du contrat, le concept d'acte d'affaire (*Rechtsgeschäft*), la conception de l'abus de droit comme acte illicite, etc. Le législateur de 2002 a introduit aussi une nouvelle technique législative, celle de la prévision de nombreuses clauses générales dans le Code civil. Sur ce sujet, v. notre contribution "La partie générale du Code Civil brésilien", in *Le Droit Brésilien d'Hier, d'Aujourd'hui et de Demain*, sous la direction d'A. Wald et C. Jauffret-Spinosi (dirs.), p. 203 et s.

7. A propos de ce sujet, consulter notre article "A circulação de modelos jurídicos europeus na América Latina, um entrave à integração no Cone Sul?", in *Revista dos Tribunais*, vol. 736, p. 20 et s.

le *factoring*, le *franchising*, le *know-how*, le *turn-key* et le *time sharing*. En outre, la fiducie commence à avoir au Brésil un relatif succès, bien qu'elle soit considérée un contrat innomé. Elle y sert à deux buts principaux: le but de garantie (*fiducia cum creditore*) et le but d'administration ou de gestion (*fiducia cum amico*).[8] On reconnaît ici un domaine où l'intervention de l'État est presque inexistante.

S'agissant du droit de la famille, et plus précisément de la possibilité de changer de régime matrimonial, le nouveau Code a reçu le modèle allemand, selon lequel les conjoints peuvent changer le régime, dès lors de biens, qu'ils prennent en compte les droits de tiers, notamment ceux des créanciers. Il existe de nombreux exemples de réception de modèles étrangers par le droit brésilien, soit par la voie de la doctrine, soit par la voie de la pratique. Du point de vue de la pratique, l'arbitrage joue un grand rôle en ce qui concerne l'ouverture des sources du droit au Brésil. En effet, le 26 septembre 1996, le Brésil a publié la loi 9 307, qui a introduit l'arbitrage dans ce pays, pour mettre fin à des litiges privés, relatifs à des droits de nature patrimoniale et disponibles. Selon la loi brésilienne relative à l'arbitrage, les parties ont le droit de choisir librement les règles de droit qui seront utilisées dans l'arbitrage, avec une seule limitation: ces règles ne peuvent pas porter atteinte aux bonnes moeurs et à l'ordre public.[9] Ce qui est le plus innovant et a beaucoup contribué pour l'ouverture des sources du droit au Brésil, c'est la possibilité, attribuée aux parties par cette loi, de choisir *les principes généraux du droit, les usages et les coutumes et les règles internationales du commerce comme règles du fond du procès d'arbitrage.*[10]

Grâce à cette ouverture, la jurisprudence nationale a déjà admis que les parties peuvent choisir la Convention de Vienne, que le Brésil n'a pas ratifiée, pour régir le contrat international, quand elles ont établit une clause compromissoire.

Néanmoins, en accord avec la tradition brésilienne où le déficit d'autonomie est ancien, l'arbitrage interne est, selon une partie de la doctrine brésilienne, notamment P. C. Pinheiro Carneiro,[11] soumise au droit interne. D'autres juristes brésiliens affirment cependant que l'arbitre, face à la lacune de la loi de 1996 relativement à ce sujet, n'est pas tenu d'obéir à des lois déterminées, il a le libre choix de la loi applicable au fond du litige, en utilisant les méthodes qu'il considère les meilleurs pour ce choix.[12] On peut, donc, attribuer à cette loi sur l'arbitrage le rôle d'instrument d'ouverture des sources du droit au Brésil, surtout si on la compare à l'ancienne, et toujours en vigueur, loi d'introduction au Code civil (titre préliminaire), datée de 1942.

Une dernière remarque a trait aux coutumes et aux usages comme sources du droit dans le nouveau Code civil: cela s'explique par la réunion des obligations civiles et commerciales, ainsi que du droit de l'entreprise, dans un seul code.

Dans l'ancien Code Civil de 1916, la référence aux usages et aux coutumes était peu fréquénte, tandis que dans le nouveau Code civil ces sources sont largement utilisées par le législateur, surtout par rapport à certains contrats, ceux qui ont des caractéristiques plutôt commerciales.[13]

8. Pour un apperçu plus élargie du sujet en droit brésilien, v. Paulo Restiffe Neto, *Garantia Fiduciária*, 3ª ed., p. 34 et s.

9. Selon le § 1er. de l'article 2 de la loi brésilienne sur l'arbitrage.

10. Selon le § 2, de l'article 2 de la Loi 9.307/1996.

11. "Aspectos processuais da nova lei de arbitragem", in *Arbitragem – A Nova Lei Brasileira (9.307/1996) e a Praxe Internacional*, sob a direção de Paulo Borba Casella, p. 131.

12. Pour un aperçu général de ce problème au Brésil, consulter João Bosco LEE, *Arbitragem Comercial Internacional nos Países do Mercosul*, 1ª ed., 4ª tir.

13. Sur ce sujet, consulter Marcos de Campos Ludwig, *Usos e Costumes no Processo Obrigacional*, 2005.

Ces réflexions nous mènent à la constatation de l'existence d'une tradition juridique au Brésil, tradition héritée du colonisateur portugais, dont le pays conserve encore quelques traces, malgré l'évolution vers l'adoption d'autres modèles juridiques. Cette attirance par des modèles juridiques variés et la possibilité de faire appel à des solutions non nationales pour combler les vides législatifs, s'explique par cette même tradition, bâtie à partir du *bartolisme juridique* et l'appel au *droit subsidiaire*, si cher aux Portugais, pendant la période coloniale.

Envisageons maintenat la question du système juridique national dans ses rapports avec la tradition juridique brésilienne.

II – Le droit brésilien actuel forme-t-il un système juridique?

L'existence d'un système, dans un champ donné de connaissances, suppose qu'y coexistent des points de vue unificateurs, c'est-à-dire qu'entre les propositions individuelles, qui forment le système, existe une connexion interne.[14]

En ce qui concerne le droit, l'intention de réunir les normes individuelles qui régissent la vie sociale dans un système suppose qu'existe, entre elles, un rapport qui rend possible l'opération déductive de normes.[15] Le mot *système* a été utilisé également dans l'Antiquité romaine.[16]

Selon le fondateur de la théorie générale des systèmes, Ludwig von Bertalanffy, un système peut être défini comme "un complexe d'éléments en interaction", le mot interaction ayant un sens large, car il couvre avec ce concept de système toutes sortes de créations de l'intelligence humaine et/ou de la nature.[17]

N. Luhmann préfère, quant à lui, définir le système juridique comme *une construction faite à partir d'un principe.*[18]

Cette *construction* qu'on appelle système juridique peut être envisagée sous deux aspects, le *système fermé*, représenté par l'idée de codification[19] et le système ouvert, dont l'exemple le plus parfait est la *Common Law*, anglaise ou américaine.

Selon les juristes adeptes du système fermé, le droit constitue une *totalité*, exprimée dans un ensemble de concepts et de propositions juridiques entre lesquels il existe un lien. Cette totalité représente une unité immanente, parfaite et achevée. Le système juridique fermé est fondé sur un schéma logique, où les principes dominants sont la plénitude et l'unité. Il contient

14. En ce sens, on peut considérer comme système la distribution des différentes parties d'un art ou d'une science dans un ordre selon lequel elles se soutiennent les unes les autres, les dernières pouvant s'expliquer par les premières (d'après Condillac).

15. L'idée d'organiser le droit sous la forme d'un système est très ancienne et remonte aux Grecs, dont Thales, Pythagore et Héraclite.

16. En effet, pendant les derniers siècles de la République, les juristes romains ont fait des tentatives dans le but d'ordonner les décisions prétoriennes et d'établir des connexions entre les différentes sortes de *fattispecies*, cherchant à réunir la solution des cas isolés en principes de caractère général. Ainsi, on parle de *système mucien* de *Quinto Mucio Scevola*, qui, semble-t-il, a été le premier à étudier méthodiquement l'élaboration systématique du droit. Ce système s'oppose à l'œuvre du juriste *Masurio Sabino*, connue sous la dénomination de *système sabinien.* Les Intitutes de Gaius représentent un autre exemple de ces efforts vers une systématisation du droit. Néanmoins, les Romains n'ont pas réussi à créer un système de droit, à cause de la nature même de leur droit, qui était, comme on le sait, jurisprudentiel. V. Jean Gaudemet, "Tentatives de systématisation du droit à Rome", in *AphD*, vol. 31, p. 11. Le mot système a une utilisation plus courante à partir du XVIIe siècle.

17. Cit. par N. Intzessiloglou, "L'espace-temps du système juridique: de la spatio-temporalité systémique à la spatio-temporalité juridique", *Arch. Phil. Droit*, 42, p. 285.

18. In "L'unité du système juridique", *Archives de Philosophie du Droit*, t. 31, p. 163.

19. L'idée de Codification est inscrite dans une perspective très politique, elle peut être aussi considérée comme une expression du pouvoir, dont le Code d'Hamurabi est un parfait exemple. Selon Bruno Oppetit, "(...) *un Code est à la fois un système et une histoire* (...)", in "De la codification", *D.* 1996, Chr. p. 33.

donc, selon cette conception, les solutions à tous les problèmes, actuels ou futurs.[20]

Malgré de nombreuses critiques, on constate que, dans la pratique, cette conception a eu beaucoup de succès, surtout en Amérique du Sud.

Mais au fur et à mesure que les faits évoluent, que les changements sociaux et politiques entraÎnent des transformations au sein de la société, le système fermé commence à présenter des lacunes. La seule voie qui reste alors aux juges, c'est de les combler. La façon dont les juges comblent ces lacunes, n'est pas la même dans les différents systèmes juridiques. Dans le cas du Brésil, sous l'empire du Code de 1916, le juge devait chercher à l'intérieur du système national une solution pour le cas concret. il faisait donc, appel, parmi d'autres sources, aux principes généraux du droit, puisés dans le système national, à la doctrine et à la jurisprudence, ainsi qu'à la coutume et à l'analogie.[21]

En conclusion, le système fermé doit être compris, en droit privé, comme une conception libérale de ce droit, qui consiste en une séparation de l'État et de la société, du droit public et du droit privé, sans aucune sorte d'intervention de l'État.

Cette conception libérale du droit a été remplacée par une autre façon de penser le droit, dans la mesure où s'est établie progressivement une ouverture, une communication entre les deux sphères, privée et publique, de telle sorte que certains secteurs du droit privé ont été contrôlées, de près, par l'État, tels le contrat, la famille, la propriété et la consommation.

La Constitution de 1988, publiée après trente ans de régime militaire, a inauguré cette période, et elle est considérée comme l'instrument le plus important de flexibilisation et de mise à jour du Code Civil de 1916.

À cause de cette influence de la Constitution de 1988, la doctrine et la jurisprudence brésiliennes ont réussi à combler plusieurs lacunes de l'ancien Code, la lacune représentant une sorte d'*oubli* du législateur.

C'est ainsi que pendant les dernières années qui ont précédé la publication du Code Civil de 2002, la doctrine et la jurisprudence brésiliennes ont introduit, par une interprétation créative et constructive, de nouveaux droits en droit privé, par exemple, l'égalité entre homme et femme dans le mariage et hors le mariage (union de fait), l'égalité entre les enfants (nés du mariage ou hors le mariage). Relativement à tous leurs droits, et particulièrement leurs droits successoraux, des nouvelles normes de protection de l'enfant et de l'adolescent ont été crées. En outre, la jurisprudence a exclu la faute dans le divorce, comme obstacle au droit d'obtenir la pension alimentaire, et a introduit des principes consacrés par la Constitution (proportionnalité, égalité, dignité de la personne, non-discrimination, confiance légitime) dans les rapports entre contractants, etc.[22]

Ce mouvement de mise à jour de la législation privée, grâce à une ouverture vers diverses sources de droit, met en évidence une nouvelle manière de concevoir la construction du système de droit national, en suivant une voie semblable à celle prônée par Ludwig Raiser,[23] selon lequel le

20. Parmi les codifications privées élaborées en accord avec une conception fermée du système juridique, il faut signaler comme un remarquable exemple le Code Civil allemand, le *BGB*.

21. Selon l'article 4 de la Loi d'introduction au Code Civil brésilien: "Face à une lacune de la loi, le juge aura recours à l'analogie, à la coutume et aux principes généraux du droit".

22. Cette Constitution a introduit la notion de solidarité entre les rapports sociaux, dont l'exemple le plus important est celui de la Responsabilité civile, en adoptant les notions de risque créé et de risque/profit et la notion de solidarité par rapport à l'environnement, elle a crée, en outre, des nouvelles normes de protection de l'enfant et de l'adolescent. Consulter à ce propos, Gustavo Tepedino, *Problemas de Direito Civil-Constitucional*, 2000.

23. "Il Futuro del Diritto Privato", in *Il Compito del Diritto Privato, Saggi di Diritto Privato e di Diritto dell'Economia di Tre Decenni*, p. 215 et s.

système de droit privé est bâti comme une *structure échelonnée d'intérêts*, où le législateur intervient de façon plus ou moins intense dans des domaines déterminés du droit privé (la famille, la consommation, la propriété), laissant à d'autres domaines (les contrats internationaux, l'arbitrage) plus de liberté, comme au temps du libéralisme, prenant en compte l'existence de l'égalité entre les parties, dans certains rapports, par exemple, les contrats internationaux.

En dépit de l'excellence du Code Civil de 1916 et de l'important travail de (re)construction du droit privé qui viens d'être décrit, un nouveau Codea été publié en 2002, qui est entré en vigueur en janvier 2003.

Ce nouveau code a introduit une nouvelle façon de concevoir le système juridique national, tout en faisant siens, comme l'on a vu, les nombreux acquis de la doctrine et de la jurisprudence nationales. On va ici présenter un bref commentaire des aspects les plus caractéristiques de ce nouveau Code civil, afin de trouver une réponse à la question formulée au départ de nos réflexions, à savoir, peut-on affirmer que le droit privé brésilien forme aujourd'hui encore un système?

Une caractéristique du nouveau Code civil brésilien réside dans le recours aux clauses générales,[24] dispositions législatives ouvertes, qui donnent une plus grande flexibilité aux Codes, leur permettent d'évoluer avec la société, l'économie et la morale sociale. Mais certains juristes considèrent ces clauses comme présentant un réel danger, du fait de leur extrême ouverture, car elles sont écrites de façon vague et imprécise, en sorte que la liberté qu'elles offrent aux juges peut engendrer, au moment de leur application au cas concret, un sentiment d'insécurité pour les parties. Parmi les nombreuses clauses générales, insérées dans ce Code, on rappellera ici deux d'entre elles, dont la nature a suscité, depuis l'entrée en vigueur du Code civil, des nombreuses discussions: celle qui attribue une fonction sociale aux contrats (article 421)[25] et celle qui définit l'abus de droit (article 187)[26] selon les idées finalistes de Josserand.

En adoptant les clauses générales, le système juridique brésilien s'est offert un Code ouvert, en ce sens que les réponses concrètes seront données par les juges, par le moyen de concrétisation des principes contenus dans les clauses générales, tels, la fonction sociale du contrat, la bonne foi objective, l'intérêt social, etc.

Du fait de la présence de ces clauses générales, notre Code civil brésilien est devenu, d'une certaine façon, très proche d'un système de *Common Law*.[27] Ces clauses rapprochent, en effet, les deux familles

24. Sur les clauses générales il existe une intense littérature, dans presque toutes les langues: en Europe: J. Hedemann, *Die Flucht in die Generalklauseln, Eine Gefahr für Recht und Staat*, 1933; J. Esser, *Principio y Norma en la Elaboración Jurisprudencial del Derecho Privado*, Bosch, 1961; *Generalklausen als Gegenstand der Sozialwissenschaften*, mit Beitträgen von K. Luederssen, E. Noelle Neumann, T. Raiser, G. Teubner und A. Zielcke, 1978; Stefano Rodotà, "Il tempo delle clausole generale", in *Riv. Crit. del Diritto Privato*, vol. 5, p. 709 et s.; Luciana Cabella Pisu e Luca Nanni (a cura di), *Clausole e Principi Generali nell'Argomentazione Giurisprudenziale degli Anni Novanta*, 1998. Au Brésil, J. Martins-Costa, "As cláusulas gerais como fatores de flexibilização do sistema", in *Revista de Informação Legislativa do Senado Federal*, vol. 112, 1992; Antonio Junqueira de Azevedo, in "Insuficiências, deficiências e desatualização do Projeto de Código Civil na questão da boa-fé objetiva nos contratos", *Revista dos Tribunais*, fasc. cív., vol. 775, p. 11 a 17, surtout p. 11 et 12. Plus récemment, Fabiano Menke, "A interpretação das cláusulas gerais: a subsunção e a concreção dos conceitos", in *Revista de Direito do Consumidor* 50/9 et s.

25. "*La liberté contractuelle sera exercée en raison et dans les limites de la fonction sociale du contrat.*"

26. "*Le titulaire d'un droit qui, en l'exerçant, excède de façon manifeste les limites imposées par sa fin économique et sociale, par la bonne-foi ou par les bonnes moeurs, commet un acte illicite.*"

27. V. John Dawson, "The General Clauses viewed from a distance", in *Rabel's Z.* 41, vol. 3, p. 442.

de droit, celle de la *Common Law* et celle de la *Civil Law*. La remarque vaut aussi pour la France, où les juristes semblent aujourd'hui plus attachés à l'étude de la jurisprudence qu'à celle de la théorie du droit. Ils se sont donc depuis plus de temps rapprochés de la *common law*.

Les clauses générales, si abondantes dans le texte du Code de 2002, peuvent conduire aussi à un autre rapprochement, cette fois-ci avec la méthode des *Fallgruppen* (les groupes des cas[28]), utilisée par les juges allemands, face aux clauses générales, prévues dans le *BGB*. Comme il n'existe pas un critère unique, précis, pour identifier toutes les hypothèses relatives à certains comportements, par exemple, l'exercice abusif du droit, la jurisprudence et la doctrine allemandes ont réuni des groupes des cas (*Fallgruppen*), organisés sous la forme de catégories. Les *Fallgruppen* peuvent être élargis, mais, parfois, il arrive qu'un cas peut entrer dans deux ou trois catégories à la fois. Le juge brésilien sera obligé aussi de faire appel à l'une de ces deux méthodes, le précédent ou les *Fallgruppen* afin de répondre au besoin de sécurité, aspiration légitime de la societé brésilienne face à l'ouverture des clauses générales.

Conclusion

Selon les mots, toujours très appropriés, de René David il faut, pour connaître un droit, il faut étudier son histoire et connaître la tradition sur laquelle il repose, et de laquelle, bien souvent, il continue à se nourrir.[29]

Au regard de ce qui vient d'être nous venons d'exposé, le droit brésilien d'aujourd'hui garde encore quelques traits de son passé, mais sa *figure* a souffert des profondes modifications, modifications qui ont porté atteinte à sa structure originelle, celle d'un système juridique doté de cohérence, dû au fait qu'entre les dispositions qui le formaient existait une connexion interne, et que le Code Civil en était le centre.

En revanche, de nos jours, nous sommes d'accord avec Bruno Oppetit, qui, dans une remarquable étude,[30] a décrit exactement la réalité que nous connaissons, semblable, à certains égards, à celle qui se rencontre en France: "(...) *on hésite* (...) *de plus en plus à parler de système juridique pour décrire la réalité présente* (...). Cet auteur, en se rapportant au droit français, a réussi à trouver le concept le plus convenable à l'actuel configuration du droit brésilien, un *ensemble* entendu au sens *de totalité d'éléments réunis*.

Le droit brésilien constitue, aujourd'hui,[31] donc, un *ensemble*, et non un vrai système, du fait de ses multiples facettes, de son manque de cohérence,[32] de son manque d'homogénéité,[33] entre ses nombreux microsystèmes, ainsi qu'en raison de l'écart temporel entre les lois qui le définissent, la Constitution Fédérale (1988), le Code Civil (projet daté de 1975, publié en 2002), le Code la Consommation (1990) et loi de l'arbitrage (1996).

Bibliographie

AZEVEDO, Antonio JUNQUEIRA de. "Insuficiências, deficiências e desatualização

28. Sur ce sujet, consulter Claude Witz, *Le Droit Allemand*, 2001.

29. In *Le Droit Brésilien: Hier, Aujourd'hui et Demain*, cit., p. 48.

30. "L'apparition de tendances régressives", in *Droit et Modernité*, p. 113 (Chapitre 3).

31. Pour un aperçu général du droit brésilien aujourd'hui, consulter Arnoldo Wald, "Le Droit de l'Entreprise au XXIè. Siècle et le Code Civil Brésilien", in *Le Droit Brésilien: Hier, Aujourd'hui et Demain*, cit., p. 249 et s.

32. "*Les comparatistes mettent l'accent sur la cohérence interne de tout système juridique, ce qui d'ailleurs lui donne sa permanence*", B. Oppetit, "L'apparition de tendances régressives", in *Droit et Modernité*, p. 113, note 1.

33. Idem, ibidem.

do Projeto de Código Civil na questão da boa-fé objetiva nos contratos". *Revista dos Tribunais*, fasc. cív., vol. 775, maio 2002, p. 11 a 17, surtout p. 11 et 12.

CARNEIRO, P. C. Pinheiro. "Aspectos processuais da nova lei de arbitragem". In CASELLA, Paulo Borba (dir.). *Arbitragem – A Nova Lei Brasileira (9.307/1996) e a Praxe Internacional*. São Paulo, LTr, 1997, p. 131.

DAWSON, John. "The General Clauses Viewed from a Distance", in *Rabel's Z.* 41, vol. 3, p. 442.

ESSER, J. *Princípio y Norma en la Elaboración Jurisprudencial del Derecho Privado*. Bosch, 1961.

FRADERA, Vera Jacob de. "A circulação de modelos jurídicos europeus na América Latina, um entrave à integração no Cone Sul?", *Revista dos Tribunais*, vol. 736, 1997, São Paulo, p. 20 et s.

______. "La partie générale du Code Civil brésilien". In WALD, A., et JAUFFRET-SPINOSI, C. (dirs.). *Le Droit Brésilien d'Hier, d'Aujourd'hui et de Demain*. Societé de Législation Comparée, 2005, p. 203 et s.

GAUDEMET, Jean. "Tentatives de systématisation du droit à Rome", in *AphD*, vol. 31, Paris, 1986, p. 11.

HEDEMANN, J. *Die Flucht in die Generalklauseln, Eine Gefahr für Recht und Staat*. Tűbingen, 1933.

INTZESSILOGLOU, N. "L'espace-temps du système juridique: de la spatio-temporalité systémique à la spatio-temporalité juridique", *Arch. Phil. Droit*, 42, 1997, p. 285.

LEE, João Bosco. *Arbitragem Comercial Internacional nos Países do Mercosul*. 1ª ed., 4ª tir. Juruá, 2002.

LUDWIG, Marcos de Campos. *Usos e Costumes no Processo Obrigacional*. Ed. RT, 2005.

LUEDERSSEN, K., NEUMANN, E. Noelle, RAISER, T., TEUBNER, G., und ZIELCKE, A. *Generalklausen als Gegenstand der Sozialwissenschaften*. Baden-Baden, Nomos Verlag, 1978.

LUHMANN, Niklas, "L'unité du système juridique". *Archives de Philosophie du droit*. t. 31. Sirey, 1986, p. 163.

MARTINS-COSTA, J. "As cláusulas gerais como fatores de flexibilização do sistema", in *Revista de Informação Legislativa do Senado Federal*, vol. 112, 1992.

MENKE, Fabiano. "A interpretação das cláusulas gerais: a subsunção e a concreção dos conceitos", in *Revista de Direito do Consumidor*, n. 50, 2004, p. 9 et s.

OPPETIT, B. *Droit et Modernité*. PUF, 1998.

______. "L'apparition de tendances régressives", in *Droit et Modernité*. Paris, PUF, p. 113, 1998.

PISU, Luciana Cabella, e NANNI, Luca (a cura di). *Clausole e Principi Generali nell' Argomentazione Giurisprudenziale degli Anni Novanta*. Cedam, 1998.

RAISER, Ludwig, "Il Futuro del Diritto Privato", in *Il Compito del Diritto Privato. Saggi di Diritto Privato e di Diritto dell'Economia di Tre Decenni*. Milano, Giuffrè, 1990, p. 215 et s.

RESTIFFE NETO, Paulo. *Garantia Fiduciária*. 3ª ed. São Paulo, Ed. RT, 2000.

RODOTÀ, Stefano. "Il tempo delle clausole generale", in *Riv. Crit del Diritto Privato*, vol. 5, 1986, p. 709 et s.

TEPEDINO, Gustavo. *Problemas de Direito Civil-Constitucional*. Renovar, 2000, Rio de Janeiro.

WALD, Arnoldo, et JAUFFRET-SPINOSI, Camille (dirs.). *Le Droit Brésilien Hier, Aujourd'hui et Demain*. Societé de Législation Comparée, 2005.

WITZ, Claude. *Le Droit Allemand*. Dalloz, 2001.

A AUTONOMIA DO DIREITO COMERCIAL E O DIREITO DE EMPRESA*

MARCOS PAULO DE ALMEIDA SALLES

1. Introdução. 2. Síntese histórica. 3. O mercado como fato jurídico. 4. O direito de empresa. 5. A massificação e a autonomia. 6. Conclusão.

1. Introdução

A intenção deste trabalho é trazer à luz uma vivência histórica e distintiva da tradicional dicotomia do Direito privado na Historia do Direito Brasileiro, encaminhando o pensamento do leitor à reanálise do quanto, em um curto espaço de cerca de 25 anos, se deu uma grande modificação no estatuto norteador da vida do cidadão e de suas circunstâncias, com a revogação de mais um terço do Código Comercial Brasileiro de 1850, no momento da promulgação do Código Civil Brasileiro de 2002, que veio substituir aquele de 1916 que, por sua vez deu cobertura local às ordenações do Reino de Portugal, que regraram a vida do súdito e do cidadão, até após a proclamação da República.

Ao se olhar pelas datas, vê-se que o primeiro ato normativo econômico brasileiro foi aquele de que resultou a abertura dos portos pelo Regente em 1808, valendo dizer que a mercancia, ou atividade econômica com mercadorias, estava a pressionar a mansidão resultante do pacto colonial, que marcava a época puramente extrativista deste enorme quintal português, cobiçado por tantos...

Em 1850, menos de meio século, após esta abertura dos portos brasileiros ao comércio internacional, diretamente, sob a influência francesa do período das codificações iniciadas por Napoleão, em 1807, surge o monumento legislativo, denominado Código Comercial Brasileiro, dividido em três partes uma das quais – o comércio marítimo – ainda, em vigor. Em renovação anterior revogou-se o direito das quebras, seu terceiro tomo, para, em 2002, com o Código Civil, revogar-se-lhe a parte primeira, do Direito Comercial Terrestre.

Como relembra Trajano Miranda Valverde:[1]

"No seu percurso até a República, foi o Código Imperial sofrendo algumas alterações, provocadas quase todas por situações urgentes a resolver. (...)

"Durante os 40 anos em que vigorou a legislação falimentar do Código, cujo pro-

N.A.: Com os nossos agradecimentos ao ilustre Professor Titular Ignácio M. Poveda Velasco, D.D. Diretor daquela Escola, que nos honrou com a indicação para esse inesquecível mister, que contou ainda com a presença do magnífico Reitor Professor Titular João Grandino Rodas.

1. Trajando Miranda Valverde, *Comentários à Lei de Falências*, p. 16.

cesso, por demasiado lento, oneroso, não satisfazia aos interesses do comércio, não defendia suficientemente o crédito, críticas e projetos de reforma não faltaram... (...) O decreto republicano n. 917, de 24 de outubro de 1890, da lavra do eminente jurista Carlos de Carvalho, modificou totalmente a estrutura da legislação até então vigente, marcando a segunda fase da evolução do instituto da falência."

Por consequência, o desaparecimento do terço final do Código Comercial de 1850.

Nesse entretempo, após a revogação expressa dos artigos, de 797 em diante, do vetusto Código Comercial de 1850, os demais artigos desde o 1º vieram sendo objeto de interpretações jurisprudenciais modificadoras de sua leitura, à vista dos usos e costumes mercantis, que no Direito Comercial são fonte subsidiária normativa (art. 291) antes da Lei Civil.

Percebem então os leitores que nesse cenário o Direito Comercial se apresentou em 1850 com predomínio na legislação brasileira sobre a lei civil, então portuguesa de origem, para vir a ser brasileira somente em 1916, quando então já não estava em vigor a justiça especializada mercantil, exercida, nos moldes do Regulamento Processual 737/1850, pelos "Tribunais do Comércio". Neste quadro, a autonomia do Direito Comercial estava intimamente ligada à escolha do Tribunal competente para julgar as ações em que, ao menos, uma das partes na relação jurídica de direito material, fosse comerciante.

Com a revogação do Regulamento 737, transferindo-se toda a atividade processual privada para o Direito Judiciário Civil, elimina-se no âmbito privatista uma justiça especial para os fatos do Direito Comercial, passando então a doutrina a discutir a autonomia deste ramo do Direito privado, analisando-a preliminarmente pelo seu histórico e entendo sua instabilidade, mas procurando justificá-la pelo predomínio dos costumes, como fonte do direito.

Com a Constituição Federal de 1988 amplas modificações no âmago desse relacionamento foram-se dando, em especial pelos fundamentos e princípios traçados pelo capítulo da ordem econômica e financeira; assim como procurando iniciar no sistema jurídico brasileiro as normas de proteção ao consumidor, e ainda como, uma revalorização no direito concorrencial, que, como veremos, dão azo a uma nova leitura para a autonomia do Direito Comercial.

2. Síntese histórica

No âmbito deste trabalho não temos a intenção de revolver o passado para tratar do abastecimento das famílias em suas mais variadas modalidades, seja com o indivíduo conhecido como "mascate", seja com o abastecimento em Roma, que era feito ou diretamente pelos escravos, ou por intermédio dos estrangeiros.[2]

O que podemos dizer é que para o nosso escopo, o que mais nos interessa, é a influência que exerceu sobre o Direito Comercial em sua forma contemporânea, a baixa Idade Média, do século XII em diante; isto é quando já teria havido a tessitura cultural entre os bárbaros e seus invadidos, nos séculos anteriores.

Imbuídos de que os privilégios próprios do entesouramento de natureza patrimonial, representado pela acumulação da moeda, que converteu as trocas em venda e compra, com capacidade para diferir o consumo; aglomerados nas encostas dos castelos ou nos espaços das freguesias dos mosteiros, aqueles que se resolveram profissionalizar na atitude de aproximar

2. Philomeno Costa (in Philomeno J. da Costa, *Autonomia do Direito Comercial*, p. 10) deixa constar que: "o direito privado positivo brasileiro está dividido em direito civil e em direito comercial, o romano, não. Havia a unidade. A fratura se processou na Idade Média". No estágio do renascimento social no século XII deve-se enxergar a clivagem no direito privado medieval.

a natureza da soleira dos consumidores, acabaram por assumir uma utilidade pública que, pouco a pouco, se vai tornando indispensável ao suprimento de um caudal, cada vez maior, de necessidades primárias e secundárias desejadas pelo esforço criativo da mente humana.

Para tanto eram necessários pontos de encontro entre a oferta e a procura, nascendo as "feiras da Idade Média" a começar daquelas da Região de Champanha no Noroeste de França. Bancas de alimentos, bancas de moedas e câmbio e até "bancas rotas" (aquelas que não honraram com a pontualidade e foram "quebradas") expulsas do ambiente autorregulado, por meio de usos e costumes comerciais.

É a *lex mercatória* oferecendo-se para a regulação do comportamento dos mercadores, na preservação do sucesso de seus mercados.

Lembrando Ascarelli,[3] "o panorama muda com a introdução dos títulos de crédito e muda tanto mais profundamente quanto mais esses títulos se desenvolvem e aperfeiçoam, difundem e se multiplicam, no seu número e nas suas espécies", o que nos faz concordar com a magistral função que têm esses instrumentos jurídicos, nascidos nas feiras da Idade Média e que do tratamento jurídico que vêm tendo, são objeto de circulação como coisa móvel, isto é mediante simples tradição ou endosso seguido da tradição, facilitando, na verdade, a circulação do direito neles contido, por meio de sua movimentação física há algum tempo e escritural no mundo contemporâneo.

3. O mercado como fato jurídico

A noção de demanda, no sentido de satisfação dos desejos (ou necessidades) humanos implica sempre em haver um instrumento de impulsão que age como *vis conductibile* que responde pela imagem da necessidade; sejam elas primárias, sejam secundárias, sejam prementes, sejam diferíeis. Este elemento subjetivo e individual encaminha o demandante instintivamente, quando da busca pela sua satisfação; este elemento se fortalece na medida em que aumenta a vontade e esta vontade é que determina o instante do encontro da demanda com o bem ou serviço demandando, à vista de sua disponibilidade.

Neste momento encontramos o consentimento à permuta, que em princípio guiou os passos dos respectivos sujeitos da relação jurídica que se avizinha e que se concretiza, se materializa, se aperfeiçoa quando nasce o ponto de encontro do vínculo de aceitação e as partes trocam de posição detentora dos bens permutados.

Este ponto de encontro, uma tangente entre duas esferas de interesses que se ativam em busca da satisfação, marca o delinear original do fato do mercado. Não se trata de um fenômeno, é um fato conducente às miríades de soluções satisfativas que a mente humana cria, e as faz, necessidades.

Em Huberman,[4] encontramos que "nos primórdios da sociedade feudal a vida econômica decorria sem muita utilização de capital. Era uma economia de consumo, em que cada aldeia feudal era praticamente autossuficiente", o que nos levou a afirmar alhures que este desígnio permitia aos povos valerem-se de uma economia de escambo, quando pudesse haver excedentes; caso contrário nem mesmo trocas haveria, pois a produção destinava-se exclusivamente ao consumo dos feudos.[5]

Como elegemos, como momento histórico de partida deste estudo, a Idade Média, mais precisamente o século XII, já contamos nesta época com uma geração espontânea de crescimento neste propiciar

3. Tullio Ascarelli, *Teoria Geral dos Títulos de Crédito*, São Paulo, Saraiva, 1969, p. 335.

4. Leo Huberman, *História da Riqueza do Homem*, p. 26.

5. Marcos Paulo de Almeida Salles Salles, *Contrato Futuro*, p. 21.

de encontros, por meio de uma ordem econômica organizada para enfrentar a relação de troca, ou mesmo, e mais preponderantemente, a venda e compra, nascida com a genial descoberta do bem intermediário de troca, a moeda.

Para Dobb,[6] "na medida em que o crescimento do mercado exerceu uma influência desintegrada, sobre a estrutura do feudalismo, a narrativa dessa influência pode ser em grande parte identificada ao surgimento das cidades, como órgãos corporativos".

Estava posto na ordem econômica da época o fato do mercado, faltava-lhe modelar sua organização para que ele pudesse permitir a realização de negócios jurídicos nascidos do escambo e subsequentemente apoiados na compra e venda e seus derivados. Era essencialmente uma oportunidade de proceder com habitualidade à satisfação de alterações patrimoniais em torno das pessoas.

Havia, pois, os elementos subjetivos do ato jurídico para serem atraídos reciprocamente por aquela *vis* de que falamos, e assim possibilitar a circulação das riquezas. Com a moeda a potencializar os desejos especulativos, estava lançada a base do capitalismo monetário.

A necessidade de se verem organizados os mercados é que levou os franceses a proporcionar encontros habituais na região da produção de vinhos, conhecidos como *champagne* pelo seu modo de produção. As feiras de *champagne* deram início a uma mercancia organizada, a qual foi adquirindo costumeiramente regras de comportamento pragmático, que se transformaram em normas jurídicas, que, por sua vez, tiveram suas fontes nos usos e costumes da modelagem das feiras e do comportamento dos mercadores, que as trabalhavam em caráter profissional, exercendo-as como o dever de aproximar-se do consumidor.

6. Maurice Dobb, *A Evolução do Capitalismo*, p. 94.

Se nos ubicamos diante do fato do mercado, cabe-nos procurar, como ensina Miguel Reale, o valor e a norma que o colocam na tridimensionalidade do Direito.[7] "Por *fonte do direito* deve entender-se o direito mesmo em transição, entre dois estados ou situações" (grifo no original).

Neste aspecto nos encontramos diante do fato do mercado que adquire seu valor jurídico no momento em que há que se estabelecer uma organização para o seu funcionamento e é a busca a essa ordem que faz inserir o costume como norma, isto é o costume como fonte do direito normativo do comportamento dos mercadores no desempenho de sua profissão, perante a infinidade dos desejos, frente às limitações da matéria-prima, advindo da natureza ou de sua transformação.

Aí estão o fato do mercado, o valor social que ele representa e a norma que o regula sob a ordem consuetudinária, integrando-se na tridimensionalidade do Direito.

No âmbito do trabalho do saudoso Professor Reale, os "modelos do Direito", encontra-se o sentido prospectivo que dá "à antiga teoria das fontes do Direito".[8] Trata-se, no caso do Direito Comercial, de uma interpretação informalista de referidas fontes, uma vez que, nesse caso, a base é consuetudinária, movida pela necessidade e pela conveniência dos mercadores em ubicar-se na melhor postura preservativa dos valores profissionais em que a mercancia implica. Isto é, dá-se ao resultado do trabalho do comerciante um tratamento final de ordem pública que é o alcance do seu esforço em atingir, da melhor forma

7. Miguel Reale, *Teoria Tridimensional de Direito*, p. 45. À p. 44, o Professor Reale: "Pode-se dizer que a compreensão tridimensional da realidade jurídica, como discriminação de pontos de vista ou de perspectivas, foi um fenômeno universal correspondendo a uma exigência de superamento de duas atitudes contrapostas, a do apego positivo aos fatos empíricos e a de pura subordinação a valores ideais, de origem lógica ou ética".

8. Ob. cit., p. 81.

possível, as necessidades da população demandante. Sejam produtos, sejam serviços, o profissional pratica uma atividade econômica organizada, cujos resultados dependem de normas nascidas da viabilidade dos operadores, mais do que da vontade do legislador. É a *lex mercatoria*.

Fábio Comparato, prefaciando a obra de Irineu Strenger[9] salienta que "o processo de ressurgimento da *lex mercatoria* internacional no curso do século XX, representa, em suma, a reafirmação do grande principio democrático de que todo direito emana do povo e não do poder". Isto é, especialmente no Direito Comercial se observa que o elemento subjetivo que coloca os comerciantes no encalço de sua atividade profissional, não se traduz por normas predispostas, mas se conforma, se consolida, por meio de normas advindas da necessidade e da conveniência de ambos, ofertantes e demandantes, portanto seu caráter de atividade, diversamente dos atos escolhidos eventualmente no âmbito da vida civil.

Esta dicotomia entre ato e atividade como elemento diferenciador dos atos da vida civil do cidadão e a atividade exercida pelo profissional da mercancia não elide a responsabilidade das partes contratantes, na prática dos mais variados negócios jurídicos, a ponto de alterar-lhes a natureza do vínculo e as consequências das obrigações que deles decorrem. Em consequência, a lei civil, ordenada para nortear a vida privada de cada um, em vários livros específicos, não se sentiu invadida por um Livro II – "Do Direito de Empresa" a regular especificamente negócios jurídicos que viessem a resultar da *atividade negocial* (título originalmente dado pelo saudoso Sylvio Marcondes, ao Livro II do projeto do Código Civil de 2002).

O caráter internacional (entre nações distintas) da *Lex Mercatoria* por si só já demonstra a sua convivência com outras normas de origem estatal de cada uma das nações que impõem determinado tipo de comportamento para a complementação da execução do contrato do comércio internacional.

O tráfico pactua-se por normas próprias, mas há de se submeter aos ditames territoriais das soberanias, sem que isto lhes tire o caráter de Direito Comercial, ou Direito do Comércio Internacional.

Exemplo contundente vamos a encontrar em Marcelo Huck,[10] quando, comentando os efeitos de uma sentença arbitral proferida fora dos limites da soberania onde deve ser judicialmente executada, que de nada valeria não houvera sido exarada "segundo os ditames da *lex mercatoria*, se não encontrar respaldo no Poder Judiciário onde eventualmente buscar reconhecimento". "De nenhuma utilidade será a sentença – mesmo prolatada segundo os preceitos de uma *lex mercatoria* – se sua execução for negada no exterior, onde sua eficácia seria necessária, se nesse Estado estrangeiro entender o Poder Judiciário, faltar-lhe fundamento em algum direito nacional".

É esta amplitude, costumeira e "globalizada" que outorga ao Direito Comercial uma autonomia de pleito normativo, que se convencionou chamar de autonomia de Direito Comercial, seguida ou não de um Direito Processual próprio, ou mesmo se valendo do Direito Processual Civil, em que o hermeneuta saberá buscar as diferenças entre o ato e a atividade, para mais bem colocar a leitura atenta, do fato que tem às mãos.

A autonomia assim vista é necessária, não apenas conveniente, pois sem ela estes vetustos "atos de comércio", não haveriam chegado à "atividade", própria do Direito de Empresa, sem que se lhes atribuísse uma espécie própria dentro do Direito Privado, fonte primária de exercí-

9. Irineu Strenger, *Direito do Comércio Internacional e Lex Mercatoria*, p. 12.

10. Hermes Marcelo Huck, *Sentença Estrangeira e "Lex Mercatoria"*, p. 101.

cio do fundamento constitucional e pétreo, da livre iniciativa.

4. O direito de empresa

Não é nossa intenção ampliar a erudição neste texto, com o direito comparado, contudo há uma comparação que mister se faz lembrar, que é o Direito Italiano resultante do seu Código Civil de 1942, vez ter sido ele o eixo inspirador do nosso Código Civil de 2002, principalmente na formação do Direito de Empresa, pois é na origem dos institutos que compõem os princípios fundamentais desse texto peninsular, que vamos encontrar as origens para os textos brasileiros.

Segundo Rachel Sztajn:[11] "Atividades econômicas podem ser exercidas individual e artesanalmente ou em regime organizado sob a forma de empresa. No primeiro caso, a existência de mercados livres serve ao propósito duplo de abastecimento e oferta de bens. Na segunda forma, a empresa aparece para diminuir falhas de mercado, reduzir custos, aperfeiçoar a produção. Portanto, ambos, mercado e empresas, interessam ao desenvolvimento da atividade econômica pelos particulares e interessam à comunidade por serem fontes de criação e circulação de riquezas".

Reale[12] relembra a obra de Barna Horvath, "para quem o Direito Positivo não é todo natureza, nem todo ideia, mas a *sinopse* metódica da realidade e da idealidade, razão pela qual *fonte do direito* deve entender-se o direito mesmo em transição, entre dois estados ou situações, ou consoante suas próprias [de Barna] palavras, na passagem de um estado de fluidez e de indivisibilidade subterrânea para o estado de certeza evidente".

Esta metáfora de Barna condiz bem com a indivisibilidade subterrânea das normas atinentes ao direito das obrigações (que ensejaram o Livro I da parte especial do Código Civil de 2002), para o "estado de certeza evidente", das normas que, por meio de leis especiais, ou mesmo normas costumeiras, apropriadas pelos comerciantes, venham a fazer entender da autonomia e sua implicação na novel, porém reconhecida, figura da empresa.

A teoria da empresa se coaduna perfeitamente com a visão tridimensional do Direito, pela equivalente importância que oferecem o fato econômico que a originou, o valor social que apresenta e a norma ou o conjunto de normas que a vieram regulando através dos tempos, até 1942 quando aparecem organicamente tratadas no *Códice Civile* Italiano como fato dignificante do trabalho humano. Por isto, ubicada no livro "Del Lavoro" daquele diploma legislativo.

Sob a imagem poliédrica posta por Asquini, no resumo de seus quatro perfis, vê-se claramente que em qualquer dessas posições, a empresa é um fenômeno somente concebível dentro de uma dimensão autônoma, que acabou por se tornar o fato axiológico do Direito Comercial contemporâneo.

Nesta altura valho-me do episódio histórico da "Retratação de Vivante", pois, sem sua menção, este momento estaria falto de uma importante meditação do ilustre comercialista italiano, segundo Rubens Requião:[13]

"Cesare Vivante, antigo Professor da Universidade de Roma, foi sem dúvida o maior comercialista dos tempos modernos

11. Rachel Sztajn, *Ensaio sobre a Natureza da Empresa*, p. 9.

12. Ob. cit., p. 45 (grifos no original).

13. Rubens Requião, *Curso de Direito Comercial*, vol. I, p. 18.

N.A.: Alberto Asquini, jurista italiano da primeira metade do século XX, um dos componentes da comissão elaboradora do *Códice Civile* Italiano de 1942, em 1943 escreveu sua explicação sobre o fenômeno da *empresa* selecionando pedagogicamente seus quatro perfis de maior importância. Estes perfis são repetidos por todos nós quando nos iniciamos na teoria da empresa. Uma excelente tradução se encontra na *RDM* 104/109, passada pelas mãos do Professor Fabio Konder Comparato.

sendo considerado o renovador do direito comercial italiano antes da reforma legislativa de 1942. No fim do século XIX, ao proferir a conferencia inaugural dos cursos da Universidade de Bolonha, escandalizou os meios jurídicos da Europa com um frontal ataque à divisão do direito privado, condenando a autonomia do direito comercial. (...) Algum tempo mais tarde Vivante aceitou a incumbência de elaborar o anteprojeto de reforma do Código Comercial Italiano de que resultou o famoso *Progetto Preliminare*. Em contato profundo com a elaboração positiva do direito comercial, Vivante teve o altaneiro espírito de se retratar confessando o erro doutrinário que cometera na aula de Bolonha."

No Brasil, surge no Código Civil de 2002, um título especialmente dedicado à opção oferecida ao cidadão comum de estudar organizar-se como empresário, isto é o praticante, de modo profissional, da "atividade econômica organizada para a produção ou circulação de bens ou de serviços" (a empresa).[14] Falta, na minha leitura, desde logo, a produção de lucro, como elemento funcional desta atividade, pois o Código, do resultado se lembrou, somente quando proporcionado em sociedade empresária (art. 981), olvidando o empresário individual da função social que este resultado representa tanto como remuneração ao profissional, quanto como fato gerador de tributos, que, por sua vez levam a proporcionar atividades colaterais e empregos às comunidades onde atua (Lei 6.404/1976 – arts. 116 e 117).

5. *A massificação e a autonomia*

A autonomia, que vejo não aparece, como o quis Vivante, no método, se indutivo ou dedutivo de cada um dos ramos privados, mas na regulação dos atos isolados, à frente da regulação dos atos massificados.

Importante capítulo dos negócios jurídicos massificados sempre será aquele que trata da adesão, como modo de manifestação do consentimento de uma das partes às condições predispostas pela outra, em função da corporatividade que surge na produção e circulação de produtos e serviços; o fenômeno de massa vige há cerca de cem anos e tem sido o responsável por atos isolados da vida civil, ou por atividade satisfativa de interesses individuais homogêneos?

A resposta a esta questão trata, desde logo de ubicar a relação de consumo no âmbito dos negócios jurídicos amparados por legislação específica de Direito Comercial, sem prejuízo das normas que passaram a pertencer ao novo Código Civil, como, por exemplo, os títulos de crédito. A figura específica do Direito Brasileiro, da *duplicata*, não tem serventia no campo civil, vivendo dos usos comerciais, que levaram à lei especial; a nota promissória, no entanto, se pode prestar a um mútuo civil entre particulares.

Por fim, queda difícil não se conceber a dicotomia funcional do direito privado, atribuindo autonomia ao Direito Comercial, quanto se vê haver sociedades de fins econômicos que recebem o amparo registrário dos Registros Civis de Pessoas Jurídicas, enquanto outras há que o recebem do Registro Público das Empresas Mercantis (este praticado pelas Juntas Comerciais). Dentre estes há uma delas que somente se presta, *ex lege* à atividade mercantil qualquer seja seu objeto, é a monumental criação do Direito Comercial, a sociedade anônima ou sociedade por ações, dentre estas também a sociedade em comandita por ações.

Em síntese, as leis gerais sempre haverão de nortear princípios que podem vir a ser deslocados para leis especiais, porém mesmo que oferecendo autonomia a especificidades da natureza do estudo que se prende necessariamente às suas origens, isto é axiologicamente poderemos ter que promover o reconhecimento de campos au-

14. CC/2002, art. 966.

tônomos que se vão distanciando das leis gerais, por força dos dotes especiais que apresentam, porém não haverão de romper com os fundamentos dos princípios gerais do Direito, especialmente no âmbito privado das obrigações assumidas por particulares, por si ou aglutinadamente, de natureza essencialmente patrimonial e que acabem por corporizar-se, de modo autônomo, nas várias fontes de direito em que se vierem a abeberar inicialmente.

É uma autonomia infragenética que, no entanto, não se pode afastar do DNA do sistema jurídico vigente. Como diz René David:[15] "partindo dos costumes de tribos primitivas, chamadas a testemunhar as origens do direito, o jurista fica maravilhado a contemplar o direito dos povos mais avançados na civilização moderna", ao que lembramos que as mais recentes leis atinentes ao comércio e aos mercados têm origem nos direitos americano e inglês, vindo a influenciar mais a atividade empresa.

Caberia finalmente argumentar se aos fatos decorrentes da atividade exercida pelos empresários só se atribuem os caracteres de negócios jurídicos, inexistindo no mundo mercantil o *ato jurídico*. A eles se aplica, desde logo, o art. 113 do Código Civil: "os negócios jurídicos devem ser interpretados conforme a boa-fé e os usos do lugar de sua celebração", conjugado com seus arts. 185 e 422.

A teoria de negócio jurídico, de origem alemã, mas entre nós sempre bem defendida pelo saudoso Professor Antônio Junqueira de Azevedo, diz de relações jurídicas que nascem de uma declaração de vontade, diferentemente do ato jurídico, que advém de uma simples manifestação de vontade. Creio que na declaração de vontade é que se supera a necessidade da existência da causa do negócio jurídico, mais do que a causa da obrigação resultante do ato jurídico. Por isso o negócio jurídico se coordena melhor com o mundo da atividade econômica do que o ato meramente manifestador da vontade, sem o ímpeto da declaração.

Assim é que se consagra o Direito de Empresa, naquele dos negócios jurídicos que tenham subjetivamente a presença do empresário (ou sociedade empresária) e objetivamente a prática da atividade economicamente organizada.

Sem desconsiderar aqueles que entendem que o negócio jurídico equivale aos contratos bilaterais, *data venia*, há para nós o importante negócio jurídico da sociedade, fulcrado no contrato plurilateral de organização, proposto por Ascarelli, que nos conduz à pessoa jurídica do empresário, como sociedade empresária, cuja personificação a transforma em sujeito dos direitos e deveres inerentes à figura do empresário. Assume cada um dos sócios este novo *status* pela declaração de vontade manifestada por adesão irrestrita às condições organizativas dadas pelo estatuto social.

Assim, mais do que um feixe de contratos, como o querem doutrinadores americanos, a empresa é uma atividade exercida pelo empresário, por meio dos mais variados negócios jurídicos, onde a declaração de vontade é a causa das obrigações que decorrem do desejo da prática da empresa, que, por sua vez, decorre da livre iniciativa.

Vale dizer, a extraterritorialidade do Direito Comercial decorrente do fato do tráfico sem fronteiras, interna-se criando relações jurídicas específicas de uma atividade globalizada, embora destinada à prática concomitante de atos jurídicos entre comerciantes e não comerciantes, empresários e não empresários, porem dando a estes um tratamento diferenciado pelas leis especiais, sem prejuízo dos princípios sustentados pela lei geral.[16]

15. René David, *Os Grandes Sistemas do Direito Contemporâneo*, p. 12.

16. "Les positions plus realistes auxquelles on est revenu ont ouvert la voie à la reconnaissance du

Isto posto, a autonomia não é um dogma para o Direito Comercial, nem mesmo uma imprópria dicotomia necessária ao Direito Civil, como Direito Privado, mas uma conveniência pelas normas autorizadoras do Direito Objetivo em face de sua aplicação subjetiva.

6. Conclusão

Relembrando uma vez mais o saudoso Professor Junqueira[17] "o reconhecimento social do caráter jurídico de certos atos é que fundamentalmente importa para a caracterização do negócio jurídico", que agregado aos seus elementos, permite fazer entender a noção de negócio jurídico e assim a intenção do projetista Sylvio Marcondes em denominar o Título II do Código Civil de 2002 de "Da Atividade Negocial".

Da exposição de motivos deste ilustre e saudoso Professor das Arcadas, iniciada[18] pela lembrança dos fatos determinantes das duas grandes guerras (1914/1918) (1939/1945) que estariam a proporcionar uma revisão dos quadros jurídicos elaborados no século XIX, inclusive no campo do direito privado. "Negócios jurídicos quase privativos de uma classe, como a dos comerciantes, passam a constituir rotina cotidiana de todos".

Ainda da exposição de motivos do anteprojeto do Código Civil de 2002[19] tem-se que "a discutida dicotomia daquele [o comercial] ramo do direito não constitui embaraço a fórmulas de unificação. As razões da famosa retratação de Vivante continuam válidas, como substrato metodológico e econômico da especialização técnica e cientifica do direito comercial, mas nem por isso excluem a coordenação unitária de atos jurídicos concernentes ao fenômeno econômico". (...) "Realmente há mais de um século [152 anos], o Código Comercial de 1850 já preceitua[va] no seu art. 121, que, salvo as restrições estabelecidas, 'as regras e disposições do direito civil para os contratos em geral são aplicáveis aos contratos comerciais'", valendo assim dizer que o tratamento ora dado pelo Código Civil de 2002 ao unificar o direito das obrigações e, em especial a abordagem sobre a figura do empresário e da empresa, assim como do estabelecimento, nada mais fez do que ampliar em um só Código figuras que seriam, até então, pertencentes a dois instrumentos reguladores, mas em que um deles reconhecia a existência do outro, aplicável supletivamente.

Isto não é o suficiente para dizerem-se unidos os dois ramos do direito privado, apenas há que indicar os tratamentos dados aos atos ou negócios jurídicos, em conjunto com o exercício profissional de uma atividade, como fulcro de uma pedagógica autonomia que por sua vez decorre da profissionalização dos empresários (individuais ou sociedades empresárias).

Para tanto iniciamos a volver, já há algum tempo, os nossos olhos[20] para as consequências do tratamento jurídico que vem sendo dado à proteção ao consumidor, desde a Constituição de 1988.

A satisfação das necessidades humanas, que já preocupava os norte-americanos desde *o New Deal* após a crise de 1929, época em que várias foram as leis que passaram a delinear um sistema de mercados organizados, dentre elas nasceu o tratamento específico de uma das mar-

fait que les relations internationales, même intéressant le simple droit privé, pouvaient être soumises à un droit autonome par rapport aux droits nationaux" (René David, *Le Droit du Commerce International*, p. 2).

17. Antonio Junqueira de Azevedo, Tese de Concurso à Titularidade em Direito Civil, p. 6.

18. Anteprojeto de Código Civil, Ministério da Justiça, 1973, p. 195.

19. Ob. cit., p. 195.

20. Marcos Paulo de Almeida Salles, *O Consumidor e o Sistema Financeiro*, 1991.

gens desses mercados, em especial aquela da posição demandante – o consumidor, em defesa da qual à época surgiu o conhecido advogado americano Ralph Nader (cognominado: "amigo público número 1").

De seu trabalho veio a resultar a onda de preocupação dos legisladores como esses direitos difusos, coletivos, ou mesmo individuais homogêneos, que caracterizam as diversas massas de compradores em potencial, *demanda* à qual se dirige a oferta – outra margem da figura do mercado organizado, uma vez que a ela afluem os concentrados *fornecedores* de alternativas satisfativas, a estimular o consumo.

Neste instante, aquele então "ato de comércio" proposto pelo varejista à sua freguesia, atuando aquele como vendedor e esta como compradora, deixasse de ser um ato regido pelo típico contrato de venda e compra e passasse a ser o massificado ato de adesão a uma oferta, que parte do fornecedor, que por sua vez e de modo semiótico, a dirige àqueles.

Assim organizado o mercado, percebemos que o acesso à outra margem se dá por meio das regras concorrenciais, no Brasil tratadas desde 1962 e atualmente pela Lei 8.884/1994, enquanto a margem do consumidor é regulada, constitucionalmente perante a livre iniciativa dos fornecedores, e amparada pelo art. 170 – fundamentos e princípios da ordem econômica, pela lei *anti-trust* (Lei 8.884/1994), acompanhada pelas regras de proteção aos sinais distintivos e patentes, juntamente com o tratamento dado ao ilícito da concorrência desleal (Lei 9.279/1996 e similares).

Por esta metáfora exemplificadora, das margens do córrego, é fácil perceber que a autonomia do Direito Comercial não se encontra no âmbito normativo legal, mas no atendimento aos vários lances de mercados organizados por onde se transformam as matérias-primas em produtos acabados ou insumos intercorrentes, para, ao final, desembocar na oferta massificada de bens ou serviços onde a declaração de vontade aquisitiva se dá por adesão do consumidor à oferta dos fornecedores, no exercício de sua prática profissional e sem afetação da tipificação dos atos da vida privada dada pelo Código Civil e sem prejuízo do direito das obrigações ali inserto.

As leis especiais que regulam a concorrência e a defesa do consumidor levantam a necessidade de se verem aplicadas na regulação da atividade empresa e consequentemente determinam o comportamento dos praticantes do Direito Comercial, dentro do Direito privado de modo autônomo.

Somente estão sujeitos aos ditames do Código de Defesa do Consumidor aqueles que se manter permanentemente em oferta; isto é os empresários na atividade de fornecedores participantes da cadeia produtiva de bens ou serviços voltados para o consumo. Logo, a estes se dá tratamento obrigacional específico para a prática dos negócios jurídicos mercantis, ou empresariais que tem seu nascimento na atividade negocial da empresa e, o seu escopo, na relação de consumo e suas consequências.

A economia de mercado, sobre a qual pesam os ditames dos arts. 170 e ss. da Constituição de 1988, constitui-se no *habitat* do empresário, para quem estão voltados os olhos do direito comercial que por sua vez deve se valer dos negócios jurídicos e das obrigações postas pelo Código Civil de 2002, levando a que os primeiros sejam concebidos de modo próprio nos limites postos por estas legislações especiais voltadas para a ordem pública, que norteiam a concorrência e a defesa do consumidor.

Assim sendo, essa legislação específica somente se aplica às atividades econômicas organizadas, praticadas pelo empresário, conjugando a autonomia praticada por esta vertente do Direito privado exclusiva do vetusto Direito Comercial, reconhecido pela norma privatista com o

Direito de Empresa; objeto do Livro II do Código Civil de 2002.

Isto é, a unificação das obrigações, procedida pela absorção do Direito Comercial Terrestre pelo Código Civil, não acarreta a quebra da autonomia da prática dos negócios jurídicos originados da *lex mercatoria*, uma vez que permanece autônomo o sujeito que as assume na busca profissional do atendimento às necessidades do consumidor, nos limites da proteção constitucional que o fato propicia, uma vez que os comerciantes se mantêm em permanente oferta, necessariamente praticadas em respeito à boa-fé objetiva.

Surgem assim, em minha visão contemporânea, outros motivos que levam à autonomia do direito comercial, talvez não mais aquela vivida por Vivante, Ascarelli ou Philomeno Costa, mas esta vivida por nós a partir da conjugação dos esforços em respeito à dignidade do consumidor como cidadão no exercício do direito à satisfação de suas necessidades, como nos lembra Oscar Barreto em "A dignidade do Direito Comercial".[21] É a *lex mercatoria* que transcende aos atos decorrentes da atividade dos comerciantes (ou empresários) para focar sua busca no mercado de satisfações dos desejos humanos, que se superpõe a todos os demais que o antecedem na cadeia de fornecimento para o consumo, como mercado fim de outros variados mercados que lhe são meio.

Todos esses mercados se organizam dentro dos ditames das normas e costumes comerciais que se não aplicam aos atos entre cidadãos que seguem pessoalmente a conduta do fato.

Ainda que negócios jurídicos, que impliquem em contratos ou outros tipos de obrigações a serem assumidas pelas partes, nenhuma delas se equipara à necessidade do efeito em cadeia que se desenvolve entre todos aqueles que iniciam e terminam um ciclo, com vistas à oferta, na busca do demandante final.

21. Oscar Barreto Filho, "A dignidade do Direito Comercial", *RDM*.

Referências

ASCARELLI, Tullio. *Teoria Geral dos Títulos de Crédito*. São Paulo, Saraiva, 1969.

ASQUINI, Alberto. *Gli Profile del'Impresa*. Trad. Fábio Konder Comparato. In *RDM* 104/109. São Paulo, Malheiros Editores.

AZEVEDO, Antonio Junqueira de. Tese de Concurso à Titularidade em Direito Civil da Faculdade de Direito da USP, 1986.

ANTEPROJETO DE CÓDIGO CIVIL. Ministério da Justiça, 1973.

BARRETO FILHO, Oscar. "A dignidade do Direito Comercial", in *RDM* 21, São Paulo, Malheiros Editores.

COSTA, Philomeno J. da. *Autonomia do Direito Comercial*. São Paulo, Ed. RT, 1956.

DAVID, René. *Os Grandes Sistemas do Direito Contemporâneo*. Lisboa, Meridiano, 1972.

______. *Le Droit du Commerce International*. Paris, Econômica, 1987.

DOBB, Maurice. *A Evolução do Capitalismo*. São Paulo, Zahar, 1977.

HUBERMAN, Leo. *História da Riqueza do Homem*. São Paulo, Zahar, 1982.

HUCK, Hermes Marcelo. *Sentença Estrangeira e "Lex Mercatoria"*. São Paulo, Saraiva, 1994.

REALE, Miguel. *Teoria Tridimensional de Direito*. São Paulo, Saraiva, 1993.

REQUIÃO, Rubens. *Curso de Direito Comercial*. São Paulo, Saraiva, 2003.

SALLES, Marcos Paulo de Almeida. *O Consumidor e o Sistema Financeiro*. São Paulo, Acadêmica, 1991.

______. *O Contrato Futuro*. São Paulo, Cultura, 2000.

STRENGER, Irineu. *Direito do Comércio Internacional e "Lex Mercatóra"*. São Paulo, LTr, 1996.

SZTAJN, Rachel. *Ensaio sobre a Natureza da Empresa*. Ed. original, FADUSP, 2001.

VALVERDE, Trajando Miranda. *Comentários à Lei de Falências*. Rio de Janeiro, Forense, 1948.

Atualidades

INCERTEZA LEGAL E CUSTOS DE TRANSAÇÃO: CASUÍSTA JURISPRUDENCIAL

RACHEL SZTAJN

Das diferenças entre sistemas jurídicos filiados à *common law* e aqueles de base romano-germano-canônica, ressaltam de um lado o papel exercido pelos magistrados que, nos ordenamentos da primeira família, têm maior poder dizer a lei ou fazer a lei aplicável ao caso concreto, o que, para alguns, implicaria insegurança normativa quando comparado aos ordenamentos de famílias originadas do direito romano.

Supõe-se que a positivação normativa decorrente da codificação (iniciada sob Napoleão Bonaparte, no início do século XIX) e que subsiste no presente, embora fragmentada dado os microssistemas, a pletora de normas especiais, além de uma invocada constitucionalização do direito privado, ainda se exalta, nesse complexo quadro, o fato de esses sistemas criarem certeza e segurança, pois as normas são de todos conhecidas e devem ser aplicadas não segundo critérios discricionários dos magistrados, mas objetivamente.

Claro que não se afastam eventuais interpretações na leitura do texto normativo, nem se ignora possíveis incompletudes ou "imprecisões" uma vez que a ação humana é mais ágil do que a reforma legislativa. Hermenêutica jurídica e princípios gerais de direito são instrumentos para "ajuste" das normas "antigas" às novas relações sociais.

Transformações na produção, massificada depois da Revolução Industrial, tiveram como consequência, no plano jurídico com: a) o surgimento dos contratos padronizados, exigência que facilita sua administração; b) normas específicas para reger as relações de trabalho; c) reconhecimento da vulnerabilidade do consumidor, entre outras.

Deixando de lado afirmações de alguns economistas que afirmam ser os ordenamentos dos países de *common law* mais eficientes do que os de tradição romano-germânico-canônica, dado que, na opinião por eles expressada, a excessiva tutela dos devedores retarda o crescimento econômico e gera menos riqueza comprometendo o bem-estar geral. Muitas vezes esse fenômeno interfere nas decisões judiciais, quando não na modelagem normativa, tornando-se fonte de incertezas e, portanto, criando ou amplificando os custos de transação e, portanto, de perda de bem-estar.

Conforme Ronald H. Coase atritos são normais nas relações intersubjetivas. Quando as pessoas podem, facilmente, reduzi-los, não há necessidade da intervenção do Estado – provedor de normas jurídicas e titular do monopólio do poder de punir (Judiciário). Porém, quando há dificuldades que tornem a solução das desavenças, um dos custos de transação apontados por Coase, então é preciso que a disciplina emane do Estado.

A garantia das posições jurídicas, a tutela de direitos – propriedade, contratos e imputação de responsabilidade – depende da clareza na redação das normas e sua aplicação pelas Cortes.

Se o contrato é, antes de tudo uma instituição social recepcionada pelo Direito para garantir a voluntária e regular circulação da propriedade (riqueza), é, também, mecanismo de alocação de riscos. Vestimenta de operação econômica, o contrato tem função vital nas sociedades atuais.

Contudo essa função "instrumental" do contrato para disciplinar a circulação da riqueza não afasta a percepção da desigualdade entre agentes. Assimetrias informacionais geram vulnerabilidades na contratação e deveriam, sempre que possível, ser corrigidas de forma preventiva, *ex ante*; correções *ex post*, as que se seguem à contratação, seriam exceção.

Não se trata de discutir a adoção de condutas, nem a proibição em que o resultado pode ser a imposição de sanções, elemento inibidor de comportamentos socialmente indesejáveis.

As normas – quer as de direito posto quer as sociais – promovem (ou inibem) condutas que, em última análise, reduzem ou aumentam os custos de transação nas barganhas intersubjetivas.

Quando Coase discute custos de transação e custos sociais derivados de externalidades, uma de suas preocupações foca o Judiciário e seu poder para fazer, interpretar e aplicar as normas vigentes.

Não estranha, pois, que a literatura de *law and economics* se ocupe da eficiência da atuação do Judiciário, análise que vai além do tempo para trânsito em julgado das decisões. Estudam-se, também, a qualidade, termo empregado no sentido de inibir oportunismos, *moral hazard*, reduzir externalidades negativas.

A jurisprudência aumenta, ou diminui, a certeza e segurança do Direito, com reflexos nos custos de transação. A função promocional do Direito, o prêmio ou a punição, conforme Norberto Bobbio, deve ser corroborada pelos Tribunais.

Segundo Yuval Feldman e Shahar Lifshitz, em recente texto intitulado *Behind the Veil of Legal Uncertainty*,[1] normas são uma das mais importantes ferramentas sociais para direcionar comportamentos, modelam instituições sociais; efeitos *ex post* decorrentes da aplicação das leis influenciam o exercício de atividades.

Portanto o desafio está no equilibrar a função positiva, direcionar comportamentos, e a negativa, distorção dos efeitos, especialmente para evitar estes, é preciso prudência, evitando-se gerar danos em virtude de ambiguidades que mascarem os resultados pretendidos, favoreçam a adoção de estratégias indesejadas não previstas pelos incentivos legais.

Enveredando por discussões psicológicas quanto a preferências os autores discutem reações à informação ambígua ou não disponível e sugerem que a incerteza jurídica reduz a influência da norma na tomada de decisões.

Se as pessoas agem estrategicamente, diante de ambiguidades jurídicas a opção recai nas normas sociais. Dessa perspectiva, considera-se que decisões judiciais que criam ambiguidades servem de base para decisões estratégicas. E, quando faltam normas socialmente modeladas e aceitas, agir oportunisticamente é opção que não se pode descartar. A incerteza derivada de decisões judiciais é fonte de insegurança e aumenta custos de transação.

Em face de decisões do Superior Tribunal de Justiça envolvendo direito do consumidor, antecedidas por discussões doutrinárias sobre a "amplitude" do conceito de consumidor, por evidente, contribuíram que a incerteza e insegurança resultantes da aplicação da lei na visão de magistrados daquele Corte, têm fundamento na ambiguidade do teor do art. 2º da Lei n. 8.078/1990.

1. Disponível em *SSRN.com*.

O Código de Defesa do Consumidor, no artigo acima referido, define consumidor como aquele que adquire ou utiliza produto ou serviço como destinatário final. Não há ressalva quanto à utilização do produto ou serviço utilizado evidenciando que se a ideia era a de qualificar o elo final da cadeia produtiva, portanto eliminando os insumidores, que transformam bens e serviços em outras utilidades, é preciso recorrer ao art. 3º da Lei.

Aqui, ao definir fornecedor (art. 3º da Lei n. 8.078/1990), parte-se das atividades de produção, passa-se para as de montagem, criação, construção, transformação, inclui-se importação e exportação, distribuição ou comercialização de produtos e ainda a prestação de serviços, descrevendo-se todas as possíveis etapas da cadeia de produção/transformação de bens.

A inclusão das atividades ligadas ao comércio exterior, notadamente a importação dá segurança a quem, no país, adquirir bem fabricado no estrangeiro, ofertado pelo importador ou distribuidor. Já a menção a exportação não parece interessar salvo se a aquisição se der por residente no Brasil que adquira produtos no exterior e que, ao retornar, sofra perda ou dano em virtude da baixa qualidade e/ou do uso do bem. Compare-se, agora, a definição de consumidor constante da proposta de diretiva comunitária, cujo teor é: "'Consumer' means any natural person who, in contracts covered by this Directive, is acting for purposes which are outside his trade, business, craft or profession" ("consumidor significa qualquer pessoa natural que, em contratos abrangidos por esta Diretiva, atua com propósitos estranhos ao seu negócio, atividade, arte ou profissão"), com a da lei pátria.

Enquanto a Diretiva distingue entre adquirente "final" que utilizará o bem ou serviço no exercício de sua atividade, como parte do processo de produção, ou seja, como insumo, que não é consumidor para efeitos da norma, de quem adquire bem ou serviço não para incorporá-lo à atividade exercida, a nossa ignora a distinção. Lá não é o destinatário, mas a destinação do bem adquirido o elemento central para definir ou qualificar a operação como de consumo, ou não.

A definição de fornecedor contida na proposta de Diretiva europeia é: "means any natural or legal person who, in contracts covered by this Directive, is acting for purpose relating to his trade, business, craft or profession and anyone acting in the name of or on behalf of a trader" ("fornecedor é qualquer pessoa, natural ou jurídica, que, em contratos sujeitos a esta Diretiva, atua em relação a seu negócio, atividade, arte ou profissão e qualquer um agindo em nome e por conta de um negociante").

A definição inclui profissionais ou quem em seu no nome e benefício contratem com outro(s) fornecedor(es). Novamente é a destinação do bem adquirido ou ofertado o elemento que se destaca.

Comparando-se as definições dos arts. 2º e 3º da legislação brasileira com as da proposta de Diretiva que, sabe-se, espelham regras vigentes em vários países europeus, pode-se concluir que o legislador pátrio não se deu conta, em 1990, da incerteza normativa que criava ao não extremar, de forma clara, límpida o consumidor vulnerável daquele que, por profissional, sabe, ou deveria saber, o que adquire para uso no exercício da atividade.

A título de exemplo imagina-as a relação entre uma dona de casa que contrata diarista para prestar serviços ocasionais. Não configurada como relação de trabalho, tem-se uma *consumidora*, a *dona de casa*, sendo a contratada a *fornecedora*.

Dado que se supõe que o consumidor é vulnerável, hipossuficiente, como preferem alguns, há que concluir que a dona de casa é, em face da diarista, hipossuficiente e que, se eventualmente algum dano que venha a experimentar por mau uso de produtos de limpeza utilizados pela diarista, devem ser indenizados na forma da legislação de consumo. Ao mesmo tempo, se o uso de tais produtos causarem reações alérgicas à usuária final, a diarista, a dona de casa não terá qualquer responsabilidade por eventual má escolha uma vez que não é ela, segundo o teor da lei, consumidora.

Outra questão é saber, na hipótese de os serviços prestados serem insatisfatórios, se a dona de casa, deverá reclamar ao PROCON. Exemplo surrealista, dir-se-á, mas consistente e fundado nas normas em vigor. A definição do art. 2º, que estende a tutela legal a todas as pessoas que experimentem danos derivados de relações ou acidentes de consumo, por sua ambiguidade, pela vagueza, pode ensejar resultados no mínimo curiosos ou caricatos do que seja hipossuficiência ou vulnerabilidade, alterando o equilíbrio negocial.

Ora bem, é sabido que para a produção de bens e, atualmente, de muitos serviços, o uso de máquinas e equipamentos, por vezes de serviços intermediários, é fundamental. Mais ainda, muitas vezes a falta de equipamentos adequados levará ao comprometimento da qualidade de bens e/ou serviços ofertados em mercados, com prejuízos sociais incomensuráveis para toda a sociedade.

As relações de consumo giram em torno da informação e sua distribuição entre as partes envolvidas. É o que se denomina assimetria informacional que, entre profissional ofertante de bens e serviços e o leigo, adquirente ou usuário, tem potencial incomensurável para produzir resultados perversos. Assim, a aquisição de máquinas e equipamentos para uso na produção de utilidades ofertadas em mercados, deveria ser função de profissional detentor de informações quanto à qualidade e operacionalidade. Não seriam, nem deveriam ser, portanto, relações de consumo, ainda que os bens/serviços saiam do mercado, no sentido de que não estarão disponíveis para outros eventuais interessados.

O uso do produto ou serviço para incorporar na sua atividade, seja por integrar uma cadeia produtiva, quando se dirá tratar-se de insumos, ou quando parte de uma "plataforma" para produção de outros bens (ou serviços), necessários para que a operação subsequente seja bem-sucedida, hipóteses em que o adquirente será fornecedor na etapa subsequente da cadeia produtiva, o qualificaria efetivamente, como consumidor, hipossuficiente e vulnerável?

A qualificação de um agente econômico é tema enfrentado há muito pelos ordenamentos jurídicos. Lembra-se que, já em 1850 o Código Comercial tinha na qualificação de comerciante – aquele que exercia profissionalmente uma atividade econômica – o diferencial que o separava do não comerciante. A importância da qualificação prendia-se à aplicação do estatuto processual assim como à aplicação da disciplina contratual que era distinta. Vez que na vigência dos dois Códigos de direito privado, o Civil, de 1916, e o Comercial, de 1850, sendo a matéria contratual disciplinada separadamente, era preciso saber qual a disciplina legal regente do contrato. Aos comerciais aplicavam-se as normas da lei especial, enquanto aos civis aplicavam-se as regras do Código Civil de 1916. Além disso, o Código Comercial previa a aplicação subsidiária das normas de direito civil aos contratos mercantis com as modificações e restrições nele previstas.[2]

Contratos celebrados no e para o exercício da "profissão" subordinavam-se às normas de direito comercial que, segundo os arts. 130 e 131 do CCo, em especial a do inciso 4 deste último, que remete aos usos e costumes mercantis na interpretação do contrato,[3] demonstram que havia regras

2. "Art. 121. As regras e disposições do direito civil para os contratos em geral são aplicáveis aos contratos comerciais, com as modificações e restrições estabelecidas neste Código."

3. "Art. 130. As palavras dos contratos e convenções mercantis devem inteiramente entender-se segundo o costume e uso recebido no comércio, e pelo mesmo modo e sentido por que os negociantes se costumam explicar, posto que entendidas de outra sorte possam significar coisa diversa.

precisas de enquadramento e de preenchimento de eventuais incompletudes.

Essas regras, a par de determinar se interpretassem os contratos mercantis segundo o costume e uso do comércio, o costume do lugar de execução do contrato prevalecia sobre qualquer entendimento contrário que se pretendesse dar às palavras. Redução clara de custos de transação, de incertezas ou insegurança.

Como eram mercantis os contratos quando as partes agiam no exercício de suas respectivas atividades comerciais, bastava recorrer ao art. 19 do Regulamento n. 737/1850, para saber quais eram as assim qualificadas que, até a unificação do direito processual, ficam sob jurisdição dos Tribunais de Comércio.

O cuidado que, em 1850, o legislador comercial teve na determinação da regência de um contrato pelas normas especiais ou, quando, ao revés, pelas de direito comum, deveria servir de alerta para qualificar um determinado contrato como de consumo, ou não.

Veja-se que os critérios que permitiam determinar a disciplina específica a ser aplicada a um determinado contrato eram simples. Se celebrado no e para o exercício da atividade, aplicavam-se as normas mercantis. Se, ainda que celebrado por comerciante, mas para finalidade estranha ao exercício do comércio, vigorariam as normas cíveis. Não a qualificação das partes contratantes e sim a destinação dos bens ou serviços objeto da operação determinavam a disciplina aplicável.

Até mesmo o que poderia ser visto como problema disfarçado na simplicidade dessa regra, o fato de uma das partes contratantes, ainda quando ambas fossem comerciantes, não figurar na relação na qualidade de profissional do comércio, estava resolvido. O contrato não seria mercantil. Se as duas fossem comerciantes e, naquela operação não atuassem no exercício das respectivas atividades comerciais, aplicavam-se as normas gerais. Insista-se, apenas quando as partes fossem comerciantes e o contrato celebrado no e para o exercício das respectivas atividades é que as normas especiais prevaleciam sobre as de direito comum.

Mais ainda, o legislador pátrio, talvez no afã de produzir texto normativo para atender a dispositivo constitucional, pensou em analisar como, em países europeus, de mesma tradição normativa, fora proposta a legislação especial de consumo.

Demais disso há que ter presente que o Código Civil brasileiro, mediante as normas abertas, conferir certa discricionariedade aos magistrados no exercício do poder judicante, talvez no pressuposto de que as exceções não superariam a regra geral e que normas específicas ou definições normativas seriam acatadas. Seguramente não se imaginaria o custo que a imprecisão ou ambiguidade das normas imporia aos agentes econômicos.

Não se está discutindo a possibilidade de o Judiciário legislar, e deve fazê-lo, conforme previsto na Lei de Introdução ao Código Civil de 1916, ainda em vigor, visto não lhe ser dado, sob o argumento de faltar norma positivada, não proferir deci-

"Art. 131. Sendo necessário interpretar as cláusulas do contrato, a interpretação, além das regras sobreditas, será regulada sobre as seguintes bases:

"1. a inteligência simples e adequada, que for mais conforme à boa-fé, e ao verdadeiro espírito e natureza do contrato, deverá sempre prevalecer à rigorosa e restrita significação das palavras;

"2. as cláusulas duvidosas serão entendidas pelas que o não forem, e que as partes tiverem admitido; e as antecedentes e subsequentes, que estiverem em harmonia, explicarão as ambíguas;

"3. o fato dos contraentes posterior ao contrato, que tiver relação com o objeto principal, será a melhor explicação da vontade que as partes tiverem no ato da celebração do mesmo contrato;

"4. o uso e prática geralmente observada no comércio nos casos da mesma natureza, e especialmente o costume do lugar onde o contrato deva ter execução, prevalecerá a qualquer inteligência em contrário que se pretenda dar às palavras;

"5. nos casos duvidosos, que não possam resolver-se segundo as bases estabelecidas, decidir-se-á em favor do devedor."

são sobre matérias que lhe sejam submetidas. Essa regra permite, em certas circunstâncias, que tal poder para "fazer leis" se concretize. Essa autorização legal, todavia, não é equivalente ao poder dos juízes dos sistemas de *common law* e, por se tratar de situações excepcionais, não deve ensejar inseguranças nem aumento de custos de transação, o que seria absolutamente indesejável.

Certa doutrina que se debruça sobre as relações de consumo, objeto da Lei n. 8.078, de 11.9.1990, Código de Defesa do Consumidor, por conta da ambiguidade da definição de consumidor atrás apontada, adota como critério a definição larga de consumidor, amplia-se a incerteza. E, quando se associam essa definição larga com o termo "defesa", induz-se a ver em tais relações estruturas de não cooperação, quando contratos seriam modelos de cooperação.

A falta de igual poder entre fornecedor e consumidor há de ser reconhecida; não, porém, a desigualdade entre profissionais. Até mesmo quando se discute problemas que podem emergir dos contratos de ou por adesão, das cláusulas gerais de contratação, que servem para facilitar a administração de contratos, facilitam certos controles, a tutela da parte vulnerável na relação negocial, aquela menos informada, não pode ser afastada.

Considerar que o fornecedor não respeita a outra parte, que é "mau", sendo necessário defender suas vítimas, deixa de parte o interesse do fornecedor de criar e manter reputação que favoreça sua continuada presença no mercado. A confiança estabelecida entre fornecedor e consumidores gera uma externalidade que favorece o primeiro.

Lembra-se ensinamento de George Akerlof e os danos para o funcionamento de mercados em *The Market for Lemons: Quality Uncertainty and the Market Mechanism*, de 1970. Ao explicar que a assimetria de informações destrói mercados, ou os torna ineficientes, que leva à escolhas indesejáveis, Akerlof demonstra que produtos de qualidade não serão oferecidos em mercados nos quais a desconfiança do adquirente sobre a prestabilidade do bem seja elevada; que o preço pretendido pelo alienante não será aceito por eventuais interessados em adquirir o bem e, para isso, de forma magistral usa como exemplo o mercado de automóveis usados nos Estados Unidos da América, os limões (no Brasil seriam os abacaxis).

Outro exemplo encontrado no texto referido tem a ver com o seguro saúde, efeito que, aliás, começa a ser percebido no país, que é o de, em função do elevado prêmio, acabar atraindo pessoas mais propensas a recorrer à cobertura. Não diferente o resultado de uma equivocada proteção a devedores do sistema bancário que eleva o custo (taxa de juros) para todos. Até a discussão do cadastro positivo, que serviria para dar aos bons pagadores algum benefício, foi duramente questionada por "consumeristas" sob o argumento de ser "discriminatória"!

Isso posto, parece lógico que certos bens indispensáveis para que um dado "fornecedor" exerça a atividade profissionalmente, podem e devem ser considerados como aquisições não subordinadas à legislação de consumo, até porque o profissional tem o dever de saber o que, para que e como utilizar o que venha a adquirir ou utilizar para exercer, de forma eficiente e eficaz sua atividade.

Exemplo: aquisição de pó de café para ser utilizado, em restaurantes, para preparar a bebida para clientes configuraria relação mercantil, da mesma forma que assim se caracterizaria a aquisição de talheres, panelas, apetrechos de cozinha, por donos de restaurantes ou lanchonetes.

A aquisição de produtos de limpeza poderia, na hipótese, ter outra natureza visto que, embora utilizados por esses profissionais, não fazem parte do "serviço" oferecido, a saber, refeições, alimentos preparados para consumo? Parece que sim. Conquanto necessários para manter a higiene do estabelecimento, esses produtos não integram a cadeia produtiva.

Fato é que a vaga ou imprecisa definição de consumidor no art. 2º da Lei n. 8.078/1990, ao não separar adquirentes ou usuários de bens ou serviços ("consumidores profissionais") que, para o exercício de atividade econômica, não seriam, efetivamente, destinatários finais econômicos, permite abrigá-los sob o manto da tutela prevista para consumidores leigos.

É o que se vê em decisões do Superior Tribunal de Justiça, que sem recorrer à norma constante da Lei de Introdução à Normas de Direito Brasileiro (1916), tem decidido de forma casuística, contribuindo para a incerteza, insegurança e criando custos de transação.

Em boa medida a jurisprudência, suportada por uma corrente doutrinária, a maximalista no enquadramento das pessoas como consumidores, tende a deixar em segundo plano o que se faz na Europa com a separação entre leigos e profissionais quando estes adquirem bens ou serviços destinados à sua atividade.

Chama a atenção decisões da 2ª Turma daquele Tribunal na aplicação da legislação de consumo que se afastam da orientação adotada pelo Ministro Barros Monteiro, em processo que discutia relação de consumo, a noção de "consumo intermediária" acatada, conforme se lê da manifestação (REsp 1.014.960): "*a aquisição de bens ou a utilização de serviços, por pessoa natural ou jurídica, com o ensejo de implementar ou incrementar a sua atividade negocial, não se reputa relação de consumo, e, sim, como uma atividade de consumo intermediária*", gerando incerteza e insegurança.

A Ministra Nancy Andrighi amplia o conceito de consumidor do art. 2º da lei, afirmando que a aplicação do CDC a certas operações celebradas por profissionais, permite elidir a presunção de vulnerabilidade técnica, jurídica ou econômica; o Ministro Ari Pargendler considera não ser unívoca a noção de destinatário final, fundado na vulnerabilidade de uma das partes frente a outra.

Conquanto não haja unanimidade nessa ampliação do que seja consumidor final, nada obstante uma certa doutrina entenda que sejam dois os conceitos de consumidor, um restrito e outro amplo, percebe-se viés nessa direção em face de outro caso submetido do mesmo STJ que reformou decisão do TJ de Mato Grosso que aceitara o argumento de um grande produtor rural sobre ser consumidor ao adquirir defensivos agrícolas. Neste caso admitiu-se que o grande produtor rural é empresário rural e, quando adquire sementes, insumos ou defensivos agrícolas para o implemento de sua atividade produtiva, não o faz como destinatário final, como acontece nos casos de agricultura de subsistência, em que a relação de consumo e a hipossuficiência ficam bem determinados.

Supondo que elemento relevante para explicar algumas decisões seja a assimetria de informações, é claro que isto não aparece de forma límpida nas decisões judiciais. Até porque o operador do Direito não sabe que informação tem valor e pode ser custosa e que o profissional, exatamente por ser assim qualificado tem o dever de buscar informação para tomar decisões relacionadas à sua atividade.

Aparentemente o critério a que recorrem os ministros quando discutem relações próprias da cadeia produtiva qualificando-as como de consumo, perpassa pela assimetria de informação, mas não consideram que o exercício de atividade profissional demanda, até para a salvaguarda dos destinatários finais dos bens e serviços, seja formação específica, ou *expertise*, seja domínio sobre o processo e procedimentos.

Novamente a título de exemplo, imagine-se o proprietário de um restaurante que adquire carnes, frutas e verduras, laticínios, que processa para depois servir aos clientes. Essa pessoa adquire equipamentos e apetrechos de cozinha. Se não souber avaliar a qualidade dos bens que serão utilizados na confecção dos pratos que compõem o cardápio, ou como utilizar os equipamentos e apetrechos, ainda que seja uma pequena cantina, lanchonete, ou bar, que segurança terão as pessoas que em tais locais forem matar a fome?

Dada a profissão, escolhida pela pessoa, sabem ou deveriam saber, que bens necessitam, como utilizá-los, e quais os cuidados exigidos para sua manutenção a fim de evitar danos. Sabem, ou deveriam saber, fazer perguntas para eliminar eventual assimetria de informações.

O nível ou grau de proteção ao consumidor não deve, para evitar inseguranças, ser estendido casuisticamente, nem elevado a ponto de tornar a aquisição de bens para uso profissional onerosa ao longo da cadeia produtiva.

A interpretação e aplicação das normas, dentro de um sistema jurídico eficiente, há de ser apreendida pelos destinatários, notadamente para o fim de reduzir atritos.

Clareza de informação sobre o produto ou serviço, de fácil compreensão para o leigo, quanto às funções, mas, especialmente a respeito de cuidados para o uso correto e eventuais disfunções, tudo de forma legível. Não se alegue que parte da população é de analfabetos sob pena de não ser viável nenhuma operação com adquirente final antes de um teste de proficiência no idioma pátrio.

A assimetria informacional é, sim, fator relevante, portanto mister que imprecisões ou ambiguidades, linguagem obscura, ambivalências no sentido dos termos empregados, redundâncias ou outros expedientes sejam condenados.

As informações devem estar disponíveis a todos antes mesmo que se celebrem contratos, informações pré-contratuais como se dá em anúncios e propaganda. Sanções para falhas no fornecer informações devem ser previstas e aplicadas; devem ser ameaças críveis na definição de estratégias negociais.

Resta a questão da alocação de riscos nas relações de consumo que, na legislação brasileira, recaem mais sobre os fornecedores. Se as informações são fornecidas de forma correta, a alocação de riscos pode ser feita sobre a parte que mais facilmente e com menor custo os possa evitar, em geral o produtor/fornecedor, sem, contudo, dar ao consumidor a sensação de absoluta impunidade na hipótese de deixar de adotar os cuidados preconizados.

Entrevista a *Consultor Jurídico*, sob o título "*Jurisprudência é a chave para a segurança jurídica", em 12.10.2010, o desembargador do TJ do* Rio de Janeiro, egresso do Ministério Público, explica que a jurisprudência é indispensável para a efetivação da segurança jurídica. Que nada é pior do que denomina Justiça lotérica, sem previsibilidade.

Defensores da codificação baseiam suas defesas na previsibilidade que a norma escrita oferece. E, nada obstante, as decisões do STJ a que se fez menção atrás, mesmo em sistema de direito positivo, criam insegurança, introduzem a imprevisibilidade no sistema jurídico brasileiro, aumentando custos de transação, particularmente, os de precaução na contratação.

Será isso indicativo de desperdício de recursos que deixam de ser empregados na produção de utilidades?

Se a legislação de consumo tiver como base a informação e sua disseminação, aproximando-se, tanto quanto possível, do modelo da concorrência perfeita, em que um dos pressupostos é a igualdade de informação dos agentes, a tutela dos consumidores será feita *ex ante*, reduzindo a vulnerabilidade do consumidor.

Essa assimetria de informação, natural nas relações entre profissional e leigo, não deveria servir para favorecer profissional que adquire bens ou serviços para exercer sua atividade, na linha do que era prática nas contratações entre profissionais (comerciantes).

A falta de clareza do enunciado do art. 2º atrás discutida dá margem ao exercício de pretensão por profissional que requer sua equiparação ao leigo. Adotados critérios subjetivos a pretensão se torna fonte de incertezas aumentando custos de transação.

Considerar um profissional como consumidor quando adquire bens ou serviços a serem utilizados no exercício de sua atividade, se é de alguma forma parte da cadeia produtiva ou fornecedor, no sentido do art. 3º da lei, implica admitir que não tem informações ou não sabe como obtê-las, para tomar decisões. Onde o "sabe ou deveria saber" do Código Civil brasileiro?

Embora a vulnerabilidade seja mais facilmente perceptível quando as partes são, de um lado, um profissional e, de outro, um leigo, admitir assimetria de informações nas relações entre profissionais gera incertezas que afetam as relações.

A informação assimétrica entre comerciantes e consumidores sobre qualidade dos bens ofertados, está no cerne da legislação de consumo. O profissional, tal no exemplo de Akerlof, o vendedor do automóvel usado, sabe mais sobre o bem que oferece do que o potencial adquirente.

Mas, se o profissional não tem aptidão para escolher os bens ou serviços que utilizará na sua atividade, como as decisões acima referidas, permitem que atuem em mercados pessoas que dele deveriam ser afastadas como fornecedores até para preservar terceiros de efeitos negativos gerados por quem não tem condição para selecionar os bens utilizados.

Atualidades

O DESEQUILÍBRIO ECONÔMICO-FINANCEIRO NOS CONTRATOS APÓS O CÓDIGO CIVIL DE 2002

MILTON NASSAU RIBEIRO

1. Introdução. 2. Desequilíbrio contratual antes do Código Civil de 2002. 3. Teorias acerca da revisão por desequilíbrio: 3.1 Teoria da imprevisão; 3.2 Teoria da base objetiva do negócio; 3.3 Teoria da onerosidade excessiva. 4. Desequilíbrio decorrente de anomalias no sinalagma genético: 4.1 Estado de perigo; 4.2 Lesão. 5. Desequilíbrio contratual decorrente de anomalias no sinalagma funcional: 5.1 Os arts. 478, 479 e 480 do Código Civil; 5.2 O art. 317 do Código Civil. 6. Princípios do Código Civil e desequilíbrio econômico--financeiro. 7. Conclusão. 8. Referências.

1. Introdução

O tema do desequilíbrio econômico-financeiro dos contratos não é novo, tampouco pacífico. Não se pode negar, contudo, que, na vigência do Código Civil de 1916, algumas questões tormentosas que o circundavam foram assentadas na doutrina e na jurisprudência. A chegada do Código Civil de 2002, porém, tornou o assunto novamente objeto de polêmicas. A nova legislação civil trouxe artigos expressos sobre hipóteses de desequilíbrio no Direito das Obrigações e suas consequências, bem como, de forma mais relevante, referências a princípios que favorecem a busca da "ética da situação",[1] especialmente a boa-fé objetiva e a função social do contrato.

Em razão dessa mudança legislativa, o objetivo deste trabalho é verificar o tratamento dado pelo Código Civil de 2002 à questão do desequilíbrio econômico-financeiro dos contratos. Para atingir tal fim, será necessário fazer um breve histórico do tema e, ato contínuo, abordar superficialmente as principais teorias que tentam explicar o fenômeno do desequilíbrio contratual. Vencidas essas etapas, finalmente serão analisados os artigos do Código Civil de 2002 que se relacionam ao desequilíbrio econômico-financeiro dos contratos e dos eventuais impactos que a positivação dos princípios da boa-fé objetiva e da função social dos contratos trouxe à discussão dessa problemática.

2. Desequilíbrio contratual antes do Código Civil de 2002

O Direito das Obrigações está em constante evolução. Recentemente, solidificou-se a ideia de obrigação como processo[2] de substituição do tradicional princípio da autonomia da vontade pela autonomia privada, bem como o reconhecimento do dever das partes de agir com boa-fé, no seu sentido objetivo, observando-se os deveres instrumentais (ou colaterais) de proteção,

1. V. Gerson Luiz Carlos Branco e Judith Martins-Costa, *Diretrizes Teóricas do Novo Código Civil Brasileiro*, 2002.

2. V. Clóvis do Couto e Silva, *A Obrigação como Processo*, 2006.

informação e lealdade.[3] Convém lembrar, porém, que, antes mesmo da consolidação dessas ideias, a comutatividade e o equilíbrio entre as prestações já figuravam entre os princípios basilares do Direito das Obrigações.

Especialmente após as duas guerras mundiais, as relações sociais e contratuais tornaram-se menos estáveis. Essa transformação levou a uma relativização do princípio da autovinculação (*pacta sunt servanda*)[4] por parte da doutrina e da jurisprudência, privilegiando a ideia de manutenção do equilíbrio nas relações contratuais. Fórmulas inspiradas em antigos institutos jurídicos, como a cláusula *rebus sic stantibus*,[5] passaram a ser utilizadas, tendo por finalidade a manutenção das premissas negociais acertadas no momento da celebração do contrato.

No Brasil, não foi diferente. Embora o Código de 1916 não contivesse previsões específicas para o tema,[6] algumas hipóteses de revisão do contrato em desequilíbrio passaram a ser aceitas pela jurisprudência, a partir de meados do século passado.[7]

No que tange aos desequilíbrios ocorridos no momento da celebração do contrato, a revisão somente era aceita se presente, no caso concreto, algum defeito do ato jurídico (vícios do consentimento), especialmente quando da ocorrência das figuras do erro e do dolo.

Para os casos de desequilíbrio decorrentes de fatos ocorridos posteriormente à celebração do contrato, a jurisprudência[8] passou a adotar de forma genérica a chamada "teoria da imprevisão", que será pormenorizada no item 3.

Ao longo do tempo, leis esparsas passaram a prever a possibilidade de revisão em casos específicos. Por exemplo, a Lei de Locações (Lei n. 8.245, de 1991) previu a possibilidade de revisão,[9] sendo que, com o advento do Plano Real, o art. 21, § 4º, da Lei n. 9.069, de 1995,[10] o desequilíbrio econômico-financeiro passou a ser hipótese expressa. Tudo indica, no entanto, que o grande responsável pela consolidação da expressão "equilíbrio econômico-financeiro" foi a Lei de Licitações (Lei n. 8.666, de

3. O princípio da boa-fé objetiva será tratado no item 6.

4. A ideia de força obrigatória dos contratos apoia-se na possibilidade de escolha livre do objeto, do conteúdo e das partes com quem se pretende contratar. Visa, portanto, à preservação da autonomia da vontade (que modernamente evoluiu para a feição de autonomia privada), da liberdade de contratar e da segurança jurídica.

5. Com origem no Direito Canônico, o princípio é uma abreviação do brocado *latino contractus qui habent tractum successivum et dependentiam de futuro rebus sic stantibus intelliguntur* ("os contratos que têm trato sucessivo e dependência do futuro devem conservar seu estado de criação"), cf. Nelson Borges, 2002, ob. cit., pp. 111-112.

6. À exceção do art. 1.246 que tratava de contratos de empreitada. Nesse artigo, havia uma vedação expressa a acréscimos no preço a ser pago ao construtor, caso ocorresse aumento dos insumos ou alteração no projeto sem a ocorrência de instruções escritas. Embora o art. 619 do Código Civil de 2002 tenha um conteúdo similar ao referido artigo revogado, foi-lhe inserido um parágrafo único que determina ser o dono da obra obrigado a pagar os acréscimos ao empreiteiro, de acordo com o que for arbitrado, caso não seja possível ignorar o que se estava passando na obra, se, sempre presente, nunca protestou.

7. É considerado o *leading case* do STF o RE 2.627, j. 22.11.1935.

8. Em ambos os casos, alguns pedidos de revisão mencionavam requisitos genéricos, tais como o da inafastabilidade da apreciação judicial de lesão ou ameaça de direito (art. 5º, XXXV, da CF) ou a determinação de que o juiz deve decidir o caso segundo a analogia, os costumes, a exigência do bem comum e os princípios gerais do direito, quais sejam a boa-fé na contratação, a equidade e a comutatividade a que se refere (arts. 4º e 5º da LICC).

9. "Art. 19. Não havendo acordo, o locador ou locatário, após três anos de vigência do contrato ou do acordo anteriormente realizado, poderão pedir revisão judicial do aluguel, a fim de ajustá-lo ao preço de mercado."

10. Art. 21, § 4º: "Em caso de desequilíbrio econômico-financeiro, os contratos de locação residencial, inclusive os convertidos anteriormente, poderão ser revistos, a partir de 1º de janeiro de 1995, através de livre negociação entre as partes, ou judicialmente, a fim de adequá-los aos preços de mercado, sem prejuízo do direito à ação revisional prevista na Lei n. 8.245, de 1991".

1993),[11] que, em seu art. 65, II, *d*, determinou a manutenção do equilíbrio nos casos em que este venha a ser abalado por fatos imprevisíveis ou previsíveis, mas de consequências incalculáveis. Uma vez que a administração pública é um grande contratador, muitos contratos foram, e ainda são, firmados sob a regência dessa lei. Por isso, tornou-se comum que negociações e pleitos de revisão contratual consagrassem aquela expressão.

Dentre as possibilidades de revisão contratual anteriores ao Código Civil de 2002, é digna de menção a previsão do art. 6º, V, do Código de Defesa do Consumidor.[12] Nesse instrumento legal, permite-se tanto a modificação de cláusulas contratuais que estabeleçam prestações desproporcionais (desequilíbrio no momento da formação do contrato), quanto a sua revisão em caso de fatos supervenientes que as tornarem excessivamente onerosas (desequilíbrio posterior à formação do contrato).

3. Teorias acerca da revisão por desequilíbrio

A ideia de revisão contratual é, no entanto, muito anterior ao século XX. Como relata José Ricardo Pereira Lira,[13] a doutrina majoritária aponta a Idade Média como o período histórico no qual a concepção de flexibilização da força obrigatória dos contratos se assentou.

Sua origem remonta ao Direito Canônico, a partir do século XIII, notadamente em julgados dos Tribunais Eclesiásticos, atribuindo-se aos canonistas e pós-glosadores a gênese da expressão *rebus sic stantibus*, que passou a ser cláusula geral do direito contratual, no que se refere aos contratos de trato sucessivo. Existem, porém, aqueles que afirmam ser essa cláusula já existente no Direito Romano,[14] sem haver consenso quanto a esse fato.

A concepção medieval da *rebus sic stantibus* perdeu força nos séculos XVII e XVIII. Muito embora acolhida pelo Direito Canônico, sua base era contrária ao liberalismo vigente à época. Como consequência, a sua previsão se fez ausente nas codificações que afloraram a partir do século XIX. Nesse período, somente eram admitidas rupturas dos pactos em razão de caso fortuito ou de força maior.[15]

No século XX, por outro lado, a revisão contratual por fato superveniente voltou a ganhar força, especialmente após as duas Grandes Guerras, que acarretaram a impossibilidade de cumprimento de contratos administrativos, desvalorizações monetárias e escassez de mercadorias. Desde a Primeira Grande Guerra, leis transitórias surgiram, estimulando a flexibilização ou mesmo a exoneração do princípio do *pacta sunt servanda*.

O acolhimento do revisionismo contratual não se deu, contudo, de maneira

11. "Art. 65. Os contratos regidos por esta lei poderão ser alterados, com as devidas justificativas, nos seguintes casos: (...) II – por acordo das partes: (...); *d*) para restabelecer a relação que as partes pactuaram inicialmente entre os encargos do contratado e a retribuição da administração para a justa remuneração da obra, serviço ou fornecimento, objetivando a manutenção do equilíbrio econômico-financeiro inicial do contrato, na hipótese de sobrevirem fatos imprevisíveis, ou previsíveis porém de consequências incalculáveis, retardadores ou impeditivos da execução do ajustado, ou, ainda, em caso de força maior, caso fortuito ou fato do príncipe, configurando álea econômica extraordinária e extracontratual."

12. "Art. 6º. São direitos básicos do consumidor: (...); V – a modificação das cláusulas contratuais que estabeleçam prestações desproporcionais ou sua revisão em razão de fatos supervenientes que as tornem excessivamente onerosas."

13. José Ricardo Pereira Lira, "A onerosidade excessiva no Código Civil e a impossibilidade de modificação judicial dos contratos comutativos sem a anuência do credor", in Luis Edson Fachin e Gustavo Tepedino (orgs.), *O Direito e o Tempo: Embates Jurídicos e Utopias Contemporâneas*, p. 426.

14. Nelson Borges, *A Teoria da Imprevisão no Direito Civil e no Processo Civil*, p. 111.

15. Antes das Codificações, as Ordenações Filipinas previam as figuras da lesão enorme e enormíssima (L, IV, tít. XIII). A lesão era enorme quando ultrapassava a metade do preço justo, e enormíssima quando alguém houvesse recebido apenas a terça parte do valor do bem.

uniforme. Enquanto alguns países preveem a possibilidade de revisão por norma expressa,[16] outros apenas a admitem por meio de interpretação dos tribunais.[17]

Várias teorias foram desenvolvidas para tentar explicar o fenômeno do desequilíbrio contratual por fato superveniente à celebração do contrato. César Fiúza, que acredita ser a teoria da imprevisão um gênero do qual as outras teorias revisionistas são meras espécies, ressalta as semelhanças entre as teses derivadas da cláusula *rebus sic stantibus*: "Os modernos procuraram adaptar essa tese aos tempos atuais, daí surgindo várias teorias. Ao que tudo indica, a doutrina é muito confusa a respeito, a maioria dessas teorias tem em comum a imprevisibilidade de certo evento, que vem destruir o equilíbrio do contrato, após sua celebração e antes ou durante a sua execução".[18]

Neste trabalho, serão analisadas as mais destacadas teorias: a da *imprevisão* (francesa); a da *base objetiva do negócio* (alemã) e a da *onerosidade excessiva* (italiana).

3.1 Teoria da imprevisão

A teoria da imprevisão, de origem francesa, é mais citada dentre aquelas que buscam explicar o fenômeno da revisão contratual motivada por fato superveniente. Isso não deixa de ser paradoxal, pois o direito francês foi pioneiro na defesa intransigente da tese de que o contrato deve ser considerado lei entre as partes. Essa posição foi positivada no art. 1.134 do Código Napoleônico de 1804, em expressa oposição à possibilidade de revisão contratual.

Apesar disso, algumas decisões que rompiam com as ideias do Código Napoleônico passaram a surgir na França. Assim, em 28 de agosto de 1843, o Tribunal de Comércio de Rouen determinou a resolução de um contrato de transporte rodoviário entre Paris e Rouen. O motivo foi a instalação de uma linha férrea entre aquelas cidades, o que acabou por tornar desinteressante a exploração comercial que pretendia o contrato.

A esse caso, seguiram-se: (i) o do Canal de Cramprone, no ano de 1876, em que se decidiu rever a quantia referente aos benefícios advindos do canal, uma vez que, após 300 anos de operação, aquele valor se tornou defasado; (ii) a decisão do Tribunal do Comércio de Toulouse, admitindo a extinção de um contrato, em razão da impossibilidade econômica de seu cumprimento, devido à Primeira Guerra Mundial.

Note-se, contudo, que todas essas decisões se basearam no argumento da força maior, e não na imprevisão. Por isso, o marco na ruptura da rigidez contratual ocorreu em 30 de março de 1916, em um caso cujas partes eram a Prefeitura de Bordeaux e a concessionária de energia daquela cidade (*Compagnie Générale d'Éclairage*).

Em virtude da Primeira Guerra Mundial, o preço do carvão, indispensável para a produção de gás de iluminação, duplicou em 1915 e quintuplicou no fim daquele mesmo ano, gerando uma situação de evidente desequilíbrio no contrato de concessão celebrado entre a Municipalidade e aquela companhia pelo prazo de 30 anos.

Diante de tais fatos, o Sindicato do Gás fez uma consulta a três advogados membros do Conselho de Estado e da Corte de Cassação. Nessa consulta, os juristas apresentaram um parecer, sustentando que os contratos administrativos deveriam ter como fundamento a equidade. Reconheceram, com isso, que o caso concreto apresentava uma exceção imprevisível, não vislumbrada contratualmente, devendo ser regulamentada pela jurisprudência administrativa.

16. *V.g.*, Polônia, México, Itália, Egito, Hungria e Portugal.

17. *V.g.*, Espanha, Noruega e Suíça.

18. César Fiuza, *Novo Direito Civil: Curso Completo de Acordo com o Código Civil de 2002*, 6ª ed., p. 318.

Com base nesse parecer, a *Compagnie Générale d'Éclairage* percorreu diversas instâncias até ser bem-sucedida em seu recurso final ao Conselho de Estado. Essa sentença reconheceu a excepcionalidade da alta do preço do carvão, consubstanciada em evento imprevisível e consequente aumento dos custos na fabricação do gás. Como resultado, determinou-se a revisão do pacto e a indenização pleiteada pela companhia concessionária.

Posteriormente, com o agravamento dos efeitos da Primeira Guerra Mundial, também foi autorizada a resolução dos contratos concluídos antes de 1º de agosto de 1914, cujo cumprimento dependesse do futuro, se, em virtude do estado de guerra, a execução das obrigações de qualquer dos contratantes lhe causasse prejuízo cuja importância excedesse de muito as previsões feitas ao tempo da formulação do contrato.

Note-se que nessa legislação de 1918, denominada "Lei Faillot", em referência ao autor do projeto,[19] não estavam presentes a revisão e a consequente adaptação ao novo estado do pacto – solução ligada às concepções modernas de imprevisão –, mas sim a resolução contratual, com ou sem possibilidade de indenização.

À Lei Faillot, seguiram-se as leis de 1919 sobre seguros, a de 1924 sobre arrendamento, a de 1925 sobre a revisão dos preços de aluguel, a de 1935 sobre a redução judicial dos preços de venda de certos fundos de comércio, a de 1938 sobre a revisão salarial.

Assim, progressivamente a rigidez das convenções contratuais cedeu espaço para normas que privilegiam a ideia de justiça e boa-fé. Com base nessa evolução, fundou-se a chamada "teoria da imprevisão", também denominada "teoria francesa". Na França, grande parte da doutrina rejeita a sua aplicação ao direito privado, pois é considerada medida de emergência, sem caráter genérico de intervenção judicial no contrato.[20]

No plano teórico, essa teoria apresentou a possibilidade de revisão contratual para os casos em que ocorresse extrema dificuldade de cumprimento da obrigação. Consolidou-se, também, a noção de que o desequilíbrio deve decorrer de fato cuja natureza seja extraordinária e imprevisível.[21]

19. "Art. 1º. Durante a duração da guerra e até sua expiração, por um prazo de três meses a partir da cessação das hostilidades, os dispositivos excepcionais desta lei são aplicáveis nos negócios e nos contratos de caráter comercial às partes ou a uma delas somente, concluídos antes de 1º de agosto de 1914, e que consistam, seja na entrega de mercadorias ou gêneros, seja em outras prestações, sucessivas ou apenas adiadas.

"Art. 2º. Independentemente de cláusulas resolutórias de direito civil ou de convenções particulares, os negócios e contratos mencionados no artigo anterior podem ser rescindidos a pedido de qualquer das partes se provado que por motivo de estado de guerra a execução das obrigações de um dos contratantes envolve encargos que lhe causam prejuízos cuja importância ultrapassa de muito as previsões razoavelmente feitas à época do ajuste.

"A previsão seja pronunciada, segundo circunstâncias, com ou sem indenizações.

"O juiz quando estabelecer indenizações por perdas e danos, deverá reduzir seu montante se constatar que, em virtude do estado de guerra, o prejuízo ultrapassou demasiadamente aquele que os contratantes puderam prever.

"Se conforme as condições e o uso do comércio, a compra foi feita por conta e risco do vendedor, e as mercadorias não foram entregues, o montante da indenização deve ser reduzido na forma da terceira alínea acima.

"O juiz poderá também, a pedido de uma das partes, determinar a execução do contrato durante um período que determinar.

"Art. 3º. Nenhuma ação será ajuizada pelos tribunais civis e comerciais se o demandado não for previamente chamado para efeito de conciliação, ante o presidente do tribunal (...)" (in Vânia Bruno, *A Teoria da Imprevisão e o Atual Direito Privado*, pp. 27-28).

20. Nelson Borges, *A Teoria da Imprevisão no Direito Civil e no Processo Civil*, p. 123.

21. "Em virtude da tradição do direito francês, especialmente no início século XX, essa teoria influenciou a legislação e a jurisprudência de diversos países, tais como a Bélgica, a Holanda, o Líbano

3.2 Teoria da base objetiva do negócio

A história da Alemanha no século XX é conturbada. O país foi protagonista derrotado nas duas Grandes Guerras, fato que causou efeitos devastadores em sua economia. Talvez, por isso, a jurisprudência alemã ofereça um manancial denso e vanguardista quando se trata de revisão de contratos.

Alguns códigos antigos[22] previam figuras semelhantes à da cláusula *rebus sic stantibus*, mas a jurisprudência alemã sempre rechaçou a sua aplicação. Com as alterações econômicas causadas pela Primeira Guerra Mundial, porém, passou-se a considerar a impossibilidade de o devedor cumprir o contrato na ocorrência de determinadas circunstâncias.

Nesse período, a depreciação da moeda causou ruptura na equivalência entre as prestações e, por consequência, a jurisprudência começou a admitir a resolução do contrato pela parte prejudicada. Com o agravamento dos efeitos nefastos da guerra, novas perturbações econômicas legitimaram a liberação de obrigações contratuais de forma mais frequente.

Essas decisões inspiraram-se nas diversas doutrinas criadas no país para tratar da cláusula *rebus sic stantibus*. Dessa forma, cumpre esclarecer que não há uma teoria alemã relacionada ao tema, mas várias, conforme ensina José Ricardo Pereira Lira: "Com nuances que não escondem sua filiação à cláusula canônica, concebeu-se na Alemanha, paralelamente, a Teoria da Base do Negócio em dupla versão – a Teoria da Base Subjetiva do Negócio (de Paul Oertmann) e a Teoria da Base Objetiva do Negócio (Karl Larenz), construídas, paulatinamente, em processos inaugurados pela aludida Teoria da Preposição, à qual havia se seguido, antes das duas outras, a Teoria da Superveniência, de Giuseppe Osti, também designada Teoria da Vontade Marginal, para mencionar as mais estudadas naquele país".[23]

A teoria da base objetiva do negócio foi apresentada e estruturada por Paul Oertmann. O ponto de partida dessa teoria é a concepção de que a sustentação do negócio jurídico fica comprometida quando as representações, suposições e expectativas das partes no momento de constituição da avença não se confirmam. Quando a representação mental (vontade encaminhada para constituição de um negócio jurídico) é aceita pelas partes, define-se a base negocial. Esta representaria a soma dos componentes que levaram alguém a contratar.

Neste trabalho, interessa especialmente a teoria da base objetiva do negócio,[24] por ser aquela, dentre as teorias alemãs, que mais influenciou o direito brasileiro.[25] Desenvolvida a partir do século XIX, a teoria da base objetiva foi acolhida posteriormente pela legislação e jurisprudência alemãs. Essa teoria foi fortemente influenciada pelo princípio da boa-fé, disciplinado no art. 242 do Código Civil alemão (BGB de 1896).

Aceitando parcialmente a concepção de Oertmann, Karl Larenz diminuiu a amplitude e os efeitos da base do negócio. A base do negócio deveria ser tomada pelas representações objetivas da existência e da permanência das circunstâncias fundamen-

e a Síria (que se subjugaram ao protetorado francês depois que deixaram de ser colônias turcas), os países latino-americanos e até mesmo o Japão" (in Vânia Bruno, *A Teoria da Imprevisão e o Atual Direito Privado*, pp. 30-31).

22. *V.g.*, *Codex Maximilianeus Bavaricus Civilis*, de 1756.

23. José Ricardo Pereira Lira, "A onerosidade excessiva no Código Civil e a impossibilidade de modificação judicial dos contratos comutativos sem a anuência do credor", in Luis Edson Fachin e Gustavo Tepedino (orgs.), *O Direito e o Tempo: Embates Jurídicos e Utopias Contemporâneas*, p. 428.

24. Além de Larenz e Oertmann, outros doutrinadores formularam teorias próximas à da base negocial, sejam de cunho subjetivista (Windcheid – Teoria da Pressuposição), sejam de cunho objetivista (Locher – Teoria do Fim Negocial – e Kruckmann – Teoria da Reserva Virtual).

25. Em especial, o art. 6º, V, do Código de Defesa do Consumidor.

tais para a celebração do contrato. Caso estas sejam alteradas em razão de fato posterior à celebração do contrato (supressão das bases objetivas dos negócios), gerando um desequilíbrio relevante entre a prestação e a contraprestação capaz de abalar a comutatividade do contrato, o mesmo deve ser revisto.

Difere da subjetiva, especialmente porque considera que as bases objetivas do negócio são pressupostas no contrato, não interessando se as partes tinham ou não consciência da importância dessas circunstâncias.

Segundo Clóvis do Couto e Silva, "O conceito objetivo de base do negócio jurídico se vincula com a finalidade real do contrato e procura responder à questão de saber se a intenção geral dos contratantes pode ainda efetivar-se, em face das modificações econômicas sobrevindas".[26]

Por fundamentar-se na boa-fé, a teoria pressupõe sempre um juízo de valor a respeito da importância das modificações do meio econômico em que o contrato se situa. É necessário que esse desaparecimento da base objetiva do negócio seja um estágio próximo a uma impossibilidade econômica, ultrapassando os "limites dos sacrifícios razoáveis" que se poderiam exigir das partes, em decorrência do contrato.

Somente em 2002, o Código Civil alemão instituiu expressamente, no art. 313,[27] aquilo que já era admitido em sua jurisprudência e doutrina: a intervenção judicial no contrato para resolvê-lo, facultando-se às partes instituir novas condições, mediante proposta da parte devedora, em respeito ao princípio da preservação do contrato.[28]

Alguns defendem a concepção de que a teoria da base objetiva do negócio dispensaria a imprevisibilidade do evento superveniente ou de suas consequências como requisito para a sua aplicação.[29] Parece, contudo, que o fato superveniente deve ter um caráter de extraordinariedade, impossível de formulação objetiva no momento de constituição da base do negócio. Nas palavras do próprio Larenz, citado e traduzido por César Fiúza, "Se ocorrer uma alteração total dessa situação *não prevista* por ninguém, e, por isto, *não levada em conta na celebração do contrato*, então pode ser que as regras convencionadas pelas partes não mais correspondam a sua intenção, acarretando para uma delas consequências tais, que levem a que o convencionado seja incompatível com um mínimo de justiça material"[30] (destaque nosso).

Aprofundando a questão das situações extraordinárias, ao comentar a teoria

26. Clóvis do Couto e Silva, "A teoria da base do negócio jurídico no direito brasileiro", in Vera Maria Jacob de Fradera (org.), *A Teoria da Base do Negócio no Direito Brasileiro*, p. 92.

27. Cf. "Art. 313. Interferência na base do contrato:

"(1) Se circunstâncias com base nas quais as partes firmaram o contrato se alterarem de forma substancial após a contratação, de forma que, se as partes tivessem previsto tal alteração não teriam firmado o contrato, ou o teriam feito em termos diferentes, poderá ser pleiteada a adaptação do contrato, na medida em que, considerando todas as circunstâncias do caso concreto, particularmente a alocação contratual ou legal dos riscos, não se possa razoavelmente esperar que a parte continue obrigada ao contrato, nos termos originalmente pactuados.

"(2) Se pressupostos relevantes integrantes da base do contrato se revelarem posteriormente incorretos deverão ser tratados como se fossem alteração das circunstâncias.

"(3) Se a adaptação do contrato não for possível, ou se não for razoável impô-la a uma das partes, a parte prejudicada poderá rescindir o contrato. Em se tratando de contrato com prestações sucessivas, o direito de rescindir é substituído pelo direito de promover a resolução."

28. José Ricardo Pereira Lira, "A onerosidade excessiva no Código Civil e a impossibilidade de modificação judicial dos contratos comutativos sem a anuência do credor", in Luis Edson Fachin e Gustavo Tepedino (orgs.), *O Direito e o Tempo: Embates Jurídicos e Utopias Contemporâneas*, p. 432.

29. Judith Martins-Costa, *Comentários ao Novo Código Civil. Do Adimplemento e Extinção das Obrigações*, 2ª ed., vol. V, t. I, p. 291.

30. César Fiuza, *Novo Direito Civil: Curso Completo de Acordo com o Código Civil de 2002*, 6ª ed., p. 323.

da base objetiva, apontou o Professor João Baptista Vilella:

"Por diferentes técnicas, o direito sempre se empenhou em impedir que a aplicação estrita das regras que garantam a certeza possa também conduzir a resultados que repugnem ao sentimento de justiça. Por isso, levanta-lhe exceções. Por outro lado, porém, impõe-se que estas só sejam invocadas em situações verdadeiramente especiais, a fim de que não se perca a confiança nas regras de direito. E, por via de consequência, do próprio estado de direito.

"Mas o que são, afinal, situações verdadeiramente especiais? São aquelas que, por uma comoção profunda no estado de coisas, pedem, em nome da equidade, a adaptação de regras anteriormente estabelecidas, a fim de restaurar o equilíbrio de que elas mesmas eram expressão. Ao se introduzir a ideia de *comoção profunda* não se quer, entretanto, aludir aqui apenas a convulsões econômicas, políticas e sociais, senão, de um modo geral, a toda desorganização na essência do *status quo*."[31]

3.3 *Teoria da onerosidade excessiva*

Finalmente, a Itália também desenvolveu outra vertente doutrinária que tenta solucionar o problema do desequilíbrio contratual em razão de fatos supervenientes: a teoria da onerosidade excessiva.

Após alguma resistência à possibilidade de revisão – apenas quebrada por algumas leis esparsas no período entre as Grandes Guerras –, essa teoria foi acolhida pelo *Codice Civile* de 1942. No seu art. 1.467,[32] o diploma italiano previu que o contrato deve ser resolvido (e não revisado), quando as prestações se tornarem excessivamente onerosas para uma das partes, situação que pode ser evitada pelo credor, caso se ofereça a redução equitativa da prestação.

Entendem-se por excessivamente onerosos os contratos que impliquem notável desequilíbrio da relação originária entre as prestações, motivado pela ocorrência de fatos posteriores. Essa desproporção deve ser manifesta, gerando efeitos na economia do contrato, considerando-se a relação entre as prestações no momento da celebração e da execução do contrato.

Da mesma forma, a desproporção deve ser passível de aferimento por critérios objetivos, não se referindo a esforços adicionais ou a mera dificuldade de cumprimento das obrigações. À semelhança da teoria francesa, os eventos que causam essa notável alteração devem ser também extraordinários e imprevisíveis.

4. *Desequilíbrio decorrente de anomalias no sinalagma genético*

O Código Civil brasileiro previu duas hipóteses em que o desequilíbrio contratual decorrente de anomalias na celebração do contrato pode gerar consequências jurídicas: a lesão e o estado de perigo. Esses problemas no sinalagma genético do contrato estão previstos no Capítulo IV do Código Civil e classificados entre as hipóteses de "Defeitos no negócio jurídico".

4.1 *Estado de perigo*

O art. 156 do Código Civil define o estado de perigo como a hipótese pela qual "alguém, premido por necessidade de sal-

31. João Baptista Villela, "O Plano Collor e a teoria da base negocial", *Repertório IOB de Jurisprudência* 19/379.

32. Art. 1.467: "Nei contratti a esecuzione continuata o periodica ovvero a esecuzione differita, se la prestazione di una delle parti è divenuta eccessivamente onerosa per il verificarsi di avvenimenti straordinari e imprevedibili, la parte che deve tale prestazione può domandare la risoluzione del contratto, con gli effetti stabiliti dall'art. 1.458" ("Nos contratos de execução continuada ou periódica, ou então de execução diferida, se a prestação de uma das partes tornou-se excessivamente onerosa pela ocorrência de acontecimentos extraordinários e imprevisíveis, poderá a parte que dever tais prestações pedir a resolução do contrato, com os efeitos estabelecidos no art. 1.458). Cf. José Ricardo Pereira Lira, 2008, ob. cit., p. 445.

var-se, ou a pessoa de sua família, de grave dano conhecido pela outra parte, assume obrigação excessivamente onerosa".

Para configuração de tal hipótese, portanto, não basta o desequilíbrio que torne a obrigação excessivamente onerosa. Faz-se também necessário o preenchimento dos seguintes requisitos: (i) necessidade de a parte prejudicada salvar-se, ou a familiar, de grave dano;[33] (ii) que o dano grave seja conhecido pela parte beneficiada.

A previsão tem, portanto, um elemento subjetivo claro, qual seja, o conhecimento da gravidade do dano pela outra parte. Abre-se, contudo, a possibilidade de o dano não ser à parte ou a pessoa da sua família, na medida em que o parágrafo único do artigo faculta ao juiz decidir conforme as circunstâncias, na ocorrência dessa hipótese.[34]

A lei prevê expressamente, no art. 171, II, que a consequência jurídica do estado de perigo é a anulação do negócio jurídico.[35] Os atos anuláveis, no entanto, podem ser confirmados pelas partes, salvo se afetarem direitos de terceiro, na forma do art. 172 do Código Civil.[36]

4.2 Lesão

Já a figura da lesão, regulada no art. 157 do Código Civil, ocorre quando "uma pessoa, sob premente necessidade, ou por inexperiência, se obriga a prestação manifestamente desproporcional ao valor da prestação proposta".

Note-se que, mais uma vez, não basta que haja desequilíbrio para que ocorra defeito no negócio jurídico. Também é necessária a configuração de: (i) premente necessidade da parte prejudicada, ou (ii) inexperiência.[37]

Há também a discussão sobre a necessidade ou não da existência de "dolo de aproveitamento"[38] por parte do lesante, para a configuração da espécie. Em outros termos, existem algumas dúvidas: a intenção de abusar da necessidade do lesado é requisito essencial para a configuração da lesão, ou a exploração já seria presumida pelo novo ordenamento?[39]

Observe-se que, nessa espécie, há também a possibilidade de conservação do negócio, mediante correção na proporção das prestações, na forma do § 2º do art. 157.[40]

5. Desequilíbrio contratual decorrente de anomalias no sinalagma funcional

5.1 Os arts. 478, 479 e 480 do Código Civil

Seguindo tendência mundial,[41] o Código Civil brasileiro positivou regras que

33. O grave dano pode ser, p.ex., a contratação de serviços hospitalares por preços exorbitantes, ou de negócios jurídicos unilaterais, como a promessa de recompensa.

34. Em princípio, a característica de o dano não ser pessoal ou a pessoa da família retira as pessoas jurídicas do campo de incidência do estado de perigo.

35. Seus efeitos, porém, somente se processarão após a coisa julgada, que só pode ser alegada e aproveitada pelos interessados, salvo solidariedade ou indivisibilidade, na forma do art. 177 do Código Civil de 2002.

36. O Enunciado 148, aprovado na III Jornada do Conselho da Justiça Federal, entendeu ser possível a não decretação da anulação do negócio jurídico se as obrigações forem re-equilibradas, por analogia com o § 2º do art. 157 do Código Civil.

37. Com relação a esse ponto, existe controvérsia acerca da possibilidade de existência de vulnerabilidade ou inexperiência de pessoa jurídica empresária.

38. O Enunciado 150, aprovado na III Jornada do Conselho da Justiça Federal, entendeu que a lesão de que trata o art. 157 do Código Civil não exige dolo de aproveitamento.

39. Sobre tais correntes, v. Paulo Roberto Speziali, *Revisão Contratual*, pp. 67-69.

40. Segundo o Enunciado 149, aprovado na III Jornada do Conselho da Justiça Federal, em atenção ao princípio da conservação dos contratos, a verificação da lesão deverá conduzir, sempre que possível, à revisão judicial do negócio jurídico, e não a sua anulação, sendo dever do magistrado incitar os contratantes a seguir as regras do art. 157, § 2º, do Código Civil de 2002.

41. Além da Alemanha e da Itália, já citados neste trabalho, Portugal (art. 437), Argentina (art.

visam a solucionar o problema da alteração das circunstâncias contratuais por fato posterior a sua celebração. A principal delas – ou, pelo menos, aquela sob a qual não há tantas controvérsias – é o art. 478, claramente inspirado no art. 1.467 do Código Civil italiano.

Segundo o art. 478 do Código Civil, nos contratos de execução continuada ou diferida, se a prestação de uma das partes se tornar excessivamente onerosa, com extrema vantagem para a outra, em virtude de acontecimentos extraordinários e imprevisíveis, poderá o devedor pedir a resolução do contrato.

Em uma análise literal do artigo, destacam-se como requisitos a sua aplicação:

(i) seja o contrato de execução futura ou diferida, isto é, sejam as relações duradouras e de trato sucessivo e continuado;

(ii) haja fato superveniente que altere radicalmente as condições contratadas no momento da execução;

(iii) exista fato imprevisível ou extraordinário, ou que as suas consequências o sejam;[42]

(iv) haja fato que cause um ônus excessivo para uma parte, e uma vantagem extrema para outra.

O conceito de imprevisibilidade tem evoluído para ser compreendido na seara do razoavelmente não previsto. Por isso, entende-se que a imprevisibilidade não deve ser absoluta, mas extraordinária. O fato é extraordinário e anormal para o contrato quando se afasta da álea ordinária do contrato.[43] Será imprevisível quando as partes não possuírem condições de razoavelmente prever a sua ocorrência no momento da celebração, por mais diligência que tenham tomado. Nesse cenário, estariam excluídas do conceito de imprevisibilidade as decisões empresariais equivocadas, cujo risco estava claro no momento da celebração: "O ordenamento não ampara 'as concretas expectativas de lucro que cada operador coloca na troca contratual' por que 'um certo grau de risco é indissociável de qualquer contrato, como de qualquer iniciativa econômica'. Em suma, ao Direito compete preservar o mercado (e a fluência das relações econômicas) viabilizando o 'jogo' mediante um sistema que procura levar o respeito de suas regras, entre as quais o *pacta sunt servanda*".[44]

A conduta do devedor também é um requisito importante, embora não expresso. A ocorrência do fato imprevisível superveniente não pode ser imputável ao devedor. Também se exige que este não esteja em mora integral, especialmente no que tange às obrigações não atingidas pela onerosidade excessiva.

A problemática do ônus excessivo é outra que contém variável relativa, somente podendo ser verificada no caso concreto. A doutrina é pacífica no sentido de que a alteração fática deverá ter um caráter de onerosidade que extrapole o esforço razoável por parte do devedor. Lembre-se de que a onerosidade deve referir-se à prestação considerada objetivamente, e não à condição do devedor.

A questão da vantagem extrema, contudo, é mais polêmica. Enquanto parte da doutrina a considera requisito essencial, uma vez que expresso no texto legal, para outros, aquela não deve ser apresentada como um pressuposto dogmático à aplica-

1.198) e Peru (art. 1.441) também inseriram regras acerca do tema em seus diplomas civis.

42. O Enunciado 149, aprovado na III Jornada do Conselho da Justiça Federal, entendeu que a menção a imprevisibilidade e extraordinariedade, inserta no art. 478 do Código Civil, deve ser interpretada não somente em relação ao fato que gere o desequilíbrio, mas também em relação às consequências que ele produz.

43. Álea ordinária relaciona-se aos acontecimentos desfavoráveis, cujo risco as partes assumiram quando firmaram o contrato. Já as áleas extraordinárias são os acontecimentos que desafiam todos os cálculos que as partes puderam fazer no momento da assinatura do contrato.

44. Paula Forgioni, "A interpretação dos negócios empresariais no novo Código Civil brasileiro", *Revista de Direito Mercantil, Industrial, Econômico e Financeiro* 130/17.

ção do art. 478.[45] Segundo os defensores dessa corrente, poderão sempre ocorrer mudanças supervenientes que afetem a economia do contrato, não necessariamente trazendo vantagem para uma parte, como, por exemplo, no caso de aumento de alíquota de imposto.

Seguindo em uma análise meramente literal, a hipótese prevista na lei brasileira teria as seguintes consequências: (i) a faculdade de agir diante da situação de onerosidade excessiva seria do devedor, pedindo a resolução do contrato;[46] (ii) ao credor, é concedida a possibilidade de oferecer-se para modificá-lo em condições equitativas;[47] (ii) quando apenas uma das partes tiver obrigações no contrato, a ela caberá pleitear a redução, a fim de evitar a resolução por onerosidade excessiva.[48]

Para alguns autores,[49] tendo em vista a influência do direito italiano no direito dispositivo, é faculdade exclusiva do credor o poder de conservar o contrato com a modificação das suas condições. Assim, o Judiciário apenas poderia intervir para a revisão em caso de anuência do credor.

Diverso é o entendimento resultante da Jornada III do STJ, que, no Enunciado 176, firma o entendimento de que "em atenção ao princípio da conservação dos negócios jurídicos, o art. 478 do Código Civil de 2002 deverá conduzir, sempre que possível, à revisão judicial dos contratos e não à resolução contratual". De qualquer forma, tudo indica que a revisão contratual será sempre uma alternativa para o juiz. Afinal, quem pode o mais, pode o menos.

A interpretação do art. 317, que será analisado a seguir, reacende ainda mais essa fogueira.

5.2 O art. 317 do Código Civil

Relacionada à desvalorização monetária no anteprojeto de 1972, o art. 317 do Código Civil vigente prevê que, "quando, por motivos imprevisíveis, sobrevier desproporção manifesta entre o valor da prestação devida e o do momento de sua execução, poderá o juiz corrigi-lo, a pedido da parte, de modo que se assegure, quanto possível, o valor real da prestação".

A interpretação desse artigo é objeto de imensa polêmica na doutrina, especialmente por dois motivos: (i) o fato de a sua redação no anteprojeto prever a aplicação do artigo para casos de desvalorização da moeda,[50] e (ii) a existência de outro artigo no Código Civil, versando sobre a cláusula *rebus sic stantibus*, o já comentado art. 478.

O texto legislativo aprovado[51] retirou a expressão "pela desvalorização da moe-

45. Gabriela Tabet, "Obrigações pecuniárias e revisão obrigacional", in Gustavo Tepedino (org.), *Obrigações: Estudos na Perspectiva Civil-Constitucional*, p. 365.

46. "Art. 478. Nos contratos de execução continuada ou diferida, se a prestação de uma das partes se tornar excessivamente onerosa, com extrema vantagem para a outra, em virtude de acontecimentos extraordinários e imprevisíveis, poderá o devedor pedir a resolução do contrato. Os efeitos da sentença que a decretar retroagirão à data da citação."

47. "Art. 479. A resolução poderá ser evitada, oferecendo-se o réu a modificar equitativamente as condições do contrato."

48. "Art. 480. Se no contrato as obrigações couberem a apenas uma das partes, poderá ela pleitear que a sua prestação seja reduzida, ou alterado o modo de executá-la, a fim de evitar a onerosidade excessiva."

49. José Ricardo Pereira Lira, "A onerosidade excessiva no Código Civil e a impossibilidade de modificação judicial dos contratos comutativos sem a anuência do credor", in Luis Edson Fachin e Gustavo Tepedino (orgs.), *O Direito e o Tempo: Embates Jurídicos e Utopias Contemporâneas*, p. 466.

50. Texto do anteprojeto: "Quando, pela *desvalorização da moeda*, ocorrer desproporção manifesta entre o valor da prestação devida e o do momento de sua execução, poderá o juiz corrigi-lo, a pedido da parte, de modo que preserve, quanto possível, a equivalência das prestações" (destaque nosso).

51. Texto aprovado: "Art. 317. Quando, *por motivos imprevisíveis*, sobrevier desproporção manifesta entre o valor da prestação devida e o do momento de sua execução, poderá o juiz corrigi-lo, a

da" e incluiu "por motivos imprevisíveis". A partir dessa mudança, duas grandes correntes se formaram, na tentativa de explicar o conteúdo teleológico do art. 317.

Para alguns, a disciplina introduzida pelo art. 317 não pode ser relacionada à revisão contratual. As possibilidades legais estariam dispostas nos arts. 478 a 480 do Código Civil, tendo sido eleita como regra a possibilidade de resolução do contrato para os casos de onerosidade excessiva. A revisão somente seria possível, como exceção à regra resolutiva geral, nos casos em que houvesse expressa anuência do credor, na forma do art. 479.[52]

Para esses doutrinadores, apesar de estarem os arts. 317 e 478 no mesmo Livro I ("Do Direito das Obrigações"), cada um se encontra na posição que indica seu enquadramento. Enquanto o art. 317 está no Título III ("Do Adimplemento e Extinção das Obrigações"), Capítulo I ("Do Pagamento"), Seção III ("Do Objeto do Pagamento e sua Prova"), o art. 478 está na Seção IV ("Da Resolução por Onerosidade Excessiva"), do Capítulo II ("Da Extinção do Contrato"), do Título V ("Dos Contratos em Geral").

Assim, o art. 317 se relacionaria com a correção das dívidas de valor e de dinheiro, enquanto o art. 478, com a revisão e a resolução contratuais.[53] Consequentemente, a previsão do art. 317 teria por finalidade tratar das obrigações relacionadas a alimentos, reparações indenizatórias e obrigações pecuniárias afetadas por processos inflacionários, desde que em situações estranhas à onerosidade excessiva. Sua missão, portanto, seria excepcionar o princípio do nominalismo.

Para outra parte da doutrina, não caberia uma interpretação histórica do artigo. Em outras palavras, independentemente da motivação inicial do anteprojeto, o texto vigente abrange qualquer hipótese de desproporção entre as prestações devidas e o momento de sua execução, desde que motivada por fatos imprevisíveis.

A inclusão da necessidade de ocorrência de motivos imprevisíveis consagraria a recepção da cláusula *rebus sic stantibus* em nosso ordenamento, seguindo a tendência jurisprudencial dominante durante a vigência do Código Civil de 1916.

Controvérsias à parte, comenta Judith Martins-Costa sobre o conteúdo hermenêutico da norma:

"Sua interpretação deve ser feita, pois, com as cautelas que a compreensão da vocação dinâmica e prospectiva dos modelos jurídicos produz e, ainda, de maneira relacionada com outros dispositivos do Código (notadamente com o princípio da boa-fé objetiva e sua manifestação no equilíbrio contratual), para que em atenção a uma exegese meramente literal, não sistemática nem teleológica, não se corra o risco de voltar atrás em conquistas advindas de modelo jurisprudencial mais consentâneo com as efetivas necessidades de justiça contratual. (...).

"(...) ao pretender *ampliar* o âmbito de incidência da regra, de modo a abranger outras situações (outros fatores), além da desvalorização da moeda, acabou-se por restringi-lo, ao exigir o suporte fático, o atributo da imprevisibilidade. Em outras palavras, se passou do acolhimento da Teoria da Base Objetiva do Negócio, de matriz alemã, a uma variante da Teoria da Onerosidade Excessiva, de raiz italiana"[54] (destaque no original).

pedido da parte, de modo que assegure, quanto possível, o valor real da prestação" (destaque nosso).

52. Luiz Gastão Paes de Barros Leães, "Resolução por onerosidade excessiva", *Revista de Direito Mercantil, Industrial, Econômico e Financeiro* 140/28.

53. José Ricardo Pereira Lira, "A onerosidade excessiva no Código Civil e a impossibilidade de modificação judicial dos contratos comutativos sem a anuência do credor", in Luis Edson Fachin e Gustavo Tepedino (orgs.), *O Direito e o Tempo: Embates Jurídicos e Utopias Contemporâneas*, p. 451.

54. Judith Martins-Costa, *Comentários ao Novo Código Civil. Do Adimplemento e Extinção das Obrigações*, 2ª ed., vol. V, t. I, pp. 282, 285.

Judith Martins-Costa[55] ressalta também o papel direcionador que exerce o art. 317, com relevante peso na hermenêutica da legislação infraconstitucional. A partir da sua exegese, o intérprete deve levar em conta os princípios da ordem econômica, traduzidos no solidarismo que, no campo contratual, encontram maximização por meio da boa-fé e do equilíbrio contratual.

O art. 317 consistiria, portanto, em norma expressa autorizadora da revisão judicial das obrigações. Diante da generalidade do art. 317, a revisão contratual não seria repelida, mesmo nas hipóteses dos arts. 478 a 480 (norma de caráter de especialidade),[56] independentemente de anuência do credor.

O art. 317 teria o condão de ampliar o alcance da interpretação literal resolutiva do art. 478, buscando a manutenção do contrato com base nos princípios da probidade e da boa-fé (art. 422).[57] Em outras palavras, a função do art. 317 no ordenamento seria autorizar a revisão contratual, posto que se trata de norma genérica, nas hipóteses de desequilíbrio por fato superveniente imprevisível. Seus pressupostos seriam semelhantes aos do art. 478, porém, com uma solução diversa: a revisão, em vez da resolução.

A jurisprudência certamente interpretará o artigo e resolverá esta e outras controvérsias a ele relacionadas, como pondera Pedro Paulo Cristofaro, que parece filiar-se à primeira corrente doutrinária: "A redação do dispositivo deixa a desejar e enseja a dúvida. A 'correção' do valor da prestação opera para mais e para menos ou apenas para mais? Essa correção tem que ver apenas com o ajuste de valor monetário da prestação decorrente da apreciação ou depreciação da moeda? Ou a correção se limita à tradução em moeda da prestação? A referência a correção e a valor real da prestação parece-me indicar que cuida a lei, no dispositivo em exame, da atualização monetária da prestação em dinheiro. A afirmativa porém é feita com a prudência que merece a regra que, sendo nova e não de todo clara, vai ter sua interpretação dada pela jurisprudência".[58]

6. Princípios do Código Civil e desequilíbrio econômico-financeiro

Como já se mencionou, a aceitação da cláusula *rebus sic stantibus* fundou-se na boa-fé, na equidade e na concepção de justiça. Com a previsão expressa dos princípios da boa-fé objetiva (arts. 113 e 187) e da função social do contrato (art. 421) no Código Civil de 2002, as discussões em torno da revisão ou da resolução contratual passaram a versar também sobre a extensão desses artigos às hipóteses de desequilíbrio contratual. Em outros termos, passou-se a se questionar se o desequilíbrio contratual não seria uma quebra da boa-fé objetiva e da função social do contrato.

A boa-fé objetiva tem duas funções. A primeira é uma função hermenêutico-integradora,[59] devendo todos os negócios jurídicos ser interpretados a partir da boa-fé. A segunda tem uma função limitadora do exercício do direito,[60] pela qual as par-

55. Judith Martins-Costa, *Comentários ao Novo Código Civil. Do Adimplemento e Extinção das Obrigações*, 2ª ed., vol. V, t. I, p. 298.

56. Gabriela Tabet, "Obrigações pecuniárias e revisão obrigacional", in Gustavo Tepedino (org.), *Obrigações: Estudos na Perspectiva Civil-Constitucional*, p 342.

57. Heloísa Helena Barboza, Maria Celina Bodin Morais e Gustavo Tepedino, *Código Civil Interpretado Conforme a Constituição da República*, vol. 2, p. 131.

58. Pedro Paulo Cristofaro, "A força obrigatória do contrato e o novo Código Civil", in Luis Edson Fachin e Gustavo Tepedino (orgs.), *O Direito e o Tempo: Embates Jurídicos e Utopias Contemporâneas*, pp. 490-491.

59. "Art. 113. Os negócios jurídicos devem ser interpretados conforme a boa-fé e os usos do lugar de sua celebração."

60. "Art. 187. Também comete ato ilícito o titular de um direito que, ao exercê-lo, excede manifestamente os limites impostos pelo seu fim econômico ou social, pela boa-fé ou pelos bons costumes."

tes devem agir dentro dos limites impostos pela boa-fé.

A boa-fé objetiva altera a própria concepção de obrigação. Faz surgir deveres colaterais implícitos em qualquer relação obrigacional, cuja observância é indispensável para que os objetivos avençados sejam atingidos. Esses deveres implicam um comportamento positivo das partes em busca da recíproca cooperação e proteção contratual. Os deveres colaterais são os da informação, da proteção e da lealdade, abrangendo não apenas a execução do contrato, mas também a fase pré-contratual.

Note-se, porém, que o desequilíbrio econômico-financeiro não implica necessariamente falta de cumprimento desses deveres pelo credor da obrigação desequilibrada. Se, por exemplo, uma parte forma o seu preço com uma baixa margem, sem considerar os riscos ordinários do contrato, apenas com a finalidade de fechar o negócio, que culpa se pode imputar ao credor? Parece que, nessa hipótese, seria o devedor da obrigação quem faltou com os deveres instrumentais, especialmente na fase pré-contratual. Portanto, o desequilíbrio apenas se relacionará à ausência de boa-fé objetiva, se decorrer de descumprimento dos deveres colaterais por alguma das partes.

Em relação à função social do contrato,[61] é preciso dissertar sobre as diversas interpretações elaboradas pela doutrina acerca do seu conteúdo e alcance. Neste trabalho, serão destacadas três posições dominantes.[62]

A primeira corrente sustenta que a função social não tem eficácia jurídica autônoma. O princípio trata de uma orientação legislativa constitucional prevista para autorizar algumas soluções específicas, tais como a resolução por onerosidade excessiva (art. 478 do CC), a lesão (art. 157 do CC), a conversão do negócio jurídico (CC, art. 170), a simulação como causa de nulidade (art. 167 do CC), entre outras. Teria, portanto, uma presença difusa no ordenamento jurídico, segundo os princípios informativos de ordem econômica e social traçados pela Constituição.[63]

Os críticos dessa posição argumentam que tal interpretação reduziria a importância da função social, na medida em que esta se expressaria por meio de institutos positivados, e não como princípio autônomo derivado da Constituição.

A segunda corrente sustenta que a função social do contrato expressa o valor social das relações contratuais na ordem jurídica. Seguindo essa concepção, a função social reforçaria a proteção do contratante, mesmo diante de terceiros. Por isso, imporia a terceiros o dever de colaborar com os contratantes, de modo a respeitar, em caso de conhecimento, a situação jurídica creditória anteriormente estabelecida. Essa interpretação acabaria, portanto, por flexibilizar o princípio da relatividade contratual, estendendo a responsabilidade pelo descumprimento contratual a terceiro que, mesmo não fazendo parte da relação contratual, contribuiu para a quebra do sinalagma.

Segundo os críticos dessa posição doutrinária,[64] tal visão reduz a função so-

61. Art. 421 do CC: "A liberdade de contratar será exercida em razão e nos limites da função social do contrato".

62. Gustavo Tepedino, "Notas sobre a função social dos contratos", in Luis Edson Fachin e Gustavo Tepedino, (orgs.), *O Direito e o Tempo: Embates Jurídicos e Utopias Contemporâneas*, p 396.

63. Humberto Theodoro Júnior sustenta essa posição e ressalta que o contrato produz efeitos ou reflexos sobre terceiros, que também lhe conferem esta função social. Assim, o cumprimento do princípio não se restringiria ao cumprimento do interesse privado – ainda que observados os modernos princípios do direito contratual, tais como a autonomia privada, a boa-fé objetiva e o equilíbrio contratual –, mas também deve buscar um elemento externo ao contrato, ou seja, o bem-comum (Humberto Theodoro Júnior, *O Contrato e sua Função Social*, 2ª ed., pp. 93-95).

64. Gustavo Tepedino, "Notas sobre a função social dos contratos", in Luis Edson Fachin e Gustavo Tepedino (orgs.), *O Direito e o Tempo: Embates Jurídicos e Utopias Contemporâneas*, p 398.

cial a um instrumento adicional de garantia contratual, sem, contudo, se dar conta de que a função social pretende impor limites aos contratantes, e não ampliar a sua proteção contratual. Essa ampliação acabaria por amesquinhar a função social do contrato, tornando-a servil a interesses individuais e patrimoniais, já suficientemente tutelados pelo próprio contrato.

Finalmente, uma corrente civil-constitucional afirma que a função social deve ser entendida como um instituto informado por princípios constitucionais maiores, quais sejam, a dignidade da pessoa humana (art. 1º, III, da CF), o valor da livre iniciativa (art. 1º, IV), a igualdade substancial (art. 3º, III) e a solidariedade social (art. 3º, I). Em decorrência, a função social imporia às partes o dever de perseguir, ao lado dos interesses individuais, os interesses extracontratuais socialmente relevantes, relacionados ao contrato ou por ele atingidos. A função social, com isso, ampliaria o domínio do contrato à função de ordem pública, devendo as partes perseguir, não apenas os seus interesses individuais, mas também interesses externos dignos de tutela jurídica.

A crítica mais comum à interpretação civil-constitucional relaciona-se à falta de critérios objetivos para aplicação dos princípios constitucionais ao caso concreto, especialmente diante de situação em que se deve confrontar ou ponderar esses princípios. A utilização do princípio da função social do contrato como uma regra geral de revisão é também objeto de criticas no viés econômico.

Para fins deste trabalho, cabe notar que, por nenhuma dessas correntes, pode-se concluir peremptoriamente que o desequilíbrio econômico-financeiro implicaria descumprimento da função social do contrato: "Transformar o princípio da função social em um revisionismo amplo e idiossincrático serviria apenas para reduzir o 'enforcement', ou a segurança jurídica dos contratos assim debilitando o ambiente contratual do país com sérios e deletérios efeitos sobre a economia".[65]

No caso da primeira corrente, a própria aplicação dos artigos do Código Civil de 2002 apontaria as hipóteses em que o desequilíbrio acarretaria a quebra da função social. No caso da segunda corrente, o desequilíbrio apenas poderia implicar o descumprimento da função social, se motivada por um terceiro cúmplice.

Já sob a perspectiva civil-constitucional, tudo indica que o desequilíbrio econômico-financeiro deveria impor uma agressão aos princípios constitucionais tutelados, para que ocorresse a quebra da função social do contrato. Nesse caso, o Código Civil fornece as hipóteses em que o desequilíbrio se transformaria em antijurídico, quais sejam, as descritas nos arts. 156, 157, 317 e 478, que devem ser aplicados perseguindo os princípios constitucionais socialmente relevantes.

Nesse cenário de divisão doutrinária, são pertinentes as observações de Pablo Rentería acerca da função social:

"Afinal, o que vem a ser função social do contrato? A verdade é que diversas propostas teóricas procuram responder a esta questão. Há fórmulas extremamente abstratas que identificam a função de todos os contratos com a "circulação de riquezas no mercado", outras que classificam em diversas funções econômicas de acordo com a estrutura do contrato, porém, de forma geral, elas não trazem instrumentos que possam realizar a efetiva funcionalização do contrato.

"Ora, dentre as propostas com pretensões mais concretas, figura, com destaque, a causa do contrato."[66]

65. Gustavo Franco, *Os Limites da Teoria da Imprevisão: o "Revisionismo" Fora do Lugar Debilita o Ambiente Contratual Brasileiro*, disponível em *http://www.econ.puc-rio.br/gfranco/Parecer_Revisionismo_limpo.pdf*, p. 3.

66. Pablo Rentería, "Considerações acerca do atual debate sobre o princípio da função social do

Por certo, a observação da causa e da finalidade do contrato ajuda a compreender a sua função social. Por isso, a sua eventual aplicação em casos de desequilíbrio econômico-financeiro deve analisar a razão jurídica do contrato, a sua finalidade econômica e os riscos assumidos, em sintonia com o restante do ordenamento jurídico.

7. *Conclusão*

A partir das análises feitas neste trabalho, em relação ao desequilíbrio econômico-financeiro no Código Civil de 2002, pode-se concluir que:

• as teorias que fundamentaram a revisão ou a resolução por fato superveniente exigem que o desequilíbrio econômico venha acompanhado de outros elementos, como a extraordinariedade ou a imprevisibilidade do fato ou de suas consequências;

• os artigos do Código Civil relacionados ao desequilíbrio econômico-financeiro, tais como o estado de perigo, a lesão e a onerosidade excessiva, exigem a ocorrência de outros requisitos para a sua subsunção ao fato concreto;

• os princípios da boa-fé objetiva e da função social do contrato não são normas gerais de equidade. A sua aplicação a casos de desequilíbrio econômico-financeiro depende das circunstâncias do caso concreto, como a quebra de deveres colaterais e a análise da finalidade do negócio e, especialmente, a sua interpretação sistemática à vista dos outros artigos do Código Civil.

Portanto, se desacompanhado de outros requisitos, o desequilíbrio econômico-financeiro não produz hipótese de revisão ou resolução contratual ou mesmo de nulidade, anulação ou ineficácia do negócio jurídico com base nos princípios consagrados pelo Código Civil de 2002.

contrato", in Maria Celina Bodin Moraes (org.), *Princípios do Direito Civil Contemporâneo*, p. 298.

8. *Referências*

BARBOZA, Heloísa Helena; MORAIS, Maria Celina Bodin, e TEPEDINO, Gustavo. *Código Civil Interpretado Conforme a Constituição da República*. vol. 2. Rio de Janeiro, Renovar, 2006, 918 p.

BORGES, Nelson. *A Teoria da Imprevisão no Direito Civil e no Processo Civil*. São Paulo, Malheiros Editores, 2002, 824 p.

BRANCO, Gerson Luiz Carlos, e MARTINS-COSTA, Judith. *Diretrizes Teóricas do Novo Código Civil Brasileiro*. São Paulo, Saraiva, 2002, 226 p.

BRUNO, Vânia. *A Teoria da Imprevisão e o Atual Direito Privado*. Rio de Janeiro, Lumen Juris, 1994, 106 p.

COUTO E SILVA, Clóvis do. *A Obrigação como Processo*. Rio de Janeiro, Ed. FGV, 2006, 176 p.

FACHIN, Luis Edson, e TEPEDINO, Gustavo (orgs.). *O Direito e o Tempo: Embates Jurídicos e Utopias Contemporâneas*. Rio de Janeiro, Renovar, 2008, 1.034 p.

FIUZA, César. *Novo Direito Civil: Curso Completo de Acordo com o Código Civil de 2002*. 6ª ed. Belo Horizonte, Del Rey, 2003, 920 p.

FLAH, Lily R., e SMAYEVSKY, Myriam. *Teoría de la Imprevisión*. Buenos Aires, Ediciones De Palma, 1989, 110 p.

FORGIONI, Paula. "A interpretação dos negócios empresariais no novo Código Civil brasileiro". *Revista de Direito Mercantil, Industrial, Econômico e Financeiro* 130/7-38. São Paulo, Malheiros Editores, nova série, ano XLII, abr.-jun./2003.

FRADERA, Vera Maria Jacob de (org.). *O Direito Privado Brasileiro*. Porto Alegre, Livraria do Advogado, 1997, 379 p.

FRANCO, Gustavo. *Os Limites da Teoria da Imprevisão: o "Revisionismo" Fora do Lugar Debilita o Ambiente Contratual Brasileiro*. Disponível em *http://www.econ.puc-rio.br/gfranco/Parecer_Revisionismo_limpo.pdf*, acesso 20.4.2010, 39 p.

FRANTZ, Laura Coradini. *Revisão dos Contratos*. São Paulo, Saraiva, 2007, 192 p.

LEÃES, Luiz Gastão Paes de Barros. "Resolução por onerosidade excessiva". *Revista de Direito Mercantil, Industrial, Econômico e Financeiro* 140/23-37. São Paulo, Malheiros Editores, nova série, ano XLIV, out.-dez./2005.

LIMA, Renata Faria Silva. *Equilíbrio Econômico-Financeiro Contratual*. Belo Horizonte, Del Rey, 2007, 413 p.

MARTINS-COSTA, Judith. *Comentários ao Novo Código Civil. Do Adimplemento e Extinção das Obrigações*. 2ª ed., vol. V, t. I. Rio de Janeiro, Forense, 2003, 798 p.

MORAES, Maria Celina Bodin (org.). *Princípios do Direito Civil Contemporâneo*. Rio de Janeiro, Renovar, 2006, 578 p.

PEREIRA, Caio Mário. *Lesão nos Contratos*. 6ª ed. Rio de Janeiro, Forense, 2001, 227 p.

RODRIGUES, Sylvio. *Dos Vícios do Consentimento*. 3ª ed. São Paulo, Saraiva, 1989, 345 p.

SPEZIALI, Paulo Roberto. *Revisão Contratual*. Belo Horizonte, Del Rey, 2002, 222 p.

TEPEDINO, Gustavo (org.). *Obrigações: Estudos na Perspectiva Civil-Constitucional*. Rio de Janeiro, Renovar, 2005, 562 p.

THEODORO JÚNIOR, Humberto. *O Contrato e sua Função Social*. 2ª ed. Rio de Janeiro, Forense, 2004, p. 160.

VILLELA, João Baptista. "O Plano Collor e a teoria da base negocial". *Repertório IOB de Jurisprudência* 19/385-379. São Paulo, 1990.

ASPECTOS DA CLÁUSULA DE *REDELIVERY* NOS CONTRATOS DE AFRETAMENTO POR TEMPO

Armindo Tabosa Amorim

Os contratos de afretamento. O afretamento por tempo. A cláusula de reentrega ("redelivery clause"). O "overlap" e a violação da cláusula de "redelivery". A razoabilidade do "overlap". O "overlap" e os lucros cessantes. Conclusão.

Os contratos de afretamento

A Lei n. 9.432, de 1997, em seu art. 2º, estabelece três modalidades de afretamento marítimo, a saber, (a) *afretamento a casco nu*, consistente no contrato em que o afretador tem a posse, o uso e o controle da embarcação por tempo determinado, podendo designar o comandante e a tripulação; (b) *afretamento por tempo*, contrato em que o afretador recebe a embarcação armada e tripulada, ou parte dela, para operá-la por tempo determinado e (c) *afretamento por viagem*, contrato em que o fretador se obriga a colocar o todo ou parte de uma embarcação tripulada à disposição do afretador para transporte em uma ou mais viagens.

O *afretamento a casco nu* é denominado, internacionalmente, *bareboat charter party*, recebendo o *afretamento de viagem* a designação *voyage charter party* e o *afretamento por tempo* a de *time charter party*.

São contratos bem distintos entre si, assemelhando-se o *afretamento a casco nu* ao contrato de locação de coisa, enquanto que o *afretamento por viagem* aproxima-se do contrato de transporte, embora a individualização do navio possa ter relevância no primeiro e seja indiferente no segundo, ao passo que o *afretamento por tempo* é negócio jurídico *sui generis*, não se confundindo com outras espécies contratuais.[1]

No *afretamento por tempo*, espécie contratual de maior interesse no presente estudo, o afretador (*charterer*) remunera o armador ou fretador (*owner*), mediante o pagamento do *frete* (*hire*), em contrapartida da *disponibilização imediata* da embarcação, que deverá estar em perfeitas condições de navegabilidade.

O afretamento por tempo

Ao definir o *afretamento por tempo*, a Lei n. 9.432, de 1997, mais confunde que esclarece, porquanto emprega inadequadamente o verbo "receber", permitindo concluir que o afretador efetivamente toma posse do navio, quando, na verdade, tem, apenas, a *disponibilidade imediata* da embarcação cuja *exploração* constitui o objeto do afretamento.[2]

1. Paulo Campos Fernandes e Walter de Sá Leitão, *Contratos de Afretamento*, Rio de Janeiro, Renovar, 2007, p. 36.

2. Jesús Barbadillo Eyzaguirre, "La obligación de navegabilidad del armador en el fletamento por tiempo", in *Boletín Informativo ANAVE*, n. 94, Madri, set./2001.

Os elementos essenciais deste negócio jurídico são: a *disponibilização*, pelo fretador, de um *determinado* navio armado e tripulado, para ser *explorado comercialmente* pelo afretador durante a vigência do contrato e nos limites da avença.[3]

Nesta modalidade contratual, o afretador detém a chamada *gestão comercial* do navio,[4] que lhe confere o direito de direcionar a embarcação, mediante ordens dirigidas ao fretador quanto às cargas a serem transportadas e às viagens a serem realizadas.

O afretador, geralmente, assume as despesas com combustível e deve indenizar e reembolsar o armador por eventuais prejuízos próprios e danos causados a terceiros decorrentes de suas ordens.

Compete ao fretador as *gestões náutica* e *técnica* e a *manutenção* do navio,[5] que permanece sob sua posse durante todo o período contratualmente previsto, e a ele se subordina e vincula a tripulação.[6]

Normalmente, o fretador delimita a área geográfica de utilização do navio, mas está subordinado às diretrizes do afretador, contanto que a embarcação opere entre portos seguros (*safe ports*), sejam observados os limites previstos nas cláusulas de limitação do seguro da nau e não tenha sua utilização propósitos ilícitos.

O instrumento dos contratos de afretamento é a carta-partida (*charter party*), cujos termos gerais, no âmbito do comércio internacional, são padronizados por organizações que congregam diversos setores da navegação, figurando entre as mais conhecidas, relativamente aos contratos de *afretamento por tempo*, a BIMCO (*Baltic and International Maritime Council*), que publica as *standard forms* BALTIME 1939 (revisadas em 2001) e a ASBA (*Association of Ship Brokers and Agents*), que edita as normas-padrão NYPE 93.

Em casos de omissões da carta-partida, os usos comerciais suprem-nas,[7] além de nortearem a interpretação das cláusulas do afretamento, a teor do art. 113, do Código Civil.

A cláusula de reentrega ("redelivery clause")

Nos contratos de *afretamento por tempo* (*time charter party*), as partes especificam na *cláusula de reentrega* (*redelivery clause*) da carta-partida o *termo final do afretamento*, que *norteará* a data da "devolução" ou "reentrega" da embarcação ao fretador.

O afretador se obriga a reentregar o navio nas mesmas condições em que foi recebido, ressalvando-se o desgaste natural da nave durante o período do afretamento.

Em razão de variáveis que podem atrasar ou adiantar as viagens, como condições climáticas, problemas técnicos, exigências portuárias locais, as longas distâncias percorridas pelos navios afretados e a volatilidade do preço do frete no mercado de transporte marítimo, não seria razoável interpretar-se literal e rigidamente a cláusula definidora da data de reentrega da embarcação.

Por tal motivo, a cláusula de reentrega geralmente contempla a possibilidade de adiantamento (*underlap*) ou retardamento (*overlap*) na devolução do navio, permitindo, inclusive, neste último caso, que a embarcação complete a última viagem (*last voyage*), desde que *legítima*,[8] qual seja, aquela que *normalmente* seria

3. John F. Wilson, *Carriage of Goods by Sea*, 2004, p. 85.
4. Lars Gorton, Rolf Ihre e Arne Sanderväm, *Shipbroking and Chartering Practice*, 1999, p. 255.
5. Lars Gorton *et al.*, ob. cit., p. 115.
6. William Tetley, *International Maritime and Admiralty Law*, 2002, p. 126.
7. José da Silva Costa, *Direito Comercial Marítimo, Fluvial e Aéreo*, vol. I, Rio de Janeiro, Freitas Bastos, 1935, p. 362.
8. Cr. *The Dione* [1975] 1 Lloyd's Rep. 115, p. 117.

concluída a tempo, mas que veio *imprevisivelmente* a exceder o termo final da reentrega, devendo o afretador, consoante os usos comerciais do mercado de transporte marítimo, remunerar o armador pelo atraso, com base no valor de mercado do frete na época da devolução, se maior que o estabelecido no contrato, ou pelo valor contratual do frete se o de mercado lhe for inferior ou idêntico.

A devolução antecipada do navio geralmente é pretendida pelo afretador quando o preço de mercado do frete sofre depreciação considerável no curso do contrato, tornando o acordo extremamente oneroso, a ponto de comprometer sua margem de lucro.

Em regra, nas cláusulas de reentrega é concedida ao afretador uma tolerância no tocante à data para a devolução tardia do navio, o que se faz pela utilização do advérbio *about*,[9] ou seja, "aproximadamente", ou expressões equivalentes, antes da designação do prazo do afretamento. Os modelos de cláusulas de reentrega sugeridos nas cartas-partida uniformes BALTIME[10] e NYPE[11] prevêem tal tolerância.

De todo modo, mesmo se não houver na cláusula de reentrega previsão de flexibilização da data de devolução do navio, os tribunais ingleses há muito[12] firmaram o entendimento de que há uma tolerância *implícita* no contrato, decorrente das exigências dos negócios marítimos,[13] de sorte que o termo contratual não é exato, senão *aproximado* – exceto, obviamente, se constitui condição mesma do negócio jurídico –, aceitando-se o atraso, desde que *justificável* e *razoável*, sem prejuízo do pagamento do frete complementar, a ser fixado consoante os critérios acima referidos.

O "overlap" e a violação da cláusula de "redelivery"

Tendo em vista o reconhecimento desta tolerância implícita no contrato, pode-se sustentar que a reentrega extemporânea, mas circunscrita nos limites da razoabilidade, não implicaria violação do contrato, porquanto a devolução intempestiva, porém justificável, estaria implicitamente prevista no próprio acordo.[14] A este respeito, a jurisprudência inglesa não tem sido uniforme, ora perfilhando a inocorrência da violação contratual, se a impontualidade decorre da conclusão de uma *last voyage legítima*,[15] ora reconhecendo a quebra contratual pelo simples fato da demora na devolução do navio,[16] posicionamento que tem prevalecido desde o caso *The Peonia* (1991).[17]

Em favor da primeira posição, pode-se afirmar que se o *atraso razoável* – como o que ocorre quando uma *last voyage legítima* se prolonga *imprevisivelmente*, sem culpa de qualquer das partes – realmente ensejasse descumprimento do contrato, o armador poderia recusar-se a completar a viagem, pois um dos efeitos do descumprimento do contrato é o de liberar a parte inocente do cumprimento das demais obrigações convencionais;[18] sucede que não parece ser possível tal oposição se a última viagem já se houver efetivamente iniciado.[19]

9. Paulo Campos Fernandes e Walter Sá Leitão, ob. cit., p. 236.

10. "The Charterers shall give the Owners not less than ten days notice at which port and on *about* which day the Vessel will be re-delivered."

11. "The charterers shall give the Owners not less than __ days notice of the Vessel's *expected* date and probable port of redelivery."

12. Cf. *Gray vs. Christie* (1889) 5 T.L.R. 577.

13. *The London Explorer* [1971] 1 Lloyd's Rep. 523.

14. Michael Wilford, Terence Coghlin e John D. Kimball, *Time Charters*, 2003, p. 134.

15. Cf. voto do Lorde Denning no caso *The Dione* [1975] 1 Lloyd's Rep 115, p. 117.

16. *The Peonia* [1991] 1 Lloyd's Rep. 100, p. 107; [2006] EWHC 3030 (Comm).

17. Jan-Niklaas Brons, *The Final Leg of a Time Charter – Developments after The Achilleas*. Disponível em *http://web.uct.ac.za/depts/shiplaw/theses/bronsadd.pdf*, acesso 27.8.2010.

18. John F. Wilson, ob. cit., p. 335.

19. Se uma ordem dada com antecedência pelo afretador para uma última viagem revela-se, no momento em que foi proferida, legítima – pois a via-

Também se poderia argumentar que a responsabilidade imposta ao afretador que posterga a reentrega, consistente no pagamento da diferença entre o preço contratual do frete e o de mercado, não decorreria propriamente da violação do contrato – que ensejaria *damages*, ou seja, indenização por perda, dano ou prejuízo[20] –, mas dos *usos comerciais* e *costumes* do mercado de transporte naval, como legítima fonte de obrigação *praeter legem*, apta a integrar termos implícitos no instrumento, porque um contrato pode incorporar qualquer costume relevante do mercado, do comércio ou da localidade, a menos que inconsistente com as próprias cláusulas contratuais.[21] Acresce que os *damages* não têm *caráter punitivo*,[22] servindo apenas a *recompor* as perdas sofridas pela parte inocente, a patentear sua natureza indenizatória. A parte inocente não pode ficar em melhor situação ao ser indenizada do que estaria se o contrato não houvesse sido violado. Esta característica dos *damages* poderia impossibilitar a subsunção neles da diferença de valor de frete devida pelo afretador em *overlap*, uma vez que sua natureza indenizatória inexiste na hipótese em que o valor de mercado do frete sofre *depreciação* no período de *overlap*, cabendo ao armador receber o preço contratual do frete. Com efeito, nesta situação, o armador receberá *mais* do que se lhe houvesse sido devolvido tempestivamente o navio, pois não encontraria no mercado depreciado quem lhe oferecesse o mesmo preço de frete. Observe-se que no caso *The Dione* [1975] 1 Lloyd's Rep. 115, a *last voyage legítima* ultrapassou o prazo de reentrega independentemente de culpa de qualquer das partes, tendo o Tribunal afastado a violação contratual e determinado o pagamento do valor do frete estabelecido na avença, visto que o preço de mercado sofrera queda.

A partir deste entendimento, a reentrega atrasada do navio poderia caracterizar duas situações, com consequências distintas: (a) se a devolução ocorresse depois do termo do contrato, mas dentro do prazo de tolerância expresso ou implícito, *não haveria violação* da avença, o que, todavia, não desobrigaria o afretador do pagamento do frete e da eventual diferença com o preço de mercado, por se tratar de imposição consagrada pelos *usos e costumes* comerciais do setor; (b) se a reentrega tivesse lugar depois do termo do contrato e extrapolasse a tolerância expressa ou implícita, ou seja, não fosse razoável, haveria efetiva violação do contrato, a justificar a indenização, é dizer, *damages*.

Mas há argumentos relevantes em sentido contrário. Primeiramente, no caso *The Peonia* [1991] 1 Lloyd's Rep. 100, foi estabelecido que o atraso na reentrega provocado pela impossibilidade de se concluir, a tempo, a *última viagem legítima*, ainda que não possa ser atribuído ao afretador, não o exime de cumprir o prazo do contrato, o que caracterizaria a violação contratual, e justificaria a indenização (*damages*), consistente no pagamento do maior valor entre os preços contratual e de mercado do frete. Além disto, pode-se ponderar que se não houvesse a violação do contrato pelo atraso na reentrega, ainda que razoável e justificado, não se poderia impor ao afretador a obrigação de pagar, além do frete contratual, a diferença entre ele e o valor de mercado, porquanto teria esta verba, necessariamente, natureza de *damages*, visto ser este o remédio por excelência da violação contratual (*breach*).

gem normalmente terminaria a tempo de devolver o navio dentro do prazo do contrato –, mas por motivos alheios às partes vem seu início a sofrer atraso, tornando-se evidente a impossibilidade de concluir a viagem antes do termo final do contrato, poderá o armador recusar a ordem, nos termos do voto do Lorde Mustill no caso The Gregos [1995] 1 Lloyd's Rep. 1, p. 7.

20. Durval de Noronha Goyos Júnior, *Legal Dictionary – Dicionário Jurídico*, São Paulo, Observador Legal, 2003, p. 105.

21. Ewan McKendrick, *Contract Law*, Londres, Macmillan, 1997, p. 174.

22. *Rookes vs. Barnard* [1964] A.C. 1129; *Cassell & Co. Ltd. vs. Broome* [1972] A.C. 1027.

Ou seja, se há a imposição desta obrigação ao afretador, ela somente poderia advir, justamente, da violação das cláusulas do contrato, sejam elas expressas ou implícitas. Como já foi oportuno salientar, esta posição é prevalente desde o julgamento deste caso *The Peonia*, ocorrido em 1991.

Apesar de ser amplamente minoritária, os argumentos favoráveis à primeira posição, acima sintetizados, parecem conferir-lhe maior coerência.

A razoabilidade do "overlap"

Questão difícil é a de saber o que seria, na omissão do contrato, um prazo *razoável* para a devolução tardia do navio, cujo termo, consoante a posição ora adotada, separa a conduta *idônea* daquela *desconforme* com a cláusula contratual de reentrega.

Não há como solucionar o problema senão pela análise casuística, que pondere, entre outros, fatores como o período-base do afretamento e as circunstâncias e extensão do atraso.

Não obstante, a doutrina tencionou fixar parâmetros objetivos arbitrários, considerando tolerável a dilação que não excedesse 4% (quatro por cento) ou 5% (cinco por cento) do período do contrato.[23]

Os tribunais e juízos arbitrais ingleses têm preferido analisar os pormenores dos casos *sub judice* para designar concretamente o atraso tolerável. No precedente *The Democritos* [1976] 2 Lloyd's Rep. 149, por exemplo, os árbitros fixaram em *cinco dias* a tolerância, considerando que o período do contrato era de quatro a seis meses. Nos casos em que a carta-partida estabelece prazo de tolerância utilizando-se de expressões como "*4 months, 10 days more or less*", ou seja, quatro meses, com margem de tolerância de dez dias *para mais ou para menos*, as Cortes têm, geralmente, entendido que nenhuma outra tolerância implícita, para *além* dos dez dias do exemplo, é admitida. Neste sentido, ao julgar o caso *The Dione* [1975] 1 Lloyd's Rep. 115, p. 118, em que se discutia cláusula de devolução do navio em "*6 months 20 days more or less*", o tribunal considerou que este limite adicional de vinte dias não poderia ser ultrapassado, sob pena de caracterização do descumprimento do contrato.

O "overlap" e os lucros cessantes

Como dito, a remuneração devida ao armador no caso de *overlap* razoável e justificável limita-se ao valor contratual do frete correspondente aos dias de mora, acrescido da diferença entre tal montante e o preço de mercado, se este for superior.

Não se cogitava de indenização por *lucros cessantes*, decorrentes de prejuízo do armador pela impossibilidade de firmar, durante o período de mora razoável do afretador, novo afretamento do navio, num contexto de apreciação do preço do frete no mercado.

Como visto, na Inglaterra – cujo direito rege, majoritariamente, os contratos de comércio marítimo –, diversos são os precedentes jurisprudenciais, bem assim, as lições doutrinárias,[24] que restringem a responsabilidade pela reentrega tardia àqueles limites, tais como, *The Dione* (1975); *The Johnny* (1977); *The Peonia* (1991).

O entendimento firmado pela jurisprudência inglesa assenta-se na asseveração de que, ao subscrever o contrato de afretamento, o afretador não assumiria o risco de eventuais perdas do armador em relação a contratos subsequentes passíveis de ser prejudicados pelo eventual atraso na reentrega do navio, porquanto esta seria a percepção de uma pessoa média na mesma

23. John F. Wilson, ob. cit., p. 91.

24. Thomas Edward Scrutton, *Scrutton on Charterparties*, 1996, pp. 348-349.

posição de contratante. Os tribunais, igualmente, têm considerado que no mercado da navegação é corrente a ideia de que o afretador somente é responsável pelo pagamento do frete correspondente aos dias que ultrapassarem o termo final da reentrega, não se cogitando de sua responsabilidade pelos lucros cessantes, de forma que eventual posicionamento contrário provavelmente geraria incertezas comerciais não desejadas.

Em meados de 2008, a Câmara dos Lordes analisou, em grau de recurso, decisões das instâncias de origem que julgaram procedente pedido de indenização por lucros cessantes decorrentes da reentrega tardia do navio afretado, o que causara perdas quanto ao preço fixado em um outro contrato de afretamento ajustado pelo armador com terceiro.

Trata-se do caso *The Achilleas*, navio cargueiro cuja exploração foi objeto de um contrato de *afretamento por tempo*, pelo qual o armador o entregou ao afretador pelo prazo de cinco a sete meses, ao custo diário de 13.500 dólares americanos, tendo sido firmado, posteriormente, termo aditivo que estendeu o prazo de afretamento para outros cinco a sete meses, mediante o pagamento do frete diário de 16.750 dólares americanos, fixando-se a data de reentrega para o dia 2 de maio de 2004. A cláusula de reentrega seguiu o modelo NYPE.

Discutia-se o seguinte: em 20 de abril de 2004, o afretador comunicou ao armador que reentregaria a embarcação entre os dias 30 de abril e 2 de maio de 2004; no dia seguinte, o armador firmou com terceiro novo contrato envolvendo o mesmo navio, por um período de quatro a seis meses, ao custo diário de 39.500 dólares; o armador deveria disponibilizar o navio aos novos afretadores no dia 8 de maio de 2004, restando estabelecido que, em caso de descumprimento deste prazo, ao novo afretador seria permitido desistir da avença; com menos de duas semanas para a data da reentrega, o afretador originário firmou contrato de subafretamento para transportar carvão entre a China e o Japão, transmitindo o fato ao armador, que não manifestou objeção; o navio sofreu atraso no porto japonês e a reentrega somente teve lugar em 11 de maio de 2004; poucos dias antes, em 5 de maio de 2004, o valor do frete sofrera nova depreciação e, em contrapartida a uma postergação da data de disponibilização do navio para o dia 11 de maio, o armador concordou em reduzir o preço do frete, a ser cobrado do novo afretador, para 31.500 dólares por dia; o armador, então, submeteu à arbitragem pleito de indenização pelos lucros cessantes com base na diferença de 8.000 dólares diários entre o valor do frete primeiramente acertado com o novo afretador e o preço final com ele avençado, que sofrera diminuição em razão dos novos preços de mercado em 5 de maio de 2004, o que resultou em valor superior a 1.300.000 dólares; o afretador sustentou que o armador não fazia jus aos lucros cessantes, senão à diferença entre o preço de mercado e o do frete pelos nove dias que ficou privado da utilização do navio, o que resultava em pouco mais de 150.000 dólares.

Os árbitros, por maioria, acolheram o pedido do armador, sob o fundamento de que o afretador originário deveria estar ciente, no momento da subscrição do contrato, que o descumprimento da cláusula de reentrega provavelmente resultaria em perdas e lucros cessantes, a ensejar sua responsabilidade por estes danos, por força da primeira regra adotada no caso *Hadley vs. Baxendale* (1854) 9 Exch 341, 354, segundo a qual os danos indenizáveis são aqueles que, pelo curso normal das coisas, podem decorrer naturalmente de uma quebra de cláusula contratual, ou seja, são os danos *previsíveis*.

Por seu turno, o árbitro que restou vencido não negou que o afretador estivesse ciente de que o armador, muito provavelmente, firmaria novo afretamento durante o curso do primeiro contrato, bem assim, de que a reentrega tardia poderia obstar-lhe tal pretensão. Contudo, asseverou que uma pessoa média na posição do afretador não teria entendido que estava assumindo responsabilidade pelo risco. Aduziu, ainda, que os usos e costumes do mercado da navegação restringiam a responsabilidade do afretador à diferença entre o preço de mercado e o valor do frete estabelecido no contrato, de modo que qualquer afastamento desta regra provavelmente provocaria uma grave e indesejável incerteza comercial.

O recurso manejado pelo afretador contra o julgamento arbitral veio a ser desprovido pela Corte de Apelação [2007] 2 Lloyd's Rep. 555, tendo sido interposta nova irresignação perante a Câmara dos Lordes.

A discussão jurídica neste caso envolve interessante questão de Direito dos Contratos, consistente em se saber se a regra que atribui responsabilidade a uma parte pelos danos que eram previsíveis, adotada no caso *Hadley vs. Baxendale* (1854), é (a) norma abstrata imposta a todos os contratantes na ausência de expressa previsão contratual em sentido oposto, ou (b) se consiste numa assunção aplicável à grande maioria dos casos, mas que pode ser adaptada nas hipóteses em que o contexto, as circunstâncias ou o entendimento geralmente aceito pelo mercado específico mostram que a parte não deveria ser responsabilizada.

A Câmara dos Lordes deu provimento unânime ao recurso do afretador, seguindo interpretação distinta daquela dada pelas instâncias inferiores à regra do caso *Hadley vs. Baxendale*.

Dos cinco juízes que julgaram o caso, dois deles proveram o recurso ao fundamento de que a apuração da responsabilidade pelos danos previsíveis submete-se às particularidades do caso concreto, de modo que fica condicionada à inexistência de circunstâncias – por exemplo, usos comerciais do mercado específico – que excluam a responsabilidade.

Aduziram que as partes quando contratam o afretamento têm em mente os – e se balizam pelos – usos comerciais correntes neste mercado específico, que sempre cingiram a responsabilidade do afretador ao frete, acrescido da diferença entre seu valor contratual e o de mercado pelos dias de retardamento na reentrega.

Outros dois magistrados deram provimento ao recurso por fundamento diverso, segundo o qual a oscilação abrupta do preço de mercado do frete não poderia ser considerada previsível no momento da subscrição do contrato, de sorte que o dano sofrido pelos armadores também não poderia ser razoavelmente imputado diretamente ao atraso na reentrega do navio.

A exegese do precedente findou por demonstrar que a Câmara dos Lordes considera a regra jurisprudencial do caso *Hadley vs. Baxendale* uma norma de aplicação *casuística*, retirando-lhe o caráter *abstrato* atribuído pelas instâncias de origem.

Isto conduz à conclusão de que mesmo inexistindo cláusula contratual que exclua a responsabilidade do afretador pelos lucros cessantes do armador – decorrentes do atraso na reentrega do navio – aquele não pode ser responsabilizado com base na regra do caso *Hadley vs. Baxendale*, (a) porque os usos comerciais relativos à cláusula de reentrega nos afretamentos por tempo limitam a obrigação do afretador, que atrasa a devolução da embarcação, ao pagamento do frete contratual, acrescido da diferença entre este montante e o preço de mercado, se este se sobrepujar àquele, bem assim, (b) porque a volatilidade do mercado que provocou o aumento abrupto do preço do frete não seria previsível, a afastar a caracterização do *overlap* como causa *próxima* do dano sofrido pelos armadores, senão como causa *remota*, o que afasta a responsabilidade.

Esclareça-se que no caso *Hadley vs. Baxendale* foram estabelecidos critérios para a verificação da responsabilidade por danos, denominados, numa tradução livre, "teste de distanciamento" (*remoteness test*), pelo qual se perquire se as perdas de uma parte decorrem *diretamente* de uma conduta da outra parte e, por isso, são indenizáveis, ou se dela advêm *indiretamente* ou *remotamente*, o que lhes retira a possibilidade de reparação.

No caso *The Achilleas* pareceu, num primeiro momento, que a Câmara dos Lordes teria exigido um requisito adicional para a apuração da responsabilidade, consistente na verificação da assunção contratual da responsabilidade pelas perdas que viessem a ocorrer. Mostrou-se relevante, então, perquirir se a Câmara de Lordes estabelecera novos critérios para a averiguação da responsabilidade por danos, aplicáveis a todos os litígios, ou se limitara-se a adaptar a regra do precedente *Hadley vs. Baxendale* para evitar que, no caso concreto, sua aplicação sem ressalvas e alheia aos usos comerciais do mercado, implicasse na condenação do afretador ao pagamento de quantia milionária.

Daí a notoriedade deste caso, que poderia, se se confirmasse tal ampliação geral do *remoteness test*, repercutir não apenas nos contratos de afretamento, mas na própria teoria geral da responsabilidade civil no Direito inglês.

Consequência imediata deste julgado se deu com a adoção, por entidades do mercado de seguros marítimos (os *P&I Clubs*), de modelos de cláusulas de *limitação expressa da responsabilidade* do afretador, tendentes a circunscrevê-la, em caso de atraso na reentrega do navio, ao valor contratual do frete, eventualmente acrescido da diferença em relação ao preço de mercado.

Entretanto, recentemente, em março de 2010, a Corte Comercial inglesa julgou o caso *The Sylvia* [2010] EWHC 542 (Comm), esclarecendo que a Câmara dos Lordes, no precedente *The Achilleas*, não teria criado nova regra de apuração da responsabilidade por danos, senão mantido a abordagem clássica do caso *Hadley vs. Baxendale* como *requisito geral* para sua verificação, cuja aplicação, contudo, em situações excepcionais como a do próprio caso *The Achilleas*, ficaria condicionada à efetiva assunção de responsabilidade pelo contratante, capaz de excepcionar o costume do mercado de não considerar assumida, pelo afretador, a responsabilidade pelos lucros cessantes do armador.

A Corte Comercial salientou, ainda, que no julgamento do caso *The Achilleas*, a Câmara dos Lordes excepcionou o *remoteness test* de forma bastante *limitada*, apenas para impedir que sua aplicação *abstrata* pudesse ensejar uma responsabilização jamais admitida pelo mercado específico de transporte marítimo e, por isso mesmo, não assumida *implicitamente* pelo afretador no momento da contratação. De fato, qualquer pessoa média em sua situação, conhecendo as regras costumeiras do mercado, não consideraria estar assumindo, quando da contratação, a responsabilidade pelos lucros cessantes advindos de eventual atraso na reentrega.

Conforme se aduziu no caso *The Sylvia*, a excepcionalidade da hipótese concreta, apta a autorizar a aplicação da solução adotada no caso *The Achilleas*, se verifica quando a invocação sem ressalvas do *remoteness test* (a) pode conduzir a uma responsabilidade imprevisível e desproporcional e (b) ensejar o reconhecimento de uma responsabilidade contrária às expectativas do mercado específico.

Neste caso, *The Sylvia*, o afretador pleiteava a condenação do armador pelos lucros cessantes resultantes da impossibilidade de subfretar o navio a terceiro, por ter sido a embarcação reprovada em uma inspeção, o que acarretou sua retenção até que o problema fosse solucionado. Em seu favor, o armador invocou a regra adotada no caso *The Achilleas*, sustentando que sua responsabilidade se limitava ao valor do frete acertado entre o afretador e o subafretador, pelo período em que o navio ficou parado, visto que, segundo afirmou, seria corrente no mercado específico tal limitação, não tendo, portanto, assumido *implicitamente* a responsabilidade pelos lucros cessantes, tudo a ensejar a aplicação da solução prestigiada no caso *The Achilleas*.

O juízo arbitral e a Corte Comercial consideraram que o armador falhara no seu dever geral de diligência, sendo responsável pelos lucros cessantes decorrentes do contrato de subafretamento malogrado, segundo a regra clássica do caso *Hadley vs. Baxendale*, não sendo aplicável a regra de exceção do caso *The Achilleas*, porque, ao contrário daquele precedente, neste não haveria, no mercado específico, o costume de limitar a responsabilidade do armador, visto que tal contenção se aplica apenas aos casos de *overlap* na reentrega propriamente dita do navio.

Conclusão

Existem três espécies de contrato de afretamento de navio: *a casco nu*, *por viagem* e *por tempo*. No afretamento *por tempo*, o armador disponibiliza o navio para o afretador, que o remunera por meio do pagamento do frete. Nesta modalidade contratual, as partes estabelecem, no instrumento próprio – carta-partida –, *cláusula de reentrega* da embarcação, em que se estipula data aproximada para a sua devolução. Em razão das peculiaridades do mercado de transporte marítimo, não é possível, no mais das vezes, prever com *exatidão* a data em que a embarcação poderá ser reentregue ao armador, de forma que o contrato geralmente contempla, ainda que *implicitamente*, a possibilidade de devolução antecipada (*underlap*) ou atrasada (*overlap*) do navio. Em caso de reentrega tardia, desde que razoável e justificável, os tribunais ingleses, seguindo a esteira dos usos e costumes do mercado, limitam a responsabilidade do afretador ao frete correspondente aos dias de atraso, acrescido da diferença em relação ao preço de mercado se este for superior no momento do pagamento. Não se cogitava da responsabilidade do afretador por eventuais lucros cessantes do armador se a reentrega extemporânea o impedisse de firmar outro contrato de afretamento da mesma embarcação. Isto porque, os usos comerciais deste mercado específico sempre cingiram a responsabilidade do afretador aos limites acima. Todavia, no caso *The Achilleas* – em que se discutia a responsabilidade do afretador pelos danos causados em decorrência da reentrega tardia, que veio a provocar uma redução do valor do frete estabelecido para outro contrato firmado pelo armador com terceiro – o juízo arbitral e, posteriormente, a Corte de Apelação inglesa, entenderam que o afretador deveria responder pelos *lucros cessantes* sofridos pelo armador, visto que os danos decorreram da extemporaneidade da devolução da embarcação. Posteriormente, a Câmara dos Lordes reformou tal decisão, exigindo que a responsabilização por danos, em certos casos, fique condicionada à inexistência de circunstâncias – como os usos do mercado – que afastem a presunção de que o contratante (no caso, o afretador) teria assumido, no momento da subscrição do negócio jurídico, responsabilidade pelos lucros cessantes suportados pelo armador. Embora a Câmara dos Lordes tenha restabelecido, em linhas gerais, a jurisprudência sobre o tema, as decisões do juízo arbitral e da Corte de Apelação provocaram sensação de *insegurança jurídica* no mercado, em relação à matéria da limitação da responsabilidade do afretador na reentrega tardia, o que veio a refletir-se na proliferação de cláusulas expressas que limitam a responsabilidade do afretador.

Diante da discussão travada no caso *The Achilleas*, que revolveu questões tidas, há muito, por superadas, mostra-se extremamente aconselhável a inclusão, no texto contratual, de cláusula expressa que limite a responsabilidade do afretador, como forma de preservar, em relação à cláusula de reentrega no contrato de afretamento por tempo, entendimento consagrado pelos usos comerciais amplamente difundidos, segundo os quais a responsabilidade do afretador que incorre em *overlap*, desde que razoável e justificável o atraso, baliza-se pelo pagamento do valor contratual ou de mercado do frete pelos dias de atraso, excluindo-se eventuais lucros cessantes sofridos pelo armador, mesmo que advindos desta reentrega extemporânea.

PROXY SOLICITATION AND SHAREHOLDER DIRECTOR NOMINATIONS IN BRAZIL: A COMPARATIVE ANALYSIS OF INSTRUÇÃO CVM N. 481/2009

Bruno Robert

1. Introduction: 1.1 The Brazilian market: a history of concentrated control under transformation; 1.2 Instrução CVM n. 481/2009: regulatory anticipation to a changing scenario; 1.3 Art. 28 of Instrução CVM n. 481/2009 and the shareholders' right to indicate directors; 1.4 The SEC's proposed rule on facilitating shareholder director nomination: a comparative approach. 2 Analysis: 2.1 Brazil and the U.S.: fundamental differences regarding proxy solicitation; 2.2 The shareholders' right to indicate nominees to the board of directors; 2.3 Requirements; 2.4 Procedures; 2.5 Costs; 2.6 Access as default? The opt-in, opt-out dilemma; 2.7 Pros and cons of facilitating shareholder director nomination. 3 Conclusions: 3.1 What lessons should Brazil learn from the U.S. public reflections on the subject?; 3.2 Avoiding piggybacking: what lessons should Brazil not learn from the U.S. experience. Bibliography.

Abstract

This paper analyzes Article 28 of the Instrução CVM n. 481/2009, enacted by the Brazilian Securities and Exchange Commission (CVM) on December 2009. Article 28 provides the right for shareholders to include nominees for the board of directors in the company's proxy material.

The Instrução CVM n. 481/2009 is the first rule about proxy solicitation ever enacted in Brazil. It was released after a promising trend of ownership dispersion in the Brazilian Novo Mercado, wisely spotted by the Brazilian regulatory agency.

The provision, culturally shocking for a country historically used to majority control, came to light exactly at the same time that the U.S. securities market was struggling with the SEC proposal on Facilitating Shareholder Director Nomination. That proposal is still under discussion, having produced, so far, a vast and interesting debate on the subject.

Such rich material about shareholders' rights, voting and proxy soliciting, resulted in an irrecusable invitation to confront what was being elaborated on in Brazil in this regard – Article 28 of Instrução CVM n. 481/2009 – with what is being synthesized in the U.S. right at this moment.

The coincidence of momentums provides, in fact, a unique opportunity to highlight the differences between both countries' regulatory approaches and to examine the Brazilian rule in light of a much more tested proposal, looking for its weaknesses, strengths, and possible ways to optimize its application or to improve its instructions.

In this sense, Item 1 of the paper presents the current state of the Brazilian capital market, the context in which the Instrução CVM n. 481/2009 was elaborated on, the provision in Article 28, and the proposed comparative approach of this work. Item 2 analyzes and confronts the regulation of both countries, generally and specifically concerning the shareholder director nomination. Item 3 concludes the paper arguing that although the straightforwardness of the Brazilian provision may be compatible with the current stage of the country's capital market, its superficiality may result in a dangerous net of improper incentives for opportunistic investors if the trend of ownership dispersion is confirmed in the future.

1. Introduction[1]

1.1 The Brazilian market: a history of concentrated control under transformation

Concentrated control is the history in Brazil and it is still reality. The vast majority of Brazilian companies is closely held and owned by an individual, or family, who is the absolute controller.

A different trend, however, may be identified among the publicly-traded corporations in the BOVESPA's Novo Mercado,[2] a premium segment with higher corporate governance standards.[3]

Out of the 106 companies[4] listed on the Novo Mercado, at least 65 do not have majority control. And of these companies, the largest shareholder owns on average 26.23% of the shares, which shows an unprecedented level of ownership dispersion for Brazilian standards.[5]

This is an impressive number even if compared exclusively with the universe of listed corporations, in which the largest shareholders owns on average 71% of the voting shares.[6]

The level of dispersion seen among the companies in the Novo Mercado conveys very important information because these companies, even though small in number,[7] represent an important stake of the Brazilian market.

Their aggregated market value exceeds US$300 billion (R$ 544 billion) or

1. Artigo escrito como requisito para a conclusão do seminário em Direito Societário Comparado e do Mestrado em Regulação Financeira e do Mercado de Capitais da Faculdade de Direito da Universidade de Georgetown. Elaborado sob a orientação do Prof. Robert Haft e apresentado em abril de 2010.

2. The Novo Mercado, created by BOVESPA in 2002, and based on the Frankfurt's Exchange *Neuer Market*, is considered a successful self-regulation experience, attracting the majority of new IPOs in the country and unquestionably contributing to the current development of the Brazilian capital market. It started in 2002, with two issuances. In 2004, there were five additional companies in the Novo Mercado. In 2005, the total was 18. In 2006, there were 44 companies, 92 in 2007, 99 in 2008, 105 at the end of 2009, and 106 so far this year. For more information about the Novo Mercado: Maria Helena Santana, Melsa Ararat, Petra Alexandru and Burcin B. Yurtoglu, *Novo Mercado and its Followers: Case Studies in Corporate Governance Reform*, 2008, (available on *www.ifc.org*).

3. The companies traded in the Novo Mercado are required to have only voting shares. Preferred shares, without full voting rights, are the norm on the Brazilian capital market and still represent the majority of trading volume in the country. The prohibition of non-voting shares in the Novo Mercado is evidently one of the factors contributing to the controlling power dispersion.

4. *www.bmfbovespa.com.br/empresas/boletim_empresas_janeiro10.asp#Est1.*

5. For a complete picture of the ownership dispersion in the Brazilian Market: Erica Gorga, *Changing the paradigm of stock ownership from concentrated towards dispersed ownership? Evidence from Brazil and consequences for emerging countries*, available at *http://scholarship.law.cornell.edu//clsops_papers/42*.

6. Andre Carvalhal-da-Silva and Ricardo P. C. Leal, *Corporate Governance and Value in Brazil (and in Chile)*, available at *http://ssrn.com/abstract=76261*.

7. Brazil has more than 5 million companies or equivalent forms of business organizations in activity. Less than 0.5% are corporations (circa 25,000). Among the corporations, only 433 are publicly traded. Of the 433, 106 are in the Novo Mercado (sources: *www.dnrc.gov.br; www.bmfbovespa.com.br*; and *www.ibge.gov.br*).

23.7% of the total BOVESPA capitalization in January, 2010.[8] That value is even more representative considering that Petrobras and Vale do Rio Doce, the two most valuable Brazilian companies, which are not traded on the Novo Mercado, together have a market value of US$ 317 billion (R$ 572 billion).[9]

More than a sensitive part of the country's industry, those companies are also mainly responsible for keeping the Brazilian capital market in motion. The Novo Mercado is currently the hallmark of the nation's securities market, being at one time its strongest marketing element, the place where most of the investors are turning to, and a stage on which the country's corporate personality is being defined.

It means that a trend of controlling power dispersion among the companies in the Novo Mercado is much more than a simple economic curiosity. It means that a significant part of the Brazilian corporate market is marching toward a reality that is structurally different than that by which the rest of the country's companies are surrounded.

In a nation where the corporation law is defined exclusively at a federal level, taking into account the historic patterns of its corporate environment, and where all the lawmakers and judges are culturally used to the concentration establishment, such an ownership dispersion trend puts the stability of the capital markets in line for a collision with the current legal system.[10]

And the issue is no longer merely theoretical.

In 2006, the Brazilian chilled and frozen food producer Sadia issued a public bid for purchasing the control directly from shareholders of its main competitor Perdigão. It was the first hostile takeover attempt in Brazil's history, made possible because, at the time, Perdigão was controlled by a group of pension funds representing 49% of the company's voting stock. The bid, however, was rejected by the minority shareholders.

Three years later, in 2009, the Spanish Telefonica issued a public bid for 100% of GVT's shares, challenging an amicable tender offer for the shares previously made by the French company Vivendi. GVT's largest shareholder had no more than 15% of the company's shares. The dispute was finally won by Vivendi, which acquired the control of GVT through a series of private agreements.

Neither case represented a major confrontation with the current legislation, mostly because of their particular outcomes.

The situation, however, has put regulators and academics on alert regarding the potential conflicts between the corporation reality and the legal system that may arise as a result of this first time ever attempt at dispersion in the Brazilian capital market.

Three main reactions, among others, can be mentioned to exemplify the fact.

First, in a recent paper, the Professor of the University of São Paulo, Eduardo Secchi Munhoz, argued that the current regulation regarding the acquisition of control in Brazil (specially Article 254-A of the Brazilian Corporation Law) works only

8. *www.bmfbovespa.com.br/empresas/boletim_empresas_janeiro10.asp#Est1*.

9. *www.bmfbovespa.com.br/informe/default.asp*.

10. For an explanation of the Berle & Means concept of management control and the economic march towards the "collective capitalism", through the eyes of the Brazilian doctrine and under the influence of the country's corporate reality, see Fábio Konder Comparato and Calixto Salomão Filho, *O Poder de Controle na Sociedade Anônima*, 5th ed., pp 71-79 (see also Adolf A. Berle and Gardiner C. Means, *The Modern Corporation and Private Property*, p. XX). For a hint of the ideology and market structure surrounding the elaboration of the Brazilian Corporation Law, see Fábio Konder Comparato, "Anteprojeto de lei de sociedade por ações", in *RDM* 17/119; Fábio Konder Comparato, *Aspectos Jurídicos da Macro-Empresa*, 1970; and Alfredo Lamy Filho and José Luiz Bulhões Pedreira, *A Lei das S/A*, 3th ed., 1997.

in a concentrated market environment and has to be rethought in the face of the new reality of the nation's market. In accordance with the author, the concept of *sale of control*, which is a key element of the rule, triggering a mandatory public bid for the non-controlling shares, is not always clear in a situation of ownership dispersion.[11]

The exactly same worry was stressed by the Securities and Exchange Commission of Brazil's (CVM's) highly commented decision in a case involving the Italian companies Telco and Olimpia, and the Brazilian company Tim. Telco acquired the control of Olimpia, which had indirect and minority control of Tim. By the majority of votes, the CVM's commissioners decided that Article 254-A did not require, in that case, a public bid by Telco (the acquisition of Tim's control) for the non-controlling Tim's shares, mainly because there was no proper *sale of control*. Of the five commissioners, however, one defended that Article 254-A is only applicable to sales of *majority* control, two defended that it must be applied to *any* sale of control, and two did not opine about the matter.

The controversy shows how intricate the difference between a legislation used to concentration and the reality of dispersion can be. And how necessary a well-defined regulation to accommodate that new reality is.

In the CVM chairwoman's own words "*the complexity of this case, the difficulty to characterize the existence or not of control, illustrates well the type of challenge that awaits us*".[12]

Second, the so called *Novo Mercado reform*, which among other modification, intends to explicitly consider the possibility of offerings and control acquisition in companies without defined controlling shareholder. The Novo Mercado governing documents will oblige the companies adherents to accept new rules concerning acquisition of control and adoption of anti-takeover defenses that differentiate situations where there is defined control and where there is not.[13]

And third, showing exactly how well-acquitted the Brazilian regulators are about the dispersion ownership scenario, in December 2009, the CVM issued the first ever regulation about proxy solicitation in the country: the Instrução CVM n. 481/ 2009.

The new rule, enacted under the CVM regulatory power is the definitive recognition that the Brazilian legal structure can no longer avoid the market tendency of ownership pulverization.

1.2 Instrução CVM n. 481/2009: regulatory anticipation to a changing scenario

Article 126, § 2º of the Brazilian Corporation Law (Federal Law n. 6.404/1976) gives express authority to the CVM on regulating proxy solicitations.

That authority, however, had never been used until the end of 2009, more than thirty years later. Consequently, the Brazilian market has never had a specific regulation of proxy solicitation.

Since the corporate market in Brazil kept its historical patterns of ownership concentration, without any exception until recent years, the lack of a regulation on the subject has not had any important impact so far.

The new trend of ownership dispersion discussed above, however, pushed the CVM to enact the first ever rule on proxy

11. Eduardo Secchi Munhoz, *Corporate control transactions in Brazil: the case of companies without a controlling shareholder*, forthcoming.

12. CVM RJ2009/1956, 7.15.2009. Free translation.

13. The reform, which has being discussed since 2008, is in its fine tuning and final voting stages. It is expected to be approved by BOVESPA and the Novo Mercado's companies by the second half of 2010.

solicitation in Brazil. The proposal was issued for public comments in April 2009 and the final rule was announced in December of the same year.[14]

As it is explained in the proposal, the importance of Instrução CVM n. 481/2009 rises "*as long as companies composed exclusively by voting shares, and in most cases without a majority controller, emerge in Brazil*".[15]

In this sense, the declared goal of the new rule is "*to create a simple framework able to lower the cost of voting and to facilitate the shareholder participation on the corporation's business oversight*".[16]

The Instrução CVM n. 481/2009 binds only the corporations that are or should be registered before the CVM. In other words, the vast majority of Brazilian companies, which have no intention of having their securities publicly traded, are not subject to the new proxy solicitation regulation.

It covers, therefore, exactly the environment where the tendency toward pulverization of control and ownership is concrete. It serves also as a path to an eventual amendment to the Brazilian Corporation Law regulating proxy solicitation for Brazilian closely-held corporations.[17]

1.3 Article 28 of Instrução CVM n. 481/2009 and the shareholders' right to indicate directors

Article 28 of the new CVM rule expressly requires the inclusion in the company's proxy solicitation material of nominees to the board of directors indicated by minority shareholders owning at least 0.5% of the totality of the company's shares.[18]

There was no precedent or direct legal basis for the new requirement other than the principles that all shareholders may indicate nominees to the board of directors, and that a corporate decision through proxy material has to be as close as possible to a shareholder meeting.

The provision seems to have been very well accepted by the market, having had no significant objection raised against it so far. By the same token, however, there has also been no extensive public discussion about the matter.

This apparent indifference regarding Article 28 may be explained by the mere inexperience of Brazilian companies with dispersed control, shareholders' activism, and proxy fights. It means that a more aware reflection about the rule will probably be made in the next few years, when the effects and possible limitations of Article 28 that had not been anticipated during the public discussion will be practically felt.

Such a sensitive provision will hardly be free of criticism when in full operation, especially, if the tendency toward control pulverization is confirmed in Brazil.

A very good reason to believe that some future discussion about Article 28 is indeed inevitable, can be drawn from a quick look at the extensiveness of the public discussion about the exact same subject brought about by the 2009 SEC Propo-

14. Besides proxy solicitation, the new CVM rule also regulates disclosure regarding the shareholders' meetings (procedures, documents and information that have to be presented to shareholders, forms and schedules to be filled in, in accordance with each proposal to be voted upon etc.).

15. *Edital de Audiência Pública* n. 02/2009, p. 1. Free translation.

16. *Edital de Audiência Pública* n. 02/2009, p. 1. Free translation.

17. It is another example of what is being called as *regulatory dualism*. The unique reality is the Novo Mercado pushed for a modern regulation on proxy solicitation, even though more than 99% of the Brazilian companies have not and will probably never will have any significant level of ownership dispersion. Regulatory dualism analyzing the Novo Mercado experience is discussed in: Ronald J. Gilson, Henry Hansmann and Mariana Pargendler, *Regulatory dualism as a development strategy: corporate reform in Brazil, the U.S., and the EU*, available at SSRN: *http://ssrn.com/abstract=1541226*.

18. Article 28 also regulates the right to indicate members to the company's audit committee.

sal on Facilitating Shareholder Director Nomination.

Confronting Article 28 of Instrução CVM n. 481/2009 with the SEC's proposal and all the discussion surrounding it may thus be useful in anticipating potential weaknesses (or spotting efficient regulatory achievements) of the Brazilian provision, borrowing empirical experience about proxy solicitation and bringing it to a reality that has not yet been concretely introduced to the matter.

1.4 The SEC's proposed rule on facilitating shareholder director nomination: a comparative approach

In June 2009, the SEC issued for public comments a new proposal on facilitating shareholder nomination through proxy solicitation (Releases ns. 33-9046, 34-60089, IC-28765, File n. S7-10-09, 74 FR 29024). The period for comments was reopened in December of the same year.

A flow of comments was received from every sector of the society, and the proposal is being largely discussed by interested groups. It is uncertain when and whether it will be enacted, since the political struggle for its approval grows each day.

Included in the package of reforms on the financial sector regulation, and with analogous provision being attempted on federal bills,[19] the proposal is facing resistance from several business groups, worried about the potential effects of enhancing shareholder access to the board of directors.

The main political goal of the proposal is indeed to help strengthen the oversight of companies' boards, in reaction to the confidence crisis generated during the recent financial struggle.[20]

As it is stated in the proposal's release, "*the Commission has determined to revisit whether and how the federal proxy rules may be impeding the ability of shareholders to hold boards accountable through the exercise of their fundamental right to nominate and elect members to company boards of directors*".[21]

Immediately, the SEC "*focused on removing burdens that the federal proxy process currently places on the ability of shareholders to exercise the basic rights to nominate and elect directors*" and promised to "*improve the proxy process so that it functions, as nearly as possible, as a replacement for an in-person meeting of shareholders*".[22]

Based on public comments received in the solicitation of public input, the SEC concluded that shareholders currently face significant obstacles to efficiently exercise their right to indicate and vote for a board of directors. And, in accordance to which, suggest those same inputs: "*including shareholder nominees for director in company proxy materials would be the most direct and effective method of facilitating shareholders' rights in connection with the nomination and election of directors*".[23]

The proposal, therefore, is "*intended to remove impediments to shareholders' ability to participate meaningfully in the nomination and election of directors, to promote the exercise of shareholders' rights to nominate and elect directors, to*

19. See: "Proxy plan roils talks on finance rules", *The Wall Street Journal*, 3.17.2010, p. A2. The proposal is reflected on the financial reform bill in discussion by the U.S. Congress. The SEC proposal will likely be reserved until a conclusion is reached by Congress on the topic and regarding general reform on the financial sector. That conclusion is hoped to furnish SEC with more legitimacy to face the sure to be made allegations of its lack of regulatory power to enact the rule.

20. "This crisis has led many to raise serious concerns about the accountability and responsiveness of some companies and boards of directors to the interests of shareholders, and has resulted in a loss of investor confidence." SEC Release n. 33-9046, p. 7. See also Andrea Beltratti and René M. Stulz, *Why did some banks perform better during the credit crisis? A cross-country study of the impact of governance and regulation*, available at *http://ssrn.com/abstract=1433502*.

21. SEC Release n. 33-9046, p. 7.

22. SEC Release n. 33-9046, pp. 13-14.

23. SEC Release n. 33-9046, p. 31.

open up communication between a company and its shareholders, and to provide shareholders with better information to make an informed voting decision by requiring disclosure about the nominating shareholder or group, as well as nominees for director submitted by a nominating shareholder or group".[24]

It is proposed to be implemented through new rules (especially Rule 14a-11) and amendments to current rules, schedules and forms, especially Rule 14a- 8(i)(8).

The new Rule 14a-11 would require companies to include in their proxy materials nominees for director indicated by a shareholder or group of shareholders achieving minimum thresholds of participation and long term commitment to the company, with no intent to change control, and along with a high level of related disclosure about both the indication and the nominee.[25]

Rule 14a-8(i)(8), normally referred to as the "election exclusion", would be amended in order to "*enable shareholders to submit proposal that would amend, or that request an amendment to, a company's governing documents*[26] *regarding nomination procedures or disclosures related to shareholder nominations, provided the proposal does not conflict with proposed Rule 14a-11. As proposed, revised Rule 14a-8(i)(8) would not restrict the types of amendments that a shareholder could propose to a company's governing documents regarding nomination procedures or disclosures related to shareholder nominations, although any such proposals that conflict with proposed Rule 14a-11 or state law could be excluded*".[27]

The amendment would end the uncertainty related to the interpretation of the current provision on Rule 14a-8(i)(8), which today, in the SEC's view, permits the exclusion by the company, from its proxy material, of a shareholder proposal that would establish a procedure that may result in contested elections.[28]

Other rules and amendments were also proposed, to complement and reflect the provisions on the new Rule 14a-11 and on the new text of Rule 14a-8(i)(8). Among those, the new rules 14a-18, 14a-19, 14n-1, and the amendments to the Schedule 14A, and form 8-k.[29]

It is a proposal, in conclusion, that adds one additional step to the SEC's continuous process of adapting the proxy regulation to the dynamic corporate reality. It is summed up with, and benefits from the discussions raised by, the 2003 and 2007 proposals on the same subject, as well as the recent new rules and amendments on proxy internet availability of proxy material and on proxy disclosure and solicitation enhancements.[30]

24. SEC Release n. 33-9046, p. 202. In short, the anticipated benefits of the proposal would be "*(1) a reduction in the cost to shareholder of soliciting votes in support of a nominated candidate for election to the board of directors; (2) improved disclosure of shareholder nominated director candidates; (3) potential improved board performance; and (4) enhanced ability for shareholders and companies to adopt their preferred shareholder nomination procedure*". SEC Release n. 33-9046, p. 183.

25. SEC Release n. 33-9046, especially pp. 31-32, 43, 52, 53, 62, 147, 151, 177.

26. By *company's governing documents* the release means the company's charter, articles of incorporation, certificate of incorporation, and/or by-laws, as applicable, in accordance with state law.

27. SEC Release n. 33-9046, p. 158-159.

28. See SEC Election of Directors Adopting Release; SEC Release n. 33-9046, p. 23-24; and *American Federation of State, County and Municipal Employees, Employees Pension Plan v. American International Group, Inc.*, 462 F.3d 121 (2d Cir. 2006), case that limited to a certain degree the SEC's interpretation of Rule 14a-8(i)(8). See also comments on the American Federation case at John C. Coffee Jr., Joel Seligman and Hillary A. Sale, *Securities Regulation: Cases and Materials*, 10th ed., p. 92.

29. SEC Release n. 33-9046, pp. 127, 135, 138, 142, 143, 170, 210-250.

30. See *www.sec.gov/spotlight/proxymatters.shtml* for the recent new rules and amendments; and SEC Release n. 33-9046, pp. 15, 19, 23, 33, 34, 37,

It is also, in consequence, a proposal preceded by an in-depth and extensive public reflection, covering a vast range of related issues. Exploring the records and the outcome of this process to analyze the recently released Brazilian provision on the same matter is an extraordinary chance for useful comparative legal examination.

That comparison is precisely the subject of this paper.

In the following items, the fundamental differences between the Brazilian and the U.S. systems will be introduced, and the key elements of each country's approach to the regulation of shareholder director nomination will be examined in detail.

2. Analysis

2.1 Brazil and U.S.: fundamental differences regarding proxy solicitation

In general terms, most of the conclusions obtained from the discussions about the SEC proposal on facilitating shareholder director nomination can be applied for purposes of optimizing the CVM rule on the same subject.

However, it is necessary to keep in mind some relevant differences between both corporate realities that can affect the accuracy of the suggested comparison.

First, even if limited to the Novo Mercado, the corporate control in Brazil is much more concentrated than in the U.S. The U.S. market is essentially a dispersed market, with all its culture and legislation having been built on the dispersed assumption. The opposite happened in Brazil.[31]

The rule in the U.S. is the use of proxy rather than in-person vote casting. And normally only through proxy it is possible to achieve certain required quorums, making possible essential corporation decision taking.

As a result, all corporate and legal cultures in the U.S. have the dispersed scenario and the proxy mechanism as the default.[32] In Brazil, dealing with the necessity of giving voice to a diffuse base of shareholders is not only a new regulatory challenge, but also a shock to the corporate culture. Thinking about regulating proxy solicitation in Brazil requires taking into consideration that controllers are used to controlling alone, that legislation was designed to concentrate control, and that minority shareholders have no experience in making themselves heard in boardrooms.

Another collateral effect of a dispersed ownership market is the improved role of management in controlling the company. In the U.S., management is an active player both in the internal and external aspects of the company's decisions. The

for brief comments on the 2003 and 2007 proposals.

31. For an introduction to the voting system in the U.S. see Robert Charles Clark, *Corporate Law*, pp. 357-400; James D. Cox and Thomas Lee Hazen, *Corporations*, 2nd ed., pp. 336-381; and John C. Coffee Jr., Joel Seligman and Hillary A. Sale, *Securities Regulation: Cases and Materials*, 10th ed., op. cit., pp. 1.210-1.255. For more specific analysis see, for example, Frank Easterbrook and Daniel R. Fischel, "Voting in corporate law", in *Journal of Law and Economics*, vol. 36, n. 2, p. 395; Frank Easterbrook and Daniel R. Fischel, *The Economic Structure of Corporate Law*, pp. 63-89; and John Pound, "Proxy contests and the efficiency of shareholder oversight", in Roberta Romano, *Foundations of Corporate Law*, pp. 197-206. For a background on the SEC statutes and on the formation of the U.S. federal securities regulation, see Louis Loss, Joel Seligman and Troy Paredes, *Fundamentals of Securities Regulation*, 5th ed., pp. 1-21. And for a glance at the voting system on European jurisdiction, see, for example, Maurice Cozian *et al.*, *Droit des Sociétés*, 18th ed., pp. 312-325, for France; Francesco Galgano, *Diritto Commerciale – Le Società*, 16th ed., 281-285, for Italy; António Menezes Cordeiro,, *Manual de Direito das Sociedades*, vols. 1 e 2, pp. 609-610, for Portugal; and Herbert Wiedemann, *Gesellschaftsrecht I – Grundlagen*, 1980.

32. For an economic and political analysis of the U.S. structure of corporate ownership and its consequences, see Mark J. Roe, *Strong Managers Weak Owners – The Political Roots of American Corporate Finance*, Princeton University Press, Princeton, 1994.

company is normally the management. In Brazil, the company is the controlling shareholder. And the management often is not more than a controller's *alter ego*.

In Brazil, the tendency toward dispersion will also demand reflection on the management role and on related legislation. Together with the examination of the proxy solicitation process, attention has also to be deferred to the rules governing management responsibility.[33] For the first time, management will achieve such a level of independency, and, for better and for worse, there will not be a distinct controlling shareholder to both choose and closely oversee management.

In terms of enforcement, Brazil and the U.S. are also very different. In short, enforcement in Brazil is not as clear a threat against misconduct as it is in the U.S. Some level of slowness, low quality, and corruption in the judicial enforcement has to be added to the Brazilian equation. Fraud and liability in the U.S. securities markets, even though sometimes controversial, conceptually complex, and abusively explored, are infinitely ahead of the enforcement efforts in Brazil.

Mitigating the effects of the relatively unreliable enforcement structure in Brazil, especially in cases of complex corporate litigation, is the fact that all companies listed in the Novo Mercado (and shareholders) have to expressly consent to submit all litigation involving the company and its shareholders to a highly specialized arbitral body maintained by BOVESPA (*Câmara de Arbitragem do Mercado – CAM*).[34]

Costs of proxy procedures in the U.S. are normally incurred by the proponent. It means that, with some exceptions, management proxy material is paid from corporate funds, and opponent or individual proxy material is paid by the shareholder. There had been no rule about this in Brazil until the release of Instrução CVM n. 481/2009. And there is no significant practice on proxy solicitation so far. The new CVM rule, however, establishes as default that the costs incurred with proxy solicitation by shareholders must be reimbursed by the company, subject to certain minimum requirements, especially participation representativeness and level of approval of the proposals.

Shifting the costs burden can provoke very important outcomes. How the regulatory option concerning the proxy solicitation expenses will impact the Brazilian corporate market is a matter to be closely observed.

In Brazil there is a similar mechanism to the U.S. plurality vote. However, the much more concentrated market has made the *voto múltiplo*[35] mechanism nothing more than a pure minority right to representation on the board. The legislation itself recognizes the predominance of the concentration culture, assuring the majority of the board to shareholders or group of shareholders with more than 50% of the voting shares.[36] The tendency of dispersion will put under probation the efficacy and

33. For a complete overview of the current Brazilian framework on management liability, see Marcelo Vieira von Adamek, *Responsabilidade Civil dos Administradores de S/A e as Ações Correlatas*, 2009. For a view on the U.S. system of management duties and liabilities see, for example, James D. Cox and Thomas Lee Hazen, *Corporations*, op. cit., pp. 183-220.

34. Even though there is no doubt that the companies and management are bound by the Novo Mercado's requisite for listing, it is questionable whether the shareholders can be automatically bound by the arbitrage clause on the company's bylaws simply by acquiring a share. The arbitrage may be much more efficient, but also may represent higher costs for shareholders. See Taissa Macaferri Licatti, "Novo Mercado: influência e aspectos relacionados à inserção da cláusula compromissória arbitral nos estatutos sociais", in Haroldo Malheiros Duclerc Verçosa (org.), *Aspectos da Arbitragem Institucional – 12 Anos da Lei 9.307/1996*, p. 233-279.

35. Article 141 of the Brazilian Corporation Law.

36. Article 141, § 7º, of the Brazilian Corporation Law.

the limits of the related Brazilian provisions.

Concerning internal laws conflicts, Brazil has as an advantage over the U.S. by the fact that the corporation law is under the centralized responsibility of the Federal Government. There is no significant corporation or securities legislation at the States' level. It makes the regulation easier and clearer.

Finally, the SEC proposal applies to most of the U.S. mutual funds (investment companies).[37] The CVM's new rule does not touch on mutual funds matters.

These are the general differences between both countries in this particular respect. The following item examines this, focusing on the main elements of the proxy solicitation legal framework.

2.2 The shareholders' right to indicate nominees to the board of director

The right to indicate directors, and to submit proposals to be deliberated by the shareholders' meeting, seems to be unanimously recognized in both Brazilian and U.S. jurisdictions.

In the U.S., state law implies the rights to indicate directors and submit proposals, as a right derived from the shareholders' right to vote, monitor, and participate.[38] Federal securities law expressly regulates, and limits, the shareholders' right to indicate directors and to submit proposals.[39] And case law determines both the existence and the utility of the right to indicate directors and submit proposals.[40]

In Brazil, the right to indicate directors and to submit proposals is little more than a practically accepted principle. Assuring the right of all shareholders to propose whatever they think may be positive to the company not only is coherent with the set of shareholders essential rights, but also is recommended in any human project proposing common advancement.

Nevertheless, despite common sense, the right to indicate directors became expressed only with the enactment of the Ins-

37. See SEC Release n. 33-9046, p. 32.

38. About the structures concerning the vote and the right to vote in modern corporations, see, for example, Tullio Ascarelli, "Sui poteri della maggioranza nella società per azioni ed alcuni loro limiti", in *Rivista di Diritto Commerciale*, p. 169; Francesco Galgano, *La Forza del Numero e la Legge della Ragione. Storia del Principio di Maggioranza*; Georges Ripert, *Aspects Juridiques du Capitalisme Moderne*, 2th ed., p. 96; Roberto Sacchi, "L'intervento e il voto nell'assemblea della s.p.a. – Profili procedimentali", in *Il Diritto Attuale*, n. 9, 1990; and Henry Hansmann, *The Ownership of Enterprise*, pp. 39-43.

39. Especially Section 14 of the 1934 Act and related Rules.

40. *Durkin v. National Bank of Olyphant*, 772 F.2d 55, 59 (3d Cir. 1985): "We rest our holding as well on the common sense notion that the unadorned right to cast a ballot in a contest for office, a vehicle for participatory decision-making and the exercise of choice, is meaningless without the right to participate in selecting the contestants. As the nominating process circumscribes the range of the choice to be made, it is a fundamental and outcome-determinative step in the election of officeholders. To allow for voting while maintaining a closed candidate selection process thus renders the former an empty exercise. This is as true in the corporate suffrage context as it is in civic elections, where federal law recognizes that access to the candidate selection process is a component of constitutionally-mandated voting rights. See United States v. Classic, 313 U.S. 299, 316-317, 61 S.Ct. 1031, 1038, 85 L.Ed. 1368 (1941) (article I, section 2 right to choose congressional representatives includes the right to participate in primary elections); Smith v. Allwright, 321 U.S. 649, 661-662, 64 S.Ct. 757, 763-64, 88 L.Ed. 987 (1944) (15th amendment prohibition of race-based abridgement of voting rights applies to primary as well as general elections). Banks do not exist for the purpose of creating an aristocracy of directors and officers who can continue in office indefinitely, immune from the wishes of the shareholder-owners of the corporation. And there is no more justification for precluding shareholders from nominating candidates for their board of directors than there would be for public officials to deny citizens the right to vote because of their race, poverty or sex. Cf. U.S. Const. amends. XV, XXIV, and XIX."; and *Hubbard v. Hollywood Park Realty Enterprises, Inc.*, 1991 Del. Ch. LEXIS 9 (Del. Ch. Jan. 14, 1991).

trução CVM n. 481/2009 (which applies only to listed companies). The same rule implies the right to submit general proposals to the shareholders' meeting but is not crystal clear in that respect and does not say anything about including shareholders' proposals within the management proxy material.[41]

The Brazilian Corporation Law does not regulate director nomination or shareholders' proposals. Articles 130, § 1º, a, 124, § 5º, II, 123, c, and 125, imply the right to submit proposals for deliberation, but are not clear about the matter, and probably refer only to in-person proposals. Although it is also common sense that a proposal can be included within the deliberations if approved by the shareholders present at the meeting, there is no provision in the Brazilian Corporation Law directly corroborating it. On the contrary: Articles 124, and 159, § 1º, establish as a default that only matters previously included on the meeting agenda, or related subjects, can be voted on. Articles 161, § 3º, and 164 are exceptions specified by the law, which confirm the rule. And in all cases, the documents related to the matters to be voted have to be previously made available to the shareholders (Articles 133, and 135, § 3º).

Naturally, all the obligations concerning disclosure of documents and previous knowledge of the matters to be voted on during the meetings are unquestionably useful corporate governance requirements. However, the lack of a specific regulation on shareholders' proposals leaves room for biased interpretations of those provisions, opening a dangerous loophole in the Brazilian Corporation legislation.

Fortunately, thanks to the new CVM's ruling, at least the process of director nomination is already clearer. Its specific requirements will be dealt with, and compared to those of the SEC proposal, in the next item.

41. Instrução CVM n. 481/2009, Articles 28 and 32.

2.3 Requirements

Both the SEC proposal and the CVM rule have similar principles and goals sustaining them, concerning the shareholder's right to indicate directors. However, the SEC proposal is considerably more specific and detailed. The Brazilian provision is limited to one section, while the SEC thought about, discussed, and built a couple of rules on it and several amendments to the U.S. securities regulation. Since the reality in the Brazilian Market in fact does not justify a longer and more expensive regulation on the subject, learning from the current U.S. experience may prove to be a very convenient way to evaluate the Instrução CVM n. 481/2009 and eventually optimize its application.

The present item and the following, therefore, will analyze and compare both countries' main requirements and elements of the shareholder director nomination procedure, using the more specific U.S. ones as a guide to the examination.

Beginning with the requirements, the objective of this section, the SEC proposal basically requires that the shareholder proposing a nominee has a minimum ownership level and certain holding period of their shares before and after the nomination; that the correct procedure and deadlines are met; that the shareholder's intention is not to pursue the control; that there is disclosure of related information from both the shareholder and the company; that the nominee meet all its own requirements; and that the limited number of nominees be respected.

The similarities or disparities with the Brazilian rule will be treated on the following sub-items.

a) *Minimum Ownership Level*

Paragraph (b)(1)(i) to (iii) of the proposed Rule 14a-11 disposes that, in order to be eligible to indicate a nominee, "*[t]he shareholder individually, or the shareholder group in the aggregate, must beneficially own*" 1% to 5% "*of the registrant's securities that are entitled to be voted in the election of directors*", depending on the nature of the issuer, in accordance with the definitions on Rule 12b-2.

Large accelerated filers must own at least 1% of the issuer's securities entitled to be voted. Accelerated filers must own at least 3%. And non-accelerated filers must own at least 5%.[42]

In Brazil, the minimum participation required is 0.5% of the total number of shares issued by the company, whether with voting capacity or not, whether in circulation or not. There is no differentiation by size or type of issuer.[43]

The differentiation would not have been strange for the Brazilian regulation, since the CVM had already considered the nature of the issuer to apply different rules regarding registration and disclosure in the Instrução CVM n. 480/2009, and the Instrução CVM n. 165/1991 requires different minimum levels of ownership for different sizes of companies in order to require the utilization of plurality vote.

The 0.5% threshold is mentioned in Article 126, § 3º, of the Brazilian Corporation Law as the minimum ownership level to legitimize a shareholder to request the shareholder's list for purposes of proxy solicitation. Since it is the only clue the Brazilian Corporation Law gives about the subject, adopting that threshold was the easiest solution for the CVM to avoid further complications regarding the search for the ideal level of representativeness and, even more so, concerning the justification in terms of regulatory power to establish a certain level.

It is true that a requirement of a 0.5% participation for every company is simpler and provides huge access to minority shareholders. It is hard to know, however, whether that is the correct number for the entire market, especially when comparing to the U.S., which requires higher levels of ownership in a much more dispersed market.

Both countries provide that the threshold may be achieved either by an individual shareholder or by a group of shareholders. The SEC proposed provision 14a-11(b)(1) is specific: "*the shareholder individually, or the shareholder group in the aggregate*". Thus it is Article 28 of the CVM rule:[44] "*nominees indicated by shareholders representing, at the minimum, 0.5%* (...)".

In the U.S. case, communications needed to form the shareholders group, in connection with Rule 14a-11, are proposed to be exempt from the definition of proxy solicitation (Rule 14a-2(b)(2)).

In accordance with Article 22, III, of the CVM rule those communications will be considered proxy solicitation if addressed to more than 10 shareholders. That is, at least, the only interpretation made possible from the rule's text. It is not clear, however, whether the rule was designed to regulate that situation. Possibly it was not. And the definition whether certain communications needed in order to aggregate the minimum 0.5% of shares will be considered proxy solicitation or not, triggering

42. For the researches supporting the thresholds chosen and related justifications, see SEC Release n. 33-9046, pp. 46, 57, and 151. For the differences regarding the 2003 proposal, especially the decision to not have a triggering event, see SEC Release n. 33-9046, p. 33.

43. The percentile adopted was much discussed during the period of the rule's public comments. Most of the commentators agreed with 0.5%, but others, including the U.S. proxy advisory Glass Lewis suggested increasing the minimum level of ownership. It was mentioned, for example, the Instrução CVM n. 358/2002 which consider 5% as a threshold for purposes of ownership disclosure (equivalent to the Exchange Act §§ 13(d) and 13(g)). See *Relatório de Análise - Audiência Pública* n. 02/2009.

44. Even though Article 126, § 3º, of the Brazilian Corporation Law seems to be restricted to an individual shareholder.

the obligation to be extended to all shareholders, will be left to future administrative interpretations or amendments.

b) *Duration of Ownership*

Rule 14a-11(b)(2), as proposed, requires that "*[t]he shareholder or each member of the shareholder group must have held the securities that are used for purposes of determining the applicable ownership threshold* (...) *continuously for at least one year as of the date it provides notice to the registrant [regarding the indication] on Schedule 14N and intend to continue to hold those securities through the date of the subject election of directors*".

The requirement expressly reserves the prerogative of indicating directors to long-term shareholders, since they are "*more likely to have interests that are better aligned with other shareholders and are less likely to use the rule solely for short-term gain*".[45]

The CVM rules does not require any holding period. It seems to be a weakness in the Brazilian rule, since it unnecessarily gives room to abusive minority shareholders practices. The sum of the low ownership requirement with no holding period asked may lead to undesired campaigns captained by opportunistic shareholders.

And the holding period requirement is not an uncommon requirement for the Brazilian Corporation law. Its Article 141, § 6º, requires a minimum of three uninterrupted months of ownership before the shareholders meeting by a shareholder willing to participate in a separate election for the board of directors, granted to minority shareholders by § 4º of the same provision. The same requisite could have been transplanted to the CVM rule without additional costs or risks of exceeding regulatory power.

c) *Purpose of Ownership*

In the U.S. case, the nomination procedures regulated by the proposed Rule 14a-11 are available only to shareholders that have not acquired or held the securities "*for the purpose of or with the effect of changing control of the company or to gain more than a limited number of seats on the board*".[46]

The provision aims to limit the right in Rule 14a-11 exclusively to minority shareholders and to avoid its misuse in proxy contests for control. The provision intends also to avoid that the company – therefore all the shareholders – pay for the costs of one shareholder or group of shareholders pursuing control.[47]

No similar provision exists in the CVM rule. It means that any shareholder may use the unique proxy solicitation process to achieve or affect the company's control or the majority on the board, benefiting from the right to include nominees in the management proxy material and from the reimbursement rights.

d) *Nominee's Requirements*

Both the SEC and the CVM rules determine that the nominee must meet the requirement imposed by general corporation laws, SRO's regulations, and the company's governing documents. They not impose any particular requirement. The SEC rules expressly and the CVM rules by omission.

The recurrent requirements of independence, common in the U.S. and in Brazil, especially under the Novo Mercado regulation, are probably the most important standards to be observed in either case.

Naturally, the nominee indicated by minority shareholders will occupy one of the spots reserved or required to be filled

45. SEC Release n. 33-9046, p. 33, p. 50.

46. SEC Release n. 33-9046, p. 52.

47. See SEC Release n. 33-9046, p. 75. For contested elections other rules apply.

by an independent director. In other words, the election of a director through the proxy process will not imply that the controlling shareholder will have to lose one of his "non-independent" spots.

Accordingly, "*a nominating shareholder will not be deemed an 'affiliate' of the company* (...) *solely as result of nominating a director or soliciting for the election of such a director nominee or against a company nominee pursuant to Rule 14a-11*".[48]

e) *Maximum Number of Nominees*

The nomination through the process of Rule 14a-11 is a right of all shareholders not willing to take or change control. This right, however, comprises the indication of nominees to fill only one or a limited number of spots on the board of directors.

In accordance to the paragraph (d) of the proposed rule, "[*t*]*he registrant will not be required to include in its proxy statement and form of proxy more than one shareholder nominee or the number of nominees that represents 25 percent of the registrant's board of directors, whichever is greater*".

Since the right is for all, but the spots are limited, the rule addresses situations where more than one shareholder or group would be eligible to indicate nominees, establishing that "*the registrant shall include in the proxy statement and form of proxy the nominee or nominees of the first nominating shareholder or nominating shareholder group from which the registrant receives timely notice*". Where the first nominating shareholder or group "*does not nominate the maximum number of directors required to be included by the registrant, the nominee or nominees of the next nominating shareholder or nominating shareholder group from which the registrant receives timely notice* (...) *would be included in the registrant's proxy materials, up to and including the total number required to be included by the registrant*" (14a-11(d)(3)).[49]

And in case the company has a director indicated through the 14a-11 procedures already serving on the board and his term extends past the date of the new election, shareholders will have the right to indicate only a number of directors that, summed to the one already serving, will not surpass the limit determined by the rule.

Diversely, the CVM rule does not impose any limit on the number of indication through the Article 28 proxy procedures. Any shareholder or group of shareholders eligible can include his or their nominees and all indicated nominees will be included on the company's proxy material.

By not providing anything in that respect, it is possible to conclude that the rule also permits more than one indication by shareholder or group, or as many indications as spots on the board to be filled.

The Brazilian Corporation Law provision that warrants separated elections to minority groups for limited spots on the board of directors or audit committee, such as Article 141, § 4º, and Article 161, § 4º, cannot be used as limits to the permissive right to indicate nominees as now regulated by Instrução CVM n. 481/2009. The way that the Article 28 of the CVM rule was written clearly distinguishes the right to indicate from the right to elect separately, and poses no numerical limit to the indications.

In one sense the CVM rule, as it can be read currently, has great advantages over the U.S. proposed rule: it unquestionably provides full access of shareholders to the nomination and full similarity to a shareholder meeting.

However, it seems to be an advantage resulting more from superficiality of the

48. SEC Release n. 33-9046, p. 33, p. 70.

49. See also SEC Release n. 33-9046, pp. 74-80, and 192.

rule than from actual regulatory planning. Although it is understandable that the rule does not go further into details regarding the limits of the indications, since the Brazilian market is still discovering what proxy solicitation means, the incompleteness of the provision may reveal itself dangerous and very costly to the companies in case the utilization of proxy in Brazil marches faster than the regulatory framework is expecting it to.

f) *General disclosure*

Brazil and the U.S. require a high level of disclosure from the nominating shareholders during the process of indicating directors through proxy solicitation.

The proposed provisions in the SEC Rules, especially 14a-11, 14a-18, 14a-19, and 14n-1, will normally require from shareholders the following information:[50]

• The name and address of the nominating shareholder or each member of the nominating shareholder group;

• Information regarding the amount and percentage of securities beneficially owned and entitled to vote at the meeting;

• A written statement from the "record" holder of the shares beneficially owned by the nominating shareholder or each member of the nominating shareholder group (usually a broker or bank) verifying that, as of the date of the shareholder notice on Schedule 14N, the shareholder continuously held the securities for at least one year;

• A written statement of the nominating shareholder's or group's intent to continue to own the requisite shares through the shareholder meeting at which directors are elected. Additionally, the nominating shareholder or group would provide a written statement regarding the nominating shareholder's or group's intent with respect to continued ownership after the election;

• A certification that to the best of the nominating shareholder's or group's knowledge and belief, the securities are not held for the purpose of, or with the effect of, changing the control of the issuer or gaining more than a limited number of seats on the board of directors;

• A representation that the nominating shareholder or group is eligible to submit a nominee under Rule 14a-11;

• A representation that, to the knowledge of the nominating shareholder or group, the candidate's nomination or initial service on the board, if elected, would not violate controlling state law, federal law, or applicable listing standards (other than a standard relating to independence);

• A representation that, to the knowledge of the nominating shareholder or group, the nominee meets the objective criteria for independence from the company that are set forth in applicable rules of a national securities exchange or national securities association or, in the case of a registered investment company or business development company, that the nominee to the board is not an "interested person" of the company as defined in Section 2(a)(19) of the Investment Company Act;

• A representation that neither the nominee nor the nominating shareholder (or any member of the nominating shareholder group, if applicable) has an agreement with the company regarding the nomination of the nominee;

• A statement from the nominee that the nominee consents to be named in the company's proxy statement and to serve on the board if elected, for inclusion in the company's proxy statement;

• A statement that the nominating shareholder or each member of the nominating shareholder group intends to continue to own the requisite amount of securities through the date of the meeting;

50. See the proposed rules and amendments, and SEC Release n. 33-9046, pp. 81-87, and 185.

• Disclosure about the nominee complying with the requirements of Item 4(b), Item 5(b), and Items 7(a), (b) and (c) and, for investment companies, Item 22(b) of Exchange Act Schedule 14A, for inclusion in the company's proxy statement;

• Disclosure about the nominating shareholder or members of a nominating shareholder group consistent with the disclosure currently required pursuant to Item 4(b) and Item 5(b) of Schedule 14A in a contested election;

• Disclosure about whether the nominating shareholder or member of a nominating shareholder group has been involved in any legal proceeding during the past five years, as specified in Item 401(f) of Regulation S-K;

• Any direct or indirect material interest in any contract or agreement between the nominating shareholder or group or the nominee and the company or any affiliate of the company (including any employment agreement, collective bargaining agreement, or consulting agreement);

• Any material pending or threatened litigation in which the nominating shareholder or group or nominee is a party or a material participant and that involves the company, any of its officers or directors, or any affiliate of the company;

• Any other material relationship between the nominating shareholder or group or the nominee and the company or any affiliate of the company not otherwise disclosed;

• Disclosure of any website address on which the nominating shareholder or group may publish soliciting materials;

• If desired to be included in the company's proxy statement, any statement in support of the shareholder nominee or nominees, which may not exceed 500 words.

That information has to be furnished by a notice on the proposed new Exchange Act Schedule 14N, to be sent to the company and filed with the SEC.

Within 10 days of the announcement of the election's final result, the nominating shareholders or group of shareholders are required also to file an amendment to Schedule 14N disclosing "*the nominating shareholder's or group's intention to continue ownership of their shares*", providing "*information as to whether the outcome of the election may have altered the intent of the shareholder and what further plans with regard to the company the nominating shareholder may have*".[51]

The high level of disclosure required by the proposed rule is expressly a way to increase the information available both for shareholders in the decision process and for the company to check eligibility of the nominating shareholder or group of shareholders.

Besides, the disclosure also intends to avoid illegal practices during the proxy procedures, such as the organization of a fake independent group of shareholders, in reality acting as a surrogate of the company, with the only purpose of blocking actual minority shareholders from indicating nominees.[52]

With similar goals, but relatively more superficial, Article 28, § 2º, of the CVM rule requires the following information from the shareholders.[53]

• Object of the solicitation;

• Name and address;

• Amount and percentage of shares owned by each nominating shareholder;

• Shares on loan

• Each nominating shareholder exposition on the company's shares underlining derivatives;

51. SEC Release n. 33-9046, p. 89.

52. See SEC Release n. 33-9046, p. 66.

53. Although the text of the provision is not clearly applicable to the nominating shareholders, since it refers originally to the general disclosure requirements in any case of proxy solicitation, it is very likely, and indeed reasonable, that it is the right interpretation. The provision, nevertheless, could be more accurate.

• Any material relationship between the nominating shareholder or group and the company or related parts during the previous three years;

• Any special interest on the approval of the proxy solicitation subject.

That information has to be provided by the shareholders to the company on the same notice requiring the nomination.

And, in accordance with Article 26 of the rule, all material related to the proxy solicitation has to be available on the internet.

The more generic terms of the Brazilian rule and the lack of requirement of representations regarding the nominating shareholders' intentions, once more reflect the simplicity of the national market and reveal a sensitive regulatory incompleteness. The provisions regarding disclosure are not as specific as the U.S. ones, and in the Brazilian case, the nominating shareholders have much less exposition in the proxy solicitation. It creates an incentive to misuse the proxy procedures and makes harder eventual necessary enforcement actions.

That fact has even worse effects in the Brazilian reality, as the country's judicial control is known to be weak. Even though administrative oversight is efficient and private arbitrages are increasingly being used in Brazil, virtually all securities litigation still end being affected by the judiciary system. The Brazilian Corporation Law, in its turn, offers only principles and general provisions about shareholder responsibility, lacking a more specific framework for liability resulting from the use of proxy solicitation. And even CVM regulation does not have sufficiently detailed provisions applicable to the subject.

Specific liability rules for the use of proxies, as they exist in the U.S.,[54] would certainly provide a helpful dose of certainty and trust to the solicitation procedures in Brazil, especially considering that it will be the first time that the national market is facing this new way of deliberating.

A final important difference between each country's rules on disclosures is the opportunity that the SEC rule expressly assures the nominating shareholders to include a text of support to their nominees in the proxy material. Although of limited extension, the text seems not only to be reasonable, but also may be useful as a device to neutralize any management/controller scheme to obfuscate the minority shareholders' nominations.[55]

2.4 Procedures

In accordance to the SEC proposed provisions, a date has to be established by the company to receive the shareholders' nomination notice. That date can be determined in any of the company's governing documents or policies. In case such provision is not in place, the nominating shareholders have to send their notice "*no later than 120 calendar days before the date that the company mailed its proxy materials for the prior year's annual meeting*". If the company decides to anticipate the meeting, then it has to disclose the new date by which the shareholders must submit the notice in a Form 8-K within four business days after the new meeting date is determined.

54. Especially Rule 14a-9 and its proposed paragraph (c). See also, regarding the proxy fraud provisions, John C. Coffee Jr., Joel Seligman and Hillary A. Sale, *Securities Regulation: Cases and Materials*, op. cit., pp. 1227-1255.

55. The CVM rule does not say anything about a text of support to be included by the nominating shareholder. Some parts of the text of the Public Comments Report for the rule (*Relatório de Análise – Audiência Pública* n. 02/2009) however present indications that the nomination is deemed to be something more than the mere name of a candidate. The CVM was express, when answering one of the comments received, affirming that there is no limitation on the size of the publications promoted by the shareholder and for them to be reimbursed by the company in accordance with Article 32 of the rule.

Once the notice is timeously submitted by the shareholders on the new Schedule 14N, the company will proceed to the regularity examination of the nomination. If there is no event permitting the exclusion of the nomination, the company will notify the nominating shareholders no later than 30 days before the filing of the definitive proxy materials, as a proof of adequate receipt and as a confirmation of the inclusion of the nominees in the materials (Rule 14a-11(f)(2)).

Where the company finds any irregularity on the nomination, it can exclude the proposal from the proxy materials (Rule 14a-11(f)(1)). The only reasons that legitimate exclusion are the following:[56]

- Proposed Rule 14a-11 is not applicable to the company;
- The nominating shareholder or group has not complied with the requirements of Rule 14a-11;
- The nominee does not meet the requirements of Rule 14a-11;
- Any representation required to be included in the notice to the company is false or misleading in any material respect; or
- The company has received more nominees than it is required to include by proposed Rule 14a-11 and the nominating shareholder or group is not entitled to have its nominee included under the criteria proposed in Rule 14a-11(d)(3).

A nomination cannot be excluded, therefore, on a subjective basis by the management or simply because it is not relevant to the company in some respect.

Based on the objective reasons above, if the company decides to exclude the nomination from the proxy materials, it has to notify the nominating shareholders in writing with the explanation for the exclusion within 14 calendar days of the receipt of the shareholders' notice (14a-11(f)(3) and (4)).

The nominating shareholders or group will then have 14 calendar days to respond the company's notice and correct any eligibility or procedural deficiencies (14a-11(f)(5)). Neither the composition of the nominating shareholder group nor the shareholder nominee may be changed as means to correct a deficiency identified in the company's notice, unless for the purposes of keeping the number of nominees under the limit of nominees required to be included in the proxy materials (14a-11(f)(6)).

If, after receiving the shareholder's response or the response period has expired, the company makes the decision to exclude the nomination, it will have to provide a notice with the basis of its decision and related information, including a counsel's opinion, to the SEC, with a copy to the shareholders, no later than 80 calendar days before filing the definitive proxy materials (14a-11(f)(7)-(10)).

The nominating shareholder or group may submit a response to the company's notice to the SEC, with copy to the company, within 14 calendar days from the receipt of the notice (14a-11(f)(11)).

An informal statement by the SEC staff can then be provided (14a-11(f)(12)).

In either case, the company shall provide the nominating shareholder or group, no later than 30 calendar days before the filing of the definitive proxy material, with notice of whether it will include or exclude the nominees, subject to the liability consequences of an irregular exclusion (14a-11(f)(13) and (14)).[57]

Once it has been decided to include the shareholders nomination in the proxy material, management has to assure that these nominees will be presented in an impartial manner in accordance to Rule 14a-4. Option to vote for, against, or withhold authority must be available for each nomi-

56. SEC Release n. 33-9046, p. 100.

57. For a graphic representation of the Rule 14a-11 deadlines, see SEC Release n. 33-9046, p. 107.

nee individually, including the management ones, but not for any group of nominees.[58]

The nominating shareholders are permitted to solicit support outside the proxy statement; so are all efforts to form a group of shareholders to indicate a nominee under Rule 14a-11. Both the support solicitation and the effort to form a group will be exempt from the proxy rules. To qualify for the exemption, the related communications will have to comply with certain proposed requirements, or rely on any already existing proxy rules exemption.[59]

Communications regarding the solicitation of support to a nominee must comply with the following requirements:

• The soliciting party does not, at any time during such solicitation, seek directly or indirectly, either on its own or another's behalf, the power to act as proxy for a shareholder and does not furnish or otherwise request, or act on behalf of a person who furnishes or requests, a form of revocation, abstention, consent or authorization (Rule 14a-2(b)(8)(i));

• Each written communication includes:

The identity of the nominating shareholder or group and a description of his or her direct or indirect interests, by security holdings or otherwise;

A prominent legend in clear, plain language advising shareholders that a shareholder nominee is or will be included in the company's proxy statement and to read the company's proxy statement when it becomes available because it includes important information. The legend also must explain to shareholders that they can find the proxy statement, other soliciting material and any other relevant documents, at no charge, on the Commission's website;

Any soliciting material published, sent or given to shareholders in accordance with this paragraph must be filed by the nominating shareholder or group with the Commission, under the company's Exchange Act file number, no later than the date the material is first published, sent or given to shareholders. Three copies of the material would at the same time be filed with, or mailed for filing to, each national securities exchange upon which any class of securities of the company is listed and registered. The soliciting material would be required to include a cover page in the form set forth in Schedule 14A, with the appropriate box on the cover page marked (14a-2(b)(8)(iii)).

Communications regarding the formation of a group must comply with the following requirements:

• Each written communication includes no more than:

A statement of the shareholder's intent to form a nominating shareholder group in order to nominate a director under the proposed rule;

Identification of, and a brief statement regarding, the potential nominee or nominees or, where no nominee or nominees have been identified, the characteristics of the nominee or nominees that the shareholder intends to nominate, if any;

The percentage of securities that the shareholder beneficially owns or the aggregate percentage owned by any group to which the shareholder belongs; and

The means by which shareholders may contact the soliciting party;

• Any written soliciting material published, sent or given to shareholders in accordance with the terms of this provision is filed with the Commission by the nominating shareholder, under the company's Exchange Act file number (or in the case

58. SEC Release n. 33-9046, p. 108: "*In our view, this option would not be appropriate where the company's form of proxy includes shareholder nominees, as grouping the company's nominees may make it easier to vote for all of the company's nominees than to vote for the shareholder nominees in addition to some of the company nominees*".

59. SEC Release n. 33-9046, p. 99, and pp. 113-118.

of a registered investment company, under the company's Investment Company Act file number), no later than the date the material is first published, sent or given to shareholders. The soliciting material would be required to include a cover page in the form set forth in Schedule 14A, with the appropriate box on the cover page marked (Rule 14a-2(b)(7)(ii)).

The procedures in Brazil are significantly simpler. Article 27 of the Instrução CVM n. 481/2009 requires that the company publicly discloses its intention to solicit proxy no later than 10 business days before the proxy materials are released.

Article 28 determines that the shareholders or group of shareholders interested in indicating nominees to the board of directors shall send a notice in writing to the company within five business days from the release of the company's communication refereed above.

The impartiality is not expressly assured by the CVM rule. It only can be inferred from the general principles and liability provisions that management and controlling shareholders cannot highlight their nominees in detriment of the minority shareholders' nominees or present the shareholders nominations in any biased manner. And indirectly from Article 31, § 2º of the rule, this is also applicable to electronic proxies.

More specific provision in that respect would be useful to avoid common mechanisms used by management to weaken shareholders' proposals.

The Brazilian rule also does not regulate the procedures to reject a shareholder nomination. It is likely that a known ineligibility of a nominee, for example, would authorize the company to exclude the related indication from the proxy material. However, the lack of a procedure to inform shareholders and give them a chance to correct any formal imperfections on the nomination may make the proxy system unstable and provides opportunities for abusive conduct on the part of management.

Similarly, it is not clear whether the Brazilian rule permits management to indicate a group of nominees while the shareholders are indicating nominees individually. That uncertainty may also increase incentives for abusive practices.

Finally, the CVM rule provides no exception or exemption from the definition of proxy solicitation for communications related to the nomination, both for forming a group of shareholders or soliciting support for an indication.

All communications will be examined in light of the definition provided by Article 22 of the Instrução CVM n. 481/2009. That provision defines as proxy solicitation any solicitation for authority using public means and addressed to more than five shareholders, when promoted by management or controlling shareholders, or to more than 10 shareholders, when promoted by any other person.

Communications used merely to ask for support do not seem to meet the definition; neither do communications explicitly proposing the formation of a group to indicate nominees.

The key element is unquestionably the request for authority, especially considering the absence of express exemptions.

In this sense, it is arguable that a public communication asking for the formation of a group through the creation of a shareholder agreement may be considered proxy solicitation, since this kind of contract, highly common in Brazil, normally provides mutual concession of authority to the assignees to vote in certain matters.

Perhaps issues familiar to the Brazilian market, such as the one referred to above, could have been specifically approached by the CVM rule in order to avoid predictable controversies in the application of Instrução CVM n. 481/2009.

2.5 Costs

As already discussed in item 2.1, the default in the U.S. is the cost being incurred by the proponent of the proxy solicitation, while in Brazil the CVM rule shifted the burden to the company as default.

The main proposition of the new SEC proposal is the transfer of expenses related to indication of nominees to the board of directors, from the shareholders to the company facilitating the nominations, when the nominating shareholders are not seeking effective control.[60]

Despite the strong opposition the SEC proposal is facing, having the company bearing the costs for director nomination may already spontaneously be found in certain companies seeking improve their management oversight and corporate governance reputation by reducing the burden over shareholders interested in challenging directors' elections.

It is the case of the well-commented case of HealthSouth, which taking advantage of a recent Delaware law allowing such bylaws,[61] changed its own at the end of 2009 in order to provide reimbursement for successful shareholder contests for the board.[62]

The HealthSouth case was one of the less than 100 cases of board challenges in the U.S. last year, a number that seems not very representative considering the universality of U.S. companies and the level of dispersion of ownership.[63] The SEC rules facilitating nominations and the company's reimbursement provision will likely change that number, if approved.

Having the governing documents providing reimbursement in the case of shareholder nominations is not, however, a reason to waive the company's obligations under proposed SEC rules. Since the bylaws reimbursement provisions may vary a lot among companies, the SEC deny the possibility of waiving the proposed proxy rules.

In Brazil, Article 32 of Instrução CVM n. 481/2009, the only costs-related provision in the rule, determines that, in the case where the company does not utilize a full electronic proxy system, it has to reimburse shareholders the expenses incurred by the solicitation.

There is no subject limitation for the reimbursement. However, the nature of the expenses and the amount of reimbursement are limited. And only shareholders owning 0.5% or more of the total number of shares issued by the company can be reimbursed.

The expenses the company is obliged to reimburse are restricted to the costs of up to three public releases in the newspaper normally used by the company to publish its own releases, and the costs of printing and sending proxy materials to the shareholders.[64]

An integral reimbursement will be due by the company to the proposing shareholder if his proposal is approved or at least one of his nominees is elected.

Where the proposal is not approved and/or any nominee is elected, the company will reimburse a minimum of 50% of the expenses.[65]

60. See SEC Release n. 33-9046, p. 99, and pp. 16, 31 and 75.

61. New § 113 of the Delaware Corporation Law, effective August 1st, 2009, authorizing the inclusion of reimbursement rights and conditions in the bylaws.

62. See *The Wall Street Journal*, October 26, 2009, pp. B1 and B5.

63. See *The Wall Street Journal*, October 26, 2009, pp. B1 and B5, and databases on proxy voting on www.riskmetrics.com.

64. The original proposal also included reimbursement of attorney fees. The majority of the comments presented arguments against it. It was cut in the final rule. See *Relatório de Análise – Audiência Pública* n. 02/2009.

65. The original proposal was 70% of minimum reimbursement. It was reduced to 50% after

In both cases, the reimbursement will be due within 10 business days from the receipt of notice from the shareholder to the company accompanied by adequate expenses proofs.

The provision is naturally not applicable when the shareholders' nominations are simply included in the management proxy material.

Nevertheless, the possibility of full or at least 50% reimbursement, added to a low ownership percentage requirement, no limitation of concurrent nominations or proxy fights, no differentiated rules for board contests, matter unrestricted reimbursement rules, no established procedures for rejecting proposals, and no specific liability, may provide the wrong incentives for minority shareholders in Brazil.

It is very difficult to predict how the provisions of the new CVM rule will be used by the shareholders and how the dispersion tendency will develop. But it is realistic to expect a large misuse of the rule in the case where the diffused ownership becomes a reality in the Brazilian capital market.

For instance, the incentive to carry out irresponsible or even litigant proxy contests is great, since most or all of the costs will be reimbursed by the company. And even the inclusion of a nominee within the management proxy material may be underutilized, since conducting a campaign for one's nominees in one's own proxy materials can be much more efficient and equally cheap.

It is true that Article 32 limits the reimbursement to the companies that do not have a full electronic proxy system.

The solution, evidently, will be a complete adaption of the Brazilian companies to electronic platforms. That adaption is not quick and easy, however. Its timing, versus the evolution of the market patterns, will determine the efficiency or weakness of the CVM rule.

Until the complete migration to full electronic systems, the general rules and principles of the Brazilian Corporation law and CVM rules concerning abusive practices of minority shareholders may not be enough to avoid opportunistic misuse of the Instrução CVM n. 481/2009.[66]

2.6 Access as default? The opt-in, opt-out dilemma

The SEC proposal establishes the right to include nominees in the company's proxy material as a non-renounceable and irrevocable right. Opponents to the proposal, however, raised two alternatives: keeping the no-access as the default and leaving to shareholders the decision to include it in the company's election procedures; or determining the access as default, but permitting the shareholders to opt out from this default.

The subject was extensively analyzed in a paper sent by Professors Lucian Bebchuk and Scott Hirst as a public comment to the proposal on facilitating shareholder director nomination.[67]

public comments on the subject. The *ABRASCA*, Brazilian association of listed companies, for example, suggested that no reimbursement at all should be due or, alternatively, the shareholder and company should share the expenses equally. Naturally, the companies may establish higher levels of reimbursement independently. See *Relatório de Análise – Audiência Pública* n. 02/2009.

66. The CVM's goal is, expressly, "*create incentives for the use of the internet as a mean to propagate information related to the shareholders meeting and to collect proxies*" (see *Relatório de Análise – Audiência Pública* n. 02/2009, free translation).

67. Lucian A. Bebchuk and Scott Hirst, "Private ordering and the proxy access debate", in *The Business Lawyer*, vol. 65, n. 2, pp. 329–360, available at *http://papers.ssrn.com/abstract=1513408* and at *www.sec.gov*. Advocating for more flexibility on the nomination procedures see also Joseph A. Grundfest, *Measurement Issues in the Proxy Debate*, available at *www.sec.gov*; the comments made by the firm Cleary Gottlieb Steen & Hamilton LLP, on August 17, 2009, to the proposal, available at

In their paper, the authors identified "*strong reasons against retaining no-access as the default*". They concluded that "[*t*] *here is substantial empirical evidence indicating that director insulation from removal is associated with lower firm value and worse performance*" and that "*when opting out from a default arrangement serving shareholder interests, a switch is more likely to occur when it is favored by the board than when disfavored by the board*". Their conclusions demonstrate, in short, that shareholders will face substantial impediments on trying to reverse the default and that this precise "*asymmetry in the reversibility*" is the strongest argument against keeping no-access as the default.[68]

Concerning the second possibility, the authors concluded that they "*support allowing shareholders to opt out of a federal proxy access regime, provided that the opt-out process includes necessary safeguards*", namely a requirement of "*majority approval by shareholders in a vote where the benefits to shareholders of proxy access are adequately disclosed*" and the assurance that shareholders would "*be able to reverse past opt-out decisions by a majority vote at any time*".[69]

The SEC, however, has so far maintained the position that the right to include nominees in the company's proxy material cannot be renounced or revoked. That position simply reflects the main drive of the proposal: to make the proxy process as similar to the shareholder meeting as possible.[70] Indicating a nominee in an election to the board of directors is considered an essential shareholder right and, as such, cannot be eliminated by an individual or collective decision.

Although the Instrução CVM n. 481/2009 and the Brazilian Corporation Law are not clear in that respect, the text of the CVM rule does not give any suggestion that the right to include nominees in the company's proxy material could be renounced or revoked. The access is the default and the only possibility.

It means specifically that the Brazilian companies' bylaws cannot be modified to exclude the right to indicate nominees or to raise the minimum level of ownership required to make a shareholder eligible to exercise that right. A modification to lower the requirement or to extend the right to all shareholders, however, is perfectly acceptable.

2.7 Pros and cons of facilitating shareholder director nomination

The options currently available in the U.S. to shareholders dissatisfied with a company's management are typically the following: sell their shares ("*Wall Street Walk*"); show up personally at the shareholders meeting to present their proposals; conduct a proxy contest; submit a proxy proposal; or carry out a "withhold vote" or "vote no" campaign.[71]

Selling the shares is an extreme measure that does not take into consideration long-term commitments or expectation, or even liquidity issues. It is naturally a less-than-optimal solution as, even if it helps correct the problem, the seller will not profit from his attitude.

A proxy contest is normally too costly to be borne by most of the shareholders. Since the U.S. rule determines that the proponent incurs expenses in the proxy solicitation, only large shareholders can consider that measure.

www.sec.gov; and the letter sent to the SEC on January 19, 2010, by the law firms Cravath, Swaine & More LLP, Davis Polk & Wardwell LLP, Latham & Watkins LLP, Simpson Thacher & Barlett LLP, Skadden, Arps, Slate, Meagher & Flom LLP, Sullivan & Cromwell LLP, and Wachtell, Lipton, Rosen & Katz, available at *www.sec.gov*.

68. Lucian A. Bebchuk and Scott Hirst, "Private ordering and the proxy access", debate in *The Business Lawyer*, op. cit., abstract.

69. Idem, abstract.

70. SEC Release n. 33-9046, pp. 13-14.

71. See SEC Release n. 33-9046, pp. 15-16.

Shareholders proposals, in accordance to Rule 14a-8, may be included in the company's proxy material, avoiding most of the costs that would otherwise be incurred by the proponent shareholder. However, the procedure is not available for proposals related to director elections (14a-8(i)(8)). For that reason, the alternative "*has been criticized as an ineffective tool for exercising ownership rights*".[72]

Withhold vote and vote no campaigns are also relatively ineffective. They can also be costly, the adoption of plurality vote may weaken the effect of against votes or authority withholdings (or require a much larger campaign adhesion), and shareholders cannot solicit proxy authority through these campaigns.

In this scenario, the SEC believes that enacting its proposal will create an alternative that overcomes all the explained difficulties a shareholder currently faces when trying to exercise his unquestionable rights to indicate a nominee to the board of directors and oversee the management activities.

As already discussed, the core of the new proposal is shifting the cost of the nomination from the shareholders to the company, which will have to include its indications in its proxy material, without any conflict with Rule 14a-8(i)(8).

Facilitating the shareholder director nominations, the SEC expects to bring a series of benefits to the market, among them, the following:[73]

• The new provisions are a very direct and effective method of assuring the shareholders their right to indicate directors and to participate in the administration oversight, by reducing their indication related costs;

• The new provisions will also improve disclosure of shareholder nominated director candidates;

• The presence of the shareholder-nominated directors "*would make boards more accountable to the shareholders who own the company and* (...) *this accountability would improve corporate governance and make companies more responsive to shareholder concerns*";

• The shareholders' nominations will increase the competition for the board seats, enhancing the shareholder inputs in the administration, the accountability of current directors, and the directors' focus on their roles before the company;

• Increasing the directors' accountability and the shareholders' participation will also enhance the U.S. market competitiveness;

• The competition for a board seat tends to lead to the nomination of better candidates for the board of directors;

• The new provisions will provide a more appropriate procedure than the regular proxy solicitation for shareholders willing to indicate only a small number of directors and not seeking to affect control;

• All the nominees will be included on only one proxy card, clearly distinguished, which will promote clear disclosure, helping the shareholders' decision making;

• Shareholders will have more contact with the board election procedures and likely have closer knowledge about the management, enhancing their capacities to make investment decisions;

• The provisions "*should improve and streamline information flow between investors and the company*";

• The existence of the new procedures will enhance the ability of "*shareholders and companies to adopt their preferred shareholder nomination procedures*".

On the other hand, possible disadvantages of the proposed rules are:[74]

• Shareholder-nominated directors may be too focused on their nominating

72. SEC Release n. 33-9046, p. 17.

73. SEC Release n. 33-9046, pp. 10-12, 31, 183-189, and 201-202.

74. SEC Release n. 33-9046, pp. 12-13, 23, 31, 189-198.

group, deviating the administration from the overall interest, impeding the proper functioning of the board and causing inefficiencies;

• The possibility of having a contested election may deter qualified candidates from serving as members of the board;

• A greater shareholder access to the election procedures "*could turn every election of directors into a contest, which would be costly and disruptive to companies*";

• The procedures proposed by the new rules will raise the complexity of the director elections and the costs incurred by the company.

Unquestionably, the same benefits are also expected in the Brazilian context by the enactment of the Instrução CVM n. 481/2009.[75]

The potential disadvantages, the damaging capacity of which are, in fact, doubtful in the U.S., are easily contestable in the Brazilian case.

The Brazilian Corporation Law already assures minority representativeness on the administration[76] and already have provisions making illegal abusive biased conduct on the part of minority nominated directors. Facilitating shareholders nomination will not increase the risk or denature the principles on which the Brazilian Corporation Law is based.

Regarding the possibility of qualified candidates being deterred from serving as members of the board because of contested elections, besides the unpredictability of the assertion, it seems enough to argue that the lack of an adequate channel by which shareholders could indicate their nominees has been excluding good candidates for the board of directors since the beginning of Brazilian corporate history.

A greater shareholder access to the election procedures may, in fact, turn every election of directors in a contest, which may be costly and disruptive to companies. Nevertheless, the contrast between shareholders' and management/controller's opinions are natural to the corporation structures. And the costs related to the purely democratic shock of new ideas cannot be traded with the usurpation of a legitimate shareholder right.

Finally, it is true that the new procedures will raise the complexity of the director elections and the costs incurred by the company. However, especially in the Brazilian case, it was the way, for the first time, to concretize an abstract right shareholders have had since the enactment of the Brazilian Corporation Law in 1976. There has been no actual increase of costs, since there was no due proxy process before the new CVM rule.[77]

3. Conclusions

3.1 What lessons should Brazil learn from the U.S. public reflections on the subject?

As discussed in items 2.1 through 2.7, the U.S. and Brazil have many differences concerning their respective markets. Those structural differences in each market completely explain and, in part, justify each market's regulation concerning proxy regulation.

The absence of a proxy culture in Brazil explains why the nation's first rule on proxy solicitation was enacted only in

75. In this sense, see the *Edital de Audiência Pública* n. 02/2009, p. 1.

76. Brazilian Corporation Law Articles 141 and 161.

77. For further analysis on the pros and cons, see also David F. Larcker, Gaizka Ormazabal and Daniel J. Taylor, *The Regulation of Corporate Governance*, available at *www.sec.gov*, and the debates of the Harvard Law School Proxy Access Round Table held on October 7, 2009, available at *http://ssrn.com/abstract=1539027*. Another interesting document favoring the proposal is the support letter sent to the SEC by 80 preeminent U.S. professors from different areas on August 17, 2009.

2009 and why it is such a simple rule. Indeed, Brazil had no great experience as background to consider the rules and no great costs were justified on the seminal rule.

Nevertheless, even for an initial rule, some things could have been better explored and more detailed, in order to avoid potential regulatory impasses, which were predictable considering the expected increase in the ownership dispersion level of the Brazilian market, in particular of the Novo Mercado.

The larger U.S. experience and the convenience of a concomitant public discussion on facilitating shareholder director nomination helped in analyzing the new Brazilian rule and stressing some of its weaknesses.

Basically, it was demonstrated that without significant increase of costs, the rule could have been more specific and could have gone a little further on the regulation of shareholder nomination through the company's proxy material.

That is the case, for example, of the lack of clear procedures to exclude nominations or to include general shareholder proposals in the company's proxy material. It is also the case of the lack of any holding requirement to nominating shareholders or of any statement of purpose, which could be very helpful in the shareholders' decision-making process. It is, finally, the case of the lack of any provision assuring nominating shareholders a way to require support of their candidates, such as a limited text to be included in the company's proxy material or on the website.

Seen as one item, the rule may be also criticized for potentially giving incentive for opportunistic and speculative behaviors. Adding up the low ownership requirement, no requirement for long-term commitment to the company or purposes statement, no limit of number of nominations, no differentiated rules for proxy fights or board contest, the possibility of reimbursement, and the lack of specific liability provisions, the rule provides for very low costs to investors simply interested in pressuring the company or merely trying their luck on a board election.

That negative incentive exists even in the case where the company has a fully electronic proxy system and therefore no reimbursement is required in accordance with Article 32 of the Instrução CVM n. 481/2009. The remaining elements are enough to stimulate such an investor to include his nomination on the company's website also at zero cost and risk.

In conclusion, the Instrução CVM n. 481/2009 is definitively a great initiative that was put into motion thanks to a wise vision of the Brazilian regulator. However, the same accuracy on reading and anticipating the Brazilian market reality could already have lead to the creation of a rule somewhat more detailed and therefore more prepared to fully embrace that welcomed evolution on the national capital market.

3.2 Avoiding piggybacking: what lessons should Brazil not learn from the U.S. experience

Having spoken about the CVM rule's weaknesses, it is important also to highlight its particular strengths.

Two great qualities of the Instrução CVM n. 481/2009 are its straightforwardness and its trust in good market functioning. The rule, although in some points excessive, is simplistic and, believing in a relatively fair interaction between the market players, regulates nothing more than the exact core of the subject.

Rather than mere regulatory naivety, that characteristic in fact shows a legislative framework still not inoculated with the fears of minority misconducts and abusive litigation.

In this sense, the almost paranoid, although justifiable, concern of the U.S. with investor and litigator abuses makes that country's corporate and security regulations much more complex. Consequently the rules become less and less clear because they have to cover not only the core of the regulated subject but also all the defensive measures of shareholders' rights against malversation.

It is true that the "purity" of the CVM rule is in part the result of a simpler market, with less fear of abuse solely because of a shorter history of corporate interaction, and consequently fewer business barricades against regulatory reforms expanding the shareholder rights.[78]

However, the fact that the rule's qualities may be considered a natural outcome of the context rather than a intentionally-engineered regulatory effort does not mean that this gift cannot be maintained.

And this maintenance is exactly where the U.S. influence has to stop flowing to the Brazilian regulatory machine. Evidently not all U.S. legislative devices can be transposed to the Brazilian legal framework. In this particular case, U.S. provisions make rules more complex solely because of the necessity of avoiding abusive litigation and an exaggerated concern about improper shareholder activism is not useful for the Brazilian reality.

The non-limitation on the number of nominees that shareholders can indicate is a good example of the Brazilian rule's character. Taken together with other elements of the rule, it may create the wrong incentives for opportunist investors, as argued above, but on its own is a proof of trust in the corporation democracy.

Indeed, that provision makes the Brazilian system of shareholder director nomination through proxy closer to an in-person meeting than the U.S. system. And this approximation is precisely the goal of the U.S.-proposed rule.

The boundaries faced by nominating shareholders are only those set by general rules on liability and the shareholders' elementary duties (Article 115 of the Brazilian Corporation Law, for example).

It was not negligence that the present item and the previous one showed apparent contradictory assertions concerning the disadvantages and qualities of the Instrução CVM n. 481/2009. The ideas presented are not contradictory though. They are superimposed in order to identify which elements are mutually exclusive.

The idea is that fixing the weaknesses of the CVM rule does not imply the giving up of its strengths.

On the contrary, the challenge facing the Brazilian regulator is precisely to keep the rule's objectivity without providing unnecessary opportunities to misuse it. It is possible. And this paper tries to spotlight a few initial steps on this important pathway.

2010.

78. Not that Brazil is free of it. In 2008, CVM reinterpreted Article 161 of the Brazilian Corporation Law making it easier for minority shareholders to be represented at the companies' audit committees. The new interpretation was fiercely combated by certain groups in the market.

Bibliography

ADAMEK, Marcelo Vieira von. *Responsabilidade Civil dos Administradores de S/A e as Ações Correlatas*. São Paulo, Saraiva, 2009.

ASCARELLI, Tullio. "Sui poteri della maggioranza nella società per azioni ed alcuni loro limiti", in *Rivista di Diritto Commerciale*, 1953, pp. 169 e ss.

BEBCHUK, Lucian A.; HIRST, Scott. "Private ordering and the proxy access debate", in *The Business Lawyer*, vol. 65, n. 2, pp. 329–360, February 2010. Available at *http://papers.ssrn.com/abstract=1513408 and at www.sec.gov.*

BELTRATTI, Andrea; STULZ, René M. *Why did some banks perform better during the credit crisis? A cross-country study of the impact of governance and regulation.* July 2009. Available at *http://ssrn.com/abstract=1433502.*

BERLE, Adolf A.; MEANS, Gardiner C. *The Modern Corporation and Private Property.* New Brunswick, Transaction Publishers, 1991.

CARVALHAL-DA-SILVA, Andre; LEAL, Ricardo P. C. *Corporate Governance and Value in Brazil (and in Chile).* October 2005. Available at *http://ssrn.com/abstract=76261.*

CLARK, Robert Charles. *Corporate Law.* New York, Aspen Law & Business, 1986.

COFFEE JR., John C.; SELIGMAN, Joel; SALE, Hillary A. *Securities Regulation: Cases and Materials.* 10th ed. New York, Foundation Press, 2007.

COMPARATO, Fábio Konder. "Anteprojeto de lei de sociedade por ações", in *RDM*, n. 17, 1975, pp. 119 e ss.

______. *Aspectos Jurídicos da Macro-Empresa.* São Paulo, Ed. RT, 1970.

______; SALOMÃO FILHO, Calixto. *O Poder de Controle na Sociedade Anônima.* 5th ed. Rio de Janeiro, Forense, 2008.

COX, James D.; HAZEN, Thomas Lee. *Corporations.* 2nd ed. New York, Aspen Publishers, 2003.

COZIAN, Maurice *et al. Droit des Sociétés.* 18th ed. Paris, Litec, 2005.

EASTERBROOK, Frank; FISCHEL, Daniel R. *The Economic Structure of Corporate Law.* Cambridge, Harvard University Press, 1996.

______. "Voting in corporate law", in *Journal of Law and Economics*, vol. 36, n. 2, 1983, p. 395.

FRANÇA, Erasmo Valladão Azevedo e Novaes. *Conflito de Interesses nas Assembleias de S/A.* São Paulo, Malheiros Editores, 1993.

GALGANO, Francesco. *Diritto Commerciale – Le Società.* 16th ed. Bolonha, Zanichelli, 2006.

______. *La Forza del Numero e la Legge della Ragione. Storia del Principio di Maggioranza.* Bolonha, Il Mulino, 2008.

GILSON, Ronald J.; HANSMANN, Henry; PARGENDLER, Mariana. *Regulatory dualism as a development strategy: corporate reform in Brazil, the U.S., and the EU.* Stanford Law and Economics Olin Working Paper n. 390; Columbia Law and Economics Working Paper n. 368; Yale Law & Economics Research Paper n. 399. Available at SSRN: *http://ssrn.com/abstract=1541226.*

GORGA, Erica. *Changing the paradigm of stock ownership from concentrated towards dispersed ownership? Evidence from Brazil and consequences for emerging countries.* Cornell Law School Working Papers. September 2008. Available at http://scholarship.law.cornell.edu//clsops_papers/42.

GRUNDFEST, Joseph A. *Measurement Issues in the Proxy Debate.* Stanford Law School. January 18, 2010. Available at *www.sec.gov.*

HANSMANN, Henry. *The Ownership of Enterprise.* Cambridge, Harvard University Press, 2000.

LAMY FILHO, Alfredo; BULHÕES PEDREIRA, José Luiz. *A Lei das S/A.* Rio de Janeiro, Renovar, 3th ed. 1997.

LARCKER, David F.; ORMAZABAL, Gaizka; TAYLOR, Daniel J. *The regulation of corporate governance.* Stanford University. Revised January 16, 2010. Available at *www.sec.gov.*

LICATTI, Taissa Macaferri. "Novo Mercado: influência e aspectos relacionados à inserção da cláusula compromissória arbitral nos estatutos sociais", in VERÇOSA, Haroldo Malheiros Duclerc (org.). *Aspectos da Arbitragem Institucional – 12 Anos da Lei 9.307/1996.* São Paulo, Malheiros Editores, 2008, pp. 233-279.

LOSS, Louis; SELIGMAN, Joel; PAREDES, Troy. *Fundamentals of Securities Regulation.* 5th ed. New York, Wolter Kluwer, 2008 supplement, 2008.

MENEZES CORDEIRO, António. *Manual de Direito das Sociedades.* vols. 1 e 2. Coimbra, Almedina, 2004 e 2006.

MUNHOZ, Eduardo Secchi. *Corporate control transactions in Brazil: the case of companies without a controlling shareholder*, forthcoming.

POUND, John. "Proxy contests and the efficiency of shareholder oversight", in ROMANO, Roberta. *Foundations of Corporate Law*. New York, Foundation Press, 2004, pp. 197-206.

RIPERT, Georges. *Aspects Juridiques du Capitalisme Moderne*. 2th ed. Paris, LGDJ, 1951.

SACCHI, Roberto. "L'intervento e il voto nell'assemblea della s.p.a. – Profili procedimentali", in *Il Diritto Attuale*, n. 9. Torino, Utet, 1990.

SANTANA, Maria Helena; ARARAT, Melsa; ALEXANDRU, Petra; YURTOGLU, Burcin B. *Novo Mercado and its Followers: Case Studies in Corporate Governance Reform*. 2008, Originally published by The World Bank Group in Focus 5: *Novo Mercado and its Followers: Case Studies in Corporate Governance Reform in 2008* (available on *www.ifc.org*).

Atualidades

RESPONSABILIDADE DOS ADMINISTRADORES NA SOCIEDADE POR AÇÕES SIMPLIFICADA*

FRANCISCO REYES VILLAMIZAR**

1. Introdução. 2. Problemas típicos da sociedade de capital fechado. 3. Regime dos administradores na Lei SAS: 3.1 Retorno ao regime geral dos administradores previsto na Lei 222/1995; 3.2 Âmbito de aplicação do regime da Lei 222/1995; 3.3 Princípios de atuação dos administradores; 3.4 Deveres fiduciários dos administradores; 3.5 Deveres específicos dos administradores; 3.6 Responsabilidade dos administradores. 4. O administrador de fato na SAS: 4.1 Precedentes no direito norte-americano; 4.2 A doutrina e jurisprudência francesas; 4.3 O administrador de fato na SAS.

1. Introdução

Depois do primeiro ano de vigência da lei que deu origem à Sociedade por Ações Simplificada (SAS) na Colômbia, os resultados não poderiam ser melhores. Mais de 14.000 sociedades por ações simplificadas, criadas na Colômbia, são a amostra incontrastável de um fenômeno sem precedentes na história de nossas normas empresariais. E não é apenas a enorme quantidade de sociedades simplificadas o que surpreende. O mais interessante e sugestivo é observar a debilidade dos tipos tradicionais de sociedade, cuja decadência demonstra a obsolescência de um regime defendido resolutamente pelos defensores mais ferozes do anacrônico *status quo*.

Certamente os empresários não falam a linguagem dogmática de complexos teoremas jurídicos, senão a mais eficaz da racionalidade econômica. Assim, quando aparece uma nova tecnologia, mais prática, mais flexível e menos custosa como a da nova sociedade, ela é adotada sem melindres conceituais. Somente no mês de novembro de 2009, o número de SAS criadas ou transformadas foi sete vezes maior que o de sociedades anônimas. A SAS também quadruplicou o número de sociedades limitadas criadas no mesmo período.

Ademais, uma figura como a SAS melhorou, sem dúvida, o clima de negócios, ao mesmo tempo em que facilitou a inversão estrangeira, de maneira que o país pode seguir avançando também nos índices que o Banco Mundial e outras entidades multilaterais preparam a cada ano.

Em um país repleto de leis que apenas se conhecem por sua inobservância, não

* Traduzido do espanhol pelos Profs. Julio Pinheiro Faro Homem de Siqueira (Graduado em Direito pela FDV, colaborador externo do Programa de Mestrado em Direito da FDV, Membro da Academia Brasileira de Direitos Humanos – ABDH, Advogado, e-mail: *julio.pfhs@gmail.com*) e Flávio Barbosa Quinaud Pedron (Doutorando e Mestre em Direito pela UFMG, Professor Concursado de Teoria Geral do Processo e Direito Processual Civil na PUC/MG, Professor de Direito Processual no Centro Universitário Metodista Izabela Hendrix, Instituto Praetorum e CEAJUFE, Advogado, e-mail: *qpedron@gmail.com*).

** Autor do projeto original que deu lugar à lei colombiana sobre a Sociedade por Ações Simplificada (SAS).

deixa de surpreender a efetividade de uma norma que, em tempo recorde, permitiu a formalização de milhares de entidades empresariais, ao facilitar-lhes o acesso a uma estrutura societária que se ajusta às necessidades específicas de seus usuários. O entusiasmo dos empresários pela nova forma de sociedade e sua utilização massiva para incluir todo tipo de empreendimentos não se restringe ao âmbito das pequenas empresas. A versatilidade do novo tipo também tem despertado o interesse dos grandes empresários que têm massivamente transformado suas companhias em sociedades por ações simplificadas. Os mais importantes grupos empresariais colombianos têm migrado nos últimos meses para o regime da SAS, no que se poderia considerar como o maior plebiscito frente a uma norma mercantil em várias décadas.

A SAS sobressai no sistema latino-americano porque, ao invés de seguir as escolas de pensamento do século XIX, inscreve-se em tendências contemporâneas. Nelas é fundamental uma drástica redução de custos de transação, o qual só pode ocorrer com uma estrutura leve, carente de formalismos arcaicos e restrições à iniciativa privada.

Dentro das inovações mais relevantes que a Lei SAS introduziu, deve-se ressaltar a possibilidade de criação por ato unipessoal, a constituição por documento privado, o caráter constitutivo da inscrição no registro mercantil, a limitação de responsabilidade por obrigações sociais – incluídas as derivadas de impostos e obrigações laborais –, a possibilidade de desconsideração de sua personalidade jurídica em hipóteses de fraude ou utilização abusiva, a possibilidade de objeto indeterminado, prazo de duração indefinido, ampla liberdade na organização da sociedade, abolição da fiscalização fiscal obrigatória, classificações de ações, voto múltiplo, abolição da pluralidade para quórum e maiorias decisórias – incluídas as reuniões em segunda convocação –, a possibilidade de renunciar ao direito de ser convocado a reuniões da assembleia, regulação específica da teoria do abuso do direito em determinações da assembleia – incluídos os abusos de maioria, minoria e paridade –, votação pelo princípio da maioria simples, liberdade de proporção entre o capital autorizado e subscrito, prazo amplo de dois anos para a integralização do capital sem sujeição a proporção definida de quota social, ampla efetividade de acordos de acionistas – incluída a possibilidade de fazer valer a execução específica das prestações pactuadas –, supressão de proibições aos administradores sociais e dos limites para a distribuição de lucros, possibilidade de arbitramento para resolver todos os assuntos, incluídas as ações de impugnação de determinações da assembleia ou junta diretiva.

Ao contrário do que se afirma sobre a SAS, o novo tipo societário inclui maiores proteções para os acionistas e para os terceiros que as formas associativas tradicionais. A filosofia que subjaz a esta nova legislação se orienta ao estabelecimento de normas materiais e processuais que permitam cumprir o ideal de eficácia de que têm carecido nossas normas de Direito Privado. Para lograr este propósito, o projeto de lei que deu origem à sociedade por ações simplificada baseou-se em duas premissas fundamentais. Em primeiro lugar, teve-se em conta a necessidade urgente de suprimir inumeráveis formalismos inúteis e elevados custos de transação provenientes do regime tradicional das sociedades. Em segundo lugar, intentou-se substituir este acervo de disposições anacrônicas por proteções efetivas e acordes com as tendências atuais do Direito Societário.

Afora a consideração certa e suficientemente difundida no sentido de que as regras de Direito Societário vigentes antes da reforma não estavam cumprindo uma finalidade de proteção adequada, a análise empírica havia demonstrado a inexistência virtual de litígio societário na Colômbia.[1]

1. As análises econométricas contemporâneas permitem medir a eficiência real de um sistema jurí-

Não apenas de verificou que os particulares raras vezes exerciam seus direitos perante as instâncias jurisdicionas, senão que, ademais, o número de processos de arbitragem nesta matéria era ínfimo em comparação com a quantidade de sociedades existentes no país. O primeiro obedece, sem dúvida, à escassa confiança que os particulares têm na jurisdição ordinária, tanto pela lentidão dos processos (que torna extremamente custoso o litígio), como pela falta de especialização matérias complexas, como aquelas que fazem parte do regime societário. Enquanto que a reduzida atividade em tribunais de arbitragem se deve, sem dúvida, à obsoleta proibição que impede submeter a este meio alternativo as ações de impugnação de determinações da assembleia e da junta diretiva. Esta última restrição à arbitragem, baseada no art. 194 do Código Comercial, tem sido defendida resolutamente pela jurisprudência e doutrina locais.[2] De aí que os conflitos principais que se suscitam nas sociedades, cuja discussão ocorre no foro natural de controvérsia que é a assembleia geral de acionistas, ficam excluídos do âmbito de aplicação da cláusula compromissória.

Por isso, na elaboração do projeto que deu origem à Lei 1.258, de 2008, teve-se especial cuidado em conferir a esta estrutura societária salvaguardas suficientes para evitar que, como tem ocorrido até então, os potenciais litigantes desistam antecipadamente de fazer valer seus direitos ante as instâncias estatais encarregadas de dirimi-los. Tal como afirma o Professor Robert Cooter, o acesso à justiça depende também dos custos do litígio e estes estão relacionados estreitamente com a maior ou menor celeridade dos tribunais para resolver um conflito. Em sua opinião, "os cus-

dico a partir do exercício efetivo que os cidadãos fazem das normas legais em processos judiciais e administrativos. Com base nos métodos da análise econômica do direito se pode sustentar a premissa óbvia segundo a qual as normas legais são tanto mais eficientes quanto maior seja a ameaça de que sua infração dará lugar a sanções para os que as desobedeçam. Assim, basta somar condenações judiciais, conciliações extrajudiciais e multas impostas por autoridades administrativas para saber quão eficiente é um sistema jurídico. John Coffee tem aplicado o teste para certos âmbitos do direito privado norte-americano. As cifras astronômicas obtidas em seus estudos lhe permitem corroborar a inegável eficiência desse regime. Como nesse sistema jurídico os particulares confiam na efetividade prática das normas, então acodem massivamente ao litígio. As consequências destas análises não são nem um pouco irrelevantes (John Coffee, *Law and the Market: the Impact of Enforcement*, Working Paper 304, The Center for Law and Economic Studies, Columbia University School of Law, April 4, 2007). Segundo Robert Cooter o único aspecto que determina o grau de desenvolvimento financeiro de um país é a efetividade das normas de Direito Privado. Em sua opinião, os potenciais infratores, ao verem-se ameaçados por sanções iminentes, agirão conforme o direito. De aí que "um sistema é efetivo quando as obrigações legais e contratuais se fazem cumprir na prática até o ponto que a maioria das pessoas as observa" (Robert Cooter e Hans-Bernd Schaefer, *Solomon's Knot, How Law Can End the Poverty of Nations*, fev./2009).

2. Na sentença C-378 de 2008, a Corte Constitucional respaldou a vigência do citado art. 194 do Código Comercial, que proíbe submeter à arbitragem as ações de impugnação de decisões de assembleia. Para isso se baseou na consideração um tanto anacrônica segundo que certas questões não são suscetíveis de submeter-se à arbitragem, ainda que as partes tenham interesse nela. "À luz da perspectiva descrita, a Corte Constitucional tem admitido constantemente que a respeito da arbitragem existem limites materiais, isto é, que ainda mediante a habilitação às partes 'nem toda questão matéria de controvérsia pode ser submetida genericamente à decisão de árbitros' (ênfase adicionada). Tem entendido a Corte que a justiça arbitral pode operar apenas quando 'os direitos em conflito são de livre disposição por seu titular', é dizer, 'quando sobre eles existe plena liberdade de disposição' (ênfase adicionada). Tal faculdade de renúncia ou disposição é precisamente a que 'determina o caráter de transigível de um direito ou de um litígio'. É, portanto, a natureza mesma do direito que fixa o alcance da liberdade de renúncia. Corresponde à Lei estabelecer em que casos há a possibilidade de disposição. A partir do que até aqui se assinalou, é factível distinguir algumas das principais fronteiras que fixam a Constituição e a Lei para o exercício do juízo arbitral, tanto como os limites a que se deve se ajustar também a liberdade de configuração da lei" (ibidem).

tos do litígio incluem, além dos honorários advocatícios, as demoras do processo. Ao manter controlados os custos do litígio, os juízes logram aumentar a credibilidade que os particulares lhe outorgam à ameaça de demandas judiciais por parte de quem tem sido vítima de transgressões legais. O temor ante uma justiça eficiente conduz a conciliações em condições adequadas. Quando os juízes resolvem os conflitos econômicos eficientemente, a maioria dos litígios se concilia em condições favoráveis para a parte que tem agido corretamente".[3]

Do ponto de vista processual também se avança significativamente com a Lei 1.258/2008. No art. 40 do novo estatuto, se estabelece que todas as ações que se relacionem com a sociedade por ações simplificada (SAS) serão resolvidas pela Superintendência de Sociedades através do trâmite do processo "verbal sumário". Por ser este trâmite de única instância (art. 435 do Código de Processo Civil), não haverá audiências inúteis de conciliação "obrigatória", nem recurso de apelação sobre as decisões finais que sejam proferidas neste âmbito.[4]

Por isso, ao menos no âmbito das SAS, subsistirá uma desjudicialização plena dos conflitos que se suscitem entre seus acionistas, frente à sociedade ou com seus administradores e executivos.

Nas sociedades por ações simplificadas não apenas será viável a litigância de conflitos ante a Superintendência de Sociedades, como também o será a inserção da cláusula compromissória para todos os assuntos, incluídas as ações de impugnação de decisões de assembleia e as de responsabilidade contra os administradores. A arbitragem poderá, por fim, estrear no âmbito do Direito Societário. Espera-se, pois, que a partir destas normas se logre por em marcha um vigoroso litígio societário que permita a efetividade dos direitos subjetivos conferidos aos acionistas. Somente assim se logrará a criação de confiança no regime das sociedades e a possível redução dos custos de capital para os empresários.

As soluções de direito material aplicáveis às SAS vão desde a possibilidade de afastamento da personalidade jurídica, passando por mecanismos para combater o abuso de direito até a consagração de um novo regime de responsabilidade de administradores, que retoma o sistema previsto na Lei 222/1995 e o complementa com o conceito de administrador de fato e os novos mecanismos para torná-lo efetivo.

É preciso reconhecer que o regime de responsabilidade de administradores contido na Lei 222/1995 tem tido muito pouca aplicação prática, não só pela falta de uma autoridade judicial eficiente, senão também pela escassa difusão que têm tido os preceitos contidos nesse estatuto. Assim, conceitos tais como o do *bom homem de negócios*, têm sido totalmente ignorados pela doutrina e jurisprudência locais.

A Lei SAS pretende fazer frente a este problema mediante um sistema de arbitragem empresarial generalizado, se as partes

3. O mesmo autor afirma que em muitos países pobres a ineficiência da justiça e a corrupção dos juízes diminuem a credibilidade das ameaças de litígio judicial, de modo que a parte que está do lado da lei fica impossibilitada de obter uma conciliação em condições favoráveis frente à parte que tem agido incorretamente (Robert Cooter, ob. cit.).

4. No art. 3º da recente lei de reforma ao Estatuto da Administração da Justiça (1.285/2008) se expressa que, "contra as sentenças ou decisões definitivas que em assuntos judiciais adotem as autoridades administrativas excepcionalmente permitidas para isso, sempre se poderá recorrer ante os órgãos do Ramo Jurisdicional do Estado, nos termos e com as condições que determine a lei". Esta norma permitirá, seguramente, deixar sem maior efeito a "desjudicialização" de muitos dos conflitos de Direito Privado que normas anteriores haviam trasladado a várias autoridades administrativas. Muitos destes trâmites ficaram sujeitos a eternas apelações e outros recursos ante a jurisdição. Graças à inclusão explícita do processo verbal sumário para o trâmite dos litígios relacionados com a SAS, será factível promover um efetivo litígio societário, de única instância, ao menos no âmbito das sociedades por ações simplificadas.

assim o decidirem, ou, de modo supletivo, perante a Superintendência de Sociedades, no exercício de faculdades jurisdicionais. Assim mesmo, o estatuto prevê que os conflitos deverão tramitar mediante o processo verbal sumário. Este é um trâmite de única instância que, se cumprido nas condições previstas no Código de Processo Civil, poderia dar resultados muito eficientes na aplicação das normas de proteção contidas nas normas materiais vigentes.

2. *Problemas típicos da sociedade de capital fechado*

Na literatura jurídica, existe copiosa informação sobre os problemas mais frequentes nas sociedades de capital fechadas. Robert Thompson analisa, brevemente, a situação de liquidez em que incorrem todos os sócios. O problema radica em que a carência de um mercado aberto (*ready market*) para a negociação das ações restringe o número de adquirentes potenciais. Na verdade, os únicos interessados em adquirir ações em uma sociedade fechada são aqueles que detêm o controle sobre ela. Daí que, em casos de conflito, as possibilidades de vendê-las a terceiros se reduzam de modo significativo.[5] Isso se deve ao alto risco financeiro que assumiria qualquer adquirente de uma porcentagem minoritária no capital da sociedade. Este possível adquirente, com efeito, ficaria submetido às determinações de quem controla, incluídos os assuntos principais do funcionamento da companhia, assim como a disposição de seus ativos e a definição na distribuição ou retenção de benefícios econômicos tangíveis e intangíveis.[6] Esta situação implicará, de acordo com a equação fundamental das inversões de capital, uma redução no preço das ações dos minoritários que corresponde ao risco que terá que aceitar quem adquirir a posição minoritária e assumir as contingências derivadas da carência do controle.[7] De fato, com fundamento na teoria econômica dos *problemas de agência*, a informação assimétrica de que dispõem aqueles que controlam, somada à sua posição dominante, dará lugar a atuações oportunistas que poderiam lhes permitir apropriar-se dos benefícios privados do controle (*private benefits of control*).

Já em 1932, os Professores Adolph Berle e Gardiner Means identificaram a no-

5. Os juízes norte-americanos têm explorado, detidamente, o particular problema de iliquidez ao que se vêm expostos aos acionistas minoritários. O importante caso Donahue *vs.* Rodd Electrotype Co. (367 Mass. 578, 328 N.E. 2s 505 1975), resolvido pela Corte Suprema do Estado de Massachussets é um dos primeiros precedentes sobre a matéria, tal como se analisará detalhadamente mais adiante.

6. Segundo Michael Jensen, tais benefícios intangíveis abarcam "a possibilidade de determinar a organização das empresas da sociedade, discricionariedade sobre as qualidades dos possíveis empregados, o maior ou menor grau de austeridade na companhia, a natureza e quantia das doações que a sociedade efetue (...), a compra de um computador de categoria desproporcional às necessidades da sociedade ou a celebração de contratos com amigos para a aquisição de insumos" (Michael C. Jensen, *A Theory of the Firm: Governance, Residual Claims and Organizational Forms*, Cambridge, Harvard University Press, 2003, p. 90).

7. Nas palavras de O'Kelley, ao se combinarem as normas legais que estabelecem um controle centralizado sobre a sociedade, o efeito da lei das maiorias e a carência de um mercado público para a venda das ações em uma sociedade fechada, a minoria ficará em situação vulnerável, em comparação com os riscos de um inversionista de sociedades quotizadas. Logo, de um conflito entre quem participa em uma sociedade fechada, o acionista minoritário ficará, durante um período indefinido, submetido a uma situação em que não obtém rendimento do capital inicialmente invertido ou, inclusive, poderá ser excluído injustamente pelos acionistas majoritários (...). Nas sociedades fechadas a inversão dos acionistas carece de liquidez. Tampouco há o controle que os mercados usualmente exercem sobre as sociedades inscritas na bolsa. A maior parte dos acionistas nas sociedades fechadas espera vender suas ações, em algum momento, à própria sociedade ou aos demais acionistas ou, inclusive, transferi-las, talvez, a um filho, que poderia eventualmente ocupar um cargo na administração e operação da sociedade" (Charles R. O'Kelley Jr. *et al.*, *Corporations and other Business Associations: Cases and Materials*, 2ª ed., Boston, Little, Brown and Co., 1996, pp. 499-501).

tória disparidade entre o valor individual das ações pertencentes àqueles que detenham o controle e o valor que alcançam os títulos de participação pertencentes aos acionistas majoritários.[8] Segundo estes autores, os direitos que confere o controle – que lhe outorgam a quem o detenha os poderes de decisão e disposição antes indicados – geram uma maior rentabilidade que, somada a um menor risco, deve refletir-se, naturalmente, no maior preço das ações dos acionistas controladores. Assim, apesar de que tanto o valor nominal das ações, como o chamado preço de mercado se mantenham em quantias homogêneas, no momento de uma negociação concreta, tal homogeneidade será quebrada devido à denominada *premiação de controle*. Apesar de que a análise do prêmio de controle tenha tido particular relevância no âmbito das sociedades por quotas, é claro que tal conceito também tem incidência nas companhias fechadas. Em países com elevada concentração de capital, como é o caso das nações latino-americanas, a possibilidade de extrair benefícios privados do controle cria uma clara dicotomia entre a posição econômica das minorias frente àqueles que controlam.[9] O antagonismo referido pode se prolongar pelo tempo devido ao que alguns chamam a dependência do atalho (*path dependence*). Para Lucian A. Bebchik, as circunstâncias econômicas sob as quais surge um sistema financeiro tendem a se perpetuar tanto em sua estrutura como nas normas jurídicas que o regem. Assim, em países em que há uma concentração de capital, quem controla as sociedades conta com incentivos econômicos para manter o *status quo*. O acionista que detenha o controle terá incentivos de *alto poder* para impedir que o capital da sociedade se disperse. Na verdade, a atomização das participações de capital teria por efeito a homogeneidade no valor de todas as ações, com a consequente perda da premiação de controle. Por isso, o que pode ocorrer é uma transferência de blocos superiores a 50% do capital.

Na análise moderna do Direito Societário, procura-se elucidar o impacto dos denominados problemas de agência nas relações que surgem da sociedade.[10] As

8. Como corolário deste conceito, os referidos autores chegaram à conclusão *revolucionária*, segundo a qual o controle representa um *ativo social*. As implicações desta noção foram, assim mesmo, de grande valia, pois, desde então, firmou-se a tese de que qualquer "prêmio" recebido por um indivíduo como consequência da venda do controle, pertenceria, justamente, a todos os acionistas. Esta teoria serviu, mais adiante, como fundamento à regulação das chamadas ofertas públicas de aquisição, por se entender que todos os acionistas teriam direito a se beneficiar da premiação, quando o controle fosse transferido. V.: Henry Manne, "Mergers and the market for corporate control", *The Journal of Political Economy*, vol. 73, n. 2, 1965.

9. As sociedades fechadas se caracterizam, normalmente, pelos seguintes aspectos: (1) integram-se por um número reduzido de sócios; (2) há o direito de preferência na negociação de ações e não há um mercado aberto para sua alienação e (3) um número significativo de sócios ocupa cargos na administração ou operação da companhia.

10. "Aquilo que os economistas classificam como 'problema de agência', no sentido mais genérico da expressão, são aqueles que surgem quando o bem-estar de uma das partes, denominada mandante (*principal*), depende das ações antecipadas por um terceiro, denominado mandatário (*agent*). O problema reside em motivar o mandatário a atuar em benefício do mandante, em vez de trabalhar em seu próprio interesse. (...) Em especial, quase todas as relações contratuais nas que uma das partes (o mandatário) promete a um terceiro (o mandante) o cumprimento de uma prestação, estão expostas a um problema de mandato. O *quid* deste assunto reside na circunstância de que, em geral, o mandatário está mais bem informado que o mandante sobre os principais fatos relevantes do negócio. O mandante não pode, sem incorrer em custos, garantir que o cumprimento do mandatário se ajuste com exatidão ao estipulado. Em consequência, o mandatário poderia estar inclinado a atuar de maneira oportunista, mediante uma execução descuidada da prestação, ou, inclusive, mediante um aproveitamento indevido dos benefícios do negócio. Tal conduta implicará, por sua vez, uma perda de valor na prestação contratada pelo mandante. O prejuízo econômico poderia surgir de modo direto ou também indiretamente, como naqueles casos em que é preciso incorrer em altos custos de fiscalização para garantir a execução cumprida do prometido pelo mandatário. Quanto mais complexo for o trabalho encomendado ao man-

políticas legislativas neste âmbito podem formular-se com o propósito de atenuar a incidência de tais problemas num sistema econômico específico. É sabido que em países nos que existe alta dispersão de capital, o principal problema de agência se dá entre os milhares ou milhões de acionistas dispersos no mercado, por um lado, e os administradores sociais, por outro. Em nações com notória concentração de capital, esse problema tende a ser menos importante, na medida em que os acionistas majoritários exercem permanente supervisão sobre os gestores da empresa societária.[11] Pelo contrário, em tais sistemas, o antagonismo entre maiorias e minorias representa o principal problema de agência.[12] Segundo o Professor Guillermo Cabanellas de las Cuevas, no caso argentino – o qual também pode expandir-se para os demais países latino-americanos –, "não existem praticamente sociedades nas que o capital esteja de tal forma disperso que não possa identificar-se um acionista ou um conjunto pequeno de acionistas que exerçam o controle efetivo da sociedade. O controle efetivo da sociedade implica, na prática societária argentina, a eleição da diretoria e da sindicância ou conselho de vigilância, e a determinação, com maior ou menor detalhe da composição da gerência. Frente à estrutura monolítica de controle a que permite chegar à titularidade da maioria das ações da sociedade, é pouco o que podem fazer os administradores ou os acionistas minoritários; aqueles serão removidos caso se oponham aos acionistas majoritários; e os demais acionistas têm, como principal direito político, o direito a entabular demandas mais ou menos arbitrárias ou abusivas contra os sócios majoritários ou a sociedade, a fim de que sejam compradas suas ações ou que os sócios majoritários modifiquem em algo sua conduta".[13]

É por tudo o que foi dito que, para proteger a posição dos acionistas minoritários, não é suficiente legislar sobre deveres e responsabilidades dos administradores. Em muitos casos, estes funcionários não são senão um apêndice dos acionistas majoritários que os controlam, quem, sob as regras tradicionais de Direito Societário, ficam indenes frente a qualquer res-

datário e maior for o grau de discricionariedade que se lhe conferir para sua atuação, maior será também o 'custo de mandato' (*agency cost*) em que se deverá incorrer" (Reinier R. Kraalman, *The Anatomy of Corporate Law. A Comparative and Functional Approach*, Nova York, Oxford University Press, 2004, pp. 21-22). V., também: Francisco Reyes Villamizar, *Derecho Societario*, 2ª ed., Bogotá, Editorial Temis, 2006, p. 7.

11. É interessante consultar a opinião de Bainbridge, segundo a qual, "o reduzido número de acionistas nas sociedades fechadas desvirtua a justificação econômica de consentir na separação entre a titularidade do capital e o controle administrativo de tais companhias. Certamente, diferente de como ocorre nas sociedades abertas, os acionistas de companhias fechadas não são inversionistas passivos (...). A propensão a participar de modo ativo nos negócios sociais deriva, precisamente, da carência de um mercado aberto para a negociação de suas ações. Se os acionistas não podem se proteger mediante a alienação de suas ações em tal mercado, o mais prudente para eles seria procurar uma participação direta na gestão dos negócios sociais" (Stephen Bainbridge, *Corporation Law and Economics*, Nova York, Foundation Press, 2002, p. 798).

12. O Professor O'Kelley fornece, como exemplo, uma situação na que existem três acionistas, com percentagens iguais, que fazem parte de uma sociedade fechada. De comum acordo, os acionistas decidem não repartir lucros sem assinalar todos os recursos obtidos na exploração econômica por meio do pagamento de salários. Logo se apresenta um conflito sobre um dos acionistas, que é demitido de seu cargo na sociedade, os dois restantes, por motivos oportunistas ou de qualquer outra natureza, decidem manter a política antes mencionada de não repartir dividendos. Ante a impossibilidade em que se encontra o acionista excluído da administração de vender suas ações a um terceiro em condições razoáveis, aquele acaba como refém dos que controlam a sociedade. Estes últimos, seguramente, não terão maior incentivo para pagar ao dissidente um preço justo por suas ações. V.: Charles R. O'Kelley Jr. *et al.*, ob. cit., p. 501.

13. "Las Reglas de Gobierno Corporativo y su aplicación en la Argentina y en los Estados Unidos", in *Dinámica Judicial y Acciones en las Sociedades y Concursos*, Córdoba, 2007, p. 755.

ponsabilidade que se puder impingir-lhes por suas atuações, muitas vezes opressivas, ao contrário dos minoritários.[14] As legislações mais modernas, há algum tempo, têm reagido ante estas condutas por meio da extensão aos acionistas majoritários dos deveres e responsabilidades inicialmente aplicáveis, com exclusividade, aos administradores sociais. A dificuldade inerente a estas regulamentações radica em determinar em que circunstâncias pode ser considerada apropriada a aplicação extensiva de tais deveres e responsabilidades. Para isso, devem ser definidos critérios que facilitam o enquadramento de condutas nas que pode justificar tal extensão.

Já na década de 1970, produziram-se relevantes precedentes jurisprudenciais em que a tensão entre acionistas majoritários e minoritários foi resolvida a partir da extensão de deveres de conduta, outrora aplicáveis com exclusividade aos administradores sociais. Um de tais casos, resolvido pela Corte Suprema do Estado de Massachussets, é o célere precedente de Donahue contra Rodd Electrotype Co.[15] Neste litígio, a virtual expropriação a que foi exposto o acionista minoritário – mediante uma operação de reaquisição de ações presumidamente ajustada às normas societárias –, se resolveu por meio da aplicação de um dever de boa-fé, similar ao que se aplica aos sócios de companhias de pessoas, tal como se analisará detalhadamente mais adiante.

14. No critério de Clark, é frequente que a opressão dos acionistas minoritários se dê mediante "a realização de manobras orientadas a reduzir, de forma significativa, a porção dos lucros que lhes correspondam ou a entorpecer sua participação nos diferentes órgãos da companhia". Esta última conduta apenas é relevante na medida em que os acionistas tenham se associado com a expectativa de participar ativamente das decisões sociais. Assim, o entravamento dos órgãos respectivos implicará para os minoritários uma perda de valor. V.: Robert C. Clark, *Corporate Law*, Boston, Little, Brown and Company, 1986, p. 792.

15. 367 Mass. 578, 328 N.E. 2s 505 (1975).

3. Regime dos administradores na Lei SAS

Apesar da autonomia da SAS, a Lei 1.258, de 2008, deixa certos âmbitos sujeitos à remissão às normas de Direito Societário contidas no Código Comercial e na Lei 222, de 1995. Previu-se, pois, uma ligação com as disposições gerais que permitem complementar aqueles aspectos não contidos especificamente na Lei SAS. O art. 45 da Lei SAS, por exemplo, faz uma remissão às disposições que regem a sociedade anônima e, na sua falta, às disposições que regem as sociedades no Código Comercial.

No caso concreto do regime aplicável aos administradores da sociedade por ações simplificada, existe uma remissão específica no art. 27 da Lei 1.258, segundo a qual "as regras relativas à responsabilidade de administradores, contidas na Lei 222 de 1995, serão aplicáveis tanto ao representante legal da sociedade por ações simplificada como à sua junta diretiva e demais órgãos de administração, se houver". O parágrafo do mesmo artigo, que será analisado mais adiante em detalhes, introduz a figura do administrador de fato.

3.1 Retorno ao regime geral dos administradores previsto na Lei 222/1995

Apesar da sua escassa aplicação prática, a Lei 222/1995 introduziu importantes princípios em matéria de responsabilidade dos administradores. Antes da edição desse estatuto, a única regra aplicável à matéria era o art. 200 do Código Comercial. Esta simples disposição, muito pouco aplicada na prática, limitava-se a dizer que os administradores responderiam solidária e ilimitadamente pelos prejuízos causados à sociedade, sócios ou terceiros.

A Lei 222/1995 introduziu princípios muito sólidos em matéria de administradores. Nesse estatuto se definiu o âmbito de aplicação das normas pertinentes por meio de uma delimitação concreta dos funcionários aos que se aplicava a regulação, estabeleceram-se pela primeira vez os denominados "deveres fiduciários dos administradores", criaram-se deveres específicos para aqueles que cumprem funções de administração e definiram-se os termos e condições em que podem ser cumpridas as ações individuais e sociais de responsabilidade. O caráter relativamente recente destas normas e seu desenho em geral apropriado às condições atuais tornaram desnecessário incluir uma nova regulação sobre a matéria na Lei 1.258/2008. O alcance da nova legislação sobre a sociedade simplificada nesta matéria é, sem embargo, muito significativo. Não apenas se pretende dar efetividade às normas substantivas previstas na Lei 222/1995, mediante mecanismos de arbitragem e processos jurisdicionais ante a Superintendência de Sociedades, senão que, ademais, se complementa e expande o regime mencionado, com a nova figura do administrador de fato. Procura-se desta forma que, ao lado da notória simplificação de trâmites e a supressão de formalismos e requisitos burocráticos inúteis, se estabeleça um sistema de controle eficaz perante condutas ilícitas ou abusivas.

3.2 Âmbito de aplicação do regime da Lei 222/1995

O art. 21 da Lei 222/1995 delimitou o âmbito de aplicação das regras sobre administradores sociais mediante uma enumeração dos indivíduos sujeitos a essa normativa especial. Esta delimitação é plenamente aplicável no âmbito das sociedades por ações simplificadas, de maneira que sempre que se tratar de alguma das pessoas mencionadas no referido artigo o regime pertinente será o da Lei 222. Dentre os indivíduos considerados como administradores, a citada norma alude explicitamente aos representantes legais, membros de juntas diretivas, liquidadores e procuradores de estabelecimentos de comércio. Estes últimos, como se sabe, são mandatários especiais que administram um estabelecimento de comércio ou uma parte ou ramo da atividade deste (Código Comercial, art. 1.332).

O art. 21 da Lei 222/1995 também considera como administradores "quem de acordo com os estatutos exerça ou detenha essas funções". Esta previsão normativa permite estender a condição de administrador a outros funcionários da companhia mediante seu assinalamento explícito no contrato ou ato unilateral que dá origem à SAS. Assim, a denominação de *administrador* que se formule estatutariamente com respeito a qualquer funcionário da sociedade simplificada ou o assinalamento de faculdades expressamente denominadas como *administrativas* dará lugar à aplicação do regime consagrado nos arts. 21 e ss. da Lei 222/1995.[16]

3.3 Princípios de atuação dos administradores

A definição de um contexto axiológico de referência para a conduta dos administradores foi um dos avanços mais significativos – e também menos difundidos – do regime de administradores contido na Lei 222/1995. Conforme o art. 23 dessa lei, quem agir como administrador deverá fazê-lo dentro de específicos princípios de conduta definidos legalmente. Segundo o inciso 1º da norma citada, "os administradores devem agir com boa-fé, com lealdade e com a diligência de um bom homem de negócios". Mediante estes princípios, importados do direito societário estrangeiro, obtém-se um marco conceitual a partir do qual se pode avaliar a conduta dos adminis-

16. A doutrina da Superintendência de Sociedades assinalou que os funcionários de diversos graus que exercem ou detenham funções de administração são considerados como administradores independentemente de se suas funções são de fato ou de direito. Esta doutrina parece se omitir sobre a necessidade de que as funções estejam nos estatutos sociais, tal como exige o art. 22 da Lei 222/1995.

tradores sociais sob critérios relativamente definidos.[17] Este contorno normativo tem particular relevância no contexto da sociedade simplificada, pois demarca claras pautas de atuação para o desempenho das amplas funções que podem ser atribuídas aos gestores da empresa societária.

3.4 Deveres fiduciários dos administradores

A Lei 222 contém um importante conceito que poderia ser de grande utilidade quando se tratar de revisar mediante arbitragem ou processo jurisdicional perante a Superintendência de Sociedades a atuação dos administradores da SAS. Trata-se dos chamados *deveres fiduciários* dos administradores, cuja consagração inicial pelo direito societário norte-americano tem sido imitada em várias legislações civilistas sobre a matéria.

No sistema anglo-saxão, donde se originou este conceito, considera-se que existe uma relação *fiduciária* do administrador com a sociedade, em virtude da qual esta deposita sua confiança no juízo e conselho daquele. "Em tal relação, o direito impõe a regra de que nenhuma das partes pode se aproveitar de seu encargo de forma egoísta ou negociar com o objeto de seu encargo para benefício próprio ou prejudicar ao outro, salvo no exercício da melhor boa-fé e com conhecimento e consentimento da outra".[18]

Por isso, tanto a legislação como a jurisprudência anglo-saxãs criaram um detalhado corpo de normas jurídicas e precedentes judiciais cuja aplicação origina um notável caráter profissional na atividade dos administradores. As responsabilidades dos administradores não são ilimitadas. Elas têm claros limites definidos pelos citados deveres fiduciários ou de confiança (*fiduciary duties*). Estes deveres apontam ao assinalamento de certos princípios de conduta sobre os administradores sociais.

O primeiro dos mencionados deveres de confiança é o de cuidado (*duty of care*), que envolve, como sua denominação sugere, a obrigação de agir com diligência no manejo dos assuntos societários. De acordo com a seção 8.30, (a), (2), da nova lei-tipo de sociedades de capital dos Estados Unidos (*revised model business corporation act*), um diretor deve cumprir seus deveres "com o mesmo cuidado com o que atuaria uma pessoa prudente posta em uma posição semelhante e sob as mesmas circunstâncias".

No regime colombiano, o texto da Lei 222 dispõe que os administradores devem agir "com a diligência de um bom homem de negócios". Esta última expressão, como é óbvio, significa uma alteração do padrão de conduta empregado no Código Civil para avaliar os diversos graus de culpa. Dito estatuto alude ao conhecido padrão do *bom pai de família*.[19] A expressão bom homem de negócios deveria ter um efeito

17. Os princípios a que se acaba de aludir partem do dever de boa-fé. A observância irrestrita dele não implica tão só a atuação diligente ou livre de culpa, senão também a atitude leal no desempenho de suas funções. Segundo Ospina Fernández, todo ato jurídico deve ser cumprido "com inteira lealdade, com intenção direita e positiva, para que assim se possa realizar cabal e satisfatoriamente a finalidade social e privada a que obedeça a sua celebração" (Guillermo Osipina Fernández *et al.*, *Teoría General de los Actos o Negocios Jurídicos*, 2ª ed., Bogotá, Ed. Temis, 1983, p. 332).

18. *Black's Law Dictionary*, citado por Marcela Castro, "La responsabilidad de los administradores de las sociedades comerciales: enfoques del derecho angloamericano y del derecho colombiano", *Revista de Derecho Privado*, n. 1, 1986, p. 124.

19. De acordo com o art. 63 do CC "culpa leve, descuido leve, descuido ligeiro, é a falta daquela diligência e cuidado que os homens empregam ordinariamente em seus negócios próprios. Culpa ou descuido, sem outra qualificação, significa culpa ou descuido leve. Esta espécie de culpa se opõe à diligência ou cuidado ordinário ou mediano. O que deve administrar um negócio como *bom pai de família*, é responsável por esta espécie de culpa" (grifos nossos).

importante no alcance da responsabilidade dos administradores da SAS.[20]

É claro, por um lado, que o enfoque da Lei 222 compreende um modelo *profissionalizante* para a avaliação da conduta dos administradores. Assim, as determinações que estes adotarem devem ser cumpridas com a diligência própria das técnicas de administração. Trata-se, pois, de um padrão de conduta que traz consigo uma avaliação informada das principais opções de que dispõe o administrador no momento de elaborar determinações.

Não obstante, o paradigma do *bom homem de negócios* implica também um maior respeito judicial pela autonomia de decisão de que devem gozar os administradores sociais. Sob este padrão de conduta, espera-se que os administradores possam aproveitar alternativas conducentes à assunção de riscos de negócios de forma consciente e razoável. Sendo o risco inerente ao mundo dos negócios, não tem sentido reprimir a conduta dos administradores pelo só fato de assumi-los. A rentabilidade ou "retorno da inversão" pode relacionar-se, de fato, com o maior ou menor risco que os inversionistas estejam dispostos a assumir. Assim, a "penalização" das condutas que implicam risco empresarial carece, em geral, de racionalidade econômica. Não quer isto dizer que o administrador que assume irresponsavelmente as contingências de perda fique indene ante as ações de responsabilidade. A expressão "bom homem de negócios" deve-se entender como aquela diligência que um comerciante normal poria em seus próprios negócios.

É por isso que quando se fala do dever de diligência ou cuidado não se pretende que, em virtude de sua aplicação, as decisões de negócios adotadas pelos administradores devam ser acertadas em termos de benefícios econômicos para a companhia. Assim, a interpretação desta pauta de conduta deveria conduzir a considerar que se bem os administradores devem por todo seu empenho para fazer com que as decisões administrativas sejam adotadas com pleno conhecimento e ilustração sobre os diversos fatores que se relacionam com elas, os maus resultados da gestão não teriam porque dar lugar à responsabilidade para quem as adote.

No sistema norte-americano, cujos precedentes bem poderiam servir de exemplo para nossas normas de responsabilidade, os tribunais têm preferido não se imiscuir na análise econômica das decisões administrativas da sociedade. Portanto, têm adotado a denominada *regra do juízo de negócios* ou *da discricionariedade* (*business judgement rule*), em virtude da qual os administradores são autônomos para criar determinações, sempre e quando estas obedecerem a um juízo prudente de sua parte. Assim, por exemplo, a nova lei-tipo de sociedades de capital (*revised model business corporation act*) é explícita em assinalar que um membro de junta tem a faculdade de basear-se em informação submetida por funcionários ou empregados da companhia cujo domínio do tema em exame seja suficiente a juízo do administrador [sec. 8.30, (b), (1)]. A mesma norma permite a este último ter por fundamento para a tomada de decisões o entendimento emitido por um advogado, contador público ou outro profissional, que no critério do membro da junta seja especialista no tema de que trata a determinação [sec. 8.30, (b), (1)]. Finalmente, mencionado estatuto modelo exonera da responsabilidade ao membro da junta quando a decisão for adotada com base em uma recomendação proferida por um comitê eleito pela mesma junta diretiva, que seja confiável a critério do diretor [8.30, (b), (3)].[21]

20. Enquanto a atividade empresarial está relacionada com a assunção de riscos, as circunstâncias da vida familiar, às que está exposto o *pai de família*, estão mais bem ligadas à prevenção do risco.

21. De maneira análoga, o Estatuto Societário do Estado de Delaware é claro ao expressar que

"Muitas vezes, no desenvolvimento da empresa societária, há perdas ou prejuízos para a sociedade como consequência direta ou indireta de decisões tomadas pelos administradores, perdas que são, finalmente, um risco inerente à vida dos negócios. Se estas decisões ou medidas são adotadas de boa-fé no uso do bom juízo por parte dos administradores, as cortes não as questionam como violadoras do dever de cuidado. Esta atitude saudável dos tribunais sob o *common law*, que respeita a independência e critério dos administradores no cumprimento de seu encargo, tem sido chamada de *regra da discricionariedade*."[22]

Como complemento necessário do dever de cuidado, a Lei 222 estabeleceu também o denominado *dever de lealdade*. Este se reflete em uma série de obrigações específicas de ação ou omissão, que se orientam à proteção de segredos da sociedade, à abstenção de atuações que resultem em conflito com as da companhia, ao respeito pelas oportunidades de negócios em prol da sociedade etc.[23]

O dever de lealdade implica, simplesmente, a necessidade de que o administrador aja de forma a consultar "os melhores interesses da sociedade".[24] Tal como ocorre com outros desenvolvimentos da jurisprudência do *common law*, não existe uma classificação precisa de situações que se considerem violadoras do dever de lealdade. São os juízes que em sua permanente ocupação interpretativa podem determinar as circunstâncias fáticas nas quais se considera transgredido. Clark afirma que "o mais importante acerca deste aspecto é que o dever fiduciário de lealdade é um conceito residual que poderia incluir situações fáticas que ninguém previu nem classificou ainda. O dever geral de lealdade permite, e de fato tem permitido, uma contínua evolução do direito societário. Da mesma forma, os juízes e os legisladores estaduais têm desenvolvido regras mais específicas ou deveres

"um membro da junta diretiva ou de qualquer comitê designado pela junta diretiva, em cumprimento de seus deveres, não será responsabilizado, se de boa- -fé se basear na informação contida nos livros da sociedade ou na informação, opiniões, informes ou declarações apresentadas à sociedade por qualquer dos diretores ou empregados da companhia, ou pelos comitês nomeados pela junta diretiva ou por qualquer outra pessoa, sobre assuntos a respeito dos quais o diretor acredite razoavelmente estarem dentro da experiência profissional ou do domínio técnico de tais pessoas (...)" [sec. 141 (e) da Lei Geral de Sociedades do Estado de Delaware].

22. Marcela Castro, ob. cit., p. 126. No célebre caso Aronson *vs.* Lewis afirma-se que a discricionariedade é aquela regra segundo a qual quando os diretores de uma sociedade adotam uma decisão de negócios "presume-se que o tenham feito com pleno conhecimento e informação. Os diretores têm o dever de obter, com antecipação à adoção de uma determinação, toda a informação relevante que razoavelmente possa estar à sua disposição" [Del. Supr., 437 A, 2d, 805 (1984)].

23. Um dos aspectos que com maior frequencia permite avaliar a aplicação do dever de lealdade é o relativo às remunerações de membros de junta diretiva e executivos da sociedade. A tendência de determinar benefícios econômicos excessivos poderia configurar violação desta pauta de conduta. O escrutínio deste comportamento implica uma verificação da conformidade da determinação adotada com os interesses da sociedade, à luz de critérios de proporcionalidade. Na opinião da Superintendência de Sociedades, a fixação de honorários e bonificações "deve se cumprir conforme os princípios da boa-fé, lealdade e diligência e cuidado do bom homem de negócios, pressupostos que a juízo deste Despacho deixam a salvo a possibilidade de demonstrar judicialmente por aqueles que tenham interesse jurídico, os prejuízos suportados pela companhia por causa das determinações salariais ou prestações adotadas pelo gerente ou pela junta diretiva" (v. Ofício 220-38140, de 17.9.2001).

24. R. M. B. C. A. S. 8.30, (a), (2). De acordo com a autorizada opinião de Clark, "os membros da junta diretiva, os demais administradores e, em algumas situações, os acionistas controladores, devem a suas sociedades e às vezes aos sócios e inversionistas, um dever fiduciário de lealdade. Este dever impede aos fiduciários [administradores] obter vantagem de seus beneficiários por meio de negócios fraudulentos ou injustos. Não deverão, portanto, abusar dos beneficiários em situações em que haja conflito de interesse. Sob certas circunstâncias, poderiam atuar indevidamente simplesmente por manter passivamente um estado de negócios pessoais no que existe conflito de interesses (Robert Charles Clark, ob. cit., p. 141).

fiduciários particulares, para enfrentar muitas situações recorrentes que implicam em conflitos de interesses".[25]

Se a lei colombiana não dispõe explicitamente que o dever de lealdade se aplica também sobre a relação entre os administradores e os sócios, como ocorre no sistema norte-americano, existem na legislação vigente princípios que permitem fazer esta assimilação. Com efeito, a expressão contida no art. 23 da Lei 222, no sentido de que as atuações dos administradores "se cumprirão em interesse da sociedade, *tendo em conta os interesses de seus sócios*" (grifos nossos), denota a intenção legislativa de permitir que a norma se aplique às situações que entranhem deslealdade com os sócios.

3.5 Deveres específicos dos administradores

O art. 23 da Lei 222/1995 contempla algumas das principais responsabilidades que se atribuem aos administradores sociais. Estes preceitos se orientam à profissionalização de tais cargos. Como se poderá apreciar em seguida, as três primeiras funções específicas contidas na norma podem se enquadrar dentro do dever de diligência ou cuidado, enquanto que as cinco últimas são a consagração do de lealdade. A norma é de caráter enunciativo e serve para ilustrar ao intérprete e ao próprio administrador sobre o alcance de suas responsabilidades.

a) *Adequado desenvolvimento do objeto social*

O n. 1 do art. 23 da lei exige ao administrador "realizar os esforços conducentes ao adequado desenvolvimento do objeto social". O enunciado deste preceito corresponde ao mais elementar dos deveres de conduta que assumem os administradores. Não, por óbvio, deixa de ser muito importante e útil o dever de conduta contido nesta norma. Ainda do ponto de vista probatório, será mais simples para quem for prejudicado por esta omissão de conduta argumentar que existe causalidade entre o dano sofrido e o descumprimento deste dever legal, cuja prova pode resultar mais diligente.

O fato de que a SAS possa ter objeto social indeterminado não afeta em absoluto a aplicação deste dever de conduta. Ainda na hipótese de objeto amplo é evidente que se pode fazer um escrutínio da conduta dos administradores ante a inatividade no desenvolvimento de atividades de exploração econômica. Este dever de conduta pode ser utilizado naqueles casos em que os administradores utilizam a SAS como um simples veículo para a realização de atividades ilícitas, como nas denominadas sociedades de fachada.

b) *Velar pelo cumprimento das disposições legais e estatutárias*

Os administradores têm um dever positivo de conduta que se manifesta na obrigação de se empenharem ao máximo para que se cumpram as normas legais e contratuais tanto em sua atividade como nas de seus subalternos. Esta norma compreende, em certa medida, a consagração da tese da *culpa in vigilando*. Esta, como se sabe, acarreta também um dever de cuidado a

25. Robert Charles Clark, ob. cit., p. 141. A legislação brasileira de sociedades, sobre a qual se diz existir uma grande influência norte-americana, faz uma detalhada apresentação do dever de lealdade e inclusive assinala as hipóteses específicas em que se considera transgredido. Com efeito, o art. 155 da lei de sociedades por ações dispõe que "o administrador deve servir com lealdade à companhia e manter reserva sobre os seus negócios, sendo-lhe vedado: I – usar, em benefício próprio ou de outrem, com ou sem prejuízo para a companhia, as oportunidades comerciais de que tenha conhecimento em razão do exercício de seu cargo; II – omitir-se no exercício ou proteção de direitos da companhia ou, visando à obtenção de vantagens, para si ou para outrem, deixar de aproveitar oportunidades de negócio de interesse da companhia; III – adquirir, para revender com lucro, bem ou direito que sabe necessário à companhia, ou que esta tencione adquirir (...)".

respeito dos funcionários que trabalham sob a dependência dos administradores e que, portanto, atuam frequentemente com sujeição às ordens emanadas por aqueles.[26]

c) *Zelar para que se permita que o auditor fiscal cumpra suas funções*

O auditor fiscal na SAS só é necessário naqueles casos previstos na Lei 43, de 1990, isto é, quando se cumprirem os critérios *dimensionais* de ativos e ingressos destacados nessa norma. Já que o auditor fiscal só carece de verdadeira independência diante da administração da sociedade, a Lei 222 enfatiza a ideia de que o auditor fiscal deve contar, pelo menos, com os recursos necessários para cumprir suas funções. Assim, os administradores estão obrigados a fornecer àquele toda a informação contábil, financeira, administrativa ou de outra índole que ele considere indispensável para o cumprimento de suas atribuições legais ou estatutárias.

d) *Guardar e proteger o sigilo comercial e industrial da sociedade e abster-se de utilizar indevidamente informação privilegiada*

Os ns. 4 e 5 do art. 23, já citado, consagram estes dois importantes deveres de lealdade, cujo propósito essencial consiste em guardar o indispensável sigilo acerca das informações sobre a sociedade. No primeiro caso, trata-se, essencialmente, de informações de ordem técnica que os administradores sociais adquirem na ocasião do exercício de seus cargos, sobre as fórmulas de processos industriais ou sobre algumas circunstâncias que têm aplicações econômicas para a sociedade e que se mantêm em segredo, assim como o sigilo sobre os livros e documentos da sociedade (Código Comercial, art. 61).[27] No segundo caso, refere-se à informação privilegiada, como a que existe, por exemplo, a respeito de situações futuras da companhia. *v.g.*, emissões de ações, solicitação de acordo de reestruturação etc., cuja divulgação pode ser prejudicial para a companhia. A Superintendência de Sociedades determinou, por via doutrinária, o alcance da expressão *informação privilegiada*, assim como suas características e algumas das hipóteses em que, a juízo da entidade, não se configura seu uso indevido (Circular Externa 20, de 4 de novembro de 1997).[28]

26. Sobre este ponto, é interessante o que se prevê na legislação brasileira, que expressamente consagra a *culpa in vigilando*. O § 2º do art. 155 da Lei de Sociedades Anônimas (Lei n. 6.404/1976) dispõe que o "administrador deve zelar para que a violação do disposto no § 1º não possa ocorrer através de subordinados ou terceiros de sua confiança".

27. Dentro dos documentos submetidos ao sigilo, se encontram os anexos dos estados financeiros. Assim, ainda que estes últimos estejam disponíveis para consulta de qualquer interessado, aqueles são documentos privados que contêm informação procedente dos livros sujeitos a sigilo (cf. Superintendência de Sociedades, Ofício 220-87598, de 22.9.1999).

28. "*Conceito de informação privilegiada*: por informação privilegiada deve se entender aquela a qual só têm acesso direto certas pessoas (sujeitos qualificados) em razão de sua profissão ou ofício, o qual, por seu caráter, está sujeito ao sigilo, já que ao conhecê-la poderia utilizá-la com fim de obtenção de proveito ou benefício para si ou para terceiro. *Características da informação privilegiada*: é necessário que a ela só tenham acesso determinadas pessoas, em razão do cargo ou de suas funções no setor público ou no setor privado; deve ter a idoneidade suficiente para ser utilizada; deve versar sobre fatos concretos e referidos no ambiente societário ou ao âmbito dentro do qual atua a companhia. *Uso indevido da informação privilegiada*: se considera que há uso indevido da informação privilegiada quando quem a possui e está na obrigação de mantê-la em sigilo, incorre em qualquer das seguintes condutas, independente de que sua atuação lhe traga ou não benefícios: que repasse a quem não tenha direito de acessá-la; que seja usada com fim de obter proveito próprio ou de terceiros; que a oculte maliciosamente em prejuízo da sociedade ou em benefício próprio ou de terceiros, o qual supõe usá-la somente para si e, por abstenção, em prejuízo da sociedade para estimular benefício próprio ou de terceiros; que a torne pública em um momento inapropriado. Igualmente fará uso indevido da informação, quando existindo a obrigação de torná-la conhecida não a

Assim, entende-se por segredo industrial "todo conhecimento reservado sobre ideias, produtos ou procedimentos industriais que o empresário, por seu valor competitivo para a empresa, deseja manter oculto".[29] Os arts. 260 a 266 da Instrução Normativa 486/2000, adotada pela comissão para o Acordo de Cartagena, que regula o regime comum da propriedade industrial para os países da denominada *Comunidade Andina*, reconhece explicitamente a proteção a ditas informações confidenciais, que nessa regulamentação são denominadas "segredos empresariais".

e) *Tratar equitativamente todos os sócios e respeitar seu direito de fiscalização*

A difícil harmonização dos interesses – às vezes díspares e até antagônicos – entre a maioria e os demais, constitui-se fator de preocupação por parte das legislações há muito tempo. Como afirma o autor espanhol Justino Duque, "(...) definitivamente trata-se de estabelecer um âmbito no qual os interesses do acionista não sejam computados na ação majoritária dos órgãos sociais. Não é só uma *exigência técnica*, como também uma exigência de caráter ético, o que impõe o reconhecimento de certos *limites ao poder da maioria ou da minoria* organizada especialmente perceptível nas sociedades com ações dispersas pelo público para proteger os acionistas. A maioria tem certos limites, fora dos quais a ação da sociedade não é correta. Entre estes limites se encontram os *direitos próprios, direitos individuais do acionista*".[30]

A Lei 222/1995 reafirma o princípio, que, não por óbvio, é o menos vulnerável, de que os administradores devem tratar de igual forma todos os sócios e garantir a eles todos seus direitos. Ademais, a norma se detém especialmente no direito de fiscalização individual, a cuja inviolabilidade diz respeito a norma que se comenta. Esta prerrogativa é fundamental para o sócio, como parte dos denominados *direitos instrumentais*.[31]

Este dever de conduta é particularmente relevante no âmbito da sociedade por ações simplificada devido às características que devem estar presentes nos conflitos intra-societários das sociedades fechadas. Em muitas ocasiões, como se analisará com mais detalhes adiante, a ruptura de relações harmônicas entre acionistas majoritários e as minorias, dá lugar a manobras opressivas, operacionalizadas normalmente pelos próprios administradores.

f) *Abster-se de participar em atos que impliquem conflito de interesse ou concorrência com a sociedade*

O n. 7 do artigo *sub examine* se refere a um tema de particular importância no estado atual do Direito Societário. Regula dois aspectos plenamente diferenciados: de um lado, refere-se às situações de conflito de interesses dos administradores frente à sociedade,[32] e, de outro, alude às

torna pública e a divulga em meio restrito ou não a divulga de maneira alguma. Alguns casos nos quais não se configura o uso indevido da informação privilegiada: quando o órgão competente da sociedade autorize expressamente ao administrador a revelação do sigilo; quando a informação seja repassada às autoridades que têm a faculdade de solicitá-la e seja prévia sua solicitação; quando se põe a disposição dos órgãos que tem direito a conhecê-la, tais como a assembleia geral de acionistas, a junta de sócios, a junta diretora, o auditor fiscal, os sócios em exercício do direito de fiscalização e os assessores externos etc." (Superintendência de Sociedades, Circular Externa 20, 4.11.1997).

29. José Antonio Gómez, *apud* Manuel Pachón, *El Régimen Andino de la Propiedad Industrial*, Bogotá, Edic. Gustavo Ibáñez, 1995, p. 181.

30. Justino F. Duque Domínguez, "La protección del accionista minoritario en la sociedad anónima", *Revista de Sociedades*, Madri, Editorial Civitas, pp. 6 e 62.

31. Joaquín Rodríguez, *Tratado de Sociedades Comerciales*, 2ª ed., México, Porrúa Hnos., 1971, p. 394.

32. A Superintendência de Sociedades definiu o conceito de conflito de interesses como a situação na qual "não é possível a satisfação simultânea de

situações de concorrência daquele, sobre os negócios a que esta também se dedique. Em um e outro caso, a lei é explícita ao assinalar que não se requer que o interesse beneficiado com a atividade seja diretamente o do administrado, senão que sejam abarcados também aqueles atos realizados no interesse de terceiros.[33] E, ademais, indica, com toda clareza, que a participação nas citadas atividades pode ser cumprida diretamente pelo administrador ou por pessoa interposta.

A norma citada parte de uma proibição de caráter geral para executar uns e outros atos, mas dispõe que, entretanto, poderão se realizar tais atividades, sempre que se cumprir um procedimento previsto no mesmo preceito. Isso quer dizer que as operações conflitivas ou de concorrência com a sociedade não lhe são necessariamente prejudiciais.[34] De fato, sob certas circunstâncias, determinado negócio celebrado com algum administrador da sociedade pode ser útil para ambas as partes. Por essa razão a Lei 222 não impede definitivamente a realização de tais atos, senão submete sua celebração a um rigoroso procedimento mediante o qual se pretende, na essência, proteger os interesses da sociedade, seus sócios e terceiros interessados.[35]

O procedimento foi regulado conforme o princípio segundo o qual o ato pode se realizar se existir autorização do órgão societário máximo e fornecimento de toda a informação pertinente para adotar a determinação.[36] Logicamente, o voto do ad-

dois interesses, isto é: o do administrador e o da sociedade, bem assim o interesse daquele ou de terceiro" (Circular Externa 20, 4.11.1997).

33. Tal seria o caso, p.ex., de uma pessoa que ocupa simultaneamente um cargo de gerente em duas sociedades por ações simplificadas que contratam entre si. Ainda que as determinações que tenham a ver com a celebração de tais contratos possam não afetar diretamente o interesse do mencionado representante legal, é claro que existe uma situação de conflito porque o funcionário poderia atuar para favorecer em maior grau os interesses de uma sociedade do que da outra.

34. Sobre este ponto em particular, e com o fim de esclarecer o alcance do disposto na norma, a Superintendência de Sociedades, na Circular n. 20, de 4.11.1997, afirmou o seguinte: "Este termo entende que 'atos de concorrência são aqueles que implicam uma concorrência entre o ente societário e o administrador, ou um terceiro em favor do qual se tenha a vocação de atuar, toda vez que cada um deles persegue a obtenção de um mesmo resultado, tal como ocorre quando vários pretendem a aquisição de produtos ou serviços, ou posicionamento no mercado ao que eles concorrem. Chama atenção de maneira especial a decisão no sentido de que esta disposição legal proíbe as autoridades que participem em atividades que impliquem concorrência com a sociedade, sem qualificar a forma como se desenvolve essa concorrência; isto é, sem estabelecer se é concorrência desleal ou concorrência ilícita, porque para estes efeitos o que transcende é o fato de competir e nada mais. Em consequência, não pode o administrador argumentar em seu favor que os atos de concorrência não tem a qualidade de desleais, pois tal condição não foi prevista pela lei. Com fim de determinar se existem ou não atos de concorrência, será necessário estabelecer quais são as atividades que constituem o objeto social da companhia, quais são as linhas de produtos ou serviços, qual é o mercado ao qual se encontram direcionados, qual é o âmbito de ação territorial, etc. A participação pode ser direta, quando o administrador realiza pessoalmente os atos de concorrência; ou, indireta, quando o administrador através de um terceiro desenvolve a atividade de concorrência, sem que seja evidente ou notória sua presença".

35. Esta é uma das normas que mereceram um ajuste importante quanto ao texto que aparecia no Projeto de lei 199, de 1993. No art. 154 da referida proposta referia-se, simplesmente, que "ninguém poderá atuar como administrador de duas ou mais companhias que sejam competidoras entre si, ou quando entre elas, a juízo dos demais administradores, se apresentarem conflitos de interesse". A Superintendência de Sociedades se pronunciou a favor da possibilidade de que um membro da junta diretiva possa prestar simultaneamente serviços profissionais à sociedade em que exerce seu cargo, sempre que cumprir o procedimento do n. 7 do art. 23 da Lei 222/1995 (cf. Ofício 220-39036, de 7.5.1999).

36. Sugerimos que se acolhesse um sistema parecido ao adotado por várias legislações estaduais norte-americanas sobre a matéria. Nelas, como afirma Henn e Alexander, "(...) muitas jurisdições têm legislado sobre o problema do conflito de interesse dos administradores. Ainda que as fórmulas variem, usualmente ordenam ao diretor interessado que se abstenha de votar. Ademais, exigem o voto dos diretores que não têm interesse pessoal na operação ou ratificação da assembleia, assim como a condição de

ministrador interessado deve ser excluído se ele é sócio ou acionista.

O recente Decreto 1.925 de 2009 regulamenta detalhadamente a aplicação do mencionado n. 7 do art. 23 da Lei 222/1995. Em particular, este decreto regulamentador define os procedimentos e sanções aplicáveis aos acionistas e administradores que infrinjam o referido preceito. Em seu art. 5º destaca, dessa forma, que "para se obter em processo judicial a declaração de nulidade absoluta dos atos executados contra os deveres dos administradores consagrado no n. 7 do art. 23 da Lei 222/1995, proceder-se-á mediante o procedimento legalmente estabelecido, de conformidade com o art. 233 da Lei 222/1995; sem prejuízo de outros mecanismos de solução de conflitos estabelecidos nos estatutos. Salvo os direitos de terceiros que tenham agido de boa-fé, declarada a nulidade, serão restituídas as coisas ao seu estado anterior, o que pode incluir, entre outros, a reintegração dos proveitos obtidos com a realização da conduta punida, sem prejuízo das ações de impugnação das decisões, conforme o disposto nos arts. 191 e ss. do Código Comercial". Na mesma disposição se prevê que, "mediante este mesmo trâmite, o administrador que contrariar o disposto no art. 23 da Lei 222/1995, será condenado a indenizar a quem houver causado prejuízos. O juiz competente, segundo o estabelecido na lei, poderá punir os administradores com multas e/ou com a inabilitação para exercer a atividade empresarial, sem prejuízo da responsabilidade penal que tal conduta possa gerar". Por último, a norma introduz em seu parágrafo uma determinação sobre o trâmite arbitral e outra sobre o mesmo regime que deve ser aplicado à SAS: no caso de a sociedade ter pactuado cláusula compromissória ou compromisso, se observará as normas respectivas. No caso da Sociedade por Ações Simplificadas se aplicará o art. 44 da *Lei 1.258, de 2008*.

3.6 Responsabilidade dos administradores

O art. 200 do Código Comercial foi uma das disposições revisadas em sua íntegra pelo legislador de 1995. Com efeito, a norma carecia de precisão suficiente e se limitava a repetir os princípios gerais de responsabilidade por dolo ou culpa, próprios do direito civil. A disposição vigente é mais precisa ao definir claramente qual é o alcance da responsabilidade que assumem os administradores, em que casos se presume sua responsabilidade e quando podem exonerar-se dela.

A primeira especificação importante da Lei 222/1995 está em destacar uma responsabilidade solidária e ilimitada dos administradores pelos prejuízos que por dolo ou culpa causarem à sociedade, aos sócios ou a terceiros. Não pode existir, portanto, dúvida alguma sobre o alcance da responsabilidade que assumem os administradores das sociedades. Bastará, então, que se comprove que houve culpa, dano e nexo de causalidade para que se imponha responsabilidade solidária a todos os administradores que participaram na tomada de decisão respectiva ou que a executaram. Dessa forma, é suficientemente claro que a responsabilidade imputável aos administradores pode ser contratual ou extracontratual.

Ademais, deve-se ter em conta que a norma citada estabelece que "ter-se-ão por não escritas as cláusulas do contrato social que tendam a absolver os administradores das responsabilidades anteriormente referidas ou a limitá-las ao custo das cauções que tenham dado para exercer seus cargos".[37] Esta norma não é senão a consagração do princípio essencial de que não é possível

que o negócio seja justo e razoável para a sociedade" (Harry Henn, *Laws of Corporations*, St. Paul, Hornbook Series, West Publishing Co., 1983, p. 640). Considerou-se, particularmente, a regulamentação prevista na nova lei-tipo de sociedades (R. M. B. C. A., subcapítulo f, seções 8.60 e ss.).

37. Este princípio já se encontrava presente no revogado art. 200 do Código Comercial.

condenar o dolo futuro. Contudo, não significa que os administradores não possam se resguardar contra futuras responsabilidades mediante a aquisição de apólices de seguros que cubram o risco associado à sua atividade. Esta classe de apólices, que é muito comum em outros lugares, não restringe, como é óbvio, em todo caso, o caráter da responsabilidade dos administradores que é, como já dito, ilimitada.

Apesar da importância da proibição que acaba de se destacar, é bom advertir que em outros sistemas jurídicos se tem alcançado soluções opostas à indicada. É assim, por exemplo, na Lei Geral de Sociedades do Estado de Delaware, que permite às sociedades de capital fechado afastar a aplicação dos deveres fiduciários dos administradores. Dessa forma, a Seção 18-1101(e) da lei de sociedades de capital fechado (*Limited Liability Companies* ou LLC) desse Estado preceitua que, "nos estatutos de uma sociedade de capital fechado poderá pactuar-se a limitação ou a eliminação de toda responsabilidade por descumprimento dos estatutos ou por violação dos deveres (incluídos os chamados deveres fiduciários) de qualquer sócio, administrador ou qualquer outra pessoa que participe em uma sociedade de capital fechado (LLC). (...) sempre e quando nos estatutos não se eliminar a responsabilidade por atos ou omissões que constituam uma violação ao dever de boa-fé (...)".

4. O administrador de fato na SAS

Como se acabou de explicar, apesar de a Lei 222/1995 ter regulado com detalhes os deveres fiduciários dos administradores, não existia na Colômbia o conceito de administrador de fato. Agora, com a existência deste conceito, permitir-se-á, seguramente, a aplicação de padrões de conduta elevados aos acionistas que controlem uma SAS, mesmo que não participem de modo direto na administração da companhia.

O sistema de administradores de fato, tomado do Direito Comparado de sociedades, aponta no sentido de tornar extensíveis as responsabilidades legais aplicáveis aos administradores a outros indivíduos que, sem ocupar cargos formais dentro da companhia, exerçam atividades positivas de administração ou gestão. No art. 27 da Lei de SAS regulou-se, de modo explícito, esta figura, mediante uma consagração geral que outorga ao juiz societário discricionariedade suficiente para definir quando é o caso de tal qualificação. A novidade desta instituição no direito local justifica uma breve menção dos precedentes de direito comparado considerados para a configuração desta figura.

4.1 Precedentes no direito norte-americano

O direito norte-americano, como tantas vezes acontece em matéria de regime societário, foi um dos primeiros a se referir ao problema dos abusos da maioria em sociedades fechadas. A jurisprudência do *common law* introduziu regras jurídicas, hoje suficientemente assentadas, que permitem estender os deveres fiduciários dos administradores às pessoas que não sejam formalmente administradoras. Estes desenvolvimentos jurisprudenciais, aplicáveis ao contexto de sociedade de capital fechado (*closely held corporations*), tem tido significativa influência em outros sistemas jurídicos. Em alguma medida, estas decisões judiciais se relacionam com o conceito de administrador de fato, já que permitem impor sanções a certos indivíduos, ainda que não detenham cargos de administração na sociedade. Os precedentes judiciais, que se mencionam a seguir, demonstram como algumas condutas ilegítimas de acionistas majoritários são equiparadas a uma violação de deveres fiduciários e, consequentemente, penalizadas pelos tribunais.

Um dos primeiros casos conhecidos nos Estados Unidos é o já mencionado Donahue *vs*. Rodd Electrotype Co., julgado pela Suprema Corte do Estado de Massachussets.[38] Neste precedente jurisprudencial, a demandante Euphemia Donahue, acionista minoritária da sociedade Rodd Electrotype propôs uma demanda judicial contra a companhia, seus administradores e acionistas majoritários, sob o fundamento do tratamento injustificado de que havia sido vítima durante um processo de reaquisição de ações. Na opinião da demandante, a conduta das maiorias constituía uma violação de deveres fiduciários que lhes seriam aplicáveis por se tratar de uma sociedade fechada. Nos fatos deste caso, ficou claro que Rodd Electrotype Co. fizera, em diversas ocasiões, ofertas para a reaquisição de suas próprias ações, em condições de preço assimétricas para o acionista majoritário e para os acionistas minoritários. Na verdade, o preço da oferta que havia dado lugar à reaquisição das ações de propriedade do Sr. Harry Rodd, acionista majoritário da companhia, havia sido significativamente maior que o contido na oferta feita aos minoritários.[39] Estes últimos manifestaram sua inconformidade com a atitude dos majoritários e exigiram da sociedade que procedesse à reaquisição de suas ações em condições e termos idênticos aos utilizados para recompra pelos acionistas majoritários.

Neste caso, o critério utilizado pela Suprema Corte do Estado de Massachussets consistiu na extrapolação de princípios outrora aplicáveis somente às sociedades de pessoas (*partnership*) para uma sociedade de capital fechado. Nas palavras do tribunal, "os acionistas em uma sociedade de capital fechado devem executar as responsabilidades que lhes dizem respeito como administradores e sócios, conforme um específico cânone de boa-fé qualificada. Não podem, portanto, comportar-se de forma gananciosa ou negligente, nem agir exclusivamente na busca de seus próprios interesses, de forma que isso produziria uma quebra de seu dever de lealdade com outros acionistas e a sociedade".[40]

Antes de fazer a assimilação acima, o Tribunal formulou uma nítida divisão entre sociedades abertas e fechadas, por meio da demarcação de elementos que permitem distingui-las com clareza. A seu critério, as sociedades de capital fechado apresentam as seguintes características: (i) a ocorrência de um número reduzido de acionistas, (ii) a inexistência de um mercado aberto para negociar as ações em que se divide o seu capital e, (iii) a participação da maioria de seus acionistas em órgãos de administração da companhia.[41]

O tribunal deixou claro que, diante do surgimento de um conflito, "o prejuízo do minoritário fica evidente na medida em que este não pode obter o reembolso antecipado de seu capital. Em sociedades quotizadas de grande dimensão, o acionista minoritário dissidente ou que tenha sido pressionado pode vender suas ações para recuperar ao menos parte do capital investido. É claro que um mercado dessa natureza não existe para sociedades fechadas. Em uma sociedade de fato (*partnership*),

38. 367 Mass. 578, 328 N.E. 2s 505 (1975).

39. Enquanto que em 1970 a companhia readquiriu suas ações a um preço de 8.000 Dólares cada uma, em 1965 e 1969, a Rodd Electrotype Co. ofereceu a compra das ações que os minoritários detinham por preços que flutuaram entre os 40 e os 200 Dólares por ação. Cf. William L. Cary *et al.*, *Corporations, Cases and Materials*, 6ª ed., Nova York, The Foundation Press, 1988, p. 332.

40. No caso analisado, a Suprema Corte de Massachussets fez referências a algumas das condutas usuais praticadas com o propósito de oprimir os acionistas minoritários: "as maiorias podem se recusar a repartir dividendos; apropriar-se dos lucros da companhia, mediante a fixação de salários e bonificações exorbitantes em favor dos acionistas majoritários que fazem parte da administração ou inclusive em benefício de seus familiares; podem extrair valor por meio da estipulação de cânones excessivos em contratos de arrendamento celebrados com as maiorias; ou podem, de igual modo, excluir os acionistas minoritários da administração e negar-lhes a possibilidade de trabalhar para a companhia" (cf. William L. Cary *et al.*, ob. cit., p. 334).

41. William L. Cary *et al.*, ob. cit., p. 333.

o sócio que crê ter sido tratado abusivamente pelos demais pode provocar a liquidação forçada da companhia a qualquer momento e recuperar sua quota-parte nos ativos sociais, assim como os lucros acumulados. Diversamente, o acionista da sociedade fechada (*incorporated partner-ship*) só poderá obter o reembolso de sua participação na companhia se observadas rigorosas condições previstas nas Leis Gerais de Sociedades. Portanto, em uma sociedade fechada, o acionista minoritário pode terminar preso a uma situação desvantajosa. Nenhum terceiro assumiria a posição em que se encontra o minoritário prejudicado, já que teria de assumir a sua posição. Para reduzir suas perdas, o minoritário poderia ver-se obrigado a negociar com os majoritários. Este seria o golpe de misericórdia na estratégia do majoritário. A opressão das minorias (conhecida na terminologia anglo-saxã como *freeze-out*), frequentemente caracterizada pela renúncia na partilha de dividendos, destina-se a forçar a minoria a ceder suas ações a preços inadequados. Quando o acionista minoritário decide finalmente vender suas ações a um preço inferior do valor de mercado, o majoritário terá ganhado a partida".

A Suprema Corte do Estado de Massachussets sustentou que as relações dos acionistas de sociedade fechadas devem orientar-se sempre por critérios estritos de lealdade e confiança, de modo a evitar atuações que tendam a satisfazer o interesse dos majoritários, sua conveniência pessoal ou sua própria ganância.[42] O tribunal assinalou o seguinte: "tanto na emissão e colocação de ações, como em sua reaquisição, os órgãos administrativos estão sujeitos a estritos deveres fiduciários, em virtude dos quais surge para eles a obrigação de procurar que se satisfaçam os interesses da sociedade. À luz destes deveres, não se admitem ações oportunistas nem aquelas que se realizem em benefício exclusivo de interesses pessoais".[43]

Neste caso, o tribunal concluiu que os acionistas majoritários de Rodd Electrotype Co. haviam omitido o cumprimento de seus deveres fiduciários e incorrido em conduta abusiva, ao negar à Sra. Donahue a oportunidade de vender suas ações à sociedade nas mesmas condições em que o havia feito o acionista majoritário. A minoria ficara, portanto, exposta a uma evidente disparidade em relação ao grupo controlador.

A Suprema Corte do Estado de Massachussets decidiu, portanto, que tais ações podiam se rescindidas, isto é, que seus efeitos eram susceptíveis de retroagir ao estado anterior ao momento em que ocorreu o abuso. Para tanto, o tribunal adotou soluções alternativas. Em primeiro lugar propôs a possibilidade do reembolso do valor da reaquisição por parte do acionista majoritário em troca da restituição de suas ações pela companhia. No caso de não ser adotada essa medida, seria imposta de modo alternativo a ordem segundo a qual a Rodd Electrotype Co. readquiriria as ações da minoria, nas mesmas condições de preço nas quais a companhia readquiriu as da maioria. Qualquer das duas determinações permitiria, segundo o critério judicial, sanar a disparidade observada.

O precedente judicial mencionado teve desenvolvimentos posteriores que mostram a propensão da jurisprudência norte-americana em estabelecer uma aplicação extensiva dos deveres fiduciários dos administradores aos acionistas majoritários, quando agem contra os interesses das minorias. No caso Wilkes *vs.* Springside Nursing Home, Inc., julgado em 1976 pela Suprema Corte do Estado de Massachussets, manteve-se a regra jurídica assentada em Donahue *vs.* Rodd Electrotype Co.[44]

42. William L. Cary *et al.*, ob. cit., p. 335.

43. Harry G. Henn e John R. Alexander, *Laws of Corporations and other Business Enterprises*, 3ª ed., Minnesota, West Publishing Co., 1983, p. 436.

44. 370 Mass. 842, 353 N.E. 2d. 657.

Os fatos deste caso podem ser apreciados de modo semelhante aos de 1951. A sociedade Springside Nursing Home, Inc., constituíra-se no Estado de Massachussets por quatro indivíduos. Cada um dos acionistas, entre eles o Sr. Wilkes, subscreveram dez ações de valor nominal de 100 Dólares cada uma, para um valor total de 1.000 Dólares de aporte. Os acionistas haviam acordado administrar conjuntamente a sociedade e receber iguais benefícios econômicos da companhia.[45] Wilkes demandou contra os outros três acionistas quando estes adotaram a determinação de expulsá-lo de sua posição de administrador e empregado da companhia.[46] Na opinião do demandante, os acionistas majoritários violaram os deveres fiduciários a que estavam sujeitos ao privá-lo dos benefícios econômicos derivados de seu trabalho em Springside Nursing Home, Inc.[47]

Este caso é particularmente relevante porque, apesar de ratificar o precedente criado em Rodd Electrotype Donahue, traz algumas exceções que permitem uma visão mais clara da regra jurídica que marca o precedente inicial. Com feito, a Suprema Corte do Estado de Massachussets afirma, em primeiro lugar, que a aplicação generalizada de deveres fiduciários aos acionistas majoritários pode atentar contra a discricionariedade que corresponde à maioria para permitir a eficiente tomada de decisões em benefício da companhia.[48] É por isso que o tribunal estima que a extrapolação de deveres fiduciários é pertinente somente naquelas circunstâncias em que, como ocorreu no caso Wilkes *vs.* Springside Nursing Home Inc., a maioria agiu sob meios ilegítimos. Evidentemente, o fato de excluir Wilkes da companhia não correspondia ao interesse social, senão ao propósito inconfessável de prejudicar o acionista minoritário da Springside Nursing Home Inc.[49]

Em razão das considerações anteriores, a Suprema Corte do Estado de Massachussets considerou que a atuação dos acionistas majoritários havia violado os deveres fiduciários ao não se sujeitar aos cânones estritos da boa-fé, lealdade e confiança. De igual modo, condenou os acionistas majoritários a indenizar os prejuízos causados a Wilkes por sua ação injustificada.

Os precedentes judiciais mencionados se assemelham em grande medida ao conceito de administrador de fato. As determinações adotadas pela Suprema Corte de Massachussets, ao assemelhar o regime jurídico aplicável às sociedades de pessoas com as regras que regem as sociedades de capital fechado, deixou claro como os sócios daquelas e os acionistas majoritários destas detêm a administração direta e conjunta da companhia. A delegação destas condutas administrativas em ambos os casos, implica um alto grau de confiança tanto na lealdade, como nas habilidades de quem as exerce.[50]

4.2 A doutrina e jurisprudência francesas

Segundo a doutrina francesa, os administradores de fato (*dirigeants de fait*) são aquelas pessoas físicas ou jurídicas que, apesar de desprovidas de um mandato

45. Cf. Charles R. O'Kelley Jr. *et al.*, ob. cit., p. 553.

46. O bloco controlador se forma quando os três sócios de Wilkes fazem frente comum para excluí-lo da administração da Springside Nursing Home, Inc. (Charles R. O'Kelley Jr. *et al.*, ob. cit., p. 553).

47. A Springside Nursing Home, Inc. nunca declarou nem repartiu dividendos com seus acionistas durante os dezesseis anos em que Wilkes esteve como administrador e empregado da companhia. Os lucros eram distribuídos por meio de salários iguais aos sócios que trabalhavam dentro da Springside Nursing Home, Inc. (Charles R. O'Kelley Jr. *et al.*, ob. cit., p. 555).

48. Dentro das faculdades que os acionistas majoritários devem ter para o manejo eficiente da companhia se encontram as relativas à repartição dos dividendos, a determinação de contratar ou de despedir administradores e a de estabelecer seus salários (Charles R. O'Kelley Jr. *et al.*, ob. cit., p. 554).

49. Charles R. O'Kelley Jr. *et al.*, ob. cit., p. 554.

50. Charles R. O'Kelley Jr. *et al.*, ob. cit., p. 547.

social, interferem no funcionamento da sociedade para exercer, com soberania e independência, uma atividade positiva de gestão, de administração e de direção. "Esta qualificação permite aplicar a uma situação de fato a consequência jurídica correspondente (sanções civis e penais previstas para os mandatários sociais, etc.)".[51] Françoise Pérochon afirma que o administrador de fato atua, intervém ativamente na direção dos assuntos sociais. "Sua atuação não se limita a emprestar dinheiro à sociedade, dar conselhos (mesmo porque conselhos parecem ordens), ou vigiar zelosamente as operações efetuadas pelos administradores de direito. Acaba por substituí-los no processo de tomada de decisões. Trata-se de uma *inmixión* efetiva na gestão social". E, mais adiante, acresce que "os administradores de fato têm origens diversas: sócios, especialmente majoritários (p. ex., sócio único em empresa unipessoal), provedores de liquidez (banqueiros, concedentes, franqueadores ou entidades financeiras etc.), parentes ou amigos de um administrador de direito, assalariados, etc. Pouco importa a forma mais ou menos aberta da intervenção. Tampouco é relevante a fonte de onde deriva a autoridade do administrador de fato".[52]

A figura do administrador de fato tem importância nos processos concursais devido à chamada "ação judicial para completar o ativo insuficiente" (*action en comblement de l'insuffisance d'activ*). Esta ação judicial pode ser proposta pelos credores quando em um processo concursal se constata déficit patrimonial da sociedade concursada. Mediante a ação mencionada se busca que o juiz exija dos administradores sociais que atuaram indevidamente, integralizar os recursos faltantes para completar o ativo, de forma que possam ser satisfeitas as dívidas que, de outro modo, resultariam não solvidas. Normalmente, a ação pode ser proposta contra aqueles indivíduos que exercem funções de administração ou representação legal na sociedade. Entretanto, é possível solicitar também que se efetue a mesma declaração judicial em relação às pessoas que não tenham essa qualidade. Com base no art. L-624-3 do Código Comercial francês, o juiz pode realizar a qualificação de administrador de fato em relação a pessoas naturais ou jurídicas que, "apesar de estarem desprovidas de um mandato social, interferirem na gestão, direção ou administração de uma sociedade ou que, de modo independente, tiverem exercido uma atividade positiva de gestão ou de direção".[53]

Claro que a jurisprudência francesa foi cuidadosa em trazer uma noção restritiva do conceito. Em outras palavras, não é qualquer atuação de um indivíduo que não desempenhe cargos de administração na sociedade que permite considerá-lo um administrador de fato. Exige-se a realização

51. Alexis Constantin, *Droit des Societés, Droit Commun et Droit Spécial des Societés*, 2ª ed., Paris, Dalloz, 2005, p. 52.

52. Françoise Pérochon e Régine Bonhomme, *Enterprises en Difficulté. Instruments de Crédit et Paiment*, 4ª ed., Paris, LGDJ, pp. 459-460. Em sentido análogo afirma Dominique Vidal que fica muito fácil ao administrador de fato cometer faltas, irregularidades e infrações ao agir em nome de uma pessoa jurídica, de maneira que, "como ocorre com o controlador de uma marionete, se conformará em manejar os fios nas sombras" (Dominique Vidal, *Droit des Societés*, 5ª ed., Paris, LGDJ, 2006, p. 217). Em termos mais concretos, a mesma autora destaca como a qualidade de administrador de fato surge do exercício de poderes de gestão ou bem de realização de certas atividades financeiras. "No primeiro caso, se trata de uma mescla na administração; o juiz constata, por exemplo, que o interessado é quem tem contatos com a clientela, os fornecedores, os empregados etc. Quanto ao exercício de poderes financeiros poder-se-ia tratar de 'aportes em conta-corrente' ou de financiamento constante de obrigações da sociedade" (Dominique Vidal, ob. cit., p. 449). Como exemplo cita-se a possibilidade de declarar como administrador de fato aquele banqueiro que subordinar a liberação de créditos para a sociedade a modificações na estrutura da companhia ou na organização da empresa societária, definidas por ele mesmo (Dominique Vidal, ob. cit., p. 449).

53. Dominique Vidal, ob. cit., p. 217.

de atos positivos que transcendam a mera titularidade de porcentagens de controle no capital da sociedade. Sobre este ponto é relevante, por exemplo, a determinação do Tribunal de Comércio de Paris, adotada em fevereiro de 2001, no sentido de desestimular a existência de uma situação de administrador de fato em um caso em que a sociedade matriz detenha 95% das ações de outra sociedade. No mesmo caso, dois dos empregados da matriz ocupavam postos a título pessoal na junta diretora da filial. Tampouco esta última circunstância foi suficiente para aplicar a mencionada doutrina. A doutrina também tem sido cuidadosa em restringir o alcance do conceito de administrador de fato ao distingui-lo claramente do exercício do poder pelas maiorias no seio da assembleia. Por isso, tem–se afirmado que "o poder de definir o sentido das decisões da assembleia não é característico da qualidade de administrador de fato. O controle que um sócio majoritário [ainda que extremamente majoritário] exerce sobre a sociedade em razão das faculdades que por força da lei ou dos estatutos são outorgadas ao acionista, não é suficiente para caracterizar a direção de fato".[54]

A própria Corte de Cassação francesa deixou claro que a qualificação de administrador de fato "repousa sobre um acervo de indícios que demonstram a realização de atos positivos de gestão cumpridos com total independência".[55]

É importante anotar que a declaração do administrador de fato e a aplicação que se faz de possíveis sanções civis e penais, não excluem, de forma alguma, a responsabilidade que corresponde aos administradores de direito. Segundo a jurisprudência vigente, "deve-se levar em conta que a declaração do administrador de fato não implica, a princípio, na exoneração do 'administrador de direito' ante as responsabilidades que incumbem em virtude de tal qualidade. Portanto, um administrador de direito não poderia, a fim de se retirar do processo de ampliação, alegar ter abandonado o exercício efetivo de sua gestão a favor de um administrador de fato".[56]

4.3 O administrador de fato na SAS

A figura do administrador de fato foi introduzida pela Lei 1.258/2008, devido à circunstância frequente em que indivíduos alheios à administração da sociedade, amparados na indenidade que dá seu caráter de "não administradores", podem controlar a administração da sociedade e, em muitas ocasiões, causar prejuízos à sociedade, aos sócios e a terceiros. Apesar de o exercício de uma administração "às sombras" constituir uma prática relativamente frequente nas sociedades fechadas, a legislação colombiana silenciava sobre as consequências, muitas vezes nocivas, desta classe de interferência na gestão da empresa social.

Com fundamento nos precedentes jurisprudenciais extraídos do direito estrangeiro que acabam de ser resenhados, redigiu-se o texto do parágrafo do art. 27 da Lei de SAS. Nesta norma se expressa que, "as pessoas naturais ou jurídicas que, sem ser administradores de uma sociedade por ações simplificada, praticarem uma atividade positiva de gestão, administração ou direção de uma sociedade, incorrem nas mesmas responsabilidades e sanções aplicáveis aos administradores".

As pautas já apresentadas podem bem servir de base para a interpretação adequada desta norma. Assim, é fundamento, em primeiro lugar, ter em conta que nem toda atividade desempenhada por terceiros não administradores pode ensejar a declaratória de administrador de fato. Dessa forma, a atividade de assessores, consultores, profissionais externos contratados pela socie-

54. Dominique Vidal, ob. cit., p. 217.

55. Sentença de 22.1.2002, citada por Dominique Vidal, ob. cit., p. 208.

56. Cassação Comercial, 9.5.1995, *Revue des Sociétés*, 1995, p. 766.

dade e inclusive acionistas majoritários ou sociedades matrizes não devem constituir *per se* administradores de fato, ainda que devam adotar determinações de direção ou de gestão de certos assuntos em razão dos direitos que a sua posição lhe confere frente à sociedade.

Deve-se tratar, portanto, de atos que transcendam essas funções legítimas, para assumir um caráter de verdadeira intromissão nos assuntos da sociedade. O "controle dos fios" de uma administração que se faz nos bastidores, mas que implica uma perda na autonomia de gestão dos representantes legais e membros da junta de direção, é a conduta que pode configurar a administração de fato.

A definição do administrador de fato por parte do tribunal de arbitragem designado ou da Superintendência de Sociedades no caso de se haver pactuado a cláusula compromissória, terá por efeito a aplicação das regras que em matéria de administradores consagra a Lei 222/1995. Vale dizer que a violação dos deveres fiduciários de cuidado ou lealdade, ou a omissão no cumprimento das obrigações específicas contidas no art. 23 da pré-citada lei, dará lugar à responsabilidade solidária e ilimitada dos administradores de fato pelos prejuízos que causarem à sociedade, aos acionistas ou a terceiros.

Tal como ocorre no sistema francês, é pertinente considerar que o reconhecimento de administradores de fato não dará lugar à exoneração de responsabilidade dos representantes legais e dos membros da junta diretora formalmente inscritos. Do ponto de vista legal, estes seguem vinculados aos deveres e responsabilidade previstos na Lei 222/1995.

O processo correspondente poderá ser proposto por meio de ações individuais ou de ações coletivas de responsabilidade. Diferentemente do sistema francês, no regime da Lei 1.258/2008 não se exige que a sociedade esteja sujeita a um processo concursal. É óbvio que o processo para apurar a responsabilidade dos administradores de fato pode ser simultâneo ao trâmite do processo de insolvência nos termos da Lei 1.116/2006.

Atualidades

DA INAPLICABILIDADE DO ART. 254-A DA LEI DAS SOCIEDADES POR AÇÕES ÀS REESTRUTURAÇÕES SOCIETÁRIAS

LUCAS BRAUN

1. Introdução. 2. A realização de oferta pública de aquisição de ações em razão da alienação de controle: 2.1 Breve histórico; 2.2 Finalidade do art. 254-A da Lei das Sociedades por Ações; 2.3 A alienação do controle como um negócio jurídico típico. 3. As reestruturações societárias: 3.1 Conceito; 3.2 Inaplicabilidade da obrigação de realização de oferta pública em decorrência de reestruturação societária. 4. Conclusão. 5. Bibliografia.

1. Introdução

Recentemente, observaram-se no mercado de capitais brasileiro diversas associações envolvendo companhias abertas por meio de reestruturações societárias, resultando na unificação de bases acionárias diversas em uma entidade.[1] Dado que, em decorrência de tais movimentos societários, ocorreu, em alguns casos, a modificação de controle das companhias envolvidas, suscitou-se debate acerca da aplicação do art. 254-A da Lei 6.404/1976 ("Lei das Sociedades por Ações") a tais operações.

A questão mobilizou a opinião especializada, diante da insatisfação de investidores com a inexistência da oferta pública em razão da alienação de controle,[2] reforçando-se, pois, a importância do debate acerca das consequências da mudança de controle de uma companhia aberta em função do redesenho de sua estrutura societária.

Diante desse cenário, algumas vozes vieram à tona para defender a obrigatorie-

1. Apenas para mencionar as principais, em 2008 e 2009 ocorreram associações envolvendo as seguintes companhias: Totvs S/A e Datasul S/A, Brascan Residential Properties S/A e Company S/A, Gafisa S/A e Construtora Tenda S/A, Itaú S/A e Unibanco *Holdings* S/A, Votorantim Celulose e Papel S/A e Aracruz Celulose S/A, Sadia S/A e Perdigão S/A, Duratex S/A e Satipel Industrial S/A e Abyara Planejamento Imobiliário S/A, Agra Empreendimentos Imobiliários S/A e Klabin Segall S/A.

2. O Memorando n. 214/2008 da Comissão de Valores Mobiliários transcreve as notícias publicadas à época de reestruturações societárias que resultaram em mudança de controle e revela que os acionistas minoritários das companhias envolvidas e os investidores em geral consideraram prejudicial a ausência de obrigatoriedade de realização de oferta pública de ações nos termos do art. 254-A da Lei 6.404/1976. Nos termos de matéria veiculada pela Agência Estado a respeito de uma dessas operações, tem-se que "analistas e investidores apontaram falhas de governança coorporativa, com destaque para o fato de, no entendimento da Gafisa, não existir direito de *tag along* (direito de receber um percentual sobre o preço pago pelo bloco de controle) para os minoritários da Tenda, já que não haveria troca de controle. No dia do anúncio da operação, os papéis da Tenda subiram 22%, justamente pelo entendimento de que haveria *tag along*. Após o posicionamento da Gafisa em relação a esse ponto, as ações da Tenda entraram em queda livre".

dade de realização de oferta pública prevista no art. 254-A em operações dessa espécie. Destaca-se o Projeto de Lei n. 5.623, apresentado em 14 de julho de 2009 pelo deputado federal Carlos Bezerra que propõe a modificação do § 1º do art. 254-A da Lei 6.404/1976, de modo a constar a seguinte redação:

"Entende-se como alienação de controle a transferência, *inclusive aquela efetuada mediante incorporação por meio de troca de ações*, seja de forma direta ou indireta, de ações integrantes do bloco de controle, de ações vinculadas a acordos de acionistas e de valores mobiliários conversíveis em ações com direito a voto, cessão de direitos de subscrição de ações e de outros títulos ou direitos relativos a valores mobiliários conversíveis em ações que venham a resultar na alienação de controle acionário da sociedade" (grifaram-se as modificações em relação ao texto atualmente em vigor).

O autor do projeto, em sua justificativa para tal proposta de mudança, afirma que "no modo como está definido o dispositivo legal, tal mecanismo que foi instituído para proteger os acionistas minoritários vem sendo burlado pelas empresas, na medida em que estas se utilizam da modalidade de incorporação de uma empresa por meio de troca de ações do acionista controlador por ações de uma empresa do comprador, que se torna o novo controlador".[3]

Ademais, destaca-se também o artigo de autoria de Leslie Amendolara intitulado "O instituto do *tag along* e o espírito da lei" e publicado no jornal *Valor Econômico* em 2 de junho de 2009. Na opinião deste autor, ainda que a não aplicação da obrigação de realização de oferta pública a reestruturações societárias tenha base normativa, trata-se de interpretação que "*não é ética e fere o espírito da lei*".[4]

No entanto, tal linha argumentativa não deve ser admitida, diante da sua patente inadequação ao regramento consagrado na lei do anonimato, em especial no que importa aos fundamentos econômicos e jurídicos que justificam a aplicação do art. 254-A da Lei das Sociedades por Ações. É o que se pretende demonstrar neste artigo.

2. *A realização de oferta pública de aquisição de ações em razão da alienação de controle*

2.1 Breve histórico

Partindo-se da noção de que o controle de determinada companhia é um bem em si mesmo, com valor determinável – correspondente não só à simples soma da cotação das ações, mas a uma universalidade com precificação própria, obviamente superior[5] – tem-se a conclusão lógica de que este é passível de alienação por aquele que o detém.

Tendo isso em vista, o art. 254-A da Lei das Sociedades por Ações estabelece uma condição (suspensiva ou resolutiva, conforme vontade das partes) de eficácia para referida alienação de controle de uma companhia aberta, a saber: a obrigatoriedade da realização de oferta pública de aquisição de ações. Trata-se de um dos temas mais debatidos do direito societário brasileiro, cuja principal dificuldade pode ser traduzida pela seguinte indagação: a quem cabe o prêmio oriundo da alienação do controle?

Note-se que o anteprojeto que deu origem à Lei das Sociedades por Ações, apresentado por Alfredo Lamy Filho e José

3. Projeto de Lei n. 5.623/2009, p. 2, disponível em *http://www2.camara.gov.br/proposicoes*.

4. Leslie Amendolara, "O instituto do *tag along* e o espírito da lei", publicado no jornal *Valor Econômico*, 2.6.2009.

5. "Toda economia de mercado atribui valor econômico ao controle da companhia, independentemente do valor unitário das ações, que o asseguram; o valor das ações resulta do direito, que confere, de participação nos lucros e no acervo líquido da companhia, enquanto que o controle decorre do poder de determinar e definir suas políticas (...)" (Alfredo Lamy Filho e José Luiz Bulhões Pedreira, *A Lei das S/A*, vol. I, *Pressupostos e Elaboração*, p. 255).

Luiz Bulhões Pedreira, não contemplava referida obrigação, vez que, no entender de tais juristas, ao passo em que o anteprojeto reconhecia a realidade do poder de controle e atribuía responsabilidades próprias ao acionista controlador, seria incoerente negar-lhe o direito de apropriação integral da mais-valia resultante do controle.[6]

No entanto, prevaleceu o entendimento oposto, eis que a famosa Emenda Lehmann incluiu o art. 254 ao texto que resultou na Lei das Sociedades por Ações e, portanto, os demais acionistas com direito de voto passaram a ter direito de receber, proporcionalmente, valor idêntico àquele pago ao acionista controlador quando da compra do controle por um terceiro.

A orientação, elogiada pela maior parte da doutrina,[7] fundamenta-se na preposição de que o controle corresponde a um ativo social,[8] pertencente, pois, a todos os acionistas da companhia com direito a voto,[9] e não apenas ao acionista controlador – sem prejuízo do caráter pragmático de tal iniciativa.[10]

Na segunda metade da década de 1990, a Lei 9.457/1997 retirou o art. 254 da lei do anonimato, com a finalidade de favorecer a execução do plano nacional de desestatização.[11] Tendo em vista que o estado era o acionista controlador de diversas companhias abertas, garantiu-se a apropriação por este do ágio do controle, bem como se eliminou a possibilidade da privatização ser frustrada pela regra de rateio inserida na norma revogada.

Em nova reforma legislativa ocorrida em 2001, a regra a respeito da obrigação de realização de oferta pública de aquisição de ações foi reintroduzida ao texto da Lei das Sociedades por Ações, com algumas modificações importantes, dentre as quais se destaca que o valor ofertado aos acionistas minoritários passou a corresponder a 80% daquele pago ao controlador. Adotou-se, pois, uma postura conciliatória entre as posições acima descritas,[12] a qual permanece em vigor até o momento.

6. As exatas palavras a respeito são: "o Anteprojeto reconhece a realidade do poder do acionista controlador para atribuir-lhe responsabilidades próprias, de que não participam os acionistas minoritários, seria, pois, incoerente, se pretendesse, para efeito de transferência desse poder, negar a sua existência e proibir o mercado de lhe atribuir valor econômico" (Alfredo Lamy Filho e José Luiz Bulhões Pedreira, *A Lei das S/A*, vol. I, *Pressupostos e Elaboração*, p. 256).

7. Dentre os mais proeminentes, destacam-se Comparato, Teixeira e Guerreiro, Carvalhosa e Wald conforme Vera Helena de Mello Franco, "OPAS – Estado atual da questão", in *Revista de Direito Mercantil, Industrial, Econômico e Financeiro* 144/19.

8. Para maiores detalhes, v. item 2.2 deste artigo.

9. Controversa é a discussão a respeito da inclusão de eventuais acionistas titulares de ações preferenciais no compartilhamento do valor de controle. Por ultrapassar o objetivo desse estudo, basta ressaltar que o fenômeno do poder de controle concretiza-se pela formação de uma maioria assemblear que, por sua vez, perpassa pelo exercício do direito de voto nas assembleias gerais, estando excluídos, em princípio, os acionistas preferenciais. Nessa linha, entende-se que o controle pertence apenas aos acionistas detentores de ações ordinárias e, portanto, a sua mais-valia deve ser dividida apenas entre eles. No mesmo sentido, Fábio Konder Comparato, *O Poder de Controle na Sociedade Anônima*, 4ª ed., pp. 309 e 310. De qualquer forma, a atual redação do art. 254-A não deixa margem de dúvidas a respeito da questão, ao mencionar que a oferta pública em pauta direciona-se às "ações com direito a voto de propriedade dos demais acionistas da companhia".

10. Basicamente, incentivar a migração da poupança popular ao mercado de capitais por meio do reforço dos direitos dos acionistas minoritários. A esse respeito, Teixeira e Guerreiro ensinam que "a solução adotada na lei vale como medida pragmática, tendo em vista as condições do momento histórico e as características peculiares de conjuntura, justificando-se em face da experiência verificada em anos recentes em nosso País" (Egberto Lacerda Teixeira e José Alexandre Tavares Guerreiro, *Das Sociedades Anônimas no Direito Brasileiro*, p. 743).

11. Vera Helena de Mello Franco, "OPAS – Estado atual da questão", in *Revista de Direito Mercantil, Industrial, Econômico e Financeiro* 144/24.

12. A natureza conciliatória do atual art. 254-A consiste no fato de que, conquanto os acionistas minoritários têm o direito de participar da venda do controle, estes o fazem em proporção menor (80%)

2.2 Finalidade do art. 254-A da Lei das Sociedades por Ações

Contemplado o histórico envolvendo a obrigação de realização de oferta pública de aquisição de ações em razão da alienação de controle de uma companhia, há de se esclarecer qual a finalidade deste dispositivo legal, de modo a orientar sua melhor compreensão.

É importante afastar, desde logo, afirmações genéricas sobre o assunto, como a de que o art. 254-A é "uma forma de fazer justiça ao acionista minoritário".[13] Ao que parece, tal obrigação baseia-se em um conceito claro e bem definido, a saber, a noção do controle como um ativo pertencente à companhia que foi pioneiramente desenvolvida por Adolph Berle,[14] em oposição à ideia do controle como um bem de titularidade apenas do acionista que o exerce. O objetivo do instituto, pois, é permitir com que os acionistas não controladores participem da mais-valia que o controle possui, quando de sua alienação.[15]

Com base nessa assertiva tem-se um desdobramento largamente mencionado pela doutrina societária, no sentido de que o art. 254-A objetiva promover o tratamento igualitário entre acionistas detentores de ações ordinárias, ao passo que permite que estes participem da alienação do controle, recebendo o produto pela venda de um bem que, em última instância, também lhe pertence.[16]

É bem verdade que, a partir de 2001, a nova redação dada a tal dispositivo relativizou seu caráter igualitário, ao passo que reconheceu ao acionista controlador o direito de receber um prêmio quando da venda do controle. No entanto, ainda que se critique a falta de sincretismo metodológico da iniciativa,[17] esta não significa, por si só, que o art. 254-A deixou de ter a função disciplinadora acima detalhada, vez que, sua aplicação ainda importa na redistribuição – ainda que parcial – do produto da alienação do controle.

Note-se que parte da doutrina[18] e a jurisprudência da Comissão de Valores Mo-

em relação ao valor pago ao antigo acionista – daí a afirmação de que, a partir de 2001, há um reconhecimento legal do prêmio de controle. Tal posição, contudo, não está imune a críticas. Roberta Nioac Prado considera que o legislador quis, com esta iniciativa, agradar "*gregos e troianos*", pois restaurou a obrigação de oferta pública em razão da alienação de controle e, ao mesmo tempo, deu ao controlador a oportunidade de apropriar-se de parte do valor do controle (Roberta Nioac Prado, *Oferta Pública de Ações Obrigatória nas S/A – Tag Along*, p. 112).

13. Leslie Amendolara, "O instituto do *tag along* e o espírito da lei", *Valor Econômico*, 2.6.2009. Também a CVM, em parecer de sua Superintendência Jurídica, elevou o art. 254-A à "pedra angular na proteção do acionistas minoritário" (Parecer/CVM/SJU n. 80).

14. Conforme relatado por Clark, com sua habitual elegância: "Several decades ago, Adolph Berle, a distinguished writer on the modern corporation, maintained that if the control function in the corporation has a value, that value belongs to the corporation. His view is often characterized as being that control is a corporate asset" (Robert Clark, *Corporate Law*, p. 492).

15. José Alexandre Tavares Guerreiro, "Sociedade anônima. Reorganização societária. Alienação de ações. Alienação de controle direta e indireta: inocorrência. Inaplicabilidade do art. 254 da Lei das Sociedades Anônimas", in *Revista de Direito Bancário e do Mercado de Capitais* 45/208.

16. Sobre o caráter igualitário do art. 254-A, v. o texto de Wald, em que se apresenta farta evidência jurisprudencial colhida do direito comparado (Arnoldo Wald, "A oferta pública, a igualdade dos acionistas e o direito comparado", in *Revista de Direito Mercantil, Industrial, Econômico e Financeiro* 43, jul.-set./2001). Ao que parece, a função igualitária de tal obrigação é consequência da ideia de que o controle pertence a todos acionistas detentores de ações ordinárias, não sendo possível separar a divisão do prêmio de controle e o tratamento igualitário em finalidades diversas do art. 254-A, como o faz o Direito da CVM Marcos Barbosa Pinto, em voto proferido no âmbito do Processo CVM 2008/4.156.

17. De acordo com a nota de rodapé 12, acima.

18. Fábio Ulhoa Coelho, p.ex., considera – equivocadamente, ao que parece – que a mudança na orientação geral dos negócios da companhia gera a obrigação da realização da oferta pública em questão (cf. Fábio Ulhoa Coelho, "O direito de saída conjunta (*tag along*)", in *Reforma da Lei das Sociedades Anônimas*, pp. 474 e 475).

biliários[19] identificam no art. 254-A uma finalidade diversa: a obrigação constante de tal dispositivo serviria como uma espécie de compensação aos acionistas em razão da quebra da estabilidade societária motivada pela alienação de controle.[20] Contudo, é importante desde logo afastar essa linha interpretativa, pois a lei societária, por meio do instituto do direito de recesso previsto no art. 137 da Lei das Sociedades por Ações, regulou exaustivamente o tema, que serve, pois, de suficiente proteção[21] ao acionista minoritário das modificações orgânicas implementadas na estrutura da companhia.[22]

Conclui-se, portanto, que a finalidade do art. 254-A da Lei das Sociedades por Ações liga-se à repartição do valor pago em razão da venda controle de determinada companhia. Ora, diante disso tem-se que tal dispositivo de lei só deve incidir quando se está diante de verdadeira alienação de controle. Daí a importância de definir, com exatidão, o que se deve entender por alienação de controle, como se fará a seguir.

2.3 A alienação do controle como um negócio jurídico típico

Guerreiro ensina que a alienação de controle a que faz referência o art. 254-A da Lei das Sociedades por Ações é um negócio típico, entendido como negócio que, para atingir sua finalidade e produzir seus efeitos, deve preencher os requisitos do tipo de que faz parte.[23]

Diante disso, impõe-se ao intérprete e ao aplicador da lei, a necessidade de verificar se estão presentes todos os elementos que caracterizam o negócio típico de alienação de controle, para fins de incidência do art. 254-A da Lei das Sociedades por Ações.

Pois bem, tendo por base o disposto em reputado dispositivo legal, combinado com o conteúdo do § 4º do art. 29 da Instrução n. 361 emitida pela Comissão de Valores Mobiliários, em 5 de março de 2002, tem-se que, resumidamente, tais elementos são: (i) transferência, de modo direto ou indireto, de títulos que garantam o controle da companhia,[24] (ii) a terceiro,[25] e

19. Em especial diante do voto emitido pelo então Diretor da CVM, Pedro Marcílio, no caso que versou sobre a ocorrência ou não de alienação de controle da Companhia Brasileira de Distribuição tendo em vista a associação da família Diniz com o grupo francês Casino (Processo 2005/4.069).

20. "O art. 254-A tem finalidade muito diferente. Ele pretende conferir a possibilidade de uma 'compensação' à quebra da estabilidade do quadro acionário, permitindo que os acionistas minoritários alienem suas ações por um preço determinado em lei (que pode ser aumentado pelo estatuto social), quando essa estabilidade for perturbada" (voto do Diretor Pedro Marcílio, no âmbito do Processo 2005/4.069).

21. Comparato conceitua com elegância o direito de recesso da seguinte maneira: "Trata-se de um remédio jurídico, e não de um direito material à obtenção de lucros e vantagens. E remédio conhecido em lei para a proteção de interesses individuais do acionista, não-correspondentes, portanto, ao interesse social" (Fábio Konder Comparato, *Direito Empresarial*, p. 226).

22. No mesmo sentido, Roberta Nioac Prado assevera que "nos casos acima mencionados (mudança da orientação geral da administração da companhia) pode-se cogitar, dependendo das alterações implementadas pelo novo ou antigo administrador, que o minoritário descontente invoque direito de recesso, mas nunca que invoque direito de 'oferta pública'" (Roberta Nioac Prado, *Oferta Pública de Ações Obrigatória nas S/A – Tag Along*, p. 105).

23. José Alexandre Tavares Guerreiro, "Sociedade anônima. Reorganização societária. Alienação de ações. Alienação de controle direta e indireta: inocorrência. Inaplicabilidade do art. 254 da Lei das Sociedades Anônimas", in *Revista de Direito Bancário e do Mercado de Capitais* 45/208.

24. Trata-se do disposto no § 1º do art. 254-A, orientação repetida pelo § 4º do art. 29 da Instrução CVM n. 361/2002.

25. A existência de um terceiro está expressamente prevista no § 4º do art. 29 da Instrução CVM 361/2002. Tal norma, aliás, parece esvaziar a relevância das recorrentes discussões sobre a caracterização ou não de alienação de controle em face da reorganização interna de um grupo de controle. Não havendo um terceiro, entendido como um sujeito estranho ao exercício do controle societário, não se está diante de alienação de controle. Esta, aliás, já

(iii) em caráter oneroso.[26] A jurisprudência administrativa posiciona-se de modo semelhante.[27]

Não é coincidência, aliás, que apenas na presença os elementos formadores do tipo "alienação de controle" viabiliza-se o objetivo da oferta pública de aquisição de ações: somente quando o controle é efetivamente negociado em sua inteireza (primeiro elemento) e, por isso, muda de titularidade (segundo elemento) mediante o pagamento de determinado valor (terceiro elemento), é que se pode cogitar a repartição entre todos acionistas com direito de voto de parcela do prêmio pago pelo controle da companhia.

Assim, a expressão alienação de controle há de ser entendida restritivamente e utilizada apenas quando da reunião dos três elementos acima mencionados. Difere, pois, de vocábulos que, de modo pouco técnico, são lhe imputados pela doutrina e jurisprudência como sinônimos: "modificação de controle", "mudança de controle", "alteração de controle", "troca de controle", e assim por diante. Apenas a alienação de controle[28] em sua literalidade[29] tem o condão de impor a aplicação do art. 254-A da Lei das Sociedades por Ações.

Resta saber, pois, se é plausível qualificar como negócio jurídico típico de alienação de controle as incorporações e demais movimentos societários pelos quais se substanciam as reestruturações societárias que deram ensejo à questão tratada neste artigo.

3. *As reestruturações societárias*

3.1 *Conceito*

De início, é importante conceituar o objeto do presente estudo. Entende-se por reestruturação societária um conjunto de atos de natureza societária que afetam a companhia e seus acionistas, credores e demais terceiros nela interessados, praticados em sequência e predeterminados.[30]

A consecução de uma reestruturação societária perpassa por diversas técnicas jurídicas de organização patrimonial con-

era a orientação de Comparato, anteriormente à vigência da reputada Instrução: "Nas hipóteses em que o controle é conjunto, ou seja, pertence a mais de uma pessoa, não se entende que há alienação quando um desses titulares do poder de comenda aliena suas ações a outro, ou aos outros. O que há, então, é consolidação ou reforço do controle na pessoa dos adquirentes das ações" (Fábio Konder Comparato, *Direito Empresarial: Estudos e Pareceres*, p. 79).

26. A onerosidade resta óbvia pela leitura do *caput* do art. 254-A da Lei das Sociedades por Ações que menciona que a Oferta Pública de Aquisição de Ações em decorrência da alienação de controle deve ser feita por preço no mínimo igual a 80% do valor pago por ação representativa do controle (Carlos Augusto Junqueira Siqueira, *Transferência do Controle Acionário*, Niterói, 2004, p. 364).

27. No voto do Processo Administrativo n. 2007/7.230, o Diretor da CVM Eli Loria sustentou que "as características da alienação do controle acionário que obrigam a realização de oferta pública são duas: (i) que a titularidade do poder de controle seja conferida a pessoa diversa do anterior detentor do controle e (ii) que a transferência de ações do bloco de controle seja realizada a título oneroso, com ônus e bônus tanto para o alienante quanto para o adquirente". Note-se que o primeiro elemento mencionado pelo Diretor Eli Loria engloba, na realidade, duas características diversas da alienação de controle (a transferência do poder de controle e a existência de um terceiro).

28. A par dos argumentos jurídicos, ressalta-se que a própria semântica da expressão "alienação" implica transferência onerosa de algo a outrem (Alexandre de Mendonça Wald e Luiza Rangel de Moraes, "Transferência de controle de companhia aberta", *Revista de Direito Bancário* 38/20).

29. Afinal, como ressalta Eizirik, "de acordo com as regras de hermenêutica jurídica, deve-se compreender as palavras da lei como tendo alguma eficácia (*verba cum effectu, sunt accipienda*), visto que não existem palavras inúteis no texto legal. Assim, não cabe ao intérprete desconsiderar os termos empregados pelo legislador, especialmente quando utilizados em seu sentido técnico" (Nelson Eizirik, "Ações preferenciais. Não pagamento de dividendos. Aquisição do direito de voto", in *Revista de Direito Mercantil, Industrial, Econômico e Financeiro* 144/27).

30. João Ricardo de Azevedo Ribeiro, "Notas sobre reorganizações societárias", in *Direito Societário – Gestão e Controle*, p. 215.

cebidas pela Lei das Sociedades por Ações, dentre as quais se destacam: (i) a incorporação; (ii) a incorporação de ações; (iii) a cisão; (iv) a fusão e (v) o aumento e a redução do capital social.

As reestruturações societárias podem ser classificadas em duas diferentes espécies: (i) aquelas operações que visam à expansão de atividades em movimentos de integração horizontal ou vertical e (ii) aquelas voltadas à superação de crises por meio da segregação de parcelas de seu patrimônio e respectivos riscos associados a tal ativo.[31] Tipicamente, a primeira espécie de reestruturação é levada a efeito por instrumentos como incorporação e incorporação de ações. Assim, tendo em vista que referidos atos societários resultam em uma absorção de ativos[32] pela sociedade incorporadora, que emite, em contrapartida, novas ações em favor dos antigos acionistas da sociedade incorporada (ou que teve suas ações incorporadas, conforme o caso), observa-se, por vezes, a modificação de controle da sociedade incorporadora.

Assim, diante de mudanças na estrutura de controle de uma companhia em razão de determinada reestruturação societária, apressam-se alguns em concluir que tal fato, isto é, o surgimento de um novo acionista controlador, é suficiente para se justificar a aplicação do art. 254-A da Lei das Sociedades por Ações. No entanto, como se demonstrará abaixo, tal conclusão carece de embasamento jurídico.

3.2 Inaplicabilidade da obrigação de realização de oferta pública em decorrência de reestruturação societária

Da leitura conjugada entre o conceito de reestruturação societária acima delineado com o objetivo e os elementos que caracterizam alienação de controle, esposados no item 2 deste estudo, resta patente a total inadequação de tais operações com o instituto da realização de oferta pública em razão da alienação de controle.

Em uma associação entre companhias efetivada por meio de reestruturações societárias, não há transferência, direta ou indireta, de títulos que garantam o controle da companhia – seja ela direta ou indireta. O que ocorre é a subscrição de novos títulos em razão de uma contribuição patrimonial dada à companhia em questão, e não ao antigo controlador. Isto equivale a dizer que, ainda que se verifique a modificação do controle em determinadas situações, não há alienação de controle propriamente dita.[33]

Ora, se não houve pagamento àquele que anteriormente exercia o poder-função equivalente ao controle societário, carece de finalidade a obrigatoriedade da realização de oferta pública. Não há valor do controle para ser dividido entre os demais acionistas, simplesmente porque este não foi alienado.[34]

31. Rachel Sztajn, "Reorganização societária e concorrência", in *Fusão, Cisão, Incorporação e Temas Correlatos*, p. 238.

32. No primeiro caso (incorporação), a sociedade incorporadora recebe o patrimônio líquido da incorporada, já na incorporação de ações, a totalidade de ações de sua emissão. A principal diferença entre as duas modalidades, como salientam Teixeira e Guerreiro, corresponde ao fato de que "na incorporação de ações não se verifica a extinção da sociedade incorporada, o que é da essência da incorporação a que se refere o art. 227 (incorporação de sociedade)" (Egberto Lacerda Teixeira e José Alexandre Tavares Guerreiro, *Das Sociedades Anônimas no Direito Brasileiro*, p. 728).

33. Daí a importância, que já foi ressaltada na parte final do item 2.3 acima, em diferenciar expressões que são, em algumas situações, utilizadas como sinônimos. Modificação de controle é simplesmente a emergência de um novo controlador, por qualquer razão que seja; a alienação de controle, ao seu turno, é o negócio jurídico típico concebido pelo art. 254-A da Lei das Sociedades por Ações e Instrução CVM 361/2002.

34. No mesmo sentido, Lobo sustenta que "na incorporação, fusão e cisão não há operação de alienação de ações do bloco de controle: as ações são transferidas como um dos elementos do patrimônio da sociedade controlada participante da operação. Não há preço de alienação das ações do bloco de controle, pois os patrimônios das sociedades objeto

Com efeito, a Comissão de Valores Mobiliários já teve a oportunidade de se manifestar sobre o assunto, em caso envolvendo a modificação de controle da Suzano Petroquímica S/A. Tal companhia tinha como acionista controladora a Petróleo Brasileiro S/A e, em decorrência da associação desta com a União de Indústrias Petroquímicas S/A no âmbito da criação da Companhia Petroquímica do Sudeste, a Suzano Petroquímica S/A passou a ser controlada pela União de Indústrias Petroquímicas S/A, após a consecução de uma reestruturação societária.

O Diretor da Comissão de Valores Mobiliários Marcos Barbosa Pinto, ao analisar o caso, asseverou que "*a incorporação de uma companhia não equivale a uma alienação de controle. A Lei n. 6.404/1976 não deixa margem para discussão a esse respeito, pois trata essas operações por meio de dispositivos distintos e de maneira completamente diversa*".[35]

Assim, é possível concluir que, diante da redação atual do art. 254-A da Lei das Sociedades por Ações, inexiste obrigação de realizar oferta pública em decorrência de reestruturação societária, incluindo, sem limitação, aquelas operações estruturadas por meio de incorporação ou incorporação de ações, e que resultam na modificação de controle de uma companhia aberta.

4. Conclusão

Tendo em vista os argumentos apresentados nesse artigo, é natural concluir que a lógica das reestruturações societárias não se coaduna com a sistemática do art. 254-A da Lei das Sociedades por Ações, tampouco é cabível a inserção de tais operações no âmbito desta norma.

Um aspecto a ser considerado no âmbito da discussão trazida pelo Projeto de Lei n. 5.623/2009, acima mencionado, é a existência de fraudes à obrigação de se realizar oferta pública de aquisição de ações em decorrência da alienação de controle. A premissa, que serve de motivação à proposta do deputado Carlos Bezerra e ao texto de Leslie Amendolara, é a de que seria possível burlar o disposto no art. 254-A por meio de reestruturações societárias fictícias.[36]

No entanto, cabe ressaltar que, diante de quaisquer hipóteses de fraude à lei, aplica-se o disposto no Código Civil brasileiro, ou seja, o negócio jurídico em questão é nulo de pleno direito.[37] Igual entendimento tem a doutrina[38] e a jurisprudência administrativa[39] sobre o tema.

Cabe, portanto, no caso concreto, a verificação pelo aplicador da lei de elementos que indiquem que o antigo controlador recebeu ou receberá remuneração pela transferência do controle a terceiro.[40]

da operação são avaliados como universalidades" (Carlos Augusto da Silveira Lobo, *Direito das Companhias* (obra coletiva), 1ª ed., p. 2.014).

35. Processo CVM 2008/4.156.

36. "Na fraude a lei, portanto, o agente procede formalmente de acordo com a lei ('salvas as palavras da lei'), mas contrariando o seu espírito" (Erasmo Valladão França e Edmur Nunes Pereira Neto, "Sociedade anônima – Fraude à lei – Alteração dos estatutos com o intuito de evitar que os acionistas preferencialistas adquiram direito de voto às vésperas de completar o terceiro exercício social sem o pagamento de dividendos – Abuso do poder de controle", in *Revista de Direito Mercantil, Industrial, Econômico e Financeiro* 133/265).

37. Nos termos do disposto no inc. VI do art. 166 do Código Civil brasileiro: "É nulo o negócio jurídico quando: (...) tiver por objetivo fraudar lei imperativa".

38. "Assim, só deverá exigir a oferta pública se a fusão, incorporação ou cisão, forem utilizadas como negócios indiretos destinados a fraudar a regra do art. 254-A" (Carlos Augusto da Silveira Lobo, *Direito das Companhias* (obra coletiva), 1ª ed., p. 2.014).

39. Processo CVM 2008/4.156.

40. Discorda-se parcialmente da opinião do Diretor Marcos Barbosa Pinto emitida no Processo CVM 2008/4.156, no sentido de que "caso venhamos (o colegiado da Comissão de Valores Mobiliários) a nos deparar com incorporações de fachada, utilizando sociedades holding sem ativos operacio-

Tal pode se dar por diversas formas – todas lícitas em sua essência, a não ser que revestidas do *animus nocendi* – como a outorga de opção de compra de ações, celebração de contratos entre partes relacionadas, e assim por diante.

A possibilidade de fraude à lei imperativa não é privilégio do negócio jurídico da alienação de controle e não justifica, por si só, a interpretação proposta. Admiti-la equivale a cercear ao legítimo direito dos empresários de dimensionar suas atividades de acordo com o interesse social de suas companhias – a linha-mestra, aliás, que orienta toda sistemática da Lei das Sociedades por Ações. Em outras palavras, o reputado "*espírito da lei*" não admite a extensão da obrigação de oferta pública prevista no art. 254-A às operações de reestruturação societária.

5. Bibliografia

AMENDOLARA, Leslie. "O instituto do *tag along* e o espírito da lei". *Valor Econômico*, 2.6.2009.

CLARK, Robert. *Corporate Law*. Little, Brown and Company, 1986.

COELHO, Fábio Ulhoa. "O direito de saída conjunta (*tag along*)". In *Reforma da Lei das Sociedades Anônimas*. Rio de Janeiro, Forense, 2002.

COMPARATO, Fábio Konder. *O Poder de Controle na Sociedade Anônima*. 4ª ed. Rio de Janeiro, Forense.

______. *Direito Empresarial*. São Paulo, Saraiva, 1990.

EIZIRIK, Nelson. "Ações preferenciais. Não pagamento de dividendos. Aquisição do direito de voto". *Revista de Direito Mercantil, Industrial, Econômico e Financeiro*, n. 144.

FRANCO, Vera Helena de Mello. "OPAS – Estado atual da questão". *Revista de Direito Mercantil, Industrial, Econômico e Financeiro*, n. 144.

FRANÇA, Erasmo Valladão, e PEREIRA NETO, Edmur Nunes. "Sociedade anônima – Fraude à lei – Alteração dos estatutos com o intuito de evitar que os acionistas preferencialistas adquiram direito de voto às vésperas de completar o terceiro exercício social sem o pagamento de dividendos – Abuso do poder de controle". *Revista de Direito Mercantil, Industrial, Econômico e Financeiro*, n. 133.

GUERREIRO, José Alexandre Tavares. "Sociedade anônima. Reorganização societária. Alienação de ações. Alienação de controle direta e indireta: inocorrência. Inaplicabilidade do art. 254 da Lei das Sociedades Anônimas". *Revista de Direito Bancário e do Mercado de Capitais*, n. 45, jul.-set./2009.

LAMY FILHO, Alfredo, e BULHÕES PEDREIRA, José Luiz. *A Lei das S/A*. vol. I – *Pressupostos e Elaboração*. Rio de Janeiro, Renovar, 1995.

LOBO, Carlos Augusto da Silveira. *Direito das Companhias* (obra coletiva). 1ª ed. Rio de Janeiro, Forense, 2009.

PRADO, Roberta Nioac. *Oferta Pública de Ações Obrigatória nas S/A – Tag Along*. São Paulo, Quartier Latin, 2005.

nais e pagamentos em dinheiro disfarçados, deveremos aplicar a disciplina da fraude à lei, exigindo a realizando da oferta pública". Parece que o elemento caracterizador da fraude à obrigação de realização de oferta pública em decorrência de alienação de controle é o pagamento disfarçado ao antigo controlador. A incorporação de uma *holding* sem ativos operacionais (apenas com ativos financeiros), por sua vez, não descaracteriza o ato societário em questão, vez que não há obrigação legal no sentido da existência de ativos operacionais na incorporação. Além disso, e mais importante, tal ato não representa contraprestação em razão da aquisição do controle de determinada companhia, afinal, os ativos, operacionais ou não, são absorvidos exclusivamente pela sociedade incorporadora. Ausente o pagamento ao antigo controlador, não há sentido na aplicação do art. 254-A, como se demonstrou nesse artigo.

RIBEIRO, João Ricardo de Azevedo. "Notas sobre reorganizações societárias". *Direito Societário – Gestão e Controle*. São Paulo, Saraiva, 2008.

SZTAJN, Rachel. "Reorganização societária e concorrência". *Fusão, Cisão, Incorporação e Temas Correlatos*. São Paulo, Quartier Latin, 2009.

WALD, Alexandre de Mendonça, e MORAES, Luiza Rangel de. "Transferência de controle de companhia aberta". *Revista de Direito Bancário*, n. 38, 2007.

Atualidades

EFEITOS DA APROVAÇÃO DAS CONTAS E DAS DEMONSTRAÇÕES FINANCEIRAS DAS COMPANHIAS

ALFREDO SÉRGIO LAZZARESCHI NETO

1. Controle da gestão dos negócios sociais na Lei das S/A. 2. O papel do relatório e das demonstrações financeiras na prestação de contas da administração. 3. Conteúdo da deliberação sobre contas e demonstrações financeiras. 4. Reserva na aprovação das contas e das demonstrações financeiras. 5. Impedimento de voto na deliberação sobre contas e demonstrações financeiras. 6. Exoneração de responsabilidade ("quitus") dos administradores em virtude da aprovação, sem reserva, das contas e das demonstrações financeiras. 7. Extensão subjetiva da exoneração. 8. Efeitos da aprovação sem reserva no tocante à ação individual. 9. Irretratabilidade e irrevogabilidade da aprovação sem reserva. 10. Prazo prescricional para a responsabilização dos administradores. 11. Anulação da aprovação de contas e demonstrações financeiras. 12. Abuso na deliberação sobre contas e demonstrações financeiras. 13. Conclusão. Referências.

1. Controle da gestão dos negócios sociais na Lei das S/A

Diante da relevância do dever de informação[1] e do correspectivo direito de fiscalização dos acionistas,[2] a Lei das S/A estabelece rígidos procedimentos para o controle da gestão dos negócios sociais,[3] configurando a realização da assembleia geral ordinária o principal instrumento de informação e fiscalização colocado a serviço dos acionistas.

De fato, tirante o excepcional direito à exibição de livros previsto no art. 105 da Lei das S/A, a assembleia geral ordinária constitui a única porta aberta aos acionistas não controladores para inteirar-se da situação econômico-financeira da companhia, solicitar esclarecimentos sobre os documentos referidos no art. 133, pedir informações à administração sobre quaisquer atos ou fatos relevantes nas atividades sociais (art. 157, § 1º, *e*) e, principalmente, exigir contas dos administradores.

Bem por isso a jurisprudência tem entendido que o acionista, individualmente, não tem legitimidade para ajuizar ação de prestação de contas contra os administradores. No regime da Lei das S/A as contas

1. Trata-se de dever de caráter instrumental, já que o exercício dos direitos dos acionistas (recesso, voto, etc.) depende do integral cumprimento, pela companhia, da obrigação de informação. Nesse sentido, "quanto alla funzione dell'informazione, è consueta in letteratura la constatazione del suo carattere strumentale" (in Francesco Galgano, *Diritto Commerciale: le Società*, 15ª ed., 2005, p. 377).

2. Ao direito essencial de fiscalização dos acionistas (art. 109, III, da Lei das S/A) corresponde o simétrico dever da companhia de informá-los sobre a gestão dos negócios sociais (cf. Luiz Gastão Paes de Barros Leães, *Comentários à Lei das S/A*, vol. 2, 1980, pp. 221-222).

3. Waldirio Bulgarelli, *Regime Jurídico da Proteção às Minorias das S/A*, 1998, pp. 90-91.

são prestadas anualmente à assembleia geral, e não ao acionista individualmente.[4]

Tendo em vista, pois, a importância do regime especial de prestação de contas adotado pela Lei das S/A, os arts. 133 e 134 ditam, de forma pedagógica, o rito da assembleia geral ordinária. Enquanto o art. 133 trata da prestação de informações pela companhia *antes* de instalado o conclave, o art. 134 cuida dos atos a serem praticados *durante* a realização da assembleia. Ambos os dispositivos deixam claro que a assembleia geral ordinária reveste a natureza de *procedimento*, já que se desdobra numa sucessão de atos jurídicos distintos mas interligados, praticados com a colaboração dos vários órgãos da companhia.[5]

A relevância da assembleia geral ordinária é tão grande[6] que o art. 133 exige que a companhia publique, com pelo menos um mês de antecedência, anúncios de que se acham à disposição dos acionistas os documentos referidos nos incisos I a V daquele dispositivo legal, e impõe, ainda, a prévia publicação daqueles elencados nos incisos I a III. Segundo Valverde: "A divulgação pela imprensa dessas peças constitui o meio mais hábil para dar conhecimento aos acionistas e a terceiros da situação da sociedade e é, por outro lado, um obstáculo às manobras de uma administração desonesta ou negligente".[7]

Não é tudo. O § 1º do art. 134 determina a presença obrigatória de pelo menos um administrador e do auditor independente (figura obrigatória nas companhias abertas – art. 177, § 3º) para atender a pedidos de informações apresentados pelos acionistas durante a assembleia. E o § 2º do mesmo artigo estabelece que, se a assembleia tiver necessidade de outros esclarecimentos, poderá adiar a deliberação e ordenar diligências.

Como se vê, a assembleia geral ordinária, anual e obrigatória, constitui episódio primordial na vida das companhias, porquanto é nela que: (i) as contas dos administradores são prestadas e julgadas (art. 132, I); (ii) delibera-se sobre as demonstrações financeiras (art. 132, I); (iii) decide-se sobre a destinação do lucro líquido e a distribuição de dividendos (art. 132, II) – razão de ser da atividade empresarial –, podendo a assembleia alterar o montante do lucro líquido ou o valor das obrigações da companhia (art. 134, § 1º); (iv) são eleitos os administradores e os membros do conselho fiscal, se houver (art. 132, III); (v) independentemente de prévia convocação dos acionistas, pode-se aprovar a propositura de ação de responsabilidade contra os administradores (art. 159, § 1º).

2. *O papel do relatório e das demonstrações financeiras na prestação de contas da administração*

De todas as peças examinadas na assembleia geral ordinária, duas se destacam:

4. "O acionista da sociedade anônima, individualmente, não tem legitimidade para propor ação de prestação de contas em face do administrador, mormente quando estas foram apresentadas à assembleia geral e por ela aprovadas (...). Vê-se que, nos termos da Lei n. 6.404/1976, a legitimidade do sócio é supletiva e subsidiária e se limita à faculdade de convocar a realização da Assembleia Geral; não lhe cabe exigir que as contas lhe sejam prestadas individualmente" (STJ, REsp 792.660-SP, rel. Min. Castro Filho, j. 16.3.2006).

5. Alberto Xavier, *Administradores de Sociedades*, 1979, p. 95.

6. Garrigues e Uría, autores do projeto da Lei das Sociedades por Ações espanhola de 1951, registram que a assembleia geral ordinária tem "fundamental missão" (in *Comentario a la Ley de Sociedades Anônimas*, vol. 1, 1952, p. 512). No mesmo sentido é a lição de Teixeira e Guerreiro: "Pelo simples exame do objeto da AGO, patenteia-se quão importante é essa reunião na vida da sociedade. Através dela, se efetiva o controle da gestão social, por parte dos acionistas, além de promanar de suas decisões a destinação concreta dos resultados do exercício. A tomada das contas dos administradores e a votação das demonstrações financeiras consubstanciam atos de grande relevância, nos quais se evidencia o poder supremo no corpo acionário, em nome do qual se administra a sociedade" (in *Das Sociedades Anônimas no Direito Brasileiro*, vol. 1, 1979, p. 414).

7. Trajano de Miranda Valverde, *Sociedades por Ações*, 3ª ed., vol. 2, 1959, p. 132.

o relatório da administração (art. 133, I) e as demonstrações financeiras (art. 133, II).

O relatório (art. 133, I) é elaborado com a finalidade precípua de prestar as contas propriamente ditas da administração,[8] uma vez que nele estão referidos e explicados os principais negócios sociais e fatos administrativos do exercício findo.

Como peça essencial para o cumprimento do dever de informação da companhia, o relatório complementa os dados contábeis constantes das demonstrações financeiras, cabendo-lhe aclarar os atos e fatos relevantes ocorridos no exercício, a fim de dar aos acionistas e ao mercado em geral um quadro completo das posturas, decisões e do desempenho da administração.[9]

De acordo com a Lei das S/A, o relatório da administração deve ser publicado juntamente com as demonstrações financeiras, e deve conter as seguintes informações: a) negócios sociais e principais fatos administrativos ocorridos no exercício (art. 133, I); b) as disposições sobre política de reinvestimento de lucros e distribuição de dividendos, constantes de acordo de acionistas arquivados na companhia (art. 118, § 5º); c) aquisição de debêntures de sua própria emissão (art. 55, § 2º); d) relação dos investimentos em sociedades coligadas e/ou controladas, com as modificações ocorridas durante o exercício (art. 243).

Às informações constantes do relatório somam-se aquelas prestadas pelos administradores e pelo auditor independente *durante* a assembleia (art. 134, §§ 1º e 2º), resultado do exercício do direito individual de informação e fiscalização dos acionistas,[10] conforme já abordei na obra *Lei das Sociedades por Ações Anotada.*[11] Teixeira e Guerreiro são ainda mais precisos ao tratar, de forma específica, do regime de informação durante os trabalhos da assembleia geral ordinária: "Como os administradores devem oferecer à Assembleia seu relatório sobre os negócios sociais e esclarecimentos sobre os principais fatos administrativos do exercício findo, na verdade tudo o que constitua ato ou fato relevante na administração da companhia pode vir à luz, na AGO de sociedade aberta ou fechada".[12]

Já as demonstrações financeiras – que compreendem o balanço patrimonial, a demonstração dos lucros ou prejuízos acumulados, a demonstração do resultado do exercício, a demonstração dos fluxos de caixa e, nas companhias abertas, a demonstração do valor adicionado (art. 176) – informam a situação patrimonial e os resultados da companhia, permitindo a avaliação do desempenho global dos negócios sociais, nelas escriturados e refletidos.

Na verdade, o que é apresentado à assembleia geral ordinária é apenas o *projeto* das demonstrações financeiras. Somente com a aprovação dos acionistas é que

8. Segundo Valverde, "com esse relatório, que será assinado por todos os membros da diretoria, presta ela contas de sua gestão (...)" (in *Sociedades por Ações*, 3ª ed., vol. 2, 1959, p. 132).

9. "O relatório da administração deve conter informações concretas, minuciosas, profundas e sinceras sobre a situação financeira, negocial e patrimonial da companhia e suas perspectivas imediatas e mediatas" (in Modesto Carvalhosa, *Comentários à Lei de Sociedades Anônimas*, 4ª ed., vol. 2, 2008, p. 817).

10. No Brasil, seguimos, nesse ponto, a orientação da Lei Societária alemã: "§ 131. (1) Na assembleia cada acionista pode requerer aos administradores informações sobre os negócios da sociedade, sempre que isso for necessário para uma adequada avaliação do objeto da ordem do dia (...) (2) A informação deve atender aos critérios de uma prestação de contas conscienciosa e fiel". No original: "§ 131. (1) Jedem Aktionär ist auf Verlangen in der Hauptversammlung vom Vorstand Auskunft über Angelegenheiten der Gesellschaft zu geben, soweit sie zur sachgemäßen Beurteilung des Gegenstands der Tagesordnung erforderlich ist (...) (2) Die Auskunft hat den Grundsätzen einer gewissenhaften und getreuen Rechenschaft zu entsprechen".

11. "Na assembleia geral o acionista pode requerer que lhe sejam prestadas informações verdadeiras, completas e elucidativas que lhe permitam formar opinião fundamentada sobre os assuntos sujeitos a deliberação" (in Alfredo Sérgio Lazzareschi Neto, *Lei das Sociedades por Ações Anotada*, 3ª ed., 2010, p. 268, nota 2b ao art. 134).

12. Ob. cit., p. 415.

esse *projeto* se converte em "demonstrações financeiras" propriamente ditas, produzindo os efeitos jurídicos que lhe são peculiares.[13-14]

Porque revelam os efeitos patrimoniais dos atos de gestão praticados pelos administradores, as demonstrações financeiras constituem ferramenta de auxílio na prestação de contas.

O relatório da administração e as demonstrações financeiras são de tal importância para as companhias – principalmente as de capital aberto – que, além de a CVM ter editado o Parecer de Orientação n. 15/87 para tratar de forma detalhada dos procedimentos a serem observados para a elaboração dessas peças, o art. 177, § 1º, I, do Código Penal pune com pena de reclusão de um a quatro anos "o diretor, o gerente ou o fiscal de sociedade por ações que, em prospecto, relatório, parecer, balanço ou comunicação ao público ou à assembleia, faz afirmação falsa sobre as condições econômicas da sociedade, ou oculta fraudulentamente, no todo ou em parte, fato a elas relativo".

3. Conteúdo da deliberação sobre contas e demonstrações financeiras

Do acima exposto decorre que os acionistas examinam e discutem na assembleia geral ordinária: (i) o relatório, que, juntamente com as eventuais informações prestadas durante a assembleia, consubstancia as contas propriamente ditas da administração (art. 133, I); e (ii) as demonstrações financeiras (art. 133, II). Este é o magistério de Pontes de Miranda: "A deliberação sobre as contas não há de ser confundida com a deliberação sobre o balanço (...) pode ocorrer que a assembleia geral ordinária aprove o balanço e deixe para exame posterior (...) as contas, ou vice-versa".[15]

Portanto, a assembleia geral ordinária tem de tomar três deliberações a esse respeito: (i) se aprova ou não as demonstrações financeiras; (ii) se aprova ou não as contas prestadas pelos administradores; e (iii) se alguma reserva deve ser feita em caso de aprovação, a fim de resguardar eventuais direitos da companhia contra os gestores sociais.

Registre-se que a aprovação das contas e das demonstrações financeiras é ato formal dos acionistas e deve ser deliberada em assembleia geral ordinária. A mera distribuição de dividendos, ainda que deliberada pelos acionistas, ou a aprovação dessas peças pelo Conselho de Administração, não implica aprovação "tácita" das demonstrações financeiras.[16]

4. Reserva na aprovação das contas e das demonstrações financeiras

A reserva de que trata o § 3º do art. 134 constitui ressalva ou protesto em virtude do qual, por deliberação tomada em assembleia geral ordinária pela maioria dos acionistas com direito de voto, preserva-se o direito da companhia de agir contra os administradores (art. 159), direito esse que se perderia caso não registrada a ressalva no tempo e forma devidos.

Como registrado pelo maior dos comercialistas, Vivante, "a assembleia, ao

13. "Redigido pelos diretores e controlado pelos membros do conselho fiscal, o balanço só cessa de ser um *projeto* interno na fase culminante de aprovação por parte da assembleia dos acionistas, quando, então, se torna um ato definitivo, imputável à sociedade, com efeito *ex nunc* em relação a terceiros e aos próprios sócios. Com efeito, os gestores da sociedade redigem apenas um *projeto* de balanço, como diz Messineo em estudo clássico, que somente se torna um verdadeiro 'balanço', no sentido jurídico do termo, após a aprovação da assembleia" (in Luiz Gastão Paes de Barros Leães, *Do Direito do Acionista ao Dividendo*, 1969, pp. 60-61).

14. No mesmo sentido: Alfredo De Gregório, *Corso di Diritto Commerciale: Imprenditori, Società*, 4ª ed., 1952, p. 333.

15. Pontes de Miranda, *Tratado de Direito Privado*, 3ª ed., t. L, § 5.325, 3, p. 329, 1972.

16. Lazzareschi Neto, ob. cit., nota 4a ao art. 134, p. 269.

aprovar o balanço, pode reservar a sua aprovação no tocante à obra dos administradores: esta reserva e aquela aprovação não são incompatíveis, porque pode ocorrer que sejam responsáveis, por exemplo, por especulações irregulares, não obstante a sinceridade do balanço".[17]

A função da reserva é possibilitar a aprovação das demonstrações financeiras *sem a exoneração da responsabilidade dos administradores*. Explica-se. Se do ponto de vista legal, aritmético e das normas de contabilidade o *projeto* de demonstrações financeiras apresentado aos acionistas estiver correto e for fiel à situação patrimonial da companhia, mas refletir a prática de atos ilícitos pelos administradores, cumpre aos acionistas aprová-lo, mas *com reserva*, possibilitando-se, com isso (e se o caso), a distribuição do lucro obtido no exercício (art. 132, II),[18] e, ao mesmo tempo, a preservação do direito da companhia de agir contra os gestores sociais na forma do art. 159.

Justamente porque constitui ressalva ou protesto, a reserva há de ser expressa,[19-20] aprovada pela maioria e consignada na ata da própria assembleia geral ordinária, não se admitindo que deliberações tomadas em outras assembleias ou protestos dos minoritários sejam interpretados como tal. Assim já decidiu o Superior Tribunal de Justiça: "Enfatize-se que a ressalva na aprovação das contas a que alude o art. 134, § 3º, da Lei n. 6.404/1976 é feita pela assembleia geral, e não pelos votos minoritários (...)" (STJ, AgRg no Ag 950.104-DF, rel. Min. Massami Yueda, *DJe* 30.3.2009).

Se a ata da assembleia geral ordinária registra simplesmente a aprovação das contas e das demonstrações financeiras, mas nada diz sobre a existência de ressalva, claro está que reserva não há: a ressalva, sempre e necessariamente, deve estar referida na ata, e de forma expressa. É que, se o art. 134, § 3º, prescreve que a aprovação sem reserva exonera os administradores, claro está que, *a contrario sensu*, cumpre aos acionistas registrar a reserva em ata, a fim de resguardar eventuais direitos da companhia contra os gestores sociais. Disso decorre que, se a ata da assembleia geral ordinária omite a existência de ressalva, a aprovação das contas e das demonstrações financeiras se dá *sem reserva*, com a consequente exoneração dos administradores.

Por outro lado, como a reserva diz respeito a deliberação sobre contas e demonstrações financeiras, é ela matéria privativa de assembleia geral *ordinária*, nos termos dos arts. 131 e 132, I, da Lei das S/A. Por se tratar de "quitus", toda e qualquer reserva deve ser feita invariavelmente por ocasião de sua outorga, isto é, quando da votação das contas e das demonstrações financeiras em assembleia geral *ordinária*.

Não por outra razão o § 3º do art. 134 está no subtítulo "Procedimento" da "Seção II – Assembleia Geral Ordinária" (Capítulo XI da Lei das S/A), de modo que, pelo *iter* estatuído, a reserva deve ser feita *durante* a própria assembleia geral ordinária. Nem antes, nem depois.

Assim, a anterior deliberação tomada em assembleia geral extraordinária no sentido de destituir os administradores ou autorizar o ajuizamento de ação de responsabilidade contra os gestores sociais não constitui reserva, uma vez que naquele momento as contas e as demonstrações financeiras não são objeto de votação.

17. *Trattato di Diritto Commerciale*, 5ª ed., vol. 2, 1935, p. 314, n. 579; tradução livre. No original: "L'assemblea, pur approvando il bilancio, può riservare la sua approvazione all'opera degli amministratori: questa riserva e quella approvazione non sono incompatibili, perchè può darsi che siano responsabili, p. es., di speculazioni sbagliate, non ostante la sincerità del bilancio".

18. A rejeição pura e simples das demonstrações financeiras impede a distribuição aos acionistas do lucro obtido no exercício.

19. No mesmo sentido: Luiz Antonio de Sampaio Campos, "Conselho de administração e diretoria", in Alfredo Lamy Filho e José Luiz Bulhões Pedreira (coords.), *Direito das Companhias*, vol. 1, 2009, p. 1.252.

20. Ruy Carneiro Guimarães, *Sociedades por Ações*, 1ª ed., vol. 2, 1960, p. 274, n. 759.

A assembleia geral pode, ainda, fazer reserva em relação a um, alguns ou todos os administradores, hipótese em que a companhia preserva o direito de agir contra os gestores sociais nominados na ressalva.

Há quem sustente que a aprovação das contas pode ser individualizada em relação a cada administrador, e por isso podem ser aprovadas as contas de um mas não as de outro administrador.[21]

Esse entendimento, contudo, não parece ser adequado, já que no sistema da Lei das S/A as contas são prestadas pela administração em geral, e não individualmente por cada um dos administradores. Tanto é que o § 1º do art. 134 exige a presença, na assembleia geral ordinária, de pelo menos *um* administrador, e não de todos eles. Fosse exigível a prestação de contas de forma individualizada, a Lei das S/A exigiria a presença de todos os administradores à assembleia geral ordinária.

5. *Impedimento de voto na deliberação sobre contas e demonstrações financeiras*

O § 1º do art. 115 cuida de quatro hipóteses de restrição ao direito de voto: (i) deliberação sobre laudo de avaliação de bens com que o acionista concorrer para a formação do capital social da companhia; (ii) voto do acionista sobre a aprovação das suas contas como administrador; (iii) deliberação sobre qualquer matéria que puder beneficiar o acionista de modo particular; e (iv) voto em situação de conflito de interesses com a companhia.

Nas hipóteses "i" e "ii" a doutrina entende, de forma pacífica,[22] que se trata de verdadeira proibição de voto (*divieto di voto*, no direito italiano), de modo que o acionista nessa situação está impedido, *a priori* e por critérios *puramente formais e objetivos*, de exercer o voto.

Ao contrário do que ocorre na quarta hipótese "iv" (conflito de interesses) – em que o controle da legalidade é feito *ex post*, à luz dos votos proferidos e do conteúdo da decisão tomada[23] –, na deliberação da assembleia geral sobre aprovação de contas o acionista-administrador está proibido *cautelarmente* de exercer o voto, que, se proferido em violação da lei, não poderá ser computado para fins de apuração do *quorum* de deliberação.

Teixeira e Guerreiro assim justificam a proibição de voto nesse caso: "A razão pela qual veda a lei que os administradores votem, como acionistas ou procuradores, os documentos referidos no art. 133, está em que a aprovação, sem reserva, das demonstrações financeiras e das contas os exonera de responsabilidade (...). Respeita-se, nessa proibição legal, um dever ético-jurídico, de não votar em causa própria, já acolhido, aliás, pela lei, no § 1º do art. 115" [24]

Indaga-se, ainda, se a proibição de voto persiste se o administrador for controlador de sociedade que é acionista da companhia por ele administrada. Tanto a doutrina quanto a jurisprudência têm hesitado na solução dessa questão, havendo manifesta-

21. Campos, ob. cit., p. 1.252.

22. V. Erasmo Valladão França, *Conflito de Interesses nas Assembleias de S/A*, 1993, p. 87; Fábio Konder Comparato, *Direito Empresarial*, 1990, p. 91; Luiz Gastão Paes de Barros Leães, *Estudos e Pareceres sobre Sociedades Anônimas*, 1989, pp. 25-26; Teixeira e Guerreiro, ob. cit., vol. 1, 1979, pp. 277-278.

23. "(...) não há razão para se afastar da votação o acionista, porque a todo momento se poderia interpretar que tal ou qual atitude deste acionista estaria ou não colidindo com o interesse daquela, quando é ele, por ter a maioria do capital, quem toma as decisões" (STJ, REsp 131.300-RS, rel. Min. Cesar Asfor Rocha, *DJU* 20.11.2000). Semelhante é o entendimento da CVM: "(...) qualquer conclusão quanto a eventual conflito de interesses ou benefício particular do acionista controlador, assim como quanto ao exercício abusivo de poder de controle, somente poderá se dar *a posteriori* à deliberação" (Proc. CVM RJ 2007/11592, Reg. n. 5.631/2007, j. 28.9.2007).

24. Ob. cit., p. 416.

ções contra[25] e a favor[26] do impedimento de voto nesse caso.

25. "Aprovação de contas com voto de sociedade controlada pelos diretores. Alegação de impedimento legal. Inexistência (...). Regras de impedimento ao exercício de direitos, como todas as normas restritivas deles, não podem ter interpretação ampliativa. Regra semelhante é de direito excepcional, como ensina Carlos Maximiliano em *Hermenêutica e Aplicação do Direito*, pp. 237 a 245, 8ª ed., exigindo interpretação estrita. O parágrafo único da disposição apontada veda o voto do acionista em quatro hipóteses determinadas, não se estendendo o impedimento à hipótese de aprovação de contas de diretor proprietário ou controlador da empresa votante. A lei não ignora a hipótese de uma sociedade ser controlada por outra, tanto que em seu art. 246 estabelece a obrigação da sociedade controladora reparar os danos causados por atos praticados com infração ao disposto nos artigos 116 e 117 do mesmo diploma, isto é, com abuso de poder, entre eles, a aprovação de contas irregulares. Fosse intenção dela proibir voto dessa espécie, a vedação seria expressamente indicada. (...) Esse entendimento não prejudica os interesses dos acionistas minoritários, porque, se houver abuso de poder no ato discutido, eles podem ser indenizados. (...) A lei protege os sócios minoritários, mas assegura a direção da sociedade aos proprietários de sua maior parcela acionária com responsabilização pelos seus atos nas hipóteses em que os direitos dos demais sejam vulnerados. Não se argumente que essa orientação torna inútil o intuito legal de evitar o conflito de interesses dos votantes. Na verdade, a preocupação da lei tem caráter mais propriamente formal do que material, uma vez que ela não deseja, nem o poderia fazer, tirar da maioria dos acionistas o controle dos atos da sociedade e não desconhece que, de certa forma, os diretores eleitos por uma maioria são sempre delegados dela. Fosse a intenção da norma extinguir por completo conflito real de interesses, obrigatoriamente deveria impedir que a maioria, que elegeu os diretores, julgasse suas contas" (TJSP, 10ª C., AC 263694-1, rel. Des. Maurício Vidigal, j. 1º.10.1996).

"Com fina intuição, o Egrégio Tribunal de Justiça de São Paulo, em julgado unânime, publicado na *RJTJESP* 82/220, e trazido aos autos pela empresa-ré, equacionou o problema de maneira lapidar, nada mais havendo a acrescentar: a) a nova Lei de Sociedades por Ações reconhece a existência de empresa controladora ou *holding* (art. 116) dispondo sobre seus deveres e responsabilidades (art. 117) e punindo seus eventuais abusos (art. 246); b) a proibição do exercício do direito de voto dos arts. 134, § 1º, e 115, § 1º, da Lei n. 6.404/1976, na aprovação das contas de exercício, só se aplica à pessoa física que seja, ao mesmo tempo, acionista e administrador, não atingindo a pessoa jurídica acionista, mesmo que esta seja controlada exclusivamente pelos administradores da sociedade anônima, ante o tradicional princípio da separação entre a pessoa jurídica e as pessoas físicas de seus membros (Código Civil, art. 20) (...)" (in Luiz Gastão Paes de Barros Leães, *Pareceres*, vol. 1, p. 181).

"(...) o fato de acionistas ou diretores estarem impedidos eventualmente de votar, não impede que a sociedade limitada da qual façam parte vote em assembleia geral matéria relativa àquela do impedimento. Uma coisa é a incompatibilidade do acionista de votar quando impedido; outra coisa é o direito da sociedade acionista de exercer livremente seu direito de voto correspondente às ações de que é titular" (in Rubens Requião, *Aspectos Modernos de Direito Comercial*, vol. 1, 1977, pp. 264-265).

26. "Assembleia geral. Anulação. Assembleia que aprovou contas. Alegada infração ao art. 134, § 1º da Lei das S/A. Vedação aos administradores de votar, como acionistas ou procuradores, as contas. *Quorum* e aprovação obtidos com a participação de sociedade composta por três dos administradores. Hipótese em que a alegada diferenciação entre pessoa física e jurídica engendra ato eivado de fraude e malícia. Ação procedente. Recurso não provido" (TJSP, 3ª C., AC 129414-1, rel. Des. Toledo César, j. 4.12.1990).

No mesmo sentido: "Sociedade comercial. Anônima. Assembleia geral. Nulidade. Vícios nas deliberações. Constituição de nova firma pelos administradores dias antes da realização da reunião, com transferência de suas cotas, de modo a continuarem majoritários e fazerem de nova sociedade maior acionista entre os minoritários. Manobra que lhes possibilitou a aprovação das próprias contas e eleição de todos os membros do conselho fiscal. Inadmissibilidade. Simulação caracterizada com intenção de fraudar a lei e prejudicar terceiros. Anulação mantida. Aplicação dos arts. 134, § 1º, e 161, § 4º, *a*, da Lei 6.404/1976. Declaração de voto" (*RT* 624/76).

"Anulatória. Deliberações tomadas em assembleia geral. Admissibilidade. Desrespeito às normas cogentes previstas nos arts. 115, § 1º, e 134, § 1º, da Lei 6.404/1976, as quais visam a proteção dos acionistas impedindo que o administrador, em seu nome ou na condição de representante de outro acionista, como aconteceu no caso *sub judice*, delibere acerca das próprias contas. Recurso não provido" (TJSP, AC 039796-4/6, rel. Des. Leite Cintra, j. 3.6.1998).

A questão, como se vê, é polêmica. Mas, ao que parece, a melhor solução é analisar caso a caso para decidir sobre a existência ou não do impedimento. Se se tratar, por exemplo, de verdadeira *holding* constituída para organizar a estrutura de controle da sociedade cujas contas estão sendo julgadas, ou com outras atividades e bens, ou com outros sócios, o impedimento de voto não há de prevalecer porque a Lei das S/A não ignora a hipótese de uma sociedade ser controlada por outra (cf. arts. 243 a 246, por exemplo). Fosse intenção do legislador impedir o voto da sociedade controladora nessa hipótese, a proibição seria expressa, tal como ocorre em relação ao impedimento do administrador de votar suas próprias contas como *procurador* de outro acionista. E em se tratando de regra restritiva de direito (restrição do direito de voto do acionista), a proibição deve ser interpretada estritamente.

Contudo, se a *holding* é constituída com o nítido propósito de fraudar a proibição dos arts. 115, § 1º, e 134, § 1º, da Lei das S/A, evidentemente o impedimento há de persistir.

Em outras palavras, quando o administrador é controlador de *holding* acionista da companhia por ele administrada, caberá ao julgador analisar as peculiaridades do caso, sopesar os interesses em jogo dos vários grupos acionários e, fundamentalmente, a real necessidade da rejeição das contas para resguardar os interesses da companhia e dos demais acionistas.

6. Exoneração de responsabilidade ("quitus") dos administradores em virtude da aprovação, sem reserva, das contas e das demonstrações financeiras

"Exonerar" vem do latim *exonerare*, que significa descarregar, tirar a carga, livrar-se. Para os fins do art. 134, § 3º, tem o sentido de *liberação* ou *desobrigação* dos administradores. Constitui *reconhecimento negativo de dívida*, conforme ensina Pontes de Miranda: "A 'baixa', ou 'descarga', quando alguém gere negócios de outrem, não é remissão; é reconhecimento negativo de dívida".[27]

Segundo o disposto no § 3º do art. 134, é indispensável a aprovação das demonstrações financeiras *e* das contas (relatório da administração e informações prestadas aos acionistas durante a assembleia geral ordinária) para configurar o "quitus". Somente a aprovação de ambas, e sem reserva, exonera de responsabilidade os administradores.

Que a aprovação, sem reserva, das contas e das demonstrações financeiras exonera de responsabilidade os administradores *já é da tradição do nosso Direito*. É regra que está em vigor desde pelo menos[28] o Decreto-lei n. 2.627, de 1940 – cujo art. 101[29] é idêntico ao vigente § 3º do art. 134 –, tendo sido reiterada no Código Civil, aplicável às sociedades limitadas.[30]

O regime adotado pelo nosso ordenamento tem a sua razão de ser. Ao assumirem a delicada missão de administrar os negócios sociais, os administradores colocam em risco seu nome e patrimônio em prol da companhia. Justamente por isso a Lei Societária lhes confere certas salvaguardas, sem as quais profissionais capacitados, respeitados e responsáveis jamais aceitariam exercer tal função. Daí o legislador ter criado dois "portos-seguros" em

27. *Tratado de Direito Privado*, 3ª ed., 1971, t. XXV, § 3.010, 5, p. 54.

28. Diz-se aqui "pelo menos" porque, apesar de não conter dispositivo tão expresso a respeito da exoneração de responsabilidade dos administradores, o art. 74 do Decreto n. 8.821, de 1882 (repetido no art. 145 do Decreto n. 434, de 1891) também já previa que "a approvação do balanço e contas, feita sem reserva, importa a ratificação dos actos e operações relativas".

29. "Art. 101. A aprovação, sem reserva, do balanço e das contas, exonera de responsabilidade os membros da diretoria e do conselho fiscal, salvo erro, dolo, fraude ou simulação (art. 156)."

30. "Art. 1.078. (...). § 3º. A aprovação, sem reserva, do balanço patrimonial e do de resultado econômico, salvo erro, dolo ou simulação, exonera de responsabilidade os membros da administração e, se houver, os do conselho fiscal."

favor dos administradores: (i) a regra da decisão negocial (*business judgment rule*, originada no Direito norte-americano, e, de certa forma, refletida no art. 159, § 6º, da Lei das S/A),[31] segundo a qual os gestores não são pessoalmente responsáveis por prejuízos causados por erros de avaliação cometidos de boa-fé na condução dos negócios sociais; e (ii) a exoneração de responsabilidade dos administradores mediante a aprovação, sem reserva, das contas e das demonstrações financeiras.

A solução do § 3º do art. 134 é aplaudida por aqueles que estudaram a fundo a matéria e se mostraram sensíveis à problemática dos riscos assumidos pelos administradores. Cunha Peixoto, ex-Ministro do Supremo Tribunal Federal, assim concluiu: "A lei brasileira é positiva. Agasalhou o princípio de que toda pessoa, obrigada a prestação de contas, e que as vê aprovadas, tem direito a quitação. Na verdade, *não seria jurídico que os administradores, depois de ter o balanço e as contas aprovados, continuassem responsáveis pela sua gestão, principalmente se se levar em consideração que, afastando-se da sociedade, perdem o controle dos livros e documentos capazes de justificar, em caso de necessidade, seu trabalho*"[32] (grifou-se).

A aprovação, sem reserva, das contas e das demonstrações financeiras implica a concordância dos acionistas quanto ao *modo de gestão da companhia*, como bem esclarece a doutrina:

"Assim, os acionistas, ao analisarem as demonstrações financeiras, não estão apenas verificando a regularidade formal dos lançamentos contábeis efetuados, mas também manifestando a sua concordância com a gestão dos administradores naquele exercício social."[33]

"A aprovação sem reservas pressupõe que os acionistas concordaram com a atuação dos administradores e com as opiniões dos fiscais a respeito das contas e demonstrações financeiras apresentadas à assembleia."[34]

Em outras palavras, significa a aquiescência com a *obra coletiva* dos administradores, como ressalta Vivante.[35] Não há ratificação ou sanação de eventual invalidade de cada um dos atos praticados. Há, isto sim, aceitação, aprovação da *obra coletiva* dos administradores, que ficam, assim, liberados de toda e qualquer responsabilida-

31. A regra da decisão negocial tem sido amplamente aplicada pela CVM: "(...) considerações sobre o mérito de decisões de negócio, em geral, extrapolam o papel do regulador, em sua tarefa de revisão da legalidade dos atos dos administradores de companhia aberta. O regulador deve evitar que sua eventual avaliação seja fator que influencie a análise sobre a legalidade da atuação dos administradores, pois pode observar as decisões tomadas por eles em condições de certa forma mais favoráveis, e sem dúvida bastante distintas das que enfrenta o gestor na hora de fazer escolhas. O gestor de companhia lida com restrições de tempo e de recursos que o levam a dedicar mais ou menos tempo a certas decisões, a realizar estudos mais ou menos aprofundados em cada caso, e isso faz parte de suas responsabilidades. Além disso, ele certamente dispõe de dados que não estão disponíveis para o regulador, os quais considera em suas decisões. Mas a análise da CVM sobre determinado ato de gestão conta com uma grande vantagem, que não seria justo permitir que fosse usada em prejuízo dos administradores: ela é feita de posse da informação sobre o resultado que o ato acarretou. Se a revisão da legalidade de atos de administração, portanto, puder avançar em aspectos do mérito das decisões, estaremos correndo o risco de reduzir o dinamismo de nossas companhias abertas, pois estará sendo incentivada uma postura extremamente avessa ao risco por parte dos seus administradores" (PAS CVM 2005/0097, rel. Diretora Maria Helena Santana, j. 15.3.2007). V. também PAS CVM 25/03, j. 25.3.2008; PAS CVM 08/05, j. 12.12.2007; PAS CVM 21/04, j. 15.5.2007; IA 09/03, j. 25.1.2006; PAS CVM 2005/1.443, j. 10.5.2006; PAS CVM 2005/0097, j. 15.3.2007; PAS CVM 2004/5.392, j. 29.8.2006; PAS CVM 2004/3.098, j. 25.1.2005; IA 03/02, j. 12.2.2004.

32. Carlos Fulgêncio da Cunha Peixoto, *Sociedades por Ações*, vol. 3, 1973, p. 113.

33. Nelson Eizirik, *Temas de Direito Societário*, 2005, p. 112.

34. Fran Martins, *Comentários à Lei das Sociedades Anônimas*, t. 1, vol. 2, 1978, p. 234.

35. Ob. cit., pp. 314-315: "L'approvazione del bilancio implica approvazione dell'opera colletiva degli amministratori, non delle singole operazioni, di cui il bilancio non dà alcuna informazioni".

de civil pelo conjunto de atos de gestão do exercício social. Eventual invalidade de um ato isolado poderá ser questionada judicialmente; não, todavia, a responsabilidade civil dos administradores pela prática desse ato.

Ressalte-se a coerência do sistema: de um lado, a aprovação, sem reserva, das contas e das demonstrações financeiras exonera de responsabilidade os administradores; de outro, a lei proíbe os gestores de votar, na qualidade de acionistas ou procuradores, suas contas (arts. 115, § 1º, e 134, § 1º), justamente porque não podem atuar como juízes em causa própria.

Não faria sentido a Lei Societária proibir o voto dos administradores por ocasião do julgamento de suas contas e das demonstrações financeiras se a aprovação dessas peças não os exonerasse de responsabilidade.[36]

Este é também o posicionamento do Superior Tribunal de Justiça:

"A aprovação das contas pela assembleia geral implica quitação, sem cuja anulação os administradores não podem ser chamados à responsabilidade. Recurso especial não conhecido" (STJ, REsp 257.573-DF, rel. p/acórdão Min. Ari Pargendler, *RSTJ* 148/323).

"Salvo se anulada, a aprovação das contas sem reservas pela assembleia geral exime os administradores de quaisquer responsabilidades" (STJ, AgRg no Ag 950.104-DF, rel. Min. Massami Yueda, *DJe* 30.3.2009).

Ao exonerar de responsabilidade os administradores em decorrência da aprovação sem reserva, a Lei das S/A não desampara totalmente os acionistas. Isso porque a aprovação de contas ou demonstrações financeiras irregulares abre aos acionistas dois caminhos para pleitear a reparação dos prejuízos sofridos pela companhia: (i) a anulação da aprovação, nos termos do art. 286, a fim de ressuscitar a via da ação de responsabilidade do art. 159; ou então (ii) a responsabilização do controlador pela aprovação de contas irregulares, conforme faculta o art. 117, § 1º, *g*.

Aqueles que criticam a opção do legislador pela exoneração dos administradores em decorrência da aprovação sem reserva[37] fazem-no pressupondo que, pelo exame do relatório e das demonstrações financeiras, não seria possível identificar as operações relevantes eventualmente ruinosas concluídas pelos gestores sociais.

Mas, em primeiro lugar, essa não é a realidade do mundo empresarial moderno, em especial das companhias abertas,[38] sujeitas à disciplina e fiscalização da Comissão de Valores Mobiliários, que lhes impõe, por força de atos normativos, o dever de ampla divulgação de informações (*full disclosure*). Não por acaso compete àquela autarquia até mesmo determinar às companhias abertas que republiquem, com correções ou aditamentos, demonstrações financeiras, relatórios ou informações divulgadas (art. 8º, § 3º, IV, da Lei n. 6.385/1976).

Ademais, o dever de informação e o direito de fiscalização têm se intensificado nas recentes alterações ocorridas na Lei das S/A, tanto para as companhias abertas como para as fechadas, graças à intensificação do movimento do "governo das empresas" (*corporate governance*).

De modo que a realidade empresarial moderna é, hoje, outra: os relatórios e as demonstrações financeiras elaborados em conformidade com a Lei das S/A nos dias

36. Como relata De Gregório, o Código Civil italiano adotou solução diversa nesse ponto: de um lado, autorizou que os administradores votassem na deliberação sobre o balanço; de outro, contudo, estabeleceu que a aprovação do balanço não exonera de responsabilidade os administradores (ob. cit., p. 334).

37. Waldemar Ferreira, *Tratado de Direito Comercial*, vol. 4, 1961, n. 821, pp. 393-394. V. também Marcelo Vieira von Adamek, *Responsabilidade Civil dos Administradores e as Ações Correlatas*, 2009, pp. 249-257.

38. Leães, *Comentários*, ob. cit., vol. 2, 1980, p. 221. V. também Carvalhosa, ob. cit., vol. 2, 2008, p. 353.

atuais em nada se assemelham às peças rudimentares, lacunosas e precárias produzidas no começo do século passado.

Em segundo lugar, se o relatório e as demonstrações financeiras são deficientes a ponto que suprimir do conhecimento dos acionistas informações relevantes, cabível é a anulação da sua aprovação por violação da lei (art. 133, I), dolo ou fraude, conforme o caso, consoante o disposto no art. 286.

O que não se pode admitir é que os acionistas não dêem importância alguma para esses documentos antes de aprová-los, ou menosprezem o exercício do seu direito de fiscalização e voto, ou, ainda, não se preocupem em fazer as reservas de que trata o art. 134, § 3º, negligenciando com o episódio mais importante da vida da companhia no exercício social. Afinal, *dormientibus non succurrit jus*.

É verdade que há sistemas em que a aprovação das demonstrações financeiras não implica exoneração dos administradores,[39] ou que condicionam a eficácia da liberação à não oposição de uma minoria qualificada.[40]

Mas a coerência desses outros sistemas é inegável. Na Itália, por exemplo, os administradores podem exercer o seu direito de voto na deliberação sobre o balanço; contudo, a aprovação do balanço não os exonera de responsabilidade.[41] A solução brasileira, como se vê, é diametralmente oposta: os administradores não podem exercer o seu direito de voto na deliberação sobre suas contas e demonstrações financeiras (arts. 115, § 1º, e 134, § 1º) justamente porque essa aprovação, sem reserva, exonera-os de responsabilidade (art. 134, § 3º). Daí a *ratio* da proibição de voto instituída pela lei brasileira.

A opção do legislador brasileiro pela exoneração dos gestores sociais na hipótese de aprovação sem reserva foi feita expressamente no art. 134, § 3º – tendo sido reiterada no art. 1.078, § 3º, do Código Civil, aplicável às sociedades limitadas –, não podendo o aplicador do Direito se afastar do comando preciso e inequívoco da nossa lei, muito menos fazer distinções restritivas de direito que a lei não faz.

7. Extensão subjetiva da exoneração

A exoneração de que trata o § 3º do art. 134 da Lei das S/A beneficia todos aqueles que exerceram a função de administrador durante o exercício cujas contas e demonstrações financeiras foram aprovadas sem reserva, pouco importando, por conseguinte, se já deixaram ou não o cargo

39. P.ex., Itália (art. 2.434 do Código Civil): "L'approvazione del bilancio non implica liberazione degli amministratori, dei direttori generali, dei dirigenti preposti alla redazione dei documenti contabili societari e dei sindaci per le responsabilità incorse nella gestione sociale" (artigo com a redação de acordo com o art. 15 da Lei de 28.12.2005, n. 262).

Espanha (art. 134, 3, da Lei 1.564/1989): "La aprobación de estos documentos por la junta no significa el descargo de los administradores por la responsabilidad en que pudieran haber incurrido".

Alemanha (§ 120 (2) da AktG): "Com a deliberação, a assembleia ratifica a gestão da sociedade desempenhada pelos administradores e pelos membros do conselho fiscal. A aprovação não implica renúncia alguma aos direitos de ressarcimento de danos" (tradução livre). No original: "Durch die Entlastung billigt die Hauptversammlung die Verwaltung der Gesellschaft durch die Mitglieder des Vorstands und des Aufsichtsrats. Die Entlastung enthält keinen Verzicht auf Ersatzansprüche".

40. P.ex., Argentina (art. 275 da Lei 19.550: "La responsabilidad de los directores y gerentes respecto de la sociedad, se extingue por aprobación de su gestión o por renuncia expresa o transacción, resuelta por la asamblea, si esa responsabilidad no es por violación de la ley, del estatuto o reglamento y si no media oposición del cinco por ciento del capital social, por lo menos".

Portugal (art. 74º, 2, do Código das Sociedades Comerciais): "A sociedade só pode renunciar ao seu direito de indemnização ou transigir sobre ele mediante deliberação expressa dos sócios, sem voto contrário de uma minoria que represente pelo menos 10% do capital social; os possíveis responsáveis não podem votar nessa deliberação".

41. De Gregório, ob. cit., p. 334.

ao tempo da mencionada aprovação. Referido dispositivo legal não pode ser interpretado no sentido de limitar o alcance da exoneração àqueles que, ao tempo da aprovação sem ressalva, ainda exerciam o cargo.

O Superior Tribunal de Justiça já decidiu que o prazo prescricional do art. 287, II, *b*, da Lei das S/A se aplica também aos ex-administradores, apesar da literalidade da alínea *a* (que se refere apenas a "administradores").[42] A mesma razão invocada nesse precedente deve ser aplicada aqui, uma vez que não há nada que justifique essa inadmissível distinção entre ex e atuais administradores no tocante aos efeitos da liberação. O que importa, para os fins da Lei das S/A, é o exercício da função de administrador, e não se, no momento da exoneração, o cargo é ainda ocupado pela mesma pessoa.

8. Efeitos da aprovação sem reserva no tocante à ação individual

A aprovação sem reserva implica exoneração da responsabilidade dos administradores apenas e tão somente no tocante a eventuais prejuízos causados à companhia; não, porém, no que diz respeito aos danos diretamente causados pelos administradores aos acionistas, danos esses que podem ser objeto da ação individual de que trata o art. 159, § 7º.

É que, como nessa hipótese os danos foram causados diretamente aos acionistas, somente estes, e não a companhia, podem dar o "quitus", já que são eles, e não a companhia, os titulares de pretensão contra os administradores. A assembleia geral não tem o poder de exonerar os administradores no tocante a direitos que não pertencem à companhia, mas aos acionistas individualmente.

Disso decorre que a aprovação sem reserva, ainda que deliberada em assembleia pelos próprios acionistas diretamente prejudicados pelos administradores, em nada afeta a ação individual. Quando reunidos em assembleia, os acionistas deliberam sobre direitos e interesses da *companhia*, e não sobre suas eventuais pretensões individuais contra os administradores.

No mesmo sentido se manifesta Campos: "A quitação decorrente da aprovação das contas do administrador, nos termos do art. 134, § 3º, da LSA, embora seja impeditiva à propositura da ação social, não o é para a ação direta. É que somente o credor pode exonerar de obrigações o devedor. Sendo o acionista o credor, somente ele poderia outorgar a quitação, para efeito da ação individual".[43]

9. Irretratabilidade e irrevogabilidade da aprovação sem reserva

Uma vez aprovadas, sem reserva, as contas e as demonstrações financeiras, assembleia posterior não pode "revogar"[44] a deliberação anterior e decidir pela propositura de ação de responsabilidade contra os administradores.[45]

42. "Ação contra administrador. O prazo de prescrição previsto no art. 287, II, *b*, da Lei 6.404/1976 aplica-se às ações movimentadas contra administradores no exercício do cargo ou que dele se tenham afastado" (STJ, REsp 31.620-SP, rel. Min. Eduardo Ribeiro, *DJU* 29.8.1994, p. 22.195).

43. Ob. cit., vol. 1, p. 1.257.

44. Utiliza-se aqui o termo "revogação" para designar tanto a *substituição* como a *revogação* propriamente dita. Tem-se a *substituição* quando os acionistas tomam deliberação com conteúdo diferente do da antecedente, cujo lugar vem ocupar. A revogação, por seu turno, é negócio jurídico que visa extinguir os efeitos jurídicos produzidos por ato anterior. Sobre o tema: cf. Manuel Carneiro da Frada, *Renovação de Deliberações Sociais*, 1987.

45. Em sentido contrário, Carvalhosa (ob. cit., vol. 3, 2003, p. 391): "Deliberando a assembleia geral acionar os administradores, estará obviamente retificando sua deliberação anterior de aprovação das contas daqueles, já que o pressuposto é o da existência de fraude. Portanto, a deliberação de agir contra os administradores, para responsabilizá-los, automaticamente anula a deliberação anterior de aprovação sem ressalvas". Já Comparato (ob. cit., 1978, p. 31) adota posição intermediária, entendendo que a assembleia geral tem o poder de retificar balanços já aprovados "desde que reconheça a exis-

Constituindo reconhecimento negativo de dívida, a aprovação, sem reserva, é *ato irretratável e irrevogável* da companhia, que não pode ser desfeito por posterior deliberação assemblear.

O "quitus" somente deixa de produzir efeitos se *desconstituído judicialmente* nos termos do art. 286. Idêntico é o magistério de Bulhões Pedreira e Rosman:[46]

"Se a assembleia aprovou as demonstrações financeiras sem reservas, ou se, além de aprová-las, aprovou, como item específico, as contas dos administradores, a companhia está vinculada a seu ato, que é irretratável, e somente pode ser modificado por decisão judicial (...). A assembleia não pode, ela própria, revogar o ato de aprovação das contas que criou direito para os administradores (...)".[47]

"(...) um ato jurídico perfeito, uma deliberação de um colegiado que cria direitos ou exonera terceiros de responsabilidades, só em juízo pode ser anulada; é o que, de forma inequívoca, prescreve a lei.

"(...) a assembleia geral não pode reconsiderar a deliberação que tomar 'sponte propria'. Terá que ir a juízo provar a existência de vício que invalide a deliberação anterior, como exigem os dispositivos legais citados (art. 134, § 3º e art. 286)."[48]

tência de vícios capazes de invalidar a aprovação já dada"; "Investida de competência privativa para a aprovação de balanços, tem igualmente a assembleia geral de acionistas o poder exclusivo de retificar os já aprovados. Aliás, desde que reconheça a existência de vícios capazes de invalidar a aprovação já dada, a assembleia não somente pode mas deve fazê-lo, como medida preliminar à ação de responsabilidade civil contra os administradores que já se encontraram na origem do vício".

46. Ob. cit., 2007, pp. 55-56.

47. "Aprovação das demonstrações financeiras, tomada de contas dos administradores e seus efeitos. Necessidade de prévia anulação da deliberação que aprovou as contas dos administradores para a propositura de ação de responsabilidade" (in Rodrigo Monteiro de Castro e Leandro Santos de Aragão (coords.), *Sociedade Anônima: 30 Anos da Lei 6.404/1976*, 2007, p. 55).

48. Ibid., pp. 50 e 58.

No mesmo sentido é a orientação da jurisprudência, em especial a do Superior Tribunal de Justiça, nos termos dos acórdãos transcritos acima (REsp 257.573-DF e AgRg no Ag 950.104-DF).

A lei, como se sabe, não contém palavras inúteis. O § 3º do art. 134 dispõe que "a aprovação, sem reserva, das demonstrações financeiras e das contas, exonera de responsabilidade os administradores e fiscais, *salvo erro, dolo, fraude ou simulação (art. 286)*".

Erro, dolo, fraude e simulação são vícios que tornam anulável a manifestação de vontade, *devendo ser reconhecidos por sentença judicial*, consoante o disposto no art. 177 do Código Civil: "A anulabilidade não tem efeito antes de julgada por sentença, nem se pronuncia de ofício (...)".

Com isso, a própria parte que manifesta a sua vontade de forma viciada não tem como reconhecer, ela mesma, e independentemente da propositura de ação judicial, a invalidade do que declarou. Em outras palavras, a própria companhia não pode, sozinha, reconhecer a existência de vício na aprovação sem reserva e desfazer o "quitus" Somente por sentença proferida em ação judicial pode-se desfazer a quitação dada aos administradores.

Ademais, o § 3º do art. 134 faz expressa referência, entre parênteses, ao art. 286, que trata da ação anulatória de deliberação assemblear, tudo a demonstrar, mais uma vez, que a aprovação somente pode ser desconstituída *judicialmente*, e não por mera deliberação assemblear posterior.

Se o "quitus" decorrente da aprovação sem reserva pudesse ser desfeito a qualquer tempo pelos acionistas, tal ato não configuraria propriamente exoneração de responsabilidade; seria, na verdade, um nada jurídico, sem efeito prático em relação aos administradores, já que a quitação, nesse caso, poderia ser desfeita a qualquer momento. Essa interpretação tornaria letra morta o § 3º do art. 134 – o que não se pode admitir.

Além disso, a despeito de se tratar de *ato unilateral* da companhia – como leciona Penteado[49] –, a deliberação de exoneração é irrevogável e irretratável porque produz efeitos na esfera jurídica dos administradores, terceiros em relação à companhia, como concluem Bulhões Pedreira e Rosman,[50] citando os ensinamentos de Von Tuhr: "A deliberação que aprova as contas dos administradores, expressa ou implicitamente (pela aprovação das demonstrações financeiras sem reservas), é ato jurídico que tem efeito na esfera jurídica dos administradores, pois os exonera de responsabilidade. É, como já referido, uma quitação pelo cumprimento de seus deveres legais. Os atos dessa natureza – mesmo se se tratar de um ato unilateral, como é a deliberação da assembleia geral da companhia – são irrevogável e irretratáveis. Cite-se, a esse respeito, a opinião de A. Von Tuhr: 'Apenas el negocio unilateral produce el efecto que le corresponde, es tan irrevocable, en principio, como el contrato y, sobre todo, cuando sus efectos atañen a la esfera jurídica ajena. El interés de la otra parte de que sea apartada toda incertidumbre es digno de protección y exige que el negocio unilateral sea irrevocable (...)'".[51]

De fato, não se admite a substituição ou revogação de deliberação anterior quando estão em jogo direitos e interesses de terceiros (no caso, os administradores), como já ensinava Valverde na vigência do Decreto-lei n. 2.627/1940: "*Ressalvados, pois, os direitos de terceiros*, acionistas ou não, a deliberação atacada é passível, em princípio, de revisão e retificação".[52]

A Lei das S/A proíbe os administradores de votar, na qualidade de acionistas ou procuradores, suas contas e demonstrações financeiras (arts. 115, § 1º, e 134, § 1º) justamente porque a aprovação dessas peças produz efeitos relevantíssimos em relação a eles, a ponto de justificar a proibição de voto. Evidente, pois, a coerência do nosso sistema. E a transformação da aprovação sem reserva num nada jurídico destruiria toda essa coerência.

Registre-se que o direito de retificar incorreções contábeis ou erros de cálculo não significa o de "revogar" a exoneração outorgada aos administradores, como já escrevi alhures: "(...) o direito de retificação não inclui o de revogar ou reconsiderar a aprovação das contas e das demonstrações financeiras, porquanto, implicando a aprovação verdadeira quitação para os administradores (...), a companhia não pode arrepender-se posteriormente do fato de tê-los exonerado de responsabilidade. Somente mediante a anulação judicial da aprovação das contas e das demonstrações financeiras nos termos do art. 286 é que os administradores podem ser responsabilizados".[53]

10. Prazo prescricional para a responsabilização dos administradores

A ação anulatória da aprovação das contas e das demonstrações financeiras deve ser ajuizada no prazo de dois anos previsto no art. 286 da Lei das S/A, sob pena de prescrição da pretensão à responsabilização dos administradores. É o que já decidiu o Superior Tribunal de Justiça:

"Considera-se prescrita a ação de responsabilidade de administrador que teve suas contas aprovadas sem reservas pela assembleia geral, se esta não foi anulada dentro do biênio legal (...)" (STJ, REsp 256.596-SP, rel. p/acórdão Min. Antônio de Pádua Ribeiro, *DJU* 18.6.2001, p. 150; *RSTJ* 151/313).

49. Mauro Rodrigues Penteado, *Aumento de Capital das Sociedades Anônimas*, 1988, p. 187: "A deliberação assemblear, proveniente de uma decisão colegiada dos acionistas, tomada segundo a regra da maioria, constitui um ato unilateral da sociedade (...)".

50. Ob. cit., 2007, p. 48.

51. Ob. cit., 2007, p. 48.

52. Ob. cit., vol. 3, n. 832, p. 115.

53. Lazzareschi Neto, ob. cit., nota 4i ao art. 134, p. 271.

Vide também TJDF, 1ª T., Agr. Instr. 1998.00.2.000932-5, rel. Des. Waldir Leôncio Júnior, j. 1º.2.1999; TJGO, 3ª C., AC 26162-5/188, rel. Des. Homero Sabino de Freitas, j. 25.8.1992.

No mesmo sentido se manifesta a doutrina:

"Portanto, só há um caminho para a ação social quando houver prévia aprovação de contas, que passa pela necessária desconstituição judicial dessa deliberação. A ação social deverá ser precedida ou cumulada com ação que vise à anulação da deliberação assemblear que tiver aprovado as contas.

"Deve-se, porém, atentar para o fato de que os prazos prescricionais são diferentes para cada uma das ações: 3 anos para a ação social e 2 anos para a ação que pretenda anular deliberação assemblear. Dessa forma, como os prazos não são côngruos, ainda que não tenha prescrito o prazo para a ação social, pode ter prescrito o prazo para a ação de anulação de deliberação assemblear e, por isso, a ação social ficará prejudicada."[54]

"Mas a aprovação não isenta os administradores e fiscais no caso de ser provado que agiram eles com erro, dolo, fraude ou simulação. Esses são fatos que necessitam ser provados e a ação anulatória da deliberação que aprovou as contas dos administradores e as demonstrações financeiras tem o prazo prescricional de dois anos, contados da data da deliberação (art. 286) (...). Procura-se, por isso, anular a decisão que aprovou as contas, para que seja apurada a responsabilidade dos administradores, nos termos dos arts. 158 e 159."[55]

Com efeito, tem-se afastado o prazo prescricional do art. 287, II, *b*, 2, da Lei das S/A quando as contas e as demonstrações financeiras são aprovadas sem reserva porque o § 3º do art. 134 faz expressa referência ao art. 286, a exigir, portanto, a prévia anulação da aprovação como pressuposto da ação de responsabilidade contra os administradores.

A aplicação do prazo prescricional de dois anos tem suscitado a perplexidade de alguns doutrinadores: se o art. 287, II, *b*, 2, da Lei das S/A prevê três anos para a prescrição da pretensão de responsabilização dos administradores, por que se haveria de aplicar o prazo prescricional de dois anos previsto no art. 286? O art. 287, II, *b*, 2, da Lei das S/A não teria, então, utilidade alguma?

A única forma de compatibilizar tais dispositivos legais é a seguinte: enquanto o art. 287, II, *b*, 2, dispõe sobre o prazo prescricional da ação de responsabilidade contra os administradores quando as contas e as demonstrações financeiras são aprovadas *com reserva*, os arts. 134, § 3º, e 286 determinam que, uma vez aprovadas, *sem reserva*, as contas e as demonstrações financeiras, indispensável se torna a prévia anulação dessa aprovação.

11. Anulação da aprovação de contas e demonstrações financeiras

As demonstrações financeiras podem apresentar vícios relativos ao seu *procedimento de formação* (por exemplo, ausência de assinatura de contabilistas legalmente habilitados – art. 177, § 4º, da Lei das S/A). Nesse caso, a deliberação que as aprova é anulável, devendo a respectiva ação ser proposta no prazo do art. 286 da Lei Societária.

Pode ocorrer também que as demonstrações apresentem irregularidades que dizem respeito ao seu próprio *conteúdo* (por exemplo, violação, na sua elaboração, dos princípios da clareza, veracidade e exatidão – arts. 176, *caput*, da Lei das S/A e 1.179, 1.184 e 1.188 do Código Civil).[56] O

54. Campos, ob. cit., pp. 1.253-1.254.
55. Martins, ob. cit., pp. 234-235.

56. Em matéria de demonstrações financeiras, a exatidão é quase sempre relativa. Os critérios fundamentais de julgamento das demonstrações financeiras são a clareza e a sinceridade, não a exatidão. Prevalece aqui a proibição de enganar, ou seja, a lei

assunto tem recebido pouco destaque na doutrina nacional, em especial no tocante aos efeitos desses vícios na deliberação que aprova tais peças.

Na Itália, por exemplo, a doutrina e a jurisprudência têm entendido que a violação dos princípios da clareza, veracidade e exatidão no balanço gera a *nulidade* da deliberação que o aprova. Entende-se lá que a deliberação de aprovação de balanço confuso ou impreciso tem objeto (ou conteúdo) ilícito, já que tomada em afronta a normas de ordem pública, inderrogáveis e destinadas a proteger o interesse geral.[57]

No Brasil, contudo, o tema merece maiores reflexões, em especial à luz do entendimento da jurisprudência de que a prescrição de direito comum é "largamente incompatível com a estabilidade que deve garantir a constituição e desenvolvimento das sociedades anônimas. A prevalecer o encaminhamento que dá para o tema, as deliberações assembleárias das sociedades não trariam segurança, podendo ser discutidas até duas décadas após, o que, sob o enfoque empresarial, seria despropositado" (TJSP, 5ª C., AC 262.004.1/4, rel. Des. Marco César, j. 7.3.1996).

De fato, aqui tem prevalecido o princípio da preservação da empresa, a ensejar a aplicação, em regra, do prazo de dois anos do art. 286, como já tive a oportunidade de registrar alhures.[58]

Cumpre ressaltar que, uma vez aprovadas, sem reserva, as contas e as demonstrações financeiras referentes ao exercício em que a violação do administrador tenha ocorrido, o pedido de anulação dessa aprovação é *condição da ação de responsabilidade* de que trata o art. 159, conforme já pacificado no Superior Tribunal de Justiça:

"A aprovação das contas pela assembleia geral implica quitação, sem cuja anulação os administradores não podem ser chamados à responsabilidade. Recurso especial não conhecido" (STJ, REsp 257.573-DF, rel. p/acórdão Min. Ari Pargendler, *RSTJ* 148/323).

"Salvo se anulada, a aprovação das contas sem reservas pela assembleia geral exime os administradores de quaisquer responsabilidades" (STJ, AgRg no Ag 950.104-DF, rel. Min. Massami Yueda, *DJe* 30.3.2009).

O pedido de anulação pode ser pleiteado prévia ou concomitantemente à ação de responsabilidade, conforme ensina a doutrina: "O caminho a ser percorrido pelo acionista inconformado seria a anulação da deliberação e, consequentemente, a propositura da ação de responsabilidade civil ou cumulando ambas, a ação de anulação de deliberação assemblear cumulada com a ação de responsabilidade civil".[59]

pune o levantamento de balanços insinceros, falsos, fraudulentos. Sobre o tema, cf. Fábio Konder Comparato, "Natureza jurídica do balanço", in *Ensaios e Pareceres de Direito Empresarial*, 1978, p. 35. Luiz Gastão Paes de Barros Leães, *Do Direito do Acionista ao Dividendo*, 1969, p. 243.

57. *Rivista delle Società*, 1972, pp. 373 e ss.

58. "Tais restrições quanto à aplicabilidade da teoria geral das nulidades ao direito societário decorrem do princípio da preservação da empresa: 'Pedido de anulação de deliberações de assembleia geral que não se coaduna com doutrina majoritária, no sentido de que a teoria das nulidades, com seus contornos fornecidos pelo direito civil, não se aplica irrestritamente ao direito societário. A existência de eventual ilícito a ensejar a anulação de decisão assemblear, fato que não restou comprovado nos autos, deve ser sopesada considerando o princípio da preservação da empresa' (TJRJ, 9ª C., AC 200800113308, rel. Des. Carlos Santos de Oliveira, j. 29.4.2008). No mesmo sentido: 'A doutrina tem entendido que a teoria das nulidades, com seus contornos oferecidos pelo direito civil, deve ser aplicada com certas restrições no direito societário. Sobremaneira se verificarmos o transtorno que a anulação de deliberações pode ocasionar aos sócios ou a terceiros. Não se pode olvidar, também, que a pretensão autoral inviabilizaria a manutenção da companhia, consequência que deve ser cautelosamente sopesada em conta ao princípio da preservação da empresa – criadora de empregos e geradora de riquezas – princípio este norte do direito empresarial' (TJRJ, 9ª C., AC 2008.001.13308, rel. Des. Carlos Santos de Oliveira, j. 29.4.2008)" (in Lazzareschi Neto, ob. cit., nota 4b ao art. 286, p. 675).

59. Nelson Eizirik, "Responsabilidade civil dos administradores da sociedade anônima" (in *So-*

E assim já decidiu o Supremo Tribunal Federal:

"Impõem-se cumuladas as ações de nulidade de deliberações de Assembleia Geral e responsabilidade de administradores, vinculados os fatos-fundamentos, sem prejuízo procedimental algum (...). Quanto à compatibilidade de cumulação dessas ações, disse excelentemente o Professor Galeno. Até há necessidade de se reunirem as ações. Aquelas assembleias, aqueles pareceres e aquelas deliberações que são contra a responsabilização dos diretores e dos membros do Conselho Fiscal e a própria responsabilização, tudo integra um só exame. A compatibilidade aí e a conexão do mesmo fato ou interpretação de fatos pendentes, ou fundamentos, tudo se manifesta" (*Jurisprudência Brasileira* (*JB*), vol. 64, pp. 236-238).

12. Abuso na deliberação sobre contas e demonstrações financeiras

O abuso na deliberação sobre contas e demonstrações financeiras pode ocorrer sob duas formas: (i) na aprovação, pelo acionista controlador, de contas ou demonstrações financeiras irregulares; ou (ii) na rejeição, sem fundamento, de contas e demonstrações financeiras corretas e regulares.

Na hipótese de aprovação, pelo controlador, de contas e demonstrações financeiras irregulares, configura-se o abuso do poder de controle, conforme previsto no art. 117, § 1º, *g*, ensejando a responsabilização do controlador pelos prejuízos causados à companhia e aos demais acionistas, sem prejuízo da anulação da deliberação.

Mas não é raro que acionistas minoritários votem contrariamente à aprovação de contas e demonstrações regulares com o objetivo de obter vantagem indevida à custa da companhia, seus acionistas e administradores, em manifesto abuso do direito de voto.

ciedade Anônima: I Ciclo de Conferências para Magistrados, IBCB, p. 281).

O acionista que, por exemplo, vota pela rejeição de contas regulares sem nenhum fundamento, ou que invoca a mera ocorrência de prejuízo no exercício social para votar pela rejeição, abusa do seu direito de voto, devendo ser responsabilizado na forma do § 3º do art. 115 pelos prejuízos causados à companhia e aos seus acionistas e administradores.

Pela relevância da matéria (como demonstrado acima) e suas repercussões para a companhia, seus acionistas e administradores, impõe-se que o voto pela rejeição das contas e demonstrações financeiras seja sempre fundamentado, justamente para não se transformar em instrumento de emulação ou chantagem. A rejeição haverá, assim, de ser séria e motivada, sob pena de caracterizar exercício abusivo do direito de voto (art. 115, *caput*).

13. Conclusão

Apesar de "reina[r], na vida forense, certo desdém pelo balanço" – como já advertia Waldemar Ferreira[60] –, a deliberação sobre contas e demonstrações financeiras é das mais relevantes em razão dos efeitos produzidos em relação à companhia, seus acionistas e administradores.

Aqueles que negligenciam com essa deliberação ignoram o sistema da Lei das S/A e acabam por descuidar do próprio destino da companhia.

A despeito das críticas de alguns autores, a lei brasileira é positiva ao exonerar de responsabilidade os administradores mediante a aprovação, sem reserva, das contas e das demonstrações financeiras. Afinal, toda pessoa obrigada a prestar contas, e que as vê aprovadas sem ressalva, tem direito à descarga de suas obrigações. Sem essa salvaguarda da Lei das S/A, profissionais capacitados, respeitados e responsáveis dificilmente aceitariam a nobre função da administração, porquanto permaneceriam sujeitos por longo período a

60. Ob. cit., vol. 4, n. 822, p. 397.

investidas de oportunistas, nem sempre destinadas a proteger o patrimônio social.

São Paulo, 26 de março de 2010.

Referências

ADAMEK, Marcelo Vieira Von. *Responsabilidade Civil dos Administradores e as Ações Correlatas*. São Paulo, Saraiva, 2009.

BULGARELLI, Waldirio. *Regime Jurídico da Proteção às Minorias das S/A*. Rio de Janeiro, Renovar, 1998.

CAMPOS, Luiz Antonio de Sampaio. "Conselho de administração e diretoria", in LAMY FILHO, Alfredo, e PEDREIRA, José Luiz Bulhões (coords.). *Direito das Companhias*. vol. 1. Rio de Janeiro, Forense, 2009.

CARVALHOSA, Modesto. *Comentários à Lei de Sociedades Anônimas*. vols. 2-3, 3ª ed. São Paulo, Saraiva, 2008.

COMPARATO, Fábio Konder. "Natureza jurídica do balanço". In *Ensaios e Pareceres de Direito Empresarial*. Rio de Janeiro, Forense, 1978.

______. *Direito Empresarial*. São Paulo, Saraiva, 1990.

CUNHA PEIXOTO, Carlos Fulgêncio da. *Sociedades por Ações*. vol. 3. São Paulo, Saraiva, 1973.

DE GREGÓRIO, Alfredo. *Corso di Diritto Commerciale: Imprenditori, Società*. 4ª ed. Roma, Dante Alighieri, 1952.

EIZIRIK, Nelson. *Temas de Direito Societário*. Rio de Janeiro, Renovar, 2005.

FERREIRA, Waldemar. *Tratado de Direito Comercial*. vol. 4. São Paulo, Saraiva, 1961.

FRANÇA, Erasmo Valladão. *Conflito de Interesses nas Assembleias de S/A*. Rio de Janeiro, Renovar, 1993, p. 87.

GALGANO, Francesco. *Diritto Commerciale: le Società*. 15ª ed. Bolonha, Zanichelli Editore, 2005, p. 377.

GARRIGUES, Joaquin, e URÍA, Rodrigo. *Comentario a la Ley de Sociedades Anónimas*. vol. 1. Madri, Instituto de Estudios Políticos, 1952.

GUIMARÃES, Ruy Carneiro. *Sociedades por Ações*. vol. 2, 1ª ed. Rio de Janeiro, Forense, 1960.

LAZZARESCHI NETO, Alfredo Sérgio. *Lei das Sociedades por Ações Anotada*. 3ª ed. São Paulo, Saraiva, 2010.

LEÃES, Luiz Gastão Paes de Barros. *Comentários à Lei das S/A*. vol. 2. São Paulo, Saraiva, 1980.

______. *Do Direito do Acionista ao Dividendo*. São Paulo, [s.n], 1969.

______. *Pareceres*. vol. 1. São Paulo, Singular, 2004.

______. *Estudos e Pareceres sobre Sociedades Anônimas*. São Paulo, Ed. RT, 1989.

MARTINS, Fran. *Comentários à Lei das Sociedades Anônimas*. vol. 2, t. 1. Rio de Janeiro, Forense, 1978.

PEDREIRA, José Luiz Bulhões, e ROSMAN, Luiz Alberto Colonna. "Aprovação das demonstrações financeiras, tomada de contas dos administradores e seus efeitos. Necessidade de prévia anulação da deliberação que aprovou as contas dos administradores para a propositura de ação de responsabilidade". In CASTRO, Rodrigo Monteiro de, e ARAGÃO, Leandro Santos de (coords.). *Sociedade Anônima: 30 Anos da Lei 6.404/1976*. São Paulo, Quartier Latin, 2007, pp. 41-63.

PENTEADO, Mauro Rodrigues. *Aumento de Capital das Sociedades Anônimas*. São Paulo, Saraiva, 1988.

PONTES DE MIRANDA. *Tratado de Direito Privado*. ts. XXV e L, 3ª ed. São Paulo, Borsói, 1972.

REQUIÃO, Rubens. *Aspectos Modernos de Direito Comercial*. vol. 1. São Paulo, Saraiva, 1977.

TEIXEIRA, Egberto Lacerda, e GUERREIRO, José Alexandre Tavares. *Das Sociedades Anônimas no Direito Brasileiro*. vol. 1. Rio de Janeiro, José Bushatsky, 1979.

VALVERDE, Trajano de Miranda. *Sociedades por Ações*. vols. 2-3, 3ª ed. Rio de Janeiro, Forense. 1959.

VIVANTE, Cesare. *Trattato di Diritto Commerciale*. vol. 2, 5ª ed. Milão, F. Vallardi, 1935.

XAVIER, Alberto. *Administradores de Sociedades*. São Paulo, Ed. RT, 1979.

Atualidades

BREVE ANÁLISE ACERCA DAS PUBLICAÇÕES DAS COMPANHIAS

GUILHERME ARAUJO DRAGO

1. A obrigatoriedade das publicações. 2. Conceito de jornal oficial. 3. O jornal de grande circulação. 4. A alteração do jornal onde são publicadas as demonstrações financeiras. 5. Do procedimento para publicação dos atos societários em apenas um jornal de grande circulação na sede da companhia. 6. A dispensa de publicação. Conclusões. 7. Bibliografia.

1. A obrigatoriedade das publicações

É famosa a anedota daquele banqueiro alemão que, quando interpelado por um acionista de seu banco pedindo a distribuição do lucro, disse-lhe que era tolo e arrogante: tolo por ter dado seu dinheiro ao banco; arrogante por esperar que, algum dia, viesse o banco a devolvê-lo de bom grado.

As regras referentes às sociedades anônimas foram construídas com o escopo de garantir a convivência tão pacífica quanto possível entre acionistas movidos por interesses divergentes, e, principalmente, para tentar compor antecipadamente os potenciais conflitos entre o acionista controlador, o responsável pela administração da companhia, e os acionistas minoritários, normalmente investidores interessados, sobretudo, na distribuição dos lucros da companhia.

Um dos princípios normalmente apresentados como sendo basilar do mercado de capitais é o da transparência.[1] Na verdade, este princípio se traduziria pela regra de que todos os interessados em investir no mercado de capitais devem dispor das mesmas informações, de modo a evitar que alguns sejam beneficiados em detrimento dos demais.

Estas informações, necessárias à decisão acerca do investimento, podem ser divididas em informações acerca dos valores mobiliários e sobre as companhias. Exemplos das primeiras são as referentes às cotações dos valores mobiliários negociados, os preços e os custos de transação e o volume dessas transações. Quanto às informações das companhias, servem como exemplos aquelas referentes à oferta de novos valores mobiliários no mercado.

A transparência é um princípio com caráter instrumental, eis que viabiliza, na verdade, o controle da administração e a fiscalização dos atos dos administradores. É também um dos mais importantes meios de se alcançar o desenvolvimento do mercado de capitais de determinada região ou país. Há doutrinadores que não o tem como um princípio autônomo, mas uma regra decorrente da combinação de três outros princípios, o da boa-fé objetiva, o da prote-

1. Roberto Quiroga Mosquera, "Os princípios informadores do Direito do Mercado Financeiro e de Capitais", in *Aspectos Atuais do Direito do Mercado Financeiro e de Capitais*, 1ª ed., pp. 263 a 270.

ção da legítima expectativa e o da segurança jurídica.[2]

As recentes alterações das normas contábeis das sociedades anônimas, decorrentes sobretudo das Leis 11.638/2007 e 11.941/2009, são um bom exemplo de efetivar este princípio instrumental, de modo a garantir maior transparência do mercado de capitais. Há estudos, sobretudo nos Estados Unidos, que demonstram haver uma correlação entre a confiabilidade das informações contábeis e uma maior transparência do mercado de capitais, gerando, consequentemente, uma redução na volatilidade dos ativos.[3]

As regras contábeis, em especial, são um meio de garantia da transparência das transações ao criar critérios largamente usados para a elaboração das demonstrações contábeis. Os pronunciamentos do CPC, transformados em norma por ato da CVM, a quem foi dada autorização para dispor sobre a contabilidade das companhias, reduzem o espaço de discricionariedade até então existente. Ainda que haja certo espaço para o contador ou o administrador da companhia determinar o modo de aplicação de um critério,[4] é de se dizer, as demonstrações financeiras normalmente são tidas pela doutrina como algo próximo de um ato vinculado, havendo que diga se tratar de uma "declaração reprodutiva".[5]

Outras normas da Lei 6.404/1976 têm também um caráter precipuamente instrumental, com o objetivo de garantir a maior transparência nas transações entre os participantes e agentes do mercado de capitais. As regras relativas à publicação das demonstrações financeiras das companhias são um bom exemplo.

A Lei 6.404/1976 exige a publicação das demonstrações financeiras das companhias de capital aberto no *Diário Oficial* e em um jornal de circulação nacional, conforme disposto em seu art. 289, *in verbis*:

"Art. 289. As publicações ordenadas pela presente Lei serão feitas no órgão oficial da União ou do Estado ou do Distrito Federal, conforme o lugar em que esteja situada a sede da companhia, e em outro jornal de grande circulação editado na localidade em que está situada a sede da companhia" (*redação dada pela Lei n. 9.457, de 1997*)

A regra se justificava na redação original, época na qual era difícil ao homem médio acompanhar a vida das companhias onde depositava sua poupança, assim como ainda se justificava em 1997, época em que o art. 289 foi revisado, em vista do menor desenvolvimento tecnológico no Brasil.

2. Conceito de jornal oficial

É de se notar que há previsão de publicação em jornal oficial da União ou do Estado onde a sede da companhia esteja localizada.

A existência de uma partícula "ou" implica normalmente alternância, ou seja, seria um ou outro jornal, nunca os dois. Não parece que a intenção da norma fosse a publicação em ambos.

Há duas interpretações que não retiram a utilidade da expressão "no órgão oficial da União". A histórica é a de que *a ra-*

2. A respeito, v. D. S. Miller, "Governança corporativa e *full disclosure*: o direito à informação como direito subjetivo instrumental, implicitamente essencial e inderrogável do acionista", in Luiz Leonardo Cantidiano (coord.), *Governança Corporativa: Empresas Transparentes no Mercado de Capitais*, 2004.

3. Um bom exemplo é o estudo do diretor do Fundo Blackrock (Ananth Madhavan, *Security Prices and Market Transparency*, acessível em SSRN: *http://ssrn.com/abstract=6032*).

4. Exemplo ocorre com as regras do CPC 06, que, inclusive, já renderam o ICPC 03, ou seja, uma interpretação técnica cujo conteúdo diz respeito ao modo de interpretar o CPC 06 e determinar o contrato de *leasing*.

5. Alberto Xavier em colaboração com Arnoldo Wald, "Vícios do balanço, sua retificação e consequências", in *Direito Tributário e Empresarial – Pareceres*, p. 387.

tio da lei era a tentativa de alcançar as companhias eventualmente não sediadas em nenhum Estado da federação, como era o caso daquelas cuja sede se localizava em território. Não existem mais territórios, mas, quando havia, sua administração era responsabilidade da União.

A outra, de caráter finalístico, é a de que ao tratar da imprensa oficial do Estado está a se estabelecer um critério em razão do lugar, que somente é superado em razão de haver um interesse da União naquela companhia, critério, inclusive, adotado no REsp 96.610-SP, que pedimos a devida vênia para reproduzir:

"Evidencia-se a necessidade de *publicidade legal* por duas vezes:

"*A uma* no Diário Oficial, da União ou do Estado;

"*A duas*, em jornal de grande circulação.

"A questão, posta, de logo, ficando descogitada a necessidade de dúplices publicações nos Diários Oficiais da União e do Estado, reduz-se à definição de um ou de outro como destinatário.

"Neste contexto, para dilucidar, é significativo assoalhar que as lembradas disposições, com a conjunção 'e', não reforçaram a necessidade de publicações no Diário Oficial da União e no Diário Oficial do Estado. Mas, claramente, afastando o plural, singularizam um ou outro, indicando a possibilidade de alternativa.

"Designada a alternativa pela conjunção 'ou', a opção não ficou ao alvitre do interessado, definindo a lei condição objetiva para a escolha, assemelhadamente ao critério, '*rei sitae*': o Diário Oficial do Estado onde a pessoa jurídica tem a sede. É o texto legal: '(...) conforme *o lugar em que esteja situada a sede da companhia*' (art. 289 – destaquei).

"Reconheça-se que a redação está divorciada de melhor técnica, porque não obrigando a publicação num e outro, mas possibilitando-a num ou outro, adjetivando *conforme o lugar*, enseja perplexidades, de vez que somente restaria para o Diário Oficial atos específicos de natureza federal (União e pessoas jurídicas com sede no Distrito Federal) ou na hipótese de atos praticados diretamente ou por delegação."

A decisão proferida no REsp 96.610-SP é ilustrativa. O relator, Ministro Milton Luiz Pereira, exarou voto que se tornou referência no tocante a esta matéria, deixando claro que, se presente o interesse da União, as publicações deveriam ser feitas no *Diário Oficial da União* tão somente, ainda que a Companhia estivesse sediada em lugar outro que não a sede social, tendo em vista que o art. 289 da Lei 6.404/1976 fala em "ou" ao se referir ao órgão oficial.

A interpretação baseia-se no caráter finalístico da norma insculpida no art. 289 da Lei 6.404/1976, a de que ao tratar da imprensa oficial do Estado está a se estabelecer um critério em razão do lugar, que somente é superado em razão de haver um interesse da União naquela companhia, critério, inclusive, vislumbrado no já citado REsp 96.610-SP.

Trata-se da visão que melhor se coaduna com os ditames das regras de interpretação de normas, mas trata-se de interpretação, não imposição legal. Não há consenso em torno da matéria, nem mesmo entre os órgãos de fiscalização da regra.

Outra posição, que não retira a utilidade da expressão "no órgão oficial da União" é a defendida por Tavares Borba em seu Direito Societário, de que se trata de uma faculdade da companhia, a de optar pelo órgão oficial que melhor lhe aprouver.[6]

Quanto a escolher entre um e outro *Diário Oficial* já houve manifestação do DNRC. Trata-se do parecer jurídico DNRC/COJUR/n. 089/00, referente ao processo MDIC n. 572700-0000077/00-04, onde foi julgado improcedente o pleito da Compa-

6. José Edwaldo Tavares Borba, *Direito Societário*, 11ª ed., p. 536.

nhia Terras Bonsucesso de publicar no jornal que melhor lhe aprouvesse:

"13. Pela inteligência do artigo transcrito observa-se que a *sociedade está obrigada a fazer a publicação no órgão oficial do Estado onde se situa a sede da companhia.*

"14. Quanto à mudança ocorrida na redação do art. 289 da Lei 6.404/ 1976, pela Lei 9.457/1997, tem-se que esta não criou para a companhia opção de publicar seus atos na imprensa oficial da União ou do Estado. Ao contrário, *reforçou a obrigação de publicar os atos societários no órgão oficial do local da sede da companhia*, conforme previsto no art. 98, *caput* da Lei das S/A, que se aplica a qualquer assembleia geral de quaisquer companhias.

"15. Por último, oportuno consignar as palavras precisas da douta Procuradora da JUCESP, Dra. Vera Lúcia La Pastina, ao comentar a expressão 'ou do Distrito Federal' diz que 'o legislador quis criar a obrigação para as companhias situadas no Distrito Federal de publicar seus atos no órgão oficial da sua sede – Distrito Federal – (e não criar opções para a companhia de publicar seus atos no *DOU* ou na imprensa oficial do local de sua sede, conforme pretende a recorrente)'."

Nesta mesma oportunidade o DNRC deixou entrever seu entendimento de que a publicação no *Diário Oficial da União* estaria restrita àquelas companhias sediadas em local onde não houvesse imprensa oficial.

"16. Com efeito, a publicação no *Diário Oficial da União* só pode ser feita por companhias situadas em Estados que não tenham imprensa oficial."

Esta constituiu uma terceira posição, que é mais consentânea com a origem da Lei 6.404/1976. Naquele momento havia Estados que não possuíam imprensa oficial, algo que não é verdadeiro nos dias atuais. Ora, se o legislador, sabendo disso como sabia à época de alteração do art. 289, acreditasse que tal artigo somente estaria ali como meio de suprir uma eventual lacuna, teria aproveitado a reforma de 1997 para retirar a previsão, já que tal previsão, em face da realidade, deixaria de ter utilidade.

Note-se que apesar da interpretação histórica ser tida normalmente como a menos adequada, nesta corrente defendida pelo DNRC, é justamente a que avulta, já que se esquece do escopo pretendido pela norma: disponibilizar informações aos acionistas na maior extensão possível. Tal interpretação busca tão somente o cumprimento artificial da norma ali inscrita, sem atentar à necessidade de dar efetividade ao princípio da transparência.

É de se dizer, se há interesse da União normalmente é porque esta tem interesse relevante na companhia, a ponto de ali injetar recursos ou para desenvolver atividade econômica no sentido estrito ou para possibilitar que seja prestado um serviço público. Se a União é acionista e o escopo da norma é garantir a informação ao acionista, nada mais lógico que fazer com que as publicações, neste caso, sejam no *Diário Oficial da União*, onde os responsáveis pelo investimento da União encontram, diariamente, uma leitura obrigatória.

Além disso, se a norma tem o escopo de buscar preservar o acionista de não receber informações relevantes sobre a companhia ao mesmo tempo que os demais, maior a efetivação do comando inserto neste princípio se a circulação do diário é nacional ao invés de regional.

É de se dizer, não faz muito tempo que se acreditava (razão pela qual a norma do mesmo art. 289 da Lei 6.404/1976 fala em jornal da sede da companhia) que o acionista estaria próximo da companhia onde seu investimento era feito. Isso em razão da ausência de tecnologia que permitisse um acesso rápido à informação daqueles distante da sede de seu investimento. Hoje isso não é mais verdade, tanto que a CEMAR, ao publicar suas demonstrações financeiras no *Valor Econômico* e não em um jornal maranhense, não foi punida pela CVM no PAS 2004/2.899, que teve como relatora a Ministra Norma Parente. Entendeu-se ali que o fim perseguido pela norma, disponibilizar informações aos seus acionistas, fora alcançado.

O problema se resume a encontrar um critério seguro para verificar quando o interesse da União estará presente. É possível avaliar a existência de interesse da União com base na participação direta ou indireta detido por ela nas referidas companhias de capital aberto ou fechado, eis que a regra do art. 289 se aplica indistintamente a ambas.

É necessário, portanto, estabelecer um critério para avaliar se há ou não interesse da União, já que, sem tal critério, qualquer companhia onde houvesse participação acionária de ente que, direta ou indiretamente, detenha uma participação da União, deveria ter seus atos publicados no *DOU*. Assim, uma companhia de capital aberto com uma participação minoritária do BNDESPar se veria na situação de ter de obedecer a um influxo de normas decorrentes do regime jurídico administrativo aplicável às companhias estatais.

O controle não parece ser o mais seguro, eis que há situações de controle que não são exatamente fáceis de serem aferidas, a não ser a partir de uma análise da rotina das decisões da companhia. Há mecanismos de controle da companhia que não implicam sequer em existência de participação societária.[7]

Uma possibilidade seria o critério adotado pela LRF, que tem a vantagem de ser objetivo. Qualquer companhia onde a União detenha, direta ou indiretamente, a maioria do capital social com direito a voto seria uma companhia obrigada a publicar no *DOU* ao invés de no diário oficial do Estado.

O dispositivo a que nos referimos é o que define empresa controlada como sociedade cuja maioria do capital social com direito a voto pertença, direta ou indiretamente, a ente da federação.[8]

3. O jornal de grande circulação

Quanto ao conceito de jornal de grande circulação, também não há controvérsia em relação à sua extensão. Já no Parecer CVM/SJU n. 134/79 havia orientação no sentido de que jornal de "grande circulação seria aquele que permitiria ao maior número possível de acionistas o acesso pleno e sem maiores esforços, conhecimento dos atos da vida societária, como também venha a atender às necessidades de informação da companhia de terceiros que com ela se relaciona".

Posteriormente o Parecer CVM/SJU n. 16/94 refinou o conceito de jornal de grande circulação, basicamente caracterizando de forma mais minuciosa os parâmetros estabelecidos no parecer de 1979.

Carvalhosa, por sua vez, o define como sendo jornal de grande circulação "(...) o que tem serviço de assinaturas e é vendido nas bancas do município em que é editado ou distribuído. Não prevalece, portanto, para caracterizar a grande circulação, qualquer critério quantitativo, mas sim distributivo".[9]

É de notar que o § 1º do art. 289 da Lei 6.404/1976 estabelece que a CVM, no exercício do poder regulamentar que lhe foi conferido, poderá estabelecer a obrigatoriedade de mais uma publicação, ou em outro jornal no lugar onde as ações da companhia são negociadas, ou por outro meio.

"Art. 289. (...).

7. Sobre o tema, o sempre citado livro de Fábio Konder Comparato e Calixto Salomão Filho, *O Poder de Controle na Sociedade Anônima*, 4ª ed., 2005.

8. Lei Complementar 101/2000: "Art. 2º. Para os efeitos dessa lei complementar, entende-se como: (...); II – empresa controlada: sociedade cuja maioria do capital social com direito a voto pertença, direta ou indiretamente, a ente da federação".

9. Modesto Carvalhosa, *Comentários à Lei de Sociedades Anônimas*, vol. 4, t. II, p. 521.

"§ 1º. A Comissão de Valores Mobiliários poderá determinar que as publicações ordenadas por esta Lei sejam feitas, também, em jornal de grande circulação nas localidades em que os valores mobiliários da companhia sejam negociados em bolsa ou em mercado de balcão, ou disseminadas por algum outro meio que assegure sua ampla divulgação e imediato acesso às informações." (*redação dada pela Lei n. 9.457, de 1997*)

Como se vê, trata-se de norma que amplia a esfera de competência da CVM, concedendo-lhe um poder normativo com o qual normalmente uma autarquia não é equipada, exceto aquelas ditas agências reguladoras.

A CVM, no exercício de tal poder, exigia a publicação no jornal onde estava localizada a bolsa ou mercado de balcão no qual as ações da companhia eram admitidas à negociação na Instrução n. 207/1994, *in verbis*:

"Art. 1º. Além das publicações ordenadas pela Lei n. 6.404, de 15 de dezembro de 1976, e respeitadas as normas do art. 289 e seus §§ 2º e 5º da mesma Lei:

"a) as companhias abertas cujos valores mobiliários sejam admitidos à negociação em bolsas de valores também deverão efetuar as publicações ordenadas em lei, em jornal de grande circulação, editado na localidade em que se situe a bolsa de valores, na qual nos 2 (dois) últimos exercícios sociais, se tenha verificado a maior quantidade de negócios com valores mobiliários de sua emissão, dispensada sua exigência na hipótese de coincidir aquela localidade com a sede da companhia;

"b) as companhias abertas cujos valores mobiliários não sejam admitidos à negociação em bolsas de valores deverão proceder às publicações referidas na alínea anterior, em jornal de grande circulação, editado na capital do estado em que se situar a sede da companhia, dispensada esta exigência na hipótese de coincidirem as duas localidades."

Esta instrução, contudo, foi expressamente revogada pelo art. 68, inciso IV da Instrução CVM n. 480/2009, vigente a partir de 1º.1.2010.

Assim, a partir de 1º de janeiro de 2010, as companhias de capital aberto deixaram de ter a obrigatoriedade de publicar suas demonstrações financeiras em jornal que circule em São Paulo, onde está localizada a Bovespa.

Não há mais norma exarada pela CVM determinando esta obrigatoriedade, antes, buscou-se na Instrução 480/2009 uma previsão que viesse a privilegiar a publicação eletrônica, conforme previsto inclusive na cláusula geral aposta na parte final do § 1º, "meio que assegure sua ampla divulgação e imediato acesso às informações".

A Lei das Sociedades Anônimas atual foi redigida em um período onde o acesso às informações era bastante restrito e o custo de sua divulgação era alto. Se hoje o acesso às demonstrações financeiras das companhias é amplo, isso ocorre por causa da publicação das informações que é feita nos sítios de relações com investidores, no sítio da CVM e no sítio da Bovespa, todos endereços eletrônicos da *internet*.

É de se ver que qualquer investidor, em qualquer parte do mundo, em qualquer momento, desde que tenha acesso à *internet*, pode acessar e analisar as informações prestadas pela companhia para o mercado. A efetividade do princípio da transparência perseguida por Bulhões Pedreira e Alfredo Lamy Filho, coautores do anteprojeto que deu origem à atual Lei das Sociedades Anônimas, foi alcançada por meio de uma inovação tecnológica cuja existência e disseminação não era prevista ao tempo da edição da Lei 6.404/1976.

Mantém-se a obrigatoriedade da publicação em jornais, diga-se, ratificada inclusive em 1997 pela Lei 9.547/1997, quando a *internet* já era uma realidade no Brasil, quase como uma espécie de homenagem a esta finalidade ínsita ao art. 289 da Lei 6.404/1976.

É de se notar que a publicação em um dos citados jornais já é bastante para o cumprimento do disposto neste art. 289 da Lei 6.404/1976. Se a Companhia, ainda assim, realiza publicações em outros jornais, o faz, sobretudo, de forma facultativa e como forma de atender regras de governança corporativa.

4. A alteração do jornal onde são publicadas as demonstrações financeiras

O art. 289, em seu § 3º, é de meridiana clareza ao dizer que qualquer alteração no jornal que recepcione os documentos da companhia deverá ser precedida de aviso aos acionistas no extrato da ata da AGO, *in verbis*:

"Art. 289. (...).

"§ 3º. A companhia deve fazer as publicações previstas nesta Lei sempre no mesmo jornal, e qualquer mudança deverá ser precedida de aviso aos acionistas no extrato da ata da assembleia geral ordinária."

Não obstante, em seu § 4º, logo em seguida, excepciona a regra do aviso para as situações em que a companhia venha a publicar em atas ou balanços em outros jornais.

"§ 4º. O disposto no final do § 3º não se aplica à eventual publicação de atas ou balanços em outros jornais."

Ou seja, ao menos em relação a estes dois documentos societários não há necessidade de aviso registrado no extrato da ata da AGO. Frise-se que não consistem os documentos a serem publicados pela companhia tão somente em atas ou balanços. Há também os avisos, bem como os comunicados ao mercado, que são típicos de uma companhia aberta e seguem o regime específico da IN-CVM 358/2002.

Os comunicados constituem a forma mais constante de publicação das companhias de capital aberto e não se enquadram na exceção prevista no referido § 4º do art. 289 da LSA. Antes, o § 4º do art. 3º da IN-CVM 358/2002 estabelece um dever de se preservar o meio da publicação onde habitualmente circulam as publicações da companhia, *in verbis*:

"§ 4º. A divulgação deverá se dar através de *publicação nos jornais de grande circulação utilizados habitualmente pela companhia*, podendo ser feita de forma resumida com indicação dos endereços na rede mundial de computadores – Internet, onde a informação completa deverá estar disponível a todos os investidores, em teor no mínimo idêntico àquele remetido à CVM e, se for o caso, à bolsa de valores e entidade do mercado de balcão organizado em que os valores mobiliários de emissão da companhia sejam admitidos à negociação."

Ou seja, em relação aos comunicados e fatos relevantes não é possível proceder à mudança do jornal que recepciona as publicações sem aviso prévio aos acionistas. Nas situações específicas das publicações de atas e balanços, é possível aplicar a exceção contida no § 4º do art. 289 da LSA para publicar em outro jornal de grande circulação sem aviso prévio ao acionista.

5. Do procedimento para publicação dos atos societários em apenas um jornal de grande circulação na sede da companhia

Aqui é necessária a observância do disposto no § 3º do art. 289 da Lei 6.404/1976.

"§ 3º. A companhia deve fazer as publicações previstas nesta Lei sempre no mesmo jornal, e qualquer mudança deverá ser precedida de aviso aos acionistas no extrato da ata da assembleia geral ordinária."

Isso quer dizer que, somente depois de publicada a ata da assembleia geral ordinária onde as demonstrações financeiras referentes ao exercício serão objeto de deliberação, é que se poderá deixar de publicar no jornal de grande circulação de São

Paulo, sede da bolsa brasileira, os atos da companhia. A partir daí é que somente será obrigatória a publicação em jornal de grande circulação na sede da companhia.

Um dos itens da pauta da AGO será justamente cientificar os acionistas sobre as mudanças que ocorreram nos jornais que acolhem as publicações da companhia. A Ata da AGO deverá registrar que o aviso foi feito e o extrato deve ser publicado em todos os jornais que acolhiam as publicações antes da AGO.

Somente após a publicação do extrato da ata, onde conste que foi feito o comunicado aos acionistas, é que se poderá publicar os atos societários somente no jornal de grande circulação da sede e no órgão da imprensa oficial.

6. A dispensa de publicação

O art. 294 da Lei 6.404/1976 dispensa as companhias cujo patrimônio líquido seja inferior a um milhão de Reais, e que contém menos de 20 sócios, do dever de publicar suas demonstrações financeiras, *in verbis*:

"Art. 294. A companhia fechada que tiver menos de vinte acionistas, com patrimônio líquido inferior a R$ 1.000.000,00 (um milhão de Reais), poderá: (*redação dada pela Lei n. 10.303, de 2001*)

"I – convocar assembleia geral por anúncio entregue a todos os acionistas, contra-recibo, com a antecedência prevista no art. 124; e

"II – deixar de publicar os documentos de que trata o art. 133, desde que sejam, por cópias autenticadas, arquivados no registro de comércio juntamente com a ata da assembleia que sobre eles deliberar."

Mas seu § 3º não exime a responsabilidade das companhias que pertencem a um grupo econômico.

O conceito de grupo econômico de direito tem previsão na Lei 6.404/1976, mas não há diferença substancial entre ele e o grupo de fato. Na verdade, esta distinção é trazida pelo modelo dualista adotado no ordenamento jurídico alemão, onde temos os grupos formados a partir de um contrato (*Vertragskonzerne*), os grupos de fato (*faktische Konzerne*) e os grupos de direito (*eingegliederte Gesellschaften*). Há países, como a Itália, onde esta distinção não existe.

Veja-se que no Brasil, na prática, a única diferença é a existência de um registro o que diferencia os dois, razão pela qual, na prática, não são comuns os grupos de direito.

Desse modo, é de se notar que o *caput* do art. 294 da Lei 6.404/1976 não se aplica às companhias que pertençam a grupo econômico de fato, e, mesmo aquelas companhias que ali se enquadrem têm de realizar as referidas publicações por força no disposto no § 3º do art. 294, *in verbis*:

"§ 3º. O disposto neste artigo não se aplica à companhia controladora de grupo de sociedade, ou a ela filiadas."

Conclusões

• A Lei 6.404/1976 obriga as companhias a realizar a publicação de suas demonstrações financeiras em apenas um jornal de grande circulação na sede da companhia e na imprensa oficial, especialmente agora diante da revogação da Instrução Normativa-CVM 207/1994;

• A interpretação do art. 289 da Lei 6.404/1976 que melhor atende à finalidade perseguida pela norma é a que defende a publicação dos atos societários das companhias onde haja interesse da União no *Diário Oficial da União* e não no Diário Oficial do Estado onde se localiza sua sede;

• A revogação expressa da IN-CVM 207/1994 não tem, porém, o condão de retirar a obrigatoriedade de publicação dos atos nos jornais que ainda circulam até a data da próxima Assembleia Geral Ordinária.

Maio de 2010.

7. Bibliografia

BORBA, José Edwaldo Tavares. *Direito Societário*. 11ª ed. Rio de Janeiro, Renovar.

BULHÕES PEDREIRA, José Luiz, e LAMY FILHO, Alfredo. *Direito das Companhias*. 1ª ed. Rio de Janeiro, Forense, 2009.

CARVALHOSA, Modesto. "Sociedades por ações e publicações", in *Revista Forense*, n. 263. Rio de Janeiro, Forense, pp. 111 e ss., 1978.

______. *Comentários à Lei das Sociedades Anônimas*. vol. 4, t. II, 4ª ed. São Paulo, Saraiva. 2009.

COELHO, Fábio Ulhoa. *Curso de Direito Comercial*. 6ª ed. São Paulo, Saraiva, 2003.

COMPARATO, Fábio Konder, e SALOMÃO FILHO, Calixto. *O Poder de Controle na Sociedade Anônima*. 4ª ed. Rio de Janeiro, Forense, 2005.

LAZZARESCHI NETO, Alfredo Sérgio. *Lei das Sociedades por Ações Anotada*. 3ª ed. São Paulo, Saraiva, 2009.

MADHAVAN, Ananth. *Security Prices and Market Transparency*. Acessível em SSRN: *http://ssrn.com/abstract=6032*.

MILLER, D. S. "Governança corporativa e *full disclosure*: o direito à informação como direito subjetivo instrumental, implicitamente essencial e inderrogável do acionista". In CANTIDIANO, Luiz Leonardo (coord.). *Governança Corporativa: Empresas Transparentes no Mercado de Capitais*. São Paulo, Lazuli Editora, 2004.

MOSQUERA, Roberto Quiroga. "Os princípios informadores do Direito do Mercado Financeiro e de Capitais". In *Aspectos Atuais do Direito do Mercado Financeiro e de Capitais*. 1ª ed. São Paulo, Dialética, 1999, pp. 263-270.

REQUIÃO, Rubens. *Curso de Direito Comercial*. vol. 2, 27ª ed. São Paulo, Saraiva. 2007.

XAVIER, Alberto (em colaboração com WALD, Arnoldo). "Vícios do balanço, sua retificação e consequências". In *Direito Tributário e Empresarial – Pareceres*. Rio de Janeiro, Forense, 1982, p. 387.

A TUTELA CAUTELAR DE INTERVENÇÃO EM SOCIEDADE ANÔNIMA

Ricardo Padovini Pleti

1. Introdução. 2. Noções gerais: 2.1 Delimitação do instituto; 2.2 Óbices contra a intervenção. 3. O requerimento de intervenção: 3.1 A ação cautelar inominada; 3.2 A execução específica de decisão de antecipação de tutela; 3.3 Aplicação analógica do art. 69 da Lei 8.884/1994. 4. Requisitos necessários para concessão da tutela interventiva. 5. Demais fundamentos para a intervenção: 5.1 A proteção do sócio minoritário; 5.2 A função social da empresa. 6. O interventor. 7. Limites da tutela interventiva. 8. Conclusão. 9. Referências jurisprudenciais. 10. Bibliografia.

1. Introdução

O presente trabalho tem por objetivo realizar um estudo panorâmico da intervenção judicial em sociedade anônima, tema estranho ao ordenamento jurídico brasileiro, mas que tem sido delineado pela doutrina e jurisprudência pátrias.

Para bem cumprir esta meta, procurou-se reunir o número máximo possível de orientações doutrinárias sobre o assunto e, no que tange à jurisprudência, selecionar as principais decisões que admitiram a aplicação da medida. Todavia, ante a escassez destas fontes, serão consideradas, indistintamente, manifestações sobre procedimentos de intervenção judicial promovidos tanto em sociedades anônimas quanto em sociedades limitadas. Isso porque a utilização deste mecanismo jurídico num ou noutro tipo de sociedade empresária não apresenta distinções no que diz respeito aos tópicos ora abordados (requerimento, requisitos, fundamentos da tutela interventiva, etc.).

Como o Direito argentino apresenta disciplina legal específica do assunto, em vários momentos serão mencionados ensinamentos de doutrinadores deste país, além da análise sucinta dos arts. 113 a 117 da *Ley* 19.550 (*Ley de las Sociedades Comerciales*), que tratam especificamente da matéria. Assim, com o auxílio das conclusões provenientes da experiência argentina, proceder-se-á à avaliação da compatibilidade do instituto jurídico da intervenção para com o sistema jurídico brasileiro, com o intuito de tentar teorizar algumas de suas principais questões.

Desta maneira, será realizada uma abordagem do assunto sempre a partir de uma perspectiva favorável em relação à sua admissão no Direito brasileiro, mas sem perder de vista as dificuldades que sua extrema novidade pode gerar tanto no que diz respeito à delimitação de seu conteúdo e principais contornos, quanto à sua aceitação pelos juristas nacionais. Saliente-se, contudo, que ante a impossibilidade de maior aprofundamento do assunto em tão poucas páginas, nesse texto serão trabalhados apenas alguns dos seus principais aspectos.

2. Noções gerais

2.1 Delimitação do instituto

A intervenção judicial em sociedade empresária com fundamento na conduta lesiva dos administradores[1] é tema de grande relevância para o Direito Societário que, até o momento, foi pouco explorado pela doutrina e jurisprudência pátrias. Tal importância decorre da necessidade de, em determinados momentos, obstar e prevenir danos provocados à sociedade por seus administradores e, dessa maneira, garantir a continuação da atividade empresária.

Deve-se levar em conta que a extinção de uma sociedade empresária traz benefícios ao mercado somente quando ocorrida em razão da livre concorrência. Nestes casos, pode-se até mesmo dizer que é salutar para a economia e para a sociedade que aquelas empresas que não conseguem manter um padrão de qualidade compatível às exigências dos consumidores venham a desaparecer.

Entretanto, quando uma sociedade mercantil desaparece por razões alheias ao conhecimento dos sócios – como, por exemplo, devido à má administração –, tal fato pode surtir drásticas repercussões tanto para o patrimônio dos sócios quanto para a coletividade.[2]

Por outro lado, ao se atentar para o fato de que as sociedades anônimas são sociedades que, em regra, concernem a negócios de médio e grande porte e que, por consequência, a quebra destas pode gerar sérios problemas para a economia, percebe-se que são elas que mais necessitam de mecanismos ágeis para evitar sua dissolução despropositada.[3]

Além disso, as sociedades anônimas, por prescindirem da existência de proximidade pessoal entre seus sócios, são mais suscetíveis à intervenção do que as sociedades limitadas, como ensina Luiz Fernando C. Pereira, "Por razões óbvias, a intervenção judicial é prioritariamente indicada para as sociedades por ações. As sociedades de pessoas, porque constituídas *intuito personae*, pressupõem estrito relacionamento entre seus sócios; as sociedades por ações, ao contrário, se constituem em atenção preponderante ao capital social. Isso quer dizer que a continuidade das sociedades pessoais, comumente, resta comprometida com um processo traumático de intervenção, o que em regra não prevalece nas sociedades por ações".[4]

Logo, é especificamente nas situações em que a sociedade anônima está sob risco que a intervenção judicial assume relevante papel, qual seja, o de impedir que a conduta lesiva do administrador provoque o fim da sociedade. Por conseguinte, um dos meios de alcançar tal desiderato é intervir na sociedade para fazer cessar os prejuízos atuais e iminentes ocasionados pela administração ruinosa.

Assim, são estes prejuízos o real motivo da intromissão do Poder Judiciário nos negócios particulares para que se suspenda a atuação do administrador ímprobo e, em determinados casos, se proceda à nomeação de administrador provisório. Eis, então, o conteúdo específico da tutela interventiva: a remoção ou limitação dos poderes do dirigente e a nomeação de admi-

1. Neste trabalho, entenda-se como administrador tanto os membros do Conselho de Administração da companhia quanto os dirigentes que fazem parte da Diretoria, pois contra ambos poderá ser veiculado o pedido de remoção com fundamento em atuação inidônea.

2. O caso da sociedade anônima Parmalat com filial situada na comarca de Itaperuna, estudado mais adiante, pode ser apontado como exemplo de situação em que vários habitantes de uma determinada região padecem em virtude da crise enfrentada por uma sociedade empresária (TJRJ, 2ª Vara Cível, decisão interlocutória na ação civil pública 2004, 026.000354-0; autor: Estado do Rio de Janeiro; réu: Parmalat do Brasil S/A Indústria de Alimentos; Juiz Rubens Roberto Rebello Casara; Itaperuna/RJ; 30.1.2004; disponível em *www.tj.rj.gov.br*; acesso 20.6.2004).

3. Compreenda-se como "dissolução despropositada" aquela provocada pelas atividades lesivas perpetradas por administradores ímprobos.

4. Luiz Fernando C. Pereira, *Medidas Urgentes no Direito Societário*, p. 220.

nistrador judicial para gerir ou fiscalizar os negócios sociais.

Entretanto, desde já, é necessário exprimir essencial advertência. A intervenção judicial em sociedade anônima, nos moldes acima descritos, é medida de caráter notadamente excepcional e que deve ser admitida somente em casos de demasiada urgência, como última *ratio*, sob pena de desvirtuamento do instituto. Sendo assim, se o magistrado, ao considerar pedido de intervenção, não o fizer com máxima parcimônia, essa poderá provocar muito mais problemas que soluções para as companhias que se pretende tutelar.

Tome-se como exemplo os inconvenientes que podem ser gerados pela concessão da medida interventiva simplesmente para efetuar o pagamento de dívida vencida a determinado fornecedor. Tal intervenção seria nitidamente indevida ante seu caráter arbitrário, haja vista que, para cobrança de dívida vencida, existem outros meios jurídicos disponíveis além da intervenção na administração societária.

Carlos C. Malagarriga, ao comentar o instituto no Direito Argentino adverte que "se trata de una medida de gravedad y trascendencia inusitadas y que únicamente ha de autorizarse en casos extremos" e, em seguida, explica que "requiérese – se ha dicho – que el gobierno de la sociedad esté tan desquiciado y las relaciones entre los socios sean tan hostiles que hacen peligrar la existencia de la misma".[5] Além disso, esse mesmo autor, ao tratar da intervenção em sociedades anônimas assinala que "el nombriamiento de un interventor y administrador de una sociedad anónima debe responder a una necesidad efectiva y actual y debe procederse al respecto con previsión y prudencia".[6]

Também é oportuno, neste primeiro momento, elucidar qual o caminho jurídico processual adequado para que se promova a intervenção judicial. Para tanto, indica-se a ação cautelar inominada ou a execução específica de decisão que antecipa a tutela como instrumentos apropriados para a realização do requerimento de destituição provisória do administrador e/ou de nomeação de interventor.

Logo, como será elucidado a seguir, o procedimento interventivo tem sempre caráter acessório, ocorrendo para garantir o sucesso de outra demanda como, por exemplo, a ação de dissolução da sociedade ou de destituição de administrador.

No entanto, a intromissão nos negócios particulares não é algo usual nas Cortes brasileiras, principalmente em tempos como o de agora, no qual os últimos governantes têm assumido orientações políticas de caráter neoliberal. Consequentemente, alguns obstáculos são suscitados pela doutrina contra a realização de interferências nos negócios particulares. Analisem-se agora alguns desses empecilhos apontados pelos juristas pátrios.

2.2 Óbices contra a intervenção

A primeira dificuldade encontrada pelos advogados que pretendem resguardar os interesses de seus clientes mediante a ingerência na administração societária encontra-se na perspectiva liberal predominante no pensamento dos magistrados brasileiros.[7]

O posicionamento de Ernane Fidélis dos Santos sintetiza bem referido pensamento liberal:

"O Tribunal de Alçada de Minas Gerais, no Agravo de Instrumento 201.152-7, de 28.9.1995, reformou, corretamente, a decisão que nomeara dois representantes da Justiça para gerir uma sociedade, quando se pleiteava gestão para o interessado em medida antecipada, *verbis*:

5. Carlos C. Malagarriga, *Tratado Elemental de Derecho Comercial*, vol. I, segunda parte, pp. 698-699.

6. Idem, ob. cit., p. 715.

7. Embora a intervenção judicial tenha sua origem na jurisprudência, é possível encontrar muito mais julgados brasileiros opostos do que favoráveis à tutela interventiva.

"'A antecipação da tutela jurisdicional – instrumento processual novo – deve ser aplicado com parcimônia; evitando-se perigosos prejulgamentos e intromissão do Poder Judiciário no andamento da administração privada, o que se mostra intolerável. Nomeação de representantes do Judiciário para administração conjunta de destinos de uma associação, que se cassa'."[8]

Como já mencionado, a intervenção é instituto jurídico que exige extrema cautela por parte do juiz que deve decidir sobre sua aplicação. Entretanto, *data maxima venia*, dizer que não é recomendável a "intromissão do Poder Judiciário no andamento da administração privada" é não deixar margem para a aplicação da medida que, muitas vezes, é o único meio de defesa contra os malefícios que uma má administração pode causar.

Aqui, vale lembrar o que enuncia o princípio da proteção judiciária ou da inafastabilidade do controle jurisdicional estatuído no art. 5º, inc. XXXV, da Constituição da República Federativa do Brasil, o qual dispõe que "a lei não excluirá da apreciação do Poder Judiciário lesão ou ameaça a direito",[9] uma vez que a interferência do Poder Judiciário na gestão do patrimônio particular visa garantir judicialmente o demandante contra a "ameaça de lesão" ocasionada pela direção incorreta da atividade empresária.

Outro problema enfrentado muitas vezes por aqueles que buscam o amparo do provimento interventivo é a ausência de previsão legal específica do assunto no ordenamento jurídico brasileiro. Tal situação somente constitui dificuldade para os magistrados nacionais porque o Brasil se filia ao sistema do *civil law*, ou do "direito codificado" (ou legislado)[10] no qual a lei é considerada fonte primária de Direito, reservando-se papel secundário para a doutrina e para a jurisprudência.

No entanto, deve-se observar que é vedado ao magistrado deixar de sentenciar com fundamento na ausência de lei aplicável ao caso *sub judice*,[11] o que significa que deve o juiz recorrer aos meios oferecidos pela hermenêutica para suprir a lacuna,[12] porquanto decidir pela improcedência quando não se encontram normas específicas que regulam o caso ou devido à extrema novidade do provimento pretendido é o mesmo que deixar de julgar.

Dessa forma, é possível indicar a aplicação analógica do art. 69 da Lei 8.884/1994 (Lei Antitruste), bem como a jurisprudência como fontes subsidiárias para a regulamentação do procedimento interventivo. Contudo, tanto esta como aquela serão estudadas de forma percuciente no decorrer o trabalho, conforme se esclareça as nuanças deste instituto.

3. O requerimento de intervenção

3.1 A ação cautelar inominada

Viu-se que a intervenção judicial destina-se à remoção de administrador de com-

8. Ernane Fidélis dos Santos, *Novíssimos Perfis do Processo Civil Brasileiro*, p. 30. Apesar de o posicionamento citado referir-se à associação e não à sociedade comercial, o mesmo reflete muito bem o entendimento daqueles que se opõem à interferência do Judiciário na condução dos negócios particulares, sobretudo na administração de pessoas jurídicas de direito privado.

9. José Afonso da Silva, *Curso de Direito Constitucional Positivo*, 9ª ed., pp. 376-377.

10. Paulo Dourado de Gusmão, *Introdução ao Estudo do Direito*, 33ª ed., p. 326.

11. Carlos Maximiliano, *Hermenêutica e Aplicação do Direito*, 19ª ed., p. 42. Este autor pontifica que "tem o magistrado, nos países cultos, a obrigação peremptória de despachar e decidir todos os feitos que se enquadrem na sua jurisdição e competência e estejam processados em regra. Não é lícito abster-se de julgar, sob o pretexto ou a razão de ser a lei ambígua, omissa, ou obscura; não ter a mesma previsto as circunstâncias particulares do caso; ou serem incertos os fatos da causa. As normas positivas, direta ou inteligentemente interpretadas, o Direito subsidiário e os princípios gerais da ciência de que o magistrado é órgão e aplicador fornecem os elementos para aquilatar a procedência ou improcedência do pedido".

12. Art. 4º do Decreto-lei 4.657/1942 (Lei de Introdução ao Código Civil): "Quando a lei for omissa, o juiz decidirá o caso de acordo com a analogia, os costumes e os princípios gerais de direito".

panhia com a subsequente nomeação de interventor. Pois bem, embora não exista disciplina legal específica no ordenamento jurídico brasileiro – com exceção dos casos de infração à ordem econômica, nos quais nada deve ser cogitado a respeito da conduta do administrador –, a jurisprudência tem, recentemente, dedicado certo prestígio ao tema.[13]

O mesmo tem ocorrido com a doutrina, que apresenta diversas manifestações favoráveis à execução da medida em Cortes nacionais. Assim, analisem-se agora alguns dos posicionamentos doutrinários existentes até o momento sobre o assunto.

Galeno Lacerda, ao comentar o art. 796 do CPC assinala que, "Pela sua importância, a suspensão cautelar de diretor ou administrador merece destaque à parte. Trata-se de medida também cabível, sempre que a diretoria, ou determinado diretor ou administrador, locupletar-se com os bens sociais, dissipá-los, aliená-los fraudulentamente, negligenciar de maneira grave seus deveres em prejuízo da sociedade, ou usurpar funções mediante eleição ilegal. A cautela completar-se-á com nomeação provisória, pelo juiz, de administrador, que assumirá as funções da diretoria ou do diretor suspenso, até decisão definitiva da ação principal (de destituição, de dissolução de sociedade ou outra análoga)".[14]

Também Ovídio Batista Silva partilha deste entendimento e considera possível a veiculação de ação cautelar para a remoção de administrador de empresas comerciais nas hipóteses em que existe ação visando à anulação da assembleia que os elegeram, ou mesmo demanda de destituição de administradores com base em conduta lesiva aos interesses sociais a estes imputada.[15]

Priscila M. P. Corrêa da Fonseca, admite como espécie de cautelar inominada, "a nomeação de interventor para fiscalizar a sociedade enquanto tenha curso a ação de dissolução parcial, evitando que, durante esse interregno, possam os sócios remanescentes malversar os recursos da sociedade, dissipar os bens integrantes do ativo, forjar dívidas inexistentes, alterar a contabilidade, conduzir a sociedade a uma fictícia situação de insolvência, tudo com o escopo de minimizar ao máximo o valor das cotas tituladas pelo dissidente, ou mesmo frustrar o pagamento da importância correspondente ao reembolso do capital do sócio que se afasta da sociedade".[16]

Pinto Ferreira também concorda com a possibilidade de intervenção em sociedade empresária e entende que "É também possível a suspensão cautelar de direitos do administrador, quando a diretoria em seu conjunto, ou o diretor administrador em particular, pretende beneficiar-se ou locupletar-se em prejuízo da sociedade, ou usurpar tais funções em eleição ilegal. À cautela concedida, provisoriamente, pelo juiz, deve seguir-se a ação principal de destituição, de dissolução de sociedade, etc. Tal medida cautelar pode ser utilizada evidentemente contra quaisquer administradores de bens, sociais ou individuais".[17]

Soma-se aos ensinamentos de nossos doutrinadores a frutífera experiência argentina. Neste país, até a disciplina especí-

13. Além dos demais julgados que serão mencionados no decorrer deste trabalho, cite-se, a título de exemplo, as seguintes decisões: TJPR, 4ª CCív., AI 152184600-12558, Rel. Juiz Costa Barros, *Diário da Justiça do Paraná* 28.4.2000 (intervenção judicial fiscalizadora). STJ, 3ª T., REsp 64.371-PE; recte.: Springer Carrier do Nordeste S/A; recdo.: Hélio Amaral de Albuquerque; Rel. Ministro Costa Leite; Brasília/DF; 26.3.1996; disponível em *www.stj.gov.br*; acesso 5.6.2004. TJRJ, 5ª CCív., despacho no AI 525/97; Rel. Desembargador Roberto Wider; Rio de Janeiro/RJ; 15.4.1997; disponível em *www.tj.rj.gov.br*; acesso 5.5.2004 (afastamento de sócio da gerência).

14. Galeno Lacerda, *Comentários ao Código de Processo Civil (Arts. 796 a 812)*, vol. 8, t. I, 8ª ed., p. 169.

15. Ovídio Baptista Silva, *A Ação Cautelar Inominada no Direito Brasileiro*, p. 431.

16. Priscila M. P. Corrêa da Fonseca, *Dissolução Parcial, Retirada e Exclusão de Sócio*, p. 176.

17. Pinto Ferreira, *Medidas Cautelares*, 4ª ed., p. 222 *apud* Luiz Fernando C. Pereira, *Medidas Urgentes no Direito Societário*, p. 206.

fica do assunto em texto de lei, a intervenção judicial ocorreu por meio da aplicação analógica de dispositivo do Código Civil, que regula a administração provisória das sociedades civis.[18]

Por conseguinte, de forma semelhante ao que parece acontecer no Brasil, a doutrina argentina acompanhou os avanços jurisprudenciais e passou a tratar do assunto.

Marcos Satanowsky relata a evolução da jurisprudência argentina e, após expor e examinar uma série de julgados sobre o assunto, conclui que a intervenção em sociedade anônima também pode se realizada com fundamento na aplicação analógica do art. 1.684 do Código Civil argentino.[19]

Neste diapasão, J. Ramiro Podetti admite como possível a limitação judicial das funções do administrador, observando-se os pressupostos e requisitos das medidas cautelares em geral.[20]

Dessa maneira, pode o requerente – para garantir o resultado do processo principal – pretender tanto uma intervenção moderada, consistente em impedir que o administrador pratique determinados atos (ex.: venda de bens do ativo), quanto pleitear uma ingerência mais rigorosa na direção da sociedade, que verse sobre o afastamento total do administrador.

Por outro lado, aquele mesmo autor argentino, ao analisar a intervenção judicial no contexto específico das sociedades anônimas pondera que em vários casos a medida cautelar para nomeação de administrador provisório torna-se necessária. Dentre elas, menciona a situação do art. 353 do Código Comercial argentino (dispositivo hoje revogado pela *Ley* 19.550) que faculta aos juízes suspenderem as execuções de deliberações tomadas em oposição a disposições legais ou do estatuto. Nestes casos, o autor considera indispensável substituir as autoridades da sociedade e designar um administrador provisório ou interventor para cumprimento da medida.[21]

Todavia, para deixar claro que a nomeação cautelar de terceiro para gerir a sociedade não se restringe somente aos casos de suspensão de deliberações dos administradores, o autor afirma que é possível recorrer à aplicação analógica do art. 1.684 do Código Civil ou simplesmente aos princípios gerais das medidas cautelares, para que se proceda à nomeação de interventor que vigie as funções do diretório ou que o substitua, na condição de administrador provisório da sociedade anônima.[22]

Na época deste pronunciamento doutrinário – assim como ocorre atualmente em território brasileiro – não havia norma específica que regulamentasse estas situações, motivo pelo qual se pugnava pela aplicação dos "princípios gerais das medidas cautelares".

Posteriormente, o procedimento de intervenção judicial em sociedade comercial foi positivado nos arts. 113 a 117 da Lei 19.550 (*Ley de las Sociedades Comerciales*). Todavia, o texto legal nada mais fez que regular o que na prática já era uma realidade, haja vista que o mecanismo jurídico processual foi preservado, como se pode depreender da leitura do item 1, Seção XIV da exposição de motivos, que declara que "en la formulación de las distintas disposiciones legales se ha recogido la vasta experiencia judicial y los importan-

18. Art. 1.684 do Código Civil argentino: "Habiendo peligro en la demora, el juez podrá decretar la remoción, luego de comenzado el pleito, nombrando un administrador provisorio, socio o no".

19. Marcos Satanowsky, *Estudios de Derecho Comercial*, vol. I, segunda parte, p. 307.

20. J. Ramiro Podetti, *Derecho Procesal Civil Commercial y Laboral IV. Tratado de las Medidas Cautelares*, p. 245.

21. Idem, p. 257.

22. J. Ramiro Podetti, *Derecho Procesal Civil Commercial y Laboral IV. Tratado de las Medidas Cautelares*, p. 257. No mesmo sentido, admitindo a aplicação das regras gerais das medidas cautelares para proceder-se à intervenção: Carlos C. Malagarriga, *Tratado Elemental de Derecho Comercial*, vol. I, segunda parte, p. 705.

tes antecedentes doctrinarios existentes sobre el tema".[23]

A proposição contida na exposição de motivos da citada lei refere-se ao art. 113 da *Ley* 19.550, que assim dispõe:

"Artículo 113. Cuando el o los administradores de la sociedad realicen actos o incurran en omisiones que la pongan en peligro grave, procederá la intervención judicial como *medida cautelar* con los recaudos establecidos en esta Sección, sin perjuicio de aplicar las normas específicas para los distintos tipos de sociedad"[24] (sem grifo no original).

Isaac Halperin, ao comentar o referido dispositivo, afirma que o mesmo decorre de laboriosa construção judicial constante da aceitação pela doutrina da possibilidade de aplicação analógica do já mencionado art. 1.684 do Código Civil, o qual pode ser aplicado aos diversos tipos de sociedades comerciais.[25]

A conclusão do autor de que é possível a aplicação deste dispositivo "aos distintos tipos de sociedade" parte do endereçamento legal da norma que se encontra situada no Capítulo 1 da mencionada lei, que trata das "Disposições Gerais" aplicáveis a todos os tipos de sociedades comerciais argentinas.

Todavia, o mesmo autor, ao tratar da aplicação do dispositivo nas sociedades anônimas, afirma que devem ser observadas duas restrições, quais sejam:[26]

1) que não possa funcionar a assembleia de acionistas;

2) que a intervenção tenha por único objetivo colocar em funcionamento a assembleia, para que esta se pronuncie e reorganize a administração.

Ousa-se discordar deste posicionamento, pois se imagine que o administrador que está a lesar a sociedade seja sócio controlador de determinada companhia. Ora, a intervenção com o único objetivo de organizar o funcionamento da assembleia de nada valeria se este sócio, após ulterior votação para eleição dos membros dos órgãos de administração, se restabelecesse na função.

É necessário que o interventor permaneça mais tempo na direção da sociedade e tenha atribuições mais amplas, para que, antes de convocar a assembleia, possa apurar os presumidos danos que fundamentaram o pedido de intervenção.

Dessa forma, parece mais acertada a posição de Carlos C. Malagarriga, que vislumbra outras hipóteses de atuação interventiva além daquela destinada a convocar a assembleia geral, como por exemplo, a intervenção com o fito de averiguar a conduta dos administradores para sua eventual responsabilização por desobediência à lei ou ao estatuto.[27]

De qualquer maneira, a importante conclusão possível de ser extraída das orientações doutrinárias existentes no Brasil – bem como da bem sucedida evolução do ordenamento jurídico argentino – é a de que a ação cautelar inominada serve, perfeitamente, como meio jurídico-processual para se realizar a intervenção.

Isto ocorre porque a tutela cautelar configura meio ágil de salvaguarda dos interesses ameaçados pela conduta do administrador para que sejam garantidos os resultados almejados pelo processo principal. Estes pretendidos resultados poderão consistir na remoção permanente do administrador (se este não for sócio), na responsabilidade civil deste pelos danos causados ao patrimônio social ou mesmo na dissolução da companhia, servindo a ingerência

23. Argentina, *Ley 19.550 de Sociedades Comerciales (con Exposición de Motivos)*, p. 98.

24. Idem, p. 35.

25. Isaac Halperin, *Curso de Derecho Comercial*, vol. 1, p. 372.

26. Idem, p. 373. No mesmo sentido: Marcos Satanowsky, *Estudios de Derecho Comercial*, vol. I, segunda parte, p. 307.

27. Carlos C. Malagarriga, *Tratado Elemental de Derecho Comercial*, vol. I, segunda parte, pp. 714-715.

na administração para garantir sua execução da forma mais correta possível.

Sublinhe-se que tais situações não esgotam as hipóteses em que a intervenção pode ser requerida, porquanto todo e qualquer processo que apresente os requisitos legais das medidas cautelares (*periculum in mora* e *fumus bonis iuris*), de modo a necessitar da interferência na administração da sociedade para o satisfatório cumprimento de seus fins, poderá a vir a sofrê-la.

3.2 A execução específica de decisão de antecipação de tutela

Além da possibilidade de postulação do provimento interventivo mediante ação cautelar inominada, defende-se também seu requerimento em sede de decisão de antecipação de tutela.[28]

Esta orientação decorre da interpretação do art. 461, § 5º, do Código de Processo Civil que disciplina a tutela específica para a execução de obrigação de fazer ou não fazer imposta pelo juiz à parte, e dispõe o seguinte, "§ 5º. Para a efetivação da tutela específica ou a obtenção do resultado prático equivalente, poderá o juiz, de ofício ou a requerimento, determinar as medidas necessárias, tais como a imposição de multa por tempo de atraso, busca e apreensão, remoção de pessoas e coisas, desfazimento de obras e impedimento de atividade nociva, se necessário com requisição de força policial".

Mais uma vez, tem-se a medida de intervenção como procedimento acessório para assegurar a eficácia de outro provimento principal. Quando o juiz declara em decisão antecipatória da tutela, por exemplo, a suspensão liminar de determinada deliberação de qualquer dos órgãos de administração da companhia (Conselho de Administração ou Diretoria) e a decisão não é cumprida devido à recalcitrância dos membros do respectivo órgão, torna-se necessária a nomeação de administrador provisório para fazer valer a ordem judicial.[29]

Além disso, o referido dispositivo menciona o "impedimento de atividade nociva" como possível meio de se efetivar a tutela específica. Ora, uma vez desobedecida a ordem judicial, somente há como provocar tal interrupção de atividade danosa por meio da nomeação de administrador judicial.

E não se diga que a administração provisória de sociedade na figura do interventor seria situação intolerável no Direito brasileiro, como o fazem os adeptos da supracitada corrente liberal. Se assim o fosse, se nosso sistema jurídico não suportasse a intromissão na gestão societária por meio da nomeação de administrador judicial, o próprio Código de Processo Civil não conteria regulamentação específica da atividade deste, como é o caso dos arts. 716 a 729 que disciplinam o usufruto de imóvel ou de empresa como meio de promover-se a execução. Não há como negar que estas regras tratam da administração da sociedade por terceira pessoa, que, no caso, será o credor até então insatisfeito.[30]

28. Art. 461, § 3º, do CPC: "Sendo relevante o fundamento da demanda e havendo justificado receio de ineficácia do provimento final, é lícito ao juiz conceder a tutela liminarmente ou mediante justificação prévia, citado o réu. A medida liminar poderá ser revogada ou modificada, a qualquer tempo, em decisão fundamentada".

29. Recorde-se o que acima foi elucidado a respeito do hoje revogado art. 353 do Código Comercial argentino.

30. Pela sua importância, transcreva-se alguns dos referidos preceitos legais:

"Art. 716. O juiz da execução pode conceder ao credor o usufruto de imóvel ou de empresa, quando o reputar menos gravoso ao devedor e eficiente para o recebimento da dívida".

"Art. 719. Na sentença, o juiz nomeará administrador que será investido de todos os poderes que concernem ao usufrutuário. Parágrafo único. Pode ser administrador: I – o credor, consentindo o devedor; II – o devedor, consentindo o credor".

"Art. 727. Nomeado o administrador, o devedor far-lhe-á a entrega da empresa".

"Art. 728. Cumpre ao administrador: I – comunicar à Junta Comercial que entrou no exercício

Pode-se até mesmo utilizar estar normas como parâmetro operativo para efetuar-se a intervenção. Além disso, embora seja assunto explorado no próximo tópico, deve-se acrescentar que a intervenção judicial prevista na Lei 8.884/1994 (Lei Antitruste), promovida pelo Conselho Administrativo de Defesa Econômica, é decretada pelo juiz com o objetivo de promover a execução específica de decisão proferida por este órgão. Tal situação reforça o entendimento de que a execução específica de decisão que antecipa a tutela pode ocorrer mediante a ação de um interventor.

Esta assertiva encontra também o apoio da doutrina. Eduardo Talamini considera que o provimento de antecipação da tutela contém eficácia mandamental executiva que autoriza a tomada de providências destinadas à "obtenção do resultado prático equivalente, independente da participação do réu". Dentre tais providências, o autor indica "a intervenção de auxiliar do juízo na administração da empresa, a fim de adotar medidas que vinham sendo descumpridas".[31]

Priscila Corrêa da Fonseca, em obra diversa daquela citada anteriormente, acompanha este entendimento e aponta a desobediência de ordem de suspensão de deliberação social como causa plausível para a nomeação do interventor.[32] Também Luiz Guilherme Marinoni, ao tratar da execução específica, afirma que "é possível a nomeação de administrador para que sejam implementadas decisões a questões que dizem respeito à vida interna de sociedades comerciais".[33]

Deste modo, pode-se admitir que, ainda que não se pleiteie a remoção de administrador como resultado final do processo principal, contanto que o provimento antecipatório da tutela guarde caráter mandamental executivo, será possível o afastamento provisório daquele e a nomeação de administrador judicial para fazer cumprir decisão judicial que antecipa a tutela pretendida.

3.3 Aplicação analógica do art. 69 da Lei 8.884/1994

Embora a intervenção judicial em sociedade anônima fundamentada na má administração não esteja especificamente prevista no Direito brasileiro, existe disciplina legal similar para os casos de infrações à ordem econômica.

Tal regulamentação consta dos arts. 69 a 78 da Lei 8.884/1994 (Lei Antitruste),[34] que disciplinam a intervenção judicial em sociedade empresária como forma de execução específica das decisões do Conselho Administrativo de Defesa Econômica.[35]

das suas funções, remetendo-lhe certidão do despacho que o nomeou; II – submeter à aprovação judicial a forma de administração; III – prestar contas mensalmente, entregando ao credor as quantias recebidas, a fim de serem imputadas no pagamento da dívida".

"Art. 729. A nomeação e a substituição do administrador, bem como os seus direitos e deveres, regem-se pelo disposto nos arts. 148 a 150".

31. Eduardo Talamini, "Tutelas mandamental e executiva *lato sensu* e antecipação de tutela *ex vi* do art. 461, § 3º, do CPC", in Teresa Arruda Alvim Wambier (coord.), *Aspectos Polêmicos da Antecipação de Tutela*, p. 50 *apud* Luiz Fernando C. Pereira, *Medidas Urgentes no Direito Societário*, p. 207.

32. Priscila Corrêa da Fonseca, *Suspensão de Deliberações Sociais*, p. 134 *apud* Luiz Fernando C. Pereira, *Medidas Urgentes no Direito Societário*, p. 207.

33. Luiz Guilherme Marinoni, *Tutela Específica*, p. 77 *apud* Luiz Fernando C. Pereira, *Medidas Urgentes no Direito Societário*, p. 207.

34. Arts. 69 e 74 da Lei Antitruste:

"Art. 69. O Juiz decretará a intervenção na empresa quando necessária para permitir a execução específica, nomeando o interventor. Parágrafo único. A decisão que determinar a intervenção deverá ser fundamentada e indicará, clara e precisamente, as providências a serem tomadas pelo interventor nomeado".

"Art. 74. O Juiz poderá afastar de suas funções os responsáveis pela administração da empresa que, comprovadamente, obstarem o cumprimento de atos de competência do interventor. A substituição dar-se-á na forma estabelecida no contrato social da empresa".

35. Observe-se que o Conselho Administrativo de Defesa Econômica é órgão administrativo-ju-

Deste modo, nada impede que a tutela interventiva seja concedida com fundamento na aplicação analógica daquela norma. É o que esclarece Luiz Fernando C. Pereira, para quem não "apenas por analogia, mas também como parâmetro operativo, poderá ser invocada a previsão constante da Lei Antitruste".[36]

Compete, então, examinar se o recurso à analogia realmente é admissível em tais casos. Segundo Carlos Maximiliano a analogia somente é possível quando presentes três pressupostos: "1) uma hipótese não prevista, senão se trataria apenas de interpretação extensiva; 2) a relação contemplada no texto, embora diversa da que se examina, deve ser semelhante, ter com ela elemento de identidade e 3) este elemento não pode ser qualquer, e, sim, essencial, fundamental, isto é, o fato jurídico que deu origem ao dispositivo".[37]

Assim, tem-se que a intervenção judicial em sociedade anônima com fundamento na atuação lesiva do administrador não encontra disciplina legal específica no ordenamento jurídico brasileiro. Ademais, o procedimento de nomeação de interventor para fazer valer decisão do CADE e a necessidade de nomeação de terceiro interventor para impedir que prejuízos continuem a ser ocasionados à sociedade pelos seus administradores, a despeito de concernirem a situações distintas, guardam forte semelhança entre si. Por fim, o fato jurídico que deu origem à norma é o mesmo responsável pela exigência de sua aplicação analógica, ou seja, a mesma omissão se verifica na conduta do administrador que se nega a executar a decisão do CADE e a conduta do administrador que não atua em consonância com seus deveres legais.

Dessa maneira, pode-se afirmar que o raciocínio analógico é plenamente cabível e, no momento, o melhor meio de superar a dificuldade apontada por Waldirio Bulgarelli referente à "falta de normas mais explícitas que ensejassem tanto as reclamações dos acionistas como as decisões consequentes"[38] e que atinge principalmente os sócios minoritários, que poucos meios dispõem para a defesa de seus interesses.

Noutra perspectiva, repita-se que, na Argentina, os primeiros casos de intervenção foram realizados com fundamento na interpretação extensiva do art. 1.684[39] do Código Civil e embora não exista previsão semelhante no Código Civil brasileiro, pode-se admitir que o mesmo é compatível com a ingerência na administração das associações, pois também contempla hipótese de administração judicial provisória para esta classe de pessoas jurídicas.[40]

dicante e por isso suas decisões constituem título executivo extrajudicial conforme prevê o art. 60 da Lei 8.884/1994: "Art. 60. A decisão do plenário do Cade, cominando multa ou impondo obrigação de fazer ou não fazer, constitui título executivo extrajudicial".

36. Luiz Fernando C. Pereira, *Medidas Urgentes no Direito Societário*, p. 216; Marcos da Costa, *et al.*, *Direito Concorrencial: Aspectos Jurídicos e Econômicos – Comentários à Lei n. 8.884/1994 e Estudos Doutrinários*, Rio de Janeiro, América Jurídica, 2002, p. 437.

37. Carlos Maximiliano, *Hermenêutica e Aplicação do Direito*, 19ª ed., p. 173.

38. Waldirio Bulgarelli, *Regime Jurídico da Proteção às Minorias nas S/A de Acordo com a Reforma de Lei 6.404/1976*, p. 138.

39. J. Ramiro Podetti, *Derecho Procesal Civil Commercial y Laboral IV. Tratado de las Medidas Cautelares*, p. 251. Considera o autor que "es en las sociedades civiles y comerciales, y en las asociaciones, donde más se utilizan las medidas cautelares motivo de este capítulo. La base, de donde ha partido la estructuración jurisprudencial de estas medidas y a su zaga la doctrina y la legislación, es el art. 1684 del código civil, como ya señalé.

"El mandato para administrar una sociedad, cuando se ha otorgado por una cláusula del contrato, no puede ser revocado, si no existe conformidad del socio administrador, y dicho administrador 'conservará su cargo hasta ser removido por sentencia judicial' (art. 1.683, Cód. Civil). Pero, como pueden darse supuestos en que exista peligro en la demora, el art. 1.684 dispone que cuando lo haya, el juez podrá decretar la remoción luego que comenzado el pleito, nombrando un administrador provisorio, socio o no socio'."

40. Art. 49 do Código Civil de 2002: "Se a administração da pessoa jurídica vier a faltar, o juiz, a

Além disso, como já foi dito, o Código de Processo Civil também apresenta regulamentação da atividade de administrador judicial de companhia para os casos de execução mediante o usufruto de empresa, que também pode ser aplicada, por analogia, à intervenção judicial fundada na má administração.

Dessa forma, nada obsta e tudo recomenda o recurso à analogia para a aplicação do instituto da intervenção no Brasil, vez que este meio permite preencher a lacuna legal existente em nosso ordenamento.

4. Requisitos necessários para a concessão da tutela interventiva

Como foi exposto, o principal fundamento de fato da tutela interventiva reside na necessidade de se proteger, em caráter de urgência, os interesses do tutelado, para impedir que a ameaça de lesão que paira sobre os mesmos venha a se concretizar.

Para analisar a presença deste pressuposto, é necessário que o juiz atue com equidade, de modo a evitar os problemas que uma presença estranha ao corpo administrativo da companhia pode gerar.[41] Por isso, deve o magistrado verificar se estão presentes os principais requisitos para a concessão da ação cautelar ou da antecipação de tutela.

No Direito Processual Civil, apontam-se como principais requisitos para a concessão da cautela inominada o *periculum in mora* e o *fumus bonis iuris*.[42]

Conforme Humberto Theodoro Júnior, o primeiro consiste em "um dano potencial, um risco que corre o processo principal de não ser útil ao interesse demonstrado pela parte" e que "deve ser objetivamente apurável", já o segundo refere-se à "plausibilidade do direito substancial invocado por quem pretenda a segurança".[43]

Quanto à antecipação de tutela, os requisitos apontados pelo autor mineiro, com fulcro no art. 273 do Código de Processo Civil, são:

a) requerimento da parte;

b) produção de prova inequívoca dos fatos arrolados na inicial;

c) convencimento do juiz em torno da verossimilhança da alegação da parte;

d) fundado receio de dano irreparável ou de difícil reparação;

e) caracterização de abuso de direito de defesa ou manifesto propósito protelatório do réu;

f) possibilidade de reverter a medida antecipada, caso o resultado da ação venha a ser contrário à pretensão da parte que requereu a antecipação satisfativa.[44]

Neste trabalho, não se pretende explanar minuciosamente estes requisitos, nem se demorar expondo as diferenças entre a medida cautelar e a decisão de antecipação de tutela, mas sim denotar a relevância de um dos principais requisitos para a aplicação da medida interventiva e que se encontra presente em ambos os casos: o perigo de dano ao interesse social.

No Direito argentino, esta ameaça de lesão ao interesse social está contido no art. 114 da Lei 19.550,[45] que faz referência à "*existência del peligro*" para a realização

requerimento de qualquer interessado, nomear-lhe-á administrador provisório".

41. Conforme Carlos C. Malagarriga "el designado no debe entorpecer la regularidad de la administración social" (Carlos C. Malagarriga, *Tratado Elemental de Derecho Comercial*, vol. I, segunda parte, p. 716).

42. Código de Processo Civil brasileiro: "Art. 798. Além dos procedimentos cautelares específicos, que este Código regula no Capítulo II deste Livro, poderá o juiz determinar as medidas provisórias que julgarem adequadas, quando houver fundado receio de que uma parte, antes do julgamento da lide, cause ao direito da outra lesão grave e de difícil reparação".

43. Humberto Theodoro Júnior, *Curso de Direito Processual Civil*, vol. 2, 28ª ed., p. 339.

44. Idem, p. 326.

45. *Ley* 19.550, art. 114: "El peticionante acreditara su condición de socio, la existencia del peligro y su gravedad, que agotó los recursos acordados

da intervenção judicial em sociedade empresária.

Este mesmo artigo também estabelece que, para o requerimento da intervenção é necessária a prova da condição de sócio e que fora promovida ação de remoção contra o administrador. Entretanto, neste trabalho não se acredita que tais exigências podem ser transportadas para o Direito brasileiro, primeiro porque terceiros, tal como o Ministério Público, também podem pleitear a medida e depois porque esta pode ser concedida sem que exista ação de remoção do administrador, como é o caso da intervenção para garantir a execução específica de obrigação de fazer ou não fazer, imposta em decisão que antecipa a tutela.

De volta ao perigo de lesão, é possível afirmar que este, bem como sua gravidade, associado aos esgotamentos de todos os demais recursos disponíveis são requisitos que se coadunam com a orientação doutrinária e jurisprudencial que vem sendo formada no Brasil. Mesmo antes da existência da Lei 19.550 Carlos C. Malarriga já elencava o perigo de lesão entre os motivos que justificam a intervenção judicial em sociedade anônima, como se pode perceber do seguinte pronunciamento, "Se ha establecido, con todo, entre nosotros, que para que proceda la designación de interventor de una sociedad anónima, son indispensable que las desavenencias producidas obstaculicen el regular funcionamiento de la sociedad o se refieran a actos del administrador que pongan en peligro el interés social".[46]

Dessa forma, o perigo de lesão deve ser identificado na atuação do administrador, que se apresenta como arriscada frente aos interesses da sociedade. Nessa linha, Galeno Lacerda menciona decisão expedida por juízes sulinos na década de setenta, "Mais tarde, os juízes Itamar Rezende Duarte, de Jaguarão, em sentença de 20.2.1974, proferida no Processo 6.313/21, e Flávio Pâncaro da Silva, de Caxias do Sul, em decisão de 21.10.1977, afastaram provisoriamente, em cautela inominada, diretores de sociedades, em ações movidas por sócio ou sócios, que alegavam administração ruinosa. Nas liminares, nomearam-se igualmente administradores provisórios. No caso de Jaguarão não houve recurso, o que não ocorreu no de Caxias do Sul, provido em parte o agravo pela 4ª Câmara Cível do Tribunal de Justiça do Estado Sulino, em acórdão de 2.8.1978, porque o juiz escolheu como administradores os próprios promoventes da ação, fato que a Câmara não tolerou".[47]

Entretanto, a possibilidade de lesão àqueles interesses não pode ser apreciada de forma essencialmente subjetiva. Num país que tem seu ordenamento jurídico organizado de acordo com o sistema do *civil law* a atuação judicial deve estar sempre calcada em consistentes fontes normativas. Por isso, sugere-se que a conduta do administrador deva ser perquirida sob o manto dos arts. 153 a 157 da Lei de Sociedades Anônimas que disciplinam os deveres legais dos administradores deste tipo de sociedade empresária.

Conforme Osmar Brina Corrêa-Lima, "todo o disciplinamento jurídico dos deve-

por el contrato social y se promovió acción de remoción".

46. Carlos C. Malagarriga, *Tratado Elemental de Derecho Comercial*, vol. I, segunda parte, pp. 715-716.

47. Galeno Lacerda, *Comentários ao Código de Processo Civil (Arts. 796 a 812)*, vol. 8, t. I, 8ª ed., p. 170. Entretanto, o autor ressalva que, no caso de Caxias do Sul, mesmo com o provimento parcial do agravo, a intervenção foi mantida pelo Tribunal, modificando-se apenas os administradores provisórios e transcreve a respectiva ementa. "Medida cautelar inominada. Seu deferimento, presentes os pressupostos legais. Deve adequar-se nos limites ditados pelos princípios basilares do direito e da moral, que são os do arbítrio judicial e, em última análise, os do bom senso. O afastamento dos dirigentes de empresa é possível, desde que razões assim o determinem, mas a substituição não poderá recair nas pessoas dos litigantes *ex adversus*, sendo de conveniência a nomeação de terceiro idôneo, da confiança do juiz. Agravo provido em parte (*Rev. de Jurispr. do TJ do Rio Grande do Sul* 73/398)".

res dos administradores pode resumir-se nesta única parêmia latina: *honeste vivere, neminem laedere, suum cuique tribuere*, o que significa que deve o administrador viver honestamente, não prejudicar a ninguém e dar a cada um o que é seu. Dentro deste brocardo, estão contidos os três principais deveres dos administradores de companhia: obediência (à lei e ao estatuto), diligência e lealdade".[48]

Mais uma vez, torna-se oportuno recorrer à legislação argentina, pois, conforme prevê o art. 113 da Lei 19.550, a intervenção tem lugar quando "los administradores de la sociedad realicen actos o incurran en omisiones que la pongan en peligro grave", o que permite concluir que é necessário que o dano ou o perigo ocasionado à sociedade seja consequência direta da ação ou omissão do administrador.

Mas em atenção ao princípio da razoabilidade, a violação de dever legal do administrador e a provocação de dano ou perigo à continuação da empresa não podem ser as únicas razões da intervenção.

Três outros requisitos também são necessários à aplicação da medida:

1) A lesão ocasionada à sociedade deve ser demasiadamente grave a ponto de pôr em risco a continuidade da empresa ou, pelo menos, comprometer o resultado do processo principal;

2) A tutela interventiva deve ser o único caminho para a proteção dos interesses ameaçados, de modo que não existam outros meios suscetíveis de combater os danos ou perigos provocados pela conduta do administrador;

3) O requerente da intervenção deve prestar caução suficiente para satisfazer a sociedade dos prejuízos que uma interferência indevida na administração societária pode gerar.

O primeiro requisito já foi abordado acima quando se tratou da relevância do perigo de lesão. Já o segundo e terceiro requisitos decorrem dos problemas que a intrusão de poder alheio aos quadros sociais pode ocasionar, por isso assinala J. Ramiro Podetti que somente se deve recorrer à designação de administrador provisório para a sociedade "cuando la situación no pueda resolverse mediante el propio estatuto o por otra vía menos gravosa" e, acrescenta, que "las causas de intervención o administración de las sociedades deben ser interpretadas restrictivamente".[49]

A interpretação restritiva à qual se referiu o autor está hoje estatuída no art. 114, segunda parte, da Lei 19.550, que dispõe que "el juez apreciara la procedencia de la intervención con criterio restrictivo".

Quanto à necessidade de prestação de caução, também há dispositivo específico naquela lei, localizado no art. 116 que estabelece que, "el peticionante deberá prestar la contra-cautela que se fije, de acuerdo con las circunstancias del caso, los perjuicios que la medida pueda causar a la sociedad y las costas causídicas".

Assim, uma vez observados todos estes requisitos, será possível aplicar com segurança a intervenção, sem qualquer receio de que isso cause mais prejuízos do que benefícios à sociedade.

5. Demais fundamentos para a intervenção

5.1 A proteção do sócio minoritário

Em relação ao sócio minoritário, o procedimento interventivo importa mecanismo eficaz de tutela de seus interesses. Quando o administrador atua em detrimento dos interesses sociais, pode o sócio minoritário exigir em assembleia que seja promovida a ação de responsabilidade civil, ou em certos casos, promover ele mesmo esta demanda.

48. Osmar Brina Corrêa-Lima, *Sociedade Anônima*, 2ª ed., p. 227.

49. J. Ramiro Podetti, *Derecho Procesal Civil Commercial y Laboral IV. Tratado de las Medidas Cautelares*, p. 252.

No entanto, esta ação tem caráter repressivo e deve ser intentada necessariamente após a ocorrência de prejuízos à atividade empresarial. Já a intervenção para a remoção de administrador, seja por meio de ação cautelar inominada, seja em antecipação de tutela permite evitar ou ao menos interromper danos à companhia.

Nesse sentido, manifestou-se o Juiz Batista Franco, do Tribunal de Alçada de Minas Gerais, em decisão de 2.1.2003, na qual deu provimento ao agravo interposto contra sentença denegatória do pedido de nomeação de interventor fiscalizador realizado em ação cautelar inominada ajuizada perante a única Vara Cível da Comarca de Coromandel. Ao abordar a questão, este magistrado asseverou que:

"Malgrado opiniões em contrário, a dinâmica atual do Direito brasileiro é a proteção dos sócios minoritários, completamente desprotegidos perante o desempenho das empresas, cabendo-lhes tão somente uma pálida fiscalização que, na prática é de nenhum efeito.

"*In casu*, na feitura da inicial, diversos atos atentatórios à saúde da empresa são enumerados, despiciendo repeti-los eis que constantes da peça citada, e que nos leva a temer pela própria subsistência da sociedade.

"Sem dúvida alguma, a tendência hodierna do direito brasileiro é a intervenção do Estado em contratos e empresas, desde que robustas justificativas e provas embasem a súplica.

"Constata-se que o agravante, ao requerer a nomeação de cogestor à sociedade visa uma intervenção até certo ponto branda, em nada prejudicando a sociedade, antes, pelo contrário, em até propiciando, mais na frente, de demonstrar, se caso for, os bons caminhos seguidos pela sociedade.

"Por sua vez, os fatos descritos na inicial das fls. levam-nos à certeza da necessidade premente de se intervir na empresa, eis que qualquer demora na concessão da medida que, repito, em nada prejudica a sociedade, poderá advir prejuízo ao patrimônio da empresa."[50]

Embora a intervenção acima tenha ocorrido em sociedade limitada, nada impede que se invoque os ensinamentos contidos nesta decisão como fundamentos para a realização do mesmo procedimento em sociedade anônima. Nesta, a proteção ao sócio minoritário é ainda mais necessária, devido ao volume dos negócios e aos poucos instrumentos disponíveis para a tutela de seus interesses. Tome-se como exemplo a situação dos sócios minoritários de sociedades dependentes integradas em um grupo,[51] que pouco podem fazer contra os desmandos da maioria.

Portanto, é como meio de proteção dos sócios minoritários que o procedimento interventivo apresenta maior eficácia, visto que são os interesses destes que mais carecem de tutela no ordenamento jurídico brasileiro.[52]

Deve-se acrescentar, ainda, que no Direito argentino também se contempla a intervenção judicial em sociedade como meio de proteção ao sócio minoritário, quando o administrador não cumpre corretamente com seu dever de informação.[53]

50. TAMG, C. Especial de Férias, despacho no AI 0399003-0; agte.: Royalton Diamond Jewelry Inc.; agdo.: Khalil Nagib Karam e Adamas Pesquisa & Mineração Ltda.; Rel. Juiz Batista Franco; Belo Horizonte/MG; 7.1.2003; disponível em *www.ta.mg.gov.br*; acesso 5.6.2004.

51. Osmar Brina Corrêa-Lima, *Sociedade Anônima*, 2ª ed., p. 480.

52. Waldirio Bulgarelli, *Regime Jurídico da Proteção às Minorias nas S/A de Acordo com a Reforma de Lei 6.404/1976*, p. 368. Segundo o autor "a conduta da maioria não responde, pois, à presunção de que é sempre a *melior pars*. Já se disse que a maioria que não age como tal, ou seja, de acordo com a lei e o estatuto, e na rigorosa obediência ao interesse social, não é uma verdadeira maioria, mas mero grupo que impõe pela força do voto suas conveniências".

53. Mc Y. Mike, *Derecho de Información del Accionista-Minoritario*, disponível em *http://html.rincondelvago.com/derecho-de-informacion-del-accionista-minoritario.html*, acesso 5.6.2004. "Si

Deste modo, é possível deduzir que a intervenção judicial contribui para uma direção mais justa dos negócios da companhia e disponibiliza ao sócio minoritário um importante meio de proteção de seus interesses contra os prejuízos e ameaças que uma administração indigna pode provocar.

5.2 A função social da empresa

O reconhecimento do papel social desempenhado pelos organismos empresariais consigna uma das atuais tendências do Direito Societário. Hoje, não se pode mais desempenhar qualquer atividade de caráter empresarial sem levar em consideração a sociedade na qual esta se insere, pois seja para se promover o chamado "*marketing* social", seja porque o empreendedor reconhece que a contribuição na seara social com o objetivo de proporcionar uma melhor distribuição de renda, configura verdadeiro meio de garantir a própria subsistência do sistema capitalista, o envolvimento de determinada sociedade empresária com assuntos que concernem a toda a coletividade (ex.: meio ambiente, assistência social, etc.) caracteriza importante diferencial perante os demais concorrentes.

Por outro lado, deve-se levar em conta que a ideia de "função social da empresa" adequa-se perfeitamente à política-econômica neoliberal assumida pelos mais recentes governantes brasileiros. Ansiosos para se verem livres de parte das responsabilidades dedicadas ao Estado, tais governos encontram na atribuição de encargos sociais aos entes empresariais um meio bastante eficaz de resolver boa parte de seus problemas.

Nesse diapasão, Osmar Brina Corrêa-Lima, ao expor a função social da empresa como uma das novas vertentes do Direito Societário, assinala que a mesma resultaria em uma mudança de paradigma, quando então "o Estado funcionaria como o negociador das relações internacionais e o planejador e articulador da política macroeconômico-social", noutra monta, a empresa privada atuaria "como a executora desta política". E acrescenta que "para o Direito Societário, essa mudança de paradigma implicaria maior ênfase nos valores transcendentais da empresa moderna, com ampliação de poderes e maior responsabilidade dos administradores de sociedades".[54]

Prova desta imputação de maiores responsabilidades aos administradores, ocorreu com a decisão do Magistrado Rubens Roberto Rebello Casara, da 2ª Vara Cível da Comarca de Itaperuna na qual foi concedida liminar em ação civil pública que objetivava realizar a intervenção judicial na sociedade empresária Parmalat do Brasil S/A.[55]

bien el art. 781 del Código Procesal no se refiere específicamente a la negativa del administrador de brindar información, sino a la falta de exhibición de libros y documentación social, aquella hipótesis no puede sino encontrar una idéntica solución, y acreditada esa negativa, el administrador incumplidor debe ser intimado judicialmente a suministra la información requerida, y en su defecto, resulta procedente la designación de un perito contador para que reemplace a los órganos naturales en el cumplimiento de esa obligación, sin perjuicio del derecho del socio o accionista de requerir la remoción del administrador, con las medidas cautelares que para esa acción el legislador expresamente prevé (arts. 114 y ss. de la LS".

54. Osmar Brina Corrêa-Lima, *Tendências Atuais do Direito Societário*, disponível em *http://www.obcl.com.br/textos/jus004.pdf*, acesso 5.6.2004.

55. TJRJ, 2ª Vara Cível, decisão interlocutória na ação civil pública 2004, 026.000354-0; autor: Estado do Rio de Janeiro; réu: Parmalat do Brasil S/A Indústria de Alimentos; Juiz Rubens Roberto Rebello Casara; Itaperuna/RJ; 30.1.2004; disponível em *www.tj.rj.gov.br*; acesso 20.6.2004. Em sua decisão o magistrado assim se expressou

"(...) Pelo exposto, defiro, em parte, os pedidos de antecipação de tutela formulados pelo Estado-autor para, nos termos acima explicitados, tornar indisponíveis todos os bens, materiais e imateriais, afetados à produção, industrialização e comercialização de laticínios no estabelecimento da ré situado nesta comarca. Outrossim, nomeio o colegiado, a ser composto nos termos deste decisum, para exercer as funções de administrador judicial da fábrica da ré situada em Itaperuna, conforme regulamento acima. Expeçam-se ofícios ao Estado do

Posteriormente, ao expor os fatos descritos na inicial, o magistrado reconheceu a importância daquela companhia para a população da Comarca de Itaperuna, como se pode concluir da seguinte manifestação:

"Poder Judiciário Comarca de Itaperuna. Juízo de Direito da 2ª Vara. Edital com o prazo de 20(vinte) dias. Rubens Roberto Rebello Casara Juiz de Direito da 2ª Vara da Comarca de Itaperuna, faz saber a todos que possam interessar que, perante este Juízo, tramitam os autos da Ação Civil Pública, tombada sob o n. 2004.026.000354-0, proposta pelo Estado do Rio de Janeiro em face da Parmalat do Brasil S/A Indústria de Alimentos, cujo pedido corresponde a tornar indisponíveis e impedir a venda de todos os bens, materiais e imateriais, afetados à produção, industrialização e comercialização de laticínios no estabelecimento da Ré situado no Município de Itaperuna, bem como nomear administrador judicial exclusivamente para a fábrica da Ré situada em Itaperuna, para administração do estabelecimento, devendo prever, prioritariamente, o imediato pagamento dos débitos com os produtores de leite e com as cooperativas, condenando a Ré a se abster de promover, na administração de seu estabelecimento situado no Município de Itaperuna, todo e qualquer ato manifestamente incompatível com a função social de sua empresa e que venha a comprometer a atividade desenvolvida pelos produtores de leite e derivados no Estado do Rio de Janeiro, e ainda a promover o pagamento dos débitos relacionados à produção de leite e derivados no prazo máximo de 30 (trinta) dias, a contar do fechamento da fatura mensal de fornecimento de matéria-prima em seu estabelecimento comercial, assegurando-se a continuidade do negócio e da produção de laticínios no Estado do Rio de Janeiro. E para que chegue ao conhecimento de todos os munícipes desta e de outras Comarcas, que tenham interesse em ingressar na referida ação, no polo ativo, buscando alcançar os efeitos de uma sentença, eventualmente, favorável, foi expedido o presente edital na forma do art. 94, da Lei n. 8.078/1990 (Código de Proteção e Defesa do Consumidor), pelo prazo supracitado. Itaperuna/RJ, 2 de fevereiro de 2004. Eu, APO, TJ II, mat. 01/17.163, o digitei, e, eu, SRMA, TJ II, mat. 01/25.341, o subscrevo e assino de ordem do MM. Juiz, Rubens Roberto Rebello Casara – Juiz de Direito."[56]

Esta decisão também revela uma segunda face da noção de função social da empresa. Se por um lado o Estado deixa de ser o executor de determinados encargos sociais, por outro agora passa a fiscalizar tal atuação por parte das empresas. Ao atentar-se para o fato de que a intervenção foi requerida pelo Procurador de Justiça do Rio de Janeiro mediante uma ação civil pública – instrumento hábil para defesa dos direitos difusos e coletivos –, percebe-se que a interferência na direção dos negócios sociais ocorreu por meio do Poder Público e em favor dos interesses da comunidade.

Se for verdade que ainda não se pode definir um conceito preciso de função social da empresa, corrente ainda muito obscura como mencionou o professor Osmar Brina Corrêa-Lima,[57] nada impede que se esboce provisoriamente uma noção apenas

Rio de Janeiro, ao Sindicato dos Trabalhadores da Parmalat, à Cooperativa Agropecuária de Itaperuna, à ré e à Câmara Municipal de Itaperuna para que indiquem, nos prazos fixados, seus representantes no colegiado criado nesta decisão. Com as respostas, venham os autos conclusos para a homologação das indicações por este juízo. Expeçam-se ofícios à Corregedoria-Geral de Justiça, ao 10º NURC e aos cartórios de registros de imóveis e de títulos e documentos desta comarca, dando ciência das determinações judiciais acima. Cite-se e intimem-se. Dê-se ciência ao *Parquet*".

56. TJRJ, 2ª Vara Cível, decisão interlocutória na ação civil pública 2004, 026.000354-0; autor: Estado do Rio de Janeiro; réu: Parmalat do Brasil S/A Indústria de Alimentos; Juiz Rubens Roberto Rebello Casara; Itaperuna/RJ; 30.1.2004; disponível em *www.tj.rj.gov.br*; acesso 20.1.2004.

57. Osmar Brina Corrêa-Lima, *Sociedade Anônima*, 2ª ed., p. 375.

com a finalidade de apontá-la como possível fundamento da tutela interventiva na administração de sociedade anônima.

Assim, recorra-se ao magistério de Modesto Carvalhosa e Nilton Latorraca:

"A empresa é a racionalização dos fatores econômicos, tecnológicos e humanos da produção, instituída sob a forma de pessoa jurídica, a companhia. Tem a empresa uma óbvia função social, nela sendo interessados os empregados, os fornecedores, a comunidade em que atua e o próprio Estado, que dela retira suas contribuições fiscais e parafiscais.

"A função social da empresa deve ser levada em conta pelos administradores, ao procurar a consecução dos fins da companhia. Aqui se repete o entendimento de que cabe ao administrador perseguir os fins privados da companhia, desde que atendida a função social da empresa.

"Consideram-se principalmente três as modernas funções da empresa. A primeira refere-se às condições de trabalho e às relações com seus empregados, em termos de melhoria crescente de sua condição humana e profissional, bem como de seus dependentes. A segunda volta-se ao interesse dos consumidores, diretos e indiretos, dos produtos e serviços prestados pela empresa, seja em termos de qualidade, seja no que se refere aos preços. A terceira volta-se ao interesse dos concorrentes, a favor dos quais deve o administrador da empresa manter práticas equitativas de comércio, seja na posição de vendedor, como na de comprador. A concorrência desleal e o abuso de poder econômico constituem formas de antijuridicidade tipificadas.

"Ainda no que tange aos concorrentes, as diversas formas de espionagem industrial e do uso indevido de processos e de desenhos e outros direitos reservados e registrados constituem moderna modalidade delituosa dos administradores de empresa, capituláveis como contrárias à sua função social.

"E ainda mais atual é a preocupação com os interesses de preservação ecológica, urbana e ambiental da comunidade em que a empresa atua. O compromisso com a preservação da natureza transcende, outrossim os aspectos meramente comunitários, para se colocar num plano universal. A produção de elementos nocivos não só ao homem, como também à fauna e à flora, constitui um dano de igual importância."[58]

Dessa maneira, é possível considerar que a função social da empresa – de acordo com os contornos agora expostos – pode constituir fundamento jurídico hábil para a concessão de provimento interventivo em companhia. Ademais, deve-se lembrar que o art. 154 da LSA dispõe que: "O administrador deve exercer as atribuições que a lei e o estatuto lhe conferem para lograr os fins e no interesse da companhia, satisfeitas as exigências do bem público e da função social da empresa". Ora, se um dos deveres legais do administrador é exercer suas funções sempre observando "as exigências do bem público e da função social da empresa", a desobediência desta norma provê o fundamento legal para a intervenção na companhia.

Conforme dito anteriormente, a má administração caracteriza-se pela atuação do dirigente em detrimento de seus deveres legais. Assim, a inobservância dos ditames relacionados ao bem público e à função social da empresa tipifica a conduta ilícita que neste trabalho se considera como um dos principais requisitos para a intervenção.

6. O interventor

Para bem delinear a figura do interventor, bem como as atribuições do mesmo, é necessário, mais que nunca, utilizar-se dos ensinamentos provenientes do Direito argentino.

58. Modesto Carvalhosa e Nilton Latorraca, *Comentários à Lei de Sociedades Anônimas*, 3º vol., 2ª ed., pp. 237-238.

Novamente, deve-se fazer menção à Lei 19.550, que em seu art. 115 dispõe,

"La intervención puede consistir en la designación de un mero veedor, de uno o varios coadministradores, o de uno o varios administradores.

"El juez fijará la misión que deberán cumplir y las atribuciones que les asigne dé acuerdo con sus funciones, sin poder ser mayores que las otorgadas a los administradores por esta ley o el contrato social. Precisará el término de la intervención, el que solo puede ser prorrogado mediante información sumaria de su necesidad."

Pode-se extrair do texto legal três modalidades de intervenção judicial em sociedade.

A primeira delas ocorre sob a forma de administração judicial provisória, na qual o juiz afasta momentaneamente os administradores e designa um ou mais administradores provisórios e, em seguida, delimita suas faculdades e deveres necessários para a regularização dos negócios sociais e para a representação da sociedade.

Observe-se que, como exige o texto legal, tais deveres não podem ultrapassar aqueles outorgados pela lei ou pelo contrato e qualquer ato que extrapole a atividade normal de gerência dos negócios sociais deverá ser autorizado pelos juiz.[59]

A segunda espécie de intervenção destina-se a controlar a atuação do administrador e permitir a correta administração dos negócios sociais. Neste caso, o interventor atuará como cogestor e terá suas faculdades designadas pelo juiz de acordo com as circunstâncias do caso concreto nas quais se fundam sua designação, podendo inclusive, restringirem-se a informar o juiz sobre a conduta do administrador suspeito.[60]

Pode-se também relatar uma terceira modalidade de intervenção que consiste na figura do interventor fiscalizador, que terá a função de tão somente vigiar as operações ou atividades que exerçam os administradores, para assegurar o requerente da licitude da conduta destes.[61]

Saliente-se, no entanto, que é recomendável que em todos os casos de nomeação de interventor, de preferência, esta recaia sobre terceiro, ou seja, sobre pessoa alheia ao quadro social.[62]

7. Limites da tutela interventiva

A extensão do provimento interventivo será delimitada pela decisão do juiz, que deverá estar sempre de acordo com os objetivos pretendidos com a urgente atuação judicial.

Assim, quando a intervenção for requerida em processo cautelar o juiz determinará a suspensão dos poderes do administrador e as funções do interventor, conforme considerá-las necessárias ou não para a garantia do processo principal objeto da tutela.

Do mesmo modo, se a realização da tutela interventiva destinar-se a promover a execução específica de obrigação imposta à parte, o juiz afastará ou não o administrador e concederá poderes ao interventor sempre conforme as necessidades da efetivação da medida executiva. Nestes casos, reporte-se à analogia do art. 69 da Lei Antitruste mencionada anteriormente, que em seu parágrafo único enuncia que "a decisão que determinar a intervenção deverá ser fundamentada e indicará, clara e precisamente, as providências a serem tomadas pelo interventor nomeado".

Dessa maneira, dedica-se imensa responsabilidade à atividade criadora do juiz, que deverá ponderar todos os fatores do caso concreto e decidir se sua atuação in-

59. Isaac Halperin, *Curso de Derecho Comercial*, vol. 1, p. 373.

60. Idem, ob. cit., p. 374.

61. Idem, ob. cit., p. 374.

62. Recorde-se um dos casos mencionados por Galeno Lacerda (citado anteriormente), em que a decisão de intervenção foi reformada devido ao fato de ter recaído sobre um dos sócios da empresa.

terventiva é recomendável ou não, ajustando, de forma equânime, as necessidades do autor com as exigências do caso concreto e levando sempre em conta os interesses da coletividade relacionados à função social da empresa.

8. Conclusão

A partir do estudo realizado sobre a intervenção judicial em sociedade anônima tanto no Direito brasileiro como no Direito argentino pode-se conceber que o ordenamento jurídico brasileiro é plenamente compatível à aplicação do instituto.

Os meios disponíveis na legislação pátria para a veiculação do procedimento interventivo são a cautela inominada e a antecipação de tutela, que configuram mecanismos processuais adequados para a tutela urgente de interesses versados em demanda principal, como por exemplo, a ação de dissolução de sociedade ou a ação de responsabilidade civil contra o administrador.

Além disso, a existência de procedimentos similares, como o provimento interventivo constante da Lei 8.884/1994 (Lei Antitruste) e o usufruto de sociedade empresária por meio de administração judicial para a satisfação do credor na execução, denunciam a ausência de antagonismo entre o sistema legal pátrio e a hipótese de interferência do Poder Judiciário na administração societária.

Noutra perspectiva, existem outros fatores que recomendam a utilização do procedimento interventivo no Brasil, tal como a necessidade de proteção dos interesses da coletividade relacionados à função social da empresa, e a proteção do sócio minoritário que dispõem de tão poucos meios de tutela de seus interesses na legislação deste país.

Por derradeiro, é possível o recurso à jurisprudência e ao direito comparado – em especial ao Direito argentino – para complementação dos pontos em que a aplicação analógica de dispositivos da Lei Antitruste ou do Código de Processo Civil não oferece solução, tal como ocorre com a designação do tipo de interventor (administrador judicial, cogestor ou fiscalizador).

9. Referências jurisprudenciais

BRASIL. Tribunal de Alçada do Paraná, 4ª C.Civ., AI 152184600-12558, Rel. Juiz Costa Barros, *Diário da Justiça do Paraná* 28.4.2000.

______. Superior Tribunal de Justiça, 3ª T., REsp 64.371-PE, Recte.: Springer Carrier do Nordeste S/A; Recdo.: Hélio Amaral de Albuquerque, Rel. Ministro Costa Leite, Brasília/DF, 26.3.1996, disponível em *www.stj.gov.br*, acesso 5.6.2004.

______. Tribunal de Justiça do Rio de Janeiro, 5ª C.Cív., despacho no AI 525/97, Rel. Desembargador Roberto Wider, Rio de Janeiro/RJ, 15.4.1997, disponível em *www.tj.rj.gov.br*, acesso 5.5.2004 (afastamento de sócio da gerência).

______. Tribunal de Alçada de Minas Gerais, C. Especial de Férias, Despacho no AI 0399003-0, Agte.: Royalton Diamond Jewelry Inc., Agdo.: Khalil Nagib Karam e Adamas Pesquisa & Mineração Ltda., Rel. Juiz Batista Franco, Belo Horizonte/MG, 7.1.2003, disponível em *www.ta.mg.gov.br*, acesso 5.6.2004.

______. Tribunal de Justiça do Rio de Janeiro, 2ª Vara Cível, Decisão interlocutória na ação civil pública 2004, 026.000354-0, Autor: Estado do Rio de Janeiro, Réu: Parmalat do Brasil S/A Indústria de Alimentos, Juiz Rubens Roberto Rebello Casara, Itaperuna/RJ, 30.1.2004, disponível em *www.tj.rj.gov.br*, acesso 20.2.2004 e 20.6.2004.

10. Bibliografia

ARGENTINA. *Ley 19.550 de Sociedades Comerciales (con Exposición de Motivos)*. Buenos Aires, Depalma, 1974, p. 98.

BULGARELLI, Waldirio. *Regime Jurídico da Proteção às Minorias nas S/A de Acordo com a Reforma de Lei 6.404/1976*. Rio de Janeiro, Renovar, 1998.

CARVALHOSA, Modesto, e LATORRACA, Nilton. *Comentários à Lei de Sociedades Anônimas*. 3º vol., 2ª ed. São Paulo, Saraiva, 2002.

CORRÊA-LIMA, Osmar Brina. *Sociedade Anônima*. 2ª ed. Belo Horizonte, Del Rey, 2003.

______. *Tendências Atuais do Direito Societário*. Disponível em *http://www.obcl.com.br/textos/jus004.pdf*, acesso 5.6.2004.

FONSECA, Priscila M. P. Corrêa da. *Dissolução Parcial, Retirada e Exclusão de Sócio*. São Paulo, Atlas, 2002.

______. *Suspensão de Deliberações Sociais*. São Paulo, Saraiva, 1986, p. 134 *apud* PEREIRA, Luiz Fernando C. *Medidas Urgentes no Direito Societário*. São Paulo, Ed. RT, 2002.

GUSMÃO, Paulo Dourado de. *Introdução ao Estudo do Direito*. 33ª ed. Rio de Janeiro, Forense, 2004.

HALPERIN, Isaac. *Curso de Derecho Comercial*. vol. 1. Buenos Aires, Depalma, 1975.

LACERDA, Galeno. *Comentários ao Código de Processo Civil (Arts. 796 a 812)*. vol. 8, t. I, 8ª ed. Rio de Janeiro, Forense, 1999.

MALAGARRIGA, Carlos C. *Tratado Elemental de Derecho Comercial*. vol. I, segunda parte. Buenos Aires, Tipográfica Editora Argentina, 1951.

MARINONI, Luiz Guilherme. *Tutela Específica*. São Paulo, Ed. RT, 2000, p. 77 *apud* PEREIRA, Luiz Fernando C. *Medidas Urgentes no Direito Societário*. São Paulo, Ed. RT, 2002.

MAXIMILIANO, Carlos. *Hermenêutica e Aplicação do Direito*. 19ª ed. Rio de Janeiro, Forense, 2004.

MIKE, Mc Y. *Derecho de Información del Accionista-Minoritario*. Disponível em *http://html.rincondelvago.com/derecho-de-informacion-del-accionista-minoritario.html*, acesso 5.6.2004.

PEREIRA, Luiz Fernando C. *Medidas Urgentes no Direito Societário*. São Paulo, Ed. RT, 2002.

PINTO FERREIRA. *Medidas Cautelares*. 4ª ed. Rio de Janeiro, Forense, 1992, p. 222 *apud* PEREIRA, Luiz Fernando C. *Medidas Urgentes no Direito Societário*. São Paulo, Ed. RT, 2002.

PODETTI, J. Ramiro. *Derecho Procesal Civil Commercial y Laboral IV. Tratado de las Medidas Cautelares*. Buenos Aires, Ediar, 1956.

SANTOS, Ernane Fidélis dos. *Novíssimos Perfis do Processo Civil Brasileiro*. Belo Horizonte, Del Rey, 1999.

SATANOWSKY, Marcos. *Estudios de Derecho Comercial*. vol. I, segunda parte. Buenos Aires, Tipográfica Editora Argentina, 1950.

SILVA, José Afonso da. *Curso de Direito Constitucional Positivo*. 9ª ed. São Paulo, Malheiros Editores, 1994.

SILVA, Ovídio Baptista. *A Ação Cautelar Inominada no Direito Brasileiro*. Rio de Janeiro, Forense, 1979.

TALAMINI, Eduardo. "Tutelas mandamental e executiva *lato sensu* e antecipação de tutela *ex vi* do art. 461, § 3º, do CPC", in WAMBIER, Teresa Arruda Alvim (coord.). *Aspectos Polêmicos da Antecipação de Tutela*. São Paulo, Ed. RT, 1997, p. 50 *apud* PEREIRA, Luiz Fernando C. *Medidas Urgentes no Direito Societário*. São Paulo, Ed. RT, 2002.

THEODORO JÚNIOR, Humberto. *Curso de Direito Processual Civil*. vol. 2, 28ª ed. Rio Janeiro, Forense, 2000.

Atualidades

OS TÍTULOS DE CRÉDITO ELETRÔNICOS E AS SUAS PROBLEMÁTICAS NOS PLANOS TEÓRICO E PRÁTICO*

LUÍS FELIPE SPINELLI

1. Introdução. 2. Títulos de crédito eletrônicos: estudo dos argumentos favoráveis: 2.1 A informatização dos títulos de crédito; 2.2 Portas de entrada dos títulos de crédito eletrônicos no ordenamento jurídico pátrio. 3. Análise crítica dos títulos de crédito eletrônicos: 3.1 Os problemas no plano teórico; 3.2 A inexistência dos títulos de crédito eletrônicos na prática comercial: o caso da duplicata virtual. 4. Considerações finais. 5. Referências bibliográficas. Jurisprudência citada.

1. Introdução

É cediço que o Direito Comercial, por sua própria origem e natureza, está intimamente atrelado às mudanças da estrutura econômico-social, normalmente sendo a porta de entrada para posteriores modificações em outros ramos da Ciência Jurídica;[1] está ele, por sua própria lógica interna, sempre atento às necessidades da economia, apresentando soluções e abrindo-se ao recebimento das mais diversas influências. Neste sentido, por óbvio que a disciplina dos títulos de crédito, tida como uma das maiores contribuições do Direito Comercial à economia moderna,[2] acaba por

* Trabalho originalmente apresentado na disciplina "Direito de Informática", do Programa de Pós-Graduação em Direito da Universidade Federal do Rio Grande do Sul – UFRGS, cursada no semestre letivo 2007/2 e ministrada pelo Professor Dr. César Viterbo Matos Santolim, a quem agradeço pelo auxílio prestado. Agradeço, também, as sempre procedentes críticas e sugestões dos amigos Pedro Guilherme Augustin Adamy e Fabiano Menke.

1. Sobre a origem do Direito Comercial e sua essencial natureza de acompanhamento das necessidades daqueles que desenvolvem a atividade econômica, v. Tullio Ascarelli, *Corso di Diritto Commerciale: Introduzione e Teoria dell'Impresa*, 3ª ed., pp. 1-143; no que tange às alterações atuais pelas quais passa o Direito Comercial, diante da globalização e das novas tecnologias da informação, recomendamos Francesco Galgano, *La Globalización en el Espejo del Derecho*, trad. de Horacio Roitman y María de La Colina, 2005. E bem demonstrando que o Direito Comercial é um fenômeno cultural e está atrelado ao desenvolvimento econômico-social de um povo, remetemos a Paula A. Forgioni, *A Evolução do Direito Comercial: da Mercancia ao Mercado*, 2009.

2. Tullio Ascarelli leciona que os títulos de crédito, a sociedade anônima e o contrato de seguro são as três maiores contribuições do Direito Comercial para a humanidade (cf. Tullio Ascarelli, *Panorama do Direito Comercial*, p. 143); e, em outra obra, ressalta a importância dos primeiros, dizendo que foram os que mais ajudaram na formação da economia moderna (cf. Tullio Ascarelli, *Teoria Geral dos Títulos de Crédito*, 2ª ed., trad. de Nicolau Nazo, p. 3: "A vida econômica moderna seria incompreensível sem a densa rêde de títulos de crédito; às invenções técnicas teriam faltado meios jurídicos para a sua adequada realização social; as relações comerciais tomariam necessàriamente outro aspecto. Graças aos títulos de crédito pôde o mundo moderno mobilizar as próprias riquezas; graças a êles o direito consegue vencer tempo e espaço, transportando, com a maior facilidade, representados nestes títulos, bem distantes e materializando no

sofrer a influência dos novos tempos, como a dos recursos disponibilizados pela evolução tecnológica.

Um dos pilares da ordem econômica é o crédito, sendo imperiosa a sua circulação, considerando-se os títulos de crédito como instrumentos essenciais para tal estrutura.[3] E, tendo em vista a primazia da finalidade de circulação da riqueza que os títulos de crédito sempre permitiram, em conjunto com a agilidade que seria viabilizada com a informática, tem-se que, intuitivamente, a possibilidade de emissão e circulação dos títulos de crédito eletrônicos vai ao encontro dos interesses empresariais; tal conjunção permitiria, sem dúvida, ganhos em eficiência. Destarte, diante do cenário que se apresenta, necessário seria, como afirma a doutrina, repensar a disciplina dos títulos de crédito, a fim de adaptá-la aos novos recursos hoje existentes.[4] E é nesta perspectiva que se centra a primeira parte deste ensaio: trataremos, então, inicialmente, dos argumentos atualmente utilizados e que fundamentariam a informatização dos títulos de crédito, além de pontuarmos as "portas de entrada" de tal fenômeno no ordenamento jurídico nacional.

Entretanto, cumpre salientar que nem tudo é tão simples. Os avanços tecnológicos muitas vezes aparentam maior atratividade para o mundo do Direito do que realmente o são; assim, no afã de recepcionar eventuais alterações e estruturas, acaba-se por aceitar qualquer argumento que minimamente possa ter algum sinal de procedência, mesmo que não guarde lógica com nosso sistema e não suporte análises mais profundas. Nestes termos, muito se exalta a evolução promovida pela informática, gastando-se rios de tinta sobre o funcionamento de soluções tecnológicas (como ocorre no caso da assinatura digital, por exemplo), mas pouco se reflete sobre sua adaptabilidade à disciplina, no caso em comento, dos títulos de crédito. Desta forma, na segunda parte do presente estudo, nos deteremos na verificação dos principais pontos teóricos que consideramos controvertidos no que tange aos títulos de crédito eletrônicos, realizando-se, por fim, um estudo crítico do que se convencionou chamar "duplicata virtual" – a qual, desde já se frisa, de duplicata não se trata.

Esboçado o quadro que será desenvolvido nesta oportunidade, ressaltamos, antes de iniciarmos a análise a qual nos propomos, que o cerne do presente trabalho passa longe de prender-se em aspectos técnico-informáticos. Como já deve ter sido vislumbrado, nosso escopo é o de jogar dúvidas sobre o tema dos títulos de crédito virtuais, lançando dificuldades que, para nós, parecem intransponíveis, apesar de serem mencionadas no debate jurídico somente de modo superficial; objetivamos, então, verificar a real compatibilidade da clássica disciplina legal e doutrinária dos títulos de crédito com os instrumentos fornecidos pela informática.

2. *Títulos de crédito eletrônicos: estudo dos argumentos favoráveis*

Frente ao importante papel cumprido, na economia, pelos títulos de crédito, e a

presente, as possíveis riquezas futuras"). V., também, João Eunápio Borges, *Títulos de Crédito*, 2ª ed., p. 7.

3. Tullio Ascarelli, *Panorama do Direito Comercial*, pp. 99-100. À p. 101, anota: "(...) o característico da sua circulação deve ser frisado e constituir o real ponto de partida das pesquisas a êles relativas: os títulos de crédito, preenchendo, antes de mais nada, a função de facilitar a circulação dêle". No mesmo sentido, leciona João Eunápio Borges: "Os títulos de crédito, geralmente considerados como a mais notável criação do direito comercial moderno, constituem o instrumento mais perfeito e eficaz da mobilização da riqueza e da circulação do crédito" (João Eunápio Borges, *Títulos de Crédito*, 2ª ed., p. 7). Logo, tem-se que esta é a função econômica dos títulos de crédito e o que concorre para determinar a tipicidade de tal instituto (cf. Alberto Stagno D'Alcontres, *Il Titolo di Credito: Ricostruzione di una Disciplina*, pp. 292-294).

4. Mauro Rodrigues Penteado, "Considerações sobre os títulos de crédito no projeto de Código Civil e notas sobre o Código de 2002", in Mauro Rodrigues Penteado (coord.), *Títulos de Crédito*, p. 348; do mesmo modo, dentre outros, defende José Carlos Rezende, *Os Títulos de Crédito Eletrônicos e a Execução da Duplicata Virtual*, p. 58.

avalanche de mudanças que a informática acarreta nos mais diversos ramos, não seria nada mais lógico que acreditar na digitalização de referido sistema circulatório e na própria desmaterialização do título, visto que a agilidade – cada vez mais importante em nossa sociedade – gerada iria ao encontro da referida disciplina, disponibilizando a transmissão do crédito de maneira mais eficiente. Os títulos de crédito eletrônicos constituiriam, assim, uma adaptação da disciplina clássica aos novos tempos – sendo mais uma comprovação da historicidade e adaptabilidade do Direito Comercial –, pois permitiriam a circulação do crédito de maneira rápida e segura, sem a necessidade de transmissão física da cártula.[5]

Nesse sentido, cumpre analisar quais argumentos computam a favor dos títulos de crédito eletrônicos, o que faremos nesta primeira etapa, além de verificar como o ordenamento jurídico pátrio supostamente recepciona tal novidade.

2.1 A informatização dos títulos de crédito

Quando se fala em títulos de crédito eletrônicos, é lugar comum mencionar sua descartularização ou desmaterialização, tendo em vista a noção de cártula ser essencial para a teoria dos títulos de crédito (juntamente com a autonomia e a literalidade), a qual ocorreria em dois momentos:[6] primeiramente, teríamos a desmaterialização da circulação (quando a cártula ainda existe, mas não mais circula); posteriormente, faríamos referência à desmaterialização do próprio título de crédito (ou seja, a cártula deixa de existir), passando a ser substituído por registros em contas de depósito em nome de seus titulares.

Toda a problemática, então, dos títulos de crédito eletrônicos refere-se, basicamente, à cartularidade (não residindo, portanto, nas características da literalidade e da autonomia – e nem se falando, aqui, na abstração, existente apenas em alguns títulos), ou seja, na necessidade de o título de crédito apresentar um suporte material. O foco central encontra-se na desnecessidade de o próprio título circular fisicamente e no questionamento de ele realmente existir em documento corporificado – duas etapas da descartularização que, neste ensaio, trataremos conjuntamente.[7]

Nesse sentido, iniciamos nossa análise com o conceito de títulos de crédito de

5. Afinal, por óbvio, nada mais obsoleto que a circulação da cártula, documento necessário ao exercício do direito literal e autônomo mencionado no título: "L'attenzione verso la possibilità di un titolo di credito elettronico sorse, cioè, non per esigenze ricostruttive o sistematiche, o per influenza del dibattito teorico generale sul documento informatico, bensì per cercare una risposta a problemi pratici: se, infatti, l'espediente giuridico dell'incorporazione di un diritto in un documento era stato lo strumento affermatosi storicamente per assicurare al diritto stesso una circolazione più celere e sicura, lo sviluppo moderno dei traffici, l'evoluzione dei mercati, la complessità degli odierni rapporti commerciali avevano e hanno finito per rendere obsoleto, per molti aspetti, quel meccanismo dalle remote origini" (cf. Francesco Guarracino, "Titolo di credito elettronico e documento informatico", in Vicenzo Ricciuto e Nadia Zorzi, *Trattato di Diritto Commerciale e di Diritto Pubblico dell'Economia*, vol. XXVII – *Il Contratto Telematico*, pp. 311-312). V., também, Alberto Stagno D'Alcontres, *Il Titolo di Credito: Ricostruzione di una Disciplina*, p. 313.

6. Cf. Amadeu José Ferreira, *Valores Mobiliários Escriturais: um Novo Modo de Representação e Circulação de Direitos*, p. 73. Tivemos acesso a tal obra a partir da referência feita por Marcos Galileu Lorena Dutra, "Os títulos normativos: considerações gerais sobre sua forma eletrônica, face ao Código Civil de 2002", in Mauro Rodrigues Penteado (coord.), *Títulos de Crédito*, pp. 315-330. Igualmente, podemos assim verificar em Alberto Stagno D'Alcontres, *Il Titolo di Credito: Ricostruzione di una Disciplina*, p. 314.

7. Deste modo, a doutrina tende a afirmar que "[o] princípio da cartularidade, basilar no direito cambiário, necessita ser repensado para atender a economia moderna, pois novos paradigmas estão se formando a partir da desmaterialização dos títulos de crédito" (cf. José Carlos Rezende, *Os Títulos de Crédito Eletrônicos e a Execução da Duplicata Virtual*, p. 80).

Cesare Vivante (o qual foi adotado, no art. 887, pelo novo Código Civil,[8] apesar de pequeno defeito redacional), para quem *título de crédito é o documento necessário para o exercício do direito literal e autônomo nele mencionado*.[9] E, como já dissemos que nem a literalidade e muito menos a autonomia importam para a discussão que ora se analisa, restringe-se nosso estudo à cartularidade, a qual resta consubstanciada, na referida definição, no termo *documento*, que é elemento basilar do clássico instituto.[10] Assim, passa-se a discutir o conceito de documento, que sempre foi encarado como algo material, corpóreo, palpável.

Então, para tentar viabilizar a ideia de título de crédito eletrônico, a doutrina,[11] por exemplo, tende a adotar o conceito de documento dado por Francesco Carnelutti (ou a definição de outros juristas renomados que desenvolveram a teoria do documento), o qual afirma ser documento alguma coisa que faz conhecer um fato.[12] Nesse sentido, o próprio conceito de Cesare Vivante, quando interpretado o termo *documento* de acordo com o aqui referido, abarcaria as hipóteses dos títulos de crédito eletrônicos, inexistindo qualquer outra necessidade de adaptação; basta aceitar que a noção de documento também abrange os documentos em meio digital (não se esquecendo que a Medida Provisória n. 2.200/2002 considera documento público ou particular para todos os fins legais os documentos eletrônicos dos quais ela trata,[13] além de o próprio Código Civil, no art. 225, os reconhecer[14]), pois estes também são capazes de reproduzir acontecimentos da nossa realidade.

Em tal direção assevera Ligia Paula Pires Pinto: "Pela denominada 'Teoria do Documento', o 'documento' representa qualquer base de conhecimento fixada materialmente e disposta de maneira que se possa utilizá-la para extrair cognição do que está escrito. Assim, é toda representação material destinada a reproduzir determinada manifestação do pensamento. Neste sentido, Giovanni Pelizzi ainda completa com a seguinte expressão: '*Il documento, come si è detto, specchio del diritto* (...)', ao explicar que muitas vezes o documento é o espelho do direito criado pelo negócio subjacente".[15]

8. "Art. 887. O título de crédito, documento necessário ao exercício do direito literal e autônomo nele contido, somente produz efeito quando preencha os requisitos da lei."

9. "Il titolo di credito è *un documento necessario per esercitare il diritto letterale ed autonomo che vi è menzionato*" (cf. Cesare Vivante, *Tratatto di Diritto Commerciale*, vol. III, 5ª ed., p. 123).

10. Neste sentido, usamos as palavras de João Eunápio Borges: "Fonte de obrigação para os devedores e de direito para o seu proprietário, o título de crédito é, antes de tudo, um documento. O documento com que se legitima o titular para o exercício de seu direito" (cf. João Eunápio Borges, *Títulos de Crédito*, 2ª ed., p. 30).

11. Dentre outros, v.: Raphael Velly de Castro, "Notas sobre a circulação e a literalidade nos títulos de crédito eletrônicos", in Mauro Rodrigues Penteado (coord.), *Títulos de Crédito*, pp. 383-386; Adriana Valéria Pugliesi Gardino, "Títulos de crédito eletrônicos: noções gerais e aspectos processuais", in Mauro Rodrigues Penteado (coord.), *Títulos de Crédito*, pp. 16-20; Ana Paula Gordilho Pessoa, "Breves reflexões sobre os títulos de crédito no novo Código Civil", in Mauro Rodrigues Penteado (coord.), *Títulos de Crédito*, pp. 31-43; Ligia Paula Pires Pinto, "Títulos de crédito eletrônicos e assinatura digital. Análise do art. 889, § 3º do Código Civil", in Mauro Rodrigues Penteado (coord.), *Títulos de Crédito*, pp. 192-195.

12. "(...) il significato di documento si restringe alla cosa che fa conoscere un fatto" (cf. Francesco Carnelutti, "Documento – Teoria moderna", in *Nuovíssimo Digesto Italiano*, vol. VI, p. 86).

13. MP n. 2.200/2002: "Art. 10. Consideram-se documentos públicos ou particulares, para todos os fins legais, os documentos eletrônicos de que trata esta Medida Provisória".

14. "Art. 225. As reproduções fotográficas, cinematográficas, os registros fonográficos e, em geral, quaisquer outras reproduções mecânicas ou eletrônicas de fatos ou de coisas fazem prova plena destes, se a parte, contra quem forem exibidos, não lhes impugnar a exatidão."

15. Ligia Paula Pires Pinto, "Títulos de crédito eletrônicos e assinatura digital. Análise do art. 889, § 3º do Código Civil", in Mauro Rodrigues Penteado (coord.), *Títulos de Crédito*, p. 193.

Na mesma esteira vão as observações de Ana Paulo Pessoa, ao obtemperar que "Apoiando-se na definição de documento de Carnelutti, é fácil inferir que a teoria dos documentos não apresenta qualquer restrição a sua desmaterialização. Mesmo considerando que a ideia de documento tende a identificar-se com um texto redigido por escrito, não mais subsiste a necessidade de base física papel. Quando Vivante adotou a remissão a documento, abriu a possibilidade para que o direito pudesse ser contido em qualquer suporte material – desde que represente uma coisa que possa fazer conhecer um fato. Aí está a grandeza da definição de Vivante, capaz de manter a vanguarda, inobstante a mudança dos paradigmas perpetrada nas últimas décadas, desde sua concepção".[16]

Assim, a princípio, a cartularidade dos títulos de crédito em nada seria afetada, apenas modificando-se o meio em que é expressa, pois passa o documento a ser eletrônico; o suporte cartáceo cederia lugar, então, para o suporte virtual.[17] Portanto, partindo de tal premissa, todos os elementos clássicos da disciplina dos títulos de crédito (cartularidade, literalidade e autonomia) restariam contemplados pelos títulos de crédito eletrônicos: "(...) é limpidamente visível que os três elementos fundamentais do conceito de Vivante estão plenamente contemplados pela disciplina dos títulos de crédito eletrônicos, especialmente ao notar que o elemento da 'cartularidade' do título de crédito torna necessária a constituição de um 'documento', mas não o atrela a um suporte específico, podendo este ser papel ou outro, eletrônico inclusive (...)".[18]

Ademais, a desmaterialização restaria plenamente fundamentada tendo em vista a existência de mecanismos também para a circulação dos títulos de crédito de maneira virtual, uma vez que possível seria a identificação das partes envolvidas por meio da assinatura digital (regulamentada, no Brasil, pela MP n. 2.200/2002).[19-20]

16. Ana Paula Gordilho Pessoa, "Breves reflexões sobre os títulos de crédito no novo Código Civil", in Mauro Rodrigues Penteado (coord.), *Títulos de Crédito*, p. 36.

17. "Quer nos parecer de meridiana clareza, assim, que a novidade trazida pelos títulos de crédito eletrônicos concerne apenas inovação da matéria pela qual se representa o documento. A cartularidade, cuja feição mudou pela modernização do meio de representação, deixou de ser física (papel), e passou a ser eletrônica (cibernética)" (cf. Adriana Valéria Pugliesi Gardino, "Títulos de crédito eletrônicos: noções gerais e aspectos processuais", in Mauro Rodrigues Penteado (coord.), *Títulos de Crédito*, p. 19).

18. Ligia Paula Pires Pinto, "Títulos de crédito eletrônicos e assinatura digital. Análise do art. 889, § 3º do Código Civil", in Mauro Rodrigues Penteado (coord.), *Títulos de Crédito*, p. 192.

19. Dentre outros, v.: Raphael Velly de Castro, "Notas sobre a circulação e a literalidade nos títulos de crédito eletrônicos", in Mauro Rodrigues Penteado (coord.), *Títulos de Crédito*, pp. 387 ss.; Adriana Valéria Pugliesi Gardino, "Títulos de crédito eletrônicos: noções gerais e aspectos processuais", in Mauro Rodrigues Penteado (coord.), *Títulos de Crédito*, pp. 19-20; Tânia Pantano, "A circulação dos títulos de crédito à ordem regulados pelo novo Código Civil. Análise sistemática do Título VIII, Livro II", in Mauro Rodrigues Penteado (coord.), *Títulos de Crédito*, pp. 417-419; Ana Paula Gordilho Pessoa, "Breves reflexões sobre os títulos de crédito no novo Código Civil", in Mauro Rodrigues Penteado (coord.), *Títulos de Crédito*, pp. 43-46; Ligia Paula Pires Pinto, "Títulos de crédito eletrônicos e assinatura digital. Análise do art. 889, § 3º do Código Civil", in Mauro Rodrigues Penteado (coord.), *Títulos de Crédito*, pp. 187-205. Igualmente, lecionando que a subscrição (assinatura) das partes envolvidas na circulação de determinado título de crédito é essencial, mas que, diante do desenvolvimento da assinatura digital (e da consequente regulamentação legal), tal requisito não pode ser utilizado como instrumento para questionar a hipotética existência dos títulos de crédito eletrônicos, v. Francesco Guarracino, "Titolo di credito elettronico e documento informatico", in Vicenzo Ricciuto e Nadia Zorzi, *Trattato di Diritto Commerciale e di Diritto Pubblico dell'Economia*, vol. XXVII – *Il Contratto Telematico*, pp. 319-322.

20. Aqui não nos deteremos em estudar os tipos de assinatura digital e muito menos sua segurança, pois acreditamos que tal análise cabe aos técnicos de informática. Ademais, alguns juristas já realizaram estudos adequados sobre o tema e seus reflexos no mundo do Direito; sobre o assunto, remetemos ao excelente trabalho de Fabiano Menke, *Assinatura Eletrônica: Aspectos Jurídicos no Direito Brasileiro*, 2005.

Assim, criado eletronicamente ou por meio técnico equivalente, e preenchendo os requisitos de qualquer título de crédito típico (ou os estabelecidos no Código Civil, art. 889, como melhor veremos no próximo item), teríamos um título de crédito eletrônico, com todos os efeitos decorrentes de tal qualificação, o qual teria sua circulação possibilitada pela disciplina da assinatura digital.

2.2 Portas de entrada dos títulos de crédito eletrônicos no ordenamento jurídico pátrio

Com base nos argumentos acima levantados, a doutrina e a jurisprudência passaram a admitir a existência dos títulos de crédito eletrônicos (sendo o caso das *duplicatas virtuais* o mais conhecido – mesmo por algumas particularidades da Lei n. 5.474/1968 –, títulos estes que analisaremos detalhadamente mais adiante), desde que preenchidos os elementos dos títulos de crédito, nos termos de cada lei específica. E, neste sentido, problema não haveria, pois, por exemplo, a assinatura digital e outras formas de reprodução eletrônica supririam as exigências legais com facilidade. Assim, não apresentando as leis mais antigas qualquer restrição quanto aos títulos de crédito eletrônicos, a evolução da informática não deveria encontrar empecilho, mesmo porque tal mecanismo circulatório iria ao encontro do escopo da disciplina do direito cambiário.

Mais recentemente, o novo Código Civil admitiu, no art. 889, § 3º,[21] a criação dos títulos de crédito eletrônicos, constituindo, conforme ensinamento doutrinário, porta de entrada expressa na legislação pátria para uma imposição da realidade já reconhecida pelos Tribunais. Todavia, tal regra não deve ser examinada singularmente, mas sim de acordo com as outras inovações trazidas pela codificação civil, a qual também regulamenta uma teoria geral dos títulos de crédito e viabiliza a criação dos títulos atípicos.[22]

Nesse sentido, estabelece o nosso Código Civil uma teoria geral dos títulos de crédito, que teria aplicação supletiva, nos termos do art. 903,[23] à disciplina dos títulos de crédito. De acordo com uma interpretação literal, o referido dispositivo faz com que se aplique o previsto no NCC a todos os títulos de crédito, inclusive aqueles já tipificados e mesmo que façam remissão a outras leis também já existentes e ainda em vigor (apesar de a lógica interna do Código Civil não ser consentânea com a Lei Uniforme de Genebra). Entretanto, o elaborador do Título VIII, do Livro I, da Parte Especial do Código Civil, Professor Mauro Brandão Lopes, afirmou que sua intenção, ao fazer tal remissão, era que a teoria geral incidisse apenas aos títulos criados a partir do novo Código Civil (e não aos já típicos e com remissões a outras leis já existentes); desse modo, a I Jornada de Direito Civil, promovida pela Justiça Federal, tendo em vista as divergências entre o disposto nas disciplinas dos títulos de crédito típicos e as normas que constam no referido Título VIII, proferiu o enunciado de número 52, o qual afirma que, *por força da regra do art. 903 do Código Civil brasileiro, as disposições relativas aos títulos de cré-*

21. "Art. 889. Deve o título de crédito conter a data da emissão, a indicação precisa dos direitos que confere, e a assinatura do emitente. (...). § 3º. O título poderá ser emitido a partir dos caracteres criados em computador ou meio técnico equivalente e que constem da escrituração do emitente, observados os requisitos mínimos previstos neste artigo."

22. A doutrina salienta, além destas três inovações introduzidas pelo NCC, uma quarta, a qual seria a tutela do possuidor de boa-fé, cf. Mauro Rodrigues Penteado, "Considerações sobre os títulos de crédito no projeto de Código Civil e notas sobre o Código de 2002", in Mauro Rodrigues Penteado (coord.), *Títulos de Crédito*, p. 360.

23. "Art. 903. Salvo disposição diversa em lei especial, regem-se os títulos de crédito pelo disposto neste Código." O referido dispositivo teria inspiração no art. 2.001 do Código Civil italiano, o qual dispõe: "Le norme di questo titolo si applicano in quanto non sia diversamente disposto da altre norme di questo codice o di leggi speciali".

dito não se aplicam aos títulos já existentes.[24-25]

Salienta-se, contudo, que tal controvérsia não acaba aqui. Isso porque existe quem proponha, ainda, uma terceira via interpretativa, afirmando que os regramentos dos títulos de crédito existentes no novo Código Civil são aplicáveis aos títulos já tipificados quando sejam "(...) respeitadas as remissões acaso feitas pelas respectivas leis de regência, se ainda remanescerem lacunas ou omissões a serem supridas (...), e desde que a norma que se pretenda aplicar não conflite com o espírito e a lógica do título de crédito considerado, tal como talhado pela sua lei especial de criação".[26]

Destarte, adotando-se ou a interpretação literal do art. 903, ou a última forma interpretativa aqui referida, tem-se que a regra do art. 889, § 3º, é aplicável a todos os títulos de crédito existentes no ordenamento jurídico brasileiro, inclusive aos já tipificados, pois em nenhuma legislação é prevista a viabilidade de circulação ou criação digital de tais documentos. Assim, diante da omissão legislativa, aplicar-se-ia o regramento do NCC, existindo, a partir de então, regra explícita que permitiria a confecção dos títulos de crédito eletrônicos; tal dispositivo constituiria, portanto, verdadeiro mecanismo de atualização da disciplina dos títulos de crédito, como anota José Virgílio Lopes Enei: "Nesse sentido, podemos ver no art. 889, § 3º, do novo Código Civil – o qual autoriza a emissão de títulos de crédito por via eletrônica ou outros suportes tecnológicos disponíveis – norma (e talvez única) que aproveitará amplamente todos os títulos de crédito, inclusive os títulos típicos preexistentes ao Código. Como se sabe, dada a natural dificuldade que a lei enfrenta em acompanhar a rápida evolução da tecnologia, as leis especiais em matéria de título de crédito não tiveram a oportunidade de enfrentar o tema e, portanto, não autorizam nem proíbem o emprego de tal tecnologia, simplesmente omitem-se. Ora, no silêncio da lei de regência e da própria lei por ela eleita como fonte supletiva 'de primeiro grau', não pode haver dúvida quanto à aplicação do novo Código Civil como fonte supletiva secundária".[27]

De qualquer modo, o art. 3º da Convenção que disciplina o conflito de leis em matéria de letras de câmbio e notas promissórias, última das Convenções promulgadas pelo Decreto n. 57.663/1966, dispõe que "a forma das obrigações contraídas em

24. I Jornada de Direito Civil da Justiça Federal, Brasília, *Enunciados Aprovados*, Justiça Federal, 2002, disponível em *www.jf.gov.br*, acesso 13.6.2007.

25. Muitos argumentos existem a favor de tal posicionamento: "De fato, seria totalmente temerário considerar revogadas todas as remissões feitas pelas leis especiais e entendê-las automaticamente substituídas por remissões à disciplina geral, a não ser que esta fosse, no seu conteúdo, minimamente assemelhada às primeiras. Do contrário, do dia para noite, a maior parte dos títulos de crédito típicos sofreria mudanças radicais na sua disciplina. O endossante de duplicata, por exemplo, deixaria de garantir a liquidação da mesma, salvo se dela fizesse constar disposição expressa em contrário. Para ficar só no exemplo da duplicata – considerado o título de crédito mais difundido na prática comercial brasileira e que, de acordo com o art. 25 de sua lei de regência (Lei 5.474/1968), se remete à legislação da letra de câmbio no que concerne às disposições sobre emissão, circulação e pagamento – o aval parcial nela consignado passaria a reputar-se nulo, do dia para a noite, com a simples entrada em vigor do novo Código Civil" (cf. José Virgílio Lopes Enei, "O caráter supletivo das normas gerais sobre títulos de crédito. Comentários ao art. 903 do novo Código Civil", in Mauro Rodrigues Penteado (coord.), *Títulos de Crédito*, p. 152). Às pp. 152-153, complementa o autor: "Quer nos parecer, portanto, que a primeira interpretação – segundo a qual a disciplina geral não revoga as remissões feitas pelas leis especiais que a precederam – é a que melhor se afina à lógica dos títulos de crédito e ao sistema vigente".

26. José Virgílio Lopes Enei, "O caráter supletivo das normas gerais sobre títulos de crédito. Comentários ao art. 903 do novo Código Civil", in Mauro Rodrigues Penteado (coord.), *Títulos de Crédito*, p. 153.

27. José Virgílio Lopes Enei, "O caráter supletivo das normas gerais sobre títulos de crédito. Comentários ao art. 903 do novo Código Civil", in Mauro Rodrigues Penteado (coord.), *Títulos de Crédito*, p. 153.

matéria de letras de câmbio e notas promissórias é regulada pela lei do país em cujo território essas obrigações tenham sido assumidas". Assim, como o aludido § 3º do art. 889 do NCC refere-se à forma, não se poderia dizer que exista regra jurídica oposta.[28]

Por fim, cumpre frisar que, mesmo que não se considere aplicável a regulação supletiva do novo Código Civil em relação à legislação especial, tem-se que, a princípio, os títulos de crédito eletrônicos continuariam a ser admitidos no ordenamento jurídico pátrio. Isso porque o novo Código Civil permite a criação de títulos atípicos (desde que cumpridos os requisitos previstos no *caput* do art. 889 e dentro dos limites impostos pelo legislador),[29-30] tendo em vista que a declaração cartular (distinta, como todos sabem, do negócio fundante) é negócio jurídico unilateral.[31-32] Destarte, a

28. Cf. Ana Paula Gordilho Pessoa, "Breves reflexões sobre os títulos de crédito no novo Código Civil", in Mauro Rodrigues Penteado (coord.), *Títulos de Crédito*, p. 48; no mesmo sentido, v. José Virgílio Lopes Enei, "O caráter supletivo das normas gerais sobre títulos de crédito. Comentários ao art. 903 do novo Código Civil", in Mauro Rodrigues Penteado (coord.), *Títulos de Crédito*, p. 153, em nota de rodapé.

29. "A disciplina tratada nos arts. 887 a 926 do Código Civil, portanto, incorpora um novo conceito na medida em que introduziu, no sistema jurídico pátrio, uma nova categoria de Títulos de Crédito. Trata-se dos títulos de crédito atípicos, cujas formalidades essenciais de existência e validade, previstas nos arts. 888 e 889, admitem excepcional e extraordinária elasticidade em sua criação, como uma grande 'caixa vazia', apta a abrigar qualquer espécie de relação jurídica, sob a ótica da ampla liberdade da autonomia privada, até então mitigada pelos títulos típicos" (cf. Adriana Valéria Pugliesi Gardino, "Títulos de crédito eletrônicos: noções gerais e aspectos processuais", in Mauro Rodrigues Penteado (coord.), *Títulos de Crédito*, p. 6).

30. Para Mauro Rodrigues Penteado, o Código Civil teria instituído "(...) uma categoria intermédia de documentação de direitos creditícios, a meio caminho entre os chamados 'créditos de direito não cambiário' – oriundos de negócios jurídicos celebrados por instrumento particular ou público – e os títulos de crédito típicos" (Mauro Rodrigues Penteado, "Considerações sobre os títulos de crédito no projeto de Código Civil e notas sobre o Código de 2002", in Mauro Rodrigues Penteado (coord.), *Títulos de Crédito*, p. 359). Sobre os títulos atípicos e sua natureza intermédia entre os meros documentos comprobatórios de obrigações e os títulos de crédito, cumpre salientar o que o referido autor leciona, à p. 360: "Atentou-se, assim, para a tendência atual e irreversível, verificada sobretudo no campo empresarial, de tornar mais célere e fácil a assunção e a circulação de direitos e obrigações, o que será propiciado (...) por essa categoria intermédia de documentos, que terão, no Projeto, apoio e corretivo, como esclarece a sua exposição justificativa: 'apoio, porque terão maior força jurídica do que os créditos de direito não cambiário, embora menor força do que os títulos regulados em leis especiais, como a letra de câmbio e a nota promissória; corretivo, porque se evitarão títulos sem requisitos mínimos de segurança, os quais ficarão desautorizados pelo Código Civil'".

31. Tullio Ascarelli, *Teoria Geral dos Títulos de Crédito*, 2ª ed., trad. de Nicolau Nazo, p. 254; Francisco Cavalcanti Pontes de Miranda, *Tratado de Direito Privado*, t. 34, p. 42. Neste sentido, com razão leciona Newton De Lucca, ao asseverar que o só fato de o legislador ter optado por alocar, no Código Civil, as regras dos títulos de crédito no Título VIII ("Dos Títulos de Crédito") de seu Livro I ("Do Direito das Obrigações") da Parte Especial, ou seja, em seguida ao Título VII ("Dos Atos Unilaterais"), não significa que tenha tido a intenção de negar o caráter unilateral das declarações cambiárias (cf. Newton De Lucca, *Comentários ao Novo Código Civil (arts. 854 a 926)*, vol. XII, p. 117).

32. Hindemburgo Chateubriand Filho, "Liberdade de criação de títulos de crédito atípicos e *fattispecie* cartular", *RT*, n. 85, vol. 723, p. 99. Às pp. 99-100, leciona: "Quanto à liberdade de criação de títulos de crédito atípicos, pode-se afirmar, desde logo, que esta não só é concebível como em verdade, é princípio acolhido por diversos ordenamentos, tanto de família romano-germânica como da *common law*. O que prevalece, de fato, é uma ampla tendência à negação do *numerus clausus*; quer no direito francês, onde vigora o conceito de *effet de commerce*, quer no inglês, e sobretudo no italiano, o acolhimento de novos tipos de documento criados pela práxis comercial é uma possibilidade comum". Do mesmo modo, Antonio Mercado Júnior afirma: "A favor do princípio milita a consideração de que, os títulos de crédito são fruto da prática, sistematizada na doutrina, e se destinam a resolver o problema do contraste entre as exigências da circulação e as regras do direito comum; sendo, pois, prejudicial ao desenvolvimento econômico, estabelecer um *numerus clausus* desses títulos, impedindo a criação de outros que, embora não previstos em lei, o trato dos negócios torne necessários à satisfação de novas

viabilidade da criação de títulos atípicos é fundamento jurídico para a admissibilidade dos títulos de crédito eletrônicos: caso não incidente o disposto no art. 889, § 3º, sobre os títulos típicos, tem-se possível que aqueles circulem virtualmente e também sejam constituídos em suporte desmaterializado.[33]

Portanto, o ordenamento jurídico brasileiro apto estaria a reconhecer, de maneira plena, os títulos de crédito eletrônicos, uma vez que admite os documentos eletrônicos (por meio do art. 10 da MP n. 2.200/2002 e do art. 225 do Código Civil) e apresenta regulamentação atinente às assinaturas digitais que permitiria a circulação virtual de tais títulos (nos termos como também previsto na MP n. 2.200/2002), além, é claro, da previsão expressa do art. 889, § 3º, do Código Civil (cujo alcance, todavia, como foi observado, varia dependendo da interpretação que se realize do disposto no art. 903 do regramento civil e do art. 3º da Convenção que disciplina o conflito de leis em matéria de letras de câmbio e notas promissórias, última das Convenções promulgadas pelo Decreto n. 57.663/1966). Teríamos, assim, os argumentos que viabilizariam a entrada, no direito brasileiro, dos títulos de crédito eletrônicos.[34]

3. *Análise crítica dos títulos de crédito eletrônicos*

Como observamos, existe forte tendência, em boa parte imposta pela difusão da informática, em defender-se a descartularização (desmaterialização) dos títulos de crédito. Entretanto, é a criação e a circulação virtual de tais documentos viável? Apesar de todos os benefícios aparentes, como demonstramos, consideramos que os títulos de crédito eletrônicos não apresentam respostas suficientes para uma série de dificuldades, acabando por colidir frontalmente com a disciplina clássica da matéria. Neste sentido, em um primeiro momento, refutaremos, no plano teórico, os argumentos vistos na primeira parte deste ensaio; posteriormente, analisaremos a realidade econômica, buscando demonstrar a inexistência, no cotidiano, da cambial informatizada, o que será feito por meio da análise do caso daquilo que se convencionou chamar de *duplicata virtual*.

3.1 Os problemas no plano teórico

Apesar de, em um primeiro exame, ser atraente e mesmo apresentar os argumentos favoráveis à existência dos títulos de crédito eletrônicos verdadeira racionalidade, cumpre ressaltar que tal defesa não escapa de algumas contradições se relacionada à disciplina da teoria geral do Direito

exigências" (cf. Antonio Mercado Junior, "Observações sobre o anteprojeto de Código Civil, quanto a matéria dos 'títulos de crédito', constante da Parte Especial, Livro I, Título VIII", *Revista de Direito Mercantil, Industrial, Econômico e Financeiro*, n. 9, p. 116). E, ainda sobre a possibilidade de criação de títulos de crédito atípicos (especialmente ao comentar sobre a sua viabilidade no ordenamento jurídico italiano, especialmente diante do art. 2.004 do *Codice Civile*), remetemos a Alberto Stagno D'Alcontres, *Il Titolo di Credito: Ricostruzione di una Disciplina*, pp. 148-149, 225 ss.

33. "Ora, ante o fato novo da informática, uma fórmula legislativa mais aberta talvez seja a solução para compatibilizar as grandes conquistas da teoria dos títulos de crédito com a instrumentalização eletrônica, conforme a conveniência das partes. A legislação de títulos de crédito teria, assim, a plasticidade que a informática está forçando surgir, dentre de um figurino eletrônico cuja elaboração final longe está de ser alcançada" (cf. Paulo Salvador Frontini, "Títulos de crédito e títulos circulatórios: que futuro a informática lhes reserva? Rol e funções à vista de sua crescente desmaterialização", *RT*, vol. 730, p. 64).

34. Existe quem afirme que a legislação pátria já teria admitido os títulos eletrônicos em outras oportunidades, com a criação da SELIC, em 1972, o surgimento da CETIP, em 1986, e o regime das ações escriturais, com base na Lei n. 6.404/1976 (cf. Marcos Galileu Lorena Dutra, "Os títulos normativos: considerações gerais sobre sua forma eletrônica, face ao Código Civil de 2002", in Mauro Rodrigues Penteado (coord.), *Títulos de Crédito*, pp. 319 e ss.).

Cambiário. Assim, a fim de lançar dúvida sobre sua real existência, e não apenas concordar com o que maciçamente é reproduzido pela doutrina, partimos, agora, para a contraposição das questões anteriormente levantadas.

E aqui fazemos tal choque porque, atualmente, muito se fala na inerente natureza do Direito Comercial como captador das necessidades econômicas da sociedade, sendo flexível e constituindo-se em porta de entrada das novidades para os demais ramos da Ciência Jurídica, como já afirmamos. Assim, seria maleável, se comparado ao Direito Civil. Entretanto, é imperioso ter em mente que, apesar de esta realmente ser uma característica do Direito Comercial, tal não ocorre com todos os seus ramos, pois, como Tullio Ascarelli e Pontes de Miranda, dentre outros, bem demonstraram, o formalismo é essencial à disciplina dos títulos de crédito,[35] não sendo prudente simplesmente inserir, sem maiores cuidados, as novidades trazidas pela informática aos regramentos que com tanta dificuldade foram construídos: beira o leviano lançar mão da mutabilidade da *Lex Mercatoria* sem respeitar as particularidades de cada espécie que dela faz parte.

Deste modo, primeiramente, surge a questão da aplicação do conceito de documento dado por Francesco Carnelutti à definição de título de crédito criada por Cesare Vivante, o que viabilizaria, conceitualmente, a admissibilidade dos títulos de crédito eletrônicos. Por mais que hoje realmente não se negue (e nem nós o fazemos) que os documentos produzidos eletronicamente constituem verdadeiros documentos (nos termos da legislação vigente no país), a utilização de obras de juristas que em outra época viveram, a fim de justificar a existência dos títulos de crédito eletrônicos, foge da boa técnica interpretativa. Isso porque, como é cediço, se deve vislumbrar as obras de acordo com o período em que escritas, atentando-se à realidade na qual o autor estava atrelado, sendo equivocado usar categorias e escolhas valorativas resultantes de uma aplicação realizada no presente para julgar textos passados.[36] Assim, remetemos à noção de *senso histórico*, descrita por Hans-Georg Gadamer: "Ter senso histórico é superar de modo consequente a ingenuidade natural que nos leva a julgar o passado pelas medidas supostamente evidentes de nossa vida atual, adotando a perspectiva de nossas instituições, de nossos valores e verdades adquiridos. Ter senso histórico significa pensar expressamente o horizonte histórico coextensivo à vida que vivemos e seguimos vivendo".[37]

35. "A par da simplificação da espécie jurídica está o formalismo jurídico, que domina em matéria de títulos de crédito, impondo formas rigorosas para a constituição, a transferência e o exercício do direito" (cf. Tullio Ascarelli, *Teoria Geral dos Títulos de Crédito*, 2ª ed., trad. de Nicolau Nazo, p. 5); e, à mesma página, complementa: "Os que julgam ser o formalismo jurídico um fenômeno que só ocorreu no direito primitivo, não notaram, talvez, o renascimento do formalismo que se pode observar no direito moderno e, especialmente, no direito comercial". Do mesmo modo, assevera Pontes de Miranda: "Na economia das delimitações entra por muito a formalística das relações jurídicas tipicamente cambiário-formais. O rigor dito cambiário distingue-as das outras relações jurídicas e dos outros negócios jurídicos comerciais. Rigor material e rigor formal, em que se ultima certa evolução para a perfeição técnica, para a maior segurança do público e para satisfação das necessidades estáveis, precisas, do comércio" (cf. Francisco Cavalcanti Pontes de Miranda, *Tratado de Direito Privado*, t. 34, p. 50). Igualmente, e dentre os autores mais consultados na matéria, v. Fran Martins, *Títulos de Crédito*, vol. 1, p. 12. Por fim, Alberto Stagno D'Alcontres obtempera que a formalidade possui relevância fundamental na matéria cartular (Alberto Stagno D'Alcontres, *Il Titolo di Credito: Ricostruzione di una Disciplina*, p. 319).

36. Cf. Judith Martins-Costa, "Ação indenizatória – Dever de informar do fabricante sobre os riscos do tabagismo", *RT*, vol. 812, p. 82.

37. Hans-Georg Gadamer, *O Problema da Consciência Histórica*, p. 18. Neste sentido, o autor, à p. 49, afirma que o saber hermenêutico deve recusar um estilo objetivista de conhecimento, sendo que a própria compreensão (pertencimento que caracteriza o intérprete e a tradição) constitui um momento do devir histórico; e, desta forma, leciona, às

Ora, se tanto o conceito dado por Francesco Carnelutti para *documento*, quanto o conceito de *título de crédito* construído por Cesare Vivante, hoje se adaptam à era digital, tal não constitui mais que mero acaso ou simples consequência das definições extremamente abertas por eles construídas. É difícil que os mencionados juristas, pela época em que viveram, tivessem pensado na existência de documentos eletrônicos e nos seus desdobramentos. Logo, o mais provável é que, quando falam em documento, assim se referem àqueles tangíveis, corporificados; neste sentido, basta a citação de Tullio Ascarelli, abaixo colacionada, o qual, em período histórico próximo ao dos autores anteriormente mencionados, refere-se à cártula como papel.[38] Por conseguinte, apesar da utilização de uma mesma palavra – *documento* –, resta claro que esta, hoje, abarca outras formas de manifestação de fatos que, no passado, não eram por ela englobados.[39]

Por outro lado, e superada esta questão (admitindo-se, mas não com base nos autores mencionados, que o atual conceito de documento também abrange os constituídos eletronicamente, o que é a mais pura verdade), cumpre afirmar que, mesmo assim, é difícil desvincular o título de crédito do suporte cartáceo, ou seja, de um bem móvel e corpóreo.[40] Toda a disciplina da teoria geral dos títulos de crédito é baseada

pp. 58-59, o seguinte: "Por um lado, todo texto pertence, em primeiro lugar, ao conjunto das obras do autor e, em seguida, ao gênero literário de onde provém. Por outro lado, se quisermos apreender o texto na autenticidade de seu sentido original, devemos percebê-lo como manifestação de um certo momento num processo de criação e inseri-lo na totalidade do contexto espiritual do seu autor. Somente a partir do todo, que se forma não apenas por meio de fatores objetivos mas, em primeiro lugar, pela subjetividade do autor, pode surgir a compreensão".

38. Tullio Ascarelli define os títulos de crédito da seguinte forma: "O título de crédito é, antes de mais nada, um *documento*. (...) Caráter constante [dos ordenamentos jurídicos nacionais sobre títulos de crédito] (...) é que constituem um *documento escrito, assinado* pelo devedor; *formal*, no sentido de que é submetido a condições de forma (...)" (cf. Tullio Ascarelli, *Teoria Geral dos Títulos de Crédito*, 2ª ed., trad. de Nicolau Nazo, p. 21, grifo do autor). Do mesmo modo, e apenas para pararmos por aqui, fazemos remissão a Pontes de Miranda, quem reiteradamente utiliza o termo *papel* para referir-se à cártula, cf. Francisco Cavalcanti Pontes de Miranda, *Tratado de Direito Privado*, t. 34; e, à p. 42, p.ex., ensina o autor: "Ao subscrever a *letra de câmbio* ou a *nota promissória*, ou o título cambiariforme, o subscritor insere no papel a sua declaração unilateral de vontade; e essa declaração unilateral de vontade perfaz o *negócio jurídico unilateral* da criação do título".

39. "O caráter *situado* do conhecimento e da compreensão, próprio dos fenômenos culturais, recobre a ciência jurídica, na medida em que essa constitui o resultado de um processo extraordinariamente laborioso e complexo de integração entre fatos e valores" (cf. Judith Martins-Costa, "Ação indenizatória – Dever de informar do fabricante sobre os riscos do tabagismo", *RT*, vol. 812, p. 79).

40. Pontes de Miranda deixa claro a necessidade de a cártula ser bem móvel e tangível (não necessariamente papel): "Quanto à forma, a letra de câmbio sói ser, de regra, retângulo de papel, escrito, ou em parte impresso ou dactilografado e em parte escrito, na frente (anverso), no sentido do comprimento, e por trás (verso), no sentido da largura. Mas nada obsta a que, para a feitura, se empregue outra matéria que o papel (pano, madeira, metal, pergaminho, marfim, celulóide)" (Francisco Cavalcanti Pontes de Miranda, *Tratado de Direito Privado*, t. 34, p. 110); igualmente, v. Francesco Guarracino, "Titolo di credito elettronico e documento informatico", in Vicenzo Ricciuto e Nadia Zorzi, *Trattato di Diritto Commerciale e di Diritto Pubblico dell'Economia*, vol. XXVII – *Il Contratto Telematico*, pp. 313-315. Neste sentido, o art. 521 do Código Civil de 1916 assim dispunha: "Aquele que tiver perdido, ou a quem houverem sido furtados, coisa móvel ou título ao portador, pode reavê-los da pessoa que os detiver, salvo a esta o direito regressivo contra quem lhos transferiu"; da mesma forma, entendemos que a disciplina referente aos direitos reais do nosso novo Código Civil também se aplica aos títulos de crédito, apesar de o Título VIII estar inserido no Livro I da Parte Especial (o qual dispõe sobre o Direito das Obrigações). E a doutrina vai ao encontro do aqui exposto: "Portanto, quando os títulos são nominativos (ou seja, quando há menção, no título, ao titular ativo da relação jurídica) o nosso direito os considera como coisa, na categoria de bem corpóreo. Coisa móvel porque se desloca no espaço; coisa corpórea porque toca nossos sentidos" (cf. Fernando Netto Boiteux, *Títulos de Crédito: em Conformidade com o Novo Código Civil*, p. 21).

na cártula, visto que a circulação se dá com base em normas de direito real e que só a partir dela é que se pensa nos efeitos de direito obrigacional: "(...) a transmissão do direito cartular não é mais dominada pelas regras que disciplinam a transferência dos direitos, mas decorre da 'circulação' do título, dominada, portanto, em princípio, pelas regras que disciplinam a circulação das cousas móveis";[41] a materialidade da cártula justifica-se pela necessidade de circulação do direito – que se dá pela disciplina dos direitos reais –, finalidade própria (e, ressaltemos, essencial) dos títulos de crédito.[42] Ocorre, então, verdadeira *coisificação do crédito*.[43] Assim, parece evidente que a cártula deve ser documento tangível, corpóreo, como o papel: "Com os títulos de crédito (...) a propriedade começa a ter por objeto, não só bens materiais, normalmente gozados por um sujeito e por ele mesmo administrados com o auxílio de prepostos seus, mas... *pedaços de papel*, que, por seu turno, corporizam direitos a bens materiais, dos quais depende, naturalmente, em caráter definitivo, o seu valor econômico".[44]

Logo, a disciplina dos títulos de créditos pressupõe a existência física do documento.[45]

Ademais, a cártula, justamente documento palpável, é algo único, sem viabilidade de reprodução, o que dá a segurança que se precisa para a circulação/mobilização do crédito (garantindo-se, assim, a autonomia das obrigações e a literalidade da declaração cambial, o que conduz à inoponibilidade das exceções); a referida *coisa* circula de acordo com a disciplina dos direitos reais e quem a possui de acordo com as leis de circulação tem legitimidade para o exercício do direito nele mencionado (posse *ad legitimationem*) (sendo que quem tem a propriedade do bem – a qual decorre da posse *de boa-fé* e obedecida a lei de circulação do título – é titular deste direito, o qual surge de maneira autônoma e originária).[46] É assim que se fazem presentes os elementos dos títulos de crédito: cartularidade, autonomia e literalidade! "Portanto, em matéria cambial, sem documento não há direito literal e autônomo que se transmita e possa ser exercido, pois

41. Tullio Ascarelli, *Teoria Geral dos Títulos de Crédito*, 2ª ed., trad. de Nicolau Nazo, p. 220. À p. 215, afirma: "É assim que o direito cartular pode, verdadeiramente, "circular", quero dizer, transferir-se, de acordo com as regras peculiares às cousas móveis e não com as do direito comum relativas à transferência dos direitos; com efeito, a circulação refere-se diretamente ao título e é da propriedade do título que decorre a titularidade do direito". Neste sentido, e não por menos, a exposição de Cesare Vivante sobre os títulos de crédito encontra-se no volume III de sua obra, justamente aquele destinado *às coisas*, cf. Cesare Vivante, *Tratatto di Diritto Commerciale*, 5ª ed., vol. III, 1935 (o qual, à p. 130, leciona o seguinte: "(...) nel linguaggio comune il titolo di credito è trattato come una cosa"). Por fim, remetemos a Alberto Stagno D'Alcontres, *Il Titolo di Credito: Ricostruzione di una Disciplina*, pp. 39, 53, 95 ss.

42. "(...) a differenza di qualsiasi altro documento, nel caso del titolo di credito il profilo della materialità è strettamente legato alla peculiare funzione del titolo di entificare il diritto a fini circolatori, rendendolo suscettibile di apprensione e traslazionc nella maniera delle cose mobili" (cf. Francesco Guarracino, "Titolo di credito elettronico e documento informatico", in Vicenzo Ricciuto e Nadia Zorzi, *Trattato di Diritto Commerciale e di Diritto Pubblico dell'Economia*, vol. XXVII – *Il Contratto Telematico*, p. 323).

43. Cf. Francisco Cavalcanti Pontes de Miranda, *Tratado de Direito Privado*, t. 34, p. 213. Logo, podemos dizer que a lei de circulação dos títulos de crédito é aquela que cuida diretamente da circulação do título de crédito (que é documento móvel e corpóreo); apenas indiretamente é que se pode falar em circulação de direitos mencionados no título.

44. Tullio Ascarelli, *Teoria Geral dos Títulos de Crédito*, 2ª ed., trad. de Nicolau Nazo, p. 335, grifo nosso.

45. Alberto Stagno D'Alcontres, *Il Titolo di Credito: Ricostruzione di una Disciplina*, pp. 308-325.

46. V. Tullio Ascarelli, *Teoria Geral dos Títulos de Crédito*, 2ª ed., trad. de Nicolau Nazo, pp. 163 ss.; Alberto Stagno D'Alcontres, *Il Titolo di Credito: Ricostruzione di una Disciplina*, pp. 38 ss. Assim, a legitimação ativa é uma situação de fato (posse) qualificada (pois a posse deve ser de acordo com as leis de circulação – ao portador, à ordem ou nominativa) e que é desvinculada da necessidade de prova da efetiva titularidade do bem.

o crédito, para circular, tem que estar corporificado na cártula."[47]

Entretanto, no que tange ao suposto título de crédito eletrônico, inexiste nenhum documento móvel corpóreo, tangível. Ainda, cada nova transmissão digital (e aqui, para análise, nos deteremos, especialmente, nos títulos à ordem, ou seja, transmitidos por endosso e mera tradição da cártula, tendo em vista a posição central que ocupam entre os demais) dele efetuada, a fim de realizar a circulação do crédito, acaba por reproduzir, indistintamente, tal documento, ficando tanto o endossante quanto o endossatário com um documento idêntico (não existindo cópia e original, mas sim dois títulos totalmente iguais, pois todo documento eletrônico é sequência de *bits*, e, sempre que seja reproduzida a mesma sequência, teremos o mesmo documento), não havendo, assim, uma relação entre sujeito e coisa com caráter de exclusividade,[48] o que acarreta grande insegurança: "(...) não podemos deixar de considerar que uma das principais causas do princípio da cartularidade está na garantia jurídica que oferece a singularidade ou individualidade do documento. O documento físico onde a informação está inscrita constitui documento original único, que podemos fotocopiar, reproduzir por meio de *scanner* ou de qualquer outra forma, mas sempre existindo um original apenas. Essa distinção é inexistente no meio eletrônico".[49]

Sempre que se transmite um documento eletrônico, ele é duplicado (logo, o documento eletrônico nunca será único), sendo ingenuidade crer que a transmissão de um documento digital seja equivalente à tradicional transmissão de uma cártula.[50] Portanto, sendo viável a reprodução do documento, justamente o que ocorre quando ele é endossado a outrem, tem-se que sua matriz é exatamente igual ao documento transmitido; inexiste diferença entre o documento que fica com o endossante e o repassado ao endossatário, salvo a existência de uma assinatura (digital) a mais, referente ao endosso. Todavia, tal não satisfaz a necessidade de segurança, essencial à disciplina dos títulos de crédito,[51] visto que, à medida que o endossante permanece com o documento "original", pode ele também cobrar o débito do(s) devedor(s) cambiário(s). Da mesma forma, o título pode ser endossado a diversas pessoas, sendo que cada uma, nesta última hipótese, receberia o título como se original fosse e com o mesmo endosso (ou seja, com a mesma assinatura digital do endossante), mudando-se somente o destinatário; assim, o mesmo título pode ser transmitido para diversas

47. Celso Barbi Filho, *A Duplicata Mercantil em Juízo*, p. 34.

48. Cf. Francesco Guarracino, "Titolo di credito elettronico e documento informatico", in Vicenzo Ricciuto e Nadia Zorzi, *Trattato di Diritto Commerciale e di Diritto Pubblico dell'Economia*, vol. XXVII – *Il Contratto Telematico*, pp. 323 ss.

49. Silvio Javier Batello, "O Código Civil brasileiro e os títulos de crédito eletrônicos", *Cadernos do Programa de Pós-Graduação em Direito – PPGDir./UFRGS*, n. IV, p. 243.

50. "È altresì erroneo pensare che la trasmissione d'un documento elettronico equivalga alla tradizionale trasmissione di un documento cartaceo, perché, mentre in questo secondo caso si realizza una diversa dislocazione nello spazio del medesimo oggetto, trasportato da un luogo all'altro, viceversa la trasmissione di un messaggio informatico consiste sempre (anche) in un'operazione di duplicazione: inviare a qualcuno un documento elettronico significa infatti creare un altro documento identico presso la risorsa fisica o logica del destinatario; e la circostanza che, più o meno contemporaneamente, il primo originale possa essere distrutto, nulla toglie all'osservazione testé svolta" (cf. Francesco Guarracino, "Titolo di credito elettronico e documento informatico", in Vicenzo Ricciuto e Nadia Zorzi, *Trattato di Diritto Commerciale e di Diritto Pubblico dell'Economia*, vol. XXVII – *Il Contratto Telematico*, pp. 328-329).

51. João Eunápio Borges muito bem comenta a necessidade de resguardar a segurança da circulação dos títulos de crédito, a qual, segundo ele, justifica a origem do instituto e é condição básica para sua subsistência e prestígio, sem a qual seria inconcebível a economia moderna (cf. João Eunápio Borges, *Títulos de Crédito*, 2ª ed., pp. 24 e 29). V., também, dentre outros, Alberto Stagno D'Alcontres, *Il Titolo di Credito: Ricostruzione di una Disciplina*, pp. 10-11, 19 ss.

pessoas – o que é impossível com sua circulação física.[52-53] Nestes termos, dificuldade existe para, eletronicamente, viabilizar-se a sequência de endossos presentes no título de crédito (e contar a história deste)[54] sem que isso possa significar duplicação do documento;[55] logo, caso não se crie algum mecanismo que possibilite a "destruição" do original toda vez que o título é colocado em circulação[56] (o que, até agora, não temos conhecimento de sua existência) ou que somente se permita única e exclusivamente a criação de títulos eletrônicos nominativos (existindo, então, alguma autoridade gestora)[57] (apesar de as outras dificulda-

52. Aqui, afirmamos que quem adquire eletronicamente um título de crédito pode estar adquirindo uma *caixinha de surpresas*, justamente a expressão que Tullio Ascarelli utiliza para ressaltar as dificuldades que existem para a circulação do crédito com a disciplina da cessão de direitos e que justificou a origem dos títulos de crédito (cf. Tullio Ascarelli, *Teoria Geral dos Títulos de Crédito*, 2ª ed., trad. de Nicolau Nazo, p. 6); a distinção e os benefícios dos títulos de crédito, em relação à cessão de crédito, são bem resumidos pelo autor, à p. 240, em nota de rodapé: "Nas transferências de direito comum, portanto, será tanto menor a segurança do adquirente quanto mais longa for a cadeia dos precedentes cessionários, pois a multiplicidade das transferências acarreta uma multiplicação de exceções. Nos títulos de crédito, ao contrário, não somente o adquirente se encontra na posição de um terceiro, invulnerável, portanto, às exceções pessoais referentes aos portadores anteriores, mas, nos títulos cambiários, sua posição é, além disso, tanto mais segura, quanto mais numerosas forem as transferências anteriores do título, pois cada transferência traz mais um obrigado, responsável solidário pelo pagamento do título". Todavia, quando se fala em títulos de crédito eletrônicos, quanto maior a rede de endossos, o risco a que fica submetido o último endossatário tende a crescer, não pelos mesmos motivos existentes no caso da cessão de crédito, mas sim porque o mesmo título pode ter sido endossado para diversas pessoas.

53. Semelhantemente, surge o problema de eventual transmissão/endosso digital do título e sua concomitante impressão, ocorrendo a tradição física do mesmo título, mas para outrem (ou várias outras pessoas, caso tenham sido realizadas diversas cópias da cambial); assim, à diferença do exemplificado no texto, o título também é transmitido para várias pessoas, mas por meio virtual e físico. Todavia, para esta questão aqui colocada (mas não a problemática no texto levantada), a doutrina afirma que um título de crédito eletrônico somente poderia circular virtualmente (nunca fisicamente): "As notas promissórias eletrônicas somente podem circular no *ciberespaço* e, consequentemente, somente podem 'viver' no *ciberespaço*. Uma nota promissória somente é retirada do *ciberespaço*, para ser executada, uma vez que os tribunais não aceitam 'ações judiciais eletrônicas'" (cf. Carlos Alberto Rohrmann, *Notas Promissórias Eletrônicas: uma Análise do Endosso Eletrônico*, disponível em *http://www.direitodarede.com.br/NotasProm.pdf*, acesso 21.5.2007); mais adiante, complementa: "Por outro lado, não se admite a conversão de uma nota promissória tradicional num título eletrônico, o que também se constituiria numa porta aberta para as fraudes. Alguém que pudesse 'escanear' uma nota promissória tradicional, poderia ser tentado a convertê-la numa nota promissória eletrônica, descontando-a num banco após o endosso. Em seguida, poderia tentar negociar o documento original (em papel) com outro banco".

54. Assim salientarmos porque, como Pontes de Miranda leciona, "É da natureza e do caráter da cambial que a sua *história* conste do seu texto" (cf. Francisco Cavalcanti Pontes de Miranda, *Tratado de Direito Privado*, t. 34, p. 17, grifo do autor).

55. Portanto, em nada se questiona sobre a segurança da assinatura digital, mas sim como se pode assegurar a circulação eletrônica de um único título de crédito sem que qualquer membro da cadeia adote conduta oportunista e coloque em cheque o sistema. Neste sentido: "No que se refere aos títulos de crédito e sua circulação, considerando-se adequada e segura a utilização da assinatura digital certificada, para criação do título e seu envio ao credor originário, o problema que se impõe, diz respeito à segurança de sua circulação e a criação de técnicas visando evitar fraudes e garantir que o documento não seja duplicado e que um de seus titulares não o endosse e transmita diversas vezes" (cf. Tânia Pantano, "A circulação dos títulos de crédito à ordem regulados pelo novo Código Civil. Análise sistemática do Título VIII, Livro II", in Mauro Rodrigues Penteado (coord.), *Títulos de Crédito*, p. 419).

56. Cf. Francesco Guarracino, "Titolo di credito elettronico e documento informatico", in Vicenzo Ricciuto e Nadia Zorzi, *Trattato di Diritto Commerciale e di Diritto Pubblico dell'Economia*, vol. XXVII – *Il Contratto Telematico*, pp. 329-330.

57. "Talvez a única alternativa seja a criação de títulos eletrônicos nominativos. A circulação, para ser considerada válida e segura, deverá ser autenticada por uma entidade certificadora, encarregada de registrar a circulação do título. Contudo ficam muitas perguntas: somente poderão criar títulos eletrônicos os cadastrados em tais instituições? Será cobrada

des até aqui mencionadas serem de difícil, ou impossível, superação), não enxergamos qualquer possibilidade em se admitir, com segurança, a possibilidade de criação eletrônica dos títulos de crédito e da respectiva circulação virtual.

Além disso, e andando no mesmo sentido (e ressalvadas os casos em que ou se encontra algum mecanismo de destruição do título ou se permita somente a circulação de títulos eletrônicos nominativos, como visto no parágrafo anterior), temos que, uma vez pago, o devedor tem o direito de exigir a entrega do título com a respectiva quitação e evitar que ele continue circulando (Lei Uniforme de Genebra – Dec. 57.663/1966 –, art. 39;[58] Código Civil, art. 901, parágrafo único[59]) – podendo recusar o pagamento caso o credor não devolva o título e não passe a respectiva quitação, pois o título pode continuar em circulação e caso terceiros de boa-fé adquiram o documento, podem eles buscar o seu pagamento (fazendo valer sua própria situação possessória qualificada). Entretanto, caso o título de crédito seja eletrônico (e não um documento móvel e corpóreo), como cumprir tal formalidade? Não se tratando de um bem corpóreo e restando duplicado, como comprovar a efetiva quitação do débito e, ao mesmo tempo, tutelar os terceiros de boa-fé?

Portanto, como observado, muitos problemas de ordem teórica derramam dúvidas tanto sobre a viabilidade de existirem títulos de crédito eletrônicos quanto à própria circulação virtual destes. Podemos, sim, é vislumbrar a cessão de crédito por meio digital,[60] que é o que ocorre, efetivamente, na prática, como veremos a seguir.

3.2 A inexistência dos títulos de crédito eletrônicos na prática comercial: o caso da duplicata virtual

Para demonstrar nossa tomada de posição, detemo-nos, a partir de agora, na análise da denominada *duplicata virtual* (ou *duplicata escritural*), a qual, apesar de seu procedimento constituir prática comum entre os empresários nacionais, longe passa de ser um título de crédito.

A Lei n. 5.474/1968, que regula as duplicatas mercantis, deu uma boa gama de abertura ao sistema, visto que, em situações bem delimitadas, viabiliza a instrução de processo executivo sem o próprio título e também prevê a extração da triplicata. Neste sentido, e partindo de tal liberdade fornecida, a rotina comercial foi flexibilizando o sistema, surgindo a ideia – desvirtuada, diga-se desde já – de que a própria extração (em papel) da duplicata restaria injustificada, visto que poderia ser suprida pelas ferramentas que a referida lei disponibiliza.[61]

uma taxa por cada título emitido? Será um valor fixo ou um porcentual do valor documentado? Aqueles que não possuem cadastro, como farão para receber tais documentos? As instituições terão algum tipo de responsabilidade? Somente podemos responder, e reafirmar, que ainda não existe no Brasil entidade certificadora específica para títulos de crédito eletrônicos, e tampouco regulamentação especial para que a atividade possa ser exercida pelas entidades que certificam os documentos em geral" (Silvio Javier Batello, "O Código Civil brasileiro e os títulos de crédito eletrônicos", *Cadernos do Programa de Pós-Graduação em Direito – PPGDir./UFRGS*, n. IV, p. 247).

58. "Art. 39. O sacado que paga uma letra pode exigir que ela lhe seja entregue com a respectiva quitação. (...)."

59. "Art. 901. Fica validamente desonerado o devedor que paga título de crédito ao legítimo portador, no vencimento, sem oposição, salvo se agiu de má-fé. Parágrafo único. Pagando, pode o devedor exigir do credor, além da entrega do título, quitação regular."

60. Sendo que, devemos salientar, os títulos de crédito existem para viabilizar a circulação de direitos de modo diverso, mas, sobretudo, alternativo, à cessão de crédito (cf. Alberto Stagno D'Alcontres, *Il Titolo di Credito: Ricostruzione di una Disciplina*, pp. 9, 28; Tullio Ascarelli, *Teoria Geral dos Títulos de Crédito*, 2ª ed., trad. de Nicolau Nazo, p. 6).

61. Cf. Celso Barbi Filho, "Execução judicial de duplicatas sem os originais do título", *Revista de Direito Mercantil, Industrial, Econômico e Financeiro*, vol. 37, n. 115, p. 178 e *A Duplicata Mercantil em Juízo*, pp. 33 ss.

Assim, os agentes econômicos, na prática, após a realização de uma atividade abarcada pela Lei n. 5.474/1968, simplesmente encaminham aos bancos os chamados borderôs (de maneira eletrônica, nos tempos mais recentes) com os números das notas fiscais-faturas – não extraindo as duplicatas, portanto –, os valores e a data de vencimento, além da identificação do sacado; em sequência, as instituições financeiras emitem, com os dados recebidos pelos sacadores, os boletos de cobrança (que são um aviso bancário para tornar a obrigação portável e que se basearia na duplicata que, supostamente, existiria em meio magnético), destinados aos devedores a fim de que estes efetuem o pagamento na rede bancária.[62] Quando tal débito é pago, todo o círculo acaba, não gerando problemas (apesar da operação não ocorrer de acordo com a legislação em vigor). Entretanto, se o boleto "(...) não é pago, os bancos utilizam sua primeira via como instrumento que contém as informações necessárias para se requerer o protesto por indicações do portador (art. 13, § 1º, Lei de Duplicatas[63])":[64] então, efetuado o protesto da suposta duplicata remetida ao sacado (o qual é feito por meio eletrônico, nos termos do art. 8º, parágrafo único, da Lei n. 9.492/1997[65]), sua certidão, em conjunto com o comprovante de entrega da mercadoria ou da prestação do serviço (que, segundo Fábio Ulhôa Coelho, também poderia ser eletrônico),[66] seriam suficientes para instruir o processo executivo, nos termos do art. 15, II e § 2º da Lei n. 5.474/1968.[67-68-69]

62. Cf. Marlon Tomazette, "A duplicata virtual", *RT*, vol. 92, n. 807, p. 738; Celso Barbi Filho, "Execução judicial de duplicatas sem os originais do título", *Revista de Direito Mercantil, Industrial, Econômico e Financeiro*, vol. 37, n. 115, p. 178; Celso Barbi Filho, *A Duplicata Mercantil em Juízo*, p. 40; Fábio Ulhoa Coelho, *Curso de Direito Comercial*, vol. 1, 12ª ed. rev. e atual., p. 469.

63. "Art. 13. A duplicata é protestável por falta de aceite de devolução ou pagamento. § 1º. Por falta de aceite, de devolução ou de pagamento, o protesto será tirado, conforme o caso, mediante apresentação da duplicata, da triplicata, ou, ainda, por simples indicações do portador, na falta de devolução do título. (...)."

64. Celso Barbi Filho, "Execução judicial de duplicatas sem os originais do título", *Revista de Direito Mercantil, Industrial, Econômico e Financeiro*, vol. 37, n. 115, p. 179; v., também, Fábio Ulhoa Coelho, *Curso de Direito Comercial*, vol. 1, 12ª ed. rev. e atual., p. 469; e Celso Barbi Filho, *A Duplicata Mercantil em Juízo*, pp. 35 ss. Normalmente o protesto se dá por falta de devolução cumulado com o protesto por falta de pagamento e aceite (sendo que este último só pode ser feito antes do vencimento da obrigação, nos termos do art. 21, § 1º, da Lei n. 9.494/1997).

65. "Art. 8º. Os títulos e documentos de dívida serão recepcionados, distribuídos e entregues na mesma data aos Tabelionatos de Protesto, obedecidos os critérios de quantidade e qualidade. Parágrafo único. Poderão ser recepcionadas as indicações a protestos das Duplicatas Mercantis e de Prestação de Serviços, por meio magnético ou de gravação eletrônica de dados, sendo de inteira responsabilidade do apresentante os dados fornecidos, ficando a cargo dos Tabelionatos a mera instrumentalização das mesmas."

66. Fábio Ulhoa Coelho, *Curso de Direito Comercial*, vol. 1, 12ª ed. rev. e atual., pp. 470-471. E eventuais controvérsias quanto à prova da entrega das mercadorias seriam, segundo o autor, discutidas em embargos (uma vez que se trataria de questão de fato).

67. Lei n. 5.474/1968: "Art. 15. A cobrança judicial de duplicata ou triplicata será efetuada de conformidade com o processo aplicável aos títulos executivos extrajudiciais, de que cogita o Livro II do Código de Processo Civil, quando se tratar: (...). II – de duplicata ou triplicata não aceita, contanto que, cumulativamente: a) haja sido protestada; b) esteja acompanhada de documento hábil comprobatório da entrega e recebimento da mercadoria; e c) o sacado não tenha, comprovadamente, recusado o aceite, no prazo, nas condições e pelos motivos previstos nos arts. 7º e 8º desta Lei. (...). § 2º. Processar-se-á também da mesma maneira a execução de duplicata ou triplicata não aceita e não devolvida, desde que haja sido protestada mediante indicações do credor ou do apresentante do título, nos termos do art. 14, preenchidas as condições do inciso II deste artigo."

68. Cf. Celso Barbi Filho, "Execução judicial de duplicatas sem os originais do título", *Revista de Direito Mercantil, Industrial, Econômico e Financeiro*, vol. 37, n. 115, p. 179; Celso Barbi Filho, *A Duplicata Mercantil em Juízo*, p. 37. Sobre o protesto por indicação e a instrução do processo executivo, no caso da *duplicata virtual*, leciona Fábio Ulhoa Coelho: "O instrumento de protesto da duplicata, realizado por indicações, quando acompanhado do comprovante da entrega das mercadorias, é título executivo extrajudicial. É inteiramente dispensável a exibição da duplicata, para aparelhar a execução, quando o protesto é feito por indicações do credor

Diante de tal realidade, grande parte da doutrina[70] e da jurisprudência[71] posicionam-se favoravelmente à *duplicata virtual*: existiria uma circulação de crédito sem a existência da impressão em papel da duplicata. Tal entendimento, todavia, resta

(LD, art. 15, § 2º). O registro magnético do título, portanto, é amparado no direito em vigor, posto que o empresário tem plenas condições para o protestar e executar. Em juízo, basta a apresentação de dois *papéis*: o instrumento de protesto por indicações e o comprovante da entrega das mercadorias" (cf. Fábio Ulhoa Coelho, *Curso de Direito Comercial*, vol. 1, 12ª ed. rev. e atual., p. 470).

69. Todo o procedimento das duplicatas virtuais (ou escriturais) é bem resumido por Celso Barbi Filho: "Pela conjugação desses dispositivos legais, conclui-se que o documento original da duplicata pode, juridicamente, estar ausente da execução ou do pedido de falência. Emitida a nota fiscal-fatura e não pago o débito no vencimento aprazado, o credor, ou o banco encarregado da cobrança, comparece ao cartório de protestos – ou mesmo envia simples comunicação eletrônica, como permite a nova Lei de Protestos – fornecendo os dados da nota fiscal-fatura e do comprador, alegando que o título foi remetido para aceite ou pagamento, não tendo sido aceito, pago nem devolvido. E, assim, requer-se o protesto da duplicata, por indicações do portador, como permite o citado § 1º do art. 13, da Lei n. 5.474/1968." "Protestada a duplicata supostamente remetida ao sacado – mas em verdade inexistente –, mediante indicações do apresentante, tem-se por suprida sua ausência, ficando o título executivo constituído pela certidão de protesto junto ao comprovante de entrega da mercadoria ou da prestação do serviço, comumente o canhoto da nota fiscal-fatura. E, assim sendo, torna-se possível o ajuizamento de execução judicial (art. 15, II e § 2º da Lei n. 5.474/1968) ou mesmo pedido de falência (art. 1º, § 3º, do Decreto-lei n. 7.661/1945), sem a presença do título de crédito, mas com o título executivo constituído na forma da lei". "Com isso, os empresários passaram a não mais emitir as duplicatas, encaminhando borderôs aos bancos, com os números dos supostos títulos, correspondentes aos das respectivas notas fiscais-faturas, seus valores e vencimentos, juntamente com a identificação dos sacados. Os bancos, por sua vez, emitem boletos de cobrança com os dados recebidos dos sacadores, encaminhando-os pelo correio aos sacados para pagamento na rede bancária. Se determinado boleto não é pago, os bancos utilizam sua primeira via como instrumento que contém as informações necessárias para se requerer o protesto por indicações do portador (art. 13, § 1º, Lei de Duplicatas). Tirado o protesto, a certidão deste juntamente com o comprovante de entrega da mercadoria ou da prestação do serviço presta-se adequadamente àexecução ou ao pedido de falência na forma do art. 15, inciso II e § 2º, da Lei n. 5.474/1968" (Celso Barbi Filho, *A Duplicata Mercantil em Juízo*, pp. 37-40). Da mesma forma, recomendamos a leitura de Fábio Ulhoa Coelho, *Curso de Direito Comercial*, vol. 1, 12ª ed. rev. e atual., pp. 468-471; Marlon Tomazette, "A duplicata virtual", *RT*, vol. 92, n. 807, pp. 738-739; Marcos Paulo Félix da Silva, "Reflexões sobre a informatização da atividade bancária e a desmaterialização dos títulos de crédito", *Revista de Direito Bancário do Mercado de Capitais e da Arbitragem*, n. 20, p. 232; Celso Barbi Filho, "Execução judicial de duplicatas sem os originais do título", *Revista de Direito Mercantil, Industrial, Econômico e Financeiro*, vol. 37, n. 115, pp. 171-183; Celso Barbi Filho, *A Duplicata Mercantil em Juízo*, pp. 33-64.

70. Dentre os diversos doutrinadores que defendem tal rotina (Marlon Tomazette, "A duplicata virtual", *RT*, vol. 92, n. 807, pp. 738-739; Marcos Paulo Félix da Silva, "Reflexões sobre a informatização da atividade bancária e a desmaterialização dos títulos de crédito", *Revista de Direito Bancário do Mercado de Capitais e da Arbitragem*, n. 20, pp. 226-236; Fernando Netto Boiteux, *Títulos de Crédito: em Conformidade com o Novo Código Civil*, p. 53; Newton De Lucca, *Comentários ao Novo Código Civil (arts. 854 a 926)*, vol. XII, pp. 140-143), citamos, exemplificativamente, a posição de Fábio Ulhoa Coelho, a qual consideramos emblemática tendo em vista sua convicção: "O direito em vigor dá sustentação (...) à execução da duplicata *virtual*, porque não exige especificamente a sua exibição em papel, como requisito para liberar a prestação jurisdicional satisfativa. Institutos assentes no direito cambiário nacional, como são o aceite por presunção, o protesto por indicações e a execução da duplicata não assinada permitem que o empresário, no Brasil, possa informatizar por completo a administração do crédito concedido" (cf. Fábio Ulhoa Coelho, *Curso de Direito Comercial*, vol. 1, 12ª ed. rev. e atual, p. 469).

71. Neste sentido, podemos colacionar os seguintes julgados: "*Ementa*: Direito privado não especificado. Embargos à execução. Duplicata virtual, constituída por notas fiscais, boletos bancários e comprovantes de entrega de mercadoria. Possibilidade. Precedentes. Caso em que a executada não nega a relação de direito material havida entre as partes, consubstanciada na compra de peças automotivas e no recebimento destas. Também não aduz o pagamento ou qualquer justificativa legal para o incumprimento, arrimando os embargos unicamente na ausência de título executivo extrajudicial. Mantida a sentença que teve por hígida a execução e por improcedentes os embargos. Negado provimento à apelação" (TJRS, 19ª Câmara Cível, ACi n. 70024994329, Porto Alegre, 25.11. 2008); "*Ementa*:

equivocado, pois defender que, na situação acima descrita, houve circulação de crédito com base em uma duplicata não passa de deturpar a lógica e o formalismo exigido pelos títulos de crédito, visto que todo o procedimento na prática realizado colide frontalmente com os dispositivos da Lei n. 5.474/1968. A única coisa que não existe, nesta rotina comercial, é uma duplicata (quiçá virtual), como agora passamos a demonstrar.

Primeiramente, cumpre dizer que a duplicata ali nunca foi extraída, nos termos do art. 2º da Lei de Duplicatas.[72] Há nota fiscal-fatura decorrente de uma compra e venda (ou prestação de serviço) e o crédito é transmitido ao banco (verdadeira cessão de crédito) ou este é contratado apenas para prestar o serviço de cobrança – mas de forma alguma houve endosso de duplicata, pois esta não existe;[73] a duplicata

Embargos à execução. Direito privado não especificado. Viável a propositura de execução quando embasada boleto bancário que contenha todas as especificações de duplicata e conste demonstração da entrega da mercadoria bem como o protesto por indicação. Apelação provida. Sentença reformada. Decisão unânime" (TJRS, 10ª Câmara Cível, ACi n. 70016075798, Porto Alegre, 14.9.2006); "*Ementa*: Ação de sustação de protesto. Protesto de boleto bancário. Possibilidade. Considerando que a parte autora não nega a existência de relação comercial com a empresa sacadora, bem como confessa a sua inadimplência, advém a possibilidade de emissão de duplicata. Título que surge de lançamento contábil, sendo desnecessária, portanto, a impressão via papel da cártula. Indicações presentes no boleto bancário confirmadas pelo sacado, autorizando, como decorrência, o seu aponte. Existência da chamada duplicata virtual. Protesto por indicação válido. Apelo provido" (TJRS, 20ª Câmara Cível, ACi n. 70015229149, Porto Alegre, 24.5.2006). Do mesmo modo, fazemos referência, ainda que exemplificativamente, aos seguintes precedentes: TJRS, 20ª Câmara Cível, ACi n. 70019965987, Porto Alegre, 20.7.2007; TJRS, 15ª Câmara Cível, ACi n. 70020453569, Porto Alegre, 13.8.2008; TJRS, 19ª Câmara Cível, ACi n. 70022069975, Porto Alegre, 1.4.2008; TJRS, 16ª Câmara Cível, ACi n. 70018092759, Porto Alegre, 7.2.2007; TACivPR, 1ª Câmara Cível, ACi n. 69.065-5, Curitiba, 6.9.1994; TACivPR, 1ª Câmara Cível. ACi n. 67.649-3, Curitiba, 20.6.1994; TJPR, 13ª Câmara Cível, ACi n. 0566629-7, Curitiba, 29.4.2009; TJPR, 14ª Câmara Cível, ACi n. 0491010-5, Curitiba, 30.7.2008; TJPR, 13ª Câmara Cível, ACi n. 0444969-0, Curitiba, 2.4.2008; TJSP, 10ª de Direito Privado, ACi n. 84.643-4, São Paulo, 2.6.1998; TJSP, 20ª Câmara de Direito Privado, ACi n. 1331144700, São Paulo, 13.10.2008; TJSP, 21ª Câmara de Direito Privado, ACi n. 7085994800, São Paulo, 12.9.2007; STJ, 4ª Turma, REsp n. 40.078, Brasília, 10.12.1997.

72. "Art. 2º. No ato da emissão da fatura, dela poderá ser extraída uma duplicata para circulação como efeito comercial, não sendo admitida qualquer outra espécie de título de crédito para documentar o saque do vendedor pela importância faturada ao comprador. § 1º. A duplicata conterá: I – a denominação 'duplicata', a data de sua emissão e o número de ordem; II – o número da fatura; III – a data certa do vencimento ou a declaração de ser a duplicata à vista; IV – o nome e domicílio do vendedor e do comprador; V – a importância a pagar, em algarismos e por extenso; VI – a praça de pagamento; VII – a cláusula à ordem; VIII – a declaração do reconhecimento de sua exatidão e da obrigação de pagá-la, a ser assinada pelo comprador, como aceite, cambial; IX – a assinatura do emitente. § 2º. Uma só duplicata não pode corresponder a mais de uma fatura. § 3º. Nos casos de venda para pagamento em parcelas, poderá ser emitida duplicata única, em que se discriminarão tôdas as prestações e seus vencimentos, ou série de duplicatas, uma para cada prestação distinguindo-se a numeração a que se refere o item I do § 1º dêste artigo, pelo acréscimo de letra do alfabeto, em sequência."

73. Assim afirma José Carlos Rezende que não se trata de endosso a transmissão dos dados referentes à uma compra e venda, por parte do vendedor ao banco, por meio do borderô eletrônico (cf. José Carlos Rezende, *Os Títulos de Crédito Eletrônicos e a Execução da Duplicata Virtual*, p. 92). E, no mesmo sentido, obtempera Celso Barbi Filho: "Nas operações de desconto bancário de duplicatas, os títulos são transferidos às instituições financeiras por endosso translativo ou pleno. Assim, o endossatário torna-se efetivamente o proprietário da duplicata, podendo exercer todos os direitos dela decorrentes, inclusive o de regresso, contra o endossante". "Fica óbvio, portanto, que nessas operações de desconto de duplicata, a cártula tem que ser efetivamente emitida e entregue ao banco, pois só nela pode ser aposto o endosso translativo que transfere sua propriedade ao endossatário. Descabe falar aqui na hipótese de supressão documental da duplicata, porquanto o que o emitente do título faz não é simples cobrança bancária de seu crédito, mas recebimento antecipado do mesmo mediante contração de um débito junto ao banco pelo desconto da duplicata" (cf. Celso Barbi Filho, *A Duplicata Mercantil em Juízo*, p. 131).

nunca foi extraída e muito menos encaminhada ao aceite do sacado (o qual recebeu unicamente um boleto bancário – os quais não são padronizados – e que os bancos nem sequer possuem comprovante de entrega),[74] outro pressuposto indispensável, nos termos do art. 6º.[75-76] Duplicata não existe, então, porque não foi extraída e nem remetida para aceite do devedor, como determina a legislação vigente!

Ademais, outros pontos restam grosseiros na defesa da duplicata virtual. Acaba-se por aceitar, caso não pago o boleto bancário, o protesto por indicação de uma duplicata inexistente; esta espécie de protesto foi criada, entretanto, para o caso de retenção da duplicata por parte do sacado, quando este a recebe para apor seu aceite (art. 13, § 1º). Nestes termos, admitir-se o protesto (seja por falta de aceite, devolução ou pagamento) por meio da indicação do borderô ou boleto bancário, sendo que nunca nenhuma duplicata foi remetida ao devedor para aceite (não retendo nenhum documento, consequentemente), é deturpação enorme do objetivo da lei, ficando este último subordinado ao arbítrio tanto do suposto credor quanto da instituição financeira; não deve ser acatado, logo, o protesto por indicação sem o cumprimento das exigências legais.[77] Todavia, poucas são as Corregedorias de Justiça estaduais

74. Newton De Lucca, *Comentários ao Novo Código Civil (arts. 854 a 926)*, vol. XII, p. 139 e "Títulos e contratos eletrônicos: o advento da informática e seu impacto no mundo jurídico", in Newton De Lucca e Adalberto Simão Filho (coords.), *Direito e Internet: Aspectos Jurídicos Relevantes*, pp. 42-43.

75. Lei n. 5.474/1968: "Art. 6º. A remessa de duplicata poderá ser feita diretamente pelo vendedor ou por seus representantes, por intermédio de instituições financeiras, procuradores ou, correspondentes que se incumbam de apresentá-la ao comprador na praça ou no lugar de seu estabelecimento, podendo os intermediários devolvê-la, depois de assinada, ou conservá-la em seu poder até o momento do resgate, segundo as instruções de quem lhes cometeu o encargo. § 1º. O prazo para remessa da duplicata será de 30 (trinta) dias, contado da data de sua emissão. § 2º. Se a remessa fôr feita por intermédio de representantes instituições financeiras, procuradores ou correspondentes êstes deverão apresentar o título, ao comprador dentro de 10 (dez) dias, contados da data de seu recebimento na praça de pagamento."

76. Sobre a necessidade de remessa da duplicata ao sacado para aceite, já se manifestou o Tribunal de Justiça de São Paulo, acatando o previsto em lei: "*Ementa*. Falência – Ação pré-falimentar – Duplicata escritural sem aceite – Remessa ao sacado – Prova – Necessidade – Requisito cuja falta descaracteriza título executório – Carência decretada – Improvimento ao recurso – Interpretação dos arts. 6º, 7º e 15, *caput*, II, letras *a*, *b* e *c*, § 2º, da Lei n. 5.474/1968 – Voto vencido. Por que se caracteriza como título executório, não basta que, emitida sob a inovação da modalidade escritural, a duplicata tenha sido protestada e esteja acompanhada de documento comprobatório da entrega e recebimento da mercadoria, sendo necessária prova de remessa ao sacado para aceite" (TJSP, 2ª Câmara de Direito Privado, ACi n. 91.701-4, São Paulo, 1.12.1998). Andando no mesmo sentido, remetemos ao seguinte julgado do STJ: "*Ementa*. Duplicata. Aceite. *Protesto*. Não pode ser protestada por falta de aceite duplicata que não foi enviada ao aceite do sacado, especialmente se este, tomando conhecimento de um *boleto* bancário, comunica que não recebeu a mercadoria a que se refere o título. Recurso conhecido e provido" (STJ, 4ª Turma, REsp n. 499.516, Brasília, 17.6.2003).

77. "(...) o protesto por indicação somente pode ser feito nos casos em que o título é enviado para aceite ou pagamento e não é devolvido. É condição *sine qua non* que o título tenha sido emitido e enviado ao sacado (...)" (cf. José Carlos Rezende, *Os Títulos de Crédito Eletrônicos e a Execução da Duplicata Virtual*, p. 118). Igualmente, v. Celso Barbi Filho, *A Duplicata Mercantil em Juízo*, pp. 41 ss.; Celso Barbi Filho, "Execução judicial de duplicatas sem os originais do título", *Revista de Direito Mercantil, Industrial, Econômico e Financeiro*, vol. 37, n. 115, pp. 178-179. Neste mesmo sentido, já se posicionaram os Tribunais pátrios em alguns precedentes (dos quais colacionamos, nesta oportunidade, alguns deles, a título exemplificativo): "Agravo de instrumento. Sustação de protesto. Boleto bancário. 1. Em que pese já ter transcorrido o prazo de aponte, provavelmente tendo havido o protesto, o agravo de instrumento sob análise foi interposto antes da efetivação da medida. O recurso não está prejudicado. Precedente desta Corte. 2. Em tese, trata-se de duplicata virtual, cujo boleto bancário, enviado para que o sacado pague, ficou com o mesmo. É descabido o protesto por indicação feita por meio eletrônico ou gravação eletrônica de dados, vez que a medida deixa o sacado ao livre arbítrio do banco. Precedentes do STJ e desta Corte. 3. No

que impõem aos cartórios de protestos a exigência obrigatória do comprovante de remessa da duplicata ao devedor/sacado para se tirar o protesto por indicações – o que dificultaria a prática desta operação[78] (e mais raros são os sacados, quando intimados do protesto a ser lavrado por indicações, reclamarem e fazerem constar da certidão respectiva, como é seu direito pelo art. 22, inc. IV, da Lei n. 9.492/1997,[79] que não receberam ou retiveram nenhuma duplicata, sendo também reduzido o número daqueles que argúem o não recebimento e

caso, a cobrança de dívida existente do cooperado para com a cooperativa, decorrente de prejuízo operacional da sociedade, não é causa que justifique a emissão de duplicata. Agravo de instrumento provido" (TJRS, 14ª Câmara Cível, AI n. 70010791382, Porto Alegre, 22.2.2005); "Ementa: Duplicata. Protesto por indicação. Boleto. Não se tratando, na espécie, de retenção de duplicata, não poderia a empresa/apelante, nos termos do § 3º do art. 21 da Lei 9.492/1997, proceder no apontamento por indicação mediante boleto bancário, já que não trata de retenção de duplicata. Apelo improvido" (TJRS, 19ª Câmara Cível, ACi n. 70003966942, Porto Alegre, 11.3.2003); "*Ementa*. Falência – Duplicata mercantil – Comprovação – Remessa para aceite – Protesto de boletos bancários – Impossibilidade – Extração de triplicatas fora das hipóteses legais. I – Para amparar o pedido de falência, é inservível a apresentação de triplicatas imotivadamente emitidas, eis que não comprovados a perda, o extravio ou a retenção do título. II – A retenção da duplicata remetida para aceite é condição para o protesto por indicação, inadmissível o protesto de boletos bancários. Recurso não conhecido" (STJ, 3ª Turma, REsp n. 369.808, Brasília, 21.5.2002); "*Ementa*. Direito Comercial. Duplicata mercantil. Protesto por indicação de boletos Bancários. Inadmissibilidade. I – A retenção da duplicata remetida para aceite é *conditio sine qua non* exigida pelo art. 13, § 1º da Lei n. 5.474/1968 a fim de que haja protesto por indicação, não sendo admissível protesto por indicação de boletos bancários. II – Recurso não conhecido" (STJ, 4ª Turma, REsp n. 827.856, Brasília, 28.8. 2007); "*Ementa*: Apelação cível. Ação declaratória de cancelamento de apontamento de título a protesto cumulada com pedido de indenização por danos morais. *Duplicata* mercantil. Boleto bancário representativo da dívida. Impossibilidade de protesto. Não preenchimento dos requisitos legais. Cancelamento do ato notarial que se impõe. Sentença mantida. Recurso desprovido. Ausente a comprovação do preenchimento dos requisitos estabelecidos no art. 21, § 3º, da Lei n. 9.492/1997 – prova de envio do título ao sacado para aceite e a sua não devolução no prazo legal –, não há falar em protesto por indicação" (TJSC, 1ª Câmara de Direito Comercial, ACi n. 2008.063806-1, Florianópolis, 2.4.2009). Ademais, entendemos por inviável o protesto de boleto bancário, uma vez que, apesar de a Lei n. 9.492/1997 autorizar, em seu art. 1º, o protesto de títulos e de documentos representativos de dívidas, temos que os boletos bancários, por si só, porque emitidos unilateralmente pelos bancos, e sem qualquer anuência do devedor ou previsão contratual, não se reputam títulos ou documentos representativos de dívida, mas mera declaração unilateral do credor; neste sentido, remetemos, exemplificativamente, ao seguinte julgado: TJRS, 18ª Câmara Cível, ACi n. 70009880071, Porto Alegre, 18.11.2004.

78. "Os bancos, como se sabe, não possuem meios de comprovação adequados para que o *boleto* enviado aos sacados possa constituir-se numa apresentação legal do título a pagamento. Recentes Provimentos emanados das Corregedorias dos Tribunais de Justiça de alguns dos estados de nossa Federação, *v.g.*, o do Estado de Santa Catarina, do Rio Grande do Sul, de São Paulo e de Rondônia, recomendaram aos Oficiais de Protestos de Títulos que se abstivessem '(...) de receber para apontamento duplicatas não aceitas, ou indicação de duplicatas não aceitas, da espécie de venda mercantil ou de prestação de serviços, quando desacompanhadas da prova do vínculo contratual que autorize, respectivamente, a entrega do bem ou a prestação dos serviços (§ 3º do art. 20 da Lei n. 5.474, acrescentado pelo Decreto-lei n. 436, de 27.1.1969)' [Circular n. 49, de 15.4.1996, assinada pelo Desembargador João Martins, Corregedor-Geral da Justiça. Em igual sentido, a Circular 32/1993, do Rio Grande do Sul]" (cf. Newton De Lucca, *Comentários ao novo Código Civil (arts. 854 a 926)*, vol. XII, p. 139, grifo do autor); à p. 140 ensina, portanto, que, aos poucos, o sistema de cobrança que prescinde da existência do título tradicional (documento corpóreo) passa a encontrar sério óbice à sua operacionalização pois, para que se efetive o protesto por indicação, tende-se a exigir declaração da instituição financeira apresentante no sentido de que ela, efetivamente, enviou ao sacado a duplicata correspondente. Igualmente, v. Newton De Lucca, "Títulos e contratos eletrônicos: o advento da informática e seu impacto no mundo jurídico", in Newton De Lucca e Adalberto Simão Filho (coords.), *Direito e Internet: Aspectos Jurídicos Relevantes*, pp. 42-43.

79. "Art. 22. O registro do protesto e seu instrumento deverão conter: (...); IV – certidão das intimações feitas e das respostas eventualmente oferecidas; (...)."

a não retenção do título quando judicialmente executados).[80]

Do mesmo modo, considerar suficiente tanto o borderô remetido à instituição financeira quanto o boleto bancário (juntamente com o comprovante da entrega das mercadorias ou da prestação de serviço e o protesto por indicação ilicitamente realizado) para a instrução do processo executivo também colide com o art. 15, II, § 2º, da Lei de Duplicatas, o qual reconhece como título executivo apenas o conjunto formado pela certidão de protesto por indicações legalmente efetuado e pelo comprovante de entrega da mercadoria ou da prestação de serviço. O borderô eletrônico ou o boleto bancário não constituem títulos executivos extrajudiciais.[81]

Ainda na questão de instrução do processo executivo, muitos defendem, diante da já suposta existência da duplicata em meio eletrônico, a extração (física) do título posteriormente à data da emissão da nota fiscal-fatura (mas com a mesma data desta), o que, entretanto, é ilegal, afrontando o art. 2º da Lei de Duplicatas.[82]

80. Cf. Celso Barbi Filho, *A Duplicata Mercantil em Juízo*, pp. 43-44; Celso Barbi Filho, "Execução judicial de duplicatas sem os originais do título", *Revista de Direito Mercantil, Industrial, Econômico e Financeiro*, vol. 37, n. 115, pp. 178-179. Com efeito, hoje a prática descrita é difundida, a qual, segundo profícua lição de Celso Barbi Filho, sedimentou-se em decorrência de duas omissões: "A primeira dos cartórios de protestos, que não exigem dos apresentantes dos títulos a comprovação da remessa e entrega da duplicata ao sacado para realizarem o protesto por indicações." "E a segunda é dos próprios sacados que, quando intimados do protesto por indicações ou mesmo citados da execução judicial, não argúem a falta de emissão, remessa e recebimento da duplicata original" (cf. Celso Barbi Filho, "Execução judicial de duplicatas sem os originais do título", *Revista de Direito Mercantil, Industrial, Econômico e Financeiro*, vol. 37, n. 115, p. 178 e *A Duplicata Mercantil em Juízo*, p. 41).

81. Cf. Celso Barbi Filho, "Execução judicial de duplicatas sem os originais do título", *Revista de Direito Mercantil, Industrial, Econômico e Financeiro*, vol. 37, n. 115, pp. 180-181 e *A Duplicata Mercantil em Juízo*, pp. 48-49. O STJ já decidiu neste sentido: "*Ementa*. Execução. Título executivo extrajudicial. Borderôs de desconto de duplicatas. Os 'borderôs de desconto de duplicatas' (relação de títulos que emitente-cedente leva ao banco para desconto), ainda que acompanhado dos protocolos de remessa dos documentos para aceite, não constituem títulos de crédito hábeis a embasar o ajuizamento da execução. Recurso especial conhecido mas desprovido" (STJ, 4ª Turma, REsp n. 58.075, Brasília, 19.5.1998); no mesmo sentido: STJ, 4ª Turma, REsp n. 146.327, Brasília, 18.11.1999). Também colacionamos a seguinte decisão do TJRS: "*Ementa*: Ação de anulação de cambial. Bloqueto bancário. Documento inexistente como duplicata de serviços. Comprovação testemunhal da relação causal na ação de anulação. 1. Bloqueto emitido pela apelada não se constitui como duplicata de prestação de serviços; não se mostrando como título cambial passível de execução nos termos do art. 585 do CPC, não podendo ser levado a protesto mediante indicação. 2. A existência de vinculação contratual não pode vir a ser suprida, para fins de protesto, por prova testemunhal em face do formalismo a que estão adstritos os títulos cambiários. Apelo provido. Unânime" (TJRS, 2ª Câmara Cível, ACi n. 70004619433, Porto Alegre, 11.12.2002); e, por fim, remetemos ao seguinte precedente: "*Ementa*: *Execução*. Boletos bancários. Triplicatas. Embargos acolhidos. Extinção decretada. Sentença confirmada. Recurso desprovido. Boletos bancários não se tipificam como documentos de crédito e nem se prestam a, de forma válida, substituir duplicatas mercantis. Ainda que levados a protesto, mesmo que comprovado o fornecimento e a entrega das mercadorias faturadas, ausente provas da efetiva emissão do título de crédito correspondente – a duplicata mercantil – título executável, não se tem" (TJSC, 2ª Câmara de Direito Comercial, ACi n. 2006.007395-3, Florianópolis, 4.5.2006).

82. Ademais, a emissão de duplicata após o prazo estabelecido em lei pode representar a própria confissão da irregularidade do procedimento do sacador, uma vez que, diante do procedimento da "duplicata virtual" anteriormente descrito, normalmente o sacado é protestado também por não ter devolvido o título (protesto por falta de devolução, normalmente cumulado com o protesto por falta de pagamento e aceite, quando possível – uma vez que este último só pode ser feito antes do vencimento da obrigação, nos termos do art. 21, § 1º, da Lei n. 9.494/1997); neste sentido, como instruir um processo de execução com a duplicata, sendo que o protesto que legitima a execução é, justamente, o por não ter o devedor devolvido o documento? Como instruir o processo executivo com a duplicata que deveria estar na posse do sacado? Neste sentido, v. Celso Barbi Filho, *A Duplicata Mercantil em Juízo*, pp. 50-51 e "Execução judicial de duplicatas sem os originais do título", *Revista de Direito Mercantil, Industrial, Econômico e Financeiro*, vol. 37, n. 115, p. 181: "Se

Igualmente, sustentar a criação de triplicata para instrução da execução colide com o disposto no art. 23,[83] o qual prevê tal mecanismo apenas quando a duplicata, originalmente extraída, é perdida ou extraviada.[84-85]

Além de toda a problemática até aqui exposta, outra questão é merecedora de análise. Ora, remetendo o vendedor (ou o prestador de serviço) o borderô eletrônico ao banco, nos termos anteriormente expostos, e enviando a instituição financeira o boleto bancário ao devedor para que este efetue o pagamento, nada impede que o credor extraia, tempestivamente, a duplicata, enviando-a para aceite do sacado; aqui, receberia este tanto o boleto quanto a duplicata e, deixando de pagar um deles na data do vencimento, sujeitar-se-ia ao protesto daquele que não teve seu crédito satisfeito (instituição financeira ou sacador-tomador).[86] Voltamos, então, para a questão da possibilidade de cobrança dupla, tal qual na situação descrita acima (item 3.1), o que, como já vimos, dificulta a aceitação dos títulos eletrônicos.

Como observamos, portanto, o que hoje se chama de *duplicata virtual ou escritural* longe passa de constituir título de crédito, visto que duplicata não existe, nunca é enviada para aceite e todo o procedimento de protesto e execução é realizado à revelia da lei.[87] E, nota-se, nossa posição

a duplicata não aceita surge, então, instruindo a inicial, ou é emitida no curso do processo, evidenciar-se-á que o portador fez declaração falsa quando encaminhou o título para protesto por falta de devolução".

83. "Art. 23. A perda ou extravio da duplicata obrigará o vendedor a extrair triplicata, que terá os mesmos efeitos e requisitos e obedecerá às mesmas formalidades daquela."

84. Cf. Celso Barbi Filho, *A Duplicata Mercantil em Juízo*, pp. 53-56 e "Execução judicial de duplicatas sem os originais do título", *Revista de Direito Mercantil, Industrial, Econômico e Financeiro*, vol. 37, n. 115, pp. 182-183.

85. Mauro Rodrigues Penteado. "Considerações sobre os títulos de crédito no projeto de Código Civil e notas sobre o Código de 2002", in Mauro Rodrigues Penteado (coord.), *Títulos de Crédito*, pp. 367-368: "O problema se põe quando o sacado não paga, tornando-se inadimplente quanto ao negócio subjacente. Exsurge, então, a necessidade da constituição da obrigação cartular, e do título respectivo, tanto para o protesto, quanto para aparelhar a execução (Lei 5.474/1968, art. 13, e art. 15, inc. II, c/c CPC, art. 585, inc. I), esbarrando sua emissão *a posteriori*, no entanto, na letra do art. 2º da Lei de Duplicatas, segundo a qual 'no ato da emissão da fatura, dela poderá ser extraída uma duplicata' (art. 2º). Esse óbice tem sido contornado na prática mediante a criação física da duplicata, posteriormente à data da emissão da nota fiscal-fatura (porém com a mesma data desta), com base em três ordens de argumentos, todos precários. De um lado, destaca-se que cabe ao sacado provar a diversidade entre as duas datas, e, assim, o descumprimento da lei e a eventual nulidade do título, 'prova diabólica' que sequer pode ser subsidiada com o indício de que o título inexistira porque não foi remetido, para aceite (Lei 5.474/1968, art. 6º). De outra parte, sustenta-se que a impressão dos caracteres em computador já atende o disposto no art. 2º da Lei de Duplicatas, constituindo sua emissão física mera reprodução do que já se acha criado e escriturado, pelo computador (Lei citada, arts. 2º e 19, notadamente o § 3º deste). Chega-se mesmo ao extremo de afirmar, por fim, que não é defesa a emissão, no caso, de triplicata, a despeito do disposto no art. 23 da lei".

86. Algo semelhante aconteceu no precedente a seguir referido, no qual o devedor pagou diretamente ao vendedor a quantia que já havia sido "endossada" para o banco, o qual, não recebendo o montante, acabou por protestar por indicação o boleto bancário (sendo que, apesar de toda a problemática gerada pela prática difundida no mercado, o Eg. TJRS reconheceu, de modo expresso, a legalidade da denominada *duplicata virtual*). V.: TJRS, 20ª Câmara Cível, ACi n. 70021686027, Porto Alegre, 14.11.2007.

87. Nesse sentido, Celso Barbi Filho, p.ex., também não reconhece a existência de um título de crédito quando a cártula é suprimida da relação comercial, vislumbrando somente a possibilidade de reconhecimento de um título executivo: "A vigente Lei de Duplicatas criou um mecanismo que permite exatamente isso. É possível, no seu sistema, que se opere com o regime creditício das duplicatas entre vendedor e comprador, no plano comercial e judicial, sem que as cártulas sejam emitidas, inexistindo título de crédito, mas havendo título executivo, por meio do suprimento do aceite (...)" (cf. Celso Barbi Filho, *A Duplicata Mercantil em Juízo*, p. 34); e, às pp. 60-61, assevera: "A essência do título de crédito é o atributo de poder fazer circular o crédito para terceiros, estranhos à relação que o originou. Na du-

apenas respeita a formalidade legal exigida nas relações cambiárias, o que de modo algum vai contra a utilização dos instrumentos disponibilizados pela informática quando realmente permitidas – o que ocorre com a Lei de Protestos (Lei n. 9.492/1997, art. 8º, parágrafo único), a qual admite que as indicações para protesto das duplicatas sejam feitas por meio eletrônico (meio magnético ou de gravação eletrônica de dados); ora, respeitado o disposto na Lei n. 5.474/1968, nada impede que, realmente, enviem-se dados ao Cartório de Protestos de maneira digital, por exemplo. A disciplina dos títulos de crédito apresenta caráter extremamente formal, não se podendo aplicar, como quer boa parte da doutrina e alguns precedentes judiciais, a flexibilização a que está sujeita o restante do Direito Comercial, sob pena do surgimento de grandes incertezas na circulação do crédito, o que se transforma em maiores dificuldades nas relações econômicas.[88]

4. *Considerações finais*

No intuito de buscar-se maior eficiência na circulação do crédito propiciada pelo Direito Cambiário, a informatização tanto do meio circulatório quanto do próprio título angariou adeptos no mundo jurídico. Neste sentido, o grande debate tende a restringir-se, quanto à disciplina clássica dos títulos de crédito, ao elemento cartularidade (pois a literalidade e autonomia seriam mantidas no ambiente virtual), centrando-se a querela, com base na clássica definição vivanteana, no conceito de *documento*, o qual, então, abarcaria não apenas os bens móveis corporificados, mas também aqueles digitalizados.

A princípio, não há como negar tais assertivas, visto que o ordenamento jurídico pátrio reconhece, na atualidade, os documentos eletrônicos. Ademais, além de a jurisprudência já acatar a nova realidade, existe previsão expressa no novo Código Civil da criação e circulação de títulos de crédito eletrônicos (art. 889, § 3º), sendo que, ainda que não incidente sobre a legislação já existente (com a ressalva das discussões sobre a abrangência do art. 903 do NCC e sempre se levando em consideração o art. 3º da Convenção que disciplina o conflito de leis em matéria de letras de câmbio e notas promissórias – última das Convenções promulgadas pelo Decreto n.

plicata sem aceite, em que esteja provada a entrega da mercadoria ou a prestação do serviço, não sendo emitido o documento cartular, inexistirá título de crédito, pois é impossível que o crédito circule na forma cambial para terceiros estranhos à relação fundamental". "Todavia, por força do art. 585, inciso VII [atual inciso VIII], do CPC, são títulos executivos todos aqueles que, por disposição expressa, a lei atribuir força executiva. E, no caso das duplicatas remetidas ao devedor e não devolvidas nem pagas, o art. 15, inciso II e § 2º da Lei de Duplicatas, atribui o caráter de título executivo à certidão de protesto por indicações do portador, acompanhada do comprovante de entrega das mercadorias ou da prestação dos serviços. Assim, embora não haja título de crédito, haverá título executivo". Da mesma forma, v. Celso Barbi Filho, "Execução judicial de duplicatas sem os originais do título", *Revista de Direito Mercantil, Industrial, Econômico e Financeiro*, vol. 37, n. 115, p. 176.

88. Nesse sentido, não concordamos, p.ex., com a posição de Marlon Tomazette, quem, ao defender a necessidade de adequação da disciplina dos títulos de crédito às novas necessidades e tecnologias – acreditando ser pacífica e sem causadora de problemas a existência da duplicata virtual –, vislumbra no cheque pós-datado (ou pré-datado, para aqueles que assim preferirem) uma demonstração destes novos tempos (cf. Marlon Tomazette, "A duplicata virtual", *Revista dos Tribunais*, vol. 92, n. 807, p. 738); ora, resta simplória tal alegação e constitui mais uma demonstração de que algumas novas criações sociais não podem, por mais que se queira, modificar a formalidade exigida dos títulos de crédito, posto que a inscrição de data diferente da real data de emissão, no cheque, em nada altera sua natureza de ordem de pagamento à vista: ou seja, o possuidor do título pode depositar o título em data anterior àquela nele inscrita, no caso do cheque pós-datado, constituindo tal ato um mero inadimplemento contratual (nestes termos, coloca-se a avença de depósito em data diversa da emissão do cheque no plano extracartular), como amplamente sedimentado na jurisprudência pátria (cabendo, inclusive, a condenação do apresentante ao pagamento de danos morais, como restou consolidado pelo STJ na Súmula 370).

57.663/1966), acaba por refletir nos títulos de créditos atípicos.

Entretanto, fazendo-se estudo mais criterioso, tem-se que, por uma série de razões, a ideia de informatização não é plenamente compatível com a clássica disciplina dos títulos de crédito. No plano teórico, é equivocado adotar o conceito de *título de crédito* de Cesare Vivante e de *documento* dado por Francesco Carnelutti, como boa parte da doutrina faz, para dizer que tais definições abarcariam o "documento eletrônico", já que estes juristas viveram em época diferente da nossa, nunca imaginando o fenômeno da informática e suas consequências. Mas as críticas vão mais adiante, pois, ainda, é difícil desvincular o título de crédito da cártula, ou seja, de um documento corpóreo, já que toda a disciplina da teoria geral dos títulos de crédito é nela baseada: a circulação se dá com base em normas de direito real e só a partir dela é que se pensa nos efeitos de direito obrigacional. E, como consequência, tem-se a insegurança gerada pela circulação eletrônica, visto que em cada nova transmissão ocorre verdadeira duplicação do documento digital, podendo existir replicação de destinatários de um mesmo título – o que é totalmente impossível quando se fala em suporte cartáceo.

Da mesma forma, na prática, o que se costuma denominar *duplicata virtual* passa longe de ser qualquer título de crédito, pois a duplicata, no referido procedimento, nunca foi extraída e nem enviada para aceite do sacado. Assim, todo o procedimento realizado afronta a Lei n. 5.474/1968 porque se acaba por permitir o protesto por indicação fora dos casos previstos, além da instrução do processo de execução sem os documentos minimamente exigidos – isso para não salientar, aqui, outros desvirtuamentos aceitos pela prática mercantil.

Diante de todo o exposto, demonstramos que a disciplina dos títulos de crédito não é tão facilmente compatível com os meios disponibilizados pela informática, devendo-se ser mais criterioso ao aplicar os mecanismos eletrônicos ao Direito Cambiário. Apesar da agilidade e eficiência que tende a gerar – e isso fica patente na pouca contestação que sofre o procedimento da *duplicata virtual* –, deve-se atentar que a incerteza que acarreta vai contra os objetivos que deram origem aos títulos de crédito. Assim, "(...) consideramos que a tecnologia informática ainda não criou mecanismos suficientemente seguros para viabilizar a existência de Títulos de Créditos Eletrônicos e que respeitem os requisitos mínimos exigidos por lei".[89] Ou seja: de forma alguma consideramos, *a priori*, totalmente inviável *a utilização de meios eletrônicos como ferramentas jurídicas*[90] (e, portanto, não aceitamos a pecha de conservadores), mesmo porque não há como saber quais os desdobramentos da tecnologia daqui em diante; entretanto, com os recursos hoje existentes, falar-se em títulos de crédito eletrônicos é grande impropriedade.

Por outro lado, reconhecemos que o mundo evolui e hoje seria mesmo inviável exercer qualquer atividade econômica sem a utilização da informática, a qual fornece outros meios para a realização de pagamentos e transações financeiras. Neste sentido, substitutos aos títulos de crédito tendem a surgir (como já surgiram) e, diante das objeções que neste ensaio levantamos, talvez tenhamos de concordar com Paulo Salvador Frontini, quem afirma que os títulos de crédito não deixarão de existir, mas que terão sua utilização reduzida.[91]

89. Silvio Javier Batello, "O Código Civil brasileiro e os títulos de crédito eletrônicos", *Cadernos do Programa de Pós-Graduação em Direito – PPG-Dir./UFRGS*, n. IV, p. 248.

90. Silvio Javier Batello, "O Código Civil brasileiro e os títulos de crédito eletrônicos", *Cadernos do Programa de Pós-Graduação em Direito – PPG-Dir./UFRGS*, n. IV, p. 248.

91. Paulo Salvador Frontini, "Títulos de crédito e títulos circulatórios: que futuro a informática lhes reserva? Rol e funções à vista de sua crescente desmaterialização", *RT*, vol. 730, p. 62.

5. *Referências bibliográficas*

I JORNADA DE DIREITO CIVIL DA JUSTIÇA FEDERAL. Brasília, 2002. *Enunciados Aprovados*. Brasília, Justiça Federal. Disponível em *www.jf.gov.br*, acesso 13.6.2007.

ASCARELLI, Tullio. *Panorama do Direito Comercial*. São Paulo, Saraiva, 1947.

______. *Corso di Diritto Commerciale: Introduzione e Teoria dell'Impresa*. 3ª ed. Milano, Dott. A. Giuffrè Editore, 1962.

______. *Teoria Geral dos Títulos de Crédito*. Trad. de Nicolau Nazo. 2ª ed. São Paulo, Saraiva, 1969.

BARBI FILHO, Celso. *A Duplicata Mercantil em Juízo*. Rio de Janeiro, Forense, 2005.

______. "Execução judicial de duplicatas sem os originais do título". *Revista de Direito Mercantil, Industrial, Econômico e Financeiro*, vol. 37, n. 115, jul.-set./1999, pp. 171-183.

BATELLO, Silvio Javier. "O Código Civil brasileiro e os títulos de crédito eletrônicos". *Cadernos do Programa de Pós-Graduação em Direito – PPGDir./UFRGS*, n. IV, set./2005, pp. 237-249.

BOITEUX, Fernando Netto. *Títulos de Crédito: em Conformidade com o Novo Código Civil*. São Paulo, Dialética, 2002.

BORGES, João Eunápio. *Títulos de Crédito*. 2ª ed. Rio de Janeiro, Forense, 1976.

CARNELUTTI, Francesco. "Documento – Teoria moderna". *Nuovissimo Digesto Italiano*. vol. VI. Turim, 1960, pp. 85-89.

CASTRO, Raphael Velly de. "Notas sobre a circulação e a literalidade nos títulos de crédito eletrônicos". In PENTEADO, Mauro Rodrigues (coord.). *Títulos de Crédito*. São Paulo, Walmar, 2004, pp. 381-404.

CHATEUBRIAND FILHO, Hindemburgo. "Liberdade de criação de títulos de crédito atípicos e *fattispecie* cartular". *RT*, n. 85, vol. 723, jan./1996, pp. 99-106.

COELHO, Fábio Ulhoa. *Curso de Direito Comercial*. vol. 1, 12ª ed. rev. e atual. São Paulo, Saraiva, 2008.

D'ALCONTRES, Alberto Stagno. *Il Titolo di Credito: Ricostruzione di una Disciplina*. Torino, G. Giappichelli Editore, 1999.

DE LUCCA, Newton. *Comentários ao Novo Código Civil (arts. 854 a 926)*. vol. XII. Rio de Janeiro, Forense, 2003.

______. "Títulos e contratos eletrônicos: o advento da informática e seu impacto no mundo jurídico". In DE LUCCA, Newton, e SIMÃO FILHO, Adalberto (coords.). *Direito e Internet: Aspectos Jurídicos Relevantes*. Bauru, Edipro, 2000, pp. 21-100.

DUTRA, Marcos Galileu Lorena. "Os títulos normativos: considerações gerais sobre sua forma eletrônica, face ao Código Civil de 2002". In PENTEADO, Mauro Rodrigues (coord.). *Títulos de Crédito*. São Paulo, Walmar, 2004, pp. 315-330.

ENEI, José Virgílio Lopes. "O caráter supletivo das normas gerais sobre títulos de crédito. Comentários ao art. 903 do novo Código Civil". In PENTEADO, Mauro Rodrigues (coord.). *Títulos de Crédito*. São Paulo, Walmar, 2004, pp. 137-154.

FERREIRA, Amadeu José. *Valores Mobiliários Escriturais: um Novo Modo de Representação e Circulação de Direitos*. Coimbra, Almedina, 1997.

FORGIONI, Paula A. *A Evolução do Direito Comercial: da Mercancia ao Mercado*. São Paulo, Ed. RT, 2009.

FRONTINI, Paulo Salvador. "Títulos de crédito e títulos circulatórios: que futuro a informática lhes reserva? Rol e funções à vista de sua crescente desmaterialização". *RT*, vol. 730, a. 85, ago./1996, pp. 50-67.

GADAMER, Hans-Geog. *O Problema da Consciência Histórica*. Rio de Janeiro, FGV, 1996.

GALGANO, Francesco. *La Globalización en el Espejo del Derecho*. Trad. de Horacio Roitman y María de la Colina. Buenos Aires, Rubinzal-Culzoni Editores, 2005.

GARDINO, Adriana Valéria Pugliesi. "Títulos de crédito eletrônicos: noções gerais e aspectos processuais". In PENTEADO, Mauro Rodrigues (coord.). *Títulos de Crédito*. São Paulo, Walmar, 2004, pp. 1-24.

GUARRACINO, Francesco. "Titolo di credito elettronico e documento informatico". In RICCIUTO, Vicenzo, e ZORZI, Nadia. *Trattato di Diritto Commerciale e di Diritto Pubblico dell'Economia*. vol. XXVII: *Il Contratto Telematico*. Milano, CEDAM, 2002, pp. 311-331.

MARTINS, Fran. *Títulos de Crédito*. vol. 1. Rio de Janeiro, Forense, 1997.

MARTINS-COSTA, Judith. "Ação indenizatória – Dever de informar do fabricante sobre os riscos do tabagismo". *RT*, vol. 812, a. 92, jun./2003, pp. 75-99.

MENKE, Fabiano. *Assinatura Eletrônica: Aspectos Jurídicos no Direito Brasileiro*. São Paulo, Ed. RT, 2005.

MERCADO JUNIOR, Antonio. "Observações sobre o anteprojeto de Código Civil, quanto a matéria dos 'títulos de crédito', constante da Parte Especial, Livro I, Título VIII". *Revista de Direito Mercantil, Industrial, Econômico e Financeiro*, n. 9, 1973, pp. 113-142.

PANTANO, Tânia. "A circulação dos títulos de crédito à ordem regulados pelo novo Código Civil. Análise sistemática do Título VIII, Livro II". In PENTEADO, Mauro Rodrigues (coord.). *Títulos de Crédito*. São Paulo, Walmar, 2004, pp. 405-420.

PENTEADO, Mauro Rodrigues. "Considerações sobre os títulos de crédito no projeto de Código Civil e notas sobre o Código de 2002". In PENTEADO, Mauro Rodrigues (coord.). *Títulos de Crédito*. São Paulo, Walmar, 2004, pp. 347-379.

PESSOA, Ana Paula Gordilho. "Breves reflexões sobre os títulos de crédito no novo Código Civil". In PENTEADO, Mauro Rodrigues (coord.). *Títulos de Crédito*. São Paulo, Walmar, 2004, pp. 25-49.

PINTO, Ligia Paula Pires. "Títulos de crédito eletrônicos e assinatura digital. Análise do art. 889, § 3º do Código Civil". In PENTEADO, Mauro Rodrigues (coord.). *Títulos de Crédito*. São Paulo, Walmar, 2004, pp. 187-205.

PONTES DE MIRANDA, Francisco Cavalcanti. *Tratado de Direito Privado*. t. 34. Rio de Janeiro, Editor Borsói, 1961.

REZENDE, José Carlos. *Os Títulos de Crédito Eletrônicos e a Execução da Duplicata Virtual*. Dissertação (Mestrado em Direito) – Faculdade de História, Direito e Serviço Social, Universidade Estadual Paulista, Franca, 2003, 164 f.

ROHRMANN, Carlos Alberto. *Notas Promissórias Eletrônicas: uma Análise do Endosso Eletrônico*. Berkeley, CA, fev./2000. Disponível em *http://www.direitodarede.com.br/NotasProm.pdf*, acesso 21.5.2007.

SILVA, Marcos Paulo Félix da. "Reflexões sobre a informatização da atividade bancária e a desmaterialização dos títulos de crédito". *Revista de Direito Bancário do Mercado de Capitais e da Arbitragem*, n. 20, abr.-jun./2003, pp. 226-236,

TOMAZETTE, Marlon. "A duplicata virtual". *RT*, vol. 92, n. 807, jan./2003, pp. 725-740.

VIVANTE, Cesare. *Tratatto di Diritto Commerciale*. vol. III, 5ª ed. Milano, Dottor Francesco Vallardi, 1935.

Jurisprudência citada

SUPERIOR TRIBUNAL DE JUSTIÇA. 4ª Turma, REsp n. 40.078, Brasília, 10.12.1997. Disponível em *http://www.stj.gov.br*, acesso 21.7.2007.

______. 4ª Turma, REsp n. 58.075, Brasília, 19.5.1998. Disponível em *http://www.stj.gov.br*, acesso 21.7.2007.

______. 4ª Turma, REsp n. 146.327, Brasília, 18.12.1999. Disponível em *http://www.stj.gov.br*, acesso 21.7.2007.

______. 4ª Turma, REsp n. 827.856, Brasília, 28.8.2007. Disponível em *http://www.stj.gov.br*, acesso 27 jun. 2009.

______. 4ª Turma, REsp n. 499.516, Brasília, 17.6.2003. Disponível em *http://www.stj.gov.br*, acesso 27 jun. 2009.

______. 3ª Turma, REsp n. 369.808, Brasília, 21.5.2002. Disponível em *http://www.stj.gov.br*, acesso 21.7.2007.

TRIBUNAL DE ALÇADA DO ESTADO DO PARANÁ. 1ª Câmara Cível, ACi n. 69.065-

5, Curitiba, 6.9.1994. Disponível em *http://www.tjpr.jus.br*, acesso 27.6.2009.

______. 1ª Câmara Cível, ACi n. 67.649-3, Curitiba, 20.6.1994. Disponível em *http://www.tjpr.jus.br*, acesso 27.6.2009.

TRIBUNAL DE JUSTIÇA DO ESTADO DE SANTA CATARINA. 1ª Câmara de Direito Comercial, ACi n. 2008.063806-1, Florianópolis, 2.4.2009. Disponível em *www.tjsc.jus.br*, acesso 28.6.2009.

______. 2ª Câmara de Direito Comercial, ACi n. 2006.007395-3, Florianópolis, 4.5.2006. Disponível em *www.tjsc.jus.br*, acesso 28.6.2009.

TRIBUNAL DE JUSTIÇA DO ESTADO DE SÃO PAULO. 10ª Câmara de Direito Privado, ACi n. 84.643-4, São Paulo, 2.6.1998. Disponível em *http://www.tj.sp.gov.br*, acesso 20.7.2007.

______. 2ª Câmara de Direito Privado, ACi n. 91.701-4, São Paulo, 1.12.1998. Disponível em *http://www.tj.sp.gov.br*, acesso 20.7.2007.

______. 20ª Câmara de Direito Privado, ACi n. 1331144700, São Paulo, 13.10.2008. Disponível em *http://www.tj.sp.gov.br*, acesso 27.6.2009.

______. 21ª Câmara de Direito Privado, ACi n. 7085994800, São Paulo, 12.9.2007. Disponível em *http://www.tj.sp.gov.br*, acesso 27.6.2009.

TRIBUNAL DE JUSTIÇA DO ESTADO DO PARANÁ. 14ª Câmara Cível, ACi n. 0491010-5, Curitiba, 30.7.2008. Disponível em *http://www.tjpr.jus.br*, acesso 28.7.2009.

______. 13ª Câmara Cível, ACi n. 0566629-7, Curitiba, 29.4.2009. Disponível em *http://www.tjpr.jus.br*, acesso 28.7.2009.

______. 13ª Câmara Cível, ACi n. 0444969-0, Curitiba, 2.4.2008. Disponível em *http://www.tjpr.jus.br*, acesso 28.7.2009.

TRIBUNAL DE JUSTIÇA DO ESTADO DO RIO GRANDE DO SUL. 10ª Câmara Cível, ACi n. 70016075798, Porto Alegre, 14.9.2006. Disponível em *http://www.tjrs.jus.br*, acesso 27.6.2009.

______. 19ª Câmara Cível, ACi n. 70022069975, Porto Alegre, 1.4.2008. Disponível em *http://www.tjrs.jus.br*, acesso 27.6.2009.

______. 19ª Câmara Cível, ACi n. 70024994329, Porto Alegre, 25.11.2008. Disponível em *http://www.tjrs.jus.br*, acesso 27.6.2009.

______. 19ª Câmara Cível, ACi n. 70003966942, Porto Alegre, 11.3.2003. Disponível em *http://www.tjrs.jus.br*, acesso 27.6.2009.

______. 18ª Câmara Cível, ACi n. 70009880071, Porto Alegre, 18.11.2004. Disponível em *http://www.tjrs.jus.br*, acesso 27.6.2009.

______. 14ª Câmara Cível, AI n. 70010791382, Porto Alegre, 22.2.2005. Disponível em *http://www.tjrs.jus.br*, acesso 27.6.2009.

______. 15ª Câmara Cível, ACi n. 70020453569, Porto Alegre, 13.8.2008. Disponível em *http://www.tjrs.jus.br*, acesso 27.6.2009.

______. 16ª Câmara Cível, ACi n. 70018092759, Porto Alegre, 7.2.2007. Disponível em *http://www.tjrs.jus.br*, acesso 27.6.2009.

______. 2ª Câmara Cível, ACi n. 70004619433, Porto Alegre, 11.12.2002. Disponível em *http://www.tjrs.jus.br*, acesso 27.6.2009.

______. 20ª Câmara Cível, ACi n. 70021686027, Porto Alegre, 14.11.2007. Disponível em *http://www.tjrs.jus.br*, acesso 27.6.2008.

______. 20ª Câmara Cível, ACi n. 70019965987, Porto Alegre, 20.6.2007. Disponível em *http://www.tjrs.jus.br*, acesso 27.6.2009.

______. 20ª Câmara Cível, ACi n. 70015229149, Porto Alegre, 24.5.2006. Disponível em *http://www.tjrs.jus.br*, acesso 27.6.2009.

Atualidades

A ARTICULAÇÃO ENTRE O REGULAMENTO (CE) N. 1.346/2000, RELATIVO AOS PROCESSOS DE INSOLVÊNCIA COMUNITÁRIOS, E A *LEY* N. 22/2003, SOBRE O REGIME CONCURSAL ESPANHOL*-**

MARIA ISABEL CANDELARIO MACÍAS

1. Considerações prévias. 2. Análise dos pressupostos subjectivo e objectivo previstos no Regulamento. 3. Análise do conteúdo do Regulamento n. 1.346/2000, sobre o processo de insolvência: 3.1 A competência internacional; 3.2 A lei aplicável; 3.3 O reconhecimento do processo de insolvência; 3.4 Orgãos da insolvência; 3.5 Os credores. 4. Em jeito de conclusão.

1. Considerações prévias

A eleição do tema objecto de atenção nesta breve e modesta reflexão constitui uma homenagem mais que merecida ao ilustre jurista e Mestre, Professor Don Manuel Olivencia Ruiz. O Mestre abordou de uma maneira brilhante, ao longo da sua extensa e prolífica vida académica e profissional, por um lado o Direito da Insolvência e, por outro, a vertente internacional do processo de insolvência provida de dificuldades ligadas aos elementos de conexão com ordens jurídicas estrangeiras.

Assim, começo por assinalar que neste estudo relativo ao Regulamento comunitário n. 1.346/2000 (*Jornal Oficial das Comunidades Europeias*, n. L, de 30 de junho de 2000), sobre o processo de insolvência, não realizarei uma exposição geral dos seus antecedentes,[1] mas antes farei uma in-

* A tradução do presente estudo para a língua portuguesa foi efectuada pelo Prof. Doutor João Paulo F. Remédio Marques, Professor da Faculdade de Direito da Universidade de Coimbra (Portugal).

** Veja-se "Los vínculos entre el Reglamento 1.346/2000, sobre procedimientos de insolvencia comunitaria y la Ley 22/2003 de lo concursal español", vol. Iº, *Estudios sobre la Ley Concursal. Libro Homenaje a Manuel Olivencia*, Madrid, Marcial Pons, 2005, pp. 681 a 718. ISBN: 84-9768-177-0.

1. Para um estudo acerca dos antecedentes, vid. I. Candelario Macías, "Aproximación a la iniciativa de Reglamento del Consejo Europeo sobre procedimientos de insolvencia (1999/C 221/06): Más de lo mismo?", in *Rivista di Diritto Falimentare* (nov.-dez./1999), n. 6, pp. 1.226-1.260; idem, "Un examen sobre el Reglamento 1.346/2000, del Consejo de Europa de 29 de mayo, sobre procedimientos de insolvencia comunitaria", in *Rivista di Diritto Falimentare* (jan.-fev./2002), n. 1, pp. 32-62; ibidem, "El Derecho Mercantil Internacional: la insolvencia con elementos extranjeros", in A. L. Calvo-Caravaca e S. Areal Ludeña (dirs.), *Cuestiones Actuales de Derecho Mercantil Internacional*, Madrid, Colex, 2005, pp. 275-315.

Veja-se, ademais, na doutrina alemã que tem estudado em profundidade este instrumento normativo: Peter Gotwald, *Grenzüberchreitende Insolvenzen*, München, 1997, espec. pp. 31-41; A. Herschen, terpretação exegética das disposições principais[2] que conformam este instrumento normativo, aludindo apenas, quando oportuno, aos seus antecedentes.

De igual modo, este trabalho – pese embora o seu título – centra-se fundamentalmente na análise do Regulamento comunitário, sendo que as referências efectuadas à *Ley* n. 22/2003 (in *Boletim Oficial del Estado*, n. 164, de 1 de Julho) decorrem da análise daquele Regulamento e da sua remissão e relação com a nova lei concursal espanhola, de 9 de julho de 2003.

De um ponto de vista estrutural e sistemático, deveremos observar que o texto do Regulamento (CE) n. 1.346/2000 pode bem dividir-se em três grandes blocos, a saber:

Preâmbulo: consta de 33 considerandos, que justificam a adopção do regulamento.

Articulado: é formado por 47 artigos, repartidos por cinco capítulos:

Capítulo I: Disposições gerais (arts. 1º a 15º).

Capítulo II: Reconhecimento do processo de insolvência (arts. 16º a 26º).

Capítulo III: Processos secundários de insolvência (arts. 27º a 38º).

Capítulo IV: Informação aos credores e reclamação dos seus créditos (arts. 39º a 42º).

Capítulo V: Disposições transitórias e finais (arts. 43º a 47º).

Anexos: existem três anexos, A, B e C, os quais estabelecem quais são as instituições concursais nacionais atingidas por este regulamento.

Anexo A: determina quais os procedimentos que, em cada Estado-Membro, são considerados de insolvência, para efeitos deste Regulamento.

Anexo B: estabelece os processos correspondentes ao "processo de liquidação", a que alude o Regulamento.

Anexo C: indica quais são os órgãos da insolvência que em cada Estado-Membro correspondem ao síndico da massa da insolvência previsto no referido Regulamento.

Cura-se de uma estrutura que se assemelha, em grande medida, ao texto da Convenção de Bruxelas de 1995, cuja estrutura transpõe na sua literalidade, apartando-se do texto da proposta de regulamento apresentada pela Alemanha e Finlândia.[3] Inclusivamente, o texto do Regulamento apresenta bastantes similitudes com os projectos de 1991 e, sobretudo, com o de 1994, que constituiu a base para a Convenção de Bruxelas.

A simples leitura das epígrafes dos capítulos e dos artigos revela, sem margem para dúvidas, essa semelhança. Pelo contrário, existem maiores diferenças entre o Regulamento (CE) n. 1.346/2000 e o projecto de 1982: como se constata, desde logo, pelo número de artigos deste último (85) ou o número de anexos (dois Anexos). O certo é que a redução do número de artigos foi uma tendência que, nesta matéria, marcou a evolução dos trabalhos preparatórios comunitários.

No que tange à justificação desta ordenação[4] – a insolvência em sede comuni-

Das Übereinkommen über Insolvenzverfahren der Mitgliedstaaten der Europäischen Union Vom 23.11.1995, Hamburgo, Ergon, 2000; W. Lüke, "Das Europäische Internationale Insolvenzrecht", in *ZZP*, 1(998), n. 3, pp. 275 ss.

2. Um estudo minucioso em língua portuguesa sobre o regulamento, pode encontrar-se em Luís Carvalho Martins e João Labareda, *Insolvências Transfronteiriças. Regulamento (CE) n. 1.346/2000, do Conselho. Anotado*, Lisboa, Quid Iuris, 2003, 156 pp.

3. E. Beltrán Sánchez, "El Reglamento de la Unión Europea sobre procedimientos de insolvencia", in *Tribunales de Justicia* (abr./2001), pp. 31 e ss. Também Luigi Fumagalli, "Il Regolamento comunitario sulle procedure d'insolvencia", vol. 56, t. II, *Rivista di Diritto Processuale* (2001), pp. 677-709.

4. Mais informações em *http://europa.eu.int/comm/justice_home/ejn/bankruptcy_ec_es.htm*.

Angelica Bonfati, "Le procedure concorsuali internazionali tra il Regolamento 1.346/2000 e la disciplina italiana di diritto internazionale privato", tária –, tal como à ordenação de outras no domínio do direito comunitário económico, basta recordar: a harmonização do regime dos seguros, da banca, do mercado de valores, da protecção dos consumidores, da propriedade industrial, do comércio electrónico, etc. A justificação deste regulamento, como não podia deixar de ser, é fornecida no seu preâmbulo. As justificações apresentadas pelo Conselho podem ser divididas em três grandes ideias:

a) Em primeiro lugar, baseia-se na *realidade económica*. Como assinala o parágrafo ou considerando n. 3, as "actividades das empresas produzem efeitos transfronteiriços (...) é necessário exigir a coordenação das medidas a tomar relativamente aos bens de um devedor insolvente".

Partindo deste facto, o Conselho assinala a necessidade se ser alcançada uma maior eficácia e efectividade nos processos de insolvência transfronteiriços (considerandos ns. 2 a 8). Cura-se do objectivo básico perseguido pelo regulamento, se bem que o fim último e mais geral é, como reconhecem os considerandos ns. 2 e 4, o de *contribuir para o bom funcionamento do mercado interno*.[5]

O Conselho está consciente dos inúmeros problemas colocados pela declaração de insolvência com elementos de conexão com ordenamentos jurídicos estrangeiros. Refere-se, sobretudo, a possibilidade de que o devedor insolvente aproveite o Mercado Comum para, de má fé, dispersar os seus bens ou os litígios por diferentes Estados-Membros, a fim de obter uma posição jurídica mais favorável (é o caso da prática do *forum shopping*), tal como é assinalado no considerando n. 4. O que constitui, sem dúvida, um dos problemas resultantes da existência de diferentes sistemas de direito da insolvência supondo a existência de regras de competência internacional estaduais mais favoráveis para o devedor), circunstâncias que este regulamento pretende erradicar.

b) Em segundo lugar, dedicam-se vários parágrafos destes considerandos a apoiar o texto do regulamento, relativamente aos Estados-Membros. Vale dizer: dado que se trata de uma matéria delicada, o Conselho parece querer "aprimorar-se" na justificação da existência deste regulamento. E fá-lo em vários considerandos.

Assim, por exemplo: enquanto os considerandos ns. 2 e 5 manifestam a adequação deste Regulamento com o *princípio da subsidariedade*, o considerando n. 6 expressa a adequação deste normativo com o *princípio da proporcionalidade*.

c) Por último, o considerando n. 8 justifica a necessidade de ser criado um regulamento para alcançar o objectivo comunitário. Afirma expressamente que é "necessário e oportuno" utilizar esta técnica legislativa, pois ela é caracterizada por ser *vinculante e directamente aplicável nos Estados-Membros*.

Os restantes considerandos ou parágrafos também justificam o texto do regulamento, mas fazem-no através da referência a concretos conteúdos do corpo do texto e às opções eleitas na disciplina de determinados aspectos para os quais nos remeteremos e os quais iremos comentar, à medida que formos analisando os aspectos particulares deste regulamento.

in *Rivista di Diritto del Commercio Internazionale* (abr.-set./2003), n. 17.2, p. 408: "a exigência de uma regulamentação uniforme do processo de insolvência, particularmente carecida em um mercado caracterizado pela globalização e pela integração da economia nacional. Cujo funcionamento está fortemente influenciado pela concorrência e previsível disciplina da insolvência das empresas com actividades económicas transfronteiriças, a qual era excluída da matéria objecto de exame no âmbito da aplicação da Convenção de Bruxelas de 1968, relativa à competência e reconhecimento das decisões em matéria civil e comercial, e revelava a inexistência de um instrumento susceptível de disciplinar adequadamente tais matérias a nível internacional".

5. L. A. Carvalho Fernandes e J. Labareda, *Insolvências Transfronteiriças*, ob. cit., p. 19: "um instrumento que reúne os contributos de todos os Estados, procurando estabelecer a síntese e o equilíbrio entre as propostas e as pretensões individuais de cada um".

Em resumo: podemos afirmar que a justificação da adopção deste regulamento consiste no facto de estarmos num Mercado Comum, em que são, cada vez mais, frequentes as insolvências transfronteiriças e, por conseguinte, faz-se mister adoptar um regime jurídico comum, a fim de coordenar as medidas a tomar em relação ao património do devedor insolvente, face à possibilidade de este poder aproveitar o tratamento jurídico diferenciado oferecido pelos diferentes Estados-Membros (*forum shopping*).

Recorde-se que estas preocupações já se surpreendiam nos primeiros projectos comunitários sobre a matéria (desde o trabalho dos anos setenta até à Convenção de Bruxelas de 1995). Neste contexto, estávamos perante projectos de Convenção, de modo que a justificação do normativo surgia no preâmbulo, fazendo-se então referência à necessidade de "garantir a igualdade dos credores" e "reforçar a segurança e o tráfico intercomunitário". A grande diferença do actual normativo face a estes antecedentes projectos de legiferação – volto a acentuar – é a adopção da forma de *regulamento*, o que permite compreender a maneira particularmente cuidadosa como o legislador comunitário pretendeu justificar a sua iniciativa.

Seja como for, o Direito da Insolvência da União Europeia está integrado por um Regulamento – agora objecto do nosso interesse – e por duas Directivas[6] (a Directiva n. 2001/17/CE, de 19 de março, relativa ao saneamento e liquidação das empresas de seguros, e a Directiva n. 2001/24/CE, de 4 de abril de 2001, relativa ao saneamento e à liquidação das entidades financeiras.[7] No quadro da coerência do requisito subjectivo do regulamento, a estas Directivas deverá juntar-se uma outra Directiva sobre empresas de investimento, pois, como veremos adiante, o regulamento exclui tais entidades do seu âmbito de aplicação).[8]

Estes instrumentos normativos apresentam como denominador comum a sua *natureza conflitual*.[9] Nem o Regulamento, nem, tão pouco, as Directivas dispõem um regime material uniforme.[10] O ponto de partida é o respeito da diversidade material: cada país conserva o seu direito da insolvência. Tais normas estabelecem, pelo contrário, um *direito internacional privado uniforme*, isto é, um conjunto de regras de competência judicial internacional, lei aplicável, reconhecimento e execução de

6. In *JOCE*, n. L 110, de 24.4.2001, e L 125, de 5.3.2001, respectivamente.

7. Encontramos um estudo sobre este aspecto em C. Esplugues Mota, "La interrelación entre el Reglamento 1.346/2000 sobre procedimiento de insolvencia y la futura Directiva en relación al saneamiento y liquidación de las entidades de crédito", in *Derecho de los Negocios* (mai./2001), n. 128, pp. 33 e ss.

8. É certo que também temos de considerar que, em matéria laboral, existe a Directiva n. 77/187, de 14.2.1977, relativa à aproximação das legislações dos Estados-Membros sobre a manutenção dos direitos dos trabalhadores em caso de transferência de empresas (art. 4º-*bis*), e a Directiva 98/59, de 20.7.1998, relativa à harmonização das legislações dos Estados-Membros em matéria de despedimento colectivo.

9. Nestes termos, N. Virgos Soriano e Frco. J. Garcimartín Alférez, "El Derecho concursal europeo: un ensayo sobre su racionalidad interna", in *Revista Española de Derecho Europeo* (jan.-mar./2002), n. 1, p. 69.

10. Como precisam Virgos Soriano e Garcimartín Alférez, "El Derecho concursal europeo:...", ob. cit., p. 70, "junto a las normas cuyo objeto principal es la insolvencia, hay reglas específicas de naturaleza concursal que se encuentran en textos comunitarios cuyo objeto principal es la regulación de otros sectores o problemas. Entre ellas destaca la Directiva 89/26/CE, de 19.5.1998, sobre firmeza de la liquidación en los sistemas de pago y de liquidación de valores (vid. arts. 6-9). También contienen reglas de insolvencia o que pueden afectar a este ámbito, la Directiva 80/987/CE, de 20.10.1980, sobre la aproximación de las legislaciones de los Estados miembros relativas a la protección de los trabajadores asalariados en caso de insolvencia del empresario; la Directiva 97/9, de 8.3.1997, relativa a los sistemas de indemnización de los inversores. En el futuro inmediato, deberá tenerse en cuenta la Directiva sobre acuerdos de garantía financiera, uno de cuyos objetivos principales es proteger a los acreedores beneficiarios de una garantía financiera de los riesgos de insolvencia del deudor".

decisões comuns para todos os Estados-Membros. Como esclarecem Virgos Soriano e Garcimartín Alférez:[11] "Estas reglas de Derecho internacional Privado van acompañadas de ciertas normas uniformes auxiliares, procesuales y materiales, cuyo objeto principal es asegurar el buen funcionamiento del sistema, pero fuera de este ámbito sigue vigente el Derecho de insolvencia nacional".

Retornando à análise do Regulamento, deveremos observar que este é aplicável em praticamente toda a Comunidade Europeia, pois vincula todos os Estados-Membros, à excepção da Dinamarca, em virtude do Protocolo anexo ao Tratado de Amesterdão, que reconhece a sua posição particular, como se refere no considerando n. 33, a não ser que este país exerça o seu direito de aderir ao regulamento comunitário, o qual está reconhecido no mencionado Protocolo.

No mais, o art. 69º do Tratado da Comunidade Europeia prevê que a aplicação do Título VI (precisamente a base jurídica para a adopção deste regulamento) ficará subordinada aos Protocolos a subscrever com estes três países: Dinamarca, Irlanda e Reino Unido. Sucede, de facto, que os últimos dois países – a despeito de terem afastado a sua vinculação ao Regulamento – se acham vinculados à observância deste Regulamento.

Por consequência, o Regulamento (CE) n. 1.346/2000 constitui, quanto ao seu âmbito de aplicação, um avanço em relação à proposta da Alemanha e da Finlândia, pois apenas ficou de fora a Dinamarca; mas traduz um retrocesso relativamente à Convenção de Bruxelas de 1995, pois este foi um instrumento assinado por todos os Estados-Membros, incluindo a Dinamarca, embora não tivesse sido subscrito pelo Reino Unido.

Deste ponto de vista, é inegável que este Regulamento constitui um retrocesso em relação à Convenção de Bruxelas de 1995. Não obstante, o consentir esta "Europa a diferentes velocidades", e o permitir que não sejam abrangidos determinados países tradicionalmente receosos de ceder espaços de soberania, como é o caso da Dinamarca (ou como poderia ter acontecido com a Irlanda e o Reino Unido), facilitou a sua aprovação, já que esta exigia a unanimidade.

No tocante ao *âmbito temporal* do Regulamento, são duas as considerações que cumpre realizar.

Como se refere no art. 43º (ou como se plasmava no art. 47º da Convenção de Bruxelas de 1995), este Regulamento é apenas aplicável aos processos de insolvência que tenham início após a sua entrada em vigor. É dizer, este Regulamento *não produz efeitos retroactivos*. E quando é que entrou em vigor? O art. 43º estabelece essa data, momento a partir do qual é, de forma automática, direito vigente: desde o dia 31 de Maio de 2002.

Esta é uma diferença importante em relação ao que era estabelecido em projectos anteriores sobre a matéria, já que se curava de acordos e convenções internacionais. Assim, por exemplo, na Convenção de Bruxelas de 1995 estabelecia-se que a entrada em vigor ocorreria no sexto mês seguinte ao depósito do instrumento de ratificação por parte do Estado signatário que o fizesse em último lugar.

Em qualquer caso, chama-nos a atenção, pela sua duração, estes dois anos de *vacatio legis*. Recorda, sem dúvida, a lei de insolvência alemã (*InsO*): aprovada em 1994, esta lei teve uma *vacatio legis* de nada nada menos de cinco anos (até Janeiro de 1999); ou a lei espanhola, cuja *vacatio legis* (ressalvadas algumas excepções) durou quase 14 meses: a *Ley* n. 22/2003, entrou em vigor no dia 1 de Setembro de 2004.

11. Idem, ob. ult. cit., p. 69. Angelica Bonfati, "Le procedure concorsuali internazionali tra il Regolamento 1.346/2000 e la disciplina italiana di diritto internazionale privato", in *Rivista di Diritto del Commercio Internazionale* (abr.-set./2003), n. 17.2, p. 409: "universalitá limitada".

No que concerne à *finalidade do processo comunitário de insolvência*, esta não é disciplinada de modo específico. No entanto, este processo contempla as providências tanto de índole *conservatória* como de *liquidação*. Com isto pode inferir-se que tanto a conservação, quanto a liquidação são meios que perseguem um fim último: a melhor *satisfação dos credores*.

Neste sentido, em Espanha, o processo de insolvência disciplinado pela nova *Ley* n. 22/2003 navega na mesma linha de actuação, por constituir esta (a satisfação dos credores) a melhor via de tutela do crédito,[12] embora tente lograr este objectivo através de diferentes caminhos: seja através da liquidação ou mediante a conservação da empresa (mediante soluções negociadas, convenções e um plano de reestruturação). Com esta *Ley* n. 22/2003 pretende-se flexibilizar o processo, isto é, permitir, num único trâmite, oferecer diversas vias de harmonia com a situação económico-patrimonial do devedor.

Na mesma linha, podemos afirmar que o Regulamento (CE) n. 1.346/2000, do Conselho, tem como objecto os processos de insolvência internacional, sendo necessário coordenar as diversas medidas que devem ser adoptadas em relação ao devedor insolvente que detém bens ou credores em países diferentes. Assim, o seu objectivo básico é o de simplificar os trâmites e as formalidades a que está submetido o reconhecimento e a execução recíproca de decisões judiciais em matéria de insolvência, o que não afectará os regimes jurídicos internos da insolvência dos Estados-Membros da União Europeia.

O art. 1º/1 do Regulamento delimita o seu *âmbito de aplicação*, com base nos seguintes elementos:

• processo coletivo fundado na insolvência do devedor, independentemente de este ser uma pessoa humana ou uma pessoa colectiva.

• o processo há-de importar o desapossamento, total ou parcial, dos bens do devedor.

• o processo há-de permitir nomear um "síndico", definido no art. 2º – norma na qual são delimitados alguns dos conceitos mais utilizados neste regulamento – como sendo "qualquer pessoa ou órgão cuja função consista em administrar ou liquidar os bens cuja administração ou liquidação o devedor esteja inibido, ou fiscalizar a gestão dos negócios do devedor" (art. 2º/b), figurando no Anexo C ao Regulamento a lista de tais pessoas ou órgãos nos diferentes Estados-Membros.

12. De facto, não podia ser de outro modo, como já assinalei na minha obra *El Convenio de Continuación como Medio de Protección del Crédito en los Procedimientos Concursales*, Granada, Comares, 1999, pp. 20-21: "conviene insistir en que el planteamiento de partida es que a través del Derecho concursal se intenta satisfacer mejor a una colectividad de acreedores mediante un procedimiento de ejecución colectiva universal. Quiere decirse con ello que la meta es recuperar los créditos impagados puesto que así se cumple la función de protección asignada por el Ordenamiento jurídico. A tal fin, las funciones u objetivos asignados al Derecho concursal podrán realizarse por diferentes vías alternativas. De un lado, mediante la liquidación de los bienes patrimoniales del deudor, de otro, mediante la conservación de la empresa articulada de diversos modos, por ejemplo, a través del convenio. Como puede advertirse no estamos ante un dilema puesto que ambos medios van destinados a conseguir el propósito ya aludido.

"En síntesis, se presentan como alternativas paralelas pero no contrapuestas en cuanto al objetivo último. La contraposición nace, en concreto, cuando utilizamos los institutos concursales en función de un pseudo-saneamiento, esto es, cuando se incentiva una falsa permanencia de la empresa en el mercado que no beneficia a nadie. En este caso es preferible liquidar y repartir el patrimonio para hacer valer el crédito. En suma, encontramos como punto de apoyo al planteamiento central expuesto con anterioridad *Sentencia de la AT de Zaragoza, de 20 diciembre de 1979* [*RGD*, 1980, p. 1.252] *al entender que los procedimientos de suspensión de pagos y quiebra se hallan íntimamente* ***relacionados por la unidad de fin****, cuál es garantizar el cumplimiento de las obligaciones entre comerciantes, por la identidad de causa y materia justiciable, o sea, la insolvencia del suspenso o del quebrado, y por la común eficacia procesal probatoria, que en las repetidas actuaciones ejercen los elementos informativos a ellas aportadas.*"

O Regulamento reconhece a possibilidade de o *processo principal* de insolvência coexistir paralelamente aos *processos secundários*, uma vez que seja declarado onde o devedor tem localizado o centro dos seus interesses principais (art. 3º/1). Estes últimos processos podem verificar-se antes (art. 3º/2) ou depois (art. 3º/4) da declaração de insolvência no processo principal, aí onde o devedor possua um estabelecimento (art. 3º/2). Resulta de tudo isto assinalar que os processos secundários abertos após a declaração de insolvência no processo principal somente podem revestir natureza liquidatória, nos termos do disposto nos arts. 3º/3 e 27º do Regulamento. Neste sentido no Anexo B são enumerados os processos de liquidação que, segundo os diferentes ordenamentos nacionais, podem originar um processo secundário após a declaração de insolvência num processo principal. Veremos, *infra*, com detalhe tais pontos.

2. *Análise dos pressupostos subjectivo e objectivo previstos no Regulamento*

No que se refere à questão de saber *a que sujeitos estes processos de insolvência se aplica*, observe-se que, à semelhança dos trabalhos anteriores, incluindo o projecto de 1982, não existe uma menção expressa sobre quem se acha submetido a esta regulamentação. Esta ausência de referências específicas implica que, ao abrigo do considerando n. 9, deve entender-se aplicável a todas as pessoas suceptíveis de serem atingidas por um processo de insolvência, independentemente de ser tratar de pessoa humana ou pessoa colectiva, empresário mercantil, ou não.

O projecto de 1982 previa apenas, expressamente, no seu art. 1º/1, a não admissibilidade de discriminação em função da nacionalidade das pessoas interessadas, referência que desapareceu dos projectos posteriores.

Há que ter em conta que estamos, hoje, num período mais avançado da integração comunitária, onde essa ressalva está implicitamente subentendida, fazendo-se desnecessário prevê-la de modo expresso, como antes, a fim de dissipar qualquer género de dúvida. Assim, este Regulamento aplica-se independentemente da nacionalidade dos interessados.

Em qualquer caso, embora não haja no articulado do regulamento uma delimitação positiva sobre as pessoas que são atingidas pelos processos de insolvência (veja-se, porém, o considerando n. 9), o certo é que se surpreende uma delimitação negativa prevista no art. 1º/2: "O presente regulamento não se aplicará aos processos de insolvência relativos a empresas de seguros e instituições de crédito, a empresas de investimento que prestem serviços que impliquem a detenção de fundos ou de valores mobiliários de terceiros, nem aos organismos de investimento colectivo". De igual modo, o considerando n. 9 menciona esta excepção, a qual surge justificada por se tratar de entes submetidos a regimes especiais e sobre os quais as autoridades nacionais desfrutam de amplos poderes de intervenção.

Com efeito, este ideia esteve presente em todos os trabalhos preparatórios comunitários sobre a matéria. O projecto de 1982 já previa esta excepção no seu art. 1º/3, a qual surgiu repetida em todas as iniciativas posteriores, desde logo, ademais, no art. 1º/2. Não se olvide que estamos perante entidades que têm uma grande importância na economia nacional de um Estado: pelo elevado volume de capital que mobilizam e administram, pelos diferentes interesses em jogo, etc., as quais são, naturalmente, objecto de um tratamento particular por parte da Comunidade. Que o mesmo é dizer que existem Directivas ou projectos de Directivas especificamente destinadas à dissolução e liquidação de entidades desta natureza.

Em resumo: o conteúdo do pressuposto subjectivo importa a aplicabilidade deste regulamento a toda e qualquer pessoa humana ou colectiva, comerciante ou não comerciante. Não existe, portanto, distinção alguma (entendido este pressuposto em sentido amplo), salvas as excepções expressamente reconhecidas na mesma norma. Neste contexto, o pressuposto subjectivo previsto na *Ley* n. 22/2003 está em harmonia com o disposto no regulamento. Na lei espanhola estamos perante um único processo denominado "concurso", em que o pressuposto subjectivo,[13] disciplinado no seu art. 1º, importa a aplicação do processo de insolvência a qualquer devedor, pessoa humana ou colectiva (sem que se faça qualquer distinção entre os comerciantes e os não comerciantes), como tão pouco importa que estejamos perante um processo destinado a uma pequena, média ou grande empresa.[14]

Por outro lado, e no que toca ao pressuposto objectivo, este surge ou pode inferir-se do disposto no art. 1º/1 do Regulamento: "se aplica aos processos colectivos fundados em matéria de insolvência do devedor que determinem (...) e a designação de um síndico".

Trata-se de uma definição do pressuposto objectivo "universal", no sentido de que é válida para todos os Estados-Membros. Sendo, pois, a insolvência o pressuposto a ter em consideração, deveremos remeter-nos para o disposto nas normas dos direitos nacionais para saber quando estamos perante uma *situação de insolvência.*

Assim, relativamente ao pressuposto objectivo,[15] a *Ley* n. 22/2003, sobre o pro-

13. Veja-se a interessante proposta de Alvaro Espina Montero, "La reforma española y la experiencia comparada", in *Jornada sobre la Nueva Ley Concursal*, Madrid, organizada pelo Grupo Recoletos (conferencias y formación) e Audalia, realizada nos dias 18-19.4.2002, pp. 121-122: "a existencia de um processo geral – concebido para facilitar a resolução das crises nas grandes empresas – não deveria impedir a sua adaptação à qualificação pessoa do insolvente e a tipo de empresa atingida: deveria ser previsto um processo abreviado e alijeirado de trâmite destinado às pequenas e médias empresas (PME) – definidas à luz do conceito utilizado na União Europeia – e um outro para as empresas cotadas em bolsa, com a intervenção da Comissão do Mercado de Valores. No caso das grandes empresas, cotadas em bolsa, com um capital social superior a mil milhões de pesetas (aproximadamente, cinco milhões e duzentos mil Euros) e com uma ampla distribuição da titularidade das acções, poderia ser estudada a possibilidade da criação de um processo especial de restruturação – sob a tutela da Comissão do Mercado de Valores Mobiliários –, através da liquidação da empresa em crise e a criação de uma nova empresa com a reutilização dos activos da primeira, o que implicaria a alteração do regime jurídico da cessão global do activo e do passivo – o que já, actualmente, constitui no ordenamento jurídico espanhol uma hipótese de liquidação abreviada ou de modificação estrutural, a fim de permitir uma forma concursal de cessão global do activo e cessão parcial do passivo. As acções da nova sociedade seriam colocadas em Oferta Pública de Aquisição ou seriam alienadas através de venda por propostas em carta fechada, dando-se preferência absoluta aos credores da empresa antiga. Com o produto da venda proceder-se-ia à liquidação da empresa antiga, respeitando a preferência dos créditos e distribuindo o remanescente – se o houvesse – entre os antigos accionistas ou sócios".

14. Diferentemente do que se dispõe em outros ordenamentos jurídicos, como é o caso do direito da insolvência italiano, que é provido de uma disciplina específica para as grandes empresas, cfr. I. Candelario Macías, "El nuevo régimen italiano sobre la Administración Extraordinaria de la Gran Empresa en situación de Insolvencia – Nuevo régimen italiano, viejo régimen español", in *Revista de Derecho de los Negocios* (jun./2000), n. 117, p. 11: "como sucedía con la anterior normativa (*Ley* n. 95/1979) sobre la administración extraordinaria de la gran empresa en crisis se mantiene en la nueva legislación el objetivo pretendido por aquélla: la conservación de la gran empresa. Aun cuando ahora se prevé sin la intervención estatal que venía a caracterizar la anterior normativa y que ha originado precisamente su modificación en adecuación a las directrices que impone la política de la libre competencia de la Unión Europea".

15. Nada de novo nos é trazido pela *Ley* n. 22/2003, já que está em consonância com o disposto no quadro jurídico do direito da Insolvência comparado: cfr., no direito italiano, "lo stato d'insolvenza si manifiesta con l'inadempimento e altri atti esterni, i quali stanno a dimonstrare che il debitore non è in grado di sodisfare regolarmente gli obblighi contratti" (art. 5 da *Legge Falimentare* 1942). Se bem que o Código Comercial, de 1882, no seu art. 683, já contivesse o princípio segundo o qual "il commerciante che smette di effettuare i pagamenti relativi a obbghi commerciali à in stato falimentare". Cfr., em particular, P. Pajardi *et alii*, *Codice del Fallimento*, 2ª ed., Milano, Giuffrè Editore, 1994, pp. 18 e ss.

cesso de insolvência, regulamenta a insolvência do devedor na perspectiva daquele

Ademais, Rossi, "L'insolvenza dell'impresa. Cause e previsioni", in *Riv. Dott. Comm.*, 1992, pp. 661 e ss.; Paolo Pajardi, "Processo allo stato d'insolvenza", in *Mondo Economico*, 1992, pp. 50, 122. Paralelamente a este estado das coisas subsistem dificuldades interpretativas à volta da delimitação do conceito de dificuldade temporária e de insolvência, segundo o art. 187 da *Ley de Quiebras*, respeitante ao pressuposto objectivo da administração controlada.

Cfr., sobre o assunto, a decisão da *Corte Costituzionale* de 56.4.1995, n. 110 e da *Corte Constituzionale* de 1.6.1995, n. 224. Cfr. *Diritto Fallimentare* (jun.-jul./1995), n. 4, Parte II, pp. 517 e ss.; na opinião de A. Amatucci, "Temporanea dificoltà e insolvenza", Napoli, Diritto e Società, 1977, p. 17, a insolvência e a dificuldade temporária representam um *continum*. Sem embargo, cabe assinalar que, segundo as conclusões dos "Atti dell'XI Congresso Nazionale di Diritto Fallimentare", in *Diritto Fallimentare*, I, 1995, pp. 209 e ss., distingue-se, sobretudo a nível económico, o estado de insolvência e a dificuldade de honrar os pagamentos. L. Lanfranchi, *Amministrazione Controllata e Diritto Vigente*, Milano, Giuffrè Editore, 1995, p. 56.

No direito francês, a cessão de pagamentos é o pressuposto objectivo:

"la procedure de redressment est ouverte (...) qui est dans l'impossiblité de faire face au passif exigible avec son actif disponible" (art. 3º/1, n. 59-98, não modificado pela Reforma de 1994). Se bem que tais processos concursais também se aplicam a quem se encontra numa situação de "dificuldade jurídica, económica o financeira" (art. 35/1, ns. 84-475, de 1984, modificado pelo art. 4º/1, n. 94475, de 1994). Por fim, o conceito de cessação de pagamentos, enquanto pressuposto para a declaração de insolvência, surge nas legislações, pela primeira vez, no Código Comercial francês de 1807. Neste sentido, a noção de cessação de pagamentos também é equiparada ao incumprimento. Interpretam esta noção: Claude Champaud, "La situación des enterprises en difficulté: probléme de Droit économique perturbant le Droit privé", in *Rev. Franc. Compt.* (1976), n. 64, p. 374, o qual, de uma maneira expressiva, assinala: "não sejamos ingénuos ao acreditar que a insolvência é uma noção jurídica simples, clara e precisa, que pode definir-se de um só golpe o conceito de empresa em dificuldade ou em situação de insolvência. O que é particularmente novo é o tratamento destinado a garantir a sobrevivência das empresas apesar das suas dificuldades. No mesmo sentido, Jean Paillusseaud, "Qu'est-ce qu'une enterprise en difficulté?", in *Rev. Franc. Compt.* (1976), n. 64, p. 381; R. Houin, "Rapport de Synthèses", in *Annales de la Université de Toulouse*, 1986, p. 348; Calendini, "Cessation des paiments et rupture définitive du crédit de l'enterprise", in *Les Petit Affiches*, 16.11.1990, p. 18. Cfr., sobre o tema, a decisão do *Tribunal Commercial Lille*, 4.3.1985, in *RJC*:1985, 191; Com. 8.3.1994; *RJDA* 7/94, n. 847.

No direito inglês a definição de insolvência ocorre por dois motivos: por um lado, quando a empresa não consegue pagar as suas dívidas, por falta de "cash flow" e, por outro, quando o devedor é insolvente se as suas obrigações excedem o activo "segundo o balanço" (*Taylors Industrial Flooring Ltd. Mh Industrial Flooring Ltd. [1990 BCLC 216]*). Cfr. Boyle & Birds, *Company Law*, 3ª ed., London, Jordans, 1995, p. 570.

No direito dos EUA há que advertir que o pressuposto objectivo configurado por este processo é único, independentemente do propósito perseguido com a liquidação ou com a conservação da empresa, de acordo com as Secções 301 e 303H do *Bankruptcy Code*. De um lado, a Secção 301 refere--se à petição do devedor como causa automática de início do processo. Por outro, a Secção 303H prevê a falta de pagamento, com carácter geral, das dívidas, na data do seu vencimento. Por sua vez, a nomeação de um *custodian* dentro dos 120 dias anteriores à data de apresentação do pedido é causa de início do processo. J. R. Nathan Levy, *Bankruptcy Handbook*, 2ª ed., Edition Litle, Brown and Company, 1993, pp. 481-522.

Por sua vez, o direito português, no art. 3º do Decreto-lei sobre processos de insolvência e de recuperação de empresa, de 1993, determinava que: "é considerada em situação de insolvência a empresa que, por carência de meios próprios e por falta de crédito, se encontre impossibilitada de cumprir pontualmente as suas obrigações". Cfr. anteriormente a esta lei, a mesma opinião de Sousa Macedo, que já fazia eco no seu *Manual de Direito das Falências*, vol. I, Coimbra, 1964, pp. 257 e 258. Também, no mesmo sentido, a jurisprudência do STJ, de 11.1.1979, in *Boletim do Ministério da Justiça* (adiante *BMJ*), n. 283, p. 319, e a decisão do STJ, de 23.3.1983, in *BMJ*, n. 349, p. 568, em relação ao Código de 1993, cfr. João Labareda, "Providências de recuperação de empresas", in *Direito e Justiça*, vol. IX, t. II, 1995, p. 56. Desde o ponto de vista jurisprudencial, essa definição consta do Assento do STJ, n. 9/94, de 2 de março, in *Diário da República*, I série, de 20.5.1994, pelo que a insolvência está dependente da insuficiência económica. Isto revela-se nos factos-indícios contidos no art. 8º/1 do Código da Insolvência português de 1993. Ora bem, neste quadro legal deveremos considerar a modificação produzida pelo Decreto-lei n. 315/98, de 20 de outubro (in *Diário da República*, Série I-A, n. 242, pp. 5.412 e ss.). Na sua exposição de motivos diz-se que "se admite um *tertium genus*, um novo pressuposto objectivo, uma situação económica difícil evidenciada por ponderosas dificuldades económicas, que impedem o normal funcionamento da empresa ou a continuação do devedor que não cumpre as suas obrigações. O pedido de declaração de insolvência,[16] por parte do devedor, não é considerado como reconhecimento do estado de desequilíbrio e distingue-se, amplamente, da situação de insolvência eminente e actual, segundo o que é disposto no 2º. O que dá assim lugar a um estado de "pré-insolvência". Pelo contrário, se é o credor a pessoa que dá início ao processo de insolvência, faz-se mister que ele prove a existência de um conjunto de factos ou circunstâncias enumerados no art. 2º. Mas há factos comuns: a cessação dos pagamentos (circunstância já clássica), apreensão de bens, os embargos sem êxito, etc. Refere-se ainda o incumprimento de obrigações tributárias, da Segurança Social, falta de pagamento de salá-

seu objecto social". Para o efeito de esta *situação económica difícil* ser julgada e sindicada, são enumerados toda uma série de índices, que, frequentemente, apresentam dificuldades. Pelo mesmo critério, mantém-se a noção de insolvência já consagrada (art. 3º). No actual Código da Insolvência e da Recuperação de Empresas português, de 2004 (aprovado pelo Decreto-lei n. 53/2004, de 18 de março, com as alterações dos Decretos-leis n. 200/2004, de 18 de agosto, 76-A/2006; de 29 de março, 282/2007, de 7 de agosto; 116/2008, de 4 de julho; e 185/2009, de 12 de agosto), cujo regime é próximo do sistema alemão, a situação de insolvência resulta da circunstância de o devedor, independentemente de possuir a qualidade de comerciante, se encontrar impossibilitado de cumprir as suas obrigações vencidas (art. 3º/1 do referido Código). As pessoas colectivas e os patrimónios autónomos, por cujas dívidas nenhuma pessoa singular responda pessoal e ilimitadamente, de forma directa ou indirecta, são também consideradas insolventes quando o seu passivo seja manifestamente superior ao activo avaliados segundo as normas contabilísticas aplicáveis (art. 3º/2, idem). A situação de *insolvência eminente* é equiparada à *insolvência actual*, no caso de ser o devedor aquele que se apresenta à insolvência (art. 3º/4, ibidem). Note-se, porém, que a insolvência não exige a pluralidade de incumprimentos e, inclusivamente, pode não haver qualquer incumprimento: apenas se faz mister verificar a ocorrência da impossibilidade de o devedor cumprir as suas obrigações (impossibilidade de cumprimento que não corresponde a incumprimento, nem a insuficiência do património ou a situação patrimonial líquida negativa, salvo se essa situação patrimonial líquida, avaliada segundo as normas contabilísticas aplicáveis, for manifestamente negativa: art. 3º/2 do referido Código, noção próxima do *sobreendividamento* ou *Überschuldung*, previsto no § 19(2) da *InsO* alemã). Assim, e sobre o regime do novo Código, quanto à consideração dos seus pressupostos, cfr. Catarina Santos Serra, *A Falência no Quadro da Tutela Jurisdiccional dos Directos de Crédito – O Problema da Natureza do Processo de Liquidação Aplicável à Insolvência no Directo Português*, Coimbra, Coimbra Editora, 2009, pp. 227 ss., pp. 255 ss. Maria Helena Brito, "Falências internacionais: algumas considerações a propósito do Código da Insolvência e da Recuperação de Empresas", in *Themis, Edição Especial – Novo Directo da Insolvência*, 2005, pp. 183 ss. – *Estudos em Memória do Professor Doutor José Dias Marques*, Coimbra, Almedina, 2007, pp. 625 e ss. Por outro lado, qualquer credor (excepto os credores cessionários, no caso de ter havido cessão de bens a estes credores: art. 833º do Código Civil portugués, que impede tais credores de executar os bens cedidos) pode propor a abertura do processo, sendo que o art. 20º/1 do referido Código da Insolvência enumera, tal como já acontecia com o art. 8º/1 do Código dos Processos Especiais de Recuperação de Empresa e de Falência, de 1993) um conjunto de factos-índice do estado de insolvência, fazendo presumir a insolvência se tais credores provarem a ocorrência das circunstâncias aí mencionadas (p. ex., a suspensão do pagamento das obrigações vencidas; a fuga do titular da empresa ou dos administradores do devedor ou abandono do local onde a empresa tem a sede ou exerce a sua principal actividade; a insuficiência dos bens penhoráveis para pagamento do crédito do exequente verificada em processo executivo movido contra o devedor; incumprimento generalizado, nos últimos seis meses, de dívidas tributárias, de créditos emergentes de contratos de trabalho ou rendas de qualquer tipo de locação, etc.).

No direito alemão, a insolvência é qualificada como sendo a incapacidade para cobrir o passivo com o activo. Cfr. E. Jaeger, *Konkursordnung*, Berlin, 1958, pp. 102, 128. Sobre isto, K. Schmidt, *Wege zum Insolvenzrecht der Unternehmen*, Köln, 1990, pp. 43 e ss. Após a reforma da *Konkursordnung*, através da *Insolvenzordnung* (*InsO*), aprovada pela Lei de 5.10.1994, pode sustentar-se que todo o processo de insolvência está dependente de um pressuposto, que é a insolvência sem qualificação particular. Se bem que o art. 17º, na sua parte I, Título II, sob a epígrafe "Incapacidade de pagamento, e que o art. 1º determinam que a justificação de ordem geral do início do processo a incapacidade de pagar" (*nicht in der Lage ist die fällingen Zahlungspflichten su Erfüllen*).

16. Vid., sobre este aspecto, os comentários de Pulgar Ezquerra, J., "La aprobación de la reforma concursal en el pleno del Congreso¿", in *Actualidad Jurídica Aranzandi* (22.5.2003), n. 578, pp. 1 a 3.

rios e demais contribuições nos últimos três meses.

Ademais – e voltando à análise do Regulamento comunitário –, o outro elemento a considerar para entender a insolvência e o seu "grau" – note-se que utilizo erroneamente esta palavra – é a postura que este Regulamento adopta: "processos que determinem a inibição parcial ou total" (art. 1º/1), ou seja, o desapossamento parcial pode resultar da circunstância de que o devedor se ache num processo onde lhe é lícito gerir o seu património e continuar a sua actividade empresarial, por se encontrar, que não numa situação de insolvência, mas antes, e *inter alia*, numa situação de desequilíbrio provisório, de ameaça de insolvência, pré-insolvência.

Seja como for, o Regulamento não chega a delimitar o que se entende por *insolvência* – nos seus diversos aspectos ou matizes; é consabido, não obstante, que este é um dos temas mais difíceis do Direito da Insolvência, pelo que o Regulamento não consagrou uma *noção autónoma* de insolvência, ou seja: remete-nos apenas para os ordenamentos jurídicos dos Estados-Membros, por forma a compreender quando é que estamos perante uma situação que suscita a aplicação do processo colectivo concursal fundado na insolvência.

De igual modo, tentando aclarar e concretizar o que se entende por processo colectivo e síndico, há que atentar no art. 2º e aos Anexos, como mencionámos *supra*. Com efeito, o art. 2º oferece-nos, em primeiro lugar, um conjunto de definições, de entre os quais, para o que agora nos interessa, os de "processo de insolvência" (alínea *a)*) e de "síndico" (alínea *b)*).

Todavia, estes conceitos são definidos de uma forma casuística, que o mesmo é dizer que, embora se ofereça um conceito, logo o Regulamento remete para os seus Anexos, a fim de se saber quais são as circunstâncias que, no quadro dos ordenamentos dos Estados-Membros, integram a previsão normativa.

Assim, por exemplo, o art. 2º, alínea *a)*, determina que o "processo de insolvência" é um dos procedimentos colectivos contemplados no n. 1 do art. 1º, remetendo-se para o Anexo A, a fim de saber que tipo de processo é que cada Estado-Membro prevê que é susceptível de se adequar a essa previsão normativa. No caso espanhol, por exemplo, o processo de insolvência abrange – segundo o direito até vigente em 2003 – o "concurso de credores", a "quiebra" e a "suspensión de pagos"; no quadro da nova *Ley* n. 22/2003 teremos apenas o "concurso".

Por outro lado, o art. 2º, alínea *b)*, estabelece que por "síndico" há-de ser entendido como "qualquer pessoa ou orgão cuja função seja em administrar ou liquidar os bens de cuja administração ou disposição o devedor esteja inibido ou fiscalizar a gestão dos negócios do devedor", remetendo para o Anexo C, a fim de se saber, ao nível do ordenamento interno dos Estados-Membros, que pessoas é que podem ser subsumidas a este conceito. No caso de Espanha, a figura do *síndico* prevista no Regulamento corresponde (no direito espanhol vigente) ao "Depositário-administrador"; ao "interventor" ou "interventores"; ao "síndico"; e aos "comissários". No quadro da nova *Ley* n. 22/2003, a pessoa em causa será o "síndico".

3. Análise do conteúdo do Regulamento n. 1.346/2000, sobre o processo de insolvência

Sob esta epígrafe pretendemos realizar-se a análise dos pontos mais importantes do articulado do Regulamento,[17] se bem que não esgotaremos, como bem se com-

17. Para mais informações, cfr., M. Wolfgang Lehr, "Die neue EU-Verordnung über Insolvenzverfahren und deren Auswirkungen für die Unternehmenpraxis", in *KTS* (2000), n. 4, pp. 577-585. Também, Axel Flessner, "Das künftige Intenationale Insolvenzrecht", in *AA.VV. Europäischen Insolvenzübereinkommen*, pp. 220-227.

preenderá, todos os temas suceptíveis de estudo.

Os aspectos a destacar são os seguintes:

3.1 A competência internacional

No que tange à ***competência internacional***: temos que partir do art. 3º/1. Trata-se de uma norma que é comum a todos os sistemas de Direito Internacional Privado dos Estados-Membros, a qual estabelece quais os tribunais internacionalmente competentes para os casos de insolvência transfronteiriça: são precisamente os tribunais em cujo Estado-Membro se situa o *centro dos interesses principais* do devedor.

No caso espanhol, a *Ley* n. 22/2003, no seu Capítulo II, Secção 1ª, regulamenta a jurisdição do tribunal e a competência.[18] Neste contexto, prevê-se a competência de um juiz especializado para o processo de insolvência, precisando-se algumas das suas competências (por exemplo: uma competência exclusiva para "toda ejecución frente al concursado, cualquiera que sea el órgano que la hubiera ordenado; todas las acciones civiles y sociales con trascendencia patrimonial que se dirijan contra el concursado; toda medida cautelar que afecte al patrimonio del concursado" (art. 8º). De igual sorte, a *Ley* n. 22/2003 disciplina, de uma maneira explícita, no seu art. 10º, a competência internacional, em consonância com o disposto no Regulamento que estamos a analisar. Assim, nos termos do art. 11º determina-se o alcance internacional da jurisdição dos tribunais espanhóis, o qual é "limitado únicamente al conocimiento de aquellas acciones que tengan su fundamento jurídico en la legislación concursal y guarden una relación inmediata con el concurso".

No contexto de análise do Regulamento, o certo é que o art. 2º deste Regulamento (CE) n. 1.346/2000, que em geral estabelece uma série de definições que ajudam a aclarar a aplicação deste texto, não faz o mesmo, omissão que, porventura, poderia ter sido evitada.

A única aclaração do conteúdo deste conceito é efectuada no art. 3º/1, o qual presume que, no caso das pessoas colectivas, o seu *centro dos interesses principais* é o local da respectiva sede estatutária (presunção *iuris tantum*).

O considerando n. 13 deste regulamento explica a razão de ser deste elemento de conexão: entende-se que o centro dos interesses principais é o lugar onde o devedor exerce, normalmente e de maneira habitual, os seus negócios, facto que pode ser facilmente determinável por terceiros. Estes terceiros são os credores (a quem o projecto que deu origem a este considerando já fazia referência, também sob o n. 13), de modo que nos quedamos perante uma norma destinada a proteger os interesses dos credores.

De um modo geral e prévio, podemos dizer que da leitura do conteúdo deste regulamento a origem do problema radica na circunstância de que os princípios gerais da insolvência (universalidade, *par condicio creditorum* e economia processual) colidem, nas insolvências interna-

18. Cfr. Jesús Riesco Milla, "La nueva ley concursal: los juzgados de lo mercantil", in *Jornada sobre* la *Nueva Ley Concursal*, Madrid, organizada por el Grupo Recoletos (conferencias y formación) y Audalia, celebrada nos dias 18-19.4.2002, pp. 3-4: "aunque la existencia de una jurisdicción especializada de lo mercantil en España no es novedosa y el estudio de los antecedentes históricos y las soluciones adoptadas en otros países, especialmente en Francia, resultan de enorme interés para comprender e proceso seguido por el Ministerio de Justicia hasta llegar la propuesta actual, teniendo en cuenta el objetivo eminentemente práctico de estas Jornadas señalaremos únicamente que el modelo propuesto en el Anteproyecto es de una jurisdicción ejercida por Jueces y no por comerciantes (solución histórica en nuestro país en el que hasta finales del siglo XIX, en que se promulgó el Derecho de Unificación de Fueros de 6 diciembre de 1868, existió una jurisdicción mercantil consular ejercida por comerciantes), descartando también un sistema mixto como el de Francia, que mantiene los Tribunales Especiales de comercio".

cionais, com a territorialidade e a soberania estaduais.[19]

Referem-se duas grandes teorias sobre a operacionalidade da insolvência: as *teorias universalistas* e as *teorias pluralistas*. As primeiras pretendem estabelecer um único foro onde se fixa a competência e, por conseguinte, a centralização e a competência exclusiva do tribunal relativamente a todos os bens e direitos que formam parte da *massa da insolvência*.

As segundas advogam a existência de uma pluralidade de processos de insolvência localizados em cada um dos Estados onde existam bens apreendidos para as massas da insolvência. As teorias universalistas permitem, em princípio, uma maior integração.

Ora bem. É inviável a existência de um único processo de insolvência regulamentado, sem excepções, pelo direito de um Estado, com pretensões de validade universal, principalmente devido à diversidade normativa existente nos distintos direitos nacionais, sobretudo em matéria de garantias reais e, dentro destas, dos privilégios creditórios.

Ademais, a actuação deste princípio é complexa, para além da indispensável necessidade de colaboração dos tribunais do país em que os bens do devedor se situam.[20] Além de que terá que se atentar no facto de que a maior parte dos ordenamentos nacionais tendem a proteger os credores residentes ou com sede social nesse país, mediante a manutenção da faculdade jurídica de tais credores poderem apresentar o pedido de abertura do processo de insolvência perante os orgãos jurisdicionais competentes desses países.

Em definitivo, a diversidade material dos diferentes regimes de insolvência dos Estados-Membros constitui um obstáculo praticamente incontornável à aplicação do princípio da universalidade em sentido estrito.

O Conselho Europeu coincide, de resto, com esta ideia, como se estabelece claramente no considerando n. 11: "O presente regulamento reconhece que não é praticável instituir um processo de insolvência de alcance universal em toda a Comunidade, tendo em conta a grande variedade de legislações de natureza substantiva existentes. Nestas circunstâncias, a aplicabilidade exclusiva do direito do Estado da abertura do processo levantaria frequentemente dificuldades. Tal vale, por exemplo, para a grande variedade de legislações sobre as garantias vigentes na Comunidade. Além disso, os privilégios creditórios de alguns credores no processo de insolvência são, muitas vezes, extremamente diferentes. O presente Regulamento pretende ter essas circunstâncias em conta de dois modos diferentes: por um lado, devem ser previstas normas específicas em matéria de legislação aplicável no caso de direitos e obrigações jurídicas particularmente significativas (por exemplo, direitos reais e contratos de trabalho) e, por outro, deve igualmente admitir-se, a par de um processo de insolvência principal de alcance universal, processos nacionais que incidam apenas sobre bens situados no território do Estado de abertura do processo". Trata-se, como assinala o considerando n. 12, do projecto germano-finlandês, para ao efeito de evitar "uma centralização excessivamente rígida".

Sem dúvida, deve ter-se em conta que a causa principal do fracasso do projecto de Convenção de 1982 foi o estabelecimento de um princípio de universalidade em sentido estrito, quase a *outrance*, como estabelecia o seu art. 2º: "os processos de

19. Veja-se por todos: González Campos, "Aspectos internacionales de la situación concursal", in *AA.VV. La Reforma del Derecho de Quiebras*, 1982, pp. 329 e ss.; também A. Calvo Caravaca e Carrascosa, "Insolvencia de la empresa y Derecho Internacional Privado", in *Justicia* 98, pp. 419 e ss.

20. Veja-se por todos: Manfred Balz, "Das neue Europäische Insolvenzübereinkommen", in *ZIP* (2001), n. 22, pp. 950-951, onde trata dos conflitos de normas que se colocam na aplicação deste regulamento.

que trata a presente Convenção, uma vez que tenham sido iniciados num dos Estados Contratantes, produzem todos os seus efeitos no território dos demais Estados". Além de que, enquanto não fosse encerrado o processo de insolvência num Estado, não poderia ter início outro processo nos restantes Estados contratantes.

Por isso, a iniciativa seguinte (o anteprojecto de 1991), o projecto de 1994 e, sobretudo, os antecedentes mais imediatos, ou seja, a Convenção de Bruxelas de 1995 e a proposta de Regulamento de 1999 flexibilizaram o princípio da universalidade, através de dois mecanismos, que também foram plasmados neste Regulamento (CE) n. 1.346/2000, a fim de assegurar a sua viabilidade, como é reconhecido expressamente no considerando n. 11:

1. "(...) Devem ser previstas normas específicas em matéria de legislação aplicável no caso de direitos e relações jurídicas particularmente significativas (por exemplo, direitos reais e contratos de trabalho) (...)".

2. "(...) deve igualmente admitir-se a par de um processo de insolvência, de alcance universal, processos nacionais que incidam apenas sobre os bens situados no território do Estado da abertura do processo principal". Comentaremos mais adiante este segmento.

Com efeito, parte-se do *princípio da universalidade* ao se prever um processo de insolvência (o do art. 3º/1) com validade universal, à luz das seguintes características: os bens situados fora do território do Estado onde pende o processo incluem-se na massa da insolvência e são submetidos a esse processo, além de que, à escala mundial, todos os credores são incluídos nesse processo, onde quer que se encontrem.

Um processo iniciado num Estado-Membro produzirá os seus efeitos no território de todos os outros Estados-Membros vinculados pelo Regulamento. O reconhecimento dos efeitos do processo nos demais Estados-Membros é automático, por força da lei, sem necessidade de *exequatur*, e não depende de publicação.

O síndico nomeado no processo principal pode actuar nos demais Estados Contratantes, sem necessidade de obter *exequatur*. Ora bem, o princípio da universalidade consagrado neste art. 3º/1 é, todavia, diluído através da possibilidade de iniciar outros processos a nível nacional. Com efeito, quedamo-nos, por um lado, com um processo de carácter universal no art. 3º/1 (denominado *processo principal*) e, por outro lado, com outros processos que podem ser tramitados na pendência deste, denominados processos nacionais ou *secundários*, cujo objecto se refere exclusivamente àqueles bens do devedor situados em territórios de Estados-Membros distintos daquele onde foi iniciado o processo principal.

Este processo nacional pode ser iniciado em todos os Estados-Membros, em cujo território o devedor tenha bens, e os seus efeitos são limitados a esse Estado, sendo, em todo o caso, um *processo de liquidação* desses bens, podendo denominar-se de forma diferente em virtude da data em que for iniciado o processo colectivo:

a) Se tem início após o *processo principal*, denomina-se *processo secundário*. Os orgãos jurisdicionais de outro Estado-Membro somente podem iniciar este tipo de processo relativamente ao mesmo devedor, se e quando este possuir um estabelecimento (isto é, todo o local de operações em que o devedor exerça, de uma maneira estável, uma actividade económica com recurso a meios humanos e a bens materiais: art. 2º, alínea *h)*) no território deste último Estado, no termos do art. 3º/2 deste Regulamento.

Todavia, a existência deste processo tão pouco pretende abalar totalmente a validade do princípio da universalidade. Isto porque o tribunal está limitado na apreciação de alguns aspectos: não pode examinar a declaração insolvência do devedor, pois que esta foi proferida com base na decisão prévia do orgão judicial onde foi iniciado o processo principal (art. 27º); deverá ser um processo de liquidação, conceito definido no art. 2º, alínea *c)*, que abarca os casos em que o processo for encerrado, seja com uma concordata, seja outras medidas que ponham fim à situação de insolvência do devedor, ou em virtude da insuficiência do activo.

Neste sentido, o art. 2º, alínea *c)*, remete para o Anexo B, a fim de se saber quais são, nos diferentes Estados-Membros, esses processos.[21] No caso espanhol são três os processos: "concurso de acreedores", "quiebra" e "suspensión de pagos" baseada na insolvência definitiva, que somente afecta os bens do devedor situados no território do Estado-Membro em que se inicie o processo secundário. No quadro da *Ley* n. 22/2003 é apenas o "concurso".

b) Se se inicia antes do processo principal, denomina-se *processo territorial*, e somente pode ser instaurado se ocorrer alguma das circunstâncias previstas no art. 3º/4: se não puder instaurar-se um *processo principal* de insolvência de harmonia com as condições estabelecidas pelo ordenamento jurídico do Estado-Membro em cujo território se situa o centro dos interesses principais do devedor; ou se a instauração do processo territorial de insolvência tiver sido requerida num Estado-Membro em cujo território se situa o estabelecimento em questão, ou cujo crédito tenha a sua origem na exploração do referido estabelecimento.

O considerando n. 17 justifica o motivo por que se limita o direito dc solicitar a instauração de procedimentos territoriais: "Antes da abertura de um processo de insolvência principal, o direito de requerer a abertura de um processo num Estado-Membro em que o devedor tenha um estabelecimento fica limitado aos credores locais e aos credores do estabelecimento local (...) Esta limitação deve-se à preocupação de reduzir ao mínimo indispensável os casos em que é requerida a abertura de um processo de insolvência territorial antes da abertura de um processo principal (...)". Evidentemente com isto pretende-se conferir maior protagonismo ou primazia ao processo universal relativamente aos processos nacionais, como mais adiante iremos também comprovar.

Assim, pode dizer-se, de modo definitivo, que a impossibilidade de disciplinar a matéria, com base em alguma das alternativas teóricas tradicionais sobre a insolvência transfronteiriça anteriormente mencionadas (concurso único e universal contraposto à pluralidade concursos de natureza territorial), levou o Regulamento a adoptar uma postura *eclética* ou *mista*: prevêem-se ambos os tipos de processo, universais e territoriais.

O legislador comunitário centrou-se, sobretudo, no processo secundário de insolvência, trâmite a que dedica um Capítulo (o Capítulo III, sobre os processos secundários de insolvências: arts. 27º a 38º).

Conquanto já tenhamos feito referência a alguns aspectos, basicamente os referidos às condições de instauração dos processos nacionais, cabe ainda destacar outros pontos de interesse, a saber:

No que respeita ao *direito de solicitar a instauração do processo* (art. 29º), não só a lei o reconhece a qualquer pessoa ou autoridade legitimada a iniciá-lo de acordo com o direito do Estado-Membro em cujo território se solicita, como também dele beneficia o síndico no processo principal.

E isto porque, como se refere no considerando n. 17, "Esta limitação deve-se à preocupação de se restringir ao mínimo indispensável aos casos em que é requerida a abertura de um processo de insolvência territorial antes da abertura do processo principal. Caso seja aberto um processo de insolvência principal, o processo territorial

21. Sobre isto e para o direito alemão, veja-se Hommann, "System der anerkennungeines ausländischen Insolvenzverfahrens", in *KTS* (2000), n. 3, pp. 343 e ss.

passa a ser secundário". Evidentemente, é propósito do legislador atribuir primazia ao processo universal, relativamente aos processos nacionais, como adiante iremos comprovar.

Cabe, também, destacar o art. 30º, que prevê o caso em que a legislação do Estado em que se solicita a instauração do processo exija que o activo do devedor seja suficiente para cobrir, total ou parcialmente, as custas e despesas do processo. Neste caso, o tribunal que conhece destes pedidos poderá exigir ao requerente uma provisão para tais custas ou uma caução adequada.

Em resumo: esta solução – a que conjuga os dois tipos de procedimentos, universal e territorial – flexibiliza o princípio da universalidade, a fim de evitar a excessiva centralização do processo num único Estado, impedindo o prejuízo para a Soberania dos outros Estados-Membros implicados na situação de insolvência e, assim, permite-se que sejam instaurados processos cujos efeitos se autolimitam apenas ao território dos Estados-Membros envolvidos.

Esta solução, expressa neste Regulamento e nos precedentes imediatos (na Convenção de Bruxelas de 1995 e na iniciativa da Alemanha e da Finlândia), não é exclusiva da Comunidade Europeia, pois também se encontra prevista no quadro jurídico internacional (no art. 16º da Convenção de Istambul e no art. 28º da Lei-Modelo da CNUDMI). Cura-se de uma ideia que tem sofrido alterações relativamente ao projecto de 1982. O que implicou a alteração da redacção dos artigos que previam atribuir competência ao orgão judicial para conhecer de um processo de insolvência transfronteiriço. É que este tipo de processo utilizava três critérios subsidiários: havia que atender, em primeiro lugar, ao centro de negócios do devedor, se este centro se localizasse no território comunitário; caso contrário, deveria atender-se à localização do estabelecimento do devedor; por último, se este também não estivesse situado na Comunidade Europeia, a Convenção não prejudicaria a competência dos Estados contratantes se assim fosse permitido pelo respectivo ordenamento interno.

A partir de 1991 apenas foi utilizado um critério de conexão: o *centro dos interesses principais do devedor*. Ainda que seja um foro único, ele é mais amplo, visto que pode assim abandonar-se a referência ao "centro de negócios" e substituí-la pela referência ao "centro dos interesses principais", além de que estão abrangidos tanto *devedores comerciantes*, como *devedores não comerciantes*.

Assim se demonstra, por exemplo, que este Regulamento também é aplicável ao concurso de credores (que é direito nacional vigente em Espanha). Por outro lado, a expressão "local da respectiva sede estatutária", constante do art. 3º/1, *in fine*, referido ao centro de interesses principais de uma pessoa colectiva, foi introduzido, pela primeira vez, na Convenção de Bruxelas de 1995, pois que até esse momento falava-se de "sede social".

Em definitivo, no que respeita à *competência internacional*, a mais de abrir a possibilidade de instauração de processos paralelos nos termos atrás expostos, o Regulamento estabelece um único critério de competência para todos os Estados-Membros, atribuindo assim competência jurisdicional para um processo de insolvência transnacional aos juízes de cada um desses Estados.

Foram, deste modo, unificados os diversos critérios atributivos de competência internacional designados pelas leis dos diferentes Estados-Membros, se bem que a determinação do concreto orgão judicial a nível interno seja realizada pelo disposto no concreto ordenamento interno do Estado-Membro (como se prevê no considerando n. 15).

Assim, na nossa *Ley* n. 22/2003 contemplam-se critérios de competência internacional harmonizados com o disposto no Regulamento (CE) n. 1.246/2000, já que o orgão judicial competente é o "Juez de lo

Mercantil" – como já havíamos referido –, em cuja jurisdição o devedor tenha o seu centro dos interesses principais, ou seja, na capital de província onde o devedor tenha o seu centro dos interesses principais. Quando este centro de interesses não coincide com o domicílio do devedor, permite-se, não obstante, que o credor solicite que essa competência seja atribuída ao "Juez de lo Mercantil" da capital de província em cujo território aquele tenha a sua residência. Presume-se que o centro de interesses é aquele do lugar da sede social, sendo ineficaz a mudança de domicílio efectuada nos seis meses anteriores ao pedido de insolvência. Pelo contrário, quando o devedor seja uma pessoa humana, o centro de interesses será entendido como sendo o lugar onde o devedor exerce, de modo habitual e reconhecível por terceiros a administração de tais interesses (art. 10º da *Ley* n. 22/2003).

3.2 A lei aplicável

Por outro lado, um outro tema com especial interesse é o da ***Lei Aplicável***:[22] Cura-se este de outro dos grandes problemas com que se confrontam todos aqueles que pretendem dar resposta aos diferentes sistemas nacionais de Direito Internacional Privado.[23]

Uma vez determinada a competência do tribunal de um Estado-Membro para conhecer de um caso internacional (insolvência transfronteiriça), deve indagar-se qual a lei aplicável a esse litígio. O Regulamento pretende resolver este problema:[24] que não através do estabelecimento de um direito substantivo uniforme aplicável em todos os Estados-Membros. Isso seria ir muito longe. A solução engendrada por este Regulamento foi a de estabelecer uma única norma de conflitos para todos os Estados-Membros, modificando e uniformizando as que se achavam previstas no Direito Internacional Privado de cada um dos Estados-Membros.

O art. 4º/2 (e o art. 28º para os processos secundários) prevêem uma regra geral: a *lex concursus*. Ou seja: será atendível a lei do Estado-Membro em cujo território seja instaurado o processo de insolvência. Como se refere no considerando n. 23, esta lei determina todos os *efeitos* do processo de insolvência, tanto *processuais* como *substantivos*, sobre as pessoas e as relações jurídicas implicadas, bem como é essa lei que disciplina as condições para a abertura, tramitação e encerramento do processo de insolvência.

Na lei espanhola (*Ley* n. 22/2003), no seu Título IX,[25] dedicado ao regime do Di-

22. Cfr. os trabalhos da doutrina italiana: Luigi Daniele, "Legge applicabile e Direitto Uniforme nel Regolamento comunitario relativo alle procedure d'insolvenza", in *Rivista di Diritto Internacionale Privato e Processule* (jan.-fev./2001), pp. 33-55; Sergio Di Amato, "Le procedure d'insolvenza nell'Unione europea: competenza, legge applicabile ed eficacia transfrontiera", in *Il Fallimento* (2002), n. 7, pp. 693-703.

23. Vejam-se os comentários de D. Friedann Fritz e M. Bähr Rainer, "Die europäische Verordnung über Insolvenzverfharen-Herausforderung an Gerichte und insolvenzverwalter", in *DZWIR* (jun./2001), n. 11, pp. 222 e ss.

24. De acordo com J. González Pascual, J. Perea Monteiro e Yetaba Sánchez De Munian, a., "El Reglamento sobre procedimientos de insolvencia de la Unión Europea", in *Partida Doble* (fev./2003), n. 141, p. 9: "La ley concursal del país de apertura debe regular todas las condiciones para la apertura, desarrollo y terminación del procedimiento. De forma general, esta misma legislación será la que se aplique al procedimiento de insolvencia en todos los Estados miembros donde exista bienes o establecimientos del deudor".

25. Veja-se, para mais informações, o Parecer do Conselho Geral do *Consejo General del Poder Judicial* sobre o anteprojecto de lei de insolvência, que já assinalava (pp. 72 e ss.): "las normas de Derecho Internacional, contenidas en el Anteproyecto, siguen, con las convenientes adaptaciones, el modelo del Reglamento CE núm. 1.346/2000, del Consejo, del 29 de mayo de 2000, sobre el procedimiento de insolvencia, que sigue, a su vez, en líneas generales, el contenido y estructura del Convenio de Bruselas de 1995 (...) en la regulación del Título IX del Anteproyecto también se aprecia la influencia de la Ley Modelo de la Comisión de las Naciones Unidas para el Derecho Mercantil Internacional (CNUDM)

reito Internacional Privado afirma-se claramente esta regra geral no seu art. 200º, relativamente ao processo principal: "sin prejuicio de lo dispuesto en los artículos siguientes, la ley española determinará los presupuestos y efectos del concurso declarado en España, su desarrollo y su conclusión", em consonância com o que se acha previsto no Regulamento (CE) n. 1.346/2000 (art. 4º).

Por sua vez, o art. 4º do Regulamento comunitário regula certos aspectos pontuais que devem ser regulados pela lei designada por esta norma de conflitos, a saber:

• os devedores que podem ser submetidos a um processo de insolvência nessa mesma qualidade (veja-se os arts. 40º e ss. da *Ley* n. 22/2003).

• os bens de cuja administração ou disposição o devedor está inibido e o destino a dar aos bens adquiridos pelo devedor após a abertura do processo de insolvência;

• os podres do devedor e do síndico da insolvência;

• as condições de oponibilidade de uma compensação (arts. 58º e ss. da *Ley* n. 22/2003).

• os efeitos do processo de insolvência nos contratos em vigor, nos quais o devedor seja parte (arts. 61º e ss. da referida *Ley*).

• os efeitos da instauração de um processo de insolvência nas acções individuais, com excepção dos processos pendentes (arts. 50º e ss., idem).

sobre insolvencia transfronteiriza, adoptada por la Asamblea General de la ONU, en su Resolución 52/158, de 15 diciembre de 1997".

Já se estatuía, no art. 199 do Projecto de *Ley* concursal, as relações entre os vários ordenamentos jurídicos: "las normas de este título se aplicarán sin perjuicio de lo establecido en el Reglamento (CE) 1.346/2000 sobre procedimientos de insolvencia y demás normas comunitarias o convencionales que regulen la materia. A falta de reciprocidad o cuando se produzca una falta sistemática a la cooperación por las autoridades de un Estado extranjero, no se aplicarán respecto de los procedimientos seguidos en dicho Estado, los Capítulos III y IV de este Título".

• as normas respeitantes à apresentação, exame e reconhecimento dos créditos (art. 86º, ibidem).

• as regras de distribuição do produto da liquidação dos bens, a graduação dos créditos e os direitos dos credores que tenham sido parcialmente pagos após a instauração do processo de insolvência, em virtude de um direito real ou por causa do operar de compensação (arts. 84º e ss.).

• as condições e os efeitos da extinção do processo de insolvência, em particular mediante o acordo (*convenio*) dos credores (arts. 98 e ss., ibidem).

• os direitos dos credores após a extinção do processo de insolvência.

• a imposição de custas processuais e demais encargos no processo de insolvência.

• as regras relativas à nulidade, anulação ou impugnação dos actos prejudiciais aos credores.

Este critério *da lex concursus* tem sido, na verdade, aquele que tem sido adoptado, como regra geral, nos diferentes trabalhos comunitários sobre o tema: no projecto de 1970, nos seus arts. 18º e 19º, onde se referia a "a lei interna do Estado contratante em cujo território seja aplicável a jurisdição considerada competente", no que tange aos requisitos de instauração do processo de insolvência; ou se falava da "lei interna do Estado onde ocorre a instauração do processo", relativamente à tramitação do processo, efeitos e condições de oponibilidade à insolvência.

O projecto de 1982 continha, no mais, uma norma de conflitos "peculiar", a qual surge também nos projectos posteriores: a natureza mobiliária ou imobiliária de um bem é determinada pela lei do Estado em cujo território esse bem se encontre (art. 20º). Por seu turno, a *lex concursus* também influenciou (no projecto de 1994, no seu art. 3º/1 da Convenção de Bruxelas de 1995, bem como o projecto de regulamento da iniciativa de 1999, nos seu art. 4º/1).

Porém, estas regras apresentam excepções. Ou seja, o Regulamento prevê elementos de conexão distintos para casos especiais (e muito pontuais) distintos do critério da *lex concursus*, de modo que, neste caso, será aplicável um ordenamento jurídico distinto da lei material do foro onde a acção tenha sido instaurada.

Trata-se de excepções que, como estabelece o considerando n. 24, visam tutelar as legítimas expectativas e tornar mais seguras determinadas operações efectuadas em Estado-Membro diferente daquele onde o processo tenha sido instaurado.

São hipóteses de especial importância para os Estados, os quais não querem abdicar da sua Soberania normativa em favor de outros Estados. Esta é, assim, uma outra via destinada a flexibilizar o princípio da universalidade – para além da que autoriza a instauração de processos nacionais coetâneos ao processo universal-principal – e conseguir que os Estados-Membros acolham melhor as práticas induzidas por este Regulamento. Como afirmámos anteriormente, o Conselho reconhece claramente este facto no considerando n. 11.

O regulamento tem em conta o problema da aplicação de um único processo de insolvência com validade universal[26] para toda a Comunidade e, por isso, prevê, como uma das soluções, a aceitação da aplicabilidade de vínculos especiais ou conexões especiais para direitos de especial importância, tais como os direitos reais e os contratos de trabalho.

A existência destas excepções já era prevista nos primeiros trabalhos comunitários sobre a matéria. Assim, o projecto de 1970 já previa normas de conflitos especiais para o contrato de trabalho, a locação e a compra e venda; assim, seria aplicável a lei do contrato de trabalho; ou a lei do lugar onde estão situados os objecto da locação; ou a lei do lugar onde foi celebrado o contrato de compra e venda.

Pouco a pouco, foram-se adicionando excepções[27] até a actual conformação efectuada pelo Regulamento n. 1.346/CE, cuja redacção é, neste particular, praticamente igual à da Convenção de Bruxelas de 1995 e à proposta de 1999.

Certamente que o facto do aumento das excepções é criticável. Isto porque a evolução das iniciativas sobre esta matéria revelou um retrocesso relativamente ao objectivo da integração. Se este Regulamento apenas harmoniza, com este elenco – do meu ponto de vista excessivamente extenso – menospreza-se, uma vez mais, a uniformidade e a integração. Isto em defesa dos interesses dos credores nacionais. Tais excepções são as seguintes:

Art. 5º. Direitos reais de terceiros[28]

Os direitos reais constituídos a favor de um credor ou de um terceiro sobre os bens de qualquer natureza que pertençam ao devedor e que, no momento da instauração do processo de insolvência, se encontrem noutro Estado-Membro distinto do Estado onde corre o processo de insolvência, regem-se quanto ao seu fundamento, alcance e validade pela lei do lugar do estabelecimento, não sendo afectados pela pendência do procedimento principal.

26. Sobre este aspecto, vejam-se os comentários de Lopucki, "The Case for Cooperative Territoriality International Bankruptcy", in *Michigan Law Review* (2000), pp. 2.216 e ss.; igualmente, Westerbrook, "A global solution to multinational default", in *Michigan Law Review* (2000), pp. 2.276 e ss.

27. Giorgio Corno, "La disciplina comunitaria dell'insolvenza", in *Diritto Fallimentare* (mar.-abr./2002), n. 2, pp. 272-284.

28. Por nossa parte este mandato reflecte-se no art. 201 da *Ley* n. 22/2003, relativo aos direitos reais e ás reservas de domínio. Diz-se no art. 201, parágrafo 1 o seguinte: "Los efectos del concurso sobre derechos reales de un acreedor o de un tercero que recaigan en bienes o derechos de cualquier clase pertenecientes al deudor, comprendidos los conjuntos de bienes cuya composición pueda variar en el tiempo, y que en el momento de declaración del concurso se encuentren en el territorio de otro Estado se regirán exclusivamente por ley de éste". Isto é dito em sintonia com o disposto no Regulamento.

Estes direitos são enunciados no parágrafo segundo deste art. 5º e podem consistir:

a) no direito a fazer transmitir o bem e ser pago com o produto da transmissão ou com os rendimentos desse bem, em particular, por força de penhor ou hipoteca;

b) no direito exclusivo de receber um crédito, em particular o direito garantido por um penhor que tenha por objecto um crédito ou a cessão desse crédito a título garantia;

c) no direito de reivindicar o bem ou reclamar a sua restituição a qualquer pessoa que o possua ou utilize contra a vontade do seu titular; e

d) no direito real a auferir os frutos de um bem.

O Conselho justifica esta excepção atenta a grande importância dos direitos reais por ocasião da concessão de créditos (considerando n. 2).

Art. 6º. Compensação

Se, de harmonia com o disposto na lei designada pela regra da *lex concursus*, não for admitida a compensação, esta figura poderá ainda assim operar se tal for permitido pela lei aplicável que rege o crédito do devedor insolvente. Trata-se, como se assinala no considerando n. 24, da circunstância de a compensação se converter numa garantia real, por força das normas em que o credor pode confiar quando nasceu o seu crédito (considerando n. 26).[29]

Esta consequência não impede o exercício das acções de nulidade, anulação ou inoponibilidade previstas no art. 4º/2, alínea *m)*.

Art. 7º. Reserva de propriedade

A compra e venda de um bem com reserva de propriedade a favor do vendedor é regulada pelo ordenamento jurídico material do Estado em cujo território onde se encontre o objecto do contrato; esta regra também é aplicável quando, instaurado um processo de insolvência contra o vendedor, este já tenha entregue o bem ao comprador (veja-se o art. 201º da *Ley* n. 22/2003).

Art. 8º. Contratos relativos a bens imóveis[30]

Os efeitos do processo de insolvência sobre um contrato por efeito do qual se atribui um direito de uso ou domínio sobre um imóvel é determinado pela lei do Estado-Membro em cujo território se situa esse bem.

Art. 9º. Sistemas de pagamento e mercados financeiros (art. 204º da *Ley* n. 22/2003)

Como se esclarece no considerando n. 27, os sistemas de pagamento e os mercados financeiros carecem de uma protecção especial, a qual é alcançada mediante a sujeição dos contratos relativos à liquidação, os acordos de compensação, as cessões de valores e as garantias oferecidas como compensação (por virtude da Directiva n. 98/26/CE, do Conselho, de 19 de maio de 1998, sobre a firmeza da liquidação nos sistemas de pagamento e de liquidação de valores) ao direito aplicável ao sistema e ao mercado em questão.

Visa-se evitar que, em caso de insolvência, possa haver uma alteração dos instrumentos previstos para os sistemas de pagamentos e liquidações de operações e

29. Na lei espanhola, isto é, na *Ley* n. 22/2003, o art. 205, determina que: "1. La declaración de concurso no afectará el derecho de un acreedor a compensar su crédito cuando la ley que rija e crédito recíproco del concursado lo permita en situaciones de insolvencia. 22. Lo dispuesto en el apartado anterior se entiende sin prejuicio de las acciones de reintegración que en su caso procedan".

30. Dispõe o art. 206 da lei espanhola que: "Los efectos del concurso sobre los contratos que tengan por objeto la atribución de un derecho de uso o a la adquisición de un bien se regirán exclusivamente por la Ley del Estado donde se halle".

para os mercados financeiros regulados dos Estados-Membros.

Art. 10º. Contratos de trabalho[31]

Trata-se de uma das excepções clássicas, em virtude da qual os efeitos do processo de insolvência sobre a continuação ou a celebração de um contrato de trabalho, ou relativo a relações laborais em geral, assim como os direitos e obrigações das partes contratantes, são disciplinados unicamente pelo direito do Estado-Membro aplicável ao contrato de trabalho.

Sem prejuízo de outros aspectos, como a possível protecção dos direitos dos trabalhadores através da concessão de privilégios creditórios ou da graduação de tais privilégio, se existirem, tais direitos dos trabalhadores são submetidos à lei do Estado onde se instaura o processo, seguindo-se assim a regra geral da *lex concursus* prevista no art. 4º/1 (considerando n. 28).

Art. 11º. Efeitos sobre os direitos submetidos a registos (veja-se o art. 202º da Lei da insolvência espanhola)

Os direitos do devedor sobre um imóvel, um navio ou uma aeronave sujeitos a inscrição em registo público são regulados, quanto aos efeitos do processo de insolvência sobre tais direitos, pela lei do Estado-Membro sob cuja autoridade sejam levados ou mantidos a registo.

Art. 14º. Protecção dos terceiros adquirentes (veja-se o art. 203º da Lei da Insolvência espanhola)

Trata-se aqui de uma excepção à *lex concursus*, a qual prevê uma eventualidade em que o devedor actua de má fé, transmitindo a terceiros uma parte da massa da insolvência, uma vez aberto o processo de insolvência.

O problema está em saber se esse acto de transmissão é válido, nulo ou anulável, ficando, nos dois últimos casos, prejudicado o terceiro adquirente.

Pois bem, o art. 14º prevê que – quando o devedor disponha a título oneroso de um bem imóvel, navio ou aeronave (uma vez instaurado o processo de insolvência) sujeitos a inscrição registal, ou de valores negociáveis cuja existência implique uma inscrição num registo determinada pela lei – a validade de tal acto é regida pela lei do Estado em cujo território se situa o imóvel ou sob cuja autoridade o registo é mantido.

Art. 15º. Efeitos do processo de insolvência sobre os processos em curso (veja-se o art. 209º da Lei da Insolvência espanhola)

A medida em que o processo de insolvência afecta outros processos em curso relativamente a um bem ou um direito dependerá do que for estabelecido pela lei do Estado-Membro no qual esteja em curso esse processo.

O que se retira de todas estas excepções à norma de conflitos da *lex concursus* não impede, como prevê o art. 13º, o exercício das acções de nulidade, anulação ou de inoponibilidade dos actos prejudiciais ao conjunto dos credores previstas pela *lex concursus*, ou seja, pela lei do Estado onde a insolvência foi instaurada.

Em qualquer caso, estas acções não podem ser exercidas quando o beneficiário de um acto prejudicial aos interesses dos credores demonstre que o referido acto estava sujeito à lei material de um Estado-Membro diverso do Estado da instauração do processo de insolvência e que, nesse caso específico, tal lei não permite, em nenhum caso, a impugnação desse acto.

31. O art. 207 da Ley de insolvência espanhola que: "Los efectos del concurso sobre el contrato de trabajo y sobre las relaciones laborales se regirán exclusivamente por la Ley del Estado aplicable al contrato".

3.3 O reconhecimento do processo de insolvência

No que respeita ao ***reconhecimento do processo de insolvência***,[32] este é um tema próprio do Direito Internacional Privado (como a lei aplicável e a competência judicial internacional anteriormente analisadas), ponto fundamental desta regulamentação. Inclusivamente, o Capítulo II tem por epígrafe esta mesma expressão, embora nem todos os seus artigos (16º ao 26º) nos interessem analisar.

Trata-se de uma medida que foi identificada desde os primeiros trabalhos comunitários sobre a matéria, ao arrimo do princípio da universalidade, e que basicamente supõe a supressão do *exequatur*, de modo que o controlo judicial deixa de ser uma condição prévia ao reconhecimento do efeito internacional da instauração do processo colectivo de insolvência, assim como de todas aquelas medidas relativas à tramitação e ao encerramento do processo de insolvência.

Em definitivo, pretende-se que um processo instaurado num Estado-Membro produza os seus efeitos no território de todos os Estados-Membros; que tais efeitos sejam reconhecidos por estes Estados de uma forma automática, *ex officio*, sem necessidade de *exequatur*. Assim se prevê, de resto, no art. 211º da Lei de Insolvência espanhola, onde de estatui que: "el reconocimiento de un procedimiento extranjero principal permitirá abrir en España un concurso territorial sin necesidad de examinar la insolvencia del deudor".

Vistas assim as coisas, e no contexto comunitário, deve dizer-se que já o projecto de 1970 previa este problema no seu art. 50º e ss.: os Estados Contratantes reconheciam as decisões judiciais em matéria de insolvência, sem que fosse necessário recorrer a outro processo, salvo no que se referisse à *liberdade pessoal*. Assim, tais decisões respeitantes à declaração e desenvolvimento da insolvência emitidas em algum ou alguns Estados seriam executórias e eficazes em todos os Estados-Membros.

Por sua vez, o projecto de 1982 prestava atenção especial a este tema, já que não devemos esquecer que ele estabelecia o princípio da universalidade e unidade da insolvência em sentido estrito. Como consequência disto, ele pretendia facilitar ao máximo o reconhecimento e a execução das decisões adoptadas a partir da propositura e desenvolvimento do processo. Vários elementos atestam este interesse especial pelo tema, como por exemplo: o projecto parte da solução que propugna o reconhecimento de pleno direito das decisões. Pois bem, estas decisões são, neste projecto, objecto de uma delimitação exaustiva. No art. 33º da Convenção definem-se as decisões atendíveis como sendo todas aquelas que sejam emitidas por uma autoridade jurisdicional de um Estado contratante qualquer que seja a sua denominação, tais como sentença, acórdão, despacho, providência, mandato de execução, incluindo a decisão de fixação pelo Secretário das custas processuais. Ademais, o art. V do Protocolo especifica um outro tipo de decisões – que enumera – às quais também aproveita este reconhecimento.

Uma vez estabelecido o princípio do reconhecimento de pleno direito, a Convenção trata, em vários artigos (art. 57º e ss.), da questão derivada acerca da possibilidade de reconhecer várias decisões, distinguindo entre conflitos de competência de diferente e de igual estalão.

Uma parte não necessita requerer autorização para executar num Estado uma decisão relativa à insolvência, embora possa pedir que não seja reconhecida. Pois bem, esta possibilidade, denominada "oposição" é exaustivamente regulada (em concreto, este projecto de Convenção dedicava cinco artigos: do art. 61º ao 66º); e, no mais, visa-se facilitar o reconhecimento,

32. Vicenzo Storace, "La disciplina comunitaria delle procedure d'insolvenza: guirisdizione ed eficacia delle sentenze straniere", in *Rivista di Diritto Internazionale* (2002), n. 2, pp. 295-308.

em virtude do princípio da universalidade limitar ao máximo a operacionalidade deste princípio. Daí que esta oposição apenas caiba em duas hipóteses; violação dos direitos de defesa e da ordem pública.

Por fim, este projecto trata do reconhecimento de uma maneira detalhada. A partir do anteprojecto de 1991 já era configurada de uma forma mais próxima a disciplina que, hoje, é plasmada no Regulamento (CE) n. 1.346/2000, ou seja, a ideia de um reconhecimento de decisões sem a necessidade da existência de um controlo judicial prévio do efeito internacional da instauração de um processo de insolvência e das medidas respeitantes à tramitação e encerramento desse processo.

Além disto, reconhece-se que o síndico da insolvência nomeado no processo principal pode praticar actos nos demais Estados-Membros envolvidos sem necessidade de *exequatur*. Trata-se aqui de um reconhecimento que abordaremos mais adiante, embora até ao projecto de 1991 não era previsto, já que não se distinguia o processo universal do processo secundário de insolvência.

Analisados estes antecedentes, cabe agora efectuar a análise desta matéria do reconhecimento, à luz do Regulamento que é objecto do nosso estudo, matéria que, como já havíamos notado, desfruta de uma disciplina igual à que já era surpreendida na Convenção de Bruxelas de 1995 e na iniciativa de Regulamento levada a efeito pela Alemanha e pela Finlândia.

A regra geral, como decorre do disposto no considerando n. 22, é, assim, a do *reconhecimento imediato e automático das decisões relativas à instauração do processo* (art. 16º) *e as respeitantes ao desenvolvimento e encerramento do processo* (art. 25º/1), quando forem emitidas por um tribunal competente de um Estado-Membro em virtude do preceituado no art. 3º (que o mesmo é dizer, independentemente de se tratar do processo principal ou de qualquer processo secundário), o que supõe que os efeitos produzidos à luz do direito do Estado-Membro da instauração do processo se estendem aos demais Estados-Membros.

1. Concretamente, o art. 16º é a norma que alberga a regra geral de reconhecimento das decisões de instauração do processo de insolvência – seja principal, seja secundário – emitidas pelo tribunal competente de um Estado-Membro.

Esta decisão deverá ser reconhecida em todos os demais Estados-Membros desde o momento em que a mesma produza efeitos no Estado da instauração do processo (incluindo os casos em que o devedor não pode ser sujeito a um processo de insolvência nos demais Estados-Membros, por motivo das suas circunstâncias pessoais: art. 16º/1, *in fine*), o que supõe a extensão dos efeitos jurídicos produzidos no Estado de abertura do processo de insolvência aos restantes Estados-Membros, sem necessidade de qualquer tipo dc tramitação, nos termos do art. 17º/1.

Porém, o art. 17º limita esta consequência: "enquanto não tiver sido aberto nesse outro Estado-Membro um processo referido no n. 2 do art. 3º". Neste aspecto, há que destacar o art. 16º/2, o qual prevê que o reconhecimento não impedirá a possibilidade de instauração de um *processo de insolvência secundário* em outro Estado-Membro, cujos efeitos não poderão ser impugnados nos demais Estados-Membros.

Além disto, as limitações aos direitos dos credores, em particular a dilação dos prazos de pagamento ou a diminuição do montante em dívida, apenas serão oponíveis aos credores que tenham manifestado o seu consentimento, relativamente aos bens situados no território de outro Estado-Membro. Cura-se, assim de mais uma outra medida de tutela dos credores, tal como iremos tratar adiante com mais detalhe.

2. As decisões, que não as de instauração do processo, mas antes as decisões atinentes ao desenvolvimento da instância e da sua extinção emitidas pelo orgão jurisdicional (aqui incluídas as medidas cautelares decretadas após a propositura do processo) também são reconhecidas nos mesmos termos.

Vale dizer: serão reconhecidos, ao abrigo do estatuído no art. 25º/2, os efeitos do processo de insolvência decorrentes da aplicação do direito do Estado de instauração do processo, sem necessidade de qualquer tipo de reconhecimento, tal como vimos suceder no caso anterior, nos termos do art. 17º/1, efeitos, estes, que se estendem aos demais Estados.

Estas decisões eram executadas de harmonia com o que se dispõe na Convenção de Bruxelas de 1968, relativa à *competência internacional, reconhecimento e execução de decisões em matéria civil e comercial*, salvo se essas decisões implicassem uma limitação da liberdade individual ou sigilo postal (art. 25º/3). Note-se que esta Convenção de Bruxelas foi substituída pelo Regulamento (CE) n. 44/2001, do Conselho, de 22 de dezembro de 2000 (in *JOCE*, n. L 121, de 16 de janeiro de 2001[33]), sobre a mesma matéria, o qual entrou em vigor no dia 1 de março de 2001, substituindo, assim (com excepção da Dinamarca) nas relações entre os Estados-Membros, a referida Convenção de Bruxelas de 1968.[34]

O art. 25º do Regulamento (CE) n. 1.346/2000 apenas permite que a execução seja negada em dois casos: violação da liberdade individual ou a violação do sigilo postal. Trata-se, assim, de facilitar a execução e evitar oponibilidade das várias causas de recusa de execução, que estavam previstas nos arts. 27º e 28º da Convenção de Bruxelas de 1968.

Uma excepção ao princípio da automaticidade e imediaticidade do reconhecimento e execução de decisões, relativas à instauração do processo e emitidas ao longo da pendência desse processo, surge-nos no art. 26º, o qual prevê a possibilidade de os Estados alegarem a violação da *ordem pública*, a fim de negar esse reconhecimento ou execução, em particular, no caso em que estas decisões violam os seus princípios fundamentais ou os direitos e liberdades individuais garantidos pela Constituição de um Estado-Membro.

Deveremos salientar a este respeito que a *ordem pública* é uma "excepção clássica", não apenas em matéria de insolvência. O próprio Tratado da Comunidade Europeia também a contempla expressamente para limitar, por exemplo, a livre circulação de trabalhadores (art. 39º/3). Trata-se, em geral, de uma possibilidade aberta aos Estados para aplicar determinados acordos celebrados com outros Estados, que limitam a sua soberania ou capacidade de actuação.

No quadro comunitário, este conceito de "ordem pública" é um conceito vago, abstracto e indefinido, já que, em princípio, como já decidiu o Tribunal de Justiça das Comunidades, corresponde à ideia de ser o próprio Estado a determinar quando a sua ordem pública se acha, ou não, violada. É, portanto, um *conceito impreciso*, pelo que os Estados lhe atribuíram um âmbito de aplicação bastante amplo, alegando a infracção deste princípio em múltiplas ocasiões, muitas vezes sem fundamento.

Este é o motivo por que este Regulamento define o conteúdo da cláusula de ordem pública, pois que o vincula com os valores constitucionais fundamentais, limitando assim a possibilidade de abuso desta "válvula de escape" por parte dos Estados.

Por último, neste domínio da eficácia extraterritorial das decisões judiciais em

33. Mais informações em Broz/Gaudemet-Tallon, "La transformation de la Convention de Bruxelles du 27 septembre 1968 en Réglement du Conseil concernant la compétence judiciaire, la reconnaissance et l'execution des décisions en matière civile et commerciale", in *Revue Critique de Droit International Privé* (2001), pp. 6.011 e ss.

34. Este regime de execução das decisões previsto na Convenção de Bruxelas constava dos arts. 31º a 51º (Secção II do Título III), e referia-se à tramitação do reconhecimento, ao orgão jurisdicional competente, à forma, prazo, notificação da decisão, possibilidade de impugnação dessa resolução, etc.

matéria de insolvência, o Conselho indica, no considerando n. 2 deste Regulamento, o fundamento deste reconhecimento automático das decisões judiciais proferidas noutros Estados: a *confiança mútua*.

Daí que se tenha tentado reduzir as possibilidades de não reconhecimento. Isto através de duas vias, como já vimos: por um lado, excluir da previsão os inúmeras causas de não reconhecimento previstos na Convenção de Bruxelas de 1968 e, por outro, limitar as possibilidades de invocação da excepção da ordem pública.

É precisamente este *principio da confiança mútua* que, nos termos do art. 3º/1, há-de presidir a resolução do conflito produzido quando os tribunais de dois Estados-Membros se consideram competentes para apreciar um processo principal de insolvência. A solução do problema passa pela prevalência da decisão do Tribunal onde a insolvência tenha sido instaurada em primeiro lugar, a qual deverá ser reconhecida em todos os outros Estados-Membros, que ficam assim impedidos de controlar o mérito da decisão proferida por esse Tribunal.

Esta solução não é inovadora, já que ela adopta a que já se achava prevista na Convenção de Bruxelas de 1968, em caso de *litispendência* entre tribunais de diferentes Estados-Membros: segundo o disposto no art. 21º da Convenção, o segundo tribunal a que a causa tenha sido submetida deverá inibir-se de conhecer o mérito em favor do primeiro tribunal.

3.4 Orgãos da insolvência

No tocante aos ***orgãos da insolvência***, deve dizer-se que o *síndico* é o protagonista fundamental deste normativo, do qual depende o resultado positivo e o bom desenvolvimento do processo de insolvência.

No contexto comunitário, já desde o projecto de 1982 que surpreendemos diferentes iniciativas legislativas comunitárias dedicadas a estabelecer o regime jurídico dos limites e o conteúdo da função de síndico, embora nunca tais funções tenham sido providas com os amplos poderes agora consagrados no Regulamento (CE) n. 1.346/2000.[35]

Em qualquer caso, teremos que distinguir o previsto no referido projecto de 1982 e nos trabalhos preparatórios posteriores. Com efeito, o projecto de 1982 dedicava vários artigos a este orgão da insolvência, centrando-se fundamentalmente na ideia segundo a qual o síndico deverá exercer no território dos Estados contratantes as faculdades jurídicas atribuídas pela lei do Estado onde tenha sido instaurado o processo de insolvência, o que corresponde a uma manifestação do princípio da universalidade.

Todavia, o anteprojecto de 1991 inaugurou, no âmbito comunitário (flexibilizando o princípio da universalidade), a possibilidade de instaurar, simultaneamente, um processo nacional e um processo universal. Assim, para além de se regular a possibilidade de o síndico de um processo universal poder actuar noutro Estado, como se previa no projecto de 1982, o certo é que a partir daquele projecto de 1991, passando pelo de 1994, pela Convenção de Bruxelas de 1995 e pela proposta da Alemanha e da Finlândia e pelo actual Regulamento (CE) n. 1.346/2000, os legisladores passaram a prever a possibilidade de existir um síndico nos processos de insolvência secundários, bem como a articulação da actuação entre os vários síndicos, etc. Sem dúvida, como veremos, este orgão é a chave na articulação entre os vários processos.

Em primeiro lugar, deveremos destacar que o art. 2º, alínea *b)*, define o síndico como sendo "qualquer pessoa ou orgão cuja função seja administrar ou liquidar os

35. L. Carvalho e J. Labareda, *Insolvências*, ob. cit., p. 76, autores que explicam que o fortalecimento dos poderes do síndico ou administrador da insolvência são uma consequência do reconhecimento automático das decisões tomadas nos processos de insolvência.

bens de cuja administração ou disposição o devedor esteja inibido ou fiscalizar a gestão dos negócios do devedor (...)". Esta norma remete-nos para o Anexo C, a fim de saber-se, em cada Estado-Membro, quais são essas pessoas ou orgãos.

No caso espanhol, anteriormente à *Ley* n. 22/2003, esta pessoa era o "depositário-administrador", o "interventor" ou "interventores", os "síndicos" e o "comissário". Agora, à luz desta nova *Ley* de insolvência, é a pessoa do "administrador". Assim, o Título II desta *Ley* disciplina a administração judicial. Prevê-se uma série de condições subjectivas para se ser administrador (art. 25º), as quais são fundadas na experiência com a duração de cinco anos (advogado, auditor de contas, credor ordinário cujo crédito não esteja garantido). Se a acções da empresa devedora tiverem sido admitidas em bolsa e desfrutarem de uma cotação oficial, o administrador será nomeado pela "Comisión Nacional del Mercado de Valores". Se a insolvência é simples, a função de administrador será realizada por uma única pessoa. Actua-se, assim, em função da relevância e da complexidade ou simplicidade do processo de insolvência que está a tramitar.[36]

Desta maneira, a nova lei prevê apenas a existência de um único orgão de administração (colegial e heterogéneo, que integra um representante dos trabalhadores). O que permite alcanzar uma maior participação no desenvolvimento do processo e acha-se em linha com o direito actualmente vigente, se bem que era desejável uma actuação mais activa dos credores dentro do desenvolvimento das funções assinaladas à administração judicial. Talqualmente sucede no direito da insolvência português ou norte-americano, aí onde a participação dos credores é decisiva. De todo o modo, como dissemos, o art. 27º da nova *Ley* da Insolvência espanhola prevê alguns requisitos subjectivos para se ser nomeado administrador judicial. No seu parágrafo n. 1.3, estatui-se que: "un acreedor que sea titular de un crédito ordinario o con privilegio general, que no esté garantizado. El Juez procederá al nombramiento tan pronto como le conste la existencia de acreedores en quienes concurran esas condiciones". Portanto, os credores comuns podem integrar a administração judicial.

Como se observa, desapareceu, igualmente, a figura do "síndico/interventor", consagrando-se uma nova denominação mais genérica e de harmonia com as funções que a estes eram assinalados.

O legislador comunitário dá muita atenção a este orgão e aos seus titulares, tal como sucede no direito alemão e inglês – veja-se o art. 28º e ss. (incapacidades, incompatibilidades e impedimentos) e, mesmo, o art. 39º da *Ley* n. 22/2003. Nestas normas, dotadas, de resto, de um grande rigor técnico, disciplina-se a aceitação, a possibilidade da utilização de auxiliares, a retribuição (com a particularidade de esta ser fixada em função do montante do activo e da complexidade do processo). É o juiz que fixa esta retribuição por meio de auto. O art. 36º determina, de maneira clara, a responsabilidade do síndico, prevendo a responsabilidade solidária dos auxiliares e dos demais pessoa em quem delegue competências.

36. Alvaro Espina Montero, "La reforma española y la experiencia comparada", in *Jornada Sobre la Nueva Ley Concursal*, Madrid, organizada por el Grupo Recoletos (conferencias y formación) y Audalia, celebrada nos dias 18-19.4.2002, p. 124, opina que: "respecto a los operadores concursales, debería pasarse de la figura individual (persona física) a la figura societaria (persona jurídica) con competencias profesionales multidisciplinarias, establecidas por la Ley. Tan sólo en el caso de las PYMES y de deudores con carácter civil podrían admitirse operadores individuales, reduciendo su número (en general, en estos casos debería bastar con un interventor, síndico o administrador). (...) El sistema de retribución ordinario de los agentes en función del tamaño del pasivo debería sustituirse por otro en función de la dedicación. Las Juntas de acreedores deberían disponer de facultades para establecer contratos adicionales con los administradores y síndicos en los que se complementasen las retribuciones ordinarias con emolumentos establecidos en función de los resultados alcanzados".

Em segundo lugar – ainda no âmbito da análise do Regulamento comunitário –, há que fazer referência aos poderes do síndico. A regra básica é a de que se este for nomeado num *processo principal*, ele poderá exercer no território de um Estado-Membro todas as faculdades jurídicas que lhe são conferidas lei do Estado-Membro onde foi instaurado o processo principal (art. 18º/1).

Em especial, este art. 18º prevê a possibilidade de ordenar a remoção de bens do devedor do Estado-Membro em que se encontram, salvo nos casos em que a propriedade sobre tais bens se encontre limitada por um direito real de um credor ou de um terceiro (art. 5º) ou que esteja afectado por uma cláusula de reserva de propriedade (art. 7º).

O síndico também pode pedir para actuar no Estado-Membro em que o devedor tenha bens e, se aí desejar instaurar um processo secundário, deduzir providências cautelares de protecção ou de conservação de tais bens. Em qualquer caso, deve salientar-se que o síndico deve respeitar, no exercício dos seus poderes, a lei do Estado-Membro em cujo território pretende actuar.

Este, constitui, assim, um limite aos poderes do síndico previstos no art. 18º/1, normativo que também prevê uma outra restrição dessas faculdades, pois estabelece que estas não podem consistir no uso de meios coercivos, nem da faculdade de dirimir litígios ou diferendos.

Portanto, como vemos, o síndico está autorizado não somente para realizar *actos de gestão*, mas também para praticar os actos necessários de disposição relativamente aos bens do devedor.

Ora bem, estas amplas faculdades jurídicas susceptíveis de serem exercidas noutros Estados-Membros pelo síndico do processo principal ficam limitadas nos casos em que, em consequência de um pedido de abertura de um *processo secundário* de insolvência, em tais Estados-Membros tenham sido adoptadas medidas cautelares contrárias às que o síndico do processo principal tenha requerido.

Neste último caso, as faculdades jurídicas tituladas pelo síndico do processo principal nesses Estados-Membros são atribuídas aos síndicos nomeados nesses processos secundários (embora não deve esquecer-se a faculdade outorgada ao síndico, prevista no art. 38º, no período compreendido entre as duas fases: "Se o orgão jurisdicional de um Estado-Membro designar um síndico provisório, por força do n.1 do art. 3º, para assegurar a conservação dos bens do devedor, esse síndico provisório está habilitado a requerer quaisquer medidas de conservação ou de protecção dos bens do devedor que se encontrem noutro Estado-Membro, previstas na lei desse Estado, pelo período compreendido entre o requerimento de abertura de um processo de insolvência e a decisão de abertura", ou seja, as duas fases a que já nos referimos nas páginas anteriores).

Cabe recordar e reiterar que a coexistência de processos nacionais de insolvência, a par de um processo universal principal, é a solução consagrada já desde o anteprojecto de 1991, em ordem a flexibilizar o dito princípio da universalidade no seu estado "puro", tal como resultava do projecto de 1982, e que foi a causa do insucesso deste projecto. Adopta-se, deste modo, uma fórmula de compromisso, que congrega as vantagens do princípio da universalidade e a protecção necessária dos interesses territoriais.

Assim, temos, de um lado, um processo universal aberto no Estado-Membro onde o devedor tenha o seu centro de interesses principais e, por outro, um processo secundário instaurado no Estado onde o devedor possua um estabelecimento (embora este processo secundário não tenha que ser necessariamente instaurado).

A diferença fundamental entre os dois tipos de processos é a seguinte: o primeiro desfruta de um carácter *universal* (à sombra do qual são submetidos todos os bens do devedor e no qual podem concorrer todos os credores); o segundo desfruta de um carácter *nacional* (limita-se aos bens e activos do devedor existentes nesse Estado).

Outra diferença básica consiste no facto de que o processo universal é o processo *principal* e o processo territorial é o processo *secundário*. Assim, uma vez instaurado um processo secundário, este estará submetido às normas destinadas a assegurar a articulação e a subordinação deste com o processo principal.

Na verdade, uma vez que se tenha admitido a coexistência destes dois tipos de processos, faz-se necessário que eles não se transformem em "compartimentos estanques". Para evitar a coexistência no tempo de processos de insolvência que afectam o mesmo devedor em diferentes Estados, foram estabelecidas medidas de coordenação que "favorecem" a tramitação do processo universal enquanto processo principal.

Interessa-nos apenas sublinhar que essa coordenação/subordinação do processo secundário relativamente ao processo principal tem no síndico o protagonista decisivo. Assim, por exemplo, para assegurar esta posição de supremacia, o síndico do processo principal pode intervir nos procedimentos secundários, através de distintas formas, como se reconhece no considerando n. 20: requerer a instauração de um processo secundário (art. 29º); pedir que o tribunal onde corra o processo secundário suspenda, total ou parcialmente, as operações de liquidação, pretensão que não poderá ser negada pelo juiz, salvo se não tiver interesse manifesto para o processo principal (art. 33º); propor um plano de saneamento ou um acordo no processo secundário, tendo em vista a sua extinção, em conformidade com a lei aplicável ao processo secundário (art. 24º).

O síndico do processo principal pode, relativamente a processos nacionais (ou seja, processos que não são secundários, mas apenas de alcance nacional) abertos antes do processo principal, requerer a conversão de um processo de insolvência mencionado no Anexo A (no caso da Espanha, o "concurso de credores", a "quiebra" e a "suspensão de pagamentos" e, a partir da *Ley* n. 22/2003, o "concurso") num processo de liquidação (art. 37º).

Outra manifestação desta subordinação hierárquica consiste na obrigação do síndico do processo secundário de transmitir imediatamente ao síndico do processo principal o saldo do activo, se a liquidação dos activos no processo secundário permitir satisfazer todos os créditos aprovados neste processo (art. 35º).

Por outro lado, o Conselho Europeu, no considerando n. 20, reconhece que o processo de insolvência principal e os eventuais processos secundários só poderão contribuir para uma eficaz liquidação da massa da insolvência se estiverem coordenados e que, para lograr tal desiderato, é condição necessária a "estreita colaboração entre os diversos de abertura, tramitação e encerramento do processo baseada, num suficiente intercâmbio de informações".

Nesta linha, o art. 31º estabelece, no seu parágrafo n. 2, um dever de cooperação recíproca entre o síndico do processo principal e o síndico do processo secundário; e no seu parágrafo n. 1 determina, igualmente, um dever de informação recíproca, o qual, em concreto, supõe a necessidade de comunicar, sem demora, todas as informações que possam ser úteis para o outro procedimento "nomeadamente as respeitantes à reclamação e verificação e às destinadas a pôr termo ao processo". Neste sentido, a *Ley* espanhola n. 22/2003, diferentemente da proposta antecedente, suprimiu explicitamente o dever de cooperação, embora contemple regras comuns aos diversos tipos de processos que podem concorrer num processo de insolvência comunitária (arts. 214º a 219º da *Ley* n. 22/2003).

O art. 31º/3 também estatui este dever, mas o sujeito passivo é o síndico do processo secundário para com o síndico do processo principal (o que configura mais uma manifestação dessa posição de supremacia), por mor do qual o síndico do processo secundário deverá apresentar, com suficiente antecedência, propostas relativas à liquidação ou outro qualquer destino da massa da insolvência do processo secundário.

Para além dessa *relação de hierarquia* entre os dois tipos de processos, há que destacar outros importantes aspectos relativos ao síndico. Assim, por exemplo, em resultado do carácter universal do processo previsto no art. 3º/1, o síndico da insolvência pode actuar nos demais Estados-Membros sem necessidade de *exequatur*, como referimos atrás.

Como assinala o art. 19º, será necessário apenas que se prove a sua nomeação no processo principal, através de uma certificação expedida para o orgão judicial competente. No máximo, este orgão poderá exigir a tradução desse certificado em uma das línguas oficiais do Estado-Membro em cujo território pretenda actuar, já que se proíbe qualquer outra formalidade.

Por outro lado, deverá destacar-se uma outra faculdade jurídica do síndico, qual seja a possibilidade a que a este é oferecida para, nos termos do art. 21º/1, requerer a publicação no Estado-Membro, de acordo com a lei deste Estado, do conteúdo essencial da decisão que deu início ao processo de insolvência, assim como a sua nomeação e a indicação da natureza do processo de insolvência (principal ou secundário).

O síndico também pode requerer a inscrição nos registos públicos de outro Estado-Membro da decisão que deu início ao processo principal (art. 22º/1). Todavia, os Estados podem prever a obrigatoriedade desta publicação (art. 21º/2) ou da inscrição nos registos (art. 22º/2), em vez de esta publicação ou registo ser uma faculdade de exercício facultativo.

O certo é que esta última possibilidade é um retrocesso relativamente a iniciativas legislativas anteriores. Não é o caso da Convenção de Bruxelas de 1995, a qual previa esta hipótese; é, isso sim, o caso do projecto de 1994. Este último, nos seus arts. 13º (sobre publicidade) e 14º (sobre o registo), previa tais publicações e registos como uma mera faculdade do síndico e permitia que os Estados efectuassem tais publicações *ex officio*, mas sem que pudessem impor essa obrigatoriedade ao síndico. Na *Ley* n. 22/2003, o art. 215º determina este carácter não obrigatório: "1. El juez, de oficio o a instancia de interesado, podrá acordar cualquier publicidad complementaria en el extranjero cuando convenga a los intereses del concurso, con arreglo a las modalidades de publicación previstas en dichos Estados para los procedimientos de insolvencia. 2. La administración judicial podrá solicitar la publicidad registral en el extranjero del auto de declaración y de otros actos del procedimiento cuando así convenga a los intereses del concurso"

Em qualquer caso, o reconhecimento do processo nos demais Estados-Membros não está condicionada pela realização destas publicações (tal como se afirma no considerando n. 29); essa notificação é efectuada apenas no "interesse dos fluxos comerciais", embora possa produzir efeitos sobre determinadas pessoas envolvidas num processo de insolvência. Isto porque todo aquele que realize uma prestação num Estado-Membro a favor de um devedor sujeito a um processo de insolvência instaurado noutro Estado-Membro, sendo certo que a deveria efectuar na pessoa do síndico, fica, não obstante, liberado se desconhecia a existência do processo, presumindo-se, salvo prova em contrário, que quem tenha realizado uma prestação antes da adopção das medidas previstas no art. 21º ignorava a instauração do processo nos termos do art. 214º.

3.5 Os credores

Um outro aspecto a considerar no nosso estudo é, exactamente, a situação dos

credores no âmbito do Regulamento (CE) n. 1.346/2000: sem dúvida, uma das ideias-força deste Regulamento é a necessidade de *tutelar os credores*. Como afirmámos no início deste estudo, o Mercado Comum não pode ser utilizado pelos devedores para porem a salvo os seus bens e fraudar assim os legítimos interesses dos credores.

O problema está em que os credores podem encontrar-se em Estados-Membros diferentes do Estado-Membro onde tenha sido instaurado o processo de insolvência, pelo que, em princípio, aumentam os problemas no que toca ao conhecimento, por parte destes credores, da instauração do referido procedimento e da possibilidade de invocarem os seus direitos. Este é, afinal, o que o Regulamento pretende evitar, consagrando mecanismos de informação dos credores situados no estrangeiro, à semelhança do que também se estatui no art. 214º da *Ley* n. 22/2003.

Esta ideia de protecção dos credores não é nova. O primeiro projecto de 1970 já previa, no seu art. 40º e ss., a possibilidade de reclamação de créditos em processo de insolvência instaurado noutro Estado-Membro, ainda que isso era previsto para ser efectuado de uma forma casuística, indicando-se, no mais, que a lei que regularia a extensão e a graduação dos créditos seria a lei do Estado onde o bem se situava.

Por sua vez, o projecto de 1982, no seu art. 31º e ss., também fazia referência à protecção dos credores. Fazia-o em termos semelhantes ao que, posteriormente, constaram do anteprojecto de 1991, do projecto de 1994, da Convenção de Bruxelas de 1995, da proposta de regulamento de 1999 e deste Regulamento (CE) n. 1.346/2000. Esta tutela era projectada em termos semelhantes ao actual Regulamento, pelo menos nas duas últimas referências, embora o actual Regulamento confira um maior nível de protecção aos credores. Na verdade, os credores conhecidos residentes no território de um Estado-Membro distinto do Estado-Membro da instauração do processo de insolvência serão citados pessoalmente, se a lei do Estado da instauração do processo prever estas citações. Estas citações deverão indicar se os credores cujos créditos estão garantidos por privilégios creditórios ou garantias reais devem reclamar os seus créditos.

Ademais, há que partir do reconhecimento efectuado nos arts. 32º e 39º do direito dos credores (aqui incluídas as autoridades fiscais e da segurança social) a reclamarem os seus créditos, tanto num processo principal, quanto em qualquer processo secundário, desde que tenham a sua residência principal, domicílio ou sede social estatutária num lugar diferente do qual onde tenha sido instaurado o processo.

Para estes efeitos, determina-se que o credor deverá enviar uma cópia dos documentos que demonstrem a existência do crédito e a respectiva natureza, a data do nascimento da obrigação, o carácter privilegiado do crédito, a existência de garantia real ou de uma reserva ao direito de propriedade; por último, indicará quais os bens sobre os quais incide a garantia que invoca (art. 41º).

No que toca à língua por que essa informação deve ser prestada, segue-se o disposto no art. 42º/2, segundo o qual deverá ser utilizada a língua oficial ou alguma das línguas oficiais do Estado onde resida, tenha o domicílio ou a sede social. Por conseguinte, dispensa-se a realização de uma tradução na língua do Estado-Membro onde foi instaurado o processo de insolvência, excepto o requerimento de reclamação de créditos. Na lei espanhola, nos termo dos arts. 214º e 219º pode ser exigida, igualmente, uma tradução da "presentación de créditos".

Para além desta faculdade dos credores, o art. 32º/2 habilita, para o mesmo fim, o síndico da insolvência do processo principal e dos processos secundários a apresentar nos outros processo as reclamações de créditos já apresentadas nos respectivos processos onde são síndicos.

Trata-se de mais uma medida de articulação dos processos, que põe em destaque a importância do síndico e alivia os deveres dos credores, ainda que só caiba esta actuação do síndico quando ela seja útil para os credores cujos interesses ele representa. Esta é uma ideia – a de praticar determinados actos para proteger interesses dos credores ou para exercitar a função em que se foi investido – que está presente em outros artigos anteriormente comentados. Vejamos:

Art. 34º.1: "Sempre que a lei aplicável ao processo secundário previr a possibilidade de pôr termo a esse processo sem liquidação, através de um plano de recuperação, de uma concordata ou de qualquer medida análoga, a medida pode ser proposta pelo síndico do processo principal (...). O encerramento do processo secundário através de uma das medidas a que se refere o primeiro parágrafo apenas se torna definitivo com o acordo do síndico do processo principal ou, na falta do seu acordo, *se a medida proposta não afectar os interesses financeiros dos credores do processo principal*" (o itálico é nosso).

Art. 37º: "O síndico do processo principal pode requerer a conversão de um processo referido no Anexo A anteriormente aberto noutro Estado-Membro num processo de liquidação, *se a conversão se revelar útil aos interesses dos credores do processo principal*" (o itálico é nosso).

Para concluir a análise ao art. 32º, o seu § 3º não esquece a condição de credor do próprio síndico da insolvência, habilitando-o a actuar noutro processo de insolvência como se fosse um qualquer titular de um direito de crédito.

A outra importante vertente de tutela dos credores realizada pelo Regulamento, à parte o reconhecimento do seu direito de reclamar créditos, é estatuída no art. 40º: cura-se da obrigação de informar os titulares de um direito de crédito.

Uma vez iniciado um processo de insolvência um Estado-Membro, o orgão jurisdicional competente ou o síndico nomeado deverão informar sem demora os credores conhecidos que tenham domicílio nos outros Estados-Membros (art. 40º/1), mediante o envio de uma nota que indique os prazos a respeitar para a prática dos actos, as cominações em caso de desrespeito de tais prazos, o orgão competente para receber a reclamação dos créditos, os credores privilegiados ou titulares de garantia real sobre os bens apreendidos para a massa da insolvência. Os credores titulares destes privilégios ou garantias devem proceder à respectiva reclamação.

Esta nota deverá ser redigida na língua oficial do Estado-Membro em que foi instaurado o processo de insolvência, excepto para o titular ("Convocatória para a reclamação de créditos. Prazos aplicáveis"), o qual deverá redigi-la em todas as línguas oficiais da União Europeia.

Todavia, para além destes dois grandes pilares em que baseia a tutela dos credores (arts. 32º, 39º e 40º), cabe destacar um outro conjunto de normativos dirigidos para alcançar o mesmo fim, a saber: para além dos arts. 34º/1 e 37º, anteriormente comentados, temos ainda os arts. 38º (sobre medidas cautelares) e 35º (activo remanescente nos processos de insolvência secundários), aos quais já foi feita uma referência no número anterior (veja-se, também, em Espanha, o art. 218º da *Ley* n. 22/ 2003).

Por último, atente-se no art. 20º: o seu primeiro número prevê que, se for instaurado um processo de insolvência principal e um credor obtiver o pagamento, total ou parcial, do seu crédito sobre os bens do devedor que se encontrem no território de outro Estado-Membro, deverá ser restituído ao síndico o que tiver sido recebido, salvo se se tratar de medidas relativas a bens sobre os quais incide um ónus, um direito real de garantia ou uma reserva de propriedade.

O seu número dois, em matéria de igualdade de tratamento dos credores, determina que o credor que obtiver, num processo de insolvência principal ou secundário, um juro, renda ou outro dividendo com base no respectivo crédito só toma parte no rateio iniciado noutro processo se os credores do mesmo grau ou da mesma categoria tiverem obtido um dividendo equivalente nesse outro processo.

4. Em jeito de conclusão

Aqui chegados, foram muitos os problemas não abordados neste estudo sobre o Regulamento (CE) n. 1.346/2000. Todavia, somente pretendíamos uma aproximação explicativa a um instrumento normativo que reveste uma especial importância prática e interpretativa após a sua entrada em vigor.

Os estudiosos e os demais operadores do Direito da Insolvência surpreendem neste texto legal um instrumento normativo do qual se inferem reacções que são, até certo ponto, paradoxais. Explico: de um lado, quedamo-nos perante a "satisfação" de ver um texto comunitário sobre os processos de insolvência, o que é bem-vindo, já que passou a existir um ponto de referência de actuação em matéria tão delicada, como é a *insolvência transfronteiriça*. Assim: estamos perante mais um passo na tão desejada interação adentro do Mercado Interno comunitário e a harmonização necessárias das normas sobre a matéria no âmbito da União Europeia.

Por outro lado, deparamo-nos com uma grande "decepção", pois que foi desperdiçada uma oportunidade única para ir mais além, não obstante as consabidas dificuldades que existem numa aproximação material minimalista do tema. Porém, caberá perguntar por que motivo a harmonização comunitária em outros aspectos da vida económica foi mais além (por exemplo: na regulação do sistema financeiro) e o mesmo não aconteceu com o regime da insolvência? Custará aos Estados-Membros abdicar de parcelas da sua soberania? Enfim, falemos a verdade: o texto do Regulamento comunitário não nos veio esclarecer mais do que já do que já havíamos alcançado nos direitos internos e no regime do Direito Internacional Privado, excepto em aspectos de suma relevância, tais como, por exemplo, as faculdades jurídicas do síndico. Tão pouco deixaremos de notar a peculiar forma de impor o texto: o Regulamento é mais do que um conjunto de normas programáticas (tradução mais directa e instrumentalização da integração comunitária) e – talvez por isso – foi pouco mais além das disposições programáticas que tentámos comentar.

Não haja, porém, dúvida que, por seu turno, em Espanha, a *Ley* n. 22/2003, tal como salientámos, acolheu de uma forma cautelosa e equilibrada as disposições previstas no Regulamento,[37] sem que isto signifique, porém, que da sua aplicação prática não venham a subsistir problemas de interpretação[38] e de articulação normativa entre esta *Ley* e o Regulamento comunitário.

37 Como precisava o parecer del *Consejo General del Poder Judicial*, no tocante ao projecto que antecedeu a *Ley* n. 22/2003, na sua p. 80: "puede afirmarse, pues, en conclusión que se aprecia una sustancial identidad entre lo dispuesto en el Título IX del Anteproyecto y el Reglamento CE, lo cual debe ser valorado de forma positiva, pues, con ello se contribuye a evitar conflictos entre los tribunales españoles y los extranjeros".

38. Fundamentalmente, os problemas surgirão a partir da aplicação de preceitos como os dos arts. 5º e 7º do Regulamento comunitário. Veja-se o interessante trabalho de Oliver Lierch, *Sicherungsrechte im Internatinalen Insolvenzrecht (unter besonderer Berücksischtigung der Vereinbarkeit von art. 5 und 7. der EG-Verordnung über Insolvenzverfahren (EuInsVo) mit dem deutschen Insolvenzrecht*, Berlin, Peter Lang, 2001, pp. 109-125 (spezielle problemfelder).

Atualidades

CÉDULA DE PRODUTO RURAL (CPR): RECUPERAÇÃO DE CRÉDITO NO AGRONEGÓCIO

RENATO M. BURANELLO

ANA SILVIA NEVES COMODO BARBOSA

1. O processo civil de resultados. 2. Nova ordem no financiamento do agronegócio. 3. Regime jurídico da Cédula de Produto Rural. 4. Efetividade processual da Cédula de Produto Rural. 5. Conclusão. Referências.

1. O processo civil de resultados

O ordenamento jurídico ligado ao sistema de mercado há de se prestar à defesa do crédito e, portanto, a mecânica dos contratos empresariais deve incorporar esse pressuposto. Como assinala Pajardi, a credibilidade dos ordenamentos jurídicos modernos, no que diz respeito ao direito material e ainda mais à eficiência da jurisdição, postula um processo estritamente eficaz e está ligada à capacidade concreta de tutela do crédito.[1] Por isso, Clóvis do Couto e Silva inicia sua obra *A Obrigação como Processo*, assegurando que "a relação obrigacional se encadeia e se desdobra em direção ao adimplemento, à satisfação dos interesses do credor".[2]

Importa, atualmente, estudar e compreender o direito processual civil a partir de uma visão multidisciplinar, certo de que o processo nada mais é do que instrumento de realização do direito material e que, por isso mesmo, não tem sentido estudá-lo sem a compreensão adequada do próprio conflito de interesses a ser solucionado a partir do direito material. Os dois diferentes planos, o "material" e o "processual", devem ser levados em conta para a perfeita compreensão do fenômeno processual e, entre outras questões, a clara identificação de sua finalidade. O direito processual civil, não obstante tenha identificação, função e natureza próprias, serve, atende e volta-se para aplicação concreta do direito material: o direito processual realiza o direito material.

O Código Civil de 2002, com poucos anos de vigência, é colocado sob análise nesse momento, devendo ser contextualizado na atual ordem jurídica. Os três princípios fundamentais que regem o Diploma Civil são eticidade, baseado na probidade e boa-fé (arts. 113, 187 e 422); socialidade, com o predomínio do social sobre o individual (arts. 421, 1.228, §§ 4º e 5º, 1.240, 1.241) e operabilidade, visando à facilitação da interpretação da lei pelo operador do Direito (arts. 189 e segmentos, 720, §§ 5º, e 1.240). O legislador não consegue prever e positivar todos os casos e situações próprias possíveis de ocorrer no futuro, daí cabe ao operador do Direito a ativi-

1. Piero Pajardi, *Radici e Ideologie del Fallimento*, 2ª ed., pp. 6 ss.

2. Clóvis V. do Couto e Silva, *A Obrigação como Processo*, p. 20.

dade, de interpretação, da hermenêutica jurídica. A aplicação da norma, no caso concreto, é feita com a valoração de certos elementos pelo juiz, cujos poderes foram dispostos pelo Código Civil vigente.

Podemos dizer que o exercício da jurisdição está enraizado na convicção do juiz, tanto na sua consciência jurídica formal e material, quanto seus pontos de vista racionais. Trata-se de uma interpretação construtiva, a qual deve ser simultaneamente, conhecimento, valoração e atividade. Assim a interpretação diretiva da lei, deve ser à luz dos conflitos existentes nas relações jurídicas materiais e das exigências sociais postas.[3] Pensando no processo civil de resultados, o estudo sobre a efetividade no processo civil, amplia a concepção não somente do resultado do processo, mas também dos instrumentos processuais postos à disposição das partes na busca do resultado pretendido. Como condutor das relações econômicas que necessitam de tutela o processo deve ser aberto e flexível às mudanças engendradas pelo ordenamento. A consecução de um processo que possa dar a justa tutela necessária ao direito material subjacente.

Reconhecer a existência de uma tutela do processo é também reconhecer que existe uma tutela dos sujeitos que integram a relação jurídica processual, em outras palavras, uma tutela dos direitos ou posições jurídicas decorrentes de uma relação econômica de mercado. Quando se cogita dos instrumentos para efetivação de interesses materiais, por vezes se está pensando nos próprios efeitos substanciais que o processo deve ser apto a realizar; por outras vezes, porém, se está pensando nos meios hábeis para conduzir a tais resultados, isto é, no instrumento.[4] O exercício da função jurisdicional visa à formulação e à atuação prática da norma jurídica concreta que deve disciplinar determinada situação. Ao primeiro aspecto dessa atividade (formulação da norma jurídica concreta) corresponde, segundo terminologia tradicional, o processo de conhecimento ou de cognição, do segundo aspecto (atuação prática da norma jurídica concreta), o processo de execução.

Quanto à natureza da providência jurisdicional, as ações classificam-se em ação de conhecimento, executiva e cautelar. A atividade jurisdicional de conhecimento é essencialmente declaratória. A de execução é satisfativa; tem por finalidade um resultado material, na efetivação dos direitos do credor. Na ação de conhecimento, busca-se a tutela jurisdicional consubstanciada em uma decisão de mérito (sentença). Na ação de execução, busca-se outra espécie de tutela, que é a efetivação de atos materiais tendentes à satisfação do direito do credor. No processo de execução, o título executivo força o órgão jurisdicional a exercer sua atividade, sem lhe deixar liberdade alguma de apreciação nem quanto ao fato, nem quanto ao direito. O juízo, colocado perante o título executivo, desde que se assegure de que o título satisfaz aos requisitos exigidos pela lei para ter eficácia executiva, nada mais precisa averiguar, *nem pode* averiguar: tem de proceder, tem de pôr à mercê do exequente os meios executivos.

Em face do axioma *nula executio sine titulo*, é inafastável que se analisem os atributos, ou requisitos, do título executivo, que são a *certeza*, *liquidez* e *exigibilidade*. Sem o título, pelo contido nos arts. 586 e 618, I, do Código de Processo Civil (CPC), a execução é *nula*. Tais requisitos também estão previstos no art. 474 do Código italiano. A certeza do título liga-se à sua existência. É *certo* quando, em face do título, ao prisma formal do documento, não há controvérsia sobre sua existência (do *título*).[5] Ainda que a lei se reporte à necessi-

3. Alf Ross, *Direito e Justiça*, 2ª ed., pp. 169 e 170.

4. Flávio Luiz Yarshell, *Tutela Jurisdicional*, 2ª ed., p. 39.

5. "*Securitização de dívida rural – Alongamento – Crédito rural – Extinção – Execução – Au-*

dade de crédito certo (art. 586, CPC), basta a qualificação de um título executivo, evidentemente preenchidos os requisitos legais, em que está inerente esse juízo de valor acerca da probabilidade da existência daquele, para que se dê a adequação da ação de execução.

sência – Exigibilidade do título – Precedentes. Afirmado pelo acórdão recorrido que o devedor preenche os requisitos legais para a securitização de sua dívida rural, estão ausentes os pressupostos indispensáveis da exigibilidade, certeza e liquidez do título executivo, por isso a execução deve ser extinta. Agravo a que se nega provimento. Voto do Ministro Castro Filho (Relator): O Código de Processo Civil exige, para a procedência do pedido executivo, que o título preencha os requisitos da certeza, exigibilidade e liquidez. O acórdão de origem acentuou que, de plano, pelos documentos juntados aos autos de embargos do devedor, sequer impugnados pelo embargado, ora agravante, é possível perceber o atendimento das exigências para o alongamento da dívida rural. Assim, sem o preenchimento de todos os requisitos legais, não há falar em suspensão da execução, como quer que o agravante, pois ausentes a exigibilidade, a certeza e a liquidez do título executivo. Nesse sentido orienta-se a jurisprudência nesta Corte, conforme se depreende dos precedentes transcritos: '*Crédito rural. Direito ao alongamento da dívida. Lei 9.138/1995. Crédito aberto por cooperativa. Precedentes da Corte.* 1. Já assentou a Corte que o alongamento da dívida não é mera faculdade, mas, sim, direito do credor, desde que preenchidos os requisitos da Lei 9.138/1995. 2. O fato de ter sido o contrato de crédito assinado com cooperativa no âmbito rural não desqualifica a incidência da Lei 9.138/1995. 3. Em tais circunstâncias, procedem os embargos, ausente título hábil para execução, nos termos de precedente da Corte. 4. Recurso especial reconhecido e provido' (REsp 329.937-SP, *DJ* 26.8.2002, Rel. Ministro Carlos Alberto Menezes Direito); '*Crédito rural. Securitização. Embargos do devedor.* A securitização da dívida rural, uma vez preenchidos os requisitos da Lei 9.138/1995, é uma obrigação do banco credor, sendo por isso matéria de defesa alegável nos embargos do devedor opostos à execução (art. 745 do CPC), pois o título originário perde a sua executividade. Recurso conhecido e provido para ser julgada procedente a ação de embargos' (REsp 252.891-SP, *DJ* 11.9.2000, Rel. Ministro Ruy Rosado de Aguiar). Anoto que essa questão não foi abordada pelo tribunal de origem, suscitada em embargos declaratórios ou por ocasião da interposição do recurso especial sendo inadmissível inovação do pedido, nesta fase processual" (AgRg no AI 476.337-RS, Rel. Ministro Castro Filho, j. 25.2.2003).

Pode-se depreender que o título é líquido quando contém a determinação da importância da prestação (*quantum*). Como regra, o requisito da liquidez refere-se apenas aos direitos e obrigações que tenham por objeto *coisas fungíveis*, como é o caso dos créditos em *dinheiro* e o das *obrigações de dar* coisa determinada pelo gênero e quantidade (art. 629, CPC). É liquida a dívida quando a importância se acha determinada em todos os seus elementos de quantidade (dinheiro), qualidade, natureza, peso, volume, espécie e quantidade (coisas diversas do dinheiro). Nas *obrigações de dar*, a liquidez tem a ver com a individualização do objeto devido ("o que se deve"), com a qual se completará a individualização do direito e de seu objeto. O valor do título, para cumprir o requisito da liquidez, não precisa necessariamente estar declinado em moeda corrente nacional. É suficiente que a quantia seja *determinável*, isto é, que contenha os indicativos suficientes para que, mediante simples operação aritmética chegue-se ao valor correspondente.

Conquanto o art. 586 do CPC aluda à liquidez, certeza e *exigibilidade*, é certo que esta última é estranha ao conceito e configuração do *título executivo*. É dizer, a exigibilidade não é elemento intrínseco do título executivo, como o são a liquidez e a certeza. A exigibilidade concerne à necessidade concreta da jurisdição; o título executivo, à adequação da via procedimental. Conjugados esses dois elementos – necessidade e adequação – detectamos o interesse processual no processo de execução. A exigibilidade refere-se ao vencimento da dívida. Se a obrigação alcançou o termo ou se verificou a condição a cuja ocorrência a eficácia do negócio jurídico estava condicionada, é exigível, porque já está vencida (art. 572, CPC; art. 397, CC). Em suma, a exigibilidade refere-se ao momento a partir do qual o credor pode exigir o pagamento.

Assim, ainda que o direito processual civil tenha identificação, função, natureza e regras próprias destina-se à aplicação concreta do direito material, não sendo um fim em si mesmo, mas sim, meio; trata-se, portanto, de instrumento de realização na concretização dos interesses do credor. Nesta medida, partindo do pressuposto de que o direito processual civil deve ser visto como instrumento de realização do direito material e de defesa do crédito é que analisaremos a efetividade processual da Cédula de Produto Rural (CPR), base do que chamamos de Sistema Privado de Financiamento do Agronegócio.

2. Nova ordem no financiamento do agronegócio

Uma nova perspectiva para a agroindústria está apontada para esse milênio. Nos últimos 50 anos, o número de pessoas no mundo dobrou e a oferta de produtos agrícolas acompanhou o ritmo de crescimento da demanda. Entretanto, acreditamos que a expansão econômica e populacional continuará levando preocupação às nações no mundo todo. Com inúmeros produtos de alta demanda, o Brasil dispõe de competência suficiente para integrar-se ao comércio internacional de alimentos e fibras, igualando níveis mundiais de investimento e tecnologia. A atual abordagem da crise de alimentos desconhece as vantagens do agronegócio brasileiro, que possui recursos naturais inigualáveis, modernas cadeias agroindustriais e firme participação do mercado financeiro. Sabemos que há 1 bilhão de famintos no planeta, e a população mundial vai ganhar mais 2,2 bilhões de pessoas nas próximas décadas. A boa notícia é que, está ao nosso alcance produzir alimentos para tanta gente e, ao mesmo tempo, preservar o meio ambiente.[6] Para isso, precisamos de uma revolução agroambiental e planejamento estratégico do agronegócio.[7]

A visão predominante é a de que há em andamento uma realocação global de capital na direção dos países emergentes com melhores fundamentos, estabilidade política, políticas macroeconômicas consolidadas, sistemas de intermediação financeira eficientes e seguros, base produtiva diversificada, capacidade empresarial reconhecida, governos com um mínimo de eficiência operacional, tamanho do mercado doméstico e uma história de integração comercial e financeira com o resto do mundo. O Brasil é um desses países. E relativamente bem posicionado por tudo o que conseguiu alcançar ao longo dos últimos 20 anos.[8] Esses últimos anos foram marcados por importantes transformações na economia brasileira. Em 1985, tomava posse o primeiro governo civil após mais de 20 anos de regime militar, iniciando um processo de profundas mudanças políticas, inclusive com a promulgação de uma nova Constituição, a de 1988. Em 1990, tomou corpo uma série de mudanças na estrutura econômica, com privatizações, desregulamentação dos mercados e abertura nacional.

Diante disso, o financiamento do mercado financeiro internacional deverá ser revisto dentro de parâmetros de maior participação na produção, infraestrutura e distribuição, no desafio de encontrar o equilíbrio que torne esse sistema mais seguro, mas que preserve os benefícios da expansão do crédito. Parece inevitável alterar as regras de funcionamento e fiscalização dos mercados financeiros, mas é errado pensar em mais regulação. É importante rever as atribuições e governança das instituições financeiras internacionais, inclusive para ampliar a participação dos países emergentes, dentro da universalização do sistema.[9] Mas antes, precisamos, sim, de um marco

6. João Sampaio, "A estratégica produção de alimentos", *O Estado de S. Paulo*, 4.11.2009.

7. Fernando Reinach, "Agricultural", *Revista Exame CEO*, out./2009.

8. Pedro S. Mallan, "Mundo e Brasil: pós-crise e pós-Lula", *O Estado de S. Paulo*, 11.10.2009, p. A2.

9. Sérgio Amaral, "O G-20 e a governança econômica global", *O Estado de S. Paulo*, 13.9.2009, p. A2.

que seja mais eficiente e não desestimule a criatividade.[10]

O sistema monetário internacional é o que mantém ligadas as economias dos diferentes países, e essa alta mobilidade do capital é um fato da vida econômica e financeira do início do século XXI.[11] Assim e ainda dentro do fenômeno do encurtamento das distâncias no mundo digital, percebe-se, por exemplo, a incrível velocidade na consolidação nas bolsas de valores e mercadorias no mundo. Todos os modelos de negócio foram colocados em revisão a partir do fenômeno digital, por isso a necessidade de um verdadeiro equilíbrio entre regulação, transparência e criação da moeda e do crédito nessa nova ordem da economia monetária, fruto da rápida evolução da aplicabilidade dos novos títulos de financiamento do agronegócio, das recentes alterações no contexto de financiamento da economia global diante dos efeitos da última crise financeira global e, por fim, da atual discussão sobre o modelo regulatório do Sistema Financeiro Internacional, no qual se inserem os instrumentos nacionais de gestão do risco bancário, assim, o crédito e financiamento bancário privado para o agronegócio.

Afastado do antigo conceito agrário e das velhas barreiras entre os setores produtivos, industrial e de serviços, o agronegócio representa, hoje, um complexo integrado de atividades, que vai desde a fabricação e o suprimento de insumos, a formação de lavouras e a produção nas unidades agropecuárias, até o processamento, o acondicionamento, o armazenamento, a distribuição e o consumo dos produtos de origem agrícola ou pecuária *in natura* ou industrializados. Nessa mesma visão sistemática do negócio agrícola, estão também envolvidas as formas de financiamento, as bolsas de mercadorias e as políticas públicas específicas.

Depois da constituição do Sistema Nacional de Crédito Rural (SNCR), em 1966, as políticas públicas insistiram no modelo de grande intervenção governamental, que foi representado pela pequena evolução e operacionalidade dos títulos de financiamento rural instituídos em 14 de fevereiro de 1967 pelo Decreto-lei n. 167. As políticas públicas de crédito e de preços mostraram-se ineficazes no decorrer dos anos 1980. Com ausência de criatividade e uma postura sectária, pouco se fez para aliar novos instrumentos que vitalizassem a agricultura de mercado até 1994, com a criação da Cédula de Produto Rural (CPR). O desenvolvimento sustentado do agronegócio brasileiro carecia de um modelo que imprimisse estabilidade de crédito no campo e impulso financeiro da produção. Nesta medida, o principal motivo da instituição da CPR pelo governo foi o de poder oferecer ao mercado de crédito agrícola um instrumento de financiamento da produção, que fosse simples, eficaz, com baixo custo operacional e com sólidas garantias para as partes envolvidas,[12] a teor da Exposição de Motivos Interministerial 334, de 8 de outubro de 1993 do Projeto da Lei 8.929 – Lei da CPR.[13]

Nesse contexto, sabe-se que a carência de poupança e investimento entrou na

10. Raghuram Rajan, *Veja* n. 2.131, p. 36, 23.9.2009.

11. Barry Eichengreen, *A Globalização do Capital: uma História do Sistema Monetário Internacional*, p. 17.

12. Paulo Augusto Sacomani Nuevo, *A Cédula de Produto Rural (CPR) como Alternativa para Financiamento da Produção Agropecuária*, p. 11.

13. "3. Com a criação da CPR, portanto, o Governo estará colocando à disposição do mercado um instrumento padronizado e simples que proporcionará economia e segurança operacional.

"4 . Destacamos as seguintes principais características da cédula objeto da proposta consubstanciada no projeto de Lei:

"a) tem, como negócio subjacente, a venda e compra de produtos rurais, para entrega futura, entre o produtor rural ou cooperativa e o comprador (indústria, exportador, etc.). Essa operação é formalizada, atualmente, através de contratos complexos, onerosos, sem uniformidade e de segurança discutível;

"(...).

ordem do dia do debate econômico brasileiro, especialmente tendo em vista a relativamente bem-sucedida e rápida saída da crise e as perspectivas concretas de retomada do crescimento. Há uma evidência na economia de que para sustentar o crescimento é preciso garantir uma taxa de investimentos que proporcione uma ampliação da oferta, isto é, da infraestrutura e capacidade produtiva das empresas de forma a atender à elevação da demanda sem gerar gargalos e pressões inflacionárias.[14] Mais especificamente, espera-se que a demanda doméstica no âmbito dos BRICS (Brasil, Rússia, Índia e China) e no contexto geral do mundo continue vigorosa.[15]

Há razões objetivas para se acreditar no fato de que, na ausência de alteração de rumo, o investimento pode crescer de forma intensa, retomando a trajetória crescente dos últimos anos, interrompida pela crise em 2009. Não é difícil projetar que o investimento como proporção do PIB possa atingir valores próximos a 22% já nos próximos anos. As razões são várias: contexto global que favorece investimentos em economias emergentes com elevado potencial de crescimento de seu mercado consumidor (o mundo "em busca do consumidor final de última instância" para substituir o americano); mercado doméstico no Brasil impulsionado pelo crescimento da sua classe média, que tende a ter uma propensão maior a consumir e a manutenção da tendência da queda dos juros reais, favorecendo o investimento nos setores estratégicos da economia.[16]

Com a edição da Lei 11.076, de 30 de dezembro de 2004, novos títulos de financiamento do agronegócio foram criados, no sentido de maximizar a captação de recursos privados ao setor, bem como de adequar a intermediação, na adequada captação e rentável aplicação.[17] Assim, o governo buscou atrair mais capital privado para o financiamento do agronegócio; uma vez que as taxas de juros das instituições financeiras privadas estão próximas da oficial, as políticas visaram direcionar os recursos oficiais aos pequenos produtores, deixando ao mercado privado o papel de principal financiador da agricultura comercial profissionalizada e da agroindústria. É sobre esse viés que se assenta o desenvolvimento deste trabalho, em que o binômio crédito-risco é a variável central. Assim, perfilam-se os conceitos de produção, financiamento, investimento e desenvolvimento da atividade agroalimentar.

3. *Regime jurídico da Cédula de Produto Rural*

A Cédula de Produto Rural (CPR) é a base do denominado Sistema Privado de

"c) é inspirada nas cédulas de crédito rural e industrial criadas pelos Decretos-lei n. 167, de 14 de fevereiro de 1967, e 413, de 9 de janeiro de 1969.

"5. Acreditamos que a CPR, pelas suas características de simplicidade, por admitir a vinculação de garantias reais e a inserção de cláusulas ajustadas entre as partes, pela possibilidade de ser transferida por endosso, bem como por ser considerada ativo financeiro, venha a atrair e a envolver, além do produtor rural e do adquirente de seus produtos, outros segmentos do mercado, como o próprio sistema financeiro, as seguradoras, as bolsas de mercadorias e de futuros, as centrais de custódia e investidores.

"(...).

"9. Espera-se, ademais, que o novo título venha a despertar o interesse também de investidores não ligados diretamente à comercialização agrícola, inclusive do exterior, o que poderia proporcionar a captação de expressivos recursos para o desenvolvimento de nossa atividade rural.

"10. Por oportuno, observamos que a modalidade de venda para entrega futura constitui importante passo no sentido da modernização e da emancipação da atividade rural, na medida em que permite ao produtor planejar melhor seus empreendimentos, além de propiciar-lhe capital de giro e de protegê-lo contra o risco da queda de preços que normalmente ocorre na época de safra."

14. Antonio Corrêa de Lacerda, "Poupança e investimento", *O Estado de S. Paulo*, 11.11.2009.

15. Jim O'Neill, "Panorama é excitante e arriscado", *O Estado de S. Paulo*, 13.12.2009, p. B10.

16. Ilan Goldfajn, "Salto alto na economia", *O Estado de S. Paulo*, 1º.12.2009.

17. "Explode demanda por títulos do agronegócio", *Valor Econômico*, 27.7.2010.

Financiamento do Agronegócio[18] e, por esta razão, é de suma importância a compreensão detalhada de suas principais características e funções. A Lei 8.929, de 22 de agosto de 1994, instituiu a CPR como título de crédito, líquido, certo e exigível,[19] representativo de promessa de entrega de produtos rurais, com ou sem garantia cedularmente constituída. São consideradas três modalidades de CPR vinculadas à sua forma de liquidação. A lei originalmente previu apenas a modalidade que denominamos CPR Física, na qual o emitente assume a obrigação de entregar o produto objeto do título no vencimento, no local, quantidade e qualidade nele expressas. No corpo da CPR Física, não há nenhuma menção a valores pecuniários. Essa é a modalidade mais utilizada atualmente no mercado, como obrigação que representa a entrega física da mercadoria. Figuram como credores mais comuns do título as empresas de comercialização, *tradings companies*, empresas de insumos e fertilizantes e cooperativas agrícolas. Ainda, como título representativo de mercadoria, propicia sua negociação em operações de mercado de bolsa e de balcão. Como não prevê a possibilidade de liquidação financeira, a forma de liquidação diversa da forma originalmente emitida deverá ser aceita pelo credor do título.

A CPR Financeira é uma modalidade de CPR que foi criada com a edição da Medida Provisória 2.042/2000, convertida em Lei 10.210, de 14 de fevereiro de 2001, que incluiu o art. 4º-A à Lei 8.929/2000. À semelhança da CPR Física, contém a descrição do produto e da quantidade negociada, a diferença reside na forma de liquidação. Na CPR Financeira, não se prevê a entrega física do produto, apenas a liquidação com o pagamento, no vencimento, do valor correspondente à multiplicação da quantidade especificada pelo preço ou índice de preços adotado no título. Já a CPR Exportação tem sido negociada desde junho de 2000 e efetivamente não provém de nenhuma alteração legislativa, apenas adaptação dessa modalidade da cédula às normas de comércio exterior. Em comparação com as demais modalidades, a CPR Exportação é mais restrita, pois somente pode ser adquirida para fins de exportação em condições normalmente dispostas de melhor forma através dos contratos comerciais. A negociação deste título ocorre apenas no mercado de balcão e admite apenas a liquidação física. Outra diferença em relação às demais modalidades de CPR é a necessidade de efetuar contrato de câmbio para recebimento do valor da venda do produto.

Em regra, todo produto de origem agropecuária pode ser objeto de emissão de CPR. São mais comuns as emissões de CPRs de produtos com maior liquidez no mercado e que oferecem mais alternativas de operações, por exemplo, negociação em mercados futuros de bolsas de valores. Nesse contexto, os produtos agropecuários mais comuns às emissões de CPR são: café, cana-de-açúcar, soja, milho, laranja, algodão e boi gordo. Como a lei não faz restrição alguma, qualquer tipo de produto rural pode ser objeto de emissão de uma CPR, bastando que constem no título as devidas indicações e especificações de qualidade e quantidade, conforme for o caso (art. 3º, IV, Lei 8.929/1994).

Contudo, ainda se mantém a discussão acerca da possibilidade da emissão de CPR representativa de produtos agrícolas beneficiados ou industrializados, tais como açúcar, álcool, óleo de soja, farelo de soja e compensados. Defendemos que dentro de cada cadeia agroindustrial, não faria sentido a exclusão do objeto da cédula os

18. Renato M. Buranello, *Sistema Privado de Financiamento do Agronegócio*, 2009.

19. "*As Cédulas de Produto Rural têm a mesma natureza das Cédulas de Crédito Rural, seja nas suas características de títulos líquidos, certos e exigíveis, seja quanto às suas garantias e a obrigatoriedade da inscrição no Cartório de Registro de Imóveis para ter eficácia contra terceiros*" (4ª T., RMS 10.272-RS, Rel. Ministro César Asfor Rocha, j. 28.6.2001, *DJ* 15.10.2001, p. 264).

produtos beneficiados ou processados desde que de origem agropecuária. Pensamos que assim se cumpre com ainda maior vigor o sentido de promover o maior fluxo financeiro entre os mercados agrícola, comercial e financeiro, bem como suas variadas formas de fomento da atividade de modo integral e verticalizado. Não vemos, assim, razão plausível para se excluir o açúcar e/ou o álcool da incidência das CPRs. Embora eles sofram processo de beneficiamento ou transformação, a partir da extração da cana, o próprio senso comum os classifica como produtos rurais. Nas definições de Aurélio Buarque de Holanda Ferreira, vemos que *produto* é "aquilo que é produzido ou fabricado"; a palavra *rural*, por sua vez, é definida como "pertencente ou relativo ao, ou próprio do campo".[20] Desse modo, podemos concluir que, dentro da expressão "produto rural", estariam inseridos os produtos agropecuários, seus subprodutos e resíduos de valor econômico resultantes do processo direto de beneficiamento ou industrialização primária. O açúcar, o álcool, o farelo de soja, o óleo de soja, os compensados, certamente se enquadram nessa categoria, pois são o resultado direto do aproveitamento ou transformação do produto agropecuário.

A cédula pode ser emitida por produtores rurais e suas associações, inclusive suas cooperativas. Conforme a Lei 5.868/1972, que trata do Sistema Nacional de Cadastro Rural, o cadastro rural é exigido de todos os proprietários, titulares de domínio útil ou possuidores a qualquer título de imóveis rurais que sejam ou possam ser destinados à exploração agrícola, pecuária, extrativa vegetal ou agroindustrial, como definido no item I do art. 4º do Estatuto da Terra. Domínio útil é o poder que o titular de direito real diverso da propriedade dispõe sobre o bem de livremente exercer os direitos a ele inerentes. O domínio útil alcança os direitos de função como uso, habitação, servidões reais e em alguns casos, o próprio usufruto. A classificação de produtor rural implica, portanto, na posse direta de imóvel rural destinado à exploração agrícola, pecuária, extrativa vegetal ou agroindustrial. Assim, a posse aqui referida se encontra identificada através do direito de uso da terra concedido através dos contratos de parceria e arrendamento rural. Além disso, requer o exercício de atividades diretamente ligadas à efetiva produção rural, seja por pessoas físicas ou pessoas jurídicas.

A CPR pode ser emitida em qualquer etapa do processo produtivo, não havendo qualquer restrição temporal. Entretanto, seu vencimento deve acompanhar os períodos de colheita no melhor acompanhamento e gestão de risco. Evidentemente, por questões de riscos físicos e de gestão na precificação dos produtos a que ela se refere, bem como da limitação temporal na constituição de penhor rural, não é comum vencimento além desse prazo. A Lei 8.929/1994 enumera os requisitos mínimos a toda CPR, quais sejam: (i) denominação *Cédula de Produto Rural*; (ii) data da entrega; (iii) nome do credor e cláusula à ordem; (iv) promessa pura e simples de entregar o produto, sua indicação e as especificações de qualidade e quantidade; (v) local e condições da entrega; (vi) descrição dos bens cedularmente vinculados em garantia; (vii) data e lugar da emissão; (viii) assinatura do emitente. Podem ser incluídas outras cláusulas em seu contexto, ou mesmo em documento à parte, desde que constem a assinatura do emitente e, na CPR, menção a esta circunstância.

O procedimento para emissão de CPR Financeira é semelhante ao da CPR Física, contudo, o art. 4º-A da Lei 8.929/1994 enumera as especificidades a serem observadas neste título: (i) que sejam explicitados, no corpo do título, os referenciais necessários à identificação do preço ou índice de preços a serem utilizados no resgate do título, a instituição responsável pela sua apuração ou divulgação, a praça ou o mer-

20. *Novo Dicionário da Língua Portuguesa*, 4ª ed., pp. 1.635 e 1.781.

cado de formação de preço e o nome do índice; (ii) que os indicadores de preço sejam apurados por instituições idôneas e de credibilidade junto às partes contratantes, tenham divulgação periódica e ampla divulgação ou facilidade de acesso, de forma a estarem facilmente disponíveis para as partes contratantes; e (iii) que seja caracterizada por seu nome, seguido da expressão *financeira*. A cédula da CPR Exportação contém basicamente as mesmas cláusulas da CPR Física, devendo ser feitas as adaptações no que se refere a: (i) cláusulas de entrega; (ii) eventual condição de endosso; e (iii) recebimento do pagamento. Na CPR Exportação, as condições de entrega do produto são especificadas conforme as práticas convencionadas no comércio internacional, consolidadas nas regras oficiais da Câmara de Comércio Internacional (CCI), denominadas *Incoterms*, tendo sido admitidas quatro modalidades de entrega: a) *Ex Works* (EXW); b) *Free Carrier* (FCA); c) *Free Alongside Ship* (FAS); e d) *Free on Board* (FOB).

Descrevemos acima que a CPR pode ser emitida com ou sem garantias. A descrição dos bens vinculados em garantia pode ser feita em documento à parte, assinado pelo emitente, fazendo-se, no corpo da CPR, menção a esta circunstância. A descrição do bem deve ser feita de modo simplificado e, quando for o caso, deve ser identificado por números de registro ou matrícula no registro oficial competente, sendo dispensada, no caso de imóveis, a indicação das respectivas confrontações. "O ato de registro da cédula de produto rural é constitutivo do direito real oponível a terceiros",[21] o que traduz a obrigatoriedade do registro da CPR no cartório competente para ter eficácia perante terceiros.[22]

Podem constar como garantia na CPR: (i) hipoteca; (ii) penhor; e (iii) alienação fiduciária. Podem ser dados como garantia, imóveis rurais e urbanos, através do instrumento de hipoteca cedular. Aplicam-se à hipoteca cedular os preceitos da legislação sobre hipoteca, no que não colidirem com a legislação específica referente à CPR. A cédula com garantia hipotecária deve ser registrada na matrícula do imóvel hipotecado, em até três dias da apresentação do título, no Cartório de Registro de Imóveis da localidade do bem. Outra modalidade de garantia admitida é o penhor, que consiste na entrega de coisa móvel ou mobilizável, suscetível de alienação, realizada pelo emitente da CPR ou terceiro. Pode se constituir por instrumento público ou particular. Nesta última hipótese, é necessário o arquivamento do instrumento em Cartório de Registro de Títulos e Documentos, em até três dias úteis contados da apresentação do título, para dar publicidade ao fato. Os bens empenhados continuam na posse imediata do emitente ou do terceiro prestador da garantia, que responde por sua guarda e conservação como fiel depositário.

A terceira modalidade de garantia elencada na Lei 8.929/1994 é a alienação fiduciária, em que o devedor continua com a posse do bem dado em garantia, destacando a propriedade resolúvel ao credor. Sendo cumprida a obrigação, a propriedade retorna ao devedor. A garantia deve ser averbada, ou seja, anotada na matrícula do imóvel. O bem alienado em garantia em regra é identificado na cédula por números, marcas e sinais distintivos, o que poderá estar relacionado na nota fiscal de venda, ou se assim não acontecer, cabe ao proprietário fiduciário (credor) o ônus da prova, contra terceiros, da identificação dos bens do seu domínio que se encontram em poder do devedor, em laudos descritivos. A não identificação dos bens objeto de

21. 3ª T., REsp 698.576-MT, Rel. Ministra Nancy Andrighi, j. 5.4.2005, *DJ* 18.4.2005, p. 335.

22. "*Cédula de produto rural constituída com garantia real, enquanto não devidamente transcrita no registro imobiliário competente, não produz efeitos contra terceiros, por força do disposto no art. 12 da Lei n. 8.929/1994*" (4ª T., AgRg no Ag 1.084.769-MG, Rel. Ministro Luis Felipe Salomão, j. 9.2.2010, *DJe* 1.3.2010).

alienação fiduciária não retira a eficácia da garantia, que poderá incidir sobre outros do mesmo gênero, qualidade e quantidade (art. 8º da Lei 8.929/1994).

O aval é admitido como garantia pessoal do pagamento da CPR, que é título de crédito. Qualquer pessoa física ou jurídica, que goze de capacidade civil ou comercial, respectivamente, pode avalizar CPRs. É importante a confirmação de poderes das pessoas que assinam o aval pela pessoa jurídica, demonstrando que têm poderes para fazê-lo, a fim de prevenir eventuais problemas decorrentes de atos praticados por pessoas não autorizadas. O avalista torna-se devedor solidário, porém de maneira autônoma, passando a sua obrigação a independer da relação obrigacional garantida, entre o devedor avalizado e o credor, cujas eventuais exceções de pagamento não lhe dizem respeito e por ele não podem ser invocadas.[23] Neste sentido, perante o credor, a natureza da obrigação do avalista é sempre idêntica à do avalizado, ou seja, é aquela constante do título. Se o título estabelece uma obrigação pecuniária, de pagar, esta será também a obrigação do avalista ao aval, como uma garantia pela qual o avalista, ao assinar o título, fica responsável solidariamente pelo seu pagamento nas mesmas condições de seu avalizado. Como o avalista é normalmente um terceiro, sem proveito direto resultante da dívida contraída, as regras de direito cambiário dão a ele o direito de se subrogar nos direitos do credor e se fazer reembolsar perante o devedor originário, seu avalizado.

Nas CPRs avalizadas pelo Banco do Brasil, o produtor rural, associação ou cooperativa de produtores que desejar emitir uma CPR deve procurar uma agência desta instituição para apresentação e preenchimento dos critérios de avaliação e aprovação à emissão de CPRs. Uma vez aprovado o crédito, e estando o produtor/associação dentro dos limites de aval para ele aprovados, a CPR é emitida em favor do Banco em uma via original e uma via não negociável. Após a venda da CPR, é emitido o Certificado de Custódia de Cédula de Produto Rural, nominativo ao comprador, que recebe, juntamente com o Certificado de Custódia, a via original não negociável da CPR, permanecendo o original custodiado na agência do Banco. Para concessão de aval, exige-se que o emitente: (i) não tenha restrições cadastrais, nem seja responsável por operações vencidas ou em curso anormal no Banco; (ii) disponha da posse do imóvel onde será realizado o empreendimento; (iii) tenha limite de crédito previamente aprovado no Banco; (iv) ofereça garantias reais (penhor, hipoteca ou alienação fiduciária) compatíveis com o valor avalizado; (v) apresente Certidão Negativa de Ônus dos cartórios de domicílio do produtor, do local de formação da lavoura/criação e da localização dos bens oferecidos em garantia; e (vi) tenha tradição na atividade e disponha de meios para realizar o empreendimento, infraestrutura e capacidade administrativa.

A transferência de propriedade da CPR se faz por meio de endosso, no corpo do próprio título. O endossante passa, a partir de então, a garantir a existência (mas não o cumprimento) da dívida contida na CPR. Nesse contexto, aplicam-se às CPRs no que lhes for cabível, as normas de direito cambial, pelo que merece aqui destaque, a exigência de endossos completos, que contêm, além da assinatura do endossante, requisito essencial do endosso, a indicação do beneficiário e uma declaração explícita de que se trata de endosso. Qualquer pessoa física ou jurídica pode adquirir CPRs, sendo certo que, atualmente, a maior parte da demanda é composta por agroindústrias, exportadores, fornecedores de máquinas e insumos agropecuários, instituições financeiras, fundos de investimentos e fundos de pensão.

23. "*O aval, espécie de obrigação cambial, é autônomo em relação à obrigação do devedor principal e se constitui no momento da aposição da assinatura do avalista no título de crédito*" (3ª T., REsp 260.004-SP, Rel. Ministro Castro Filho, j. 28.11.2006, *DJ* 18.12.2006, p. 358).

Especificamente com relação às CPRs avalizadas pelo Banco do Brasil, podem ser comercializadas basicamente de duas formas: (i) por leilão eletrônico do Banco; (ii) por operações privadas para aquisição do título. Quando o emitente desejar vender a CPR em leilão, deve comunicar ao Banco do Brasil o produto, a quantidade, qualidade, data de vencimento, local de entrega da CPR e a modalidade de leilão em que deseja ofertar. O titular de CPR, que não o emitente, também pode ofertar produto em leilão eletrônico do Banco do Brasil. O procedimento para oferta é o mesmo de oferta feita pelo emitente, diferindo apenas nos custos. Os leilões eletrônicos do Banco do Brasil ocorrem nas modalidades preço e cartela. Neste, o lote ofertado pode ser dividido, a demanda é dada por quantidades pretendidas e o coordenador do pregão altera o preço em função da demanda ser superior à oferta.

Nesse contexto, de acordo com o art. 19 da Lei 8.929, a CPR poderá ser negociada nos mercados de bolsas e de balcão. O registro da CPR em sistema de registro e de liquidação financeira, administrado por entidade autorizada pelo Banco Central do Brasil, é condição indispensável para a negociação referida neste artigo. Nas ocorrências da negociação referida neste artigo, a CPR será considerada ativo financeiro e não haverá incidência do imposto sobre operações de crédito, câmbio e seguro, ou relativas a títulos ou valores mobiliários.

A CPR registrada em sistema de registro e de liquidação financeira de ativos autorizado pelo Banco Central do Brasil terá as seguintes características: (i) será cartular antes do seu registro e após a sua baixa escritural ou eletrônica, enquanto permanecer registrada em sistema de registro e de liquidação financeira; (ii) os negócios ocorridos durante o período em que a CPR estiver registrada em sistema de registro e de liquidação financeira não serão transcritos no verso dos títulos; (iii) a entidade registradora é responsável pela manutenção do registro da cadeia de negócios ocorridos no período em que os títulos estiverem registrados. A negociação em mercado secundário pode ocorrer de duas formas: (i) no mercado de balcão, obrigatoriamente por meio de uma instituição financeira ou outra instituição autorizada a funcionar pelo Banco Central, com o consequente registro do negócio na BM&F Bovespa ou na Central de Liquidação e Custódia e de Liquidação Financeira de Títulos (CETIP) para atualização do novo credor; ou (ii) em ambiente eletrônico de negociação – na CETIP, através do sistema de negociação eletrônica, ou na Bolsa Brasileira de Mercadorias (BBM), através dos seus ambientes de negociação de título.

Hoje, as CPRs negociadas em mercados organizados são registradas na Central de Liquidação e Custódia e de Liquidação Financeira de Títulos (CETIP) ou na Bolsa Brasileira de Mercadorias (BBM), como iremos detalhar em seguida. A CPR registrada no Sistema pode ser objeto de caução. Para tanto, é necessária a solicitação à CETIP de bloqueio de posições, mediante documentação própria. O desbloqueio da CPR efetua-se com a solicitação do caucionante, confirmada pelo beneficiário da caução. A não solicitação de desbloqueio até a data de seu vencimento acarreta a entrega física da CPR caucionada para o beneficiário da garantia. É permitido, ainda, o bloqueio de títulos, para fins de caução, entre contas de clientes e seus titulares, mediante lançamento do Membro de Mercado ou do Banco Liquidante titular de conta Cliente 2 ao qual o participante estiver vinculado. Nos casos de liquidação antecipada, parcial ou total, o participante Registrador deve realizar a baixa no Sistema e entregar o original ao solicitante da retirada. É importante lembrar que a liquidação antecipada somente pode ser efetuada na data do lançamento no Sistema.

No vencimento da CPR, não é permitida qualquer movimentação do título; o Sistema automaticamente processa a baixa da CPR e o Registrador fica obrigado a entregar o original da CPR ao titular. Sendo o titular da CPR um Cliente 1 ou 2, é necessário que o Membro de Mercado ou o Banco Liquidante forneça as informações necessárias à identificação do titular até o dia útil anterior ao vencimento. Não fornecidas as informações no referido prazo, o Sistema transfere automaticamente a CPR para a conta própria do participante omisso e o original do título é colocado à sua disposição. Quanto à liquidação física, na data de vencimento o produtor rural deverá entregar determinada quantidade de produto, na qualidade especificada no título. Nas CPRs de café e de algodão, é comum, na cláusula referente às características e qualidade do produto, a previsão de classificação e arbitramento pela Bolsa de Mercadorias e Futuros (BM&F). Nestes casos, o procedimento a ser observado depende do armazém de entrega do produto, se a entrega ocorrer em armazém credenciado pela BM&F, o produto deve ter sua qualidade e quantidade checados no ato da entrega, por técnicos dessa bolsa.

O produto objeto da CPR pode ser entregue antes do vencimento do título, parcial ou totalmente, desde que haja anuência do credor. Havendo entrega parcial do produto antecipadamente, deve ser esta anotada no verso da CPR, tornando-se exigível apenas o saldo. Com a entrega do produto na quantidade e na qualidade acordadas, os custos de armazenagem e conservação passam a ser do titular da CPR. A liquidação de CPR Financeira se dá pelo pagamento, em moeda nacional, do resultado da multiplicação do preço negociado do ativo, pela sua quantidade, sendo exigível apenas em seu vencimento. O produto objeto de CPR Exportação deve ser entregue conforme descrito na cláusula de entrega do título. Conforme mencionado anteriormente, a CPR é um título de crédito e, como consequência da obrigação assumida pelo emitente, tem caráter cambial. Havendo descumprimento de obrigação descrita no título, o credor pode exigir do avalista, se houver, a entrega do produto, ou pagamento do valor, conforme a modalidade da CPR.

Em caso de inadimplemento de qualquer das obrigações do emitente, a CPR poderá ser considerada vencida. Nesta medida, há vencimento antecipado quando houver descumprimento de obrigação cedular por parte do emitente da CPR, e não por outro obrigado que eventualmente figure no título como o terceiro garantidor. A CPR será considerada vencida deixando o emitente de adimplir qualquer das obrigações nela constante. Note-se que o legislador deixou claro que o vencimento da CPR não ocorre de pleno direito, de modo que a declaração de vencimento da cédula por parte do credor deverá ocorrer de forma expressa; a notificação com aviso de recebimento ou o protesto cambial são formas de manifestação expressa do credor de considerar inadimplente o emitente da CPR. O credor não precisa apontar e protestar o título para viabilizar o direito de crédito contra o avalista ou qualquer coobrigado anterior.

Por ser título de crédito, processualmente considerado título executivo extrajudicial, a CPR dispensa processo anterior à execução. As CPRs Físicas e de Exportação são passíveis de execução por coisa incerta,[24] já que têm como objeto produtos rurais fungíveis por sua própria natureza (art. 15 da Lei 8.929/1994). Como o produto é descrito pela sua quantidade e qualidade, o devedor será citado para entregá-lo, além de o credor poder executar a garantia real ou recuperar a posse do bem objeto de alienação fiduciária em garantia. Para as CPRs Financeiras, a execução é por quantia certa, devendo o credor pedir a citação do devedor para pagamento do valor devido e instruir a petição inicial com o demonstrativo do débito atualizado até a data da propositura da ação (art. 4º-A, § 2º, da Lei 8.929/1994). O art. 16 da Lei 8.929/

24. 4ª T., AgRg no Ag 1.084.769-MG, Rel. Ministro Luis Felipe Salomão, j. 9.2.2010, *DJe* 1.3.2010.

1994 esclarece que a busca e a apreensão do bem alienado fiduciariamente, promovida pelo credor, não elide posterior execução, inclusive da hipoteca e do penhor constituído na mesma cédula, para satisfação do crédito remanescente.

No encontro às disposições particulares a esse título e melhor regime à preservação das obrigações pactuadas, a lei determina que o emitente sempre responda pela evicção perante o credor, não podendo, inclusive, invocar em seu benefício, na hipótese de não entrega do produto, a ocorrência das modalidades excludentes gerais de responsabilidade como o *caso fortuito* ou a *força maior* (art. 11 da Lei 8.929/1994). A evicção é o direito atribuído, judicialmente, ao adquirente da CPR de reaver o produto, nela representado, de qualquer outro que tenha adquirido o produto do emitente da CPR (alienante). Ocorrendo o inadimplemento, poderá o credor exercer todos os direitos relativos às modalidades de garantia e promover as medidas judiciais cabíveis, no âmbito civil e penal. Embora não se admita a prisão civil do depositário infiel,[25] a conduta pode ser tipificada como crime de estelionato por defraudação de penhor (art. 171, § 2º, III, do Código Penal). A consumação do crime se dá no momento em que ocorre a alienação do produto sem o consentimento do credor, sendo desnecessária a obtenção de efetiva vantagem pelo agente.[26] Eventual ausência de prejuízo da vítima constitui circunstância que só interfere na dosagem da pena a ser infligida, jamais tendo o condão de ilidir criminalidade do ato, não sendo, portanto, causa de extinção da punibilidade do agente.[27]

Após a descrição das principais características e funções da CPR, partindo da premissa de que o processo civil deve ser entendido como instrumento de realização do direito material e de defesa do crédito, passaremos a analisar o tratamento que tem sido dado a este título pelo Superior Tribunal de Justiça (STJ) – órgão máximo do Poder Judiciário nas matérias infraconstitucionais, cuja função primordial é uniformizar a interpretação da legislação federal brasileira.[28]

4. Efetividade processual da Cédula de Produto Rural

Como já dissemos, a CPR foi instituída como instrumento de financiamento da produção, simples em relação à forma e ao baixo custo operacional e eficaz, no que diz respeito às garantias a ela vinculadas. Aliás, a finalidade deste título foi destacada na Exposição de Motivos Interministerial 334, de 8 de outubro de 1993 do Projeto da Lei 8.929: "tem, como negócio subjacente, a venda e compra de produtos rurais, para entrega futura, entre o produtor rural ou cooperativa e o comprador (indústria, exportador, etc.). Essa operação é formalizada, atualmente, através de contratos complexos, onerosos, sem uniformidade e de segu-

25. *"Processo civil – 'Habeas corpus' – Execução – Cédula de Produto Rural – Bens fungíveis – Prisão civil – Impossibilidade.*

"1. O Tribunal *a quo* determinou a prisão do paciente em decorrência da não entrega ao credor do bem garantidor de Cédula de Produto Rural, no caso, algodão. Não obstante, esta Corte não admite prisão civil em se tratando de depósito de bens fungíveis dados em garantia em contrato de mútuo rural.

"2. Precedentes (HC 40.672-MT; AgRg EDcl AG 395.659; AgRg EDcl AG 245.284-SP).

"3. Ordem concedida" (4ª T., HC 37.967-SP, Rel. Ministro Jorge Scartezzini, j. 2.6.2005, *DJ* 20.6.2005, p. 288).

26. Celso Delmanto, *Código Penal Comentado*, 3ª ed., p. 310.

27. 5ª T., STJ, RHC 6.995-RS, Rel. Ministro Félix Fischer, j. 22.9.1998, *DJ* 3.11.1998, p. 179.

28. "Criado pela Constituição Federal de 1988, o Superior Tribunal de Justiça (STJ) é a Corte responsável por uniformizar a interpretação da lei federal em todo o Brasil, seguindo os princípios constitucionais e a garantia e defesa do Estado de Direito. O STJ é a última instância da Justiça brasileira para as causas infraconstitucionais, não relacionadas diretamente à Constituição. Como órgão de convergência da Justiça comum, aprecia causas oriundas de todo o território nacional, em todas as vertentes jurisdicionais não especializadas" (disponível no *site www.stj.gov.br*, acesso em 17.10.2010).

rança discutível". Nos casos em que o STJ foi acionado para decidir acerca da questão, foi mantido o intuito expressado pelo legislador em 1993 no sentido de que a finalidade típica da CPR é "servir como instrumento de crédito ao produtor rural", sob pena de nulidade. Neste sentido:

"Impende enxergar-lhes *[as cédulas de produto rural]*, outrossim, a sua finalidade primeira, que é o incentivo à atividade rural, pondo à disposição do homem do campo, cada vez mais privado do acesso a recursos sobre os quais não incidam encargos extorsivos, um instrumento rápido e eficaz de fomento ao plantio, garantido pela própria safra" (4ª T., RMS 10.272-RS, Rel. Ministro César Asfor Rocha, j. 28.6.2001, *DJ* 15.10.2001, p. 264);

"A emissão de cédula de produto rural, desviada de sua finalidade típica (a de servir como instrumento de crédito para o produtor), é nula" (3ª T., REsp 722.130-GO, Rel. Ministro Ari Pargendler, j. 15.12. 2005, *DJ* 20.2.2006, p. 338);

"Não há falar em nulidade da Cédula de Produto Rural, por desvio de finalidade, quando a cédula rural destina-se a renovar crédito com a mesma natureza" (3ª T., AgRg no REsp 959.102-MS, Rel. Ministro Humberto Gomes de Barros, j. 4.10.2007, *DJ* 15.10.2007, p. 268);

"É nula a emissão de cédula de produto rural, pois desviada de sua finalidade típica, qual seja, a de servir como instrumento de crédito para o produtor rural" (3ª T., REsp 866.414-GO, Rel. Ministro Humberto Gomes de Barros, j. 6.3.2008, *DJe* 26.11.2008).

Assim, verificamos que o STJ buscou preservar a finalidade para a qual a CPR foi criada (instrumento de crédito ao produtor rural), entendimento este que se aplica tanto à emissão pura e simples do título quanto à sua utilização como meio de renegociação da dívida, desde que seja da mesma natureza.[29] Partindo desta premissa, entendemos que não há óbice para a utilização da CPR como garantia de operações financeiras, mesmo porque o fomento à atividade rural estaria sendo respeitado. Aliás, o STJ tem reconhecido esta possibilidade,[30] seguindo, inclusive, a linha do legislador que previu a utilização da CPR não só pelo produtor rural e pelo adquirente de seus produtos, mas outros seguimentos do mercado, como as instituições do sistema financeiro, as seguradoras, as bolsas de mercadorias e de futuros, as centrais de custódia e investidores, a teor da exposição de motivos da lei que instituiu referido título:

"5. Acreditamos que a CPR, pelas suas características de simplicidade, por admitir a vinculação de garantias reais e a inserção de cláusulas ajustadas entre as partes, pela possibilidade de ser transferida por endosso, bem como por ser considerada ativo financeiro, venha a atrair e a envolver, além do produtor rural e do adquirente de seus produtos, outros seguimentos do mercado, como o próprio sistema financeiro, as seguradoras, as bolsas de mercadorias e de futuros, as centrais de custódia e investidores.

"(...).

"9. Espera-se, ademais, que o novo título venha a despertar o interesse também de investidores não ligados diretamente à comercialização agrícola, inclusive do exterior, o que poderia proporcionar a captação de expressivos recursos para o desenvolvimento de nossa atividade rural."[31]

29. "*Cédula de crédito industrial. Desvio de finalidade. Precedentes da Corte.* 1. A orientação das Turmas que compõem a Seção de Direito Privado afasta a existência do desvio de finalidade quando se trate de renegociar dívida da mesma natureza. 2. Recurso especial conhecido e provido" (3ª T., REsp 537.223-SC, Rel. Ministro Carlos Alberto Menezes Direito, j. 5.2.2004, *DJ* 29.3.2004 p. 237).

30. 3ª T., REsp 910.537-GO, Rel. Ministra Nancy Andrighi, j. 25.5.2010, *DJe* 7.6.2010; 3ª T., REsp 722.130-GO, Rel. Ministro Ari Pargendler, j. 15.12.2005, *DJ* 20.2.2006, p. 338.

31. Exposição de Motivos Interministerial 334, de 8.10.1993 do Projeto da Lei 8.92919/1994.

A utilização da CPR nas operações no âmbito da comercialização interna ou internacional dos produtos agropecuários envolve o conceito e caracterização do mercado futuro. Conforme citamos, os preços das *commodities* agrícolas podem se formar no mercado "*spot*" e à vista, ou estar relacionado ao mercado a termo ou futuro, em que a formação do preço será determinada no futuro. Neste cenário, o STJ firmou o entendimento de que "a compra e venda de safra futura, a preço certo, obriga as partes se o fato que alterou o valor do produto agrícola (sua cotação no mercado internacional) não era imprevisível" (3ª T., REsp 722.130-GO, Rel. Ministro Ari Pargendler, j. 15.12.2005, *DJ* 20.2.2006, p. 338). Neste mesmo julgamento, o Ministro Carlos Alberto Menezes Direito reconheceu que "é da natureza do contrato a variação do valor da saca de feijão, de arroz ou de soja, no caso concreto; é da álea do próprio negócio. Não se pode, então, invalidar, com base na teoria da imprevisão ou na abusividade, porque não há abusividade. É um negócio absolutamente ordinário, não há a possibilidade de identificação, seja de abusividade, seja de imprevisão, porque é da natureza do negócio variação". Aliás, o mesmo entendimento foi utilizado no julgamento de outros casos semelhantes pelo STJ, uniformizando a jurisprudência sobre a inexistência da onerosidade excessiva e imprevisibilidade nos contratos de compra e venda de safra futura:

"A compra e venda de safra futura, a preço certo, obriga as partes se o fato que alterou o valor do produto agrícola não era imprevisível. Na hipótese afigura-se impossível admitir onerosidade excessiva, inclusive porque a alta do dólar em virtude das eleições presidenciais e da iminência de guerra no Oriente Médio – motivos alegados pelo recorrido para sustentar a ocorrência de acontecimento extraordinário – porque são circunstâncias previsíveis, que podem ser levadas em consideração quando se contrata a venda para entrega futura com preço certo. O fato do comprador obter maior margem de lucro na revenda, decorrente da majoração do preço do produto no mercado após a celebração do negócio, não indica a existência de má-fé, improbidade ou tentativa de desvio da função social do contrato. A função social infligida ao contrato não pode desconsiderar seu papel primário e natural, que é o econômico. Ao assegurar a venda de sua colheita futura, é de se esperar que o produtor inclua nos seus cálculos todos os custos em que poderá incorrer, tanto os decorrentes dos próprios termos do contrato, como aqueles derivados das condições da lavoura. A boa-fé objetiva se apresenta como uma exigência de lealdade, modelo objetivo de conduta, arquétipo social pelo qual impõe o poder-dever de que cada pessoa ajuste a própria conduta a esse modelo, agindo como agiria uma pessoa honesta, escorreita e leal. Não tendo o comprador agido de forma contrária a tais princípios, não há como inquinar seu comportamento de violador da boa-fé objetiva" (3ª T., REsp 803.481-GO, Rel. Ministra Nancy Andrighi, j. 28.6.2007, *DJ* 1.8.2007, p. 462);

"A venda de safra futura, a preço certo, em curto espaço de tempo, há de ser cumprida pelas partes contratantes. Alterações previsíveis na cotação do produto (soja) não rendem ensejo à modificação da avença ou à sua resolução. Precedentes deste Tribunal" (4ª T., REsp 809.464-GO, Rel. Ministro Fernando Gonçalves, j. 10.6.2008, *DJe* 23.6.2008, *RT* 876/161);

"A soja é uma *commodity*, ou seja, um bem básico com qualidades uniformes. É natural que tal produto seja comercializado a prazo diferido, pois no ato da contratação, o agricultor é motivado pela expectativa de alta produtividade do setor, o que, em tese, conduz à queda dos preços; e, em contrapartida, ele sabe da possibilidade de alta na cotação do dólar, circunstância que é absolutamente previsível neste ramo e leva à alta do valor da saca. Em suma, trata-se de um contrato cuja finalidade econômica é minimizar o risco de prejuízo das partes, tendo como contrapeso um estreitamento das margens de lucro. Apesar de tais expectativas de natureza subjetiva, em essência tal contrato é comutativo, nos termos dos precedentes do STJ. A negociação é influenciada pelas leituras que as partes fazem acerca dos riscos futuros, mas as prestações são certas. Assim, o fundamento para a constatação, ainda que em tese, da ocorrência de onerosidade excessiva deve estar fundado na alteração inaceitável da comutatividade e não na quebra das expectativas pré-contratuais meramente subjetivas. As prestações são sempre definidas pelo exercício da autonomia de vontade das partes, de modo que a álea a considerar é aquela baseada nos limites aceitáveis do equilíbrio contratual e não nas valorações de interesses precedentes à contratação" (3ª T., REsp 977.007-GO, Rel. Ministra Nancy Andrighi, j. 24.11.2009, *DJe* 2.12. 2009).

Por outro lado, recentemente, o STJ pacificou o entendimento sobre a validade da emissão da CPR sem antecipação do preço ou adiantamento financeiro – questão até então bastante controvertida nos tribunais estaduais e objeto de decisões contraditórias. Tal posicionamento baseia-se em duas premissas: (i) a CPR deve obedecer aos requisitos expressamente previstos na Lei 8.929/1994, dentre os quais não está o adiantamento financeiro; e (ii) a CPR continua sendo um instrumento hábil para a circulação de riquezas, mesmo sem o adiantamento.

Em relação à primeira premissa, o STJ reconheceu que "a Lei 8.929/1994 não impõe, como requisito essencial para a emissão de uma Cédula de Produto Rural, o prévio pagamento pela aquisição dos produtos agrícolas nela representados. A emissão desse título pode se dar para financiamento da safra, com o pagamento antecipado do preço, mas também pode ocorrer numa operação de *hedge*, na qual o agricultor, independentemente do recebimento antecipado do pagamento, pretende apenas se proteger contra os riscos de flutuação de preços no mercado futuro" (3ª T., REsp 910.537-GO, Rel. Ministra Nancy Andrighi, j. 25.5.2010, *DJe* 7.6.2010). Já em relação à segunda premissa, a citada Ministra entendeu que o pagamento antecipado do preço não é o único meio de fomentar o desenvolvimento do setor agrícola, em benefício da produção, nos seguintes termos:

"Substancial parte da doutrina sustenta que a emissão de tal título de crédito não pressupõe, necessariamente, a antecipação do pagamento pela safra futura. Nesse sentido podem ser citados diversos artigos publicados em revistas especializadas por Arnoldo Wald ('Da desnecessidade de pagamento prévio para a caracterização da Cédula de Produto Rural', in *Revista Forense*, vol. 374, pp. 3 a 14), Haroldo Malheiros Duclerc Verçosa e Nancy Gombossy de Melo Franco ('Crédito e títulos de crédito na economia moderna: uma visão focada na Cédula de Produto Rural – CPR', in *Revista de Direito Mercantil*, vol. 45, n. 141, pp. 96 a 104), Renato Buranello ('A Cédula de Produto Rural na estruturação das operações financeiras', in *Revista de Direito Mercantil*, vol. 45, n. 143, pp. 121 a 126) e Ivo Waisberg ('Cédula de Produtor Rural', in *Revista de Direito Bancário e do Mercado de Capitais*, n. 44, pp. 321 a 334).

"Para essa parcela da doutrina, a CPR figuraria como um título mediante o qual o produtor poderia não apenas obter financiamento para o plantio, emitindo o papel contra o pagamento imediato do preço, mas também mitigar seus riscos, negociando, a preço presente, a sua safra no mercado futuro. Nesta segunda hipótese, a CPR funcionaria como um título de securitização, emitido em uma operação de *hedge*, e o preço não precisa necessariamente ser pago de forma antecipada. A importância do negócio estaria, não no financiamento da safra, mas na diluição, para o produtor, do risco inerente à flutuação de preços na época de colheita. Os defensores dessa ideia sustentam, inclusive, que foi justamente para conferir maior utilidade à CPR, servindo a esses dois propósitos entre outros, que o legislador não teria incluído, na Lei 8.929/1994, qualquer dispositivo que imponha, como requisito de validade do título, o pagamento antecipado do preço.

"Assiste razão a esta parcela da doutrina e, portanto, está correto o raciocínio desenvolvido pelo TJGO. Não é possível, tampouco conveniente, restringir a utilidade da CPR à mera obtenção imediata de financiamento em pecúnia. Se a CPR pode desempenhar um papel maior no fomento ao setor agrícola, não há motivos para que, à míngua de disposições legais que o imponham, restringir a sua aplicação.

"Não se pode perder de vista que a CPR é um título de crédito e como tal deve ser tratada. O foco, na análise desse instituto, deve estar voltado aos princípios inerentes a tais títulos, notadamente o da cartularidade e o da literalidade. A CPR deve ser entendida como 'um título representativo de mercadoria' (Wald, ob. cit., p. 5), de modo que, em princípio, os produtos por ela abrangidos 'ficam proibidos de se tornarem objeto de outros negócios jurídicos' (Haroldo Verçosa, ob. cit., p. 101). Para que a CPR possa desempenhar seu importante papel de fomento, é muito importante que o Poder Judiciário confira segurança ao negócio, garantindo que, no vencimento da cártula, os produtos por ela representados sejam efetivamente entregues. Somente fazendo isso se estará garantindo a segurança do investimento e, consequentemente, colaborando para que o capital privado seja atraído para esse fim. Conforme sustenta Haroldo Verçosa, 'a riqueza que a CPR representa é o poder de crédito que gera o contrato de compra e venda antecipada de *commodities* firmado com uma empresa idônea, conhecida por cumprir 100% (cem por cento) de suas avenças. Isso gera riqueza, criação de capital' (ob. loc. cits.).

"O pagamento pela safra representada no título pode se dar antecipadamente, parceladamente ou mesmo após a entrega dos produtos. Ele poderá estar disciplinado na própria CPR, mediante a inclusão de cláusulas especiais com esse fim, como autoriza o art. 9º da Lei 8.929/1994, ou poderá constar de contrato autônomo, em relação ao qual a CPR funcionará como mera garantia. O importante notar, todavia, é que, como bem observado pelo acórdão recorrido, '*a Cédula de Produto Rural, por ser título executivo* (...), *constitui documento suficiente para aparelhar o feito executório*', não sendo imposto ao credor '*comprovar que adiantou o pagamento do que está sendo executado*'. Andou bem o TJGO, portanto, ao não reconhecer a exigência de comprovação desse pagamento, pelo credor" (3ª T., REsp 1.023.083-GO, Rel. Ministra Nancy Andrighi, j. 15.4.2010, *DJe* 1.7.2010, grifamos).

Pela análise de recentes julgados do STJ, levando em conta o aspecto histórico, sistemático e finalístico da norma e a melhor tecnologia do Direito Comercial, constatamos que questões até então não definidas em relação à CPR foram adequadamente tratadas pelo órgão do Poder Judiciário, responsável pela uniformização da interpretação da lei federal no país – daí a importância dos precedentes citados –, trazendo mais força ao título e segurança jurídica às operações financeiras nele lastreadas.

5. Conclusão

Como dissemos, nos últimos 50 anos, o número de pessoas no mundo dobrou e a oferta de produtos agrícolas acompanhou o ritmo de crescimento da demanda. Neste cenário, o Brasil dispõe de competência suficiente para se integrar ao comércio internacional de alimentos, igualando níveis mundiais de investimento e tecnologia. Para consolidar o progresso de todos os elos da cadeia produtiva que envolve o agronegócio no Brasil, faz-se necessária uma estrutura contratual forte, eficaz, com baixo custo operacional e sólidas garantias para as partes envolvidas. Exatamente para atender esta demanda, em 1994, foi instituída a Cédula de Produto Rural (CPR) – base do que chamamos de Sistema Privado de Financiamento do Agronegócio, que, representa hoje um complexo integrado de atividades que vai desde a fabricação e o suprimento de insumos, a formação de lavouras e a produção nas unidades agropecuárias, até o processamento, o acondicionamento, o armazenamento, a distribuição e o consumo dos produtos de origem agrícola ou pecuária in natura ou industrializados.

Considerando a finalidade para a qual foi criada (instrumento de crédito ao produtor rural), ao longo de mais de uma década, a CPR teve sua utilização sensivelmente ampliada, não se limitando à emissão pura e simples do título para venda do produto físico, mas também como meio de renegociação da dívida e como garantia de operações financeiras ou como instrumento de *hedge*, sempre no contexto de fomento ao agronegócio. A abrangência da utilização deste título decorreu da intenção do próprio legislador que previu sua circularização por outros seguimentos do mercado, como as instituições do sistema financeiro, as seguradoras, as bolsas de mercadorias e de futuros, as centrais de custódia e investidores, o que tem sido referendado pelo Superior Tribunal de Justiça, órgão do Poder Judiciário responsável pela uniformização da interpretação de legislação federal no país. Diante disso, concluímos que as recentes decisões do Superior Tribunal de Justiça mostram um tribunal sensível à necessidade de validação da Cédula de Produto Rural e contribuem para o progresso de todos os elos da cadeia produtiva do agronegócio no Brasil.

Referências

AMARAL, Sérgio. "O G-20 e a governança econômica global". *O Estado de S. Paulo*, 13.9.2009, p. A2.

BURANELLO, Renato M. *Sistema Privado de Financiamento do Agronegócio*. São Paulo, Quartier Latin, 2009.

COUTO E SILVA, Clóvis V. do. *A Obrigação como Processo*. Rio de Janeiro, FGV, 2007.

DELMANTO, Celso. *Código Penal Comentado*. 3ª ed. Rio de Janeiro, Renovar, 1991.

EICHENGREEN, Barry. *A Globalização do Capital: uma História do Sistema Monetário Internacional*. São Paulo, Editora 34, 2002.

GOLDFAJN, Ilan. "Salto alto na economia". *O Estado de S. Paulo*, 1º.12.2009.

HOLANDA FERREIRA, Aurélio Buarque de. *Novo Dicionário da Língua Portuguesa*. 4ª ed. Curitiba, Editora Positivo, 2009.

LACERDA, Antonio Corrêa de. "Poupança e investimento". *O Estado de S. Paulo*, 11.11.2009.

MALLAN, Pedro S. "Mundo e Brasil: pós-crise e pós-Lula". *O Estado de S. Paulo*, 11.10.2009, p. A2.

NUEVO, Paulo Augusto Sacomani. *A Cédula de Produto Rural (CPR) como Alternativa para Financiamento da Produção Agropecuária*. Dissertação (Mestrado em Agronomia). Escola Superior de Agricultura Luiz de Queiroz – ESALQ. Universidade de São Paulo, Piracicaba, 1996.

O'NEILL, Jim. "Panorama é excitante e arriscado". *O Estado de S. Paulo*, 13.12.2009, p. B10.

PAJARDI, Piero. *Radici e Ideologie del Fallimento*. 2ª ed. Milão, Guiffrè, 2002.

RAJAN, Raghuram. *Veja* n. 2.131, São Paulo, 23.9.2009, p. 36.

REINACH, Fernando. "Agricultural". *Revista Exame CEO*, out./2009.

ROSS, Alf. *Direito e Justiça*. 2ª ed. Bauru, Edipro, 2007.

SAMPAIO, João. "A estratégica produção de alimentos". *O Estado de S. Paulo*, 4.11.2009.

Superior Tribunal de Justiça. Informações disponibilizadas em *www.stj.jus.br*.

Valor Econômico, 27.7.2010.

YARSHELL, Flávio Luiz. *Tutela Jurisdicional*. 2ª ed. São Paulo, DPJ Editora, 2006.

Atualidades

A IMPORTÂNCIA DO ADMINISTRADOR JUDICIAL COMO ÓRGÃO AUXILIAR AO JUÍZO FALIMENTAR NA BUSCA DA EFICÁCIA DOS PROCESSOS FALIMENTARES E DE RECUPERAÇÃO JUDICIAL DE EMPRESAS

BERNARDO BICALHO DE ALVARENGA MENDES

1. Introdução. 2. O administrador judicial como auxiliar ao juízo falimentar. 3. A escolha do administrador judicial pelo juízo falimentar. 4. A utilização de parâmetros jurídico-gerenciais. 5. Conclusão. 6. Referências bibliográficas.

1. Introdução

A Lei 11.101/2005 (LRF) que regula os procedimentos falimentares e de recuperação judicial e extrajudicial de sociedades empresárias prevê nos arts. 21 a 25 as principais normas disciplinadoras da função atribuída ao administrador judicial como órgão auxiliar ao juízo falimentar na eficaz condução do procedimento de recuperação judicial e falência das sociedades empresárias.

A antiga lei de falências e concordatas (Decreto 7.661/1945) previa a figura do síndico na falência e do comissário na concordata como pessoas eleitas por um dos maiores credores do devedor. Esta previsão ocasionava, na prática, frequentes confusões e reiteradas confrontações de interesses devido ao fato de um mesmo credor agir como síndico ou comissário frente a outros credores da mesma sociedade falida ou em concordata.

O advento da nova LRF trouxe em seu bojo a profissionalização da função do administrador judicial como órgão necessário ao auxílio do juízo falimentar na condução dos ritos processuais da recuperação judicial e falências. Não somente figurando como fiscal do procedimento jurisdicional, o administrador judicial passou a assumir a função de acompanhar *pari passu* a execução do plano de recuperação judicial da sociedade em crise, uma vez aprovado pelo Poder Judiciário e credores, bem como realizar os atos de gestão investidos de natureza econômico-financeira e administrativa em prol da pretendida celeridade do processo falimentar.

Nos sábios ensinamentos doutrinários de Waldo Fazzio Júnior, o administrador é um "auxiliar qualificado do juízo. Inserto no elenco dos particulares colaboradores da justiça, não representa os credores nem substitui o devedor falido" (Fazzio Jr., 2005, p. 326).

No mesmo sentido, pronuncia-se Sebastião José Roque, citando Miranda Valverde, "o administrador (...), é órgão ou agente auxiliar da Justiça, criado a bem do interesse público e para a consecução da finalidade do processo da falência. Age por direito próprio em seu nome, no cumprimento dos deveres que a lei lhe impõe" (Roque, 2005, p. 198).

Coroando o entendimento doutrinário sobre a caracterização do administrador judicial, na renomada obra dos doutos Professores Osmar Brina Corrêa-Lima e Sérgio Mourão Corrêa-Lima na obra sobre os comentários à nova lei de falência e recuperação de empresas, de maneira brilhante, o doutor Mauro Rodrigues Penteado expõe: "Os graus preferenciais de formação acadêmica indicados na Lei para pessoas físicas não são, portanto, os únicos requisitos de que deve estar dotado o administrador judicial, como se deduz da parte final do dispositivo comentado, em que o diploma legal igualmente andou bem, ao manter, com evidente aprimoramento, a regra constante no art. 60, § 5º, do Decreto-lei revogado, permitindo que a administração e fiscalização dos procedimentos de recuperação e falência possam ser levados a cabo por pessoa jurídica, com o acréscimo de que deve ser 'especializada'. O requisito, para ambos, administrador-pessoa física e administrador-pessoa jurídica, diz respeito à especialização na fiscalização de empresas em situação de crise econômico-financeira, na recuperação (art. 47), ou na administração, preservação, otimização e utilização produtiva de seus bens, ativos e recursos produtivos, inclusive os intangíveis, na falência (art. 75)" (in Penteado, 2009, p. 163).

2. *O administrador judicial como auxiliar ao juízo falimentar*

A figura do administrador judicial, com o advento da LRF, passou a ser revestida de credibilidade necessária ao regular processamento do feito, confortando os credores, principais interessados na celeridade processual e o juízo falimentar, com a certeza de atuação profissional, fiscalizada e imparcial na busca da satisfação dos interesses creditórios perante a sociedade falida ou submetida à recuperação judicial.

Dentre as principais questões que emergem da atuação do administrador judicial, reside na necessária exegese interpretativa do art. 21 da LRF em vista a qualificar técnica e academicamente o profissional a ser nomeado pelo juízo falimentar para auxílio jurisdicional em vista a gestão da massa falida e fiscalização do plano de recuperação.

O administrador judicial, sendo pessoa física ou jurídica especializada, atuando investido na função de órgão auxiliar do jurisdicionado falimentar deverá, funcionalmente, adotar medidas de diversas naturezas durante os processos de recuperação judicial e falimentar. Essas medidas poderão abarcar desde atos meramente administrativos a medidas jurídicas propriamente ditas, sem prejuízo de ações de caráter econômico-financeiro a serem adotadas deverão objetivar a minimização do ônus da sociedade empresária falida ou em crise, e atender os interesses difusos das diversas classes de credores.

Diante da vasta gama de atos a serem praticados pelo administrador judicial no curso do processo judicial, surgem posicionamentos doutrinários divergentes quanto à qualificação técnica necessária e exigível do profissional apto a atuar no auxílio da justiça.

Alguns doutrinadores comercialistas conservadores defendem a imprescindibilidade da formação jurídica do administrador judicial, sustentando a tese de que este profissional deva possuir, necessariamente, bacharelado em Direito e experiência advocatícia. Já os doutrinadores comercialistas progressistas defendem a necessidade de o administrador judicial possuir conhecimentos técnicos abrangentes não afetos apenas à matéria jurídica, devendo para tanto, possuir formação em áreas relacionadas à gestão de sociedades empresárias, tais como administração de empresas, economia e contabilidade.

Indubitavelmente, quanto melhor qualificado o profissional engajado na função de administrador judicial, seja por sua formação acadêmica em áreas afetas ao direito empresarial, seja por possuir conhecimentos em administração de empresas, economia e contabilidade, melhor este profissional poderá atuar como auxiliar-fiscal do Poder Judiciário no curso da lide.

Adicionalmente à formação jurídico-gerencial, as experiências profissionais pelas quais o administrador judicial tenha vivenciado ao longo de sua carreira serão sempre bem vistas pelo Poder Judiciário e bem recebidas pelos credores e interessados no processamento falimentar e recuperacional, em prol do célere deslinde da lide.

Inobstante os conhecimentos acadêmicos e experiências profissionais enriquecedoras inerentes à atuação como administrador judicial, mister ressaltar a importância deste profissional já ter atuado em tal função em processos falimentares ou recuperacionais, fato que corborá com o conhecimento prático no processamento do feito em busca da eficácia e pleno atendimento dos anseios do juízo falimentar, dos credores e, principalmente, do interesse público em prol da consecução da função social da empresa.

3. A escolha do administrador judicial pelo juízo falimentar

Precipuamente, caberá ao juiz falimentar, baseando-se em sua experiência profissional, conhecimento técnico da matéria e avaliação do processo judicial o qual estará julgando, avaliar a natureza e complexidade que as gestões da falência e recuperação exigirão do administrador judicial.

Após análise prévia e avaliação da complexidade e dificuldades do processo judicial, o juiz falimentar, à seu critério, imbuído da função jurisdicional de satisfação dos interesses dos credores e preservação da empresa, nomeará profissional idôneo, tecnicamente qualificado com comprovada experiência prática na seara falimentar, em vista a atuar como auxiliar judicial na administração da falência e na fiscalização do plano de recuperação da sociedade em crise.

O juiz falimentar, a partir da nomeação de profissional de sua estreita confiança, outorgar-lhe-á a função de administrador judicial com poderes de fiscalização, que deverão ser exercidos de maneira responsável, isenta de privilégios e em nome próprio, devendo o administrador judicial agir em prol da comunhão de interesses dos credores na falência e em vista à fiel consecução do plano de recuperação judicial.

O poder de fiscalização atribuído ao administrador judicial pelo juízo falimentar não lhe permite interferir em atos administrativos sem o devido processo legal e autorização judicial para tal, nem ao menos ter livre acesso à sede da sociedade recuperanda a seu livre critério, ou participar de reuniões internas ou externas dos gestores da sociedade em recuperação quando esta ainda está sob as rédeas daqueles que gerenciam usa operação.

Caso exercido este poder diferentemente do pretendido pelo juízo falimentar ou com desempenho profissional aquém do esperado pelos interessados do deslinde do processo, o juiz, Ministério Público ou qualquer credor interessado, nos termo do art. 31 poderá determinar ou requerer sua substituição ou destituição da função auxiliar-fiscal.

Corroborando com esse entendimento, vale trazer à colação decisão recente do Tribunal de Justiça de Minas Gerais, proferida pelo Desembargador Guilherme Luciano Baeta Nunes, integrante da 18ª Câmara Cível, que, por unanimidade, permitiu a destituição do administrador judicial em razão da desobediência à ordem judicial, conforme o arresto abaixo:

"*Ementa*: *Processual Civil – Administrador judicial – Descumprimento de ordem judicial – Desobediência – Destituição do cargo – Possibilidade*. 1. Sendo o Juiz o condutor do processo e considerando o poder discricionário que lhe permite nomear o administrador judicial, configurada a injustificada desobediência à ordem judicial, legítima é a destituição do administrador com a consequente nomeação do substituto que, nos termos da lei, deverá bem e fielmente desempenhar esse relevante múnus. 2. O fato de o administrador judicial, nomeado em substituição àquele que foi destituído, já ter funcionado nos autos como perito, além de não acarretar qualquer prejuízo aos litigantes, em nada compromete o exercício do novo múnus público a ser desenvolvido; pelo contrário, apenas realça a confiança que o julgador tem em relação ao profissional nomeado" (Agravo n. 1.0024.96.074689-9/001, Comarca de Belo Horizonte; Agravante(s): Banco BMG S/A; Agravado(a)(s): Com. Lara Ltda. e outro(a)(s)).

Enriquecendo a argumentação jurídica a respeito do tema, o Exmo. Sr. Desembargador-Relator soma ao voto o abaixo:

"A decisão agravada, como se vê, limita-se à destituição do administrador judicial e a nomeação do Sr. Paulo Eustáquio dos Anjos.

"Referida decisão, além de formalmente perfeita, também não viola qualquer norma legal, pelo que não está a merecer a reforma postulada pelo agravante.

"O preenchimento do cargo de administrador judicial se dá através de pronunciamento do Juiz dirigente do feito que, *ex officio*, tem a prerrogativa de nomear profissional idôneo e de sua confiança.

"E a esse mesmo Juiz que discricionariamente, sem qualquer interferência externa, nomeou determinado profissional para o exercício do múnus de administrador judicial, também é permitido deliberar, de ofício ou por provocação de uma das partes, sobre a destituição do administrador do cargo que lhe fora confiado.

"No caso, a destituição do administrador judicial anterior, não se deu por mero acaso ou capricho.

"O referido administrador ao deixar de cumprir determinação judicial a ele dirigida, incorreu em falta grave, haja vista que, a partir do momento que passou a desobedecer à ordem judicial, deixou de merecer a confiança do Juiz, o que por si só já é suficiente a fomentar a sua imediata destituição do cargo.

"E o administrador judicial no exercício do múnus público a ele confiado não é dado deliberar sobre a legalidade ou não do comando judicial por ele a ser cumprido. Quando muito, deverá dirigir-se ao Juiz, pedindo orientação ou alertando-o sobre alguma consequência, ou mesmo interpondo recurso contra a ordem que entende ilegal, hipótese essa que não se confunde com a renitente desobediência em cumprir a determinação do Juiz.

"Por outro lado, o fato de o administrador judicial, nomeado em substituição àquele que foi destituído, já ter funcionado nos autos como perito, além de não acarretar qualquer prejuízo aos litigantes, em nada compromete o exercício do novo múnus público a ser desenvolvido. Pelo contrário, apenas realça a confiança que o julgador tem em relação ao profissional nomeado.

"Portanto, em sendo o Juiz o condutor do processo, e considerando o poder discricionário que lhe permite nomear o administrador judicial, configurada a injustificada desobediência à ordem judicial, legítima é a destituição do administrador, com a consequente nomeação do substituto que, nos termos da lei, deverá bem e fielmente desempenhar esse relevante múnus.

"Não é de se perder de vista que o administrador judicial desenvolve suas atribuições mediante a direção e supervisão do próprio Juiz. Rompida a relação de confiança e obediência, prudente e incensurável é que seja ele destituído do cargo.

"Com essas considerações, Nego Provimento ao Recurso."

Da análise do Acórdão em referência, podemos extrair que a tendência jurisprudencial do tribunal mineiro coaduna com os termos do que já restou exposto neste artigo, no que tange a nomeação do administrador judicial: a escolha do profissional cabe ao juiz, considerando os critérios subjetivos de confiança técnica e ética do mesmo, tudo isso, dada a relevância do administrador ao deslindes das demandas em questão.

4. A utilização de parâmetros jurídico-gerenciais

O administrador judicial, para executar seu papel de auxiliar-fiscalizatório de maneira eficaz, deverá utilizar-se de ferramentas gerenciais de avaliação e controle de gestão lhes disponibilizadas pelos gestores da sociedade recuperanda. A utilização dessas ferramentas possibilitará ao administrador judicial mensurar a pertinência e adequação das medidas adotadas pelos administradores legais da sociedade com vistas ao atendimento do plano de recuperação judicial. Após a avaliação realizada pelo administrador judicial quanto a pertinência das medidas adotadas pelos gestores da sociedade em atendimento ao plano, o auxiliar judicial, considerando temerárias as ações praticadas pelos administradores legais da sociedade, e autorizado judicialmente para tal, poderá adotar medidas de gestão em vista a minimizar os efeitos dos atos desconformes praticados pelos gestores da sociedade recuperanda, evitando que a execução do plano de recuperação judicial falhe por estar alicerçado em premissas gestionais infundadas, decorrentes de dados financeiro-contábeis deturpadores da real situação financeiro-patrimonial da sociedade em crise.

Ao administrador judicial lhe é atribuída a função adicional de atuar ativamente em prol dos interesses dos credores, em vista à preservação da sociedade empresária, para que esta, superada a fase de iminente *bancarrota*, possa voltar a gerar riqueza para seus sócios, empregados e colaboradores, permitindo, desta feita, a manutenção da fonte produtora de bens e serviços, geradora de empregos e pagadora de tributos.

5. Conclusão

Em que pese o exposto, apontamos que a Lei n. 11.101/2005 inovou ao tratar diferentemente a figura do administrador judicial como órgão auxiliar ao juízo falimentar na busca da eficácia dos processos de recuperação judicial e falimentares, exigindo-se deste auxiliar qualificado do juízo, características outrora despercebidas no antigo Decreto-lei 7.661/1945, tais como profissionalismo, comprovado conhecimento técnico em matérias jurídico-falimentares, econômico-financeiras e gerenciais. Ademais, a nova LRF exige do administrador judicial atuação focada, visando viabilizar a preservação da sociedade empresária e pleno atendimento dos credores e interesse público, possuindo a função de auxílio ao juízo falimentar notória relevância para a proteção dos interesses coletivos e difusos, por sua atuação está revestida de aspectos fundamentais de legítimo interesse público.

Com a nova LRF, o administrador judicial passa a ter, no procedimento falimentar, a função de agir em prol dos interesses dos credores, maximizando e preservando a massa falida em vista ao atendimento do deslinde falimentar.

Na recuperação judicial, o administrador atuará de forma a convergir os interesses difusos que circundam a sociedade recuperanda, em prol do cumprimento do plano de recuperação judicial em vista a possibilitar que a sociedade supere a situação de crise econômico-financeira a qual se sucumbe.

6. Referências bibliográficas

ALVES, José Carlos Moreira (1987). *Da Alienação Fiduciária em Garantia.* 3ª ed. Rio de Janeiro, Forense.

BEZERRA FILHO, Manoel Justino (2005). *Nova Lei de Recuperação e Falências comentada.* 3ª ed. São Paulo, Ed. RT, p. 99.

CARVALHO, Ernesto Antunes de (2006). "Contratos bancários e a nova Lei de Falências". In WAISBERG, Ivo, e FERNANDES, Marcos Rolim. *Contratos Bancários*. São Paulo, Quartier Latin.

COELHO, Fábio Ulhoa (2005). *Comentários à Nova Lei de Falências e de Recuperação de Empresas*. 1ª ed. São Paulo, Saraiva.

CORRÊA-LIMA, Osmar Brina, e CORRÊA-LIMA, Sérgio Mourão (coords.) (2005). *Comentários à Nova Lei de Falência e Recuperação de Empresas: Lei n. 11.101, de 9 de fevereiro de 2005*. Rio de Janeiro, Forense, 2009.

FAZZIO JR., Waldo (2005). *Nova Lei de Falência e Recuperação de Empresas*. São Paulo, Atlas.

FERNANDES, Jean Carlos (2009). *Cessão Fiduciária de Títulos de Crédito: a Posição do Credor Fiduciário na Recuperação Judicial da Empresa*. Rio de Janeiro, Lumen Juris.

MANDEL, Julio Kahan (2005). *Nova Lei de Falências e Recuperação de Empresas Anotada*. São Paulo, Saraiva, p. 62.

MITCHELL, Ronald K., AGLE, Bradley R., WOOD e Donna J. Toward (1997). "A Theory of Stakeholder Identification and Salience: Defining the Principle of Who and What Really Counts". *Academy of Management Review*, vol. 22, n. 4, pp. 853-866.

PAIVA, Luiz Fernando Valente de *et alii* (2005). *Direito Falimentar e a Nova Lei de Falências e Recuperação de Empresas*. São Paulo, Quartier Latin.

ROQUE, Sebastião José (2005). *Direito de Recuperação de Empresas*. São Paulo, Ícone.

SOUZA JÚNIOR, Francisco Satiro de *et alii* (2005). *Comentários à Lei de Recuperação de Empresas e Falência*. São Paulo, Ed. RT.

TOLEDO, Paulo F. C. Salles de *et alii* (2005). *Comentários à Lei de Recuperação de Empresas e Falência*. São Paulo, Saraiva.

Atualidades

ARBITRAGEM E COMPETÊNCIA

HAROLDO MALHEIROS DUCLERC VERÇOSA

FERNANDO MEDICI JUNIOR

Introdução. 1. Os fatos. 2. Cláusula patológica: ausência de determinação precisa do nome da entidade administradora da arbitragem. 3. O papel e os poderes da entidade administradora: inexistência de conflito de competência jurisdicional. 4. A solução da lei. Conclusão.

Introdução

Uma grande confusão estabeleceu-se na instauração de procedimento arbitral envolvendo partes brasileiras e duas câmaras distintas de arbitragem no que se considera ter sido um dos primeiros casos envolvendo conflito de competência entre entidades administradoras de procedimento arbitral.

Como será demonstrado neste artigo, a confusão nasce em função de cláusula patológica de compromisso arbitral contida no contrato entre as partes, passa por um claro equívoco na determinação do papel e dos poderes das câmaras arbitrais e segue, até o momento, na equivocada interpretação das funções judicantes do Superior Tribunal de Justiça. Por haver chegado ao Judiciário, ficou superada a questão do sigilo do procedimento arbitral sob análise.

1. Os fatos

A empresa Pecuária Unit Santa Clara Ltda. ("Pecuária Sta. Clara"), celebrou compromisso de venda e compra de imóvel com Fazenda Reunidas Curuá Ltda. e Outros ("Reunidas Curuá"), tendo por objeto 23 (vinte e três) glebas de terra na Comarca de Água Boa, Estado de Mato Grosso.

Ainda por meio do instrumento, as partes estabeleceram que toda e qualquer controvérsia acerca do negócio jurídico seria solucionada por arbitragem, que seria administrada pela "*Câmara de Arbitragem da Federação das Indústrias do Estado de São Paulo – FIESP*".

Em 18.7.2009 a Pecuária Sta. Clara iniciou procedimento de arbitragem contra a Reunidas Curuá perante a Câmara de Mediação e Arbitragem de São Paulo (CMA), pertencente ao CIESP, argumentando, entre outras coisas, que a área vendida era menor em 1.600 hectares que a declarada no instrumento.

Embora tenha dado início ao procedimento arbitral, contudo, a Pecuária Sta. Clara deixou de efetuar o depósito inicial de adiantamento de custas e honorários dos árbitros, motivando o arquivamento do procedimento em 19.4.2010. Aproximadamente dois meses depois – em 30.6.2010 – o procedimento foi retomado, após terem sido recolhidos aquele valores.

Durante o período de arquivamento do procedimento arbitral perante a CMA, um novo procedimento arbitral foi instaurado, dessa vez pela Reunidas Curuá, perante a Câmara Arbitral do Comércio, Indústria e Serviços de São Paulo (CACI), em 9.6.2010, para discussão dos mesmos fatos.

Foi após as duas entidades arbitrais terem se considerado eleitas contratualmente pelas partes para administrar o procedimento arbitral, que o conflito de competência jurisdicional foi suscitado pela Pecuária Sta. Clara perante o Superior Tribunal de Justiça (STJ), implicando a suspensão das duas arbitragens.

Após ter sido processado, o conflito positivo de competência foi extinto pelo STJ, que se considerou incompetente para analisar esse tipo de conflito privado entre partes.

2. *Cláusula patológica: ausência de determinação precisa do nome da entidade administradora da arbitragem*

A grande confusão que se estabeleceu em torno da instauração da arbitragem tem origem clara na redação patológica da cláusula compromissória de arbitragem contida no contrato entre as partes. Muito já se escreveu sobre o assunto que, infelizmente, continua atual.

De natureza jurídica complexa, a arbitragem se apresenta em parte como um contrato entre os celebrantes e, sob tal aspecto, a sua regulação deve ser a mais clara possível e autossuficiente para dar ensejo à instauração da arbitragem por qualquer das partes quando do nascimento do conflito, independentemente da intervenção do Judiciário.

De há muito têm sido cantadas e decantadas as vantagens da arbitragem em relação ao Judiciário. Fala-se em especialidade dos julgadores, que podem ser escolhidos pelas partes em função de seu especial conhecimento da matéria objeto da controvérsia, e principalmente de celeridade, quando comparado o trâmite de uma arbitragem ao de uma ação judicial, com os diversos recursos que lhe são inerentes. Acrescente-se os chamados *custos de transação* inerentes ao processo judicial, que sobrecarregam intensamente as partes não somente pelos valores considerados, mas pela extrema demora de uma solução final. Além disto, em tese, os árbitros conhecem com maior profundidade do que um juiz o tema objeto da arbitragem, para tanto tendo sido adredemente escolhidos pelas partes, tendo em vista as suas especialidades profissionais e acadêmicas.

A nosso ver, essas entre outras vantagens dependem em muito da elaboração da cláusula compromissória, que deve ser pensada cuidadosamente à luz das peculiaridades do caso – da natureza da controvérsia, do montante envolvido nas potenciais disputas decorrentes do contrato, do número de partes envolvidas naqueles potenciais conflitos e, *inter alia*, da entidade arbitral mais adequada para administrar o processo, em termos de estrutura e de custos. Muitas vezes os advogados, descuidados, adotam cláusulas compromissórias *padrão*, as quais não servirão adequadamente ao caso concreto. O resultado será o tipo da roupa referida naquele antigo samba: "*Engole ele, paletó, que o defunto era maior*".

Não raramente, falhas ou imprecisões na redação da cláusula compromissória, em relação a quaisquer das variantes acima apontadas, colocarão as partes no pior dos mundos: nem disporão elas de arbitragem que possa ser instaurada de forma automática e rápida, nem tampouco disporão do Judiciário para solução do conflito que afeta a execução do contrato, ou que dele simplesmente decorre. Isto porque a cláusula compromissória afasta a competência do Judiciário da decisão da questão controversa.

Antes, terão as partes de valer-se do Judiciário para entreter um novo conflito que decorre da própria cláusula defeituosa, o qual poderá levar meses e até anos para ser resolvido, enquanto perdura a controvérsia de fundo, gerando os seus respectivos e indesejáveis efeitos nas relações existentes entre as partes.

Daí porque o pior dos defeitos que uma cláusula compromissória pode possuir é aquele que inviabiliza a pronta instauração da arbitragem quando do nascimento do conflito. Mais comumente, tal patologia decorre da ausência de eleição da entidade a quem caberá a administração da arbitragem, deixando as partes em um vazio processual, no que diz respeito a como proceder para instaurar a arbitragem. É o que ocorre nas chamadas cláusulas compromissórias vazias.

No caso em exame, o vazio decorreu não da ausência de definição da entidade administradora do procedimento arbitral, mas sim da indicação imprecisa dessa entidade, que gerou efeitos ainda mais deletérios do que a simples omissão, conforme visto acima. Cada uma das partes iniciou a arbitragem perante a entidade que entendia ser a correta, diante da imprecisão de linguagem do contrato.[1] Ato contínuo, as duas entidades administradoras do procedimento arbitral entenderam-se eleitas para processar o feito e o conflito foi parar no Judiciário, até agora sem aparente solução.

Embora não pareça correto falar-se em conflito de competência jurisdicional entre as duas entidades arbitrais, pelos motivos que serão apresentados mais abaixo, o conflito funcional, como gênero, é inquestionável, e deve ser resolvido para que a arbitragem possa ser finalmente processada de forma válida. Quem possui competência para a definição de tal conflito é outro assunto que será abordado abaixo, e que encontra resposta na própria Lei n. 9.307/1996.

Analise-se, contudo, a interferência que uma cláusula compromissória patológica pode ter na relação conflituosa entre duas partes. A experiência mostra que procedimentos arbitrais – dos mais simples aos mais complexos – levam uma média de ano e meio a dois anos para serem instaurados, processados e concluídos (período de tempo alongado quando são necessárias perícias técnicas complexas). No caso que ora se comenta, ao tempo da elaboração deste artigo, mais de um ano já havia se passado desde a instauração da primeira das arbitragens, e por força da patologia da cláusula compromissória, o caso já chegou até mesmo ao Superior Tribunal de Justiça, sem que tenha tido início a apreciação do verdadeiro conflito existente entre as partes.

Talvez o episódio da cláusula compromissória deficiente, contudo, não se estendesse tanto se houvesse menor confusão, especialmente por parte do Poder Judiciário, acerca do papel das entidades administradoras de arbitragem, e dos próprios dispositivos da lei brasileira de arbitragem, que foram especial e adequadamente concebidos para hipóteses de problemas com a instauração da arbitragem. É o que se passa a demonstrar nos próximos itens.

3. O papel e os poderes da entidade administradora: inexistência de conflito de competência jurisdicional

Entidades administradoras de procedimento arbitral – as chamadas Câmaras de Arbitragem – não ditam o direito. Não possuem jurisdição. São prestadoras de serviços de suporte ao árbitro ou conjunto de árbitros que são eleitos pelas partes, direta ou indiretamente, para solucionarem o conflito submetido ao procedimento arbitral. Daí porque sejam elas comparadas aos ofícios ou cartórios anexos às Varas judiciais. Em suporte ao árbitro ou árbitros, elas cuidam para que a arbitragem seja devidamente processada, à luz de um regulamento, ou daquilo que vier a ser determinado pelos árbitros. Em alguns regulamentos as câmaras podem constituir o Presidente do tribunal arbitral ou mesmo a tota-

1. No que pareceu pretender fazer uma referência ao Centro de Mediação e Arbitragem de São Paulo, pertencente à CIESP, o contrato menciona que a arbitragem deveria ser administrada pela "Câmara de Arbitragem da Federação das Indústrias do Estado de São Paulo – FIESP".

lidade dos seus membros, especialmente quando as partes não chegam a um entendimento a respeito.

O suporte dado pelas Câmaras de Arbitragem ao árbitro ou árbitros pode estender-se desde a simples administração de prazos e gerenciamento de documentos e peças processuais, passando pela importante função de agente de cobrança e pagamento dos honorários dos árbitros (necessário à preservação do distanciamento entre partes e árbitros e, consequentemente, à independência e à neutralidade desses) e chegando até, em alguns casos, ao escrutínio administrativo e formal do laudo arbitral, visando a assegurar os seus requisitos mais elementares, previstos no art. 26 da lei brasileira de arbitragem.

Não sendo entidades que gozem de competência jurisdicional, não há que se cogitar possam elas ser sujeitos ativos de conflitos de competência jurisdicional, sejam eles positivos ou negativos. Não é demais lembrar que não há competência onde não há jurisdição, não podendo haver conflito de competência jurisdicional onde não há competência.

Como classificar, então, o conflito existente entre duas Câmaras de Arbitragem que se consideram eleitas pelas partes para a administração do processo arbitral?

Trata-se de conflito meramente funcional. Conflito entre duas entidades que desejam ter a exclusividade na prestação de um serviço, e nada mais. Em princípio, na escolha da Câmara, quem tem a palavra final são as partes, na condição de clientes, em conjunto e caso haja consenso. Na ausência de consenso, o que se tem é puro e simples conflito relacionado à instauração da arbitragem, que deve ser solucionado pela forma prevista pelo legislador na lei brasileira de arbitragem.

4. A solução da lei

O legislador foi muito cuidadoso ao estabelecer na lei brasileira de arbitragem os dispositivos que tivessem a função de criar um método para a solução de entraves à instauração de uma arbitragem. Tal método encontra-se previsto nos arts. 6º e 7º da Lei n. 9.307/1996.

Por sua adequada redação, tais dispositivos servem para toda e qualquer circunstância na qual a cláusula compromissória não seja autossuficiente para a instauração de uma arbitragem, como se dá na hipótese das cláusulas vazias ou, como no caso dos autos, na qual não tenha havido perfeita determinação da entidade a quem caberá administrar a arbitragem.

O art. 6º da Lei n. 9.307/1996 determina que, "[n]ão havendo acordo prévio sobre a ***forma*** de instituir a arbitragem", a parte interessada manifestará à outra sua intenção de dar início à arbitragem, convocando-a para firmar o compromisso arbitral. Não comparecendo a parte convocada, ou comparecendo, recusar-se a firmar o compromisso arbitral, poderá a outra parte propor a ação de que trata o art. 7º da lei perante o órgão do Poder Judiciário a que, originariamente, tocaria o julgamento da causa.

Já o art. 7º da lei determina que, existindo cláusula compromissória e havendo resistência à instauração da arbitragem, a parte interessada poderá requerer a citação da outra parte para comparecer em juízo a fim de lavrar-se o compromisso, designando o juiz audiência especial para tal fim. Especificamente, o § 3º do artigo determina que se as partes não concordarem sobre "*os termos do compromisso*", caberá ao juiz decidir sobre o seu conteúdo.

Ora, no caso sob análise, o que houve entre as partes foi claramente uma "*ausência de acordo prévio sobre a forma de instituir a arbitragem*", e não um alegado conflito positivo de competência jurisdicional entre Câmaras de Arbitragem, que como visto não possuem jurisdição. Mais especificamente, ausente o acordo sobre os "*termos do compromisso*" indaga-se qual entidade deveria administrar a arbitragem e emprestar o seu regulamento para viabilizar a nomeação do árbitro ou árbitros, para que o procedimento pudesse ser instaurado.

Para dirimir tal conflito, caberia ao Poder Judiciário – por meio do juiz a quem originariamente caberia o julgamento da causa, e não ao STJ – examinar a redação patológica da cláusula compromissória perquirindo a verdadeira intenção das partes ao firmarem o compromisso arbitral. E, dessa forma, determinar qual entidade deveria administrar o procedimento arbitral. Nada além disto.

Também pelo mesmo motivo foi acertada a decisão do Superior Tribunal de Justiça, ao considerar-se incompetente para dirimir questão privada. Não se trata de conflito positivo de duas entidades com competência jurisdicional, mas apenas de decisão sobre questão de natureza privada, relacionada à intenção das partes no que diz respeito à Câmara de Arbitragem que deveria administrar o procedimento arbitral. Não havia, e não há, em absoluto, lugar para que fosse aquela Corte Superior instada, por competência originária, a dirimir tal conflito de competência jurisdicional, que em verdade é inexistente.

Questiona-se, por outro lado, se a decisão proferida pelo Superior Tribunal de Justiça não poderia ao menos ter esclarecido a questão, direcionando as partes à ação do art. 7º da lei brasileira de arbitragem. Há quem entenda que, ao assim proceder, a Corte Superior do país estaria funcionando como órgão consultivo. Não é o que nos parece. Em momento algum as partes direcionaram uma consulta ao STJ, mas acreditaram que havia efetivamente um conflito de competência jurisdicional a ser dirimido, motivo pelo qual não seria inadequado que aquela Corte tivesse adotado posição mais elucidativa.

Conclusão

Como visto acima, infelizmente a patologia de cláusulas compromissórias ainda é assunto atual, que não raramente atravanca a solução de controvérsias por meio de arbitragem. É necessário maior cuidado das partes e dos advogados na redação das referidas cláusulas, da qual em boa parte dependem o sucesso e todos os atributos positivos da arbitragem.

Viu-se também que entidades administradoras de procedimento arbitral – as chamadas Câmaras de Arbitragem – não são órgãos que possuam jurisdição. Elas não ditam o direito. Apenas prestam serviço de suporte ao árbitro ou árbitros, no que diz respeito ao processamento de uma arbitragem. Assim, gerenciam documentos, fiscalizam prazos e servem de agentes de cobrança e de pagamento dos honorários dos árbitros.

Por isso, o conflito de competência entre duas entidades administradoras de procedimento arbitral não pode ser considerado "conflito de competência jurisdicional". Quando muito, o que se tem é mero conflito funcional, entre duas entidades que visam à exclusividade na administração de uma dada arbitragem. Em princípio, na escolha da Câmara, quem tem a palavra final são as partes, na condição de clientes. Na ausência de consenso, o que se tem é puro e simples conflito relacionado à instauração da arbitragem.

A lei brasileira de arbitragem foi muito bem pensada e possui dispositivos específicos para solucionar todo e qualquer entrave à instauração de uma arbitragem. No caso sob exame, o art. 6º, parágrafo único, e o art. 7º, *caput* e § 3º, fornecem claramente o caminho das pedras para a solução da divergência. Caberia ao Judiciário conhecer da ação e julgar-lhe o mérito, perquirindo a vontade efetiva das partes, e determinando qual a Câmara de Arbitragem deveria administrar o processamento da arbitragem.

Imaginada como uma alternativa eficaz para a solução de conflitos sobre direitos patrimoniais disponíveis, talvez o legislador tenha sido muito otimista em entender que a arbitragem segundo o modelo adotado entre nós poderia ser considerada uma ferramenta que não exigisse dos interessados conhecimentos mais profundos do direito. Isto não é verdade.

Se, de um lado, deve se afastar o quanto possível o chamado *excesso de processualismo* na arbitragem, os limites impostos pela lei ao instituto dependem de que sua utilização se revista dos elementos mínimos de legalidade, validade e eficácia. Isto exige o adequado preparo dos advogados que atuam na área societária e contratual (as duas nas quais mais se utiliza a arbitragem) na assessoria preliminar às partes de maneira que sejam adequadamente pensadas e redigidas as cláusulas compromissórias que regerão o eventual recurso a uma arbitragem no futuro. Isto sem falar na necessidade de que todos (partes e advogados atuantes) se revistam da mais estrita boa-fé na sua utilização. O que é assunto para outra vez.

Atualidades

ESTUDO COMPARADO DA ARBITRAGEM NO MERCADO DE CAPITAIS*

DANIEL DE ANDRADE LÉVY

I – Introdução. II – As câmaras setoriais de arbitragem no mercado de capitais: a) A Câmara de Arbitragem do Mercado ("CAM") da BM&F-Bovespa; b) A "National Association of Securities Dealers" ("NASD"); c) A "New York Stock Exchange" ("NYSE"); d) A "International Cotton Association" ("ICA"); e) As Cortes Arbitrais dos Mercados: legítimo interesse ou reserva de mercado? III – A arbitrabilidade objetiva no mercado de capitais. IV – A arbitrabilidade subjetiva no mercado de capitais. V – A confidencialidade da arbitragem e a obrigação de transparência do mercado de capitais. VI – Conclusão. VII – Bibliografia.

I – Introdução

Quando falham os mecanismos de regulação prudencial do mercado de capitais, é quase certo o surgimento de um desequilíbrio, que culmina no descasamento de operações imaginadas para se anular sob uma perspectiva micro, e gerarem riqueza, sob uma perspectiva macro. O mercado de capitais, por essa razão, é um dos campos mais propício a tais abalos cíclicos, cujas consequências, em última instância, abalam a sua credibilidade, e afetam o potencial de canalização da poupança popular. Sob essa ótica, se a regulação preventiva é indispensável, a recomposição do equilíbrio é crucial.

A arbitragem[1] aparece como instrumento cada vez mais legitimado para uma resolução das controvérsias que atenda às exigências próprias do mercado de capitais, cujas características são incompatíveis com a atual configuração de nosso Poder Judiciário. Pesquisa realizada há dois anos, em conjunto pela PriceWaterHouse-Coopers. e pela Queen Mary University, de Londres,[2] revela que, em 2008, 88% das companhias sondadas preferem a arbitragem, em relação ao contencioso judicial,

* Seminário apresentado no Curso de Regulação e Autorregulação da Faculdade de Direito da USP.

1. Aqui, vale destacar que "arbitragem" é termo polissemântico, que comporta três diferentes conceituações no contexto do mercado de capitais: (i) primeiramente, indica a escolha de posições em mercados levando-se em conta a sua estrutura regulatória, quando o ente regulado aproveita-se da diferença entre o seu risco econômico – ou real – e a sua posição regulatória (em inglês, *regulatory arbitrage*); (ii) em segundo lugar, o termo indica a operação microeconômica de compra e venda de valores negociáveis, realizada com o objetivo de ganhos econômicos sobre a diferença de preços existente, para um mesmo ativo, entre dois mercados (em inglês, também *arbitrage*); e (iii) finalmente, o conceito que nos interessará aqui, qual seja, meio de resolução alternativo de controvérsias pela indicação de um ou mais indivíduos que, por acordo das partes, serão imbuídos de poder jurisdicional para conhecer aquele conflito.

2. Disponível em *http://www.pwc.co.uk/eng/publications/international_arbitration_2008.html* (acesso 26.7.2010). A pesquisa é citada por Cláudio Finkelstein, "Arbitragem no Direito Societário", in *Direito Societário: Sociedades Anônimas*, p. 304.

para a resolução de suas controvérsias (contra 73%, em 2007), bem como 92% das disputas acabam resolvidas durante o respectivo procedimento.

Outra pesquisa, em 2003, da American Arbitration Association ("AAA"),[3] mostra que 35% das empresas americanas analisadas são *extremamente* adeptas às *ADRs* (*alternative dispute resolutions*, que reúnem os meios alternativos de resolução de conflitos, como a arbitragem, a mediação, a opinião de terceiro, etc.), e apontam, como principais vantagens, a redução dos custos dos serviços jurídicos, a economia de tempo e a melhor utilização dos recursos financeiros.

No Brasil, embora a arbitragem já tenha sido historicamente prevista como meio até mesmo obrigatório de resolução de conflitos societários,[4] foi só em 1996, com a promulgação da Lei 9.307, que o instituto ganhou verdadeiro foro de legalidade. Legalidade, mas não legitimidade, diante dos inúmeros questionamentos doutrinários e jurisprudenciais acerca da constitucionalidade de uma norma que previa a possibilidade de um afastamento convencional da apreciação do Poder Judiciário acerca de determinadas lesões ou ameaças de lesões, em aparente violação do ditame constitucional.[5]

A superação desse bloqueio veio em 2001, quando o Supremo Tribunal Federal, ao examinar a Sentença Estrangeira Contestada n. 5.206,[6] declarou a constitucionalidade da lei, na linha do paradigmático parecer do então Procurador-Geral da República, Geraldo Brindeiro, cujo trecho se transcreve: "O que o princípio da inafastabilidade do controle jurisdicional estabelece é que: 'a lei não excluirá da apreciação do Poder Judiciário lesão ou ameaça a Direito'. Não estabelece que as partes interessadas não excluirão da apreciação judicial suas questões ou conflitos. Não determina que os interessados deverão sempre levar ao Judiciário suas demandas".

A declaração de constitucionalidade da norma fez surgir a áurea de legitimidade necessária à adoção desse método de superação de controvérsias, sem prejuízo da correspondente segurança jurídica, talvez o valor mais ancorado nas relações de confiança e credibilidade do mercado de capitais.

Mesmo antes de 2001, a Bolsa de Valores de São Paulo (Bovespa), por meio de sua Resolução 264, de 2000, previu a adoção obrigatória da arbitragem pelas companhias que aderissem ao Nível 2 e ao Nível "Novo Mercado" de governança corporativa, o que se verá com mais detalhe a seguir. Em 2001,[7] foi promulgada a Lei 10.303 que, ao catalisar para a Lei de Sociedades por Ações ("LSA") os novos valores da governança corporativa, introdu-

3. Segundo o relatório da pesquisa, essa foi realizada com 254 companhias, sendo 101 companhias listadas dentre as 1.000 da Revista *Fortune* (receita média de USD 9,09 bilhões), 103 companhias públicas médias (receita média de USD 384 milhões) e 50 companhias de controle privado (receita média de USD 690 milhões). Disponível em *http://www.adr.org/si.asp?id=4124* (acesso 26.7.2010) A pesquisa é citada por Flávia Bittar Neves, "A visão empresarial da arbitragem: como a administração de conflitos pode melhorar os resultados econômicos e não-econômicos do negócio", in *Revista do Comitê Brasileiro de Arbitragem* 9/31 e ss.

4. O Código Comercial, de 1850, previa, em seu art. 294, que "*todas as questões sociais que se suscitarem entre sócios durante a existência da sociedade ou companhia, sua liquidação ou partilha, serão decididas em juízo arbitral*". Em 1866, a Lei 1.350 retira a obrigatoriedade do juízo arbitral do âmbito societário e, em 1867, o Decreto 3.900 torna tal via facultativa, exigindo, todavia, que as partes assinassem um compromisso arbitral como condição para início do procedimento, mesmo que o contrato *inter partes* já previsse a opção pela arbitragem o que, na prática, desprovia de eficácia aquela normatividade.

5. Art. 5º, XXXV, CF.

6. STF, Tribunal Pleno, AgRg na SE 5.206-Espanha, rel. Ministro Sepúlveda Pertence, j. 12.12.2001, v.u., *DJ* 30.4.2004, p. 29.

7. Interessante notar que a Lei n. 10.303/2001, que trouxe a arbitragem para a Lei de Sociedade por Ações, foi publicada em 31.10.2001, quase dois meses antes da declaração de constitucionalidade da Lei n. 9.307/1996 pelo STF.

ziu o § 3º ao art. 109, prevendo, de forma expressa e explícita, a possibilidade de escolha da arbitragem para a resolução dos conflitos societários.

Aqui, vale destacar premissa metodológica bastante interessante, destacada em artigo de Haroldo Verçosa,[8] onde indaga se a inserção daquele parágrafo na Lei n. 6.404/1976 teria engendrado um microssistema autônomo de arbitragem societária, ou bem se a arbitragem societária permaneceria subordinada aos limites gerais da Lei 9.307/1996, sobretudo quanto aos direitos arbitráveis, previstos em seu art. 1º ("*patrimoniais disponíveis*"). Conclui, com tese que endossamos, que os limites da Lei 9.307/1996 permanecem também para as disputas societárias, com a integração dessa norma com a Lei das Sociedades por Ações. A previsão do art. 109, § 3º, da LSA, apenas tornou expressa uma faculdade que já era implícita, de forma a divulgar e propagar a adoção da arbitragem no âmbito societário.

Aponte-se também o Código de Melhores Práticas de Governança Corporativa, do Instituto Brasileiro de Governança Corporativa, cuja última edição, de 2009, estimula a opção pela arbitragem,[9] assim como a Cartilha de Governança Corporativa, da Comissão de Valores Mobiliários, de 2002, que também se insere nessa trilha.[10] A arbitragem ganhou foros de normalidade e legitimidade como instrumento de resolução de conflitos no mercado de capitais; mais do que isso, é recomendada e estimulada pelos seus principais autores.

O que talvez ainda falte entre nós é a crença na arbitragem, cultura que se destaca no cumprimento dos laudos, na aceitação da sucumbência e na reserva das ações de anulações apenas aos casos que exigem tal medida. Nessa conjuntura, nenhum dispositivo é tão significativo quanto o art. 13.5, do Regulamento da Câmara de Arbitragem do Mercado ("CAM"),[11] que prevê a *comunicação* ao mercado de eventual descumprimento do laudo arbitral, com a exclusão dos "*bad players*", ideia já bem disseminada na arbitragem internacional, sobretudo em matéria de investimento.[12]

O mercado de capitais parece o terreno ideal para o fomento dessa cultura, não apenas porque as suas relações negociais desenvolvem-se conforme um padrão de comportamento tipicamente cultural, mas porque a arbitragem fornece a configuração ideal para o seu desenvolvimento. Dentre esses parâmetros, destaque-se a celeridade – tão propícia à vida negocial – a confidencialidade – necessária à preservação da concorrência e dos interesses dos próprios acionistas – a especialização de seus julgadores[13] – retratada em decisões técnicas, e contrárias ao princípio de generalização do Poder Judiciário – e a possibilidade de lidar

8. Haroldo Malheiros Duclerc Verçosa, "A arbitragem e o mercado de capitais", in *Revista de Direito Mercantil, Industrial, Econômico e Financeiro* 146/155-164.

9. "1.8 Mediação e arbitragem. Caso não seja possível uma negociação bem-sucedida entre as partes, os conflitos entre sócios e administradores e entre estes e a organização devem ser resolvidos, preferencialmente, por meio de mediação e, se não houver acordo, arbitragem. Recomenda-se a inclusão destes mecanismos no Estatuto/Contrato Social ou em compromisso a ser firmado entre as partes."

10. "Arbitragem para Questões Societárias. III.6 O estatuto da companhia deve estabelecer que as divergências entre acionistas e companhia ou entre acionistas controladores e acionistas minoritários serão solucionadas por arbitragem. A adoção da arbitragem visa acelerar a solução de impasses, sem prejuízo da qualidade do julgamento. A eficácia de uma tal disposição estatutária depende de que sejam escolhidas câmaras arbitrais cujos membros tenham reconhecida capacidade em matérias societárias."

11. Disponível em *http://www.camaradomercado.com.br/InstDownload/regulamentonv07012002.pdf* (acesso 26.7.2010).

12. Veja-se a ampla publicidade dada aos laudos e decisões do ICSID (*International Center for Settlement of Investment Dispute*), que envolvem Estados, onde o descumprimento dos laudos acaba por excluir aquele país do cenário de investimentos internacionais, pela insegurança jurídica que eventual investimento em seu território envolve.

13. Calixto Salomão Filho bem destacou essa característica em seu *O Novo Direito Societário*, 3ª ed., p. 59.

com muito maior eficácia com a multiplicidade de atores presentes no mercado de capitais, cujos litisconsórcios multitudinários acabam, quase sempre, engessando a demanda judicial.

Não por outro motivo, o crescimento da arbitragem no mercado de capitais é constatação indiscutível, no Brasil, e no mundo. Todavia, o procedimento arbitral traz uma liberdade particular para um campo no qual o interesse público não pode ser ignorado, refletido na proteção ao investidor, norte de sua estrutura regulatória. Como compatibilizar essas duas visões é o que tentaremos explorar neste breve texto.

II – As câmaras setoriais de arbitragem no mercado de capitais

O desenvolvimento de praças de negociação cada vez mais especializadas em determinadas mercadorias resultou no implemento de câmaras arbitrais próprias, sob o argumento da tecnicidade de suas decisões. A Bovespa, no Brasil, a *NASD*, a *NYSE*, a *Chicago Stock Exchange*, nos EUA, a *International Cotton Association*, no Reino Unido, a *Frankfurt Stock Exchange*, na Alemanha, entre tantas, criaram câmaras próprias para arbitrar as controvérsias surgidas entre os seus participantes. Logo, primeiro ponto que vale examinar no âmbito do mercado de capitais, é o conjunto de regras que justificam a existência dessas câmaras setoriais, bem como a sua efetividade, assim como a validade de impor aos participantes desses mercados a administração de suas contendas por tais entidades.

a) A Câmara de Arbitragem do Mercado ("CAM") da BM&F-Bovespa

A Câmara de Arbitragem do Mercado foi criada pela Bovespa em 2001, a fim de acolher as arbitragens oriundas das companhias que aderissem às novas regras de governança corporativa do Nível 2 e do Novo Mercado. O Regulamento do Nível 2 estabeleceu, em seu art. 13.1, a obrigação geral das companhias listadas no Nível 2, da BM&F-Bovespa, de seus acionistas controladores, administradores e fiscais, de resolverem as suas disputas por meio de arbitragem, perante a CAM, controvérsias essas oriundas do Regulamento de Listagem, do Contrato de Adoção de Práticas Diferenciadas de Governança Corporativa Nível 2, das Cláusulas Compromissórias, em especial, quanto à sua aplicação, validade, eficácia, interpretação, violação e efeitos.[14]

Mutatis mutandis, essas regras são também previstas no Regulamento do Novo Mercado, onde o art. 13.1[15] prevê a obriga-

14. "Seção XIII/Arbitragem/13.1 Arbitragem. A BM&F-Bovespa, as Companhias do Nível 2, seus Acionistas Controladores, seus Administradores e membros do conselho fiscal comprometem-se a resolver toda e qualquer disputa ou controvérsia relacionada ou oriunda deste Regulamento de Listagem, do Contrato de Adoção de Práticas Diferenciadas de *Governança* Corporativa Nível 2, das Cláusulas Compromissórias, em especial, quanto à sua aplicação, validade, eficácia, interpretação, violação e seus efeitos, por meio de arbitragem, perante a Câmara de Arbitragem, nos termos do seu Regulamento de Arbitragem."

Há diversas outras previsões relativas à arbitragem no Regulamento do Nível 2, afora as presentes no capítulo específico: o art. 4.1(iv), estabelece a obrigação geral de arbitragem, o art. 5.6 contempla a obrigação dos conselheiros fiscais de aderirem à CAM, o art. 6.1.2(iii), estabelece obrigação de informar, no relatório da administração, a existência e vinculação de cláusula compromissória em contratos da companhia, enquanto o art. 6.4(vii), fixa a mesma obrigação no ITR, e o art. 7.2(xi) e (xvi), nos prospectos. O art. 8.3 estabelece a obrigação da arbitragem relativa à controvérsia surgida da alienação de controle da companhia. O Regulamento do Nível 2 encontra-se disponível em *http://www.bmf-bovespa.com.br/Pdf/RegulamentoNivel2.pdf* (acesso 26.7.2010).

15. "A Bovespa, a Companhia, o Acionista Controlador, os Administradores e os membros do conselho fiscal da Companhia comprometem-se a resolver toda e qualquer disputa ou controvérsia relacionada ou oriunda deste Regulamento de Listagem, do Contrato de Participação no Novo Mercado, das Cláusulas Compromissórias, em especial, quanto à sua aplicação, validade, eficácia, interpretação,

ção geral de submeter os litígios que envolvem os seus participantes ao procedimento da CAM, nos mesmos moldes do Regulamento do Nível 2.

Ambos os Regulamentos determinam que as controvérsias envolvendo os seus participantes sejam dirimidas pela câmara que o próprio mercado instituiu. Não é o nosso objetivo esmiuçar as normas desse instrumento, bastante completo, mas observar quais são os dispositivos que vieram propor soluções para os principais pontos polêmicos da arbitragem no mercado de capitais.

O tratamento oferecido pelo Regulamento da CAM à problemática da extensão subjetiva da cláusula compromissória inserida no estatuto da companhia foi das mais importantes contribuições para o debate.

Ao apontar a finalidade do Regulamento, o art. 1.2 indica que os seus destinatários serão os "*Participantes dos Segmentos Especiais de Listagem da Bovespa*", e remete ao art. 2.1 para a sua caracterização: (i) a Bovespa, (ii) as Companhias, (iii) os Controladores, (iv) os Administradores, (v) os membros do Conselho Fiscal, (vi) os Investidores, desde que tenham, voluntariamente, anuído ao Regulamento por meio da assinatura do Termo de Anuência, nos termos do item 5.2.2 do presente Regulamento. O art. 5, de forma mais ampla, regula essa "*Anuência dos participantes ao Regulamento*", e é exatamente aqui que se vê a inserção do Regulamento no debate acerca da arbitrabilidade subjetiva no mercado de capitais.

Isso porque exige a anuência expressa daqueles que quiserem "submeter à Câmara Arbitral todos os conflitos que possam surgir (...), decorrentes da aplicação das disposições contidas na Lei das S/A, nos Estatutos Sociais das Companhias, nas normas editadas pelo Conselho Monetário Nacional, Banco Central do Brasil e Comissão de Valores Mobiliários, nas demais normas aplicáveis ao funcionamento do mercado de capitais em geral, além daquelas constantes do Regulamento de Listagem do Novo Mercado [ou Nível 2], do Regulamento de Práticas Diferenciadas de Governança Corporativa e dos Contratos firmados pelas Companhias listadas nos segmentos especiais de listagem da Bovespa, com a estrita observância à legislação vigente".[16]

Em relação aos administradores e conselheiros fiscais, tal adesão é obrigatória, por meio da assinatura do Termo de Anuência, como condição para o seu empossamento nos respectivos cargos;[17] os eventuais novos controladores da companhia também ficam obrigados a anuir, como condição para o registro da transferência das ações de controle.[18] Por óbvio, a companhia e a BM&F-Bovespa ficam vinculadas à CAM em virtude da própria listagem da primeira no Nível 2 ou no Novo Mercado.

Mais interessante, todavia, é que o Regulamento atribuiu ao investidor[19] apenas a *faculdade* de aderir ao Regulamento da CAM, o que deverá ser feito de forma expressa: "O Investidor poderá, a qualquer momento, anuir ao presente Regulamento por meio de Termo de Anuência a ser firmado junto à Secretaria da Câmara Arbitral ou a uma Sociedade Corretora Membro da Bovespa".[20]

violação e seus efeitos, por meio de arbitragem, perante a Câmara de Arbitragem, nos termos do seu Regulamento de Arbitragem." Os demais artigos que tratam da arbitragem neste Regulamento são praticamente os mesmos do Regulamento do Nível 2. O Regulamento do Novo Mercado encontra-se disponível em *http://www.bmfbovespa.com.br/Pdf/RegulamentoNMercado.pdf* (acesso 26.7.2010).

16. Art. 5.1, (i), Regulamento da CAM.

17. Art. 5.3, (i), Regulamento da CAM.

18. Art. 5.3, (ii), Regulamento da CAM.

19. O investidor é definido pelo Regulamento como "qualquer pessoa, física ou jurídica, ou entidade de investimento coletivo que detenha títulos ou valores mobiliários de Companhias", p. 8.

20. Art. 5.2.2, Regulamento CAM. A anuência do investidor também está prevista nos arts. 2.1, (vi), e 5.4, Regulamento da CAM.

Em todos os casos, nota-se que o Regulamento tenta evitar a discussão relativa à eventual anuência tácita de qualquer um dos participantes do mercado quanto à cláusula compromissória constante do estatuto da companhia listada. Desvia, pois, do debate acerca da vinculação do acionista à cláusula arbitral estatutária sem expressa anuência, o que, como veremos a seguir, ocorre no caso de acionista que ingressa na companhia posteriormente à inclusão daquela cláusula, ou bem daquele acionista ausente, dissidente ou que se absteve, na deliberação assemblear em que ocorreu a sua inserção.

Não apenas a postura do Regulamento é bastante precavida, como ainda estimula a própria companhia, no caso de negociação privada de seus valores mobiliários, a envidar seus melhores esforços para que o investidor adquirente subscreva o Termo de Anuência.[21] Clara, pois, é a inserção do dispositivo no afeiçoamento de uma cultura arbitral, por meio de dispositivos que estimulem a solução privada de resolução de controvérsias.

Ressalte-se que a CAM prevê a livre indicação de árbitros pelas partes, apenas com a ressalva de que a indicação de árbitros não integrantes do quadro de árbitros da instituição deverá ser submetida à autorização do presidente e dos dois vice-presidentes da CAM.[22] A disciplina do papel do árbitro é extremamente minuciosa, e tem o mérito de já indicar, *a priori*, situações que impedem a sua nomeação, presumindo-se o conflito de interesse,[23] em sintonia com regras de alcance global, como as *IBA Guidelines*.[24] Enfim, digno de nota é a previsão de um procedimento sumário,[25] destinado à rápida solução do litígio, com a nomeação de um árbitro único e a concentração dos atos procedimentais em uma única audiência de conciliação e julgamento.

Segundo dados de 20.5.2010, 128 companhias aderira à CAM, inclusive algumas que sequer são listadas nos níveis de governança corporativa.[26]

b) A "National Association of Securities Dealers" ("NASD")

As arbitragens submetidas ao Regulamento da NASD representam 90% das arbitragens no mercado de capitais americano. O art. 10.100 das regras gerais da NASDAQ já prevê a obrigatoriedade da arbitragem entre os membros e associados daquele mercado, remetendo ao Código de Arbitragem da NASD, documento bastante completo, com quase 100 páginas. Interessante observar que a NASD adotou dois diferentes Códigos, um destinado à resolução de conflitos que envolvam clientes do mercado ("*costumers*", no original, sendo definido como aquele que não é nem "*broker*", nem "*dealer*"[27]) e outro destinado à solução de controvérsias entre os membros efetivos da NASD (que serão os "*brokers*" e os "*dealers*"[28]).

21. Art. 5.4.2, Regulamento CAM.

22. Arts. 7.8 e 7.8.1, Regulamento CAM.

23. Art. 7.8.7, Regulamento CAM, *in verbis*: "É vedada a escolha de Árbitro: i) que seja, ou tenha sido nos últimos 3 (três) anos, controlador, administrador, conselheiro fiscal, auditor, funcionário ou preposto de alguma das partes litigantes que tenha interesse jurídico ou econômico no litígio; ii) que esteja prestando, ou nos últimos 3 (três) anos tenha prestado serviços a alguma das partes litigantes, com exceção de emissão de parecer em matéria cujo objeto não esteja vinculado ao litígio; ou iii) que tenha interesse jurídico ou econômico no litígio".

24. Disponível em *http://www.ibanet.org/Publications/publications_IBA_guides_and_free_materials.aspx* (acesso 26.7.2010).

25. Arts. 8.1 e ss., Regulamento CAM.

26. Informações do *site* da CAM, disponível em *http://www.camaradomercado.com.br/InstDownload/EmpresasAderiramCamara.pdf* (acesso 26.7.2010).

27. Art. 12.100, (i), e art. 12.200, NASD *Code of Arbitration Procedure for Costumer Disputes*, disponível em *http://www.finra.org/ArbitrationMediation/Rules/CodeofArbitrationProcedure/* (acesso 26.7.2010).

28. O NASD *Code of Arbitration Procedure for Industry Disputes* aponta como destinatários de suas regras, além dos próprios membros da NASD, também as "*associated persons*", que nada mais são

Como o nosso objetivo não é adentrar nas minúcias dos regulamentos de cada câmara, mas destacar as principais discussões que resultam de sua aplicação, é imprescindível apontar a falta de motivação dos laudos arbitrais da NASD como alvo das críticas que lhe são dirigidas atualmente. Muitas partes, com o intuito de diminuir os altos custos das arbitragens, dispensam a motivação das decisões arbitrais como forma de atenuar os honorários dos árbitros, que apenas indicam o dispositivo de suas decisões.

Tal prática, que a cultura arbitral americana já enxergava nas decisões da AAA,[29] tem trazido inúmeros problemas. Sob a ótica do mercado de capitais, a dificuldade de formação de uma jurisprudência nessa área acaba por prejudicar os demais investidores que, embora possam ser confrontados a situações similares à da arbitragem, continuam sem saber como agir. Sob a perspectiva das próprias partes do procedimento, a falta de motivação dificulta o exercício do amplo direito de defesa, na propositura de futura ação anulatória.

Até 2007, as regras procedimentais da NASD previam que o laudo arbitral indicasse tão somente informações essenciais, como "os nomes das partes, o nome do advogado, se houver, um resumo das problemáticas, incluindo o tipo de valor mobiliário ou produto em questão, as indenizações ou outros pedidos requeridos, as indenizações ou outros pedidos deferidos, uma declaração sobre qualquer outra questão envolvida, o nome dos árbitros, as datas da propositura da demanda e da sentença, o número e as datas das audiências, o local das audiências, e a assinatura dos árbitros".[30] Dispensava-se, pois, o fundamento da decisão, exigindo-se apenas uma súmula do julgamento.

Em 27.1.2005, a NASD anunciou a sua intenção de reformular o regulamento, introduzindo uma regra que imponha ao árbitro a obrigação de explicar a sua decisão, "a fim de combater as reclamações dos investidores e para dar maior credibilidade a esse mecanismo de autorregulação que é a NASD".[31] Em 16.4.2007, após a aprovação da Securities Exchange Comission ("SEC"), foram implementadas as novas regras de procedimento arbitral da NASD, acrescentando-se ao capítulo da sentença arbitral o inciso "f", que permite que os árbitros incluam no laudo um "*rationale*" para fundamentar as suas decisões.[32]

Haja vista que a inclusão desse *rationale* foi concebida como faculdade atribuída aos árbitros, houve pouca mudança prática na concepção das sentenças que, em sua grande maioria, continuavam imotivadas.

do que pessoas físicas que operem isoladamente como verdadeiros "membros" ou bem aqueles indivíduos que são administradores, sócios, proprietários etc. dos membros. Os conceitos de "*members*" e "*associeted persons*" encontram-se no art. 13.100, (o) e (a), respectivamente, enquanto a legitimação subjetiva desses personagens para submeter-se ao *Industry Code* encontra-se no art. 13.200 (disponível em *http://www.finra.org/ArbitrationMediation/Rules/CodeofArbitrationProcedure/*,acesso 26.7.2010).

29. Note-se que os laudos arbitrais não motivados são regra nas arbitragens comerciais internas (*Rule* R-42, *Commercial Arbitration Rules*, AAA), embora as partes possam requerer que os árbitros fundamentem a sua decisão. Já nas arbitragens internacionais, a AAA determina que a regra seja a decisão motivada, podendo as partes dispensar os árbitros de tal incumbência (art. 27, (2), *International Dispute Resolution Procedure*, AAA).

30. Tradução livre. Art. 10.330, (e), do NASD *Code of Arbitration*, antes de 2007, disponível em *http://www.finra.org/web/groups/arbitrationmediation/@arbmed/@arbrul/documents/arbmed/p018653.pdf* (acesso 21.7.2010).

31. Tradução livre. NASD, "News Release: New Arbitration Rule Requires Award Explanations Upon Investor Request", disponível em *http://www.finra.org/Newsroom/NewsReleases/2005/P013145* (acesso 21.7.2010) *apud* Marilyn Blumberg Cane e Ilya Torchinsky, "Explaining 'explained decisions': NASD'S proposal for written explanations in arbitration awards", in *Univeristy of Miami Business Law Review*, p. 24.

32. Art. 12.904, (f), do Código de Clientes da NASD, e art. 13.904, (f), do Código de Membros.

Para contornar essa concepção ainda muito teórica, em 14.10.2008, a *Financial Industry Regulatory Authority*[33] ("FINRA"), na esteira da reforma anterior, propôs uma nova emenda para aprovação da SEC. À época, em seu relatório sobre a emenda, a SEC, notava que "a falta de motivação das decisões arbitrais é a principal e mais comum queixa das partes sucumbentes em arbitragens NASD".[34] O objetivo dessa nova emenda era permitir que as partes, em conjunto, pudessem solicitar aos árbitros uma "decisão explicada" ("*explained decision*", no original), definida como uma "sentença arbitral baseada em fatos, que afirme as razões gerais que justificam a decisão dos árbitros".[35] Ao presidente do tribunal seriam devidos honorários adicionais de USD 400,00[36] – valor fixo e destinado *apenas* ao presidente, limitação essa indispensável para impedir o encarecimento exagerado do processo, principal tese daqueles que defendiam as sentenças não motivadas.

Após a aprovação da SEC, em 4.2.2009, as novas regras foram implementadas pela FINRA em 13.4.2009, quando as partes do procedimento arbitral NASD passaram a poder solicitar sentenças que contivessem não apenas um *rationale*, mas também uma explicação acerca de suas razões.

A evolução aqui traçada no âmbito da praça de negócios que contém a maioria esmagadora das arbitragens de mercado de capitais nos EUA demonstra a importância do procedimento arbitral como fonte de precedentes, o que vai bem além da relação processual *inter partes*. A problemática das sentenças arbitrais não motivadas, que foi, sem dúvida, tema dos mais polêmicos nos debates americanos, reflete a lide como difusora de condutas corretas – e equivocadas – a serem adotadas diante de determinada operação. Da motivação dos laudos arbitrais advém a repressão da conduta faltosa, e o estímulo da postura exemplar, não apenas para as partes litigantes, mas também – e muitas vezes, sobretudo – para os demais personagens do mercado.

c) A "New York Stock Exchange" ("NYSE")

As regras de arbitragem da NYSE encontram-me nos arts. 600A a 639 de sua norma geral,[37] e contém previsões bastante similares àquelas da NASD. Não por outro motivo, as regras da NYSE, quanto à operacionalização do procedimento, remetem ao Código de Arbitragem da NASD para dirimir as controvérsias (i) entre os seus membros ou associados[38] dos seus membros e (ii) entre clientes ou não membros contra os membros ou associados dos membros quando a controvérsia for relativa à atividade daquele membro ou de seu associado.

Dentre as diversas especificidades do Regulamento de Arbitragem da NYSE, destaque-se a imposição de um árbitro único quando a disputa envolver menos de USD 25.000,00,[39] o que permite limitar os gastos com o procedimento e evita que a arbitragem seja mais custosa do que o seu próprio objeto. A previsão é salutar atual-

33. Maior regulador privado do mercado de capitais americano, foi criada em 2007 a partir da fusão da NASD e das funções regulatória e arbitral da NYSE.

34. *Notice of Filing of Proposed Rule Change to Provide Written Explanations in Arbitration Awards Upon the Request of Customers, or of Associated Persons in Industry Controversies, Exchange Act Release n. 34-52*, 009, 70 Fed. Reg. 41,065 (emenda proposta em 14.10.2008 pela FINRA, relatório da SEC disponível em *http://www.sec.gov/rules/sro/finra/2009/34-59358.pdf*, acesso 21.7.2010).

35. Tradução livre. No original: "An explained decision is a fact-based award stating the general reason(s) for the arbitrators' decision" (art. 12.904, (g)(2), Código de Clientes da NASD, e art. 13.904, (g)(2), Código de Membros da NASD).

36. Art. 12.904, (g)(5), Código de Clientes da NASD, e art. 13.904, (g)(5), Código de Membros da NASD.

37. Disponível em *http://nyserules.nyse.com* (acesso 21.7.2010).

38. Aqui, o termo "associado" é empregado no sentido já apontado na nota 27 supra.

39. Art. 607(c)(1)(i), Regulamento NYSE.

mente, em que tem sido bastante comum a escolha de instituições arbitrais sem qualquer atenção para os seus custos, escolhendo-se órgãos extremamente caros apenas pela sua reputação, sem se atentar para o valor de suas custas, proporcionalmente ao valor da arbitragem.

Outra norma que é útil para o exame da realidade brasileira é aquela contida na Regra 636 do Regulamento da NYSE,[40] que aponta quais declarações deve conter uma cláusula arbitral inserida em um contrato de consumo no mercado de capitais. Além de ser destacada, a cláusula deverá conter uma série de informações que, *a contrario sensu*, demonstram quais são as características da arbitragem que o legislador americano considerou nocivas ao consumidor: (a) a irrecorribilidade e definitividade da sentença arbitral; (b) as partes, ao assinarem a cláusula, abrem mão de seu direito de acesso ao Poder Judiciário, bem como ao júri; (c) a produção de provas;[41] (d) a sentença não necessariamente conterá argumentos fáticos ou fundamento jurídico e nenhuma das partes terá o direito de apelar e o direito da parte de buscar a modificação do julgado é estritamente limitado; e (e) o painel de árbitros incluirá, tipicamente, uma minoria de árbitros que foram, ou são, afiliados à indústria de valores mobiliários.

Diante do constante embate entre a arbitragem e o sistema consumerista brasileiro, derivado da interpretação do art. 51, VII, da Lei 8.078/1990,[42] parece-nos que as regras acima expostas constituem fonte bastante profícua de direito comparado, a fim de se identificar quais elementos da arbitragem são suscetíveis de causar dúvida – ou mesmo prejuízo – ao direito do consumidor inserido no mercado de capitais.

d) A "International Cotton Association" ("ICA")

Além de ser uma das câmaras arbitrais mais atuantes mundialmente, a instituição responsável pela resolução das controvérsias oriundas do comércio de algodão tem base fundamentalmente técnica, donde o interesse de examiná-la.

Fundada no final do século XIX, em Liverpool, Inglaterra, a ICA é a maior associação mundial de comércio de algodão, e tem na sua câmara arbitral a principal razão de ser. Dentre as normas que regem a Associação, destaque-se a obrigatoriedade de que quaisquer contratos firmados sob as regas da ICA prevejam a resolução das controvérsias por meio de sua câmara arbitral, nos termos das Normas 301 e seguintes de seu Regulamento.[43]

Jamais essa obrigatoriedade será tão justificada quanto no caso da ICA, em que as questões controversas, em sua grande maioria, deriva de desentendimentos técnicos. Assim, não é de se estranhar a imposi-

40. No original: "(a) Any pre-dispute arbitration clause shall be highlighted and shall be immediately preceded by the following disclosure language (printed in outline form as set forth herein) which shall also be highlighted: (1) Arbitration is final and binding on the parties. (2) The parties are waiving their right to seek remedies in court, including the right to jury trial. (3) Pre-arbitration discovery is generally more limited than and different from court proceedings. (4) The arbitrators' award is not required to include factual findings or legal reasoning and any party's right to appeal or to seek modification of rulings by the arbitrators is strictly limited. (5) The panel of arbitrators will typically include a minority of arbitrators who were or are affiliated with the securities industry".

41. Aqui, a norma original menciona o "*pre-arbitration discovery*", procedimento típico da *common law*, que não tem correspondente exato em nosso sistema judicial estatal. Mas como o objetivo da lei é informar ao consumidor que o sistema de produção probatória na arbitragem difere daquele previsto no contencioso estatal, então nos permitimos tal reducionismo.

42. Sobre a aproximação da arbitragem e do direito do consumidor, v., entre outros, Antonio Junqueira de Azevedo, *A Arbitragem e o Direito do Consumidor*, 1998. Mais recentemente, Márcio André Medeiros Moraes, *Arbitragem nas Relações de Consumo*, 2006.

43. Disponível em *http://www.ica-ltd.org/our-services/bylaws-and-rules* (acesso 21.7.2010).

ção de que os árbitros sejam todos "*Membros Plenos ou Membros Associados*"[44] da ICA, e que o presidente do tribunal, na hipótese de três árbitros, seja indicado pela própria Associação.[45] Ademais, o Regulamento da ICA prevê dois tipos de procedimentos arbitrais, sendo um destinado tão somente à verificação da qualidade do algodão comercializado – "arbitragem de qualidade" – enquanto todas as demais questões oriundas desses contratos serão dirimidas pelas denominadas "arbitragens técnicas".

A ideia de um procedimento que sirva apenas para o "exame manual da qualidade do algodão e/ou das características de qualidade que podem ser determinadas somente por testes instrumentais",[46] com a necessária indicação de árbitros que também atuem no mesmo ramo e sejam membros da associação, parece legitimar a obrigatoriedade imposta a todos os associados de submeter seus litígios à arbitragem da ICA. As regras da arbitragem de qualidade são puramente fáticas, com a previsão de uma série de mecanismos de verificação das características da mercadoria em litígio, inclusive quanto à sua cor, textura, etc.

Ressalte-se, inclusive, que o Regulamento ainda prevê um mecanismo de apelação – seja técnica, seja de qualidade –, que será examinada por um "Comitê de Apelação", composto de 5 membros, todos indicados por diretores da Associação, dentre ex-diretores e membros efetivos.[47] Aqui, prevalece a tecnicidade ante qualquer outro princípio ou garantia, ainda que se possa apontar, como principal crítica, eventual conflito de interesse entre árbitros-associados e as partes em litígio, todos pertencentes – e atuantes – no mesmo ramo de atividade.

Enfim, parece-nos que o exemplo da ICA é bastante elucidativo na defesa e câmaras arbitrais setoriais. Tentamos examinar, nas regras e parâmetros de cada uma dessas praças de negociação, como a submissão de seus membros às instituições arbitrais desses mercados é legítima diante do amplo leque de escolha de outras instituições.

e) As Cortes Arbitrais dos Mercados: legítimo interesse ou reserva de mercado?

Examinadas as características de algumas instituições arbitrais criadas no âmbito de mercados de negociação específicos, indaga-se: é justificada a recomendação – ou mesmo obrigação, em certos casos – para que os participantes do mercado submetam as suas contendas aos órgãos de suas próprias praças? Superada a discussão constitucional acerca da obrigatoriedade de submissão do litígio ao Poder Judiciário, surge o debate em torno da obrigatoriedade de submissão do litígio a determinada câmara ou centro.

Em artigo sobre o tema, Haroldo Verçosa é categórico ao entender ilícita a "exigência estabelecida quanto a uma determinada e exclusiva câmara de arbitragem", o que configuraria, em seu entender, "monopólio contrário à ordem econômica".[48] Mais uma vez, o Regulamento da CAM mostrou-se avançado sobre o tema, ao permitir, em seu arts. 12.1 e 12.3, que a arbitragem entre seus participantes seja *ad hoc*, ou sob a égide de outra Câmara ou Centro, respectivamente. No caso de arbitragem perante outra instituição, a CAM exige, porém, que lhe seja informada qual a câmara ou centro de arbitragem escolhido, bem como as razões de sua escolha, assim como o nome e a qualificação das partes envolvidas,[49] facultando, ainda, que lhe

44. Norma 303 (3), do Regulamento da ICA.
45. Norma 303 (2), do Regulamento da ICA.
46. Norma 300 (1), do Regulamento da ICA. As regras que operacionalizam a arbitragem de qualidade encontram-se nas Normas 318 e ss.
47. Para a apelação técnica, v. Norma 312, Regulamento da ICA.
48. Haroldo Malheiros Duclerc Verçosa, ob. cit., p. 160.
49. Art. 12.3, (i) e (ii), Regulamento CAM.

seja enviada a sentença arbitral proferida, para seu conhecimento e arquivo.[50]

Fica claro que a CAM adotou postura coerente, ao não se reservar, com exclusividade, os litígios entre os participantes da BM&F-Bovespa, mas exigir que seja mantida informada sobre aqueles, demonstrando a legítima preocupação em conhecer eventuais desequilíbrios na autorregulação de sua atividade, inclusive ao incitar que as partes lhe enviem a sentença arbitral proferida. A BM&F-Bovespa conseguiu alcançar o objetivo que tem legitimado a exclusividade dessas câmaras arbitrais, sem precisar impor a sua própria, uma vez que o mero acesso às informações das arbitragens existentes já permite a canalização do fluxo de informações sobre os seus participantes, o que é essencial para a regulação de seu mercado.

A abertura para que sejam aceitas arbitragens em outras câmaras ou centros deriva até mesmo de uma questão lógica de conflito de interesses. Paulo Henrique de Souza Freitas, ao mencionar a exigência da então Bovespa para que a companhia, acionista controlador, administradores e fiscais assinem a cláusula compromissória como condição para listagem no Nível 2 e no Novo Mercado, faz a seguinte indagação: "*não estará essa exigência, derivada de uma eventual decisão de órgão criado por essa mesma determinação, que irá apreciar uma determinação que obriga a análise deste órgão e assim sucessivamente – tornando-se um círculo vicioso* – mordendo o próprio rabo? *Em outras palavras, a Bovespa exige na adesão ao* Novo Mercado *o comprometimento com a Câmara Arbitral que apreciará as questões do próprio regulamento, que determina a obrigatoriedade da adesão à essa câmara de arbitragem*".[51]

Essa aporia, no entanto, parece dissolver-se diante da ideia de que a escolha pela listagem nos referidos níveis de governança corporativa é uma simples opção da companhia, que poderá negociar livremente os seus valores mobiliários sem aderir à CAM caso não queira ser listada naqueles patamares. Como se isso não bastasse, é preciso pressupor a seriedade e a imparcialidade dos membros da CAM para o julgamento de suas arbitragens, sem o que cai por terra a própria base do mecanismo autorregulatório. Finalmente, caso, ainda assim, uma parte se sinta desconfortável para ser julgada pela câmara criada pela sua *ex adverso*, nada impede que se recorra a outra instituição, casa haja acordo entre as partes.

Ainda assim, é possível encontrar casos em que a sociedade corretora alega em juízo que falta isenção ao órgão arbitral constituído pela parte oponente: "Informa que a câmara de arbitragem foi constituída pela própria Bovespa, desde o presidente até os árbitros, passando por seu secretário. Assim, um órgão arbitral, que terá a incumbência de julgar uma 'lide' contra a agravada, não estará dotado da suficiente e necessária isenção para isso".[52] Embora essa tese não tenha sido considerada no julgamento do agravo, mostra-se presente a problemática.

Vale lembrar que a vinculação aqui discutida não alcança as controvérsias internas das companhias, que envolvam litígios entre os administradores, ou bem entre acionistas e administradores, inclusive contra a companhia. Com base nos dizeres do art. 2.1, do Regulamento da CAM, a doutrina tem afirmado que, "por se tratar de convenção extra-estatutária firmada entre a Companhia e a sociedade civil que regula o mercado de ações, tal convenção arbitral não obriga seus acionistas em seus conflitos endógenos, seja entre si, seja com a pró-

50. Art. 12.3.1, Regulamento CAM.

51. "Arbitragem e segurança jurídica no Novo Mercado Brasileiro", in *Revista do Instituto de Pesquisas e Estudos*, v. 1, n. 46, pp. 246-7, grifos no original.

52. TJSP, 9ª CDPri, AI n. 373.141.4/4-00, rel. Desembargador Sérgio Gomes, j. 22.2.2005, v.u.

pria companhia".[53] Tal posição é corroborada pelo exame das regras de câmaras estrangeiras, como a da NASD ou da NYSE, que restringem a sua competência para o exame dos litígios envolvendo "*members*" ou "*associated persons of a member*", o que já foi explorado anteriormente.

Em suma, parece-nos que a obrigatoriedade de submissão à CAM, imposta pela BM&F-Bovespa aos signatários das normas de listagem dos Níveis 2 e Novo Mercado, destina-se apenas à resolução dos conflitos em que for parte o próprio órgão de autorregulação, não se estendendo para as divergências surgidas no âmbito interno da companhia. Mesmo assim, o estímulo refletido no Regulamento da CAM para que os investidores também assinem a cláusula compromissória[54] demonstra uma preocupação da BM&F-Bovespa em concentrar o maior número possível de dados acerca de eventuais disfunções do sistema autorregulatório, combustível indispensável para a sua evolução.

Some-se a essa justificativa a tecnicidade dos julgamentos que, embora fique mais nítida em instituições como a ICA – que obriga *todos* os contratantes que empregarem as suas normas de comércio a se submeterem à sua câmara – também são visíveis em questões específicas do mercado de capital, mormente questões relativas às próprias regras de listagem.

III – A arbitrabilidade objetiva no mercado de capitais

A entrada em vigor da Lei 9.307/1996 trouxe consigo a limitação de seu objeto, ao tornar arbitráveis apenas os direitos patrimoniais disponíveis. Em cada ramo da ciência jurídica, será indispensável indagar se os litígios ali surgidos poderão submeter-se ao juízo arbitral, questionamento esse que não é diferente no mercado de capitais. Ainda mais interessante é notar que o mercado de capitais reúne, de um lado, o interesse particular em torno da companhia e, de outro, o interesse público resultante da canalização dos recursos da poupança pública sob a forma de investimento. A coexistência dessas duas vertentes faz do mercado de capitais um campo fértil de discussão.

Em 2006, a Corte Federal Australiana, ao julgar caso[55] relativo à busca e apreensão de navios em paralelo a uma arbitragem entre as mesmas partes, em Londres, conceituou com bastante precisão a indisponibilidade de um direito: "São indisponíveis aqueles direitos cuja violação transpassa uma ordem puramente individual, e alcança um interesse público". Tal posicionamento mostra a ideia de indisponibilidade sob uma perspectiva externa, enquanto Marcos Paulo de Almeida Salles, em artigo específico, nos traz uma perspectiva interna: "Portanto a arbitrabilidade principia na análise das possibilidades de poder submeter o objeto da arbitragem à condição de direito patrimonial disponível, tal como aqueles que pode ser objeto de transação".[56] Países como a Áustria adotavam, em sua legislação critério que definia como disponível apenas a matéria que pudesse ser objeto de um acordo, o que acabou alterado em 2006, quando esse critério passou a valer apenas para disputas societárias não pecuniárias.

53. Marcelo Dias Gonçalves Vilela, *Arbitragem no Direito Societário*, p. 241. Mesmo posicionamento é esposado por Paulo Henrique de Souza Freitas, em artigo já citado: "(...) o que se está em discussão aqui, é bem mais singelo, ou seja, a imposição pela Bovespa de que os conflitos entre ela, a companhia, acionista controlador, administradores e os membros do conselho fiscal, sejam dirimidos pela arbitragem, já que, expressamente, facultada a sua assinatura ou não ao documento" (ob. cit., p. 251).

54. Entre tantos dispositivos, citem-se, p.ex., o art. 2.1, vi, e o art. 5.4.2, do Regulamento da CAM.

55. Comandate Marine Corporation *vs.* Pan Australia Shipping Pty Ltd. 157 FCR 45 238 ALR 457; 2006 WL 3833944; [2008] 1 Lloyd's Rep 119; [2006] FCAFC 192; [2007] ALMD 3897 Federal Court of Australia.

56. Marcos Paulo de Almeida Salles, "Da arbitrabilidade", in *Revista de Direito Bancário do Mercado de Capitais e da Arbitragem* 10/361.

Como se vê, o surgimento de cada vez mais tipos de direitos patrimoniais superou a concepção que associava a possibilidade de dispor ao seu caráter patrimonial. E, nesse sentido, as relações jurídicas oriundas do mercado de capital produzem direitos e obrigações que, embora nitidamente patrimoniais, podem não ser arbitráveis, quando se acrescenta a esse contexto a ideia de proteção da poupança popular. Por essa razão é que a decisão no caso *Comandate* tornou-se paradigma para a discussão, ao associar a indisponibilidade de um direito não ao seu caráter patrimonial, mas aos limites do interesse público.

Todavia, essa associação acabou não interpretada com cautela, e foi inevitável a equivocada associação da indisponibilidade à ordem pública. Pedro Batista Martins foi muito feliz na defesa da distinção entre esses dois conceitos jurídicos, ao afirmar que "a indisponibilidade subtrai do árbitro a jurisdição, enquanto a ordem pública lhe impõe o dever de observância no julgamento da questão controversa".[57] Assim, a ordem pública não é uma vedação, mas um limite à aplicação da lei, a ser observado tanto pelo juiz quanto pelo árbitro.

Permita-se, portanto, esse breve intróito, apenas porque o mercado de capitais é repleto de normas de ordem pública, assim como de interesses que transcendem as relações negociais particulares, o que torna extremamente importante o delineamento das matérias que poderão ser arbitradas.

Dentre as relações jurídicas que preenchem o mercado de capitais, é possível enxergar aquelas que objetivam a tutela da poupança popular, concretizadas na pulverização do capital, e aquelas destinadas apenas a regular a forma de interação entre os seus diferentes participantes.[58]

Em artigo já citado, Haroldo Verçosa[59] aponta os direitos derivados do poder de polícia dos órgãos de regulação como a principal fonte de normas que não pode ser arbitrada. Assim, o conjunto de regras destinado à fiscalização e à repressão das condutas desviantes materializa o direito cuja violação transcende um aspecto puramente individual, e alcança o interesse público. São as regras que permitem ao Estado exercer o seu poder de polícia, seja por órgãos delegados, como a Comissão de Valores Mobiliários, o Conselho Monetário Nacional ou o Banco Central do Brasil, seja pela "*autorregulação por imposição legal*", nos dizeres de Nelson Eizirik.[60]

Ao contrário, as relações contratuais entre os participantes do mercado serão arbitráveis, pois a vinculação convencional destina-se apenas a regular direitos e obrigações que se restringem tão somente àquelas partes. É o caso, por exemplo, das relações entre as bolsas de valores e as suas corretoras ou mesmo companhias listadas, assim como a relação contratual estabelecida pelo *underwriting*. No caso dos fundos de investimento, é mister atentar para a possibilidade de seus cotistas enquadrarem-se como consumidores, caso em que prevalecerá a regra do art. 4º, § 2º, da Lei 9.307/1996.[61] Ressalve-se que qualquer re-

57. Pedro Batista Martins, "A arbitrabilidade subjetiva e a imperatividade dos direitos societários como pretenso fator impeditivo para a adoção da arbitragem nas sociedades anônimas", disponível em *www.batistamartins.com.br* (acesso 10.6.2010).

58. Sobre a questão da arbitrabilidade objetiva especificamente no direito societário, permita-se remeter a artigo de Bernard Hanotiau in *Mélanges Offertes à Claude Reymond:* Liber Amicorum *Claude Reymond* autor de *L'Arbitrage*, Paris, Litec, 2004, p. 97.

59. Ob. cit., p. 160.

60. "Ainda que, historicamente, a grande maioria das Bolsas tenha surgido por iniciativa dos membros da corporação dos corretores, passaram a ser tuteladas pelo Estado, configurando um sistema de auto-regulação com conteúdo jurídico. Tal foi tipicamente o que ocorreu nos EUA, onde, a partir de 1934 (com a *Securities and Exchange Act*), as Bolsas de Valores, antes consideradas como 'clubes de negócios', passaram a exercer *a auto-regulamentação por imposição legal*" (Nelson Laks Eizirik, "Regulação e autorregulação do mercado de valores mobiliários", in *RDM* 48/53, grifou-se),

61. "Nos contratos de adesão, a cláusula compromissória só terá eficácia se o aderente tomar a iniciativa de instituir a arbitragem ou concordar,

lação oriunda da tutela institucional da CVM sobre o fundo de investimento não será arbitrável.

O caso *Salomon Brothers*,[62] que se tornou paradigma nos EUA em 1994, demonstra a complexidade de aferir a arbitrabilidade de certos litígios nas companhias abertas. Acionistas da companhia propuseram demanda judicial de responsabilidade contra ex-diretores da *Salomon Brothers*, os quais haviam previamente celebrado contrato de prestação de serviço com a companhia, prevendo a competência da câmara arbitral da NYSE. Como a companhia também estava no polo passivo, alegou a incompetência do juízo estatal e a necessária remessa do processo à arbitragem NYSE. O *judge* Patterson, da *US District Court for the Southern District of NY* entendeu que, haja vista ser a demanda de responsabilidade civil contra administradores proposta pelo acionista em substituição à companhia – ação derivada (no original "*derivative action*") – então deveria prevalecer a cláusula arbitral celebrada pelo ex-diretor com a sociedade.

O caso forneceu paradigma bastante elucidativo para o delineamento da arbitrabilidade objetiva no caso de demandas propostas pelos acionistas de uma companhia aberta. Assim, nos casos em que, nos dizeres da decisão, o acionista age "*in the shoes of the company*", a competência será da instituição arbitral prevista no contrato com a companhia.

Embora o exemplo acima não seja exclusivamente relativo ao mercado de capitais, veja-se que a aferição da arbitrabilidade objetiva deve sempre atender à natureza do direito controvertido, tanto no que tange à titularidade desse direito (companhia ou acionista, ou bem acionista por substituição) quanto à sua finalidade (tutela institucional, ou tutela contratual).

IV – A arbitrabilidade subjetiva no mercado de capitais

A circulação cada vez maior dos valores mobiliários, consequência da popularização do mercado de capitais, exige a construção de regras que, sem frear a celeridade dessas trocas muitas vezes quase fungíveis, possam dar ao investidor maior segurança possível quanto ao conhecimento do título que está adquirindo. É nessa conjuntura que se enquadra a discussão em torno da extensão da cláusula arbitral estatutária aos novos investidores.

Preliminarmente, vale ressaltar que a doutrina parece pacífica quanto à vinculação dos acionistas que aprovaram a inclusão da cláusula compromissória no estatuto, seja na assembleia de constituição, seja na assembleia posterior em que votada a sua inclusão. As divergências começam a surgir acerca da extensão dos efeitos da cláusula estatutária ao novo acionista, que não participou daquela deliberação, assim como para o acionista que simplesmente não compareceu à assembleia, absteve-se ou votou contra a sua inclusão.

É possível enxergar na doutrina duas posições oposta sobre o tema: uma, liderada por Pedro Batista Martins, favorável à interpretação extensiva do alcance da cláusula e, outra, encabeçada por Modesto Carvalhosa, contrária.[63]

expressamente, com a sua instituição, desde que por escrito em documento anexo ou em negrito, com a assinatura ou visto especialmente para essa cláusula."

62. Fed. Sec. L Rep. (CCH) para. 98,454 (1994) *apud* Perry Herzfeld, "Prudent Anticipation? The Arbitration of Public Company Shareholder Disputes", in *Arbitration International* 24/312.

63. Mencione-se que, embora Nelson Eizirik compartilhasse do mesmo entendimento que Modesto Carvalhosa, defendendo a inoponibilidade da cláusula arbitral estatutária a todos os acionistas que não a tiverem expressa e formalmente ratificado, em artigo, no jornal *Valor Econômico*, de 31.8.2009, alterou o seu posicionamento, a fim de defender a vinculação tanto dos futuros acionistas que aderirem ao estatuto, quanto daqueles que não compareceram à assembleia que votou pela inclusão da cláusula, ou daqueles que se abstiveram no conclave. Continua o doutrinador, todavia, defen-

Quanto a essa última, já no início do capítulo sobre o tema, Modesto Carvalhosa é enfático ao afirmar que "a cláusula compromissória não vincula nem os acionistas atuais que não subscreveram esse pacto parassocial estatutário, nem os acionistas que posteriormente adentram a sociedade sem expressamente aderir a ele".[64]

De forma resumida, defende-se que o direito constitucionalmente assegurado de acesso à Justiça (art. 5º, XXXV, CF), transposto à Seção da Lei de Sociedades por Ações dedicada aos "Direitos Essenciais" dos acionistas,[65] não pode ser objeto de uma renúncia tácita. Assim, nos dizeres daqueles comercialistas, "não há presunção de renúncia do direito essencial de qualquer acionista, tanto mais em se tratando de pacto parassocial".[66]

Ademais, a adesão à cláusula é apenas um *direito* do acionista, embora possa ser considerado obrigação da sociedade. Dessa forma, não cabe à sociedade ou à assembleia obrigar o acionista a lançar mão de um direito exclusivamente pessoal.

Esse posicionamento defende, ainda, que a cláusula arbitral constituiria um pacto parassocial, análogo ao acordo de acionistas, inclusive com base no art. 8º, da Lei 9.307/1996,[67] que fixa a autonomia da cláusula compromissória em relação ao contrato na qual estiver inserida. Aqui, vale ressaltar que a maior parte da doutrina discorda dessa interpretação do citado dispositivo, haja vista que o seu objetivo não é transformar a cláusula compromissória em um instrumento em apartado, mas dotá-la de validade independentemente da validade do negócio em que inserida, a fim de permitir que mesmo um contrato considerado nulo em virtude de vício em outras cláusulas, possa ser levado à jurisdição arbitral.[68]

Em posição diametralmente oposta, Pedro Batista Martins tem defendido tese mais favorável à arbitragem, presumindo-se a renúncia tácita do acionista à jurisdição estatal de forma mais ampla: "Penso que a deliberação assemblear que aprova, por maioria, a inserção de cláusula compromissória estatutária é válida, eficaz e vincula a todos os sócios, presentes, ausentes ou dissidentes".[69]

O doutrinador lembra que o direito de ação do indivíduo não se restringe tão somente ao direito de ação *perante o Poder Judiciário*. Relativiza-se a exigência constitucional do art. 5º, XXXV, da CF, a fim de defender que a natureza jurisdicional da arbitragem, já reconhecida pelo STF, permite, tanto quanto uma ação judicial, que sejam apreciadas as lesões ou ameaças de lesão ao indivíduo. Recorda que o principal destinatário daquela norma constitu-

dendo que a cláusula compromissória não vincula o acionista que consignou o seu voto expresso contra a inclusão da cláusula.

64. Modesto Carvalhosa, *Comentários à Lei de Sociedades Anônimas*, vol. 2, 4ª ed., p. 308.

65. Capítulo X, Seção II, da Lei 6.404/1976. É no art. 109 que são listados os direitos essenciais do acionista, dentre os quais se destaca aquele previsto em seu § 2º, qual seja, o direito de ação, que não pode ser elidido pelo estatuto ou pela assembleia. O parágrafo seguinte, 3º, a partir de 2001, ressalva a possibilidade de que esse mesmo direito de ação possa ser exercido via arbitragem.

66. Modesto Carvalhosa e Nelson Eizirik, *A Nova Lei das Sociedades Anônimas*, p. 184.

67. "A cláusula compromissória é autônoma em relação ao contrato em que estiver inserta, de tal sorte que a nulidade deste não implica, necessariamente, a nulidade da cláusula compromissória."

68. Vale lembrar que ainda há discussão quanto à eventual nulidade da própria cláusula que, na convenção arbitral, prevê que os árbitros serão competentes para decidir acerca da validade da convenção. No recente caso *Rent-A-Center vs. Jackson*, a Suprema Corte Americana entendeu que (i) se a parte alegar a nulidade específica da cláusula que, na convenção arbitral, determina que os árbitros sejam competentes para examinar a validade da convenção, então a competência será do Poder Judiciário; porém, (ii) se a parte alegar a nulidade da convenção arbitral como um todo, então, pelo princípio da *kompetenz-kompetenz*, caberá ao Tribunal Arbitral o conhecimento dessa questão (decisão, por maioria de 5 a 4, proferida em 21.6.2010, disponível em *http://www.supremecourt.gov/opinions/09pdf/09-497.pdf*, acesso 23.7.2010).

69. Pedro Batista Martins, ob. cit.

cional era o próprio Poder Público, em uma época pós-ditatorial no qual se queria impedir que uma nova postura autoritária ficasse sem controle jurisdicional.[70]

Posição mais enfática é refletida na ideia do princípio majoritário, motor de qualquer sociedade. A voz da maioria, pois, é a voz da sociedade, sendo impossível conceber o funcionamento de uma companhia fundada apenas em deliberações unânimes. A deliberação, tomada de forma legal e legítima, pela maioria, que decide pela inclusão da cláusula compromissória, deve vincular mesmos os acionistas dissidentes, ausentes ou que se abstiveram; nos dizeres de Carnelutti, é "a impotência da vontade para a tutela de um interesse [maior]".[71]

O corolário desse princípio é a possibilidade do acionista insatisfeito vender a sua participação, e retirar-se da sociedade, sendo possível até mesmo refletir se não seria o caso de direito de recesso. A presunção de aceitação da cláusula advém justamente de sua permanência na sociedade. Quanto ao acionista que adquire participação em uma companhia que já possui cláusula compromissória em seu estatuto, a presunção de aceitação daquela é prévia, isto é, a própria aquisição do valor mobiliário presume que o investidor tem conhecimento do estatuto da sociedade.

Nesse sentido, a doutrina italiana tem enxergue nessas condutas verdadeira manifestação implícita de vontade: "(a) do novo acionista, na medida em que, ao subscrever ações da companhia, aceitou implicitamente todas as cláusulas do estatuto social; (b) do adquirente de ações de um antigo sócio, na medida em que o cessionário assume a situação jurídica do cedente, inclusive sua submissão à cláusula compromissória estatutária; (c) do administrador da companhia, na medida em que, ao aceitar a função que lhe foi atribuída, concordou implicitamente em cumprir todas as disposições estatutárias, inclusive a cláusula compromissória".[72]

A solução para o debate no que tange ao futuro acionista passa necessariamente pela maior divulgação possível das informações sobre a companhia, inclusive a existência de cláusula compromissória em seu estatuto. O *full disclosure*, tendência que vem se cristalizando após os inúmeros escândalos que envolveram a dissimulação de informações nos EUA, é indispensável para que se possa presumir a renúncia tácita do investidor quanto à jurisdição estatal.

No intuito de afastar qualquer dúvida, parece-nos que a BM&F-Bovespa, por meio do Regulamento da CAM, adotou a solução mais conservadora para as arbitragens que lhe concernem. Exigiu que todos os sujeitos cuja vinculação ao Regulamento é obrigatória assinem o "Termo de Anuência", documento específico em que concordam com a escolha da arbitragem. Assim, além dos próprios contratos de listagem no Nível 2 e no Novo Mercado, que contêm a cláusula arbitral que vincula a companhia e a própria BM&F-Bovespa, o Regulamento da CAM ainda exige que os controladores, os administradores e os membros do conselho fiscal assinem o referido Termo de Anuência.[73] Portanto, só será registrada a alienação de controle depois que o novo controlador concordar expressamente com a arbitragem,[74] assim como os administradores e fiscais só serão empos-

70. Lembre-se que o princípio da inafastabilidade da apreciação do Poder Judiciário surgiu na Constituição de 1946, que seguiu o fim da Era Vargas, de 1930 a 1945.

71. *Teoria Geral do Direito*, 1999, p. 290, *apud* Pedro Batista Martins, ob. cit.

72. Giovanni Cabras, "I principi dell'arbitrato e l'arbitrato societario", in *Dir. Comm. It. 1*, jan./2005 (disponível em *www.dircomm.it/2005/n.1/01.html*, acesso 23.7.2010) *apud* Andrea Goes Acerbi, "A extensão dos efeitos da cláusula compromissória nos estatutos das sociedades anônimas", in Haroldo Malheiros Duclerc Verçosa, *Aspectos da Arbitragem Institucional: 12 Anos da Lei 9.307/1996*, p. 215.

73. Art. 2.1, Regulamento da CAM.

74. Art. 5.3, (ii), Regulamento da CAM.

sados após manifestarem essa mesma concordância.[75]

Permita-se apenas uma digressão para lembrar que a vinculação dos administradores e fiscais à cláusula arbitral já incluída no estatuto antes de seu empossamento, mesmo sem a sua assinatura no Termo de Anuência, parece-nos uma exigência lógica, considerando que em quase todos os casos em que a companhia for parte em um litígio, será o administrador ou fiscal o seu litisconsorte. Também uma exigência moral, pois o administrador é, sem sombra de dúvida, aquele que não apenas conhece o estatuto de sua companhia, mas tem o dever de conhecê-lo!

Embora parte da doutrina não veja entrave na existência de dois procedimentos paralelos – a companhia submetida ao juízo arbitral, e o administrador sujeito ao juízo estatal,[76] por exemplo – trata-se de solução bastante improdutiva. Com a exigência do Termo de Anuência, prevista pela BM&F-Bovespa, parece-nos que a questão fica superada, ao menos para as controvérsias surgidas no âmbito da instituição autorreguladora.

Quanto aos futuros acionistas da companhia, sob a qualificação de investidores, só se submeterão à arbitragem da CAM se assinarem, antes do registro da transferência de titularidade, o mesmo Termo de Anuência, o qual os vinculará não apenas para arbitragens envolvendo a companhia cujos títulos está adquirindo, mas quaisquer outros litígios com as companhias listadas naquele nível de governança corporativa.[77]

A solução adotada pela BM&F-Bovespa, ao impor a adesão expressa à cláusula compromissória, parece endossar a posição da doutrina mais conservadora, tese compreensível em um mercado de capitais ainda em crescimento, em que a dúvida é a maior inimiga da estabilidade econômica.

A cautela do órgão autorregulador parece também se justificar em virtude das reiteradas alegações de sociedades corretoras pertencentes à Bovespa que, ao litigar com essa última, afirmavam o desconhecimento da cláusula compromissória em seu estatuto. É o caso da corretora *Walpires* que, ao ter sua autorização para operar caçada pela Bovespa, ingressou com pedido liminar no juízo estatal para voltar a operar, o que foi deferido. Em contestação, a Bovespa alegou a existência da cláusula compromissória em seu estatuto, ao qual a *Walpires* havia aderido posteriormente, o que remete à discussão de presunção de renúncia à jurisdição estatal. O juízo de primeira instância revogou a liminar, o que foi revertido pelo Tribunal de Justiça de São Paulo, que concedeu a liminar, sob a alegação de que a cláusula arbitral incluída no estatuto da Bovespa "era estipulação recente, e que a agravante [Walpires] não fez anuência expressa, o que, ainda numa análise perfunctória, desobedece ao § 2º do art. 4º da Lei de Arbitragem".[78]

Mesmo se tratando de litígio envolvendo as próprias *associadas* da Bovespa, percebe-se a dificuldade de aceitação da cláusula, o que justifica a postura conservadora da instituição em relação à arbitragem nos novos níveis de governança corporativa.

A extensão dos efeitos da cláusula compromissória é tema que ultrapassa as nossas fronteiras, e tem sido objeto de discussão em diversas outras jurisdições.

A Alemanha, por exemplo, adotou postura reticente no caso da associação

75. Art. 5.3, (i), Regulamento da CAM.

76. "Ainda que as decisões de um e de outro juízo (estatal e arbitral) sejam diversas, estarão os *acionistas compromissados* vinculado ao *decisório* arbitral e respectivos efeitos. Já os acionistas não compromissados estarão, por sua vez, vinculados à decisão judicial sobre a mesma matéria, não podendo escusar-se de seus efeitos sob a alegação de que maior benefício ou menor condenação, ou mesmo procedência ou improcedência, adviriam da decisão arbitral simétrica" (Modesto Carvalhosa, ob. cit., p. 326).

77. Art. 5.4.3, Regulamento da CAM.

78. V. nota 52.

German Shepherd Dog Association,[79] quando a Corte Suprema Alemã afirmou que apenas os membros que expressamente consentiram com a cláusula arbitral estariam por ela vinculados.

Na Áustria, há tendência contrária, de privilegiar a arbitragem e expandir os efeitos da cláusula compromissória para acionistas futuros, ou acionistas dissidentes, ausentes e que se abstiveram da deliberação assemblear. Em artigo no *Austrian Arbitration Yearbook*,[80] Stefan Weber defenda essa interpretação extensiva, já bastante disseminada no país. A própria lei de arbitragem austríaca – *Austrian Arbitration Act*, de 2006 – prevê, como fundamento legal da jurisdição do tribunal arbitral em demandas societárias, não a cláusula compromissória em si, mas o estatuto em que inserida como um todo.[81] Muitos doutrinadores defendem, portanto, que não é possível uma vinculação específica apenas a algumas cláusulas do estatuto (por exemplo, com a ressalva da cláusula compromissória), impondo-se a sua adesão como um todo.

No que tange à extensão da cláusula para administradores e fiscais, mencione-se a experiência italiana, com a promulgação, em 2003, das novas normas sobre arbitragem no âmbito de companhia, por meio do Decreto Legislativo ("DL") n. 5, de 17.1.2003, alterado pelo DL n. 34, de 6.2.2004, o qual impõe a vinculação dos administradores à convenção de arbitragem como consequência natural de sua posse.[82]

No entanto, o aspecto mais interessante dessa nova legislação italiana é notar que ela exclui de suas regras as companhias listadas em bolsa.[83] Assim, nos termos de Peter Klein, "o novo sistema arbitral [italiano] é um instrumento que só é utilizável pelas pequenas e médias companhias. A política por trás dessa escolha é que nas grandes companhias, com um grande número de acionistas, esses, em sua maioria, são meros investidores que não participam ativamente na tomada de decisões. Seria inaceitável retirar desses acionistas o direito de recorrer ao Poder Judiciário com base tão somente na existência de uma cláusula arbitral no estatuto, a qual provavelmente é desconhecida por eles".[84]

Veja-se, pois, que a questão é complexa. Se de um lado a doutrina italiana tem se inclinado por uma interpretação extensiva

79. Bundesgerichtshof, Germany, 3 April 2000, BGHZ 144, 146; NJW 2000, 1713; DB 2000, 1166.

80. Stefan Weber e Ewald Oberhammer, "Chapter 1: The Arbitration Agreement and Arbitrability – The Arbitration of Corporate Disputes in Limited Liability Companies", in Christian Klausegger *et al.* (eds.), *Austrian Arbitration Yearbook 2010*, pp. 25-41.

81. Veja-se Seção 581(2), no original: "The provisions of this Chapter shall apply accordingly to arbitral tribunals that are, in a legally valid manner, mandated by testamentary disposition or other legal transactions that are not based on agreements by the parties or through *articles of association or incorporation*" (grifou-se).

82. Na tradução em inglês: "4. The deeds of incorporation may provide that the clause covers disputes initiated by directors, liquidators and internal auditors (*sindaci*) or against them and, in such a case, the same is binding upon them following acceptance of their Office" (disponível em *http://www.kluwerarbitration.com/document.aspx?id=ipn27191*, acesso 23.7.2010). A experiência italiana é citada por Piero Bernardini, em artigo intitulado "Italy, Arbitration in Company Matters", in Jan Paulsson (ed.), *International Handbook on Commercial Arbitration*, Supplement n. 48, p. 48.

83. O art. 34(1) faz essa ressalva: "The deeds of incorporation of companies, *except those making resort to the risk capital market pursuant to Article 2.325-bis of the Civil Code*, may, by means of arbitration clauses, provide for the reference to arbitrators of some or of all disputes arising among the shareholders or between the shareholders and the company having as subject matter rights which may be disposed of relating to the corporate relations" (grifou-se). Note-se que o art. 2.325-*bis*, do Código Civil Italiano, foi introduzido pela reforma societário de 2003, que distinguiu as companhias abertas das fechadas.

84. Tradução livre. Peter Klein, "Chapter I: The Arbitration Agreement – Arbitrability of Company Law Disputes", in Christian Klausegger e Peter Klein *et al.* (eds.), *Austrian Arbitration Arbitration Yearbook*, cit., p. 46.

dos efeitos da cláusula compromissória, por outro, tem sido reticente no caso de companhias abertas, em que o acionista é, muitas vezes, mero investidor. Como solução para as companhias fechadas, mas que poderia ser pensado para as abertas, está a inclusão da cláusula compromissória como matéria suscetível de gerar para os acionistas dissidentes e ausentes direito de recesso, como previsto pelo art. 34(6), do DL de 2003.[85]

Em última instância, a vinculação do acionista à cláusula arbitral depende, sobremaneira, das circunstâncias demonstrarem o seu conhecimento daquela convenção. É por tal razão que a doutrina americana tem clamado pela mais ampla divulgação da existência de uma cláusula compromissória, a fim de fortalecer aquela presunção de conhecimento. Em artigo sobre o tema, Richard Shell lembra que, na prática, "o problema da aceitação gira em torno da questão da efetiva informação aos acionistas de que estão comprando ações de uma companhia que optou pela arbitragem".[86]

Finalmente, ainda sobre o tema, vale trazer importante precedente da Corte Europeia de Justiça, no caso *Petereit*,[87] oposto ao entendimento do caso *Shepherd Dog Association*, em que aquele Tribunal considerou que uma cláusula de eleição de foro no estatuto da companhia IBH-Holding AG, para fins de aplicação da *European Full Faith and Credit Convention*, vincula todos os acionistas, inclusive aqueles que votaram contra a inserção daquela cláusula ou aqueles que ingressaram posteriormente na companhia.

Embora não se refira especificamente ao campo da arbitragem, esse último caso demonstra a complexidade do tema, e a necessidade de equilibrar tanto o direito essencial do acionista, quanto o interesse maior da sociedade, concretizado no princípio majoritário. Dessa forma, acreditamos que a vontade individual do acionista de recusar a cláusula fica suplantada pela vontade geral da sociedade de incorporá-la a seus atos constitutivos. Caberá ao acionista descontente vender a sua participação, podendo se pensar, *lege ferenda*, em eventual direito de recesso. Ao investidor que ainda não comprou ações, caberá pesquisar a existência de cláusula arbitral nos estatutos das companhias que lhe interessam, a fim de que a presunção de conhecimento possa se justificar. O que nos parece inaceitável, todavia, é a existência de procedimentos judiciais e arbitrais paralelos, cuja prática já demonstrou ser extremamente contraprodutivo.

V – A confidencialidade da arbitragem e a obrigação de transparência do mercado de capitais

Em 1.10.2007, o jornal *Valor Econômico* estampou matéria cujo título clamava as companhias abertas a divulgar informações acerca de suas arbitragens – "Companhias abertas precisam quebrar sigilo das arbitragens". Sob essa chamada, está um dos embates mais interessantes no âmbito do mercado de capitais, entre a confidencialidade dos procedimentos arbitrais e o dever de transparência das companhias abertas, esse último embalado após a Instrução Normativa n. 358, da CVM, em 2002.

O dever de transparência está em perfeita sintonia com a função básica do sistema financeiro, tão bem delineada por Otávio Yazbek, "de mobilizar e canalizar recursos para atividades produtivas, ou seja, transformar poupança (excedente não consumido) em investimento".[88] A partir do

85. "The modifications of the deed of incorporation, introducing or eliminating arbitration clauses, must be approved by shareholders representing at least two-thirds of the company's share capital. Absent or dissenting shareholders may, within the following ninety days, *exercise the right to withdraw.*"

86. Richard Shell, "Arbitration and Corporate Governance", in (1989) 67 *North Carolina Law Review* 517 at p. 547.

87. Case C-214/89) [1992] ECR I-1745.

88. Otavio Yazbek, *Regulação do Mercado Financeiro e de Capitais*, 2ª ed., p. 126.

momento em que a lucratividade de uma companhia deixa de ser interesse apenas de alguns indivíduos e passa a repousar em uma coletividade indeterminada de investidores, então o dever de transparência torna-se condição inafastável para a credibilidade do mercado.

Dentre os inúmeros fatos que merecem ser divulgados ao mercado, a existência de demandas arbitrais em que seja parte a companhia parece de extrema importância quando o resultado da lide puder afetá-la financeiramente. Todavia, diante da necessidade de preservar o sigilo das controvérsias – interesse que muitas vezes é determinante na escolha daquela instância em detrimento do juízo estatal – é preciso fixar quais informações deverão ser divulgadas para que se possam conciliar os dois princípios.

O Regulamento 98-2001, da *Commission des Opérations de Bourse* ("COB"), órgão responsável pela fiscalização das operações de bolsa na França, determina que as companhias indiquem "toda demanda judicial ou arbitragem suscetível de ter – ou de ter tido em um passado recente – uma incidência sensível na situação financeira do emissor [das ações], em sua atividade, em seu resultado e, se for o caso, em seu grupo empresarial".[89] A preocupação da COB fixa-se no momento em que o procedimento arbitral deixa de ter um impacto apenas sobre a situação financeira da companhia, para alcançar a situação financeira dos investidores. É nessa escala gradativa – refletida no adjetivo "sensível" – que se concentra o exame do órgão regulador francês.

Essa normativa de 1998 gerou situações curiosas em virtude de seu acentuado subjetivismo, como foi o caso da multinacional *Vivendi Environnement* que, em 2000, apresentou contas afirmando que, não obstante possuísse responsabilidades civis e administrativas perseguidas em juízo arbitral, julgava que não havia qualquer necessidade de divulgar os litígios, haja vista que o valor das controvérsias estava suficientemente coberto pela sua apólice de seguros. Trata-se de concepção quase literal da determinação da COB, em que importa exclusivamente o impacto financeiro do litígio sobre a situação da companhia, sem atribuir qualquer relevância para o litígio em si.

Ao contrário da íntima vinculação entre a transparência e o mercado de capitais, a maior parte das legislações não associa diretamente a arbitragem à confidencialidade.[90] Por outro lado, coube a praticamente todos os regulamentos de instituições arbitrais a previsão de artigos específicos sobre o tema, o que demonstra que a confidencialidade é muito mais matéria de operacionalização do procedimento, do que base ontológica. Dessa forma, os regulamentos da ICSID, da CCI, da LCI, da AAA,[91] internacionalmente, e da CCBC, da CAM,[92] entre outros, nacionalmente, prevêem o dever de sigilo.

A obrigação de confidencialidade diz respeito a uma obrigação decorrente da relação processual estabelecida entre as partes no âmbito da arbitragem. A manutenção do sigilo das controvérsias entende-se necessária para preservar os interesses que, se divulgados, também acarretariam em

89. Regulamento 98-01, *Commission des Opérations de Bourse*, *apud* Fabrice Fages, "La confidentialité de l'arbitrage à l'épreuve de la transparence financière", in *Revue de l'Arbitrage*, vol. 2003, n. 1, p. 20, tradução livre.

90. Exceção encontra-se na lei neozelandesa que, em seu artigo 14B(1), prevê: "Every arbitration agreement to which this section applies is deemed to provide that the parties and the arbitral tribunal must not disclose confidential information". Arbitration Act 1996 n. 99 (tal qual em 18.10.2007), disponível em *http://www.legislation.govt.nz/act/public/1996/0099/latest/DLM403277.html* (acesso 26.7.2010).

91. CCI: arts. 20.7 e 21.3; ICSID: arts. 32 e 48; LCIA: arts. 19 e 30; AAA: arts. 20, 27 e 34.

92. CCBC: art. 9.8; CAM: arts. 6.2, (ii), tratando da garantia de sigilo, art. 7.12.6, (i), sobre o termo de sigilo e o art. 13.5, sobre a comunicação ao mercado do descumprimento do laudo proferido.

sensível alteração na situação financeira da companhia. Tem-se, então, um círculo vicioso que se iniciará sempre que houver alegação de descumprimento da obrigação contratual de sigilo em prol do *full disclosure*, ou bem violação do dever institucional de *full disclosure*, em prol da confidencialidade do procedimento arbitral.

O paralelismo supra já demonstra a diferença crucial entre os dois deveres: enquanto o dever de confidencialidade advém de um substrato particular, o dever de transparência é imposto por normas de ordem pública. Enquanto o primeiro poderá ser excepcionado para a divulgação de informações essenciais aos acionistas, o último não poderá ser ressalvado para a preservação do sigilo da arbitragem. Tanto que a prática mostra o quão comum é a previsão, nos termos de arbitragem, da exceção do sigilo diante da determinação para que informações sejam prestadas ao mercado.

Na maior parte dos casos, o dever de sigilo, contratualmente fixado *inter partes*, tem como objetivo a preservação de um interesse particular cuja oponibilidade é refletida em terceiros concorrentes, fornecedores, credores, etc., mas não uma oponibilidade que se estende a todos os investidores da companhia, como ocorre no caso do dever de transparência.

Tal construção jurídica tem sido adotada pela jurisprudência francesa, que mais diretamente tem se inclinado sobre o tema, ao considerar a transparência como regra, e a confidencialidade como exceção. Em 26.2.2002, a *Cour d'Appel de Paris* indeferiu o pedido da *Association pour la Défense des Actionnaires Minoritaires* (associação de defesa dos acionistas minoritários) e da companhia belga *S/A Valbel* para anular a decisão do *Conseil des Marchés Financiers* ("CMF") Francês que havia aprovado uma operação de reestruturação societária de uma terceira companhia, de que os autores eram interessados. Nesse sentido, requerem a produção de todos os documentos, "em sua versão integral, sem que os termos sejam rasurados, e com os seus anexos"[93] a fim de que possam examinar a validade daquela reestruturação societária já aprovada pelo órgão regulador francês.

Ao fundamentar a sua decisão, aquela Corte entendeu que havia um interesse legítimo da terceira companhia em preservar o sigilo de certos documentos enviado ao CMF, assim como entendeu a inutilidade da informação sigilosa para os requerentes, a fim de apreciar uma operação societária que já havia sido aprovada pelo órgão regulador, *in verbis*: "Embora seja verdadeiro que a regularidade da decisão do CMF que dispensou a realização de uma oferta pública deve ser examinada a partir dos documentos enviados àquele órgão quando de sua decisão, tal princípio não obsta que alguns dados comunicados ao Conselho sejam subtraídos ao exame das requerentes. Isso porque existe, por um lado, o interesse legítimo de que essas informações que concernem segredos profissionais permaneçam confidenciais e, por outro, o conhecimento dessas informações não é necessário ao exercício do direito de recurso contra a decisão da autoridade de mercado por parte dos autores".[94]

Embora o caso *Valbel* não trate especificamente de uma arbitragem, os critérios ali fixados tornaram-se referência na

93. *Cour d'Appel de Paris*, 1ère Chambre, section H, Arret du 26 février 2002, *Association pour la Défense des Actionnaires Minoritaires, S/A Valbel vs. S. C. A. Financière Pinault et al.*

94. Ibid. Tradução livre. No original: "S'il est exact que la régularité de la décision du CMF disant n'y avoir lieu au dépôt d'un projet d'offre publique d'acquisition s'apprécie au vu des documents examinés par le Conseil, lors de la séance, et de la décision telle que publiée, ce principe ne fait pas obstacle à ce que certaines données communiquées au Conseil soient soustraites à l'examen des parties à l'instance devant la Cour d'appel de Paris dès lors, d'une part, qu'il existe un intérêt légitime à ce que des informations mettant en jeu le secret des affaires demeurent confidentielles et, d'autre part, que la connaissance de celles-ci n'est pas nécessaire à l'exercice effectif du recours ouvert contre la décision de l'autorité de marche".

França para a discussão do embate entre confidencialidade e transparência no mercado de capitais. No caso de uma arbitragem, bastaria pensar na hipótese de um procedimento que estivesse discutindo aquela mesma operação societária, e o requerimento de um acionista minoritário para que o Tribunal divulgasse as informações respectivas.

Assim, a Corte de Apelação de Paris sugeriu a conciliação de confidencialidade e transparência no âmbito do mercado de capitais, impondo duas condições para a preservação da confidencialidade: (i) o legítimo interesse em conservar o sigilo e (ii) a inexistência de utilidade das informações preservadas para o exame da operação por um terceiro.

Com base nesse precedente, a doutrina francesa tem desenvolvido a questão a fim de tornar mais precisos os critérios, e estendê-los especificamente para o campo da arbitragem, notando que, embora "o direito do mercado de capitais parta de uma transparência como princípio e tolere a preservação do sigilo de certas informações, o direito da arbitragem conduz à ideia de que a regra é a confidencialidade e a transparência, uma exceção".[95]

No entanto, mesmo sendo a transparência uma exceção, diante do interesse público consubstanciado na regra do *full disclosure*, a doutrina insiste na obrigação da parte na arbitragem de divulgar as informações necessárias aos seus investidores, podendo negar-se a fazê-lo se o prejuízo decorrente da divulgação daquelas informações forem maiores para os seus investidores do que aqueles eventualmente resultantes da preservação do sigilo. Ademais, a divulgação da informação jamais deve ser totalmente vetada, mas apenas diferida no tempo.

Enquanto o caso *Valbel* traçava as primeiras balizas sobre o tema no mercado de capitais, o Tribunal de Comércio de Paris já havia proferido decisão específica no caso da divulgação de informações acerca de procedimentos arbitrais em 22.2.1999, no caso *Publicis*, antes mesmo da entrada em vigor do já citado Regulamento 98-2001.[96]

Aqui, a sociedade *True North Communication* ("*True North*") e *FCB International*, de um lado, e a sociedade francesa *Publicis*, de outro, integravam procedimento arbitral sob administração da *London Court of International Arbitration* ("LCIA"). Em grandes linhas, a autora *True North*, em 14.1.1999, divulgou fato relevante ao mercado informando o suposto valor de seu pleito indenizatório contra a *Publicis* naquele procedimento arbitral, em torno de 65 milhões de Dólares. Seguiu-se a esse *disclosure* uma queda brusca no valor das ações da *Publicis*, o que motivou os acionistas dessa última a requererem, perante o Tribunal de Comércio de Paris, pedido liminar para que cessasse qualquer divulgação de informações acerca daquele procedimento arbitral.

Enquanto os acionistas da *Publicis* entendiam completamente irrelevantes as informações divulgadas pela *True North*, assim como insistiam no caráter confidencial da arbitragem, essa última defendia a obrigação legal, consubstanciada no então Regulamento 90-08, de "informar o público sobre o montante dessas demandas no âmbito do procedimento arbitral, sob pena de não poder efetuar qualquer operação de compra ou venda de ativos da *Publicis* no futuro".[97] Em 22.2.1999, o Presidente do Tribunal de Comércio de Paris acolheu o pedido do demandante, proibindo as sociedades rés de "fornecer ao público informações sobre a existência, conteúdo e objeto das controvérsias atualmente sob a arbitragem", mas ressalvando "as obrigações legais de fornecer informações, devidamente demonstradas, a que estariam submetidas essas companhias".[98]

95. Patrice Fages, ob. cit., nota 86, p. 25.

96. V. nota 88.

97. Tradução livre. *Apud* Patrice Fages, ob. cit., p. 19.

98. Ibid.

Entendeu o Tribunal de Comércio que as informações fornecidas pela americana *True North* tinham como único objetivo pressionar a *Publicis*, o que configura a sua inutilidade para os investidores, de um lado, e o prejuízo para a *Publicis*, do outro.

Assim, diante de uma interpretação restritiva do fornecimento das informações, Fabrice Fages, em artigo sobre o tema, aponta quais matérias relativas a um procedimento arbitral são realmente necessárias para a apreciação de seu risco para os investidores: (i) o estado da arbitragem, pois quanto mais avançada estiver a arbitragem, mais precisa será a informação fornecida; (ii) o montante em jogo, isto é, uma ordem de grandeza do risco, bem como seu nível máximo.[99]

Finalmente, tanto a doutrina quanto a jurisprudência francesa tem defendido, como solução conciliatória, a cooperação entre as partes da arbitragem e o órgão regulador, a fim de que as primeiras submetam à segunda, eventuais dúvidas acerca da necessidade de divulgar ao mercado certa informação: "Uma solução pragmática que se apóie na colaboração entre as partes e as autoridade de regulação parece possível, e muitas vezes suficiente, para tratar o conflito entre o imperativo de transparência e a preocupação com a confidencialidade da arbitragem".[100]

Assim, parece-nos que é extremamente complexa a concepção do sigilo do procedimento arbitral como um valor absoluto, mormente hoje, em que tribunais arbitrais têm atuado em áreas cada vez mais próximas do interesse público, como é o caso dos procedimentos ICSID, onde há sempre um Estado soberano envolvido. Por exemplo, vale lembrar a recente decisão parcial no caso *Yukos*, em que o Tribunal Arbitral interpretou o alcance do art. 45 da *Energy Charter Treaty*, principal convenção envolvendo investimentos energéticos entre países.[101]

Nessa mesma linha de ideia, remeta-se à também recente decisão da *Cour d'Appel de Paris*, no caso *Thales* que, em 11.5.2010, entendeu arbitrável um litígio envolvendo a venda de material militar para a China, haja vista que a confidencialidade estendia-se apenas a alguns documentos, mas não à relação contratual entre as partes.[102]

É clara a tendência atual em relativizar o dever de confidencialidade, não apenas em prol da transparência do mercado, mas também em vista do impacto cada vez maior que as arbitragens têm em um interesse que transcende a relação processual. Dessa forma, na ponderação entre o *full disclosure* e o sigilo arbitral, deve prevalecer o primeiro até o limite constituído pela prova de que determinada informação, especificamente, não pode ser divulgada, com base nos prejuízos que ela causaria para as partes, somada à sua inutilidade para o suposto destinatário.

VI – Conclusão

Se a arbitragem representa um aumento imediato de custos, é bem provável que, em controvérsias envolvendo companhias abertas, represente uma diminuição de custo futuro. Isso porque para o mercado de capitais a indefinição, refletida na

99. Patrice Fages, ob. cit., p. 29.

100. Ibid., pp. 36-37.

101. PCA Case n. AA 227, in the matter of an arbitration before a tribunal constituted in accordance with article 26 of the Energy Charter Treaty and the UNCITRAL Arbitration Rules 1976 – between – Yukos Universal Limited (Isle of Man) – and – The Russian Federation. Interim award on jurisdiction and admissibility. 30.11.2009. *Tribunal* L. Yves Fortier, CC, QC, Chairman Dr. Charles Poncet Judge Stephen M. Schwebel (disponível em *http://ita.law.uvic.ca/documents/YULvRussianFederation-InterimAward-30Nov2009.pdf*, acesso 26.7.2010).

102. *Cour d'Appel de Paris*, Pôle 1, Chambre 1, Arrêt du 11 mai 2010, entre *La Société Thales S/A* e a Marinha da República da China.

insegurança do investimento naquela empresa, é pior do que a sucumbência. E a arbitragem, quer se ganhe, quer se perca, parece evitar essa indefinição tão típica dos longos processos judiciais.

A contingencialização dos riscos da arbitragem é indispensável para que uma companhia aberta possa apresentar aos seus investidores contas o mais fieis possíveis de sua atual situação financeira. A arbitragem permite delinear com mais precisão essa cifra, enquanto os sorrateiros vai e véns do Poder Judiciário criam incessantes solavancos. Nada obstante, é necessário que as qualidades do procedimento arbitral que atraem as companhias listadas em bolsa não acabem desgastadas diante de soluções doutrinárias e jurisprudências que tornem a arbitragem ainda mais tormentosa do que o processo judicial.

Sob essa ótica, acreditamos que a cláusula compromissória estatutária deve vincular todos os acionistas, assim como administradores e fiscais, independentemente de anuência expressa, sob pena de se criarem procedimentos judiciais e arbitrais paralelos, situação que anula qualquer benefício da arbitragem. A solução adotada pela CAM nos parece um meio termo necessário nessa linha evolutiva, que também deve passar por um processo de divulgação de informações das companhias cada vez mais sério e consistente, inclusive quanto à opção pelo juízo arbitral.

Por outro lado, lembre-se que a arbitragem não deve jamais representar um entrave de acesso à Justiça para pequenos acionistas, administradores ou fiscais, diante da opção das companhias por câmaras ou centros cujos custos são totalmente incompatíveis com o patrimônio dessas pessoas. Hoje, é nítida a inclusão de cláusulas compromissórias em contratos simples – por exemplo, naqueles firmados entre os diretores e a companhia – sem qualquer atenção, prevendo a escolha de câmaras financeiramente inacessíveis para uma das partes. Nesses casos, uma redação mais atenta e uma pesquisa mais detida sobre os custos de cada instituição são imprescindíveis para que a arbitragem seja, de fato, um instrumento facilitador.

Em suma, arbitragem e mercado de capitais formam um belo soneto em sua marca objetiva e temporal, todavia, é necessário que a pulverização dos valores mobiliários forneça um compasso público que balize aquele poema. Não é apenas uma companhia aberta no procedimento arbitral, mas uma coletividade de interesses, diretamente afetada pela decisão do Tribunal, sendo indispensável um esforço conjunto das partes, dos árbitros e, sobretudo, dos órgãos de regulação. Acreditamos que é nessa cooperação que está a chave de ouro do soneto.

VII – Bibliografia

ACERBI, Andrea Goes. "A extensão dos efeitos da cláusula compromissória nos estatutos das sociedades anônimas". In VERÇOSA, Haroldo Malheiros Duclerc Verçosa (org.). *Aspectos da Arbitragem Institucional: 12 Anos da Lei 9.307/1996*. São Paulo, Malheiros Editores, 2008.

ALMEIDA, Juan Carlos Goes de *et al.* "Níveis diferenciados de governança corporativa da Bovespa e grau de conservadorismo: estudo empírico em companhias abertas listadas na Bovespa". Disponível em *http://www.congressousp.fipecafi.org/artigos 32006/518.pdf*, acesso 14.6.2010.

AZEVEDO, Antonio Junqueira de. *A Arbitragem e o Direito do Consumidor*. São Paulo, LTr, 1998.

BERNARDINI, Piero. "Italy, arbitration in company matters (2007)". In PAULSSON, Jan (ed.). *International Handbook on Commercial Arbitration*. The Hague, Kluwer Law International, supplement n. 48, pp. 1-15, 1984, last update: february 2007.

BORN, Gary. *International Commercial Arbitration*. The Hague, Kluwer Law International, 2009.

CAMINHA, Uinie. "Arbitragem como instrumento de desenvolvimento do mercado de capitais". In VERÇOSA, Haroldo Malheiros Duclerc Verçosa (org.). *Aspectos da Arbitragem Institucional: 12 Anos da Lei 9.307/1996*. São Paulo, Malheiros Editores, 2008.

CANE, Marilyn Blumberg, e TORCHINSKY, Ilya. "Explaining 'explained decisions': NASD'S proposal for written explanations in arbitration awards". In *University of Miami Business Law Review*. Westlaw 16 UMIABLR 23, winter 2007.

CARVALHOSA, Modesto. *Comentários à Lei de Sociedades Anônimas*. vol. 2, 4ª ed. São Paulo, Saraiva, 2008.

______, e EIZIRIK, Nelson. *A Nova Lei das S/A*. São Paulo, Saraiva, 2002.

CHIU, Iris H. "Contextualising shareholders' disputes – A way to reconceptualise minority shareholders remedies". In *Journal of Business Law*, West Law J. B. L., 2006, may, 312-338.

COHEN, Daniel. *Arbitrage et Société*. Paris, LGDJ, 1993.

DOTSETH, Keith A., e LOYNES, Hilary. "Viability of mandatory arbitrations: are companies still allowed to pick their own poison?". In *Defense Counsel Journal*, Westlaw 74 DEFCJ 313, october 2007.

EIZIRIK, Nelson Laks. "Regulação e autorregulação do mercado de valores mobiliários". In *RDM* 48, São Paulo, Ed. RT, ano XXI, out.-dez./1982.

FAGES, Fabrice. "La confidentialité de l'arbitrage à l'épreuve de la transparence financière". In *Revue de l'Arbitrage*, Comitê Français de l'Arbitrage, vol. 2003, issue 1, pp. 5-39, 2003.

FINKELSTEIN, Cláudio. "Arbitragem no direito societário". In FINKELSTEIN, Maria Eugênia Reis, e PROENÇA, José Marcelo Martins. *Direito Societário: Sociedades Anônimas*. São Paulo, Saraiva, Série GV*Law*, pp. 303-321, 2007.

FOUCHARD, GAILLARD, GOLDMAN on International Commercial Arbitration. The Hague, Kluwer Law International, 1999.

FREITAS, Paulo Henrique de Souza. "Arbitragem e segurança jurídica no novo mercado brasileiro". In *Revista do Instituto de Pesquisas e Estudos*, vol. 1, n. 46, Bauru, pp. 236-265, jul.-dez./2006. Disponível em *http://bdjur.stj.gov.br/xmlui/bitstream/handle/2011/18827/Arbitragem_e_Seguran%C3%A7a_Jur%C3%ADdica.pdf?sequence=2*, acesso 14.6.2010.

GUILHERME, Luiz Fernanda do Vale de Almeida. "As novas formas de atuação do advogado no mundo globalizado empresarial – A arbitragem no mercado de capitais". In VERÇOSA, Haroldo Malheiros Duclerc Verçosa (org.). *Aspectos da Arbitragem Institucional: 12 Anos da Lei 9.307/1996*. São Paulo, Malheiros Editores, 2008.

HERZFELD, Perry. "Prudent anticipation? The arbitration of public company shareholder disputes". In *Arbitration International*, vol. 24, issue 2, Kluwer Law International, pp. 297-329, 2008.

HORN, Nobert. "Part IV – Selected areas and issues of arbitration in Germany, arbitration of banking and finance disputes in Germany". In BÖCKSTIEGEL, Karl-Heinz *et al.* (eds.). *Arbitration in Germany: the Model Law in Practice*. Kluwer Law International, pp. 919-932, 2007.

KLAUSEGGER, Christian *et al. Austrian Arbitration Yearbook 2007* (C. H. Beck, Stämpfli & Manz 2007). pp. 29-55.

KLEIN, Peter. "Chapter I: The arbitration agreement – Arbitrability of company law disputes". In KLAUSEGGER, Christian, e KLEIN, Peter *et al.* (eds.). *Austrian Arbitration Arbitration Yearbook*.

LICATTI, Taissa Macaferri. "Novo mercado: influência e aspectos relacionados à inserção da cláusula compromissória arbitral nos estatutos sociais". In VERÇOSA, Haroldo Malheiros Duclerc Verçosa (org.). *Aspectos da Arbitragem Institucional: 12 Anos da Lei 9.307/1996*. São Paulo, Malheiros, 2008.

MARTINS, Pedro A. Batista. "A arbitrabilidade subjetiva e a imperatividade dos direitos societários como pretenso fator impeditivo para a adoção da arbitragem nas sociedades anônimas". Disponível em *http://www.batistamartins.com/artigos/arbsubimpdirsocprefatimpadoarbsocano.htm*, acesso 14.6.2010.

MASON, Peter. "Arbitration practice in the field of financial services". In *Arbitration*, Westlaw Arbitration 1991, 57(4), 256-259.

MORAES, Márcio André Medeiros. *Arbitragem nas Relações de Consumo*. Curitiba, Juruá, 2006.

NÁPOLES, Pedro Metello de, e CRUZ, Inês Gomes da. "Why the market is favouring arbitration". Supplement Portugal, september 01, 2005. Disponível em *http://www.iflr.com/Article/1984739/Channel/193438/Why-the-market-is-favouring-arbitration.html*, acesso 14.6.2010.

NEVES, Flávia Bittar. "A visão empresarial da arbitragem: como a administração de conflitos pode melhorar os resultados econômicos e não-econômicos do negócio". In *Revista Brasileira de Arbitragem*, n. 9, p. 35, jan.-mar./2006.

SAINT MARC, Valéry Denoix de. "Confidentiality of arbitration and the obligation to disclose information on listed companies or during due diligence investigations". In *Journal of International Arbitration*, vol. 20, issue 2, Kluwer Law International, pp. 211-216, 2003.

SALLES, Marcos Paulo de Almeida. "Da arbitrabilidade". In *Revista de Direito Bancário do Mercado de Capitais e da Arbitragem*, n. 10, pp. 360-365, ano 3, out.-dez./2000.

SCHIL, Stephan W. "International investment law and the host state's power to handle economic crises". In *Journal of International Arbitration*, vol. 24, issue 3, Kluwer Law International, pp. 265-286, 2007.

TIMM, Luciano Benetti, e SILVA, Rodrigo Tellechea. "O acordo de acionistas e o uso da arbitragem como forma de resolução de conflitos societários". In *Revista Brasileira de Arbitragem*, n. 15, pp. 27-42, jul.-set./2007.

VERÇOSA, Haroldo Malheiros Duclerc Verçosa (org.). *Aspectos da Arbitragem Institucional: 12 Anos da Lei 9.307/1996*. São Paulo, Malheiros Editores, 2008.

_______. "A arbitragem e o mercado de capitais". In *Revista de Direito Mercantil, Industrial, Econômico e Financeiro*, n. 146, pp. 155-164, ano XLVI, abr.-jun./2007.

VILELA, Marcelo Dias Gonçalves. *Arbitragem no Direito Societário*. Belo Horizonte, Mandamentos, 2004.

WEBER, Stefan, e OBERHAMMER, Ewald. "Chapter I: The arbitration agreement and arbitrability – The arbitration corporate dispute in limited liability companies". In KLAUSEGGER, Christian *et al*. *Austrian Arbitration Yearbook 2010* (C. H. Beck, Stämpfli & Manz 2010), pp. 25-41.

YAZBEK, Otavio. *Regulação do Mercado Financeiro e de Capitais*. 2ª ed. Rio de Janeiro, Elsevier, 2009.

Espaço Discente

DEVER DO ADMINISTRADOR DE S/A DE AGIR CONFORME O INTERESSE SOCIAL[1]

MARCELO BARBOSA SACRAMONE

I – A origem das sociedades comerciais. II – A comunhão de interesses como fundamento do ente coletivo. III – A distinção entre vontade geral e vontade de todos. IV – A incompletude do contrato associativo e a necessidade do governante. V – O dever do administrador de agir conforme a vontade geral.

I – A origem das sociedades comerciais

A existência de sociedades comerciais, em sua forma mais arcaica e rudimentar, remonta aos primórdios da civilização. A sociedade é formada como solução a uma carência humana, como meio de suprir a deficiência de um indivíduo, o qual não possuiria isoladamente todas as condições e capacidades para realizar uma determinada atividade ou alcançar um específico objetivo.

Já na antiguidade romana as sociedades ocupavam relevância no contexto social. As *societates publicanorum*, como exemplo, eram constituídas à época para explorarem atividades ligadas ao Poder Público, como a arrecadação de impostos e a execução de serviços e obras públicas.

A constituição de patrimônio próprio separado do patrimônio dos sócios, entretanto, somente começou a se delinear a partir da Idade Média. Segundo Vivante, a concepção de entes coletivos aos quais a lei atribui personalidade jurídica, autônoma em relação à de seus membros, possibilitando-os tornarem-se titulares de direitos e sujeitos de obrigações na ordem jurídica, é uma conquista do direito medieval italiano. Teria o direito romano somente regulado os efeitos do contrato de sociedade, não formando um conceito geral de patrimônio separado administrado pelos sócios.[2]

O primeiro normativo a regular os direitos dos sócios e sua responsabilidade pelas obrigações comuns foi o *Editto di Rotari*, baseado no direito consuetudinário e instituído em 643 durante a invasão dos lombardos à Itália.[3] O normativo explicita o papel das sociedades fraternais como germe das sociedades em nome coletivo modernas.

As sociedades medievais eram baseadas no vínculo sanguíneo, com o escopo de possibilitar aos herdeiros prosseguirem com os negócios do falecido, viabilizando

1. Trabalho apresentado pelo autor, na cadeira de "Ética no Mundo Moderno", do programa de Pós-Graduação da Faculdade de Direito da USP, sob a regência do Prof. Dr. Ari Marcelo Sólon, 2009.

2. C. Vivante, *Trattato di Diritto Commerciale*, vol. II, 5ª ed., Milão, Dr. Francesco Vallardi, 1935, pp. 5-6.

3. M. Montanari, "Medioevo del Diritto: all'origine delle società personali", in *Rivista delle Società*, f. 5-6, Milão, Giuffrè, 1988, p. 1.286.

à coletividade familiar a exploração em comum dos bens hereditários indivisos.[4] Estruturavam-se na comunhão dos que moravam à mesma casa, dos que sentavam ao redor da mesma mesa e comiam do mesmo pão – *ad unum panem et vinum* – como símbolos da filiação de um indivíduo a uma família.[5]

Com fulcro no vínculo real da indivisibilidade do patrimônio, o normativo regulava, no § 167, a solidariedade ativa entre os diversos membros ao disciplinar o regime dos bens na sociedade de irmãos após a morte do genitor e a passiva, no § 247, ao obrigar os herdeiros a responder solidariamente e ilimitadamente pelas obrigações contraídas pelo chefe da família.[6]

A partir do ano 1000, o fim das invasões bárbaras proporcionou a retomada do crescimento demográfico, o que, aliado ao retorno do tráfico marítimo e do comércio de bens com o Oriente que reintroduziu o uso do dinheiro como forma de negociação, provocou a migração de colonos feudais para os novos centros de trocas, as cidades.

Visando ao auxílio recíproco e ao aumento de poder para contrapor-se ao bispo ou conde que regia a cidade, esses novos cidadãos passam a se associar, formando as denominadas *societates*, *conjurationes* ou *fraternitates*. A pouca disseminação da cultura na estrutura feudal, no entanto, fez com que as associações dos antigos servos da gleba se estruturassem nos mesmos princípios consuetudinários vigentes até então.[7]

O vínculo volitivo sucede assim o sanguíneo, mas as sociedades formadas entre artesãos e mercadores continuam a se basear na forma consagrada das associações familiares ou parentais. A solidariedade pelos atos realizados por um sócio, logo, não poderia se fundar mais na indivisibilidade do patrimônio, passando a se basear na utilidade comum a que eram endereçados os atos.[8] Em outras palavras, qualquer pessoa que frequentar o mesmo local de trabalho e dividir as mesmas ferramentas deve responder pelas obrigações contratadas no interesse do grupo.[9]

Apesar de sua origem primitiva poder voltar-se à corresponsabilidade do núcleo familiar, é com o pacto social que a solidariedade se afirma. A solidariedade pressupõe um sujeito unificado e, assim, um vínculo único não obstante a pluralidade de devedores. Ela decorre da unicidade do vínculo garantido pela destinação do patrimônio.[10]

Prevaleceria, então, o vínculo familiar como origem, mas juridicamente passa a ser sobre o contrato de sociedade, com os elementos característicos de manifestação volitiva, que se fundamentam os limites dos direitos e das obrigações.[11]

II – A comunhão de interesses como fundamento do ente coletivo

A diferença entre a criação da sociedade comercial através de um contrato plurilateral e a criação do Estado revela-se ser mais de natureza quantitativa que qualitativa.

Rousseau sustenta que o estado primitivo cessa quando os obstáculos danificadores de conservação do homem no estado natural superam a força que o indivíduo

4. G. Cottino, *Diritto Commerciale*, vol. 1, Pádua, Cedam, 1976, p. 327.

5. W. Ferreira, *Tratado de Direito Comercial*, vol. 3, São Paulo, Saraiva, 1961, p. 338.

6. M. Montanari, "Medioevo del Diritto...:", ob. cit., p. 1.291.

7. M. Montanari, "Medioevo del Diritto...:", ob. cit., p. 1.299.

8. V. Scialoja, "Sull'origine delle società commerciali", in *Saggi di Vario Diritto*, Roma, Società Editirice del Foro Italiano, 1927, pp. 229-230.

9. M. Montanari, "Medioevo del Diritto...:", ob. cit., p. 1.303.

10. A. Brunetti, *Trattato del Diritto delle Società*, Milão, Giuffrè, 1946, pp. 432-433.

11. L. Goldschmidt, *Storia Universale del Diritto Commerciale*, Turim, Editrice Torinese, 1913, p. 225.

pode empregar para se conservar. O Estado é criado para que defenda e proteja com toda a força comum a pessoa e os bens de cada sócio, de modo que, unindo-se cada um a todos, o indivíduo não obedeça senão a si mesmo e fique tão livre como antes.[12]

Neste ponto, assim como a sociedade comercial, o Estado surge de uma carência do indivíduo que não pode por seus recursos, ou seja, por sua própria força, conservar seus bens e sua própria sobrevivência diante de outras pessoas. O ente coletivo surge para suprir essa deficiência individual unindo os esforços de todos os membros para o objetivo comum.

Nesse contexto, há o sacrifício dos primitivos direitos e da liberdade natural em prol de toda a comunidade. Como o sacrifício é de todos e, como todo membro adquire o mesmo direito que foi cedido, adquire-se o equivalente de toda a liberdade cedida e mais a força coletiva para a conservação da pessoa e dos bens. Em suma, "cada um de nós põe em comum sua pessoa e todo o seu poder sob a suprema direção da vontade geral, e recebemos enquanto corpo cada membro como parte indivisível do todo".[13]

Segundo Rousseau, "a primeira e mais importante consequência dos princípios até aqui fundamentados é que só a vontade geral pode dirigir as forças do Estado segundo o fim de sua instituição, o bem comum, pois, se a discordância dos interesses particulares tornou necessária a fundação das sociedades, a harmonia desses interesses a possibilitou. Eis o que há de comum nos diversos interesses que formam o laço social, e não existiria sociedade alguma a não haver ponto em que os interesses concordem. Ora, é somente nesse comum interesse que deve ser governada a sociedade".[14]

Nas sociedades comerciais, de maneira correlata, os sócios membros cedem parte de sua liberdade de livremente dispor, usar e gozar de parcela de bens de sua propriedade e, em contrapartida, tornam-se coproprietários de uma universalidade de bens integrante do capital social.

Mas o ato constitutivo da sociedade não se perfaz unicamente com a integralização das ações com a entrega de bens, em contrapartida à aquisição de parte ideal da *universitas rerum* formada, como em um contrato bilateral típico. Embora cada membro possua interesses contrastantes em relação aos demais, à semelhança de um negócio jurídico de permuta, a relação se forma em decorrência de um fim comum que não se identifica com a função típica do contrato. Esse fim comum prende-se à atividade ulterior ao qual o contrato plurilateral é destinado, unificando os vários participantes numa mesma relação e determinando o alcance dos deveres e obrigações de cada qual.[15]

Pode-se dizer que o contrato plurilateral assume uma função meramente instrumental. Sua função não se extingue pela realização das obrigações dos contraentes, e a consequente constituição da sociedade, como de resto ocorre nos contratos de permuta. Conforme assevera Ascarelli, "a execução das obrigações das partes constitui a premissa para uma atividade ulterior; a realização desta constitui a finalidade do contrato; este consiste, em substância, na organização de várias partes em relação ao desenvolvimento de uma atividade ulterior".[16]

A pessoa jurídica seria concebida a serviço dos sócios, como ponto de referimento da comunhão de seus interesses. São os sócios, com a união de seus esforços e capitais para lograrem a vontade geral, que

12. J. J. Rousseau, *Do Contrato Social*, São Paulo, Martin Claret, 2002, p. 31.
13. J. J. Rousseau, ob. cit., p. 32.
14. J. J. Rousseau, ob. cit., p. 39.

15. T. Ascarelli, "O contrato plurilateral", in *Problemas das Sociedades Anônimas e Direito Comparado*, São Paulo, Saraiva, 1969, p. 272.
16. T. Ascarelli, "O contrato plurilateral", ob. cit., p. 272.

constituem propriamente o substrato material ao qual se sobreporá a personalidade jurídica.

III – A distinção entre vontade geral e vontade de todos

A vontade geral que fundamentou o ente coletivo quer na concepção do Estado quer na da sociedade comercial, não pode ser confundida com a vontade de todos.

Rousseau ressalva a distinção entre a vontade geral e a vontade de todos. Enquanto a vontade geral só fita o interesse comum, a vontade de todos só vê o interesse, e não é mais que uma soma de vontades particulares. "Porém, quando se tira dessas vontades as mais e as menos, que mutuamente se destroem, resta por soma das diferenças a vontade geral".[17]

Essa distinção deve ser regularmente apreendida.

De fato, a vontade geral não é tida como simples vontade comum. Deve haver a desconsideração de interesses que, embora detidos pelos membros, são estranhos à sociedade. Por essa razão, mesmo que o interesse *uti individui* seja comum a todos os membros, condizente com a condição individual de cada pessoa e não com a sua específica posição de sócio ou cidadão, esse interesse comum será considerado um interesse extrassocial, e, destarte, não apto à formação da vontade geral.

Essa distinção alcança extrema relevância prática nas pequenas sociedades comerciais, mormente as de cunho familiar. Conforme ilustrado por Jaeger, o interesse coletivo dos acionistas na sociedade familiar pode ser o formado pelos interesses dos sócios enquanto membros da família, e não enquanto participantes da sociedade.[18]

O fundamento da consideração de um interesse social como interesse típico e específico reside no próprio contrato, quer plurilateral ou social, como forma de ato constitutivo. O contrato de organização pressupõe a comunhão de esforços para lograr a satisfação de uma finalidade comum. Como vimos, foi essa finalidade comum que fez com que convergissem os interesses contrapostos, não paralelos dos sócios. É esse interesse voltado à consecução do objetivo comum, e que une os sócios desde a constituição até o desenvolvimento do ente coletivo, que deve ser considerado como interesse social.

Nesse sentido, Ascarelli determina que é somente enquanto voltado à busca do comum interesse que o voto integra a deliberação sujeita à regra majoritária; é somente nos limites de seus interesses como sócios que os acionistas são sujeitos à deliberação da maioria. Seria unicamente possível ao acionista inspirar-se no seu interesse extrassocial quando este coincidir com o interesse comum da sociedade, pois que somente este justifica o sacrifício pelos outros sócios de seus respectivos interesses extrassociais.[19]

Deste modo, a sociedade como instrumento-técnico origina-se de uma comunhão voluntária de interesses a alcançar o objetivo comum que motivou os sócios a contratarem, distinguindo em cada membro uma esfera de interesses pertencentes a essa comunhão e uma esfera de interesses relevante unicamente ao indivíduo.

A vontade coletiva ou interesse social emergiria dessa comunhão. Caracterizar-se-ia como o interesse coletivo dos sócios *uti socii*, enquanto sócios, sendo considerados interesses extrassociais, e não pertinentes, todos os demais interesses dos contratantes que não imbricados na persecução do escopo comum.

17. J. J. Rousseau, ob. cit., p. 41.

18. P. G. Jaeger, *L'Interesse Sociale*, Milão, Giuffrè, 1972, p. 87.

19. T. Ascarelli, "Interesse sociale e interesse comune nel voto", in *Studi in Tema di Società*, Milão, Giuffrè, 1952, p. 166.

IV – A incompletude do contrato associativo e a necessidade do governante

Verificamos que a constituição do ente coletivo tem por finalidade exatamente a consecução do interesse comum que fez convergir todos os outros interesses contrapostos dos sócios. É esse interesse comum dos membros contratantes que, como concluímos, deve orientar toda a persecução da atividade social.

Como qualquer outra atividade, a organização política do Estado ou os atos econômicos desempenhados pelas companhias envolvem um conjunto de operações singulares que exigem meios e determinações específicas para sua consecução, o que emerge como um problema na medida em que não poderiam os membros prever, ao formularem o contrato social, todas as hipóteses e situações futuras que irão condicionar a atuação coletiva durante toda a existência do ente.

No contrato plurilateral e na lei, determinam-se, desta forma, regras que organizam a posição dos indivíduos e regras gerais de orientação do desenvolvimento da atividade, fixando critérios para ulteriores especificações contratuais a conformar as atuações societárias ao escopo perseguido pelos sócios-membros.

Para que essa integração do contrato social fosse realizada é que surgiram os diversos órgãos sociais. Isso porque, apesar de figurar como sujeito, o ente coletivo é incapaz, como ficção ou realidade técnica criada pelo direito, por si próprio de obter a vontade coletiva para o qual foi criado. Somente o homem – único possuidor de necessidades e do elemento psicológico para a compreensão de seus efeitos – poderia compreender um interesse, ou seja, determinar a condição favorável para a satisfação de uma necessidade.[20] O ente coletivo, então, precisa recorrer a pessoas físicas para que possa atuar na vida cotidiana, garantindo a execução continuada do contrato pelo desenvolvimento da atividade ulterior.

Rousseau adverte que "toda a ação livre tem duas causas, que concorrem a produzi-la: uma moral, que é a vontade que determina o ato; a outra física, que é a potência que o executa. Quando eu me dirijo a um objeto, necessário é primeiramente que eu lá queira ir; e em segundo lugar que os pés me levem. Queira um paralítico correr, não o queira um homem ágil, ambos ficarão quietos. Há no corpo político os mesmos motores; nele se distinguem também a força e a vontade; esta sob o nome de poder legislativo, aquela sob o de poder executivo, e sem o concurso desses dois poderes nada se faz ou deve fazer na sociedade política. (...). A força pública necessita pois de um agente próprio, que a reúna e empregue, segundo as direções da vontade geral, que sirva à comunicação do Estado e do soberano, que faça de alguma maneira na pessoa pública o que no homem faz a união da alma com o corpo. Eis qual é no Estado a razão do Governo, confundida, sem propósito, com o soberano de que é só Ministro".[21]

Da mesma forma os órgãos são exigidos na sociedade comercial.

Um dos modos de integrar o ato constitutivo da sociedade, especificando sua ação para adequá-la às circunstâncias variáveis do mercado e da técnica é a nomeação de diretores ou gerentes, aos quais compete exclusivamente a representação da sociedade perante terceiros.

Naturalmente, vincula-se a necessidade de nomeação de administradores à imprescindibilidade de exteriorização de uma vontade para a atuação corporativa. Segundo Betes, "as sociedades anônimas, enquanto pessoas jurídicas de existência ideal, necessitam para a exteriorização de sua vontade e para a execução dos acordos

20. F. Carnelutti, *Lezioni di Diritto Processuale Civile*, Pádua, La Litotipo, 1920, p. 14.

21. J. J. Rousseau, ob. cit., p. 64.

de seu órgão volitivo, de pessoas de existência visível que as representem e tornem possível a realização do fim para o qual se constituíram, ou seja a obtenção do objeto social".[22]

Os administradores, logo, apresentam-se como meio de tornar plena a capacidade de exercício da pessoa coletiva, possibilitando-a transacionar no mercado através da execução de seu objeto social. Nas palavras de Brunetti, "os administradores constituem o órgão por meio do qual a pessoa jurídica desenvolve sua capacidade de agir".[23]

Sob esta perspectiva, não se poderia conceber uma sociedade sem administradores, pois a esta faltaria a possibilidade de declarar sua vontade perante terceiros. A afirmação decorre do ato constitutivo, como contrato plurilateral, exigir como requisito de validade que seu objeto seja lícito, *possível* e determinado ou determinável, conforme art. 166, inciso II do Código Civil de 2002. Como o objeto do negócio jurídico realizado pelos sócios não se limita à constituição da sociedade, mas também envolve o desenvolvimento de uma atividade ulterior,[24] não sendo possível à sociedade executar atos perante terceiros e, assim, desenvolver sua atividade social senão por meio dos administradores, a não existência destes torna o contrato plurilateral com objeto impossível, consequentemente, inválido.

É o que acaba por determinar as disposições dos diferentes tipos societários vigentes, preconizando a administração como órgão necessário da sociedade. Nas sociedades de pessoas, assim, mesmo se omitindo o contrato social na estipulação de quem poderia obrigar a sociedade perante terceiros, o art. 1.013 determina que a administração da sociedade será constituída por todos os sócios. Nas sociedades anônimas, por outro lado, a nomeação destes já deve ser feita na própria assembleia geral de constituição ou ser indicada na escritura pública, conforme arts. 87 e 88 da Lei 6.404/1976.

Conclusiva aparece, portanto, a definição de Mori, para quem "o órgão administrativo é o executor da vontade social, é o representante do capital e da lei ao qual são confiados a representação e o poder executivo da sociedade e a observância da lei e dos estatutos sociais no interesse do ente, dos componentes e dos terceiros. Esse é depositário do poder executivo social e fiduciário dos interesses e dos direitos assegurados aos sócios e aos terceiros pela lei e pelo estatuto".[25]

V – O dever do administrador de agir conforme a vontade geral

Para Rousseau, podem ser distinguidas na pessoa do governante três vontades muito diferentes. De primeiro, a vontade própria do indivíduo, que só tende a seu particular interesse; em segundo lugar, a vontade comum dos governantes, que unicamente se refere ao proveito do príncipe, e que se pode chamar vontade do corpo, e é geral a respeito do Estado de que o governo faz parte; em terceiro lugar, a vontade do povo, ou a vontade soberana, que é geral, assim a respeito do Estado visto como todo, como a respeito do governo considerado como parte do todo.[26]

Para o filósofo, "numa perfeita legislação, a vontade particular ou individual deve ser nula; muito subordinada, a do corpo próprio ao governo, e a vontade geral, ou soberana, sempre dominante e regra única de todas as outras".[27]

A sobreposição da vontade particular do governante à vontade geral acarretaria o

22. M. S. Betes, *Directores de Sociedades Anónimas*, Santa Fé, 1947, p. 87.

23. A. Brunetti, *Trattato del Direitto delle Società*, vol. III, Milão, Giuffrè, 1950, p. 206.

24. T. Ascarelli, "O contrato plurilateral", ob. cit., pp. 395 ss.

25. V. Mori, *Società Anonima – Amministrazione*, vol. 1, Turim, Fratelli Bocco, 1897, p. 2.

26. J. J. Rousseau, ob. cit., p. 68.

27. J. J. Rousseau, ob. cit., p. 68.

próprio fim do Estado, na medida em que o príncipe cessaria de o administrar segundo as leis e usurparia o poder soberano. Para este, "de dois modos sobrevém a dissolução do Estado; primeiro, quando o príncipe cessa de o administrar segundo as leis, e usurpa o poder soberano; sucede então notável transtorno, e que não o governo, mas o Estado se constringe, quero dizer que o grande Estado se dissolve e que se forma outro naquele, só composto dos membros do governo, e que só é para o resto do povo seu dono e seu tirano; de sorte que no instante em que o governo usurpa a soberania, o pacto social se rompe, todos os simples cidadãos tornam a entrar de direito na sua liberdade natural e, apesar de forçados, não têm obrigação de obedecer".[28]

Isso porque o indivíduo cede sua liberdade particular e sua força diante da submissão à vontade geral, que resguardaria os seus bens e preservaria a sua sobrevivência. Desrespeitada a vontade geral, o homem retornaria ao estado primitivo, rompendo-se o contrato social outrora firmado.

Não se pode impor ao administrador, contudo, que tenha como vontade individual a vontade geral, ou seja, não se pode constranger o administrador a ter como fim próprio de suas ações o fim da companhia. Somente o próprio sujeito poderia fazer de alguma coisa o seu fim, razão pela qual este eventual dever pertenceria exclusivamente ao campo da ética e não ao direito, uma vez que a coerção somente poderia ser desenvolvida através de um autoconstrangimento e não de uma sanção externa.[29]

Não obstante, o administrador pode ser constrangido por sanção a executar ações que são dirigidas a um objetivo determinado, ainda que não faça disso o seu fim (mas somente um meio para o fim de outrem).[30]

Foi nesse sentido que a Lei 6.404/1976, em seu art. 154, determinou que o administrador deve exercer as atribuições que a lei e o estatuto lhe conferem para lograr os fins da companhia, caracterizando estes, portanto, como a vontade geral que motivou os sócios a contratarem a sociedade.

Com base nesse dever, a tese procurará elucidar o modo pelo qual o constrangimento a esses atos direcionados à satisfação da vontade coletiva da sociedade comercial é realizado e, por consequência, a responsabilidade dos administradores pelos atos de representação, quer perante os sócios membros da companhia, quer perante terceiros contratantes.

28. J. J. Rousseau, ob. cit., p. 86.

29. I. Kant, *A Metafísica dos Costumes*, Bauru, Edipro, 2003, p. 225.

30. I. Kant, ob. cit., p. 225.

PROPRIEDADE INTELECTUAL E INOVAÇÃO – UMA ANÁLISE DO SISTEMA ESTABELECIDO PELO TRIPS

Marianne Mendes Webber

Introdução. 1. Conceito de inovação. 2. A inovação e os tratados internacionais: 2.1 Histórico das disposições sobre inovação nos tratados internacionais em matéria de propriedade intelectual: 2.1.1 As Convenções da União de Paris e da União de Berna; 2.1.2 Negociações no âmbito do GATT; 2.2 Acordo Relativo aos Aspectos da Propriedade Intelectual Relacionados ao Comércio (TRIPS): 2.2.1 A inovação e o TRIPS; 2.2.2 Averiguação sobre o cumprimento do objetivo do TRIPS de promoção à inovação. 3. O sistema brasileiro de incentivo à inovação: 3.1 Bayh-Dole Act; 3.2 Lei da inovação brasileira. 4. A inovação e a propriedade intelectual: 4.1 O sistema da propriedade intelectual como estímulo à inovação; 4.2 O reforço do sistema de propriedade intelectual e as suas implicações à inovação; 4.3 A inovação nos países em desenvolvimento. Conclusão. Referências bibliográficas.

Introdução

Um dos temas mais discutidos, e talvez um dos mais apaixonantes, em matéria da disciplina do Direito da Propriedade Intelectual nos dias atuais é a correlação entre a inovação e o sistema de proteção dos direitos da propriedade intelectual. O tema tem relação estreita com as teorias econômicas que avaliam os motores da inovação e as políticas públicas adotadas pelos países nos mais variados graus de desenvolvimento. Nesse diapasão, centraremos a nossa análise nos instrumentos e nas discussões internacionais que constituem o plano de fundo da inovação e sua regulamentação jurídica.

Iniciaremos a nossa exposição com a análise do conceito jurídico de inovação, consoante os instrumentos de *soft law* internacionais, bem como em conformidade com a legislação brasileira atualmente em vigor. Passaremos, então, à análise dos tratados internacionais que versam sobre a proteção dos direitos de propriedade intelectual, bem como das fases de negociação que os precederam, com o objetivo de identificar as disposições relacionadas à inovação, os posicionamentos dos países envolvidos e a verificação da conformidade no cumprimento dos tratados.

Procederemos então à análise do sistema jurídico brasileiro e da legislação que serviu de inspiração ao modelo atualmente adotado, com a finalidade de apontar os contornos do regime implementado e os possíveis problemas que poderão ao longo do tempo ser constatados. Pretendemos também contrapor as posições da doutrina mundial sobre a correlação entre o sistema de proteção dos direitos de propriedade intelectual e do estímulo à inovação, seguindo à análise da via de reforço dos direitos de propriedade intelectual e das suas consequências.

Finalmente, tentaremos identificar as correntes contemporâneas sobre a modificação do sistema de propriedade intelectual, especialmente no tocante aos seus objetivos, bem como buscaremos clarificar o posicionamento dos países em desenvolvimento em relação ao tema e as sugestões oferecidas pelos estudiosos para que tais países defendam seus interesses internacionalmente.

1. Conceito de inovação

O conceito de inovação está intimamente conectado às teorias econômicas associadas. Schumpeter, que se filia à teoria do desenvolvimento econômico, entende a inovação como o principal impulsionador do sistema capitalista,[1] abarcando dois subconceitos o de criação em sentido amplo[2] e o de inovação propriamente dita.[3] A inovação, nesse diapasão, é tida como o processo da destruição criadora, substancialmente modificadora do modo de fazer relacionado aos sistemas produtivos anteriores.[4]

Nessa esteira, Robert Solow percebeu que para além do capital e do trabalho existia um fator residual que contribuía para o desenvolvimento e progresso tecnológico, o qual ficou conhecido como resíduo de Solow.[5] Paul Romer desenvolveu a teoria apresentada por Solow, descrevendo as variáveis que contribuem para o desenvolvimento econômico. Com o desenvolvimento destas descobertas, e com o aperfeiçoamento da teoria proposta por Schumpeter, foi concebida uma nova teoria do desenvolvimento econômico, que entende a inovação como ponto central do desenvolvimento econômico.[6]

Em 1963, a Organização para a Cooperação e Desenvolvimento Econômico (OCDE) publicou a primeira versão da Proposta de Normas Práticas para Inquéritos de Pesquisa e Desenvolvimento Experimental, mais conhecido como *Manual Frescati*, o qual é atualizado de tempos em tempos, tendo a 6ª ed. sido publicada em 2002. Tal documento define como atividades de inovação tecnológica o conjunto das "etapas científicas, tecnológicas, organizacionais, financeiras e comerciais, incluindo os investimentos em novos conhecimentos, que levam ou que tentam levar à implementação de produtos e de processos novos ou melhorados".[7]

Em 2005 a OCDE publicou a 3ª ed. da Proposta de Diretrizes para Coleta e Interpretação de Dados sobre Inovação, conhecida como *Manual de Oslo*, o qual define inovação como "a implementação de um

1. "A inovação está, pois, na origem da 'destruição criativa' essencial ao sistema capitalista" (Miguel Moura e Silva, *Inovação, Transferência de Tecnologia e Concorrência – Estudo Comparado do Direito da Concorrência dos Estados Unidos e da União Europeia*, pp. 28 e 32).

2. A criação em sentido amplo corresponde à geração de nova ideia através da nova combinação de elementos preexistentes.

3. Desta forma, a inovação consiste nas atividades e processos que levam ao aproveitamento da criação, podendo incluir o processo produtivo, a organização da empresa ou a comercialização de novos produtos.

4. Liliam Ane Cavalhieri da Cruz, *O Regime Global da Propriedade Intelectual e a Questão do Desenvolvimento: o Poder dos Países em Desenvolvimento no Campo Multilateral*, p. 18.

5. Para além da contribuição de Robert Solow, destacam-se Edward Denison e Moses Abramovitz (Moura e Silva, ob. cit., p. 34).

6. "A evolução tecnológica é hoje reconhecida como um dos principais motores do crescimento económico devido ao seu impacto no aumento da produtividade. Se a isto somarmos o efeito econômico da introdução de novos produtos teremos que a inovação tecnológica é crucial para a economia, quer dos países industrializados quer dos países em vias de desenvolvimento" (Moura e Silva, ob. cit., p. 35). O autor menciona ainda a nova teoria do Crescimento Económico – v. p. 50 – que contribuiu para a elevação da inovação como ponto fulcral e dinâmico do desenvolvimento econômico e atualizou as teses de Schumpeter sobre a criação destrutiva.

7. Organização para a Cooperação e Desenvolvimento Econômico, *Manual Frescati*, 6ª ed., p. 18.

produto (bem ou serviço) novo ou significativamente melhorado, ou um processo, ou um novo método de *marketing*, ou um novo método organizacional nas práticas de negócios, na organização do local de trabalho ou nas relações externas".[8]

O primeiro elemento do conceito adotado pelo *Manual de Oslo* refere-se à inovação de produto, concebido como aquele bem ou serviço novo ou significativamente melhorado. Tal disposição inclui aperfeiçoamentos significativos em especificações técnicas, componentes e materiais, *software* do produto, acessibilidade ou outras características funcionais. O segundo elemento, a inovação de processo, corresponde a um método de produção ou entrega novo ou significativamente melhorado, incluindo modificações significativas nas técnicas, nos equipamentos e/ou *software*. A inovação de *marketing* refere-se a um novo método de *marketing* que envolva mudanças significativas no *design* ou empacotamento do produto, colocação do produto no mercado, promoção do produto ou preços. Já o quarto elemento, a inovação organizacional, relaciona-se a um novo método organizacional em práticas negociais, organização do espaço de trabalho ou relações externas.[9]

No arcabouço jurídico nacional, a Lei n. 10.973/2004 (Lei da Inovação) veio implementar os arts. 218 e 219 da CF.[10] O art. 2º, IV, da Lei de Inovação, define inovação como a "introdução de novidade ou aperfeiçoamento no ambiente produtivo ou social que resulte em novos produtos, processos ou serviços". São excluídos da definição da inovação "os trabalhos científicos ou de cunho técnico, que não participem direta e medularmente desse processo",[11] bem como os trabalhos de prospecção de campo de pesquisa e os processos de aperfeiçoamento de gestão tecnológica.

Barbosa descreve, para tal efeito, que a "inovação será um passo no procedimento que vai desde a criação até o uso social desta; representa o estágio em que essa criação chega ao ambiente produtivo ou social. Não é qualquer novidade ou aperfeiçoamento; uma nova obra de arte, ou proposta teórica relativa à epistemologia, conquanto nova ou aperfeiçoada, não será, à luz desta Lei 10.973/2004, inovação. Inovação é também a chegada de uma utilidade no ambiente social, com ou sem efeitos no sistema produtivo".[12]

Já a Lei n. 11.196/2005 (Lei do Bem[13]), no § 1º do art. 17, bem como o art. 2º, I, do Decreto n. 5.798/2006, que regulamenta a Lei do Bem, define inovação tecnológica como "a concepção de novo produto ou processo de fabricação, bem como a agregação de novas funcionalidades ou características ao produto ou processo que implique melhorias incrementais e efetivo ganho de qualidade ou produtividade, resultando maior competitividade no mercado".

Parece-nos, pela análise destes dispositivos, que a opção do legislador nacional foi a adoção de um conceito de inovação baseado nas recomendações do *Manual Frescati*, mais restrito e inflexível do que aquele proposto pelo *Manual de Oslo*.[14]

Os conceitos trazidos parecem indicar que o conceito de inovação é tradicionalmente amplo, ultrapassando os direitos de propriedade intelectual, não se con-

8. Organização para a Cooperação e Desenvolvimento Econômico, *Manual de Oslo*, 3ª ed., p. 55.

9. Organização para a Cooperação e Desenvolvimento Econômico, *www.oecd.org*.

10. Denis Borges Barbosa, *Direito da Inovação: Comentários à Lei n. 10.973/2004, Lei Federal da Inovação*, pp. 1 e 10. V. Parecer CONJUR n. 231, de 13.11.1995.

11. Denis Borges Barbosa, ob. cit., p. 22.

12. Idem.

13. Lei que autoriza o governo federal a conceder incentivos fiscais, de forma automática, às empresas que realizem pesquisa tecnológica e desenvolvimento de inovação tecnológica. Os benefícios compreendem basicamente o IPI e o ICMS.

14. Ministério da Ciência e Tecnologia, e Associação Nacional de Pesquisa e Desenvolvimento das Empresas Inovadoras, *Guia Prático de Apoio à Inovação*, p. 13.

fundindo com o termo "invenção".[15] Isso significa, que nem toda inovação poderá ser objeto de proteção pelos direitos de propriedade intelectual, através do registro de patentes, desenhos industriais ou outras modalidades de direitos. Apesar de não se confundirem, a inovação e a propriedade intelectual estão intimamente associados, uma vez que o sistema de proteção aos direitos de propriedade intelectual tem por objetivo a promoção da inovação, como veremos a seguir.

2. *A inovação e os tratados internacionais*

2.1 Histórico das disposições sobre inovação nos tratados internacionais em matéria de propriedade intelectual

2.1.1 As Convenções da União de Paris e da União de Berna

O primeiro tratado multilateral de vocação universal para proteção de direitos atualmente compreendidos dentre aqueles que denominamos de propriedade intelectual foi a Convenção de Paris para a Proteção da Propriedade Industrial, conhecida também como Convenção da União de Paris (CUP), assinada em 20 de março de 1883.[16] O art. 1º da CUP determina o escopo da proteção dos direitos de propriedade industrial, os identificando como as patentes de invenção, os modelos de utilidade, os desenhos ou modelos industriais, as marcas de fábrica ou de comércio, as marcas de serviço, os nomes comerciais e as indicações de proveniência ou denominações de origem, e estabelece como objetivo a repressão à concorrência desleal.

Em 9 de setembro de 1886, a Convenção de Berna relativa à Proteção das Obras Literárias e Artísticas, também conhecida como Convenção da União de Berna (CUB), foi assinada pelos países que haviam participado da conferência a ela relacionada. O objeto da CUB era a proteção dos direitos dos autores sobre as suas obras literárias e artísticas.[17] A CUB deixava à discricionariedade dos Estados a regulação dos direitos protegidos, levando em consideração unicamente os interesses regulatórios domésticos de cada Estado.

Tanto a CUP, como a CUB, têm por objetivo único a proteção de direitos, sem qualquer referência ao fomento ou à promoção de outros interesses, tampouco à inovação. Não há nenhuma disposição na CUP ou na CUB que pretenda estabelecer princípios relacionados às respectivas interpretação e implementação, as quais poderiam, ao menos em tese, fazer menção à inovação.[18]

2.1.2 Negociações no âmbito do GATT

As negociações da Rodada do Uruguai, no âmbito do Acordo Geral de Tarifas e Comércio (GATT), foi iniciada em 20 de setembro de 1986 e encerrada em 1994, com a criação da Organização Mundial do Comércio (OMC). Logo no princípio da Rodada do Uruguai acordou-se incluir nas negociações o tema da propriedade intelectual, a qual seria regida pelo Acordo Relativo aos Aspectos da Propriedade

15. Liliam Ane Cavalhieri da Cruz, ob. cit., pp. 17-18.

16. Maristela Basso, *O Direito Internacional da Propriedade Intelectual*, pp. 73-74.

17. Consoante se depreende das disposições do seu preâmbulo, a saber "os Países da União, igualmente animados do desejo de proteger de uma maneira tão eficaz e tão uniforme quanto possível os direitos dos autores sobre as suas obras literárias e artísticas"; e do seu art. 1º: "os países a que se aplica a presente convenção constituem em união para a proteção dos direitos dos autores sobre as suas obras literárias e artísticas".

18. Não há provisão pré-TRIPS sobre objetivos e princípios relacionados à proteção dos direitos de propriedade intelectual. O TRIPS representou uma mudança drástica nesta situação, efetivamente diminuindo a discricionariedade estatal, e alterando o balanceamento preexistente de interesses internos (UNCTAD-ICTSD, *Resource Book on TRIPS and Development*, p. 119).

Intelectual Relacionados ao Comércio (TRIPS). Tal inclusão deu-se, sobretudo, em virtude das reivindicações dos Estados Unidos e da União Europeia, que entendiam os direitos de propriedade intelectual como de elevada importância ao comércio internacional.[19]

As primeiras propostas para o TRIPS apresentadas pelos Estados Unidos, em novembro de 1987, e pela União Europeia, em julho de 1988, não contemplavam a inovação tecnológica como objetivo da proteção dos direitos de propriedade intelectual. Seus textos traduziam a posição restrita dos países desenvolvidos, preocupados somente com o respeito e a proteção dos direitos.

Em 1989, a Índia apresentou a sua proposta, a qual foi apoiada pelos demais países em desenvolvimento envolvidos nas negociações.[20] Nesta oportunidade, a Índia trouxe considerações gerais sobre a necessidade de se alterar o enfoque a dar nas disposições relativas aos objetivos e princípios do TRIPS. Defendeu que não seria apropriado que as discussões estivessem focadas somente na proteção dos direitos de monopólio dos titulares da propriedade intelectual. Para tal efeito, deveriam ser incluídas limitações às práticas restritivas e anticoncorrenciais dos titulares dos direitos de propriedade intelectual e deveriam ser desenvolvidos os fundamentos e os princípios para a eliminação de tais direitos, de modo que o comércio internacional não fosse distorcido ou impedido por tais práticas.

A Minuta Anell de 1990 continha uma segunda opção de redação para o TRIPS, a qual era apoiada pelos países em desenvolvimento. O art. 8B.3 desta minuta trazia disposição que garantia a proteção dos direitos de propriedade intelectual com o objetivo de promover a inovação tecnológica e aumentar a transferência de tecnologia para a vantagem mútua dos produtores e dos usuários do conhecimento tecnológico. A maior parte dos elementos dos arts. 7 e 8 do TRIPS, na redação atualmente em vigor, podem ser encontrados no art. 8.B da Minuta Anell.

Neste estágio, as propostas dos países desenvolvidos foram incluídas como declarações gerais de intenção, constantes do preâmbulo do acordo, enquanto que as propostas dos países em desenvolvimento para objetivos e princípios tornaram-se disposições efetivas do texto, devendo ser interpretadas como obrigações e direitos assumidos pelos países signatários. Assim, às disposições propostas pelos países em desenvolvimento foi conferido maior peso no processo de implementação e interpretação.[21]

A minuta do texto do TRIPS transmitida à Conferência Ministerial de Bruxelas em dezembro de 1990, conhecida como Minuta de Bruxelas, reorganizou a proposta da Minuta Anell para objetivos e princípios do TRIPS, mantendo os seus elementos essenciais, porém conferindo uma nova redação e numeração (o art. 7 versava sobre os objetivos e o art. 8 sobre os princípios), e limitando as opções de políticas públicas mencionadas na minuta anterior (principalmente no tocante aos princípios).

A última minuta discutida, a Minuta Dunkel, apresentada pelo diretor-geral

19. "Até a inclusão do TRIPS no GATT, as relações entre propriedade intelectual e comércio internacional não eram precisas e determinadas, nem se percebiam as consequências que poderiam advir, no mercado internacional, de um sistema mais eficaz de proteção, que poderia trazer maior desenvolvimento tecnológico, mais investimentos diretos no exterior e mais comércio. A inclusão do TRIPS na 'Rodada do Uruguai' partiu da premissa de que o aumento da proteção dos direitos da propriedade intelectual aumentaria o poder de Mercado, isto é, o Comércio mundial. (...) Isso porque quando não existe proteção adequada à propriedade intelectual, as empresas não transferem tecnologia" (Maristela Basso, *O Direito Internacional da Propriedade Intelectual*, ob. cit., p. 155).

20. ICTSD, ob. cit., p. 122.

21. ICTSD, ob. cit., p. 124.

do GATT Arthur Dunkel em dezembro de 1991, não alterou a redação do art. 7 (objetivos) contida na minuta anterior. As negociações que seguiram sobre a Minuta Dunkel também não modificaram a redação proposta para o art. 7, sendo que a versão final do documento foi aprovada pelos Ministros do GATT em Marraqueche em 15 de abril de 1994.[22]

2.2 Acordo Relativo aos Aspectos da Propriedade Intelectual Relacionados ao Comércio (TRIPS)

O TRIPS compõe o Anexo 1-C do Acordo Constitutivo da Organização Mundial do Comércio – OMC (Acordo Constitutivo), integrando um conjunto complexo de acordos, tendo entrado em vigor em 1º de janeiro de 1995.[23]

2.2.1 A inovação e o TRIPS

O preâmbulo do TRIPS traz como declaração geral de intenção dos países signatários o reconhecimento dos "objetivos básicos de política pública dos sistemas nacionais para a proteção da propriedade intelectual, inclusive os objetivos de desenvolvimento e tecnologia".

Já o art. 7, que versa sobre os objetivos do TRIPS, estabelece que "a proteção e a aplicação de normas de proteção dos direitos de propriedade intelectual devem contribuir para a promoção da inovação tecnológica e para a transferência e difusão de tecnologia, em benefício mútuo de produtores e usuários de conhecimento tecnológico e de uma forma conducente ao bem-estar econômico e a um equilíbrio entre direitos e obrigações".

Os comentários do Centro Internacional para o Comércio e o Desenvolvimento Sustentável (ICTSD) ao TRIPS esclarecem que os direitos de propriedade intelectual foram concebidos para beneficiar a sociedade, através da promoção de incentivos para introduzir novas invenções e a criações.[24] Pela leitura do art. 7 entende-se que os direitos de propriedade intelectual não são um fim em si mesmo,[25] devendo ser implementados de modo a alcançar os objetivos lá inseridos, dentre os quais destacamos a inovação tecnológica e a transferência de tecnologia.[26]

Nesse sentido, Correa defende que "o Acordo TRIPS, portanto, não consagra um paradigma 'absolutista' da propriedade intelectual, no qual só interessa a proteção dos direitos do titular. Pelo contrário, se baseia no equilíbrio entre a promoção da inovação e da difusão e transferência de tecnologia".[27]

A simples proteção dos direitos de propriedade intelectual não conduz automaticamente aos efeitos descritos no art. 7. Portanto, ao implementar o TRIPS internamente, os países signatários devem redigir as respectivas legislações de forma a promover a inovação tecnológica e a transferência e a disseminação de tecnologia, considerando-se também o bem-estar social e econômico.

22. "O projeto buscava um ponto de equilíbrio entre as várias posições e, ao mesmo tempo, apresentar uma resposta às preocupações dos países em desenvolvimento" (Maristela Basso, *O Direito Internacional da Propriedade Intelectual*, ob. cit., pp. 165-166).

23. Não se confunda aqui a data de entrada em vigor do TRIPS, com os prazos que este estabeleceu para que os países implementassem as suas disposições nos respectivos sistemas jurídicos internos. Tal implementação foi necessária em vista da natureza do TRIPS de tratado-contrato, opondo-se aos sistemas dos tratados-lei. Para determinar a data limite para implementação das disposições do TRIPS, analisar o seu art. 65 (disposições transitórias).

24. ICTSD, ob. cit., p. 125.

25. "Comércio e investimento não são fins em si mesmo, mas meios para se atingir desenvolvimento equilibrado e sustentável" (Maristela Basso, *Propriedade Intelectual na Era Pós-OMC*, p. 109).

26. "O sistema de apropriação e autoestímulo através de patentes é insuficiente para inovação" (Denis Borges Barbosa, ob. cit., p. XXI).

27. Carlos Correa, *Acuerdo TRIPS – Régimen Internacional de la Propiedad Intelectual*, pp. 28-29, *apud* Maristela Basso, *O Direito Internacional da Propriedade Intelectual*, ob. cit., p. 167.

Nos seus comentários ao TRIPS, o ICSTD esclarece que os direitos de propriedade intelectual dificilmente promoverão inovação nos países com baixa capacidade científica e tecnológica, ou onde atividades de inovação financeira sejam escassas.[28] Nesse contexto, o dispositivo "em benefício mútuo de produtores e usuários de conhecimento tecnológico" é relevante, uma vez que os países em desenvolvimento são formados, em maior parte, de usuários de tecnologias produzidas no exterior.

Uma vez que foi concebido para funcionar como balanço entre os objetivos pretendidos, o art. 7 serve de guia ao intérprete. Nos processos contenciosos relacionados aos direitos de propriedade intelectual, os tribunais normalmente buscam analisar os objetivos que levaram um determinado legislador a emanar determinada regra.[29] O art. 7 esclarece para tal propósito que os negociadores do TRIPS não pretendiam abandonar a perspectiva de balanceamento do papel dos direitos de propriedade intelectual na sociedade.[30] O TRIPS não foi concebido para resguardar somente os direitos do titulares, mas para promover um balanceamento que promova o bem-estar social e econômico.[31]

Consoante as disposições constantes no preâmbulo do TRIPS, a interpretação dos seus objetivos e princípios deve se dar levando em consideração os demais acordos que formam o Acordo Constitutivo da OMC, de forma a promover o crescimento econômico, de maneira compatível com o desenvolvimento sustentável.[32] Outros instrumentos internacionais que visam a promoção do desenvolvimento econômico, a transferência de tecnologia, o bem-estar social, dentre outros objetivos,[33] têm íntima relação às disposições dos arts. 7 e 8 do TRIPS, devendo ser considerados na sua interpretação.

2.2.2 Averiguação sobre o cumprimento do objetivo do TRIPS de promoção à inovação

O ICTSD alerta que muitos países em desenvolvimento têm expressado preocupação em relação à implementação do art. 7 do TRIPS pelos países desenvolvidos. Os países em desenvolvimento sugerem, nesse sentido, que a implementação deveria ser examinada pelo Conselho do TRIPS de modo a determinar se o TRIPS está cumprindo com o objetivo de contribuir com a inovação, a disseminação e a transferência de tecnologia, bem como de promover ativamente os interesses de desenvolvimento.[34]

Os países em desenvolvimento alegam, nesse sentido, que somente uma parte dos objetivos do TRIPS estaria sendo perseguida pelos países desenvolvidos, nomeadamente os relacionados à proteção dos bens tecnológicos. Os objetivos de proteção e de cumprimento dos direitos de propriedade intelectual como forma de promoção dos interesses de desenvolvi-

28. ICTSD, ob. cit., p. 126.

29. Trata da doutrina da interpretação consistente, uma regra de hermenêutica de normas legais nacionais, cuja gênese seja internacional. Desta forma, deve haver relação harmônica dos sistemas, visando realização do princípio do *pacta sunt servanda* e o cumprimento das obrigações internacionais assumidas pelos países-membros da OMC.

30. ICTSD, ob. cit., p. 126.

31. "As partes se comprometem a buscar 'benefícios recíprocos', 'bem-estar social e econômico' e, sobretudo, o 'equilíbrio de direitos e obrigações'. O reconhecimento e a observância dos direitos de propriedade intelectual dependem de valores sociais relevantes e, em particular, do equilíbrio entre os usuários de conhecimento tecnológico" (Maristela Basso, *O Direito Internacional da Propriedade Intelectual*, ob. cit., p. 167).

32. ICTSD, ob. cit., p. 130.

33. É o caso, p.ex., do Pacto Internacional dos Direitos Econômicos, Sociais e Culturais, de numerosos acordos firmados no bojo da Organização Internacional do Trabalho (OIT) e do Estatuto da Organização Mundial da Saúde (OMS).

34. ICTSD, ob. cit., p. 119.

mento e da transferência de tecnologia não estariam sendo observados.[35]

Por outro lado, o diretor geral da Organização Mundial de Propriedade Intelectual (OMPI) Francis Gurry proferiu discurso, em novembro de 2009, em virtude da 7ª Conferência Ministerial da OMC no qual relatou que "um novo mapa está sendo desenhado para o mundo da inovação. Em 1994, quando o TRIPS foi concluído, o nordeste da Ásia (Japão, República da Coreia e China) apresentava 7,6% dos requerimentos internacionais de patentes. Ano passado, eles somaram 26,2% de todos os requerimentos internacionais de patentes. Cada um dos seus escritórios consta na lista dos cinco escritórios de registro de patente mundiais, em termos de volume de requerimentos. A Ásia, mais genericamente, é responsável por 45% dos graduados em ciência, tecnologia e engenharia no mundo. A indústria de *software* na Índia cresceu de U$ 1,2 bilhões em 1995 para uma estimativa de U$ 60 bilhões para 2009. Estes exemplos podem ser multiplicados".[36]

É natural que o representante máximo da OMPI se posicione de forma positiva em relação à verificação do cumprimento dos objetivos do TRIPS, mais especificamente aquele relacionado à promoção da inovação. Contudo, devemos sempre considerar que a inovação extravasa os limites de eficácia do sistema de proteção da propriedade intelectual, vez que é mais abrangente que este, pelo que o sucesso da implementação dos objetivos do TRIPS exige uma análise mais profunda e atenta sobre os níveis de desenvolvimento da inovação mundial.

O estudioso deste tema poderá sentir-se atraído a apresentar os indicadores relativos à evolução da quantidade anual de pedidos de registro de patentes no globo, como tradução da efetiva promoção da inovação pelos países signatários do TRIPS. De fato, o aumento dos pedidos de registros de patentes após a vigência do TRIPS é exponencial. Tal situação pode ser verificada pela análise do gráfico abaixo, elaborado pela OMPI e publicado em 2009:[37]

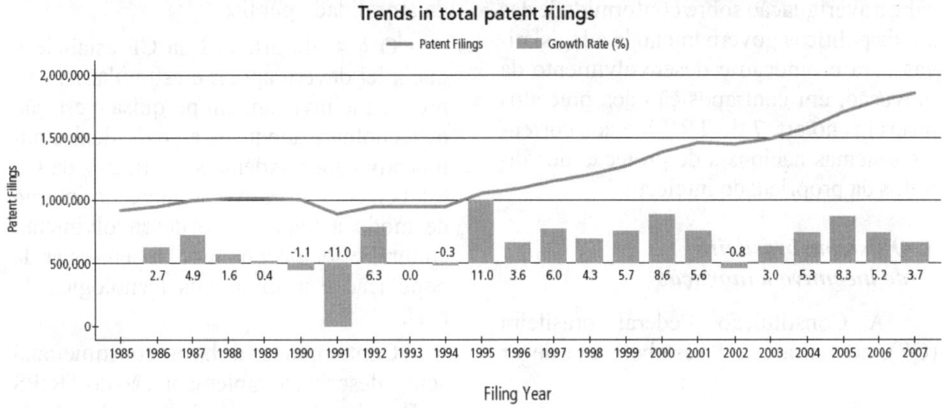

35. Já no ano de 2000 a Profa. Maristela Basso questionou nas suas conclusões: "talvez a questão mais importante que se apresenta ao final deste estudo é: terá o TRIPS alcançado seus objetivos? Esta é uma indagação que será respondida com o tempo, pois a ele incumbe revelar se os princípios e padrões fixados pelo TRIPS são suficientemente sólidos e adequados para estimular as criações intelectuais, as aplicações técnicas e a melhor distribuição do sistema produtivo mundial" (Basso, *O Direito Internacional da Propriedade Intelectual*, ob. cit., p. 316).

36. Este posicionamento foi reiterado pelo diretor geral em 10.5.2010 em virtude de sua intervenção na Reunião da Organização das Nações Unidas para Desenvolvimento Industrial, havida em Viena, cujo comunicado de imprensa está disponível para acesso em *http://www.wipo.int/pressroom/en/articles/2010/article_0013.html.*

37. OMPI, *World Intelectual Property Indicators*, 2009, p. 14.

No entanto, entendemos que outros fatores devem ser considerados na avaliação do estágio de desenvolvimento da inovação dos países. Mesmo porque o sistema de propriedade industrial não necessariamente está preparado para abarcar todas as vertentes das inovações, as quais poderão restar protegidas pelo segredo industrial ou comercial.[38]

Dentro do próprio sistema de proteção dos direitos de propriedade intelectual, um importante indicador a ser considerado é o número de pedidos para o registro de marcas, uma vez que, apesar de não traduzirem em si mesmas uma inovação, são introduzidas no mercado pelos seus titulares com o objetivo de diferenciar um novo produto ou serviço disponibilizado no mercado.

Nesse sentido, a OCDE publicou em 27 de maio de 2010 um estudo que busca aperfeiçoar a metodologia de medição da inovação,[39] avançando para além dos índices relativos à pesquisa e ao desenvolvimento e do sistema de proteção da propriedade intelectual. É nesse amplo cenário que cabe a averiguação sobre conformidade das atuais políticas governamentais e legislativas para promoção e desenvolvimento da inovação, em contraposição aos preceitos inseridos no art. 7 do TRIPS e aos correntes sistemas nacionais de proteção dos direitos da propriedade intelectual.

3. O sistema brasileiro de incentivo à inovação

A Constituição Federal brasileira (CF), no seu art. 218, estabelece o dever do Estado de promover e incentivar o desenvolvimento científico, a pesquisa e a capacitação tecnológicas, destacando o § 1º que a pesquisa científica básica deve receber tratamento prioritário, tendo em vista o bem público comum e o progresso das ciências. Há, portanto, uma diferenciação constitucional sobre o tratamento dado à pesquisa básica (não aplicada à solução de problemas técnicos específicos) e à pesquisa aplicada. A pesquisa básica é de domínio público global, não sendo suscetível de apropriação.[40]

Quanto às atividades de pesquisa e desenvolvimento tecnológico, o § 2º do art. 218 da CF estabelece que as mesmas deverão voltar-se para a solução de problemas brasileiros e para o desenvolvimento do setor produtivo nacional. Se assim não fosse, na eventualidade de haver direcionamento de financiamento público aos incentivos à inovação tecnológica para acesso livre, não voltados à solução dos problemas nacionais e ao sistema produtivo, restaria caracterizada a ofensa ao princípio da moralidade pública.[41]

O § 4º do art. 218 da CF estabelece que a lei deverá apoiar e estimular as empresas que invistam em pesquisa e criação de tecnologia adequada ao país, dentre outras atividades. Ademais, o art. 219 da CF estabelece o incentivo ao mercado interno de modo a viabilizar o desenvolvimento cultural e socioeconômico, o bem-estar da população e a autonomia tecnológica do país.

Contemplada a base constitucional acima descrita, a implementação do TRIPS no Brasil se deu através da promulgação da Lei n. 9.279/1996 (Lei da Propriedade Industrial). Mais especificamente em relação

38. O autor Miguel Moura e Silva esclarece "acresce ainda que alguns conhecimentos são susceptíveis de apropriação através de direitos de propriedade intelectual, enquanto outros são insusceptíveis de tal controlo jurídico. No entanto, mesmo conhecimentos técnicos que não possam constituir objecto de um direito de propriedade industrial podem, ainda assim, merecer protecção legal enquanto segredos comerciais ou industriais" (Miguel Moura e Silva, ob. cit., p. 31).

39. Até a presente data não há consenso sobre o melhor método a utilizar para medir-se a inovação.

40. Denis Borges Barbosa, ob. cit., pp. 6-7.

41. Num Estado em que há estímulo a inovação para acesso livre, a divulgação do conhecimento deve ter regra que garanta o nivelamento da competição, sob pena de se favorecer os titulares de empresas que estiverem mais aptos na competição (Denis Borges Barbosa, ob. cit., pp. 6-7).

à matéria da inovação, o Brasil promulgou a Lei da Inovação e a Lei do Bem, já mencionadas anteriormente neste estudo. A Lei de Inovação foi elaborada tendo por principal inspiração[42] a legislação norte-americana análoga, o Bayh-Dole Act de 1980, pelo que faremos uma breve incursão sobre tal legislação.

3.1 Bayh-Dole Act

O Bayh-Dole Act foi aprovado em 1980, nos Estados Unidos, e conferiu às instituições federais o direito de patentear e licenciar invenções, inclusive aquelas advindas de pesquisas custeadas pelo governo federal através de investimentos públicos, viabilizando assim o uso comercial e a disponibilidade pública do conhecimento.[43] Por outro lado, o Bayh-Dole Act possibilitou a transferência de tais patentes a entidades privadas na forma de licenças exclusivas ou de *joint ventures*, conferindo às instituições públicas a possibilidade de receber *royalties* sobre tais licenciamentos.

É de se notar que no mesmo período de implementação do Bayh-Dole Act uma série de decisões judiciais acabou por modificar o sistema de propriedade intelectual norte-americano, aumentando o âmbito das matérias patenteáveis.[44]

O objetivo do Bayh-Dole Act era incentivar a disseminação comercial de pesquisas desenvolvidas em instituições de ensino e pesquisa que, de outra forma, iriam definhar em vista de não serem protegidas por patentes. A legislação estabeleceu como requisitos para utilização das suas regras que a universidade (i) estabeleça política de patentes para seus empregados; (ii) procure ativamente a proteção patentária; e (iii) fomente o desenvolvimento das suas invenções.[45]

Foram criados escritórios de transferência de tecnologia[46] nas universidades para administrar o portfólio das patentes. Com o passar do tempo tais escritórios averiguaram que a administração dos portfólios é difícil e custosa[47] e passaram a interferir na delimitação das pesquisas universitárias, de modo a fomentar o patenteamento. Em alguns casos tais departamentos causaram, inclusive, o atraso na publicação de pesquisas de modo a viabilizar que o pedido de patente fosse precedente à publicação.

Passados aproximados trinta anos da promulgação do Bayh-Dole Act, a comunidade norte-americana passou a questionar os efeitos da legislação, debatendo sobre os pontos que carecem de maior atenção, de modo a que venham garantir a efetiva inovação e o benefício público. Enquanto alguns defendem o sistema estabelecido pelo Bayh-Dole Act, os críticos sustentam que a legislação trouxe consequências negativas para o sistema de inovação dos Estados Unidos e que alterou a natureza das pesquisas públicas.[48] Outros defendem que o Bayh-Dole Act teve pouco impacto, uma vez que existiram outros fatores que

42. Outras leis que serviram de inspiração à Lei de Inovação: *Bundesministerium fur Bildung und Forshung-Patentiniative* (1996, da Alemanha), *The Law to Promote Technology Transfer from Universities Industry* (1998, do Japão) e *Loi sur l'Innovation et la Recherche* (1999, da França), dentre outras.

43. C. Alessandra Colaianni e Robert M. Cook-Degan, *Columbia University's Axel Patents: Tecnology Transfer and Implications for the Bayh-Dole Act*, p. 1.

44. Casos de patenteamento de *softwares* (*Diamond vs. Diehr*, 1981) e de micro-organismos vivos (*Diamond vs. Chakrabarty*, 1980).

45. Sara Boettiger e Alan B. Bennet, "Bayh-Dole: if we knew then what we know now", in *Nature Biotechnology*, vol. 24, n. 3, p. 320, no qual os autores indicam que a universidade tem discricionariedade em relação a todos os outros aspectos.

46. *Technology transfer offices*.

47. Sara Boettiger e Alan B. Bennet, ob. cit., p. 320, informam que os lucros advindos das patentes são absorvidos em grande parte pelos custos relacionados à manutenção das patentes (taxas, advogados etc.).

48. V. caso da Universidade Columbia e das patentes Axel em C. Alessandra Colaianni e Robert M. Cook-Degan, ob. cit.

contribuíram para o atual cenário do sistema de patenteamento das pesquisas desenvolvidas nas universidades públicas, nomeadamente as decisões judiciais da Suprema Corte em matéria de propriedade intelectual.

Dentre os temas atualmente discutidos e criticados, destacam-se os seguintes: (i) a falta de uma permissão legal prática para exceção em benefício de pesquisa não comercial, com uso de tecnologias desenvolvidas com utilização de fundos públicos;[49] (ii) a falta de disposições que viabilizem o amplo acesso a inovações *upstream* e instrumentos de pesquisa desenvolvidos com fundos públicos;[50] (iii) a falta de regras que minimizem os efeitos *anticommons*, advindos da fragmentação da titularidade das invenções desenvolvidas com fundos públicos;[51] e, (iv) a necessidade de se promover o acesso a tecnologias patenteadas, desenvolvidas com fundos públicos, para fins humanitários.[52]

3.2 Lei da inovação brasileira

No ano de 2000 o Senador Roberto Freire apresentou um projeto de lei inspirado da lei de inovação francesa de 1999, o qual acabou por ser arquivado. Em maio de 2004 a Poder Executivo enviou um novo projeto de lei, o qual após vinte e duas emendas culminou na promulgação da atual Lei de Inovação.[53]

A Lei da Inovação, em seu art. 12, escolhe como regime padrão para a socialização dos riscos e dos custos de inovação, o da apropriação (direitos exclusivos de propriedade intelectual).[54] Conforme

49. Sara Boettiger e Alan B. Bennet, ob. cit., p. 321. Os autores mencionam que os pesquisadores imaginavam que o permissivo contido na legislação de propriedade intelectual dos Estados Unidos (*research exemption*) abrangia as pesquisas básicas e que, assim, eles poderiam utilizar livremente tal propriedade intelectual em pesquisas, sem que incorressem em infração. Todavia, a decisão *Madey vs. Duke University* estabeleceu que qualquer pesquisa universitária pode ser considerada como antecipação de interesses comerciais da instituição e, assim, de natureza fundamentalmente comercial. Devido a esta interpretação, atualmente a invenção de uma universidade que tenha sido objeto de uma licença exclusiva a terceiros, regra geral, não poderá ser utilizada pela própria universidade criadora da invenção em pesquisas fundamentais não comerciais.

50. Sara Boettiger e Alan B. Bennet, ob. cit., p. 321. "Instrumentos de pesquisa" são as invenções cujo uso primário está na descoberta, e não no produto propriamente dito. Tratam de métodos essenciais necessários para o desenvolvimento de outros inventos e produtos. A falta de acesso a tais instrumentos pode impedir a inovação e levantar questões significativas sobre políticas públicas, particularmente no tocante ao licenciamento exclusivo.

51. Sara Boettiger e Alan B. Bennet, ob. cit., p. 322. *Anticommons* é o termo proposto por Heller e Eisenberg para descrever a forma pela qual a tecnologia de propriedade de diversos sujeitos poderá ocasionar custos adicionais e atrasos no desenvolvimento de pesquisas. O Bayh-Dole Act contribui para o *anticommons* na medida em que estabeleceu incentivos para que as universidades desenvolvessem programas independentes de transferência de tecnologia e determinou que o portfólio de patentes fosse administrado de forma bastante individualista, em relação a outras universidades. Sobre o problema dos *anticommons* v. Alain Herscovici, *Direitos de Propriedade Intelectual, Novas Formas Concorrenciais e Externalidades de Redes – Uma Análise a partir da Contribuição de Williamson*, p. 11, no qual estatui "a tragédia dos *anticommons* mostra claramente que o preço de acesso à tecnologia é maior quando a propriedade intelectual é fragmentada entre vários detentores de direitos (Heller e Eisenberg, 1998), e que a privatização do conhecimento, a partir de um sistema de DPI mais intenso, pode bloquear a dinâmica cumulativa da produção de conhecimento (Nelson, 2003)".

52. Sara Boettiger e Alan B. Bennet, ob. cit., p. 322. É pacífico que as patentes podem aumentar os custos de desenvolvimento dos produtos, o que faz com que os investimentos sejam direcionados às atividades lucrativas. Todavia, o desenvolvimento de inovações para resolução de questões humanitárias, em mercado não comerciais, especialmente aqueles dos países de baixo grau de desenvolvimento ou em desenvolvimento, deve ser um dos objetivos das instituições públicas (para além da busca de inovações comercializáveis).

53. Os Estados da Federação brasileira têm promulgado leis estaduais de incentivo à inovação nos moldes do sistema propiciado pela Lei da Inovação, as quais são relevantes para o desenvolvimento econômico regional.

54. Nos termos do art. 218, § 2º, da CF a atuação estatal presume um padrão dominante de apro-

nos ensina Barbosa[55] "a estratégia da Lei é associar estímulos diretos à inovação pelo setor privado, como concessão direta de recursos financeiros, infraestrutura e pessoal, como transferência de recursos do contribuinte; o uso estratégico da capacidade inovadora das instituições em aliança com o setor privado; o uso do poder de compra do Estado, essencialmente através das compras de tecnologia previstas no art. 20; e, através da Lei 11.196/2005, a renúncia fiscal".

O art. 1º da Lei da Inovação estatuiu a finalidade da legislação, qual seja o estabelecimento de "medidas de incentivo à inovação e à pesquisa cientifica e tecnológica no ambiente produtivo, com vistas à capacitação e ao alcance da autonomia tecnológica e ao desenvolvimento industrial do país, nos termos dos arts. 218 e 219 da Constituição".

A legislação brasileira compreende cinco grupos de normas.[56] Primeiramente busca estabelecer um ambiente propício para a cooperação entre as universidades, os institutos tecnológicos e as empresas, diminuindo as barreiras institucionais.[57] Também busca estimular a participação das Instituições Científicas e Tecnológicas (ICTs)[58] nos processos de inovação, facultando a celebração por estas entidades de contratos de transferência de tecnologia e de licenciamento de patentes, bem como a prestação de serviços de consultoria especializada. A Lei da Inovação de igual forma abriga normas de incentivo aos pesquisadores-criadores, os quais poderão se beneficiar do resultado financeiro dos serviços prestados e da exploração comercial da sua criação. Como estímulo à inovação nas empresas, a lei prevê a concessão de recursos financeiros, humanos, materiais ou de infraestrutura, inclusive através de benefícios fiscais. Por fim, a Lei da Inovação contém regras relativas à apropriação de tecnologias pelo setor produtivo nacional, em detrimento do lançamento de ideias ao domínio público.

O principal objetivo da Lei de Inovação é o incentivo à inovação como forma de se alcançar o aumento de competitividade empresarial nacional e internacionalmente.[59] Para atingir tal objetivo, a lei possibilita o uso comercial dos conhecimentos gerados em instituições públicas e facilita a mobilidade de servidores públicos, professores e pesquisadores para a iniciativa privada e para outros órgãos de pesquisa.

Ainda é prematuro para chegar a alguma conclusão sobre se os objetivos da Lei da Inovação estão sendo vislumbrados na prática. Como a lei em questão é muito recente, também não nos é possível identificar com precisão os eventuais problemas que poderão advir da sua implementação.[60]

Temos que ter em mente, todavia, que apesar de as disposições constitucionais analisadas protegerem o desenvolvimento de pesquisas básicas, certo é que a Lei da Inovação garante um sistema de apropriação do conhecimento sem nenhuma disposição que vise proteger tal modalidade de pesquisa. Caberá conferir na prática se tal

priação. "Não há, aqui, um compromisso essencial com o domínio público global, mas, pelo contrário, a vontade constitucional é compatível com a apropriação dos resultados do investimento público. Não necessariamente apropriação privada, mas certamente a exclusão de terceiros que não participaram ou contribuíram para os fundos públicos em questão" (Denis Borges Barbosa, ob. cit., pp. XXII e 6).

55. Denis Borges Barbosa, ob. cit., p. XXII.

56. Denis Borges Barbosa, ob. cit., pp. 1-3.

57. Trata de uma articulação horizontal entre o setor privado e as Instituições Científicas e Tecnológicas (ICTs) (Denis Borges Barbosa, ob. cit., p. 1).

58. "As ICTs são os agentes centrais do quadro desta Lei. Segundo a definição, ICT será toda instituição da Administração Pública destinada, exclusiva ou cumulativamente, às atividades de criação de conhecimento científico e tecnológico. Conforme o contexto serão federais, estaduais ou municipais" (Denis Borges Barbosa, ob. cit., p. 23).

59. Denis Borges Barbosa, ob. cit., p. 3.

60. Como seria o caso dos prejuízos que poderão eventualmente advir dos já mencionados efeitos *anticommons*.

apropriação coadunará com os objetivos constitucionais de promoção da inovação, sem prejuízo da promoção de pesquisa básica nas universidades e demais ICTs.

Ante a falta de qualquer disposição sobre a utilização para fins humanitários do conhecimento apropriado, gerado através de financiamento público, caberá também aos intérpretes do Direito a confirmação sobre se a aplicação da legislação em análise coaduna na prática com os preceitos constitucionais de proteção aos direitos humanos. A experiência dos Estados Unidos poderá nos guiar nessa problemática, indicando as posturas que deverão ser evitadas, de modo a garantir o fluxo e o desenvolvimento do conhecimento sem prejuízo dos valores universalmente protegidos.

4. A inovação e a propriedade intelectual

4.1 O sistema da propriedade intelectual como estímulo à inovação

Existem discussões doutrinárias sobre se a relação existente entre a inovação e a propriedade intelectual é positiva, ou seja, se o sistema dos direitos de propriedade intelectual proporciona um ambiente propício à inovação.

A doutrina dominante sustenta que o sistema dos direitos de propriedade intelectual é em si mesmo um estímulo à inovação,[61] uma vez que aqueles que contribuem com a inovação passam a deter o direito de exclusividade para exploração comercial durante certo tempo. Ante a certeza do retorno econômico do investimento em pesquisa e desenvolvimento despendido para se obter a inovação, os criadores encontrariam no sistema de proteção da propriedade intelectual um estímulo.[62]

Parte da doutrina entende que o sistema de proteção à propriedade intelectual não somente é ineficaz para a promoção da inovação, como acaba por prejudicar tal desenvolvimento. Nessa esteira, alguns economistas colocam em causa todo o sistema de propriedade intelectual, tais como F. W. Taussig[63] e Arnold Plant.[64]

Moura e Silva,[65] por sua vez, entende ser excessivo colocar em causa todo o sistema de propriedade intelectual, mas reconhece que de fato problemas podem ser identificados em relação ao âmbito temporal e material da proteção, em especial em relação aos efeitos aos posteriores aperfeiçoamentos ou melhoramentos de tecnologias protegidas. O sistema de propriedade intelectual busca, na visão do autor, incentivar a investigação e o desenvolvimento de inovações, bem como salvaguardar o

61. "O pressuposto deste raciocínio é o de que a disciplina do mercado, por si só, levaria a um nível de invenção inferior ao óptimo devido ao problema da aversão natural ao risco de alguns agentes econômicos (*risk averseness*) e aos problemas de apropriação dos benefícios da inovação por terceiros (*appropriability*)" (Moura e Silva, ob. cit., p. 56).

62. "Entre estas diferentes materializações da inovação encontramos alguns aspectos económicos comuns: ao constituírem formas de concorrência que não se manifestam pela dimensão preço, elas assumem-se como *nonprice compatition*; por outro lado são meios de diferenciação de produtos que tender a gerar algum grau de mercado potencial, mas que só pode ser aferido *ex post*, caso o esforço de inovação seja bem sucedido; caracterizam-se pela incerteza *ex ante* da rentabilidade dos investimentos necessários à inovação; e o seu conteúdo expressa-se em termos de informação ou, melhor dizendo, conhecimento. O aspecto importante suscitado por esta última característica é que essa informação pode ser apropriada com recurso aos direitos da propriedade intelectual, os quais (...) têm a importante função económica de estimular o investimento em determinadas formas de inovação através da concessão de exclusivos material e temporalmente limitados" (Miguel Moura e Silva, ob. cit., p. 28).

63. F. W. Taussig defende a tese de que a atividade inventiva tem origem em fatores psicológicos (*instinct of contrivance*), pelo que qualquer incentivo oferecido pelo sistema de propriedade intelectual é desnecessário (Moura e Silva, ob. cit., p. 57).

64. Arnold Plant entende que o sistema de propriedade intelectual é prejudicial à inovação, uma vez que provoca o emparcelamento de ideias e das respectivas expressões (Moura e Silva, ob. cit., p. 58).

65. Moura e Silva, ob. cit., p. 59.

acesso do público às inovações e aumentar o patrimônio de conhecimento disponível à sociedade.[66]

Estudos empíricos[67] detectaram que muitas empresas não atribuem ao sistema de propriedade intelectual o incentivo às inovações que promovem.[68] Setores da indústria farmacêutica, químicos orgânicos e pesticidas são aqueles que destacam maior importância às patentes como incentivo à inovação. Outros setores identificam as estratégias comerciais como efetivo incentivo à inovação.[69] Contudo, em relação às inovações relacionadas ao processo de produção, as empresas geralmente optam por manter a inovação protegida pelo segredo industrial ou comercial. Regra geral, o estudo conclui que o sistema de propriedade intelectual é relevante para incentivar a inovação, mas tal relevância pode variar de setor para setor, sendo em alguns casos nula.

Nessa esteira, Scherer e Ross defendem que um mundo sem patentes certamente não seria um mundo sem inovações, uma vez que outros incentivos iriam substituir as lacunas.[70] Os autores defendem, todavia, que o sistema de proteção da propriedade intelectual é o único identificado até o presente momento capaz de conferir a melhor proteção parcial contra a rápida imitação e contrafação.

4.2 O reforço do sistema de propriedade intelectual e as suas implicações à inovação

Apesar de não ser pacífica a correlação entre a proteção do sistema de propriedade intelectual como forma de incentivo à inovação, certo é que o desenvolvimento da matéria tem prosseguido uma via de reforço da proteção, quanto ao seu objeto, condições e meios de tutela.[71] Exemplo de tal reforço está na adesão de diversos países em desenvolvimento ao TRIPS, bem como na celebração de tratados bilaterais para reforço da proteção, os quais se convencionou chamar de "TRIPS *Plus*". Alguns estudiosos alertam, no entanto, que a proteção excessiva conferida pelo sistema de propriedade intelectual poderá ser danosa, principalmente aos países em desenvolvimento, os quais devem primar pela valorização do domínio público.[72]

66. Por tal motivo existem os limites temporais para exploração dos direitos exclusivos conferido pela propriedade intelectual.

67. Promovidos por Richard Levin em 1987 e Edwin Mansfield em 1983.

68. Assim, caso o sistema de propriedade intelectual viesse a ser abolido, os efeitos seriam pequenos na maior parte das indústrias. Outrossim, o sistema de patentes não haveria sido suficiente para capturar todos os benefícios da inovação (Moura e Silva, ob. cit., p. 62).

69. São exemplos de tais estratégias "o investimento na estrutura de vendas e promoção, as vantagens resultantes de ser o primeiro no mercado e a capacidade de aproveitar a curva de aprendizado como melhores instrumentos para rentabilizar as inovações" (Moura e Silva, ob. cit., p. 62).

70. Dentre tais incentivos estariam as vantagens advindas de o criador ser o primeiro a entrar em um determinado mercado (*first mover advantage*). Tais vantagens somente existiriam no caso em que a inovação criasse um novo criado, cujo produto não tivesse substitutivos próximos (F. M. Scherer e David Ross, *Industrial Market Structure and Economic Performance*, 3ª ed., Boston, Houghton Mifflin, 1990, p. 629, *apud* Moura e Silva, ob. cit., p. 63).

71. Peter Drahos, "Patent reform for innovation and risks management: a separation of powers approach", in *KEStudies*, vol. 1, p. 3.

72. Em trabalho apresentado na Faculdade de Direito da USP, por ocasião do seminário promovido em 26.4.2010 em virtude do 10º Aniversário do Dia Mundial da Propriedade Intelectual, o qual teve como temática principal "Inovação – Conectando o Mundo", o Dr. Edson Beas Rodrigues Jr. defendeu que o livre fluxo de conhecimento é necessário aos países em desenvolvimento e que a maximização das normas de propriedade intelectual poderá mitigar o fluxo. Na mesma esteira, o Prof. Carlos Henrique de Brito Cruz, Diretor Científico da FAPESP, em seminário apresentado aos alunos do programa de pós-graduação participantes do Programa de Aperfeiçoamento de Ensino (PAE) da Faculdade de Direito da USP, em 6.5.2010, defendeu que os direitos da propriedade intelectual são tão poderosos atualmente que o fluxo de conhecimento está sendo

Um exemplo dos efeitos prejudiciais de um sistema com elevado grau de proteção de direitos de propriedade intelectual está na corriqueira prática verificada nos Estados Unidos de as indústrias farmacêuticas impossibilitarem a pesquisa em universidades que estejam baseadas em objeto de patente de sua propriedade. De fato, desde o julgamento do caso *Diamond vs. Chakrabarty* em 1980 pela Suprema Corte, o âmbito das matérias patenteáveis foi amplificado, sendo possível patentear um micro-organismo humano vivo. Com base nessa decisão, muitas indústrias farmacêuticas passaram a patentear genes, identificados através dos seus programas de pesquisa e desenvolvimento, e a emitir ordens às universidades para que deixem de realizar pesquisas sobre os genes por elas patenteados.[73]

Tal situação demonstra que o elevado grau de proteção pelo sistema de propriedade intelectual nos Estados Unidos, mais especificamente o aumento do âmbito de matérias patenteáveis, pode impedir que sejam desenvolvidas pesquisas que, em última análise, poderiam contribuir para o avanço da ciência, da tecnologia e dos instrumentos necessários a uma boa política de saúde pública.

Verificamos, no entanto, que alguns grupos de estudiosos estão se organizando para redefinir o contorno do sistema de proteção da propriedade intelectual, com vistas à promoção da inovação.[74] Este é o caso do *The Innovation Partnership* (TIP),[75] formado pelo Grupo Especialista Internacional sobre Biotecnologia, Inovação e Propriedade Intelectual, que vislumbra que estamos adentrando num período de necessária transição entre a "antiga propriedade intelectual" e a "nova propriedade intelectual".[76]

Para esse grupo de estudioso a antiga propriedade intelectual coincide com o atual sistema, o qual parte da premissa que quanto maior for a proteção outorgada aos direitos de propriedade intelectual, melhor. Nesse cenário as empresas e as universidades buscam acumular direitos de propriedade intelectual para se protegerem de terceiros, tornando o conhecimento isolado e controlado. O TIP defende que este sistema demonstrou-se contraprodutivo à indústria,[77] principalmente na área da saúde, uma vez que o nível da inovação vem diminuindo, não obstante o aumento da proteção aos direitos de propriedade intelectual.[78]

limitado. Nesse sentido, alertou que caso o titular dos direitos de propriedade intelectual tenha muitos benefícios, a sociedade acabará por ser prejudicada.

73. A empresa Myriad Genetics enviou ordem *cease and desist* à Universidade da Pensilvânia, para que deixasse de realizar pesquisas sobre os genes de câncer de mama. O laboratório Athena Diagnostics também emitiu ordem semelhante ao Dr. Aubrey Melansky, da Universidade de Boston, para que deixasse de realizar pesquisas sobre genes da surdez e ovário policístico – conforme relatado pelo programa televisivo *60 Minutes*, da emissora americana CBS, em 4.4.2010.

74. "Depending on how it is exercised, IP can either enhance or decrease the functioning of innovation systems" (International Expert Group on Biotechnology, Innovation and IP, *Toward a New Era of Intellectual Property: from Confrontation to Negotiation*, p. 16).

75. O TIP é uma organização independente e sem fins lucrativos que objetiva incentivar a inovação e a criatividade através do melhor uso da propriedade intelectual e de veículos alternativos para administração do conhecimento. Para maiores informações sobre as atividades do TIP sugerimos o acesso ao sítio da internet *http://www.theinnovationpartnership.org/en/*.

76. "The success of this transition – measured in terms of increased social, health, agricultural, and economic benefit derived biotechnology – will depend on the political will of governments and the long-term vision of companies and NGOs to fully engage in greater collaborations, partnerships and knowledge sharing" (International Expert Group on Biotechnology, Innovation and IP, ob. cit., p. 42).

77. Os países em desenvolvimento ou de baixo desenvolvimento relativo são os que mais sofrem com esta situação, pois necessitam que a inovação seja direcionada às áreas da saúde e agricultura.

78. "The era of Old IP had multiple flaws. It failed to recognize that knowledge leads best to new products and services if shared. It wrongly assumed that companies obtain IP to protect their inventions

O TIP constatou que um novo sistema de propriedade intelectual estaria surgindo, o qual teria maior enfoque na cooperação e na colaboração. Nessa esteira a propriedade intelectual passará a ser considerada conjuntamente com a inovação e a maior proteção será substituída pelo compartilhamento e colaboração, garantindo, assim, maior disseminação do conhecimento e acesso aos produtos e serviços. A nova propriedade intelectual existirá, desta forma, para auxiliar no processo de encorajamento da cooperação entre os sujeitos envolvidos.[79]

4.3 A inovação nos países em desenvolvimento

A diferença do nível tecnológico entre, de um lado, os países desenvolvidos e, de outro, os países em desenvolvimento e os em menor desenvolvimento relativo, cresce exponencialmente. Corroborando tal informação está o fato de que em 2003 os países desenvolvidos detinham 97% das patentes mundiais.[80] Além disso, o custo de registro e de manutenção de uma patente nos principais mercados mundiais é de aproximadamente US$ 80 mil por ano, o que se torna um impeditivo aos agentes econômicos mais fracos.

Sampat destaca as conclusões dos estudos realizados em países desenvolvidos e em desenvolvimento[81] de que uma das formas mais relevantes, através das quais as universidades e os laboratórios públicos contribuem com a inovação doméstica e com produtividade, é deixando o conhecimento e a tecnologia circular pelo no domínio público. Nesse sentido, a lei indiana de inovação[82] tem por objetivo principal proporcionar ao público o acesso às tecnologias desenvolvidas nas universidades, com a finalidade de servirem ao bem comum. A legislação, no entanto, não indica quais invenções devem ser objeto do sistema de patentes e quais poderiam proporcionar maiores benefícios sociais ao serem disponibilizadas no domínio público. Sampat defende que o patenteamento deve ser exceção à regra de domínio público, sendo relevante determinar aquilo que deve e o que não deve ser objeto de patente, principalmente na era pós TRIPS.[83]

Basso, por sua vez, alerta que os países em desenvolvimento e em menor desenvolvimento relativo não estão institucionalmente organizados, o que acaba por prejudicar a representatividade dos seus interesses no âmbito internacional. Assim, tais países devem promover ações concertadas para defender os seus interesses, explorando as flexibilidades do TRIPS, e elaborando sistemas próprios de promoção à inovação. Neste diapasão, os países em desenvolvimento e em menor desenvolvi-

from being copied rather than to trade or enhance their reputations. It wrongly presumed that if a company has a patent right it could actually use it to prevent others from copying the invention. It exaggerated the importance of patents; other impediments – such as income tax rules, regulations and political and cultural understanding – may often be more important. Research also showed that it was unclear whether patents actually increase inventiveness and dissemination. And last, Old IP failed to come to grips with the reality of public health and public health care systems" (International Expert Group on Biotechnology, Innovation and IP, ob. cit., p. 9).

79. A melhor inovação ocorre quando todos os sujeitos do sistema (pesquisadores, empresas, governos e ONGs) trabalham conjuntamente para garantir que novas ideias alcancem o público, mas que ao mesmo tempo sejam regulamentadas adequadamente e que incidam eficazmente àqueles que necessitam delas.

80. Dos 3% remanescentes, registrados em países em desenvolvimento, 80% pertenciam a empresas cujo capital provinha de países desenvolvidos, restando somente 1% das patentes desenvolvidas e pertencentes aos países em desenvolvimento (in *Agenda do Desenvolvimento para a OMPI apud* Liliam Ane Cavalhieri da Cruz, ob. cit., pp. 130-131).

81. Rosenberg e Nelson (1994) e Mazzoleni e Nelson (2007), respectivamente. Bhaven N. Sampat, "The Bayh-Dole Model in developing countries: reflections on the indian bill on publicly funded intellectual property", *ICTSD Policy Brief* 5/6.

82. The Protection and Utilization of Publicly Funded Intellectual Property Bill, de 2008.

83. Bhaven N. Sampat, ob. cit., p. 6.

mento relativo devem buscar novas formas de proteção dos direitos de propriedade intelectual, que estimulem a inovação e o desenvolvimento tecnológico local, com baixos custos sociais.[84] Também é necessário coordenar os instrumentos internacionais (*soft* e *hard law*) com as organizações internacionais.[85]

Cada país deve buscar a formação do sistema de proteção aos direitos de propriedade intelectual e de incentivo à inovação que mais se adapte às suas especiais condições e necessidades.[86] Os países em desenvolvimento devem, assim, buscar efetiva participação nos fóruns mundiais que discutem o papel da inovação e do sistema de proteção aos direitos de propriedade intelectual, fazendo-se representar com o intuito de garantir que o melhor modelo de incentivo à inovação esteja disponível para implementação e que continuem a cumprir com as suas obrigações internacionais.

Um exemplo de tais fóruns está na iniciativa "Estratégia da Inovação",[87] da Organização para a Cooperação e o Desenvolvimento Econômico (OCDE), fruto do Fórum 2010 da OCDE.

Conclusão

A Lei da Inovação adota um conceito para inovação mais restrito e inflexível do que aquele adotado pelo *Manual de Oslo*. O conceito, no entanto, não deixa de ser amplo, ultrapassando os limites do sistema de propriedade intelectual e distinguindo a inovação da invenção. Inobstante a falta de coincidência conceitual, a propriedade intelectual e a inovação estão intimamente conectadas.

Tanto a CUP quanto a CUB limitam-se a proteger direitos, não contendo previsões que pretendam estabelecer princípios relacionados à interpretação de suas disposições, nem qualquer referência à inovação como objetivo a ser alcançado pelos países signatários.

As negociações da Rodada do Uruguai no âmbito do GATT fizeram florescer o posicionamento dos países em desenvolvimento, através de proposta apresentada pela Índia, sobre a necessidade de serem

84. Trata da adequação do sistema de propriedade intelectual à realidade dos países implicados (Maristela Basso, *Propriedade Intelectual na Era Pós-OMC*, ob. cit., pp. 105-108).

85. "Os tratados de propriedade intelectual e regulamentos internos de autoridades administrativas devem ser aplicados em observância aos demais compromissos internacionais e aos princípios humanitários" (Maristela Basso, *Propriedade Intelectual na Era Pós-OMC*, ob. cit., p. 107).

86. Richard Gold, "Innovation and productivity: the need for an intellectual architect', *Policy Options*, p. 75.

87. As pesquisas e análises da OCDE demonstram que a inovação é a peça-chave para o crescimento econômico e a superação dos problemas mundiais relacionados à fome, às mudanças climáticas e à crise econômica. A Estratégia de Inovação (OCDE) foi lançada em 27 de maio de 2010 como um desdobramento do Fórum 2010, em decorrência do painel "Unleashing Innovation", no qual o moderador Luca de Biase defendeu que nunca houve um momento tão importante para a inovação. Andrew Wyckoff, Diretor do Setor de Ciência, Tecnologia e Indústria da OCDE, clarificou que o objetivo da OCDE com esse programa é apresentar um quadro para que os governos reflitam sobre a inovação. Isso não significa somente realizar mais investimentos em pesquisa e desenvolvimento, mas a adoção de um modelo "whole-of-government" – como, p.ex.: a promoção de novas redes para aproximação das pessoas, a disseminação de ideias, a promoção de investimentos, a diminuição de obstáculos para iniciativa empresarial e a definição de novas formas de se medir a inovação.

Assim, com a Estratégia de Inovação foram definidas 5 prioridades: (i) estimular as pessoas a inovar; (ii) facilitação da inovação dentro das empresas; (iii) criação e aplicação de conhecimento; (iv) utilização da inovação para desafios globais e sociais, como no caso das mudanças climáticas e das doenças infecto-contagiosas; e (v) melhorar a administração das políticas de inovação.

A Estratégia de Inovação parte do pressuposto que os governos estão em uma especial posição para promover a inovação, devendo continuar com as iniciativas de incentivo, mas também coordenar políticas além fronteiras. Os governos devem incluir na agenda a promoção de mecanismos internacionais para compartilhar o custo da inovação através da cooperação e transferência de tecnologia entre os países.

adotados objetivos e princípios gerais norteadores do sistema de proteção da propriedade intelectual. Por tal razão, as Minutas Anell e de Bruxelas, as quais precederam a última minuta discutida – Minuta Dunkel – incluíram disposições ao TRIPS que faziam expressa menção ao objetivo de promoção à inovação a ser perseguido pelos países membros da OMC.

A versão final adotada do TRIPS traz em seu art. 7 o objetivo de "promoção à inovação tecnológica" como uma das metas a serem observadas pelos países-membros da OMC ao implementarem o TRIPS nas respectivas legislações internas. Os direitos da propriedade intelectual não constituem um fim em si mesmo, uma vez que não é automático o efeito de promoção da inovação da simples instauração de um sistema de proteção aos direitos de propriedade intelectual. Em vista da doutrina de interpretação consistente, o art. 7 do TRIPS deve ser considerado pelo intérprete como guia norteador da legislação nacional que implementou o TRIPS.

A averiguação da conformidade da implementação do art. 7 do TRIPS pelos países-membros da OMC deve se dar levando em consideração um amplo cenário de inovação, não sendo adequado restringir tal análise somente ao número de patentes mundiais registradas após a vigência do TRIPS.

O sistema brasileiro de estímulo à inovação é composto por regras constitucionais (arts. 218 e 219 da CF), bem como pela Lei da Propriedade Industrial, Lei da Inovação e Lei do Bem. Dentre as normas constitucionais destacamos a necessidade de se incentivar a inovação, protegendo a pesquisa básica, com ênfase à solução de problemas brasileiros e ao desenvolvimento do setor produtivo nacional.

A Lei de Inovação teve como principal inspiração a legislação norte-americana Bayh-Dole Act de 1980, que estabeleceu sistema de aproveitamento das pesquisas desenvolvidas nas universidades pelo setor produtivo, através do sistema de patenteamento. Passados aproximadamente trinta anos da promulgação do Bayh-Dole Act a sociedade norte-americana passou a questionar se os objetivos da legislação estão cumprindo com o objetivo de estímulo à inovação e o benefício público.

O sistema brasileiro constituído pela Lei da Inovação conta com o regime de apropriação do conhecimento para a socialização dos riscos e dos custos da inovação, pelo qual se busca a promoção da inovação como forma de se alcançar o aumento de competitividade empresarial nacional e internacionalmente. Devido ao fato da Lei da Inovação ser muito recente, é conveniente basearmo-nos na experiência norte-americana para a condução da interpretação das suas disposições, principalmente no que se refere à proteção da pesquisa básica e ao uso de conhecimento apropriado para questões humanitárias.

Parte da doutrina entende que a existência de um sistema de proteção da propriedade intelectual é em si mesma um estímulo à inovação, enquanto que outra parte sustenta que tal não é suficiente. Até o momento não se chegou a uma conclusão sobre tal correlação, no entanto parece ser excessivo colocar em causa todo o sistema, enquanto que somente uma fração de situações é classificada como problemática e contrária à inovação.

Inobstante a falta de consenso sobre o tema, a evolução do sistema de proteção da propriedade intelectual tem seguido uma via de reforço. A proteção excessiva, no entanto, poderá ser danosa à inovação, uma vez que poderá impedir o fluxo do conhecimento na sociedade, mitigando o avanço científico e tecnológico. Grupos formados por estudiosos, como é o caso do TIP, têm defendido que estamos num período de transição do sistema da antiga propriedade intelectual, para o da nova propriedade intelectual – esta com maior enfoque na cooperação e na colaboração.

Neste cenário, os países em desenvolvimento devem se esforçar para encontrar a própria voz, reunindo-se e organizando-

-se para defender seus interesses frente aos países desenvolvidos e trabalhando para concretizar sistemas nacionais de proteção de propriedade intelectual que efetivamente promovam a inovação e a disseminação do conhecimento.

Referências bibliográficas

BARBOSA, Denis Borges. *Direito da Inovação: Comentários à Lei n. 10.973/2004, Lei Federal da Inovação*. Rio de Janeiro, Ed. Lumen Juris, 2006.

BASSO, Maristela. *O Direito Internacional da Propriedade Intelectual*. Porto Alegre, Livraria do Advogado, 2000.

______. *Propriedade Intelectual na Era Pós-OMC*. Porto Alegre, Livraria dos Advogados, 2005.

BOETTIGER, Sara; e BENNET, Alan B. "Bayh-Dole: if we knew then what we know now", in *Nature Biotechnology*, vol. 24, n. 3, mar./2003, pp. 320-323.

COLAIANNI, C. Alessandra; e COOK-DEGAN, Robert M. *Columbia University's Axel Patents: Tecnology Transfer and Implications for the Bayh-Dole Act*. Disponível em *www.ncbi.nlm.nih.gov/pmc/articles/PMC2750841*, acesso mai./2010.

CORIAT, Benjamin; e ORSI, Fabienne. "IPR, Innovation and Public Interest. Is the new IPR regime enforced worldwide by the TRIPS sustainable?", in *Econômica*, v. 10, n. 2, Rio de Janeiro, Econômica, 2008, pp. 28-54.

CRUZ, Liliam Ane Cavalhieri da. *O Regime Global da Propriedade Intelectual e a Questão do Desenvolvimento: o Poder dos Países em Desenvolvimento no Campo Multilateral*. Dissertação de Mestrado, Campinas, (s.n.), 2008.

DRAHOS, Peter. "Patent reform for innovation and risks management: a separation of powers approach", in *KEStudies*, vol. 1, 2007. Disponível em *http://www.anu.edu.au/fellows/pdrahos/articles/pdfs/2007patentreformforinnovriskmgmt.pdf* (último acesso em 19.6.2010).

GILBERT, Richard J. *Competiton and Innovation*. Competition Policy Center, Institute of Business and Economic Research, UC Berkeley, jan./2007. Disponível em *http://escholarship.org/uc/item/9xh5p5p9* (último acesso 5.6.2010).

GOLD, Richard. "Innovation and productivity: the need for an intellectual architect", *Policy Options*, out./2006. Disponível em *http://www.cipp.mcgill.ca/data/publications/00000053.pdf* (último acesso em 4.7.2010).

GRANSTRAND, Ove. "Innovation and Intellectual Property Rights", in *The Oxford Handbook of Innovation*. Oxford University Press, 2005.

HERSCOVICI, Alain. *Direitos de Propriedade Intelectual, Novas Formas Concorrenciais e Externalidades de Redes – Uma Análise a partir da Contribuição de Williamson*. Vitória, UFES, (s.n.), 2010. Disponível em *http://www.ie.ufrj.br/datacenterie/pdfs/seminarios/pesquisa/texto2309.pdf* (último acesso em 22.6.2010).

INTERNATIONAL EXPERT GROUP ON BIOTECHNOLOGY, INNOVATION AND IP. *Toward a New Era of Intellectual Property: from Confrontation to Negotiation*. Montreal, set./2008. Disponível em *http://www.theinnovationpartnership.org/data/ieg/documents/report/TIP_Report_E.pdf*. (último acesso em 7.6.2010).

MOURA E SILVA, Miguel. *Inovação, Transferência de Tecnologia e Concorrência – Estudo Comparado do Direito da Concorrência dos Estados Unidos e da União Europeia*. Coimbra, Almedina, 2003.

ORGANIZAÇÃO PARA A COOPERAÇÃO E DESENVOLVIMENTO ECONÔMICO. *Manual de Oslo*. 3ª ed. 2005. Disponível em *http://www.mct.gov.br/upd_blob/0026/26032.pdf* (último acesso em 19.6.2010).

______. *Manual Frescati*. 6ª ed. 2002. Disponível em *http://www.mct.gov.br/upd_*

blob/0006/6562.pdf (último acesso em 19.6.2010).

ORGANIZAÇÃO MUNDIAL DE PROPRIEDADE INTELECTUAL. *World Intelectual Property Indicators*. 2009. Disponível em *http://www.wipo.int/export/sites/www/ipstats/en/statistics/patents/pdf/wipo_pub_941.pdf* (último acesso em 19.6. 2010).

POSSAS, Mario Luiz; FAGUNDES, Jorge; e PONDÉ, João Luiz. "Política antitruste: um enfoque schumpeteriano", in *Ensaios sobre Economia e Direito da Concorrência*. São Paulo, Singular, 2002, pp. 11-31.

SAMPAT, Bhaven N. "The Bayh-Dole Model in developing countries: reflections on the indian bill on publicly funded intellectual property", *ICTSD Policy Brief*, n. 5, out./2009.

SHERWOOD, Robert M. *Propriedade Intelectual e Desenvolvimento Econômico*. São Paulo, Editora da USP, 1992, p. 24.

SILVEIRA, Newton. *Propriedade Intelectual: Propriedade Industrial, Direito de Autor, "Software", Cultivares*. 3ª ed. Barueri/SP, Manole, 2005.

SCHUMPETER, Joseph A. *Capitalism, Socialism and Democracy*. HarperPerennial – ModernThought, nov./2008.

UNCTAD-ICTSD. *Resource Book on TRIPS and Development*. Nova Iorque, Cambridge, 2005.

Pareceres

A PÍLULA AZUL

Newton Silveira

A Consulta. Parecer: O reerguimento do muro. I – O panorama da indústria farmacêutica no Brasil antes do Acordo TRIPS e da Lei da Propriedade Industrial de 1996. II – Após a entrada em vigor da LPI de 1996 e os genéricos. III – Cai o muro de proteção do Viagra. Como reerguê-lo para perpetuar o monopólio e, em consequência, os preços elevados? IV – Porque a liminar concedida infringe o Direito e prejudica o direito de acesso à saúde, constitucionalmente garantido? V – Conclusão.

De pé ali, contemplando aquela cena deprimente, Lochner viu uma senhora idosa tomar coragem e subir lentamente os degraus até chegar à fileira de Trapos.
"Quando é o próximo trem para Berlim Ocidental?", perguntou, agitada.
O riso de zombaria com que o jovem representante do regime respondeu à pergunta ficaria gravado na memória de Lochner.
"Acabou-se, vovó", disse ele. "Vocês todos agora estão numa ratoeira."
Ao romper o dia por volta das 5 da manhã de 13 de agosto de 1961, as brigadas de construção alemãs orientais e sua escolta armada já estavam trabalhando.

(Frederick Taylor, *Muro de Berlim um Mundo Dividido 1961-1989*, Record, 2009, pp. 208-209).

A Consulta

Consulta-nos o nobre advogado Luis Felipe Balieiro Lima, sócio de Bottallo, Balieiro Lima Advogados, em representação de Legrand Ltda. e EMS S/A, em ação que lhes move Pfizer Products Inc. e outra, acerca de liminar concedida contra suas clientes, abaixo resumida:

"São Bernardo do Campo – Cível 7ª Vara Cível

"564.01.2010.043169-7 – n. de ordem 2.035/2010 – Outros feitos não especificados – Ação inibitória c/ perdas e danos – Laboratório Pfizer Ltda. e Outros x Legrand Pharma Indústria Farmacêutica e Outros – Cuida-se ação inibitória c.c. perdas e danos em que as autoras imputam às rés a usurpação dos signos distintivos do medicamento 'Viagra', a reprodução indevida da marca nominativa 'Viagra' e a prática de concorrência desleal. Pleiteiam, a título de tutela de urgência, a concessão de liminar, inaudita altera parte, na forma prevista no art. 209, § 1º, da Lei de Propriedade Industrial, art. 273, I, e art. 461, § 3º, ambos do Código de Processo Civil para que as rés: a) cessem imediatamente a prática de concorrência desleal, abstendo-se de utilizar (direta e indiretamente) em seu produto 'Ah-Zul' qualquer referência à cor azul ou ao formado de diamante, sob pena de multa diária no valor de R$ 50.000,00 (cinquenta mil reais), na hipótese de descumprimento do preceito; b) promovam alterações na marca e na embalagem do produto 'Ah-Zul', de modo a abandonar toda e qualquer possibilidade de confusão ou falsa associação com o medicamento 'Viagra', especificamente no que tange às referências à cor azul e ao formato de diamante, adotando marca e embalagem que não sejam passíveis de serem confundidas ou falsamente associadas ao medicamento 'Viagra', sob pena de multa diária no valor de R$ 50.000,00 (cinquenta mil reais), na hipótese de descumprimento do preceito; c) providenciem, no prazo de 30 (trinta) dias, a retirada de circulação de todos e quaisquer produtos, bem como matérias publicitários (sic), em todas as versões e tamanhos que contenham a marca 'Ah-Zul' e atual embalagem da presente demanda; d) abstenham-se de utilizar ou fazer qualquer referência à marca nominativa 'Viagra', de titularidade das Autoras, em seus materiais publicitários.

"(...).

"Exigência de prova inequívoca significa que a mera aparência não basta e que a verossimilhança exigida é mais do que o fumus boni juris exigido para a tutela cautelar. No caso em tela, a documentação encartada à inicial comprova que as autoras são titulares e responsáveis pela produção e distribuição do medicamento denominado 'Viagra', que em 10 anos de existência angariou sucesso inquestionável na indústria farmacêutica mundial, não só pela marca ('Viagra'), mas também pela combinação da cor azul com o formato de diamante do comprimido. Essas características próprias do medicamento 'Viagra' além de exploradas maciçamente pela mídia, alcançaram definitivamente o imaginário popular, caracterizando legítimo elemento distintivo que merece proteção legal. Tornou-se comum tanto na mídia quanto no sentido popular referir-se ao medicamento 'Viagra' como 'diamante azul', remédio que, segundo pesquisa realizada pelo Ibope, é conhecido mundialmente e por 80% dos brasileiros. Referido medicamento possui indubitavelmente altíssima aceitação no mercado consumidor, sendo, pois, de conhecimento comum que qualquer referência, publicitária ou não, à cor azul e ao formato de diamante, far-se-á imediatamente associação com o medicamento 'Viagra'. É intuitivo reconhecer que o estágio de popularidade do medicamento em questão é fruto de trabalho de pesquisa desenvolvido ao longo de muitos anos, que certamente consumiu valor expressivo em dinheiro para o desenvolvimento do projeto, que finalizou não só com a escolha da marca (nome) 'Viagra', como também pelas características próprias decorrentes da utilização da cor azul e do formado de diamante. Sem participar (custear) todo esse processo de desenvolvimento do medicamento, as rés simplesmente utilizaram as mesmas cores da embalagem do 'Viagra' e, não contentes, massificaram publicidade em cima da cor (azul) e do formato (de diamante) do medicamento produzido e distribuído pelas autoras, chegando ao ponto de usar até a marca 'Viagra' (o documento de fls. 5 contém o anúncio: 'Farmacêutico: chegou o 1º genérico do Viagra'). Para contribuir com o intuito de associar um medicamento com outro e induzir o público consumidor a confundir ambas as marcas, as rés, 'pegando carona' na imbatível aceitação comercial do medicamento das autoras (considerado 'uma das 5 descobertas mais importantes da história da indústria farmacêutica' – sic fls. 8), adotaram a marca (nome) 'Ah-Zul', com manifesto propósito de confusão ou falsa associação entre os produtos e as empresas fabricantes. Ao assim fazer, as rés que são pródigas em associar seus produtos aos de outras empresas, usando da técnica de utilizar embalagem semelhante, têm por objetivo gerar confusão e indevida associação entre produtos distintos. Dessa forma, há que se resguardar não só a anterioridade do registro e exclusividade de comercialização da marca 'Viagra' e suas características intrínsecas (cor e formato), como também proteger-se o usuário, que não pode ficar a mercê de confusão de produtos, *a priori*, idênticos no mesmo segmento de mercado. Visível, portanto, o perigo de demora na entrega da prestação jurisdicional, que causaria vultoso prejuízo às autoras, caso persista a publicidade e comercialização do medicamento 'Ah-Zul', situação que impõe o acolhimento do pleito antecipatório, nos moldes propostos. Nesses termos, antecipo os efeitos da tutela pleiteada, com base nos termos do art. 461, §§ 3º e 4º, do Código de Processo Civil, para o fim de determinar às rés que: a) cessem imediatamente a prática de concorrência desleal, abstendo-se de utilizar (direta e indiretamente) em seu produto 'Ah-Zul' qualquer referência à cor azul ou ao formado de diamante, sob pena de multa diária no valor de R$ 50.000,00 (cinquenta mil reais), na hipótese de descumprimento do preceito; b) promovam alterações na marca e na embalagem do produto 'Ah-Zul', de modo a abandonar toda e qualquer possibilidade de confusão ou falsa associação com o medicamento 'Viagra', especificamente no que tange às referências à cor azul e ao formato de diamante, adotando marca e embalagem que não sejam passíveis de serem confundidas ou falsamente associadas ao medicamento 'Viagra', sob pena de multa diária no valor de R$ 50.000,00 (cinquenta mil reais), na hipótese de descumprimento do preceito; c) providenciem, no prazo de 30 (trinta) dias, a retirada de circulação de todos e quaisquer produtos, bem como matérias publicitárias, em todas as versões e tamanhos que contenham a marca 'Ah-Zul' e atual embalagem da presente demanda; d) abstenham-se de utilizar ou fazer qualquer referência à marca nominativa 'Viagra', de titularidade das autoras, em seus materiais publicitários. Expeça-se mandado para cumprimento e intimação desta medida, como também para citação das rés com as advertências legais, cabendo às autoras antecipar as respectivas diligências com urgência."

PARECER

O reerguimento do muro

> "Concebe-se, de fato, qualquer marca que consista, exclusivamente, na cor azul?"
>
> (João da Gama Cerqueira, *Tratado da Propriedade Industrial*, vol. I, 3ª ed., n. 178, p. 309).

I – O panorama da indústria farmacêutica no Brasil antes do Acordo TRIPS e da Lei da Propriedade Industrial de 1996

Na *Revista de Direito Mercantil* n. 27 (1977), pp. 73 e ss., publiquei texto sob o título "Limitações a direitos de propriedade industrial, produtos farmacêuticos, licença compulsória e caducidade".

Desse texto, transcrevo:

"Semelhantemente ao que ocorre no campo dos direitos autorais, onde certas limitações são estabelecidas ao direito do autor em consideração à necessidade de acesso à cultura, em especial por parte das Nações em desenvolvimento, encontramos também em relação a direitos exclusivos de propriedade industrial, principalmente no que se refere às patentes de invenção, importantes derrogações tendentes a coibir abusos e desvirtuamentos do sistema de patentes.

"A respeito de tal proibição em nosso principal Código da Propriedade Industrial, comentava o mestre Gama Cerqueira:

"'Proibindo a concessão de patentes para invenções que tenham por objeto alimentos ou medicamentos, a lei visa a evitar os abusos que poderiam praticar-se à sombra dos privilégios, não só no que se refere ao preço desses produtos, que poderiam elevar-se arbitrariamente, como no tocante à sua produção. Entende-se que produtos que podem ser essenciais à subsistência ou à saúde devem ser livremente explorados'.

"E concluia:

"'(...) parece-nos acertada a disposição que exclui os produtos alimentícios e medicinais do regime de patentes'.

"As razões são as já referidas: a possibilidade de abuso por parte dos titulares dessas patentes, via de regra, grandes empresas multinacionais, com altos investimentos em pesquisa, o que, por si só, já lhes confere um enorme poder de limitar a concorrência.

"O relatório geral, subscrito pelo Dep. Célio Borja, enfatiza (p. 355):

"'A política legislativa dos Estados deverá, portanto, atentar para os aspectos internos e externos da concorrência industrial e comercial, não esquecendo que a proteção concedida ao estrangeiro, nos países de menor desenvolvimento relativo, se é um meio de adquirir o conhecimento dos novos processos industriais, é, também ônus, bem como vínculo e sinal de dependência comprometedores do poder nacional'.

"Cita o relator a lição de François Prévet (*Les Brevets d'Invention pour les Procédés de Préparation Pharmaceutiques*):

"'La législation générale protégeant les droits de la propriété industrielle ne s'applique qu'avec d'importantes dérogations lorsqu'il s'agite de médicaments'.

"E acrescenta:

"'Justifica-se o tratamento especial deferido aos produtos farmacêuticos, em vista do relevante interesse público que a saúde dos indivíduos representa.

"'Tão relevante que serve de fundamento ao exercício pelo Estado de especiais poderes de polícia.

"'Assentado esse princípio e lembrado que a patente é, na linguagem da Constituição, um privilégio, é fácil de compreender a razão jurídica por que o projeto dá tratamento diverso aos produtos químico-farmacêuticos no que concerne a patentes e marcas.'"

II – Após a entrada em vigor da LPI de 1996 e os genéricos

Recentemente, a *Revista de Direito Sanitário*, editada pela CEPEDISA (vol. II, n. 2, jul.-out./2010), publicou texto de minha autoria sob o título "A saúde e a riqueza das nações – *Health and wealth of nations*" (pp. 134 e ss.), de que destaco:

"Na legislação brasileira de propriedade industrial, tradicionalmente, não se concediam patentes para produtos farmacêuticos e seus processos de fabricação. Assim era no Código de Propriedade Industrial de 1971, que vigorou por 25 anos.

"A lei brasileira de então estava conforme ao Tratado Internacional (a Convenção da União de Paris de 1883), que deixava a critério de cada país-membro decidir em quais áreas concederia, ou não, patentes, desde que o tratamento fosse igualitário para nacionais e estrangeiros.

"Em 1994, foi firmado o Tratado de Marrakesh, o qual incluía o denominado Acordo TRIPs (*Trade Related Aspects of Intelectual Property Rights*), cujo art. 27 estabeleceu a obrigação de todos os membros concederem patentes em todas as áreas da tecnologia, abrangendo, portanto, a indústria farmacêutica.

"Foi assim editada, em 1996, a atual lei brasileira de propriedade industrial que eliminou a restrição mencionada.

"A lei de 1996, no entanto, criou salvaguardas contra o abuso do direito de patentes através do mecanismo das licenças compulsórias, também cabíveis em casos de necessidade de atender à saúde pública prioritariamente, matéria que está conforme o disposto no Acordo TRIPs.

"Este número da *Revista de Direito Sanitário* debate, exatamente, o problema de um balanceamento equitativo entre os direitos exclusivos de propriedade industrial e o direito constitucional de acesso à saúde.

"O primeiro texto 'A informação tecnológica como ferramenta para gestão de políticas públicas de saúde', de autoria de competente equipe do INPI/FIOCRUZ, trata da questão da adaptação da indústria nacional para a produção de fármacos, bem como do monitoramento dos pedidos de patentes apresentados perante o Instituto Nacional da Propriedade Industrial, para o fim de evitar concessões indevidas, em prejuízo da saúde da população.

"É sabido que os Departamentos de Patentes do primeiro mundo vêm concedendo patentes para inventos que carecem da necessária atividade inventiva, como, por exemplo, patentes de segundo uso, formas polimórficas e patentes de seleção.

"Assim fazem porque isso beneficia as grandes empresas estabelecidas nesses países, que *pretendem* monopolizar o mercado internacional através do sistema de patentes."

Desse primeiro texto referido, retiro:

"A introdução de medicamentos genéricos no mercado mundial que acirra a competição, a crise mundial que favorece as fusões das empresas, as inovações nos trâmites para a aprovação de novos insumos farmacêuticos, além dos custos envolvidos para o desenvolvimento de novas moléculas, induzem os laboratórios a repensar suas decisões nesse ambiente competitivo e mutável, no afã de racionalizar a utilização dos recursos.

"No que tange à questão patentária, a polêmica é constante quando se trata de delimitar direitos e deveres das empresas detentoras do privilégio, visto que o direito à vida e à propriedade imaterial são direitos e garantias constitucionais previstos no *caput* e no inciso XXIX do art. 5º da CFRB/1988.

"Em verdade, toda polêmica gira em torno das estratégias utilizadas pelas empresas para manter o monopólio sobre o medicamento através de extensões obtidas sob a forma de novas apresentações do mesmo objeto, tais como patentes para diversas formas polimórficas e as patentes de seleção.

"Recentemente, esta prática tornou-se evidente com a iminência de expiração de, pelo menos, 23 patentes até 2011, dentre as quais se destacam as patentes que protegem os medicamentos Viagra, Liptor, Xalatan, Diovan, Singulair e Atacand, fato que vem redirecionando a ação de algumas das empresas detentoras da tecnologia no sentido de produzirem as versões genéricas de seus produtos" (p. 145).

Os medicamentos genéricos foram introduzidos no Brasil através da Lei n. 9.787, de 1999.

Não foi uma invenção cabocla. Os genéricos já existiam nos USA e em outros países do primeiro mundo.

A Lei de 1999 alterou a Lei n. 6.360, de 1976, que dispõe sobre a vigilância sanitária e dá nova redação a seu art. 3º, que veio a definir nos itens XXI e XXII:

"XXI – Medicamento genérico – medicamento similar a um produto de referência ou inovador, que se pretende ser com este intercambiável, geralmente produzido após a expiração ou renúncia da proteção patentária ou de outros direitos de exclusividade, comprovada a sua eficácia, segurança e qualidade, e designado pela DCB ou, na sua ausência, pela DCI;

"XXII – Medicamento de referência – produto inovador registrado no órgão federal responsável pela vigilância sanitária e comercializado no País, cuja eficácia, segurança e qualidade foram comprovadas cientificamente junto ao órgão federal competente, por ocasião do registro;"

O § 2º do art. 3º da nova lei dispôs:

"§ 2º. Nas aquisições de medicamentos a que se refere o *caput* deste artigo, o medicamento genérico, quando houver, terá preferência sobre os demais em condições de igualdade de preço."

No *Tratado da Propriedade Industrial*, vol. II, t. I, 3ª ed. (2010), escreveu João da Gama Cerqueira:

"***156***. A lei positiva considera o direito do inventor como uma propriedade temporária e resolúvel garantida pela concessão da patente, que assegura ao inventor o direito de explorar a invenção, de modo exclusivo, durante certo prazo, considerado suficiente para lhe permitir que tire de sua criação os proveitos materiais que possa proporcionar; findo esse prazo, a invenção cai no domínio público, podendo, desde então, ser livremente usada e explorada. Assim se conciliam, de modo justo e equitativo, os direitos do inventor sobre a sua obra e os interesses da coletividade relativos à utilização das invenções.

"Esse é o sistema seguido pela legislação de todos os países, variando, porém, o prazo do privilégio."

Isso significa que, de acordo com a intenção do legislador, o produto farmacêutico patenteado não mais o é.

Pode ser livremente comercializado e usufruído por todos, *em sistema de mercado*, ou seja, através de preços competitivos.

III – Cai o muro de proteção do Viagra. Como reerguê-lo para perpetuar o monopólio e, em consequência, os preços elevados?

Durante mais de dez anos, como relata a inicial da ação que a Pfizer move contra a EMS, foram feitos vultosos investimentos para fixar na mente do consumidor a ideia da *pílula azul*. Com que propósito, se a fabricante dos Viagra operava em regime de monopólio?

É simples. Para eternizar o monopólio depois do término da patente, mantendo-a na UTI.

Frustrando-se, diga-se, o objetivo da Lei de Propriedade Industrial ao remeter a invenção ao domínio público e da Lei dos Genéricos.

Como se vai liberar o genérico de um medicamento *de referência* sem a ele fazer referência?

Como vai o consumidor saber que o genérico, agora, substitui o medicamento de referência se a maciça publicidade martela o refrão da pílula azul?

IV – Porque a liminar concedida infringe o Direito e prejudica o direito de acesso à saúde, constitucionalmente garantido?

A liminar concedida infringe o Direito e o bom-senso, ao proibir as rés de fazer referência à referência...

Quando as rés anunciam "*Farmacêutico: chegou o 1º genérico do Viagra*", não estão afirmando que o seu produto se chama *Viagra*, mas, ao contrário, *que o produto* ***das autoras*** *se chama Viagra.*

O nome "Viagra" pode ser usado para designar o produto das autoras. Para isso ele foi criado e registrado. E, conforme a lei, *ele é referência.*

Fazer referência não é uso indevido de marca.

A Lei 9.787, de 10 de fevereiro de 1999, que alterou a Lei 6.360, de 23 de setembro de 1976, que estabeleceu o medicamento genérico, define, em seu art. 3º:

"XX – Medicamento similar – aquele que contém o mesmo ou os mesmos princípios ativos, apresenta a mesma concentração, *forma farmacêutica*, via de administração, posologia e indicação terapêutica, preventiva ou diagnóstica, do medicamento de referência registrado no órgão federal responsável pela vigilância sanitária, *podendo* diferir somente em características relativas ao tamanho e forma do produto, prazo de validade, embalagem, rotulagem, excipientes e veículos, devendo sempre ser identificado por nome comercial ou marca;"

O que se discute no caso em exame, e que é objeto do presente parecer, é a ordem liminar concedida na ação de Laboratório Pfizer Ltda. e Outros x Legrand Pharma Indústria Farmacêutica Ltda. e Outros, pela qual o MM. Juízo, considerando o confronto entre os dois produtos e os argumentos das autoras, que mencionavam, respectivamente, a usurpação, pela ré, dos sinais distintivos do medicamento Viagra, a reprodução indevida da marca Viagra e atos de concorrência desleal, determinou às rés a imediata cessação de qualquer referência à cor azul e ao formato de diamante na comercialização de seu produto, o que, com toda a certeza, não tem qualquer fundamento, como se verá.

Em primeiro lugar porque, de tudo o que das autoras consta, o que resulta evidente, ao contrário do que se alega, é, nada mais, nada menos, do que a mera tentativa de manter em vigor um privilégio que já caiu em domínio público, procurando a multinacional Pfizer utilizar o Judiciário como meio de inibir os concorrentes de lançar no mercado produtos similares ou genéricos ao seu Viagra, que enormes lucros já garantiu à sua indústria enquanto vigiu a patente respectiva.

No entanto, no Brasil vige a Lei 6.360, a Lei dos Genéricos, que estabeleceu sua existência, assim como a dos "similares", que é o caso do produto das rés, que se passa a examinar, na sequência.

Como de início se disse, o art. 3º, XX, daquela lei, estabeleceu, como definição, que o medicamento similar é aquele que, dentre outros atributos, deve apresentar a mesma ***forma farmacêutica***, *podendo* diferir, *somente* em certas características, por exemplo, relativas ao tamanho e forma do produto.

Forma farmacêutica é, como se sabe, o estado final que as substâncias ativas apresentam depois de serem submetidas às operações farmacêuticas necessárias, além de facilitar a sua administração e obter o maior efeito terapêutico desejado. No caso do medicamento em referência, o Viagra, e o similar, o Ah-Zul, a Forma farmacêutica, obedecendo a definição legal, é a mesma: comprimidos.

No entanto, mesmo *podendo* o produto ter as *mesmas características* quanto ao *tamanho e forma do produto*, são *os mesmos absolutamente distintos*!

Não só *suas embalagens externas* não se confundem, como os próprios produtos são absolutamente diferentes, tão diferentes quanto podem ser um "diamante azul" e um "disco branco", talvez levemente azulado.

Mas, de qualquer forma, essa questão é, como se diria, de "lana caprina" de vez que nenhuma farmácia pode manter, em exposição, em seus estabelecimentos, em suas prateleiras, à vista dos compradores, quaisquer medicamentos.

De fato, para compra de remédios, o cliente o terá que pedir ao farmacêutico, pois os medicamentos ficam atrás do balcão de atendimento.

É o que determina a Resolução da Diretoria Colegiada da Anvisa (Agência Nacional de Vigilância Sanitária) – RSD n. 44, de 17 de agosto de 2009, que estabelece os critérios e condições mínimas para o cumprimento das Boas Práticas Farmacêuticas para o controle sanitário do funcionamento, da dispensa, da comercialização de produtos e da prestação de serviços farmacêuticos em farmácias e drogarias, onde se lê, na seção IV, "Da Organização e Expedição dos Produtos" – art. 40:

"§ 1º. Os medicamentos deverão permanecer em área de circulação restrita aos funcionários, não sendo permitida a sua exposição direta ao alcance dos usuários do estabelecimento."

Verifica-se, então, que o produto das rés está perfeitamente de acordo com a legislação vigente, até porque foi devidamente aprovado pela Anvisa. E nem poderia ser de maneira diversa, de vez que os direitos que garantiram a exclusividade de venda do produto das autoras no país, através da patente ora em domínio público, já não mais existem.

Mas, ao que parece, impressionou-se o MM. Juiz *a quo* com a alegação das autoras acerca de supostos direitos das autoras a comprimidos em formato de *diamante azul*.

Não obstante o produto das rés não seja apresentado em comprimidos em formato de diamante, e nem o seja de forma diretamente azul, cumpre estabelecer que são meramente fantasiosos os tais direitos das autoras a comprimidos na forma de diamante, ou comprimidos na cor azul, pois que inúmeros medicamentos são, de há muito, assim comercializados.

O medicamento *Letansil*, por exemplo, é apresentado em caixa com 20 *comprimidos azuis* (é o genérico do Diazepan, que é comercializado em comprimidos da mesma cor).

O medicamento *Samsca* 15mg tem a forma farmacêutica de comprimidos *triangulares*, ligeiramente convexos.

O medicamento *Paroxetina Sandoz* 20mg é apresentado na forma farmacêutica de comprimidos brancos a esbranquiçados, *em forma de diamante*.

O medicamento *Epivir* 150mg comprimidos é apresentado em frascos contendo 60 comprimidos *em forma de diamante*.

O medicamento *Moduretic* 50mg/s é apresentado *em comprimidos em forma de diamante*.

O medicamento *Tricequens* 2mg é apresentado em comprimidos *azuis*, brancos e vermelhos.

O medicamento *Dilena* é apresentado em comprimidos *azuis* e brancos.

O medicamento *Gracial*, igualmente, é apresentado em comprimidos *azuis* e brancos.

Isso sem falar, é claro, nos indesejáveis comprimidos coloridos de Ecstasy, constantemente apreendidos pela polícia, comercializados, ilicitamente, nas mais variadas cores e formatos, aqui mencionados apenas como lembrança de que comprimidos podem ser fabricados em qualquer tamanho ou formato, à escolha do comprador, graças às muitas indústrias de máquinas produzidas exatamente para essa finalidade, a de produzir comprimidos.

Não obstante, repita-se, as rés não produzam o medicamento em questão no *formato de diamante*, e nem *na cor azul*, como equivocadamente foi levado a acreditar o MM. Juiz *a quo*, a verdade é que a campanha das autoras visando prorrogar, sem fundamento legal, seus supostos direitos aos tais signos distintivos do medicamento Viagra (a cor azul e o formato de diamante) vão na contramão dos cuidados que devam ter os pacientes, em especial os idosos, na utilização de medicamentos em geral, principalmente em se considerando que o aparecimento do Viagra veio a se constituir em uma espécie de "redenção", exatamente, para uma faixa etária mais alta da população brasileira no tocante à sua atividade sexual.

Na *Acta Paulista de Enfermagem*, vol. 18, n. 2, abr.-jun./2005, no trabalho "Utilização medicamentosa por idosos", em Fortaleza, que considerava o fato de que, de acordo com a OMS, a população brasileira de idosos será, em 2020, de 15 milhões de pessoas com 60 anos ou mais e que esse segmento alcançará 15% do contingente populacional em 2027, advertia para que a pesquisa feita

"Com referência ao conhecimento das medicações, 100% dos idosos descrevem *o formato* e *sabem a cor* dos comprimidos que tomam diariamente, mas 44% não sabem referir o nome da medicação da qual fazem uso. Na maioria das vezes, quando interrogados sobre a medicação, iniciam suas falas descrevendo os medicamentos, como exemplificado a seguir:

"'Ah, eu tomo um branquinho, miudinho'.

"'Eu tomo um branquinho de manhã e um amarelo de manhã e à noite'.

"Esse fato pode ser explicado pelo alto percentual de não alfabetizados, mas é um dado preocupante, já que medicações diferentes possuem o mesmo formato e cor, o que pode levar a erros na tomada da medicação."

Essas conclusões são as mesmas da Doutora Maria Helena Lenardt, em trabalho análogo, concernente à terapia medicamentosa em idosos, no qual se lê que "A identificação das medicações é realizada pelos idosos por meio da *forma*, *cor*, textura e dimensão dos comprimidos, ampolas e embalagens".

Essas são, no entanto, meras citações acerca da oportunidade dos genéricos e, especialmente, dos similares do produto de referência Viagra, após o término da patente que garantia sua fabricação e comercialização exclusiva às autoras, de lançarem no mercado, na forma da "Lei dos Genéricos", os seus produtos, na mesma forma farmacêutica, podendo variar, se quisessem, em características relativas ao tamanho e forma do produto em si.

Não obstante não detenham as autoras nenhum direito quanto ao tamanho e forma do produto em si, e nem à cor do mesmo, as rés optaram por lançar no mercado um produto com *outra* marca (Ah-Zul), inconfundível com a das autoras (Viagra), em embalagem totalmente diversa (como se pode ver do cotejo de ambas), sendo o produto, em si, em formato absolutamente diferente (forma de diamante x disco) e em cores inconfundíveis (azul escuro x branco).

A liminar concedida resta, assim, divorciada da realidade fática, tanto quanto se se referisse a outra questão, entre dois outros produtos, já que, obviamente, não se coaduna com o que das autoras consta, além de carrear às rés prejuízos de monta, em nome da manutenção de privilégios inexistentes e supostos direitos não comprovados.

V – Conclusão

Não há concorrência desleal se não há engodo do consumidor.

Em meu *Estudos e Pareceres de Propriedade Intelectual*, Lumen Juris Editora, 2008, escrevi à pp. 119 e ss.:

"O verdadeiro e próprio precedente desta causa (embora não estejamos dentro do sistema da *common-law*) foi o caso Cinzano x Caldezano, objeto de acórdão da Quarta Câmara Civil do TJSP (AC n. 279.331, da Comarca de Jundiaí).

"A sentença de 1ª Instância, ressalvando à Ré o direito de uso da marca Caldezano, proibiu-a do uso de certos rótulos, considerados imitativos. Apelaram ambas as partes, como no presente feito.

"Destaca o acórdão, no entanto:

"'Ocorre que, já proferida a sentença, datada de 12 de junho de 1978 (fls. 796), a Ré demonstrou nos autos ter obtido o registro, junto ao Instituto Nacional da Propriedade Industrial, da marca Caldezano, deferida a expedição de referido certificado (fls. 894), apesar da oposição administrativamente manifestada pela Autora e por outra firma' (fls. 874)."

E, mais adiante:

"Conferindo esse vetusto e v. Acórdão, datado de 1918 e relatado pelo eminente Ministro Urbano Marcondes, se lê: 'O preceito cominatório hoje aplica-se perfeitamente sempre que se deseja evitar que alguém ofenda o nosso direito'. E, mais adiante: 'Tanto a marca do apelante, como a dos apelados estão registradas; e, se uma é imitação ou contrafação da outra, podendo induzir o consumidor a erro ou engano, ao prejudicada cabe a ação ordinária para anular o registro, nos termos do art. 10, § 2º do Decreto n. 1.236, de 24 de setembro de 1904' (p. 407 daquele repertório de jurisprudência)."

E, finalizando:

"Por fim, há a considerar-se que o final 'zano' ou 'ano', já se agregou aos usos e costumes da indústria de bebidas, especialmente vermutes, não só no Brasil, como acima visto, mas também no mercado internacional. Ocorreu, na espécie, fenômeno não muito incomum, de assimilação, pelo público, da ideia do gênero pela menção da espécie – o que não significa se deva negar à da autora a proteção que legislação pátria oferece às marcas registradas. Não sendo as marcas idênticas, a proteção se volta para a semelhança e esta deve ser apreciada caso por caso, com análise dos mais variados fatores que se oferecem ao intérprete. O conjunto dessa análise se revela favorável à Ré, o quer leva à conclusão de que, dando-se à expressão 'semelhante' o sentido que deve ter, no contexto do art. 59 do Código da Propriedade Industrial, não colidem as marcas em análise, podendo perfeitamente conviver no mercado nacional, desde que observadas as restrições mencionadas na sentença."

O que difere os casos Cinzano/Caldezano e Martini/Contini é que, neste último, os rótulos da Ré também se acham registrados como marca, sujeitos à prescrição quinquenal.

O que parece ocorrer nos dois casos, na opinião do subscritor, é que, em nenhum dos dois, ocorre uma verdadeira hipótese de *imitação*, quando o consumidor, pretendendo comprar um produto, é enganado, comprando o outro.

O consumidor *sabe* que está comprando o outro, mas se satisfaz com o secundário, sucedâneo, de mesmo estilo...

O que a lei pretende coibir é o engodo do consumidor, não o seu direito, consciente, de satisfazer-se com os sucedâneos daquilo que ele admira, mas não pode comprar.

Sinceramente, quem compra Caldezano sabe que não está comprando Cinzano. Ou não é isso que as religiões "popularescas" vendem? O parque temático da felicidade. O vidro pelo cristal. A cabeleireira de subúrbio, que transforma a "patroa" numa Lady Di. O bancário que "malha" na academia e se apresenta como um astro de cinema. Os *shopping centers*, os carros de segunda mão, as perucas dos carecas, a música dita "country", as viagens baratas a Miami, o direito de parecer sofisticado perante a sua pequena tribo. Vamos tirar essa satisfação do povo em nome de uma pretensão pecuniária das grandes empresas?

Não é por menos que o primeiro acórdão citado (*RDM* n. 4, 1971), destaca, à p. 57:

"Curiosamente a origem da palavra *snob* estaria ligada a uma abreviação da expressão latina *sine nobilitate*, sem título de nobreza. Na língua portuguesa criou-se o anglicismo *snobismo*, como sinônimo de diletantismo, gosto, admiração e coisas que estão fora de seu meio social, pedantismo, afetação. E, na gíria moderna está em moda a palavra *snobação*".

Lembre-se, a propósito, que a Lei de Direitos Autorais n. 9.610, de 1998, repetindo o que já dispunha a lei anterior, prescreve, em seu art. 47: "São livres as paráfrases e paródias que não forem verdadeiras reproduções da obra originária nem lhe implicarem em descrédito".

Por estas razões, entendo, salvo melhor juízo, que o produto Contini não infringe os direitos da Martini, porque o consumidor está consciente de se tratarem de produtos diversos, embora do mesmo "estilo".

*Igualmente, parece-me certo que o consumidor que adquire o Ah-Zul **sabe** que não está comprando o Viagra, mas seu sucedâneo, ou melhor, o seu genérico...*

Esse o meu parecer s.m.j.

São Paulo, 22 de novembro de 2010.

Jurisprudência Comentada

O AVAL NA RECUPERAÇÃO JUDICIAL E A EXPRESSÃO "SÓCIO SOLIDÁRIO" CONTIDA NO *CAPUT* DO ART. 6º DA LEI 11.101/2005

Jean Carlos Fernandes

REsp n. 1.095.352-SP (2008/0228114-0)

Rel. Ministro Massami Uyeda

Recte.: Wagner Canhedo Azevedo e Outro

Advs.: Regina Aparecida Canhedo e Outros(s)

Recdo.: Ansett Worldwide Aviation USA

Advs.: Renata Iezzi Falsetti e Outros(s)

j. 9.11.2010

DJ 29.11.2010

Ementa: *Recurso Especial – Negativa de prestação jurisdicional – Não ocorrência – Questão da competência absoluta do juízo falimentar – Ausência de prequestionamento – Incidência da Súmula 211/STJ – Processamento do pedido de recuperação judicial – Deferimento – Suspensão da execução exclusivamente em face da empresa coexecutada – Possibilidade – Obrigação cambiária – Autonomia – Prosseguimento – Execução – Avalistas – Recurso especial parcialmente conhecido e improvido.* I – Não há omissão no aresto *a quo*, no qual se examinou os temas relevantes para deslinde da controvérsia, ainda que o resultado não tenha sido favorável à parte recorrente. II – O tema atinente à competência absoluta do Juízo Falimentar não foi objeto de deliberação, sequer implícita, na Instância *a quo*, o que convoca o óbice da Súmula n. 211/STJ. III – O deferimento do pedido de processamento de recuperação judicial à empresa coexecutada, à luz do art. 6º, da Lei de Falências, não autoriza a suspensão da execução em relação a seus avalistas, por força da autonomia da obrigação cambiária. IV – Recurso especial parcialmente conhecido e, nessa parte, improvido.

ACÓRDÃO

Vistos, relatados e discutidos os autos em que são partes as acima indicadas, acordam os Ministros da 3ª Turma do Superior Tribunal de Justiça, na conformidade dos votos e das notas taquigráficas a seguir, prosseguindo no julgamento, após o voto-vista da Sra. Ministra Nancy Andrighi, a Turma, por unanimidade, negar provimento ao recurso especial, nos termos do voto do Sr. Ministro Relator. Os Srs. Ministros Vasco Della Giustina (Desembargador convocado do TJRS) e Nancy Andrighi votaram com o Sr. Ministro Relator. Não participaram do julgamento os Srs. Ministros Sidnei Beneti e Paulo Furtado (Desembargador convocado do TJBA).

Brasília, 9 de novembro de 2010 (data do julgamento).

Ministro Massami Uyeda, Relator.

RELATÓRIO

O Exmo. Sr. Ministro Massami Uyeda (Relator):

Cuida-se de recurso especial interposto por Wagner Canhedo Azevedo e Outro fundamentado no art. 105, inciso III, alínea "a", do permissivo constitucional, em que se alega violação dos arts. 113, *caput* e § 2º, 535, inciso II, do Código de Processo Civil, além do art. 6º, § 1º, da Lei n. 11.101/2005.

Os elementos existentes nos autos noticiam que foi proposta execução de título extrajudicial pela ora recorrida, Ansett Worldwide Aviation USA, em face da VASP – Viação Aérea São Paulo S/A e de seus devedores solidários, ora recorrentes, em razão de notas promissórias não adimplidas de que foram avalistas no valor de R$ 7.719.000,00 (sete milhões e setecentos e dezenove mil reais).

Em razão do deferimento do pedido de processamento de recuperação judicial da VASP – Viação Aérea São Paulo S/A, pelo r. Juízo da 1ª Vara Especial de Recuperação de Empresas do Foro Central da Capital/SP (fls. 41/44), os ora recorrentes, Wagner Canhedo Azevedo e Outro atravessaram petição (fls. 39/40) pleiteando a suspensão da execução, ao fundamento da competência universal do Juízo Falimentar e da extensão da suspensão da execução em face dos devedores solidários.

Em primeiro grau, o r. Juízo da 5ª Vara Cível da Comarca da Capital/SP deferiu a suspensão do feito exclusivamente em relação à VASP – Viação Aérea São Paulo S/A, determinando, por conseguinte, o prosseguimento da execução em face dos ora recorrentes, Wagner Canhedo Azevedo e Outro (fl. 46).

Inconformados, Wagner Canhedo Azevedo e Outro, apresentaram agravo de instrumento, tendo o egrégio Tribunal de Justiça do Estado de São Paulo negado-lhes provimento, cuja ementa está assim redigida: "Recuperação Judicial – Lei n. 11.101/2005 – Efeitos não estendidos a garantidores de obrigação solidária – Art. 49, § 1º de referida Lei – Agravo de instrumento não provido".

Opostos embargos de declaração, foram rejeitados (fls. 108).

Sustentam os recorrentes, Wagner Canhedo Azevedo e Outro, em resumo, negativa de prestação jurisdicional porque o v. acórdão recorrido deixou de se pronunciar, quando deveria fazê-lo, acerca dos limites da competência das varas cíveis em relação ao Juízo universal da recuperação judicial. Asseveram, também, que, deferido o processamento da recuperação judicial da coexecutada, VASP – Viação Aérea São Paulo S/A, a execução deve ser suspensa também com relação aos devedores solidários.

Alegam, finalmente, que o prosseguimento da execução, em face dos recorrentes, viola a competência universal do Juízo Falimentar.

Apresentadas contrarrazões (fls. 137/147), a ora recorrida aponta inexistência de violação ao art. 535, inciso II, do Código de Processo Civil, bem como afirma que os devedores, na qualidade de avalistas da VASP – Viação Aérea São Paulo S/A, não estão sujeitos aos efeitos da recuperação judicial, tampouco, de eventual suspensão da execução de título extrajudicial.

Sobreveio, então, juízo negativo de admissibilidade do recurso especial (fls. 153/154). Interposto agravo de instrumento, sob o n. 1.048.557-SP, determinou-se a subida dos autos principais, para melhor exame da matéria controvertida.

O ilustre Representante do Ministério Público Federal ofertou parecer pelo improvimento do recurso especial.

É o relatório.

VOTO

O Exmo. Sr. Ministro Massami Uyeda:

A irresignação não merece prosperar.

Com efeito.

Inicialmente, no que atine ao art. 535, inciso II, do Código de Processo Civil, observa-se, da análise dos autos, que não há se alegar, como se quer neste inconformismo, negativa de prestação jurisdicional.

In casu, o Tribunal de origem examinou os temas relevantes para conclusão da controvérsia, notadamente acerca da possibilidade de suspensão da execução em face dos avalistas, embora o resultado não tenha sido favorável à parte recorrente. É entendimento assente que o órgão judicial, para expressar sua convicção, não precisa mencionar todos os argumentos levantados pelas partes, mas, tão somente, explicitar os motivos que entendeu serem suficientes à composição do litígio.

Registra-se, ainda, que a prestação jurisdicional que se revela contrária ao interesse de quem a postula, não se identifica, não se equipara, nem se confunde, para efeito de acesso à via recursal extraordinária, com a ausência de prestação jurisdicional.

Além disso, relativamente à dita violação do art. 113 e § 2º do Código de Processo Civil, verifica-se que o tema relativo à competência absoluta do Juízo Falimentar não foi objeto de debate pelo v. aresto impugnado. Dessa forma, ausente o indispensável prequestionamento viabilizador do apelo nobre, é de se impor a incidência do disposto na Súmula 211/STJ.

Antes de se examinar o mérito, é de rigor uma breve digressão fática.

A ora recorrida, Ansett Worldwide Aviation USA, ajuizou uma execução por título extrajudicial em face da VASP – Viação Aérea São Paulo S/A e seus avalistas, ora recorrentes.

Noticiado o deferimento do processamento do pedido de recuperação judicial da executada pessoa jurídica, foi determinada a suspensão da execução com relação a ela, autorizando-se o regular prosseguimento contra os executados avalistas.

A controvérsia, portanto, aqui agitada diz respeito à extensão, ou não, da suspensão do curso da execução, em razão do deferimento do processamento da recuperação judicial, aos sócios avalistas, devedores solidários da pessoa jurídica, entre eles os ora recorrentes Wagner Canhedo Azevedo e Outro.

De acordo com o art. 6º da Lei n. 11.101/2005, a decretação de falência ou o deferimento do processamento da recuperação judicial suspende o curso da prescrição e de todas as ações e execuções em face do devedor, inclusive aquelas dos credores particulares do sócio solidário. Observa-se que a finalidade do dispositivo apontado é impor, aos credores do falido, a "vis attractiva" do processo falimentar e a formação da massa subjetiva, que passa a atuar como uma unidade, garantindo, assim, o tratamento igualitário a todos os credores.

A *mens legis* do mencionado art. 6º da Lei de Falência quis dizer, em sua parte final, que, existindo ações e execuções movidas, seja contra a falida ou a recuperanda, por credores particulares de seus sócios solidários, tais demandas devem ser suspensas. De modo que não significa que eventuais coobrigados solidários em um título cambial possam beneficiar-se com a suspensão da execução contra eles promovida.

Na verdade, em razão da autonomia das obrigações assumidas no título de crédito exequendo, não é possível prosperar, data vênia, a tese de que o disposto no art. 6º da nova Lei de Falências abarca as execuções movidas em prejuízo dos devedores solidários. De fato, quem está em recuperação judicial é a VASP – Viação Aérea São Paulo S/A, devedora principal, não seus sócios ou coobrigados. De forma que a situação ou *status* da empresa aérea não configura impedimento, em princípio, ao prosseguimento da execução movida em desfavor daqueles.

Ademais, na realidade, é de se registrar, também, a redação contida no art. 49, § 1º, da Lei n. 11.101/2005, *in verbis*: "(...). § 1º. Os credores do devedor em recuperação judicial conservam seus direitos e privilégios contra os coobrigados, fiadores e obrigado de regresso". Assim, observa-se, pela redação do referido dispositivo, que os credores sujeitos aos efeitos da recuperação judicial conservam intactos seus direitos e, por lógica, podem executar o avalista desse título de crédito, no caso, as notas promissórias. Esta diretriz jurisprudencial está bem delineada na seguinte ementa que, ao interpretar a antiga Lei de Falências, bem se aplica à hipótese sob crivo:

"*Processual Civil e Comercial. Nota promissória. Execução de sócio avalista. Empresa avalizada com falência decretada. Suspensão da ação. Não cabimento. Inexistência de solidariedade entre sócio e sociedade falida.* – Como instituto típico do direito cambiário, o aval é dotado de autonomia substancial, de sorte que a sua existência, validade e eficácia não estão jungidas à da obrigação avalizada. – Diante disso, o fato do sacador de nota promissória vir a ter sua falência decretada, em nada afeta a obrigação do avalista do título, que, inclusive, não pode opor em seu favor qualquer dos efeitos decorrentes da quebra do avalizado. – O art. 24 do DL 7.661/1945 determina a suspensão das ações dos credores particulares de sócio solidário da sociedade falida, circunstância que não alcança a execução ajuizada em desfavor de avalista da falida. Muito embora o avalista seja devedor solidário da obrigação avalizada, ele não se torna, por conta exclusiva do aval, sócio da empresa em favor da qual presta a garantia. – Mesmo na hipótese do avalista ser também sócio da empresa avalizada, para que se possa falar em suspensão da execução contra o sócio avalista, tendo por fundamento a quebra da empresa avalizada, é indispensável, nos termos do art. 24 do DL 7.661/1945, que se trate de sócio solidário da sociedade falida. Recurso especial a que se nega provimento" (REsp 883.859-SC, Relatora Ministra Nancy Andrighi, *DJe* 23.3.2009. E ainda: REsp 642.456-MT, Relator Ministro Carlos Alberto Menezes Direito, *DJ* 16.4.2007, p. 183).

Aliás, a Segunda Seção, no Conflito de Competência 90.477-SP, Relator Ministro Fernando Gonçalves, afirmou, categoricamente, que: "(...) Nesse contexto, é de se concluir que os bens do suscitante não estão abrangidos pelo plano de recuperação judicial da VASP e, portanto, não estão sob a tutela da recuperação, ou sujeitos às vedações contidas no art. 66 da Lei 11.101/2005, na justa medida em que são titularizados por pessoa jurídica diversa daquela em recuperação. Ademais, mesmo nos casos em que decretada a falência, as ações e execuções continuam em relação aos coobrigados. (...)".

Sem dúvida que o processamento da recuperação judicial não pode afetar os direitos de créditos detidos em face de eventuais coobrigados, fiadores ou devedores solidários, podendo o respectivo titular exercê-los em sua plenitude. *In casu*, aos avalistas do emitente de uma nota promissória, ora recorrentes, Wagner Canhedo Azevedo e Outro, não é dada a possibilidade de opor, em sua defesa, a existência de recuperação judicial do sacador-devedor, isso em homenagem à autonomia das obrigações cambiais que devem ser preservadas. Manoel Justino Bezerra Filho elucida a questão e dá o seguinte exemplo:

"O credor com garantia de terceiro (*v.g.*, aval, fiança, etc.), mesmo sujeitando-se aos efeitos da recuperação, pode executar o garantidor. Um exemplo facilitará o entendimento: suponha-se uma limitada que emitiu uma promissória em favor de qualquer credor, tendo o sócio dessa limitada (ou qualquer terceiro) avalizado o título. Mesmo que o crédito esteja sujeito aos efeitos da recuperação, o credor pode executar o avalista. (...)" (Manoel Justino Bezerra Filho, in *Lei de Recuperação de Empresas e Falência Comentada*, 5ª ed., Ed. RT, pp. 146-147).

Oportuno observar, ainda, que a ora recorrida, Ansett Worldwide Aviation USA, poderia, se quisesse, ter ajuizado a execução da nota promissória diretamente em face dos coobrigados avalistas, sem que isso pudesse vir a afetar, diretamente, a devedora principal, por força do regime de recuperação judicial.

Portanto, em arremate, a concessão do pedido de processamento de recuperação judicial não interfere nas relações do credor com os coobrigados da devedora, e, dessa forma, se os seus sócios foram avalistas da nota promissória, correta a decisão que determinou o prosseguimento da execução apenas contra os garantidores, assistindo, ao exequente, o direito de promover, autonomamente, o crédito em relação aos avalistas, inexistindo, portanto, razão para suspensão da execução.

Assim sendo, nega-se provimento ao recurso especial.

É o voto.

VOTO-VISTA

A Exma. Sra. Ministra Nacy Andrighi:

Cuida-se de recurso especial interposto por Wagner Canhedo Azevedo e Izaura Valério Azevedo, com fundamento na alínea "a" do permissivo constitucional, contra acórdão exarado pelo TJSP.

Ação: execução de título extrajudicial ajuizada em face da VASP – Viação Aérea São Paulo S/A e dos recorrentes, que avalizaram notas promissórias emitidas pela VASP para a garantia de contratos de arrendamento mercantil de nove aeronaves Boeing 737-33A e seus respectivos motores (fls. 10/38).

Decisão: determinou-se a suspensão do processo contra a VASP, tendo em vista o deferimento do pedido de recuperação judicial por ela formulado e estabeleceu-se o normal prosseguimento da ação com relação aos recorrentes (fls. 46).

Agravo de instrumento com pedido de liminar: foi interposto contra a decisão que decretou o prosseguimento da execução contra os recorrentes. Alegam que o art. 6º da Lei 11.101/2005 estende os efeitos da suspensão da execução também aos avalistas e litisconsortes passivos da empresa em recuperação judicial (fls. 2/9).

Acórdão: o TJSP negou provimento ao agravo de instrumento interposto pelos recorrentes, nos termos da seguinte ementa (fl. 97): "Recuperação Judicial – Lei n. 11.101/2005 – Efeitos não estendidos a garantidores de obrigação solidário (*sic*) – Art. 49, § 1º de referida Lei – Agravo de instrumento não provido".

Recurso especial: aduz violação dos arts. 113, § 2º, e 535, II, do CPC e 6º, § 1º, da Lei 11.101/2005, bem como dos princípios da isonomia entre os credores e do Juízo universal da recuperação (fls. 112/129).

Juízo prévio de admissibilidade: o TJSP negou seguimento ao recurso especial (fls. 153/154), dando azo à interposição de agravo de instrumento (Ag 1.048.557-SP), ao qual o Relator Ministro Massami Uyeda deu provimento para melhor exame da matéria (fls. 153).

Parecer da PGR: de lavra do Exmo. Subprocurador-geral da República João Pedro de Sabóia Bandeira de Mello Filho, opina-se pelo improvimento do recurso especial (fls. 162/166).

Voto do Relator: o i. Ministro Massami Uyeda negou provimento ao recurso especial, aduzindo que "em razão da autonomia das obrigações assumidas no título de crédito exequendo, não é possível prosperar, data vênia, a tese de que o disposto no art. 6º da nova Lei de Falências abarca as execuções movidas em prejuízo dos devedores solidários".

É o relatório.

Cinge-se a controvérsia a determinar se o benefício da suspensão das ações judiciais contra a empresa em recuperação judicial, previsto pelo art. 6º da Lei

11.101/2005, pode ser estendido também a seus sócios avalistas.

I – Prequestionamento

A questão da impossibilidade de extensão, aos recorrentes, da suspensão das execuções ajuizadas contra a empresa em recuperação judicial, prevista pelo art. 6º da Lei 11.101/2005, foi expressamente abordada pelo acórdão recorrido. Com relação a essa norma, portanto, não se apresenta o óbice das Súmulas 282 e 356, ambas do STF.

O art. 113 *caput* e § 2º do CPC, contudo, não foi mencionado pelo acórdão recorrido, de modo que não restou prequestionado. Por essa razão, este recurso especial não poderá abordar sua violação.

II – Negativa de prestação jurisdicional (violação do art. 535 do CPC)

O não acolhimento das teses contidas no recurso não implica obscuridade, contradição ou omissão, pois ao julgador cabe apreciar a questão conforme o que ele entender relevante à lide.

Da análise do acórdão recorrido, verifica-se que a prestação jurisdicional dada corresponde àquela efetivamente objetivada pelas partes. O TJSP pronunciou-se de maneira a abordar a discussão de todos os aspectos fundamentais do julgado, dentro dos limites impostos por lei. Tanto é verdadeira essa afirmação que as supostas violações do acórdão recorrido à legislação federal integram o objeto do próprio recurso especial, e serão enfrentadas logo adiante.

Dessa forma, dada a inexistência de vício a ser sanado, é correta a rejeição dos embargos de declaração, inexistindo ofensa ao art. 535 do CPC.

III – Superveniência da falência da VASP

Conforme informações prestadas pelo Juízo da 1ª Vara de Falências e Recuperações Judiciais do Foro Central da Comarca da Capital do Estado de São Paulo nos autos do CC 98.097-SP, de relatoria do Ministro Fernando Gonçalves, a falência da empresa VASP – que emitiu as notas promissórias avalizadas pelos recorrentes – ocorreu em 4 de setembro de 2008.

O acórdão recorrido, contudo, foi proferido em 14 de fevereiro de 2007, ou seja, antes do decreto falimentar, de modo que não mais subsistem as alegações dos recorrentes no sentido de que "decisões judiciais como essas [o acórdão recorrido] causam vultosos prejuízos não apenas aos Recorrentes, mas ao próprio plano de recuperação e, consequentemente, aos credores de todas as categorias que aprovaram o plano, encerraram (corretamente) suas demandas individuais propostas em face da VASP e aguardam o recebimento dos valores que lhe são devidos" (fl. 119).

Se a falência da VASP não houvesse sido decretada, e o plano de recuperação por ela apresentado ainda fosse viável, a situação teria de ser analisada sob nova ótica. Isso porque entendo que o benefício legal da suspensão das ações e execuções ajuizadas contra a empresa em recuperação judicial deve ser estendido aos garantes, normalmente sócios da empresa em dificuldades, intrinsecamente vinculados à devedora principal. A ampliação da suspensão das ações e execuções à pessoa física dos sócios garantes, nessa hipótese, acabaria por auxiliar o cumprimento do próprio plano de recuperação, pois lhes confere um prazo razoável para o saneamento das finanças da empresa – inclusive com subsídios que eventualmente procedam de seu patrimônio pessoal. A superveniência da falência da sociedade, contudo, pressupõe a impossibilidade de superação dos obstáculos por ela enfrentados, de modo que não subsistem os motivos que determinaram a ampliação do favor legal às pessoas físicas dos sócios da falida.

IV – Interpretação do art. 6º da Lei 11.105/2005. Extensão da suspensão das ações judiciais movidas contra empresas falidas a seus avalistas

A fim de justificar a necessidade de reforma do acórdão recorrido, sustentam os recorrentes que "em face da competência especial do Juízo da recuperação, tal determinação [a suspensão das ações e execuções ajuizadas em face da empresa em recuperação] é universal e alcança os processos no estado em que estejam, aplicando-se prazos peremptórios ou não. E se aplica ou é estendida, data vênia, aos litisconsortes" (fl. 123).

O art. 6º da Lei 11.101/2005, todavia, é claro ao dispor que "*a decretação da falência ou o deferimento do processamento da recuperação judicial suspende o curso da prescrição e de todas as ações e execuções em face do devedor, inclusive aquelas dos credores particulares do sócio solidário*" (sem destaque no original).

O dispositivo legal em exame impede somente a constrição de bens particulares dos sócios com responsabilidade ilimitada e solidária – categoria na qual não se enquadram os recorrentes, pois a responsabilidade dos sócios da falida VASP é subsidiária e limitada ao preço de emissão das ações subscritas ou adquiridas.

O alcance da expressão "sócio solidário", portanto, é fundamental para o deslinde da questão. Ao contrário do que afirmam os recorrentes, "sócio solidário" não é todo e qualquer cotista ou acionista que figure como litisconsorte passivo em ação ou execução ajuizada em face da empresa em recuperação ou que teve sua falência decretada. A norma tida por violada faz referência apenas àqueles que respondem solidariamente, e com seus bens pessoais, pelo pagamento dos débitos que excedam o patrimônio da empresa.

Assim, o processamento do pedido de recuperação e o decreto falimentar não surtem efeitos sobre as ações e execuções movidas em face dos cotistas ou acionistas, a não ser que sejam sócios com responsabilidade ilimitada e solidária, como por exemplo os sócios da sociedade em nome coletivo (art. 1.039 do CC/2002) ou o sócio em comandita simples (art. 1.045/02). Na espécie dos autos, a única solidariedade existente decorre da obrigação cambiária, e não da participação societária dos recorrentes na sociedade falida.

O § 1º do art. 49 da Lei 11.101/2005 determina que "os credores do devedor em recuperação judicial conservam seus direitos e privilégios contra os coobrigados, fiadores e obrigados de regresso". O benefício da interrupção das ações ajuizadas em face da falida, portanto, não se aplica aos recorrentes e seus litisconsortes coobrigados – especialmente porque esse litisconsórcio não é unitário. No julgamento do REsp 883.859-SC, no qual foi examinada, sob a égide do DL 7.661/1945, hipótese muito semelhante à presente, ponderei que "o fato do sacador de nota promissória vir a ter sua falência decretada em nada afeta a obrigação do avalista do título, que, inclusive, não pode opor em seu favor qualquer dos efeitos decorrentes da quebra do avalizado".

Cumpre destacar, ainda, que a solidariedade de que trata o art. 6º da Lei 11.101/2005 não se confunde com aquela prevista pelo art. 47 da Lei Uniforme (Decreto 57.663/1966). A natureza autônoma do aval autoriza o prosseguimento da execução contra os recorrentes, porque o avalista garante o pagamento do título como devedor solidário, podendo ser acionado individualmente ou em conjunto com os demais obrigados, sem que seja necessário observar a ordem pela qual se obrigaram.

De fato, a credora recorrida poderia, a seu exclusivo critério, ter ajuizado a ação somente contra os avalistas recorrentes. O regime falimentar não alcança nem beneficia os recorrentes avalistas, de modo que permanece íntegra a obrigação assumida por eles, inclusive quanto aos acréscimos contratuais e legais.

O argumento de que o prosseguimento da execução ajuizada em face dos recorrentes poderia indicar fraude ao princípio do *par conditio creditorum* tampouco procede.

É certo que o recorrido provavelmente receberá seu crédito antes dos demais credores, embora a obrigação que deu origem à execução judicial não deva ser satisfeita preferencialmente, nos termos do art. 83 da Lei 11.101/2005. Ocorre que o prosseguimento da execução ajuizada em face dos recorrentes não necessariamente representa o predomínio dos interesses individuais do credor recorrido sobre os dos outros credores da massa, sobretudo dos trabalhadores da empresa e do fisco. A execução, aqui, refere-se exclusivamente às pessoas físicas dos garantes, que não se confundem com a pessoa jurídica da falida VASP, ou seja, o patrimônio dos sócios e recorrentes não integra os bens de titularidade da falida, estes sim destinados a quitar os débitos porventura existentes.

Anote-se, ainda, que qualquer pagamento no curso da execução individual contra os sócios deverá ser comunicado ao juízo universal da falência, para fins de redução correspondente do crédito habilitado, e vice-versa (art. 127 da Lei 11.101/2005). Se a suspensão de que trata o art. 6º da Lei 11.101/2005 pudesse ser ampliada à pessoa dos avalistas da falida, o art. 128 do mesmo diploma legal não precisaria prever que "os coobrigados solventes e os garantes do devedor ou dos sócios ilimitadamente responsáveis podem habilitar o crédito correspondente às quantias pagas ou devidas, se o credor não se habilitar no prazo legal".

Em suma, por força da autonomia do aval e das disposições contidas na Lei 11.105/2005, deve a execução em face dos recorrentes ter regular prosseguimento.

Forte nessas razões, acompanho na íntegra o voto do i. Ministro Relator.

VOTO

O Sr. Ministro Vasco Della Giustina (Desembargador convocado do TJRS):

Sr. Presidente, depois que ouvi inicialmente V. Exa., agora referendado pelo sempre bem esmerado voto da ilustre Ministra Nancy Andrighi, não teria por que divergir, ainda mais que a matéria é bastante escassa, estaria por acompanhar o voto de V. Exas. no sentido de negar provimento ao recurso especial.

CERTIDÃO DE JULGAMENTO

3ª Turma – Número Registro: 2008/ 0228114-0

REsp 1.095.352-SP

Números Origem: 1052001001682000007 000 10949356 200100094935 20010949351 200801056961 58300200109493510000 70507610 7050761001 7050761002

Pauta: 1.6.2010 – j. 9.11.2010

Relator Exmo. Sr. Ministro Massami Uyeda

Presidente da Sessão Exmo. Sr. Ministro Massami Uyeda

Subprocurador-Geral da República Exmo. Sr. Dr. Francisco Dias Teixeira

Secretária Bela. Maria Auxiliadora da Rocha

Autuação

Rete:: Wagner Canhedo Azevedo e Outro

Advs.: Regina Aparecida Canhedo e Outro(s)

Recdo.: Ansett Worldwide Aviation USA

Advs.: Renata Iezzi Falsetti e Outro(s)

Assunto: *Direito Civil – Empresas – Recuperação judicial e falência – Recuperação extrajudicial.*

Certidão

Certifico que a egrégia 3ª T., ao apreciar o processo em epígrafe na sessão realizada nesta data, proferiu a seguinte decisão: Prosseguindo no julgamento, após o voto-vista da Sra. Ministra Nancy Andrighi, a Turma, por unanimidade, negou provimento ao recurso especial, nos termos do voto do Sr. Ministro Relator. Os Srs. Ministros Vasco Della Giustina (Desembargador convocado do TJRS) e Nancy

Andrighi votaram com o Sr. Ministro Relator. Não participaram do julgamento os Srs. Ministros Sidnei Beneti e Paulo Furtado (Desembargador convocado do TJBA).

Brasília, 9 de novembro de 2010. Maria Auxiliadora Ramalho da Rocha, Secretária.

Comentários de

JEAN CARLOS FERNANDES

Concentra-se este ensaio na interpretação da expressão "*sócio solidário*" contida no *caput* do art. 6º da Lei n. 11.101/2005 e do alcance do disposto no § 1º do art. 49, do mesmo diploma legal, que assim dispõem:

"Art. 6º. A decretação da falência ou o deferimento do processamento da recuperação judicial suspende o curso da prescrição em face do devedor, inclusive aquelas dos credores particulares do sócio solidário."

"Art. 49. Estão sujeitos à recuperação judicial todos os créditos existentes na data do pedido, ainda que não vencidos.

"§ 1º. Os credores do devedor em recuperação judicial conservam seus direitos e privilégios contra os coobrigados, fiadores e obrigados de regresso."

Como ponto de partida tem-se a recente decisão do Superior Tribunal de Justiça, no julgamento do recurso especial n. 1.095.352-SP (2008/0228114-0), de relatoria do Ministro Massami Uyeda:

"*Recurso Especial – Negativa de prestação jurisdicional – Não ocorrência – Questão da competência absoluta do juízo falimentar – Ausência de prequestionamento – Incidência da Súmula 211/STJ – Processamento do pedido de recuperação judicial – Deferimento – Suspensão da execução exclusivamente em face da empresa coexecutada – Possibilidade – Obrigação cambiária – Autonomia – Prosseguimento – Execução – Avalistas – Recurso especial parcialmente conhecido e improvido.* I – Não há omissão no aresto *a quo*, no qual se examinou os temas relevantes para deslinde da controvérsia, ainda que o resultado não tenha sido favorável à parte recorrente. II – O tema atinente à competência absoluta do Juízo Falimentar não foi objeto de deliberação, sequer implícita, na Instância *a quo*, o que convoca o óbice da Súmula n. 211/STJ. III – O deferimento do pedido de processamento de recuperação judicial à empresa coexecutada, à luz do art. 6º, da Lei de Falências, não autoriza a suspensão da execução em relação a seus avalistas, por força da autonomia da obrigação cambiária. IV – Recurso especial parcialmente conhecido e, nessa parte, improvido".

Em pronunciamento anterior, o Ministro Aldir Passarinho Júnior do mesmo Superior Tribunal de Justiça havia se posicionado, em decisão monocrática, expedida no Agravo de Instrumento n. 1.077.960-SP (2008/0142744-5), pela suspensão da execução dos avalistas em razão do deferimento da recuperação judicial a avalizada, sob os seguintes fundamentos:

"*Decisão*

"Vistos.

"Trata-se de agravo de instrumento manifestado por Ana Regina Oliver Massa contra decisão que negou seguimento a recurso especial interposto pela alínea *a* do permissivo Constitucional, no qual se alega violação aos arts. 59 da Lei 11.101/2005 e 365 do Código Civil.

"O acórdão recorrido restou assim ementado (fl. 95):

"'Execução – Deferimento do pedido de recuperação judicial – Extinção da execução em relação à avalista – Impossibilidade – Manutenção da decisão recorrida – Agravo improvido'.

"Com razão a recorrente.

"Pretende a agravante a suspensão da execução que paira contra si na qualidade de avalista de Reiplas Indústria e Comércio de Material Elétrico Ltda.

"Com efeito, dos autos colhe-se que a avalizada teve deferido pedido de recuperação judicial, de maneira que a causa de pedir da recorrente é que tal fato suspende todas as execuções em curso contra a empresa recuperanda e ocasiona a consequente novação de seus débitos anteriores, inexistindo razão para que o processo executivo continue, mesmo em relação àquele que avalizou o título exequendo.

"De fato, é entendimento desta Corte que não se mostra consentâneo com recuperação judicial o prosseguimento de execuções individuais, devendo estas ser suspensas e pagos os créditos, doravante novados, de acordo com o plano de recuperação homologado em juízo. A saber:

"'*Conflito positivo de competência. Viação Aérea São Paulo S/A – VASP. Empresa em recuperação judicial. Suspensão das execuções individuais. Necessidade.* 1. O conflito de competência não pode ser estendido de modo a alcançar juízos perante os quais este não foi instaurado. 2. Aprovado o plano de recuperação judicial, os créditos serão satisfeitos de acordo com as condições ali estipuladas. Nesse contexto, mostra-se incabível o prosseguimento das execuções individuais. Precedente. 3. Conflito parcialmente conhecido para declarar a competência do Juízo da 1ª Vara de Falências e Recuperações Judiciais do Foro Central de São Paulo/SP' (2ª Seção, CC n. 88.661-SP, Rel. Ministro Fernando Gonçalves, unânime, *DJe* 3.6.2008).

"Destarte, se suspensa a execução em relação ao devedor principal, evidentemente razão não há para que se prossiga na persecução do crédito pela via executiva contra o avalista. Nesse sentido:

"'*Civil. Execução. Novação. Suspensão.* 1. Não há novação quando os figurantes de acordo expressamente afastam a intenção de novar, até porque a devedora reconhece a existência integral da dívida e apenas se obriga a pagá-la parcialmente em prestações. 2. A suspensão da execução, em relação ao devedor principal acarreta a suspensão quanto aos avalistas, posto que decisão com trânsito em julgado determina que os bens dos avalistas, que se achem penhorados, somente sejam levados a arrematação se insuficiente o produto da arrematação dos bens da devedora principal' (4ª T., REsp n. 35.311-SP, Rel. Ministro Dias Trindade, unânime, *DJU* 20.9.1993).

"Ante o exposto, atento ao art. 544, § 3º, do Código de Processo Civil, conheço do presente agravo e dou provimento ao próprio recurso especial para suspender a execução, cujo deslinde do processo de recuperação judicial da avalizada determinará seu prosseguimento ou extinção, conforme seja declarada a falência ou cumprida a obrigação. Custas e honorários pelo agravado, entes em R$ 1.000,00 (mil reais).

"Publique-se.

"Brasília (DF), 30 de junho de 2009.

"Ministro Aldir Passarinho Junior, Relator."

Na mesma linha, o Tribunal de Justiça do Estado de São Paulo também já havia incluído na expressão *sócio solidário* constante do referido art. 6º da Lei n. 11.101/2005 a figura do *sócio avalista* da sociedade em recuperação judicial:

"Execução por título extrajudicial – Ação dirigida contra pessoa jurídica e contra os sócios desta, devedores solidários – Recuperação judicial homologada – Benefício legal que torna inexigível o título tanto para a devedora principal, quanto para os garantes, em razão de serem sócios da empresa em recuperação judicial – Análise do art. 49, § 1º, da Lei 11.101/2005, combinado com o art. 739-A do CPC – Recurso provido" (TJSP, 21ª Câmara de Direito Privado, Apelação n. 7.166.479-6, Relator Desembargador Souza Lopes).

Contudo, o Superior Tribunal de Justiça, com a decisão objeto destes comentários, restabelece a correta aplicação dos dispositivos da Lei n. 11.101/2005 e arreda os posicionamentos contrários do Ministro Aldir Passarinho Júnior e do Tribunal de Justiça paulista.

Para contextualizar o problema suponhamos que uma sociedade empresária emita uma cédula de crédito bancário a favor de uma instituição financeira, oferecendo como garantia o aval de seus sócios que também a subscrevem. Em razão das contingências do mercado, a sociedade empresária propõe recuperação judicial, tendo o seu processamento deferido.

Diante disso, indaga-se: os efeitos da suspensão do curso da prescrição e de todas as ações e execuções, previsto no art. 6º da Lei n. 11.101/2005 atingem a situação de coobrigados (avalistas) dos sócios da sociedade recuperanda? Pode o credor fazer a opção entre habilitar o seu crédito na recuperação judicial ou executar os sócios avalistas?

Ora, a extensão dos efeitos aos avalistas do benefício da recuperação judicial deferida à devedora principal não encontra sustentação no contexto da teoria geral dos títulos de crédito, principalmente diante da autonomia e independência das obrigações cambiais, muito menos na própria Lei n. 11.101/2005, como deixou claro o Superior Tribunal de Justiça.

Sabe-se que o avalista é responsável por obrigação autônoma e independente, exigível inclusive se a obrigação principal for nula, falsa ou inexistente. É forçoso, portanto, reconhecer que a norma excepcional do art. 6º da Lei n. 11.101/2005 não se estende para suspender a execução contra ele já iniciada ou a que vier a ser proposta, assim como determina o art. 49, § 1º do mesmo diploma legal.

A recuperação judicial destina-se ao empresário individual ou a sociedade empresária, sendo apenas a eles aplicável o art. 6º da Lei n. 11.101/2005. No muito, poderia se cogitar de sua aplicação, em caso de falência, aos sócios solidários e ilimitadamente responsáveis integrantes das sociedades em nome coletivo, comandita simples e comandita por ações.

A propósito, o referido art. 49, § 1º, da Lei n. 11.101/2005 reproduz a regra do revogado art. 148 do Decreto-lei n. 7.661/1945, ao se referir à concordata, excluindo do seu alcance o coobrigado, pois inaplicável à espécie, sujeitando-o a ser executado independentemente. Com efeito, o § 1º do art. 49 da Lei 11.101/2005, como dispunha o revogado art. 148 do Decreto-lei n. 7.661/1945, estabelece que os efeitos da recuperação judicial não atingem os coobrigados, fiadores e obrigados de regresso.

Ademais, o art. 99, inciso V, da Lei n. 11.101/2005, no âmbito da falência, conduz ao mesmo entendimento, ao dispor que a sentença que decretar a falência do devedor, dentre outras determinações, ordenará a suspensão de todas as ações ou execuções contra o falido, salvo as hipóteses previstas nos §§ 1º e 2º do art. 6º daquele diploma legal.

Tem-se, portanto, que a referência a *sócio solidário* pelo dispositivo se faz para englobar as sociedades em nome coletivo, comandita simples (sócio comanditado) e comandita por ações (acionista diretor). Em tais modalidades de organização societária existem sócios que respondem solidária e ilimitadamente pelas obrigações sociais, também sendo considerados falidos caso ocorra a falência da sociedade, em conformidade com o art. 81 da Lei n. 11.101/2005.

Ressalvadas tais situações, o dispositivo em comento não engloba na expressão *sócio solidário* a obrigação do sócio na modalidade de avalista da sociedade empresária em recuperação e, pela aplicação do princípio da independência das obrigações cambiais, eventual novação com a aprovação do plano de recuperação judicial não tem o efeito de liberá-lo das dívidas originais.

Tal entendimento coaduna-se com a natureza autônoma do aval. Além disso, a recuperação judicial é da sociedade empresária e não de seus sócios, meros empreendedores.

Conclui-se, pois, que a obrigação do avalista, mesmo sendo sócio da pessoa jurídica em recuperação judicial, é diversa relativamente ao credor; conquanto seja responsável solidariamente pelo cumprimento da obrigação, não se sujeita aos efeitos do procedimento recuperacional. Trata-se de solidariedade cambial e não de direito comum, a autorizar a execução independente dos sócios avalistas.

É de ver-se, portanto, que agiu com acerto o Superior Tribunal de Justiça no julgamento em apreço por duas razões apenas. Primeiro, porque prestigia e reforça o princípio (norma) da autonomia dos títulos de crédito, em um cenário pouco compreendido a partir da vigência do Código Civil de 2002. Segundo, porque esclarece o alcance da expressão *sócio solidário* contida no art. 6º, *caput*, da Lei n. 11.101/2005, tratando-se, obviamente, de sócios de responsabilidade ilimitada e solidária nas sociedades em nome coletivo, comandita simples (comanditados) e comandita por ações (acionistas diretores).

Seção Especial

Apresentação

O texto em apreço foi classificado em primeiro lugar no IV Concurso Nacional de Monografia, promovido pelo CESA – Centro de Estudos das Sociedades de Advogados, por intermédio do seu Comitê de Ensino Jurídico e Relação com Faculdades.

O Concurso, dirigido a estudantes de graduação em faculdades de direito brasileiras, reconhecidas pelo Ministério da Educação, foi instituído em 2003 com o objetivo de incentivar o estudante a participar de debates em temas de interesse das carreiras jurídicas e, desta forma, contribuir para a boa formação do futuro profissional do direito.

O CESA, fundado há quase 30 anos, associação civil constituída por Sociedades de Advogados regularmente inscritas na Ordem dos Advogados do Brasil, tem por finalidade promover estudos e manifestar-se sobre questões jurídicas e assuntos relacionados à administração da Justiça e à advocacia, junto aos órgãos de classe e instituições nacionais e internacionais.

Seu Comitê de Ensino Jurídico e Relações com Faculdades, composto por professores de Direito e advogados com forte experiência profissional, atua no âmbito das instituições de ensino, desenvolvendo, inclusive, parcerias com universidades estrangeiras, objetivando, sempre, o aperfeiçoamento das entidades e das profissões jurídicas.

Pela importância do tema inerente ao ensino do direito no Brasil, a *RDM* abre aqui uma seção especial, na forma de uma contribuição para o debate de matéria tão relevante.

São Paulo, 12-14.12.2010.

Décio Policastro
Coordenador do Comitê de Ensino Jurídico e Relações com Faculdades

Haroldo Malheiros Duclerc Verçosa
Membro do Comitê

Seção Especial

ENSINO JURÍDICO NO BRASIL: CRÍTICAS E SUGESTÕES

Tiago Soares de Aquino

1. Apresentação. 2. Introdução. 3. O curso. 4. Os alunos. 5. Os professores. 6. Conclusão.

Apresentação

Neste trabalho procuro expor considerações, perplexidades, críticas e sugestões relacionadas ao ensino do Direito em nosso país. Adoto uma perspectiva eminentemente subjetiva ou até intimista, na medida em não me valho de referências a fatos históricos ou atos normativos que determinaram transformações no programa acadêmico dominante no Brasil ou a dados estatísticos hábeis a indicar as deficiências e informar os avanços na formação de profissionais que seguirão as carreiras jurídicas.

O leitor encontrará neste ensaio, entretanto, a despretensiosa e genuína opinião de um estudante do quinto ano da Faculdade de Direito do Recife – originada da transferência da Faculdade de Direito de Olinda, que fora fundada em 1827, simultaneamente à Faculdade de Direito do Largo de São Francisco – sobre as disciplinas, as aspirações dos alunos, a abordagem dos docentes, a monografia de conclusão de curso, as formas de avaliação, a pesquisa científica, os desafios do mercado de trabalho e a influência exercida pelos concursos públicos durante os cinco anos de formação do profissional do Direito, dentre outros temas que considerei pertinentes ao debate.

Introdução

Considero o absoluto prestígio dispensado ao curso de direito um fenômeno extremamente curioso. Pairam sob o profissional com formação jurídica uma série de expectativas generalizadas da sociedade, como resultado de uma crença de que aquele conhecimento acumulado a custo de anos de estudo a fio conferiria ao jurista a possibilidade encontrar a solução para questões dos mais diversos matizes, sejam elas comerciais, éticas, políticas e até filosóficas.

A complexidade característica da pós-modernidade deixou a civilização ocidental refém da ausência de um paradigma ético universal, pois nem a religião nem a ciência se prestam mais para essa tarefa. O Direito passou a ser a única instância com conteúdo ético que pode ser invocada e de legitimidade reconhecida por todos.

Um dos reflexos dessa sobrecarga é a superestimação do labor dos indivíduos encarregados da interpretação e da aplicação do Direito.

Aliadas à realidade global ou, ao menos, ocidental, as peculiaridades nacionais contribuem para reforçar o halo que rodeia tudo que é relacionado ao Direito. Refiro-me aqui a dois aspectos que serão detalhados adiante: a cultura do bacharelismo e a ânsia pela estabilidade financeira, esta última traduzida pelo ardor com que se busca a aprovação em um concurso público.

Não deixo de reconhecer que o interesse pelo Direito também aumentou devido à ampliação do acesso à justiça. A partir do processo de redemocratização do país no curso dos anos 80 do século passado, culminando com a Constituição de 1988, o panorama jurídico do Brasil adquiriu uma visibilidade e uma importância inéditas.

Para não ir muito longe, basta lembrar que, hoje, o que são e o que fazem os Ministros do Supremo Tribunal Federal é algo que qualquer cidadão brasileiro medianamente instruído, querendo, conhece. Num passado não muito distante, aliás, quem, não sendo um jurista praticante, sabia ou tinha algum interesse em saber quem era o seu presidente? Hoje em dia, seria impossível alguém escrever um livro com o título de *O Supremo Tribunal Federal, esse outro desconhecido*, como o político e jurista Aliomar Baleeiro fez em 1968.

Contudo, como os objetivos do presente trabalho são criticar e sugerir, refugio-me dentro do círculo de minha escolha, vá lá a expressão esnobe, o "corte epistemológico", de maneira que será dado enfoque especial aos aspectos da realidade que possam ser criticados

O que explica a demanda exponencial e a abertura desenfreada de cursos de Direito no país? O bacharelismo como ponto de partida para entender essa anomalia resulta de uma escolha que se volta para a compreensão de nossas "raízes". Todos conhecem a figura cômica do indivíduo que se considera provido de poderes extraordinários por portar um diploma de bacharel em Direito, que exige o tratamento de "doutor" de seus interlocutores e que não perde uma oportunidade de lançar mão dos últimos aforismos em latim que aprendeu.

Há uma explicação sociológica para o aparecimento dessas constantes figuras: o patrimonialismo que nunca deixou de se destacar no processo de formação de nosso Estado, o qual, como retrata Raymundo Faoro em *Os Donos do Poder*, foi concebido como uma estrutura político-administrativa para servir de prolongamento do Estado patrimonial português.

A atual cultura do bacharelismo seria, portanto, reflexo e consequência do objetivo, consciente ou não, e por vezes alcançado, de pertencer ao círculo elevado qualificado para o exercício do poder.

O homem cordial de Sérgio Buarque de Holanda, que, é bom lembrar, vem de *cordis*, coração, é o ser formado na ordem doméstica, tão característica da grande propriedade, e que, ao projetar-se no espaço público faz dos lugares e postos que ocupa, bem como das prerrogativas que lhe são atinentes, uma ampliação do círculo familiar.

Não obstante a obra do tempo venha desintegrando esses complexos retardatários, a sucessão das gerações não conseguiu eliminar o estudante de direito sem vocação alguma, que, por ter alguma pessoa próxima em uma posição de destaque, se fia no ditado de que *quem tem padrinho não morre pagão*.

É importante deixar claro que a influência exercida pelas pessoas de sucesso ao redor do futuro estudante de Direito não é essencialmente negativa. O que se critica é a escolha baseada na ingênua crença de que, tendo o predecessor aberto um caminho, bastaria tão somente segui-lo e continuá-lo, quando se sabe que talento não se transmite e cliente não se herda.

Muito embora a cultura do bacharelismo assole as faculdades de Direito, o efeito destruidor provocado pelos concursos públicos é atualmente insuperável. Não exagero ao afirmar que ocupar um cargo público é o ápice teleológico de três quartos dos estudantes de Direito que conheço.

Dentre esses universitários há os que se apaixonaram pela magistratura ou pelo Ministério Público, por exemplo, e existem aqueles cujo escopo único é alcançar a "estabilidade" por meio do êxito em qualquer dos frequentes certames. O mais obtuso dos observadores saberá identificar qual dos dois grupos constitui a maioria.

Os "concurseiros" profissionais são extremamente nocivos para a Academia, na medida em que todo conhecimento só lhes parece útil se se tratar de matéria exigida em editais. Inexiste preocupação em pensar o país e seu Direito, debater a política nacional e regional, pesquisar a origem e acompanhar a evolução de instituições jurídicas, contribuir para o aperfeiçoamento do ensino e, de alguma forma, no caso de universidades públicas, oferecer algum retorno à sociedade que paga na forma de tributos por um curso caríssimo para que praticamente apenas os filhos das classes dominantes possam aproveitar.

A mentalidade da aprovação impõe que se faça vista grossa para qualquer desses temas. Deles só se ocupará se alguma instituição que elabora provas os eleger como conteúdo a ser estudado.

A multiplicação dos prestadores de concursos arruína o ensino do Direito no país, contribui para desprestigiar a advocacia e transforma as faculdades em algo próximo do que seria um curso preparatório piorado. A crítica a esses pontos será retomada oportunamente.

Longe de questionar o imperativo constitucional que condiciona a investidura em cargo ou emprego público à aprovação em concurso público, pretende-se neste trabalho simplesmente chamar atenção para o empobrecimento da vida acadêmica decorrente da preocupação exclusiva de alguns com a sua aprovação, nomeação e posse.

Com base na sucinta argumentação acima, considero que não podemos atribuir a incessante e vergonhosa criação de faculdades de Direito no Brasil apenas à conivência delinquente do Ministério da Educação.

O fato é que há uma demanda, produzida em parte pela cultura do bacharelismo e pela moda dos concursos públicos. Mérito, portanto, para os educadores de última hora, oportunistas que são e que perceberam a procura e promoveram a fundação dos novos cursos.

O país sai perdendo.

Em primeiro lugar porque se formam anualmente bacharéis semialfabetizados, que na primeira oportunidade que tiverem após a aprovação no Exame da Ordem – isso se não exercerem a profissão ilegalmente – prejudicarão inexoravelmente o direito de seus clientes, atirando irresponsavelmente na vala comum o prestígio e a reputação da classe dos advogados.

Voltando-se para os bacharéis funcionários públicos em potencial, percebe-se a emergência de um grupo desinteressado, que trabalha sem qualquer ambição e gana por resultados, e aqui me refiro indistintamente àqueles que compõem a Administração Pública, o Ministério Público e o Judiciário.

Logicamente, qualquer generalização comporta numerosas exceções, mas o que considero um problema que se agrava com o passar do tempo é a falta de eficiência dos bacharéis que ocupam cargos por pura conveniência, consequência da síndrome dos concursos.

Finalmente, o Brasil perde porque forma anualmente milhares de pessoas com um conhecimento inútil para a produção e o desenvolvimento. Explico-me: a atividade por excelência do profissional do Direito nada cria, nada produz, uma vez que se limita à prevenção e à solução de conflitos.[1]

A advocacia consultiva, em contraposição à contenciosa, não escapa, a meu ver, de tal classificação, uma vez que também serve, *grosso modo*, de auxílio ao desenvolvimento de atividades econômicas.

1. A produção de obras jurídicas poderia ser considerada exceção a tão cruel caracterização, mas lembre-se que a literatura jurídica serve, em última análise, para auxiliar o profissional a orientar, prevenir e solucionar os conflitos.

Muitos dos que hoje ocupam cadeiras nas faculdades de Direito poderiam perfeitamente se destacar em outras áreas.

O insucesso em concursos públicos e a falta de coragem ou de talento para se arriscar na iniciativa privada marcam o início da carreira de vários graduados em Direito, que se tornam então parasitas sociais, quando sua força de trabalho poderia ser empregada em atividades produtivas se não fossem levados pelo imaginário coletivo a acreditar que o diploma de bacharel constituiria uma espécie de seguro contra o que a sociedade americana classifica impiedosamente como fracasso.

Chegamos ao fim desta Introdução.

Seguem-se agora três tópicos que estabeleci numa tentativa de dividir didaticamente o texto: *O curso*, *Os alunos* e *Os professores*. O desenlace e as sugestões ficam por conta da *Conclusão*.

O curso

Compõem a grade curricular do curso de Direito as disciplinas zetéticas e dogmáticas e as aulas de prática jurídica.

Introdução ao Estudo do Direito, Filosofia, Sociologia Jurídica, Filosofia do Direito e Hermenêutica são algumas das disciplinas que se classificam entre as primeiras. A meu ver, cumprem bem o seu papel de instigar o aluno a pensar o Direito sem limitar-se aos problemas relativos à resolução de conflitos e composição de lides.

Não é preciso ser marxista para reconhecer no Direito um sistema e uma técnica concebidos para permitir a continuidade e a reprodução da ordem social existente – o que não quer dizer que seja apenas isso. A proficiência do jurista pode ser medida por sua capacidade gnoseológica de entrar e sair do sistema, de encontrar soluções jurídicas para situações práticas. Isso só pode ser alcançado com excelência se o intérprete e aplicador partir do pressuposto que o Direito positivo não é dado, mas construído difusa e historicamente, daí a importância de disciplinas com conteúdo zetético.

Já desde algum tempo não é correto dizer que um aluno de Direito no Brasil – pelo menos em termos programáticos – vive encerrado no mundo da dogmática jurídica, alienado de outros saberes e outras leituras. Ao contrário, desde pelo menos os anos 1980, no contexto político da redemocratização, floresceu nas escolas de Direito todo um saber crítico sobre o próprio ordenamento jurídico, por sua vez conectado a uma cultura crítica das injustas estruturas sociais do país – das quais, aliás, o Direito vigente seria o grande avalista.

As tradicionais disciplinas dogmáticas não precisam ser enumeradas, conhecidas de todos que são. O problema, neste caso, está ligado à falta de atualização da grade curricular em relação ao que é exigido pelo mercado de trabalho. Não se ensina, por exemplo, na Casa de Tobias – epíteto carinhoso que se usa para designar a Faculdade de Direito do Recife – Direito Imobiliário, Direito Bancário, Direito voltado para investimentos estrangeiros, Direito do Mercado de Capitais e Contabilidade Básica.

O momento de crescimento e de forte projeção internacional do país o qualifica como atraente destino de crescentes investimentos internacionais, mas nas faculdades os graduandos recebem aulas das mesmas apáticas disciplinas de cinquenta anos atrás. A viabilização dos investimentos em infraestrutura, necessários, por exemplo, para que o país tenha condições de sediar a Copa do Mundo de Futebol ou as Olimpíadas, pressupõem certo conhecimento técnico-jurídico que não é abordado sequer perfunctoriamente nas cátedras que compõem as faculdades.

Mas não é preciso ir buscar nesses megainvestimentos a justificativa prática para a necessidade de atualização das grades de disciplinas; afinal, qual bacharel tem condições de ler e interpretar corretamente o balanço de uma sociedade empresária? Qual possui conhecimento necessário para minutar documentos para a constituição de um ou mais condomínios que virão a formar um *shopping center*?

As disciplinas ensinadas nas faculdades não estão em harmonia com as competências exigidas pelo mercado de trabalho. Considero que o alheamento não é objeto de preocupação séria porque na cabeça de muitos os cursos jurídicos servem para garantir a aprovação em concursos, de modo que quem quiser servir ao "capital" deve cursar pós-graduação após a colação de grau, o que denota uma postura arcaica e preconceituosa contra o setor produtivo.

As aulas de prática jurídica merecem atenção especial: são a perfeita tradução do que constitui um desastre ou, no mínimo, um desperdício de tempo e energia. Qualquer estudante que pretende advogar que se preze em algum momento será estagiário de um escritório de advocacia, cujo fluxo de demandas o forçará a usar seu conhecimento, adquirido na faculdade ou não, para redigir peças, responder consultas etc. Para tal grupo, no qual estou inserido, nada mais modorrento que as conhecidas "oficina de peças" e os "núcleos de prática jurídica". Julgo essas iniciativas totalmente infrutíferas.

Geralmente são formadas turmas em horários extraordinários para discutir e elaborar trabalhos jurídicos sob uma artificialidade que prejudica as legítimas intenções dos presentes. O desfecho é marcado pelo sentimento compartilhado de que se saiu do nada para chegar a lugar algum. Levando-se em consideração que a maioria dos estudantes sabe que sua habilidade para produzir peças jurídicas será avaliada apenas uma ou duas vezes em toda a carreira, isto é, no Exame de Ordem e no concurso público, a ideia de que são esforços vãos perpassa as desventuradas reuniões de prática jurídica. O estágio obrigatório é medida superior em todos os aspectos, seja em escritório ou em órgão público.

A monografia de conclusão de curso, por sua vez, não passa de um formalismo sem sentido. Não há explicação racional que me convença de sua necessidade, senão, vejamos:

A competência do estudante de Direito em se manifestar sob a forma escrita é avaliada geralmente duas vezes por semestre em cada disciplina, juntamente com o domínio do conteúdo, a não ser que se admita que todas as provas do curso sejam de múltipla escolha, o que constituiria punção ao bom ensino do Direito no país e que, felizmente, ainda não se verifica por completo, apesar de esse tipo de avaliação não ser incomum.

Pois bem, se não objetiva aferir a habilidade dissertativa do aluno, a monografia não se presta para instigar o estudante a pesquisar e produzir artigos científicos na área jurídica. Para isso há a iniciação científica. A monografia de conclusão de curso não exige inovação, e em diversas vezes o que se verifica como obra final é a simples compilação de manuais, seguida da suposição, pelo formando, de que produziu algo, e da avaliação acrítica da banca, afinal a razoável política do compadrio preceitua que nenhum dos professores que a compõe queira retardar a conclusão do curso de seu aluno.

Trata-se de, portanto, na maior parte dos casos, mais de uma formalidade *para inglês ver* do que um trabalho científico sério, cujos legítimos *loci* de produção são a iniciação científica e a pós-graduação *strictu sensu*.

Os alunos

Nenhuma crítica ao ensino jurídico será escorreita se esquivar-se da tentativa de traçar um perfil do estudante de Direito nacional. A experiência própria, adquirida pelo convívio no meio, recomenda-me distinguir quatro tipos de estudantes, com base no critério dos distintos objetivos que cada um pretende alcançar após a graduação. São eles o acadêmico, o prestador de concursos e o advogado. Além desses há o estudante que não sabe ao certo o que faz na faculdade de Direito, de quem também me ocuparei.

O estudante que pretende seguir a vida acadêmica é geralmente motivo de orgulho para a faculdade em que está matriculado. Dedicado e estudioso, tem como meta contribuir para a produção da doutrina jurídica nacional e para a formação dos estudantes vindouros. Frequentemente se interessa por temas desprezados pelos outros alunos, como a evolução do Direito e sua eficácia social. A monitoria e a iniciação científica são fundamentais para o desenvolvimento do futuro acadêmico.

A respeito da primeira, trata-se de uma etapa inesquecível da experiência universitária, porquanto proporciona ao aluno a chance de auxiliar o professor e até lecionar em algumas oportunidades como se docente fosse. Além do conhecimento técnico, são postas à prova a desenvoltura, a didática e a capacidade de improvisar. Virtuosa como é, a monitoria merece maior valorização.[2]

A participação em grupos de pesquisa que proporcionem ambiente para discussões mais aprofundadas sobre os temas escolhidos pelo professor orientador e seus orientandos também é aspiração do estudante acadêmico.

Já o estudante prestador de concursos está sempre acompanhado de uma apostila ou do manual da moda, e não raramente assiste paralelamente a aulas preparatórias em um curso especializado. Os disputados concursos que exigem somente o Ensino Médio são a porta de entrada para o maravilhoso mundo do jogo da memória e da repetição acrítica dos entendimentos das instituições que elaboram as provas. Não serei cansativo a ponto de reiterar meu posicionamento frente a tão miserável cultura.

Antes que um leitor muito "crítico" atribua a mim excessiva ingenuidade, lembro que essa classificação que adoto lança mão daquilo que Max Weber chamou de tipos-ideais, ou seja, elaborações mentais que, mesmo construídas com dados da realidade factual, não a recobrem inteiramente nem se aplicam a toda e cada uma de suas partes.

Passemos a analisar o estudante que sai da faculdade com o objetivo de exercer a advocacia privada. Afastada a hipótese do graduando que desde o ingresso na universidade soubera que tinha vaga garantida em determinado escritório, este tipo de aluno é um recalcitrante. Sem dúvida foi tentado inúmeras vezes pela tese do menor esforço e só a crença no próprio talento e a paixão pela atividade podem vir a explicar tamanha obstinação.

Além disso, como a defasagem da grade curricular o atinge diretamente, é um autodidata. Aprende também a conciliar o estudo para as disciplinas da faculdade com as atividades relativas ao estágio – que não são brandas, pois as firmas dependem de resultados.

O último exemplar da rica fauna universitária é o aluno que, a partir da metade do curso, não tem ideia de que caminho deve seguir e por isso permanece na inércia. A tendência é que se desloque para o segundo grupo, mas pode vir a advogar por necessidade enquanto tenta a aprovação.

Não é de todo justo atribuir a indefinição à completa preguiça e negligência. Muitas vezes são alunos de extrema inteligência, aliada, contudo, a uma alta dose de ceticismo em relação às carreiras jurídicas que o tempo e necessidade se encarregam de aplacar, não com algum atraso.

Os professores

Faço uso novamente das classificações e divido os docentes em professores por vocação e professores por conveniência.

2. Posso testemunhar a fascinante experiência da monitoria na graduação porque fui monitor de "Direito Civil 3 – Teoria Geral dos Contratos" por um semestre e de "Direito Comercial 2 – Direito Societário" por três semestres consecutivos.

Os primeiros constituem uma fortíssima fonte de inspiração para o estudante. Exemplos de sucesso acadêmico e de dedicação ao ensino, têm a paciência testada diariamente e mantém o alto nível no trato com os alunos e colegas. Esses professores servem de referência para os estudantes por toda a vida.

Quanto mais estreita a interação entre professores e alunos, mais profícua será a relação para os dois grupos. Os estudantes que não aproveitam a oportunidade de extrair o máximo de conhecimento de seus mestres estão fadados ao arrependimento, pois são raras as chances de conseguir uma orientação de alto nível técnico e despretensiosa.

Apesar da multiplicação das faculdades, seria hipocrisia não reconhecer o *status* de que desfruta o professor de Direito no meio jurídico e na sociedade em geral. A distinta posição engendra presunção de excelência, logicamente afastada em determinados casos concretos.

Em decorrência da peculiar posição social que ocupa o docente de uma disciplina jurídica, especialmente se lecionar em universidade pública, há os que preenchem as cátedras por motivos de vaidade pessoal e com olhos voltados para as formidáveis consequências patrimoniais que podem suceder à admissão no ainda restrito grupo dos professores.

O desinteresse ou a falta de aptidão dos falsos mestres são notados quase que instantaneamente pelos alunos, que serão forçados a suportá-los por pelo menos um semestre.

Há também os casos graves de deficiência técnica, mas felizmente não são tão frequentes em universidades públicas. Não obstante, recordo-me perfeitamente do dia em que um professor explicou com detalhes à turma algo que chamou de contrato *inter mortis*...

Tratemos das avaliações. Via de rega, cada professor adota seu sistema e critérios, de maneira que a diversidade forma uma gama de espécies que compreende o mais rigoroso modelo e a simples falta de avaliação.

Considero que o ideal seria a extinção da avaliação formal e a sua substituição pela possibilidade de o professor aferir o desempenho do aluno na disciplina pela participação nas discussões em sala de aula e por chamadas orais.

Como nem sempre o ideal é viável, as provas dissertativas não chegam a ser totalmente imprestáveis, especialmente se confrontadas com o modelo de múltipla escolha, cuja aplicação em uma faculdade de Direito denota uma preguiça intelectual absurda e falta de comprometimento com a formação do estudante.

O controle da presença em sala de aula ainda é um problema nas universidades públicas. Existem vários casos de alunos aprovados em disciplinas sem que conheçam pessoalmente o professor responsável.

A falta de assiduidade do aluno é castigável com mais facilidade em comparação com a ausência reiterada de determinado professor. O espírito de corpo reinante e a burocracia intrínseca ao andamento dos processos administrativos e seu julgamento pelos órgãos colegiados protegem o professor faltoso.

Do mesmo modo que há os alunos que não estudam, existem os professores que não querem dar aulas, felizmente exceções à regra geral. Com a prática do dia-a-dia e a experiência, esses profissionais que prestam um desserviço à comunidade acadêmica na qual estão inseridos e, indiretamente, ao país, desenvolveram diferentes táticas para se esquivar de seu dever funcional. A estratégia clássica é dividir a sala em grupos que apresentarão "seminários", cabendo-lhe tão somente atribuir nota às apresentações.

Conclusão

Minha primeira conclusão é no sentido de reconhecer que há uma demanda artificial pelos cursos de Direito no país, na medida em que nem o mercado de trabalho nem os cargos públicos comportam o número assustador de bacharéis que saem das faculdades ano após ano.

As causas diretas da aberração, seguindo o fio condutor do raciocínio que procurei desenvolver, são a cultura do bacharelismo e a busca pela estabilidade financeira por meio da aprovação em concurso público. Temos como pano de fundo, em dimensão global e nacional, respectivamente, o Direito como único referencial ético que pode ser invocado universalmente e a crescente facilidade de acesso à justiça após a Constituição Federal de 1988.

Os resultados da vulgarização dos cursos de Direito, num sentido negativo, são o desperdício decorrente da formação anual de pessoas sem condições de contribuir efetivamente para o desenvolvimento do país e sem perspectiva nítida de economia própria e o desprestígio da advocacia privada.

As sugestões, tão óbvias quanto inúteis, pois falta iniciativa política aos nossos líderes para implementá-las, reféns que são do poder econômico, não poderiam ser outras que não o fechamento de aproximadamente metade das faculdades de Direito em funcionamento no país, sob o fundamento da deficiência qualitativa dos cursos, e a submissão dos que pretendam fundar novos cursos a um processo hígido e rigoroso de fiscalização.

Em relação à organização do curso, julgo positiva a tendência de valorização das disciplinas zetéticas. Precisa-se de gente interessada em discutir os problemas sociais e econômicos do país e a função do Direito como instrumento de manutenção da ordem vigente e, paradoxalmente, de transformação.

Considero urgente a necessidade de atualização da grade curricular, uma vez que seu descompasso em relação às competências exigidas pelo mercado de trabalho, acima exemplificadas, além de obrigar constantemente o aluno a procurar subsídios teóricos fora do âmbito acadêmico, plasma a impressão de esterilidade das matérias corriqueiramente estudadas.

Ainda a respeito do formato do curso, a substituição das aulas de prática jurídica pelo estágio obrigatório constitui medida capaz de provocar a imersão do graduando em um autêntico ambiente de trabalho, em contraposição às artificiais oficinas de peças ou congêneres.

A pesquisa deve ser incentivada, por meio, por exemplo, das revistas acadêmicas e da iniciação científica. Ocorre que alguns estudantes não têm ânimo para isso, e nem precisariam ter, uma vez que as faculdades de Direito infelizmente se aproximam cada vez mais dos cursos preparatórios para concursos.

Vivemos um tempo em que a sociedade se caracteriza pela necessidade de consumo, que deixou de ser um meio se tornar uma finalidade em si mesmo. Até o pensar está aprisionado nesta dinâmica, porquanto dá a impressão de ter sido capturado pela informática e pela computação. Consumimos pensamentos.

O aluno não faz mais trabalho de pensamento: ele vai à internet e colhe aquilo que vem pronto, consome e compõe.

Aí surge a contradição representada pela figura da monografia, que a meu ver deve ser abolida, pois a reputo mera formalidade sem sentido, desperdício de energia e tempo típico deste país. Não chega perto de ser *locus* de produção científica e o trabalho final é avaliado de forma acrítica.

Outra sugestão importante é a valorização da monitoria na graduação, atualmente quase restrita àqueles que se vêem como professores no futuro. Além dos inúmeros aspectos positivos apontados, o monitor é avaliado simultaneamente pelo professor orientador e por seus colegas de ingresso mais recente na faculdade, e isso a qualifica como uma experiência única.

Também é necessário um rigor maior na seleção e fiscalização dos professores, no intuito de evitar a contratação de profissionais com pouco conhecimento técnico e garantir a assiduidade, respectivamente.

No caso de universidades públicas, é prudente reduzir o número de contratações temporárias de professores substitutos, de forma que as instituições só se valham dessa faculdade nos casos estritamente necessários.

A avaliação sob a forma de prova objetiva deve ser eliminada dos cursos de Direito, destinados a formar profissionais com acurada capacidade de manifestação escrita, e não autômatos com habilidade para resolver questões de múltipla escolha. Além disso, são comuns e positivas questões com mais de uma possibilidade de resposta, uma vez que o Direito é marcado pela diversidade de posicionamentos e pela influência da retórica.

O curso de Direito no Brasil deve voltar a ser reconhecido como referência de erudição e de formação de pessoas qualificadas para o exercício das profissões que compõem o vasto leque das carreiras jurídicas. Não pode perder seu significado. A intervenção do Poder Público se faz necessária na medida em que há um déficit qualitativo a ser sanado e um exagero no número de cursos em funcionamento no país.

Mas não é só isso. O ensino do Direito carece de uma modernização, o que não significa o abandono de tradições imemoriais. A modernização se refere basicamente à remodelação axiológica do curso no sentido de adotar valores como empreendedorismo, livre iniciativa, competitividade, eficiência e excelência profissional.

No mundo globalizado, a faculdade de Direito terá falhado em sua missão se o bacharel não dominar a técnica requerida para viabilizar as transações diuturnas e solucionar os conflitos delas advindos.

Terá também fracassado se o profissional não conseguir enxergar além do seu ofício, se não for capaz de relacionar seu trabalho com algo maior, que é a capacidade de manutenção ou de transformação da ordem vigente.

Outro aspecto importante e que deve ser constantemente lembrado é o conteúdo ético do Direito. Por meio da imputação, o Direito escolhe uma entre várias alternativas possíveis e distintas para disciplinar a conduta das pessoas. Essa escolha é essencialmente valorativa e impregnada de um núcleo moral sujeito a transformações com o decorrer do tempo, a mudanças de paradigmas ou mesmo a ascensão de uma nova classe dominante.

O estudante não pode deixar de identificar esses valores que servem de fundamento para o estabelecimento do plano do *dever ser*, seja para zelar pela sua continuidade ou para propor a sua substituição por outros valores, desde que em consonância com um pensamento republicano.

O desenvolvimento de nossa sociedade e democracia está também nas mãos dos estudantes de Direito, e é ameaçado a cada vez que continuamos a nos apegar aos privilégios — uns grandes, outros miúdos — que todos desfrutamos no âmbito de nosso raio de ação e influência.

A própria lei, ressalvadas as proclamações inflamadas na rua, é percebida na nossa cultura, antes de tudo, como um estorvo a ser contornado. Isso é um ponto importante a ser realçado: a percepção da lei como negatividade, cujo efeito principal é a nossa dificuldade em operar a distinção fundamental entre os domínios do privado e do público.

Para a superação de todos esses desafios, as faculdades de Direito contribuirão melhor se houver a reorganização das disciplinas e de seus conteúdos e a mudança de enfoque dos professores e da mentalidade dos alunos, num esforço coletivo para aprimorar nossa índole cívica.

* * *